Hommage à Raphaël

Raphaël dans les collections françaises

Hommage à Raphaël

Galeries nationales du Grand Palais, Paris
15 novembre 1983 - 13 février 1984

RAPHAEL

dans les collections françaises

Ministère de la Culture
Editions de la Réunion des musées nationaux

Cette exposition a été organisée par la Réunion des musées nationaux
avec le concours des équipes techniques du Musée du Louvre
et des galeries nationales du Grand Palais.

La présentation en a été conçue et réalisée
par Jean-Paul Boulanger et Geneviève Renisio.

Le montage audio-visuel a été effectué sous la direction d'Éric Rohmer.

Expositions organisées en Hommage à Raphaël,
à l'occasion du cinquième centenaire de sa naissance

par la Réunion des musées nationaux :

Raphaël dans les collections françaises
Raphaël et l'art français
Galeries nationales du Grand Palais, Paris,
15 novembre 1983 - 13 février 1984

Autour de Raphaël, dessins et peintures
Pavillon de Flore, Musée du Louvre, Paris,
24 novembre 1983 - 13 février 1984

par l'Institut de France :

Raphaël au Musée Condé
Château de Chantilly
17 novembre 1983 - 13 février 1984

par la ville de Bayonne :

Raphaël, dessins
Bayonne, Musée Bonnat
1er juillet - 31 août 1983

par la ville de Lille :

Dessins de Raphaël du Musée des Beaux-Arts de Lille
Lille, Musée des Beaux-Arts
28 avril - 27 juin 1983

Couverture : *Raphaël et un ami* (détail)
Cat. P. n° 13

ISBN 2.7118.0244-2

Comité d'organisation

Roseline Bacou,
Conservateur en chef au Cabinet des dessins

Sylvie Béguin,
Conservateur en chef au Département des peintures

Ségolène Bergeon,
Conservateur, chef du Service de la restauration des peintures

Jean Coural,
Administrateur général du Mobilier national

Lola Faillant-Dumas,
Documentaliste, Laboratoire des musées de France

Pierrette Jean-Richard,
Documentaliste, Collection Edmond de Rothschild

Michel Laclotte,
Inspecteur général des musées, chargé de la conservation du Département des peintures du Musée du Louvre et des collections du Musée d'Orsay

Catherine Monbeig Goguel,
Chargée de mission au Cabinet des dessins, chargée de recherches au C.N.R.S.

Françoise Viatte,
Conservateur au Cabinet des dessins

Commissariat

Sylvie Béguin,
Conservateur en chef au Département des peintures

Pierrette Jean-Richard,
Documentaliste, Collection Edmond de Rothschild

Catherine Monbeig Goguel,
Chargée de mission au Cabinet des dessins, chargée
de recherches au C.N.R.S.

Françoise Viatte,
Conservateur au Cabinet des dessins

Administrateur des galeries nationales du Grand Palais :
Germaine Pélegrin

Remerciements

Que toutes les personnalités qui ont permis par leur généreux concours la réalisation de cette exposition trouvent ici l'expression de notre gratitude, notamment celles qui ont préféré garder l'anonymat.

Nos remerciements s'adressent également aux responsables des collections suivantes :

Italie

Brescia	Direzione dei Civici Musei d'Arte e Storia di Brescia
Naples	Museo e gallerie Nazionali di Capodimonte

France

Angers	Musée des Beaux-Arts
Lille	Musée des Beaux-Arts
Montpellier	Musée Fabre
Narbonne	Musée d'art et d'histoire
Paris	Ecole nationale supérieure des Beaux-Arts
	Institut néerlandais, Collection Frits Lugt, Fondation Custodia
	Mobilier national
	Musée du Louvre, Bibliothèque centrale, Cabinet des dessins, Collection Ed. de Rothschild, Département des peintures
Strasbourg	Musée des Beaux-Arts
Versailles	Musée national du château

Sommaire

Raphaël perdu et retrouvé

« L'œuvre m'assomme, mais derrière, il y a cette vision singulière de l'homme réconcilié... »

C'est ce que disait André Malraux et on peut y voir, fortement ramassée et recouverte d'une interrogation plus générale, qui la sauve du mépris, l'appréciation la plus commune de Raphaël aujourd'hui.

La gloire de l'Urbinate est le chef-d'œuvre du genre. En France, elle a pris d'emblée les caractères d'un culte, elle a attiré, retenu, guidé, hanté les seigneurs de l'art, même les rebelles ou les indépendants, Raphaël signifiant perfection. Cette gloire n'est pas seulement maintenant au plus bas ; elle est, par une inversion caratéristique, devenue négative, avec le voile irrémédiable de l'ennui et le soupçon qu'une célébrité si contenue, si assourdissante, ne pouvait aller sans une sorte d'imposture, sans une perte énorme, irrémédiable, d'authenticité. Rares sont ceux qui prennent la peine d'associer aux grandes compositions romaines cette métaphysique humaniste du bonheur qui intriguait Malraux. Tout au plus regrette-t-on parfois que la fluidité et la douceur indéniables des premières œuvres aient cédé la place à une « grande manière » qui devait nourrir trois bons siècles d'académisme — ce qui entretient une vieille querelle à double face, dont il va falloir dire un mot.

En 1550, trente ans exactement après la disparition soudaine de l'artiste le jour du Vendredi Saint de 1520, l'historien Vasari publiait la longue biographie, sur laquelle nous vivons toujours (Mme Sylvie Béguin vient judicieusement d'en procurer une version française nouvelle). On ne peut aller plus loin dans le culte du héros, puisqu'il est traité comme un don du ciel, un demi-dieu. Mais dans ce poudroiement d'or qui a ébloui la postérité, nous lisons l'histoire tout unie, rapide, bien scandée, prodigieusement active dans son crescendo impressionnant d'un excellent élève. Raphaël, c'est le prix d'honneur de la Renaissance.

Ses aînés et ses rivaux qui furent d'ailleurs plus qu'un peu ses maîtres, Léonard et Michel-Ange, « assomment » peut-être aussi nos contemporains ; mais à tort ou à raison ils bénéficient de ces éléments de prestige indispensables à l'admiration, que sont l'inquiétude et l'échec, le tragique et l'incompréhension. Chez Raphaël, aucune tension intellectuelle ou morale apparente, mais cette facilité, ce don d'assimilation, ce bonheur d'expression, cette *grâce,* dont on a fait son privilège et qui, le charme n'opérant plus, paraît affectation, grimace. Baudelaire, nous rappelle-t-on, n'a pas fait de lui un « phare », un contemporain éternel. Même Nietzsche, dont on rappellera plus loin les observations surprenantes, a avoué dans une note de 1884-85, une sorte d'agacement dans la déception : « Raphaël s'est borné à glorifier, fidèle et modeste, les valeurs de son temps ; il ne portait en lui aucun instinct d'inquiétude et de recherche. » En sommes-nous toujours là ?

Le fils de Giovanni Santi est né à Urbin en avril 1483. Seul le calendrier est responsable de la célébration du demi-millénaire. Si nous n'avons rien d'autre à en dire que ce qui vient d'être rappelé, il eût mieux valu ne pas déployer l'appareil des commémorations dans toutes les capitales du monde. Un malentendu ? Mais alors d'une telle taille qu'il invite à s'interroger sérieusement sur ce qui l'a fait naître et l'entretient toujours dans nos esprits. Le zèle des princes et des admirateurs a réparti assez généreusement l'œuvre peint — à l'exception, bien entendu, des fresques qui requièrent le voyage de Rome — dans les grandes collections publiques. On peut aisément le vérifier, Raphaël a toujours été en place d'honneur dans les musées, comme s'il en était le luxe suprême, le garant idéal. L'institution, s'est formée autrefois sous l'invocation de ce maître « parfait ». La voici aujourd'hui à son plus haut, mais on se demande si Raphaël compte encore. Le pacte est rompu. La culture nous enveloppe d'un gigantesque musée, dont on a abondamment scruté l'envahissement et les conséquences, mais l'analyse « socio-culturelle » ignore ou élude la situation paradoxale que nous observons tous : l'existence de deux savoirs dont l'écart ne se ramène pas à une simple distorsion.

Comme pour toutes les disciplines, les travaux des spécialistes et la « vulgate » (appelons ainsi l'opinion commune), ne coïncident pas. La vulgarisation, avec ses retards, ses paresses, et surtout ses préoccupations propres, est loin de les faire communiquer. Pourtant les choses bougent, et combien ! La carrière, la production, les amitiés, les protections, l'atelier, le catalogue de ce personnage trop célèbre, Raffaello Sanzio, ont donné lieu depuis une vingtaine d'années à une révision serrée, à des analyses nouvelles, et à un ensemble remarquable de travaux historiques. Il subsiste peu de chose des vues simples d'autrefois.

Tableaux et dessins ont été soumis à des examens méticuleux, parfois concluants, souvent contradictoires, dont les notices sinueuses des catalogues donneront une idée. Les fameuses fresques romaines ont été nettoyées, scrutées, consolidées, et les dissertations se sont multipliées sur cette « vision singulière de l'homme » qu'elles sont censées véhiculer. Mais, comme toujours, histoire et critique s'enferment de plus en plus dans leur problématique complexe. Leurs conclusions sont rarement faciles à résumer dans un communiqué de presse. L'actualité n'est saisie qu'au moment des découvertes « sensationnelles », des ventes-record, qui surviennent parfois pour le bonheur des *media*. Pour le reste, on ne voit pas les travaux savants irriguer les lieux communs de la culture. Surtout, quand le cœur n'y est pas.

Au milieu du siècle dernier, le public se passionna pour l'exquis *Apollon et Marsyas* (aujourd'hui au Louvre) que son propriétaire, Morris Moore, promenait dans toute l'Europe comme le chef-d'œuvre de la jeunesse de Raphaël : présenté au Louvre en 1858, le petit panneau attira la foule des amateurs. Delacroix le regarda de près ; ses observations confirmaient l'idée qu'il s'était faite de la « perfection », des « ignorances » et du « faire » un peu mince de Raphaël. En fait — nul n'en doute plus aujourd'hui — l'œuvre est du Pérugin. Les discussions furent d'une violence incroyable, comme Francis Haskell l'a rapporté naguère (« Un martyr de l'attribution », *Revue de l'Art,* n° 42, 1978). On imagine mal ces tourments et ces émotions, un siècle plus tard, à notre époque devenue l'âge de la vulgarisation intensive. Celle-ci véhicule nécessairement un autre savoir, plus rond, plus rapide, plus pittoresque, dont nous aurions peut-être intérêt à mieux saisir les motivations, subconscientes ou non, et les sources.

Deux forces puissantes s'opposent, selon nous, au retour en grâce, du « raphaélisme » dans le public et gêneront indéfiniment sa revalorisation, au moins dans un pays comme le nôtre. C'est d'abord la faveur dont jouit le *primitivisme,* tel qu'il s'est déclaré au début du XIXe siècle, avec la vague du « pré-raphaélisme », et, d'autre part, l'*anti-raphaélisme,* ou l'attitude négative développée à la fin du même siècle à l'égard des modèles trop accessibles qu'offraient à l'école officielle ces madones trop admirées, et les compositions trop célèbres, trop commentées, du Vatican ou de la Farnésine. L'image de l'artiste souverain a été durablement atteinte et voilée par ces deux condamnations. Elle est devenue suspecte et souvent aux meilleurs esprits sans qu'aucun livre à succès, aucune jolie étude (le petit livre d'Henri Focillon 1926, est resté lettre morte) soit venue la relever, comme il est arrivé pour Poussin. Ces deux épisodes sont examinés dans l'imposante présentation de « Raphaël en France » avec toutes leurs implications. Il nous suffira d'en illustrer rapidement la portée.

Dans son « Art chrétien » (1836), le breton François Rio a prononcé un réquisitoire éloquent contre « l'avilissement » de l'œuvre de Raphaël, après son arrivée à Rome et son entrée à vingt-cinq ans au service de Jules II. On voit très bien les raisons de ce massacre. Vingt ans avant Ruskin, Rio découvrait, isolait et exaltait « l'école mystique », celle des « primitifs » qui s'arrête précisément à Pérugin et au premier Raphaël. Nous ne connaissons aucun autre cas d'un artiste dont une interprétation dure ait ainsi brisé la carrière, l'œuvre, la personnalité même en deux morceaux incompatibles. Il y a une face pure et claire : l'ombrienne, une autre sombre et « souillée » : la romaine ; une transparence et une trahison. Ceci va commander longtemps la « lecture » de l'œuvre.

Selon une curieuse anecdote rapportée par Vasari à propos de Francesco Francia, ce peintre bolonais plus âgé que Raphaël était tellement lié d'amitié avec lui que l'urbinate ayant expédié la *Sainte Cécile* destinée à S. Giovanni in Monte, lui demanda de surveiller le déballage, reprendre les égratignures du transport et même, ajoutait-il avec sa modestie habituelle, rectifier des erreurs éventuelles ? Francia fut tellement impressionné par ce tableau, nous dit-on, ébloui et découragé par cette merveille qui écrasait tout autour d'elle, qu'il ne s'en releva pas. « Anéanti devant cette beauté il mourut de douleur et de tristesse. » L'historien, qui ne croit pas trop à ce petit drame, l'expose comme typique de « l'effet Raphaël » qui consiste en une foudroyante séduction. Rio et, après lui, Montalembert s'indignent de « la calomnie impudente de Vasari ». « Si (Francia), était en effet mort de chagrin, ç'eût été sans doute d'y voir la dégradation précoce du génie... Que pouvait-il y avoir de commun entre le peintre des ravissantes Madones qu'on voit à Bologne justement en face de la *Sainte Cécile* et l'air déjà si effronté de la Madeleine de ce dernier tableau ? » Etranges propos dont il est aussi aisé de vérifier l'absurdité que de comprendre le parti pris.

Les ouvrages de Raphaël seraient-ils de ceux dont la saveur picturale, la tonalité affective, « l'irradiation » au sens de W. Pater ou de Proust, varient du tout au tout selon l'état d'esprit, la disposition, la préparation du visiteur ? S'ils peuvent changer selon le regard, se vider dans la banalité ou se remplir d'harmonies, c'est que chacune des composantes est équilibrée par une autre. On perçoit assez bien ce Raphaël à la fois exigeant et réservé dans les portraits : ils sont forts mais le modèle ne sourit jamais. Aucune affectation, aucune prétention, même chez Castiglione sous la toque de velours qui masque sa calvitie. Indication intéressante, l'élève du Pérugin a consciemment assumé le risque propre à cette qualité calme, un peu neutre, peu accentuée, mais plutôt suave, qui pouvait avec le minimum de complicité donner au spectateur une satisfaction totale. Cette réalisation sobre et fine passait si bien que nul ne lui résistait. Il y avait un certain risque de froideur, mais, comme le permet une balance légère, la moindre inflexion comptait. Cette capacité, cette mesure, cette retenue fascina l'âge classique. C'est là sans doute l'origine des avantages trompeurs que les disciples de l'école des Beaux-Arts crurent s'assurer par mimétisme à partir des compositions célèbres.

On trouve dans le journal de Delacroix en 1854 cette note curieuse qui cache une question : « Ce qu'auraient été Raphaël et Michel-Ange à notre époque. » La réponse n'est pas difficile : il travaillait alors à la chapelle de Saint-Sulpice. Seulement, il n'empruntait rien de précis à ces grands seigneurs, qu'il connaissait d'ailleurs surtout par l'estampe. Mais, pour prendre un exemple inverse, quand Bouguereau présenta au Salon de 1879, *La Naissance de Vénus,* le succès fut complet et le désastre total ; c'était Raphaël mis au goût du jour à partir de la *Galatée.* On s'adressait ici, comme le recommandait l'école, au contraire de Rio et des « néo-chrétiens » (comme les appelle Delacroix), au Raphaël romain, tenu pour un des initiateurs des jeux frivoles et des libertés érotiques sous le couvert de la Fable. Chacun peut constater l'extraordinaire vulgarité du résultat. On est passé de Monteverdi à une opérette du boulevard. L'audace de Bouguereau procède d'une erreur de « lecture » complémentaire de celle de Montalembert au sujet de la Madeleine dans la *pala* de la *Sainte Cécile.* Le doctrinaire du primitivisme pieux voulait qu'on éloigne ces impuretés. Avec Bouguereau, c'est « l'effronterie » supposée qui a gagné. Si ces brèves analyses sont correctes, l'*anti-raphaélisme,* qui va condamner la leçon du peintre à travers ses déplorables imitateurs, n'est ni plus sérieux, ni même plus intéressant — du point de vue de l'artiste que nous cherchons à cerner, s'entend — que le *pré-raphaélisme* qui en supprime délibérément la moitié indigne. Ces deux opérations conjuguées rendaient inintelligible et inconsistant un art qu'on devrait tout de même rapporter à un meilleur contexte.

Les grands contrôles du « texte » avaient commencé avec J.-D. Passavant dont l'ouvrage fondamental, paru en 1839, fut complété en 1858 et traduit partout. Mais même chez Burckhardt (le « Cicerone », 1855), chez Grimm (1872) ; chez Müntz (1881), l'interprétation restait guindée. On voit mieux aujourd'hui pourquoi. Les modalités affectives du passé, celles qu'il serait le plus urgent de connaître, échappent si impitoyablement à l'historien que, faute de pouvoir les restituer il les oublie, il les perd. Ce qui fuit surtout entre nos doigts, ce sont ces réalités essentielles : les manifestations de la gaîté et les nuances de l'Eros. Les arts dispensent faiblement les premières mais immensément les secondes. Par comparaison avec les jeux et les « practical jokes » de Léonard, avec l'ironie formidable de Michel-Ange, la démarche noble de Raphaël apparaît comme bien dénuée d'humour. Un génie sérieux ? Oui bien sûr, mais c'est oublier les décors conçus pour le joyeux Bibbiena au Vatican, qui respirent un franc amusement dans leurs jeux formels. Personne n'a composé un recueil de ses bons mots et de ses divertissements comme il est arrivé pour d'autres. Le jeune artiste était peut-être trop naïvement fasciné par le visage humain pour consentir à la caricature ; en tout cas, ce n'est pas en ce sens qu'ont agi pour lui les exercices « physiognomoniques » de Léonard. Mais il reste que l'atelier a assuré sous sa direction avec le décor des Loges la mise au point du second style, foisonnant et allègre, des « grottesques ». Impossible de croire que ce déploiement riche et élégant de nouveautés, cette fête de la vitalité naturelle sous le signe de la Diane d'Ephèse, la polymaste, cette anthologie fantaisiste de la flore et de la faune, n'aient pas été conçus et réalisés dans le climat d'amusement et d'émerveillement qu'ils ont conservé le pouvoir de propager. La froideur ne régnait pas toujours dans la *bottega*, le souci technique, professionnel, oui.

Pour l'Eros, il y aurait trop à dire, trop de fausses explications à reprendre. Chez les artistes morts jeunes, Giorgione, Raphaël, Mozart, Watteau, la frénésie amoureuse et celle de la création se conjuguent inextricablement. Mais ici les résonances sont multiples. On a pu montrer que la Farnésine, où seront peintes la *Galatée* et la voûte de *Psyché*, avait été conçu comme un palais de l'amour ; un séjour peuplé de symboles tour à tour chastes et impudiques ; séductions et épreuves engendrent de merveilleux dessins et comme un ballet de figures nues, dont Raphaël a réglé les entrées. Quelle précision dans les attitudes, dans les gestes !

Ces mouvements, véritables métaphores des émotions, illustrent avec une foule de nuances la philosophie de l'*Amour*, qui était devenue la préoccupation centrale des intellectuels en ce temps-là. Chaque époque a ses termes-clef : *Pulchritudo-Amor-Voluptas* définit le cercle à l'intérieur duquel les œuvres profanes de Raphaël se laissent clairement situer. Et justement le premier auteur à avoir tenté, peu après 1520, un portrait de Raphaël, n'a pas trouvé autre chose à en dire : « Dans tous les aspects de son œuvre, ce qui est constant, c'est cette *venustas* qui signifie la *grâce*. » (Paul Jove). Ce mot de *« venustas »* surgit ici pour la première fois dans sa fraîcheur pour qualifier l'esprit d'une œuvre ; il sera indéfiniment monnayé. Mais ses implications sont si riches et d'ailleurs si fuyantes que le Dr Freud, fasciné comme tout le milieu viennois par Raphaël, est resté — on le comprend — comme intimidé devant l'analyse à entreprendre.

Rien ne tournait plus facilement au stéréotype. On en prendra un exemple entre mille chez un libertin notoire, facile à contenter. Dans un des rares passages de ses interminables *Mémoires* où il se hasarde à philosopher, Casanova parle de l'effet qu'exerce sur lui « une belle figure de femme, même enfant... ». Il s'explique sans ambages : « Ce qui me charme, qui me ravit et me rend amoureux, est ce que j'appelle beauté. » Et il ajoute aussitôt : « Aucun peintre n'a surpassé Raphaël dans la beauté des figures qu'a produites ses divins pinceaux ; mais si l'on avait demandé à ce grand peintre ce que c'est que la *beauté,* il aurait répondu, sans doute, qu'il n'en savait rien, qu'il la saisit par cœur... » (II, ch. 20, vers 1760). Un peu élémentaire, mais enfin... ! C'était là sans doute la « vulgate », le sentiment commun d'une époque qui associait finalement la fameuse « grâce » à une sensualité peu voilée et une psychologie sans problèmes, ce qui aide à comprendre la réaction dévote de Rio et de Montalembert qui a suivi et leur intolérance du « mauvais » Raphaël. Mais toujours sur cette ligne délicate du fonds érotique, le « raphaélisme » a suscité un propos inattendu mais peut-être décisif de Nietzsche.

Trois ans après la note déjà citée, débordant une appréciation plutôt sommaire, le philosophe déclare brusquement : « Sans une certaine surchauffe du système sexuel, un Raphaël n'est pas concevable... » L'idée est aussitôt développée : « Les artistes ne doivent rien voir tel que c'est, mais plus plein, plus simple, plus fort. De plus, il faut qu'ils aient dans le corps une sorte d'éternelle jeunesse, d'éternel printemps, une sorte d'ivresse naturelle... » (fragments posthumes, 1888-1889).

Le « mythe » de Raphaël se rassemble soudain, sur le thème du désir et de la vigueur, d'une volonté simple et intransigeante de tout embrasser, de tout appeler à soi et de tout remodeler. Peut-on mieux rendre compte de l'aisance avec laquelle s'accomplissait ce balancement du sacré au profane, constant à la Renaissance, qui a tant déconcerté et dont Raphaël n'a cessé de jouer?

Soit. On voit peut-être ainsi un peu plus clair, mais une difficulté majeure subsiste : « L'œuvre m'assomme... » Un des peintres qui a parlé le plus intelligemment de cet art, Sir Josuah Reynolds, a déclaré que le premier contact avec Raphaël avait été une déception : *"What my expectations were I can not tell. But I lived long enough... to know that my disappointement was the child of ignorance."* Si je me suis ennuyé, c'est ma faute, en somme, et il n'y a là rien que de normal. Sir Josuah estime qu'il doit toujours plus ou moins en être ainsi. Il faut s'éloigner une bonne fois de Raphaël pour un jour apprécier son œuvre. La popularité peut difficilement s'attacher à ce qui fait le mérite singulier de l'artiste : la qualité professionnelle. Tout le monde ne visite pas cette espèce de laboratoire intérieur des formes qui s'est constitué silencieusement dans les travaux des collines ombriennes pour se développer ensuite systématiquement et s'enrichir enfin à un rythme fantastique au service des palais romains.

Cette histoire n'a donc rien à voir avec le roman habituel du génie. Mais y a-t-il un biais qui la rende accessible? Par une sorte de *consensus* général, les dessins sont mis à part. Ils jouent un rôle essentiel dans les études. Dès 1898 un savant qui a consacré sa vie à la tâche, O. Fischel, indiquait que c'était là la bonne voie : les heureuses surprises y abondent mais au prix d'un travail particulièrement difficile. A preuve, l'étonnante affaire du *libretto,* carnet de croquis découvert par Giuseppe Bossi en 1810, passé à l'Accademia de Venise et pris dès lors comme base d'étude pour la formation du jeune artiste dans le milieu de Pérugin. Ce document a été tout simplement traité de faux par un savant notoire en 1903 — ce qui d'ailleurs n'a guère de sens, comme on vient de l'établir clairement. Mais il est fait de répétitions, de copies. C'est un outil de travail, constitué probablement assez tard, mais certainement pas par Raphaël. L'élégance des formes élaborées par le Pérugin à la bonne époque est indéniable et l'épouvantable monotonie de son style vers 1500, au moment de l'ascension de Raphaël, ne peut la faire oublier. Mais les relations de maître à élèves dans les *botteghe* de la Renaissance ne se résolvent pas à coups d'attributions-éclair et la documentation ne nous tire pas toujours d'embarras. L'autorité des dessins de Raphaël pour les fresques de la librairie Piccolomini à la cathédrale de Sienne (commandées à Pinturicchio en 1502) est extraordinaire. Mais la réalisation n'en a pas tenu compte ; on se demande pourquoi l'assistant a esquissé une version revue et corrigée des compositions, qui n'a pas servi.

Tous les grands praticiens s'observaient. On découvre, dans les dessins des échos révélateurs des formes de Léonard d'abord, de Michel-Ange ensuite, de Fra Bartolomeo, et même de Sebastiano Luciani qui apporte à Rome « l'air de Venise ». C'est le moment de ce grand atelier italien où les propositions, les échanges, les conflits se multiplient. Et là, Raphaël est au premier rang. Les analyses des spécialistes nous donnent parfois la sensation de pouvoir restituer année par année, saison par saison, ces prestigieux épisodes dont l'enchaînement met en évidence le don de Raphaël. D'où l'intérêt qui s'attache à l'œuvre graphique, si largement conservé — mais copié, démarqué à n'en plus finir — par la piété des générations. Pour citer une dernière fois Nietzsche, que décidément le vrai Raphaël avait intrigué : « Celui qui apprend se crée ses propres dons, — cependant il n'est pas facile d'apprendre et ce n'est pas seulement affaire de bonne volonté : il faut *pouvoir* apprendre. » Aphorisme, qui a des chances de fournir une bonne introduction à la « dynamique » de cet infatigable conquérant.

Malheureusement, le problème a une autre face, moins conforme encore aux idées modernes : la participation des collaborateurs de plus en plus nombreux et divers à la *bottega raffaellesca*. Ce développement est inscrit dans une masse documentaire exceptionnelle conservée en particulier au Louvre. L'identification et le classement des dossiers de dessins de « l'école » demande une analyse scrupuleuse et même ingrate à laquelle on peut prendre un plaisir technique ; mais sans oublier que le repérage des mains revêt plus d'importance à nos yeux qu'il n'en avait autrefois.

On aura donc l'occasion d'entrer comme nulle part ailleurs dans les mécanismes d'une entreprise artistique puissante à peu près intacte. Les dessins de profils perdus, de mains pendantes, de drapés soudain éloquents comme un visage, en étaient les éléments. Mais l'« idée » du jeune maître régnait sur tout cela. Nous le comprenons probalement mieux aujourd'hui, l'essentiel était cette « forme globale » que nous nommons avec plus ou moins de bonheur : composition. Le carton de l'*Ecole d'Athènes* à l'Ambrosiana, ceux des *Actes des Apôtres* au Victoria and Albert Museum, en sont la démonstration décisive, désarmante de simplicité. A partir de là, l'ordre des choses, le sens du travail prend un caractère plus convaincant. Le résultat a l'air si simple, vu dans les gravures, qu'un ambitieux comme Mengs (du moins, à ce que rapporte ironiquement Reynolds) s'imaginait pouvoir aisément faire mieux. Ingres, que les finesses et la retenue du maître faisaient pâmer, n'eut pas cette illusion. Ni Picasso.

Cet atelier rassemblait une équipe de forts tempéraments qui se sont libérés non sans dégâts après la mort soudaine du jeune maître. Comment orchestrait-il tout cela ? Dans plus d'un cas, on s'y est trompé. Tout le monde, ou presque, a cru que dans la *Transfiguration*, la note sombre, les accents lourds, venaient des collaborateurs. On laissait du moins à l'artiste la responsabilité du parti singulier à deux étages, qui s'explique d'ailleurs toujours si mal, et le mérite des dessins extraordinaires pour les faces tourmentées des personnages. Le récent nettoyage a obligé à réviser tout cela : l'artiste a dû peindre tout le panneau. La dernière peinture de Raphaël jette par son paroxysme et sa tension étranges un jour inédit sur l'œuvre entier. Sa complexité nous invite à nuancer nos points de vue incomplets et naïfs. Le rassemblement imposant réalisé par les Musées de France survient à un moment où les perspectives changent, où des interrogations nouvelles sont possibles, où le dogme de la perfection se résout en problèmes qui ne devraient pas laisser indifférent.

André Chastel

Ange (en cours de restauration)
Cat. P. nº 1

Madone
Cat. P. nº 3 a

Dieu le Père tenant une couronne
Cat. P. nº 3

Ange (avant restauration)
Cat. P. nº 2

Saint Georges luttant avec le dragon
Cat. P. nº 4

Saint Michel
Cat. P. nº 5

La Belle Jardinière
La Vierge, l'Enfant et le petit saint Jean
Cat. P. n° 6

Balthazar Castiglione
Cat. P. nº 7

Saint Jean-Baptiste dans le désert
Cat. P. nº 8

Saint Michel terrassant le démon,
dit le Grand saint Michel
Cat. P. nº 9

La Grande Sainte Famille
de François Ier
Cat. P. nº 10

Portrait de Jeanne d'Aragon
Cat. P. nº 12

Raphaël et un ami
Cat. P. n° 13

La Petite Sainte Famille
La Vierge, l'Enfant, sainte Elisabeth et le petit saint Jean
Cat. P. nº 14

Portrait de jeune femme
Cat. P. n° 16

La Vierge au voile
La Vierge au diadème bleu;
la Vierge,
l'Enfant et le petit saint Jean
Cat. P. n° 17

Etude de draperie pour une figure assise ; tête d'homme âgé
de profil à gauche, coiffée d'un bonnet
Cat. D. n° 60

Figure drapée assise
Etude pour le Christ
de la *Dispute du Saint Sacrement*
Cat. D. n° 68

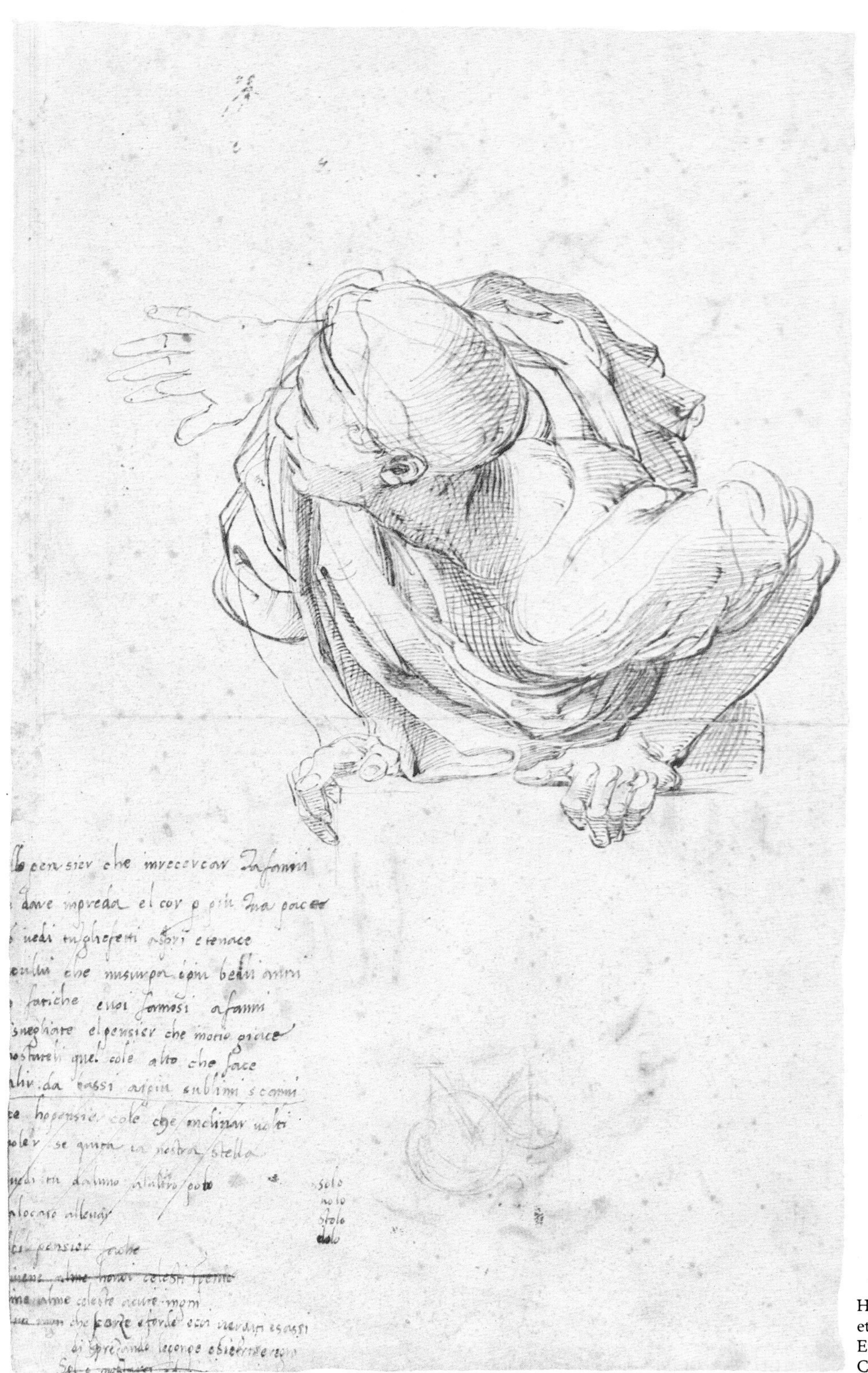

Homme penché, en avant,
et texte d'un sonnet
Etude pour la *Dispute du Saint Sacrement*
Cat. D. nº 70

Tête de jeune homme de trois quarts, vers la droite
Partie du carton, avec l'ange, au second plan, pour *Héliodore chassé du Temple*
Cat. D. n° 84

Deux têtes d'après l'antique, vues de face et de profil
Deux études de Silène couché
Cat. D. nº 98

Vierge à l'Enfant avec saint Jean-Baptiste
Etude pour la *Madone d'Albe*. Quatre croquis
Cat. D. n° 103

Groupe de figures tournées vers la gauche
Etude pour le *Sacrifice de Lystra*
Cat. D. n° 101

Vénus et Psyché
Cat. D. nº 110

Sibylle lisant
Cat. G. n° 83

Saint Pierre et saint Jean guérissant le paralytique à la porte du Temple (détail)
Cat. T. n° 3

Chronologie

La principale source pour la biographie de Raphaël demeure celle rédigée par le peintre-historien Vasari dans ses deux éditions de 1550 et 1568, ainsi que des passages des *Vies* d'autres artistes du même auteur, dans lesquelles il fait allusion à Raphaël.

1483 Naissance de Raphaël à Urbin, probablement le 6 avril : cette date est déduite de l'inscription sur sa tombe, d'après laquelle il serait mort le jour anniversaire de sa naissance ; (certains préfèrent penser que le jour de sa naissance était, comme celui de sa mort, un Vendredi Saint, ce qui donnerait pour l'année 1483 le 26 ou le 28 mars).
Son père, Giovanni Santi, était peintre et semble avoir occupé une position relativement importante à Urbin, sinon sous le duc Frédéric, du moins comme peintre de cour sous son fils Guidobaldo. La *Chronique Rimée*, dont il est l'auteur, montre un homme très au courant de la peinture de son temps et doué de qualités intellectuelles.

1491 Le 7 octobre, meurt la mère de Raphaël, Magia di Battista Ciarla.

1494 Giovanni Santi meurt le 1er août. A cette date, le jeune Raphaël a tout juste onze ans, mais la tradition voulait que les fils d'artistes travaillent de bonne heure dans l'atelier de leur père et Vasari, avec des variantes dans les deux éditions, nous apprend que « le jeune Raphaël aida son père de son mieux ».
Selon Vasari, Giovanni Santi avait, avant sa mort, placé son fils dans l'atelier de Pérugin, considéré à l'époque comme un des meilleurs maîtres de l'Italie. Le manque de documents pose un problème pour la date exacte de l'arrivée

de Raphaël dans l'atelier de Pérugin, mais les historiens d'art ont tendance à se rallier au texte de Vasari, qui situe cette arrivée très tôt. Si cette hypothèse est exacte, Raphaël a dû accompagner son maître à Florence, sinon en 1494, du moins en 1497 ou 1498 où la présence de Pérugin est attestée à Florence ; il a donc eu connaissance du milieu florentin bien avant la date généralement donnée pour sa « période florentine », (1504-1508). En tous cas, il assimila si bien et si vite les caractéristiques de son maître que Vasari déclare que « l'on ne peut distinguer la manière de Raphaël jeune de celle de Pérugin ».

1497 Date généralement retenue pour la prédelle du *Retable de Santa Maria Nuova* de Fano, commandé à Pérugin en 1488 ; cette prédelle est considérée par plusieurs historiens d'art comme l'œuvre de Raphaël.

1500 D'après un acte notarié en date du 13 mai, Raphaël était certainement absent d'Urbin ; certains en ont déduit qu'il collaborait à cette époque avec Pérugin aux fresques du *Cambio* de Pérouse.

1500-1501 Première œuvre certaine de Raphaël : le *Retable de saint Nicolas de Tolentino* (cf. P. n°s 1, 2, 3 du catalogue). Le contrat est daté du 10 décembre 1500 et le reçu, daté du 15 septembre 1501, atteste que les peintres ont livré l'œuvre terminée. Raphaël est cité dans ces documents comme « maître », alors qu'il n'avait que 17 ans.

1503 Commande par l'abbesse des Clarisses de Monteluce, près de Pérouse, d'un retable pour le grand autel de l'église. Cette commande sera plusieurs fois renouvelée (cf. P. n° 39).
Date inscrite sur l'autel de San Domenico à Città di Castello, pour lequel Raphaël peignit une *Crucifixion* signée (aujourd'hui à Londres, National Gallery).

1504 Date inscrite sur le *Mariage de la Vierge* (Milan, Brera) œuvre signée, exécutée pour la famille Albizzini, autrefois dans l'église San Francesco de Città di Castello. C'est aussi la date d'une lettre dans laquelle Giovanna Feltria della Rovere, épouse du préfet de Rome, recommande Raphaël à Pietro Soderini, Gonfalonier de Florence.

1505 Date qui se lit sur la fresque de la *Sainte Trinité* (Pérouse, San Severo), dont Vasari dit : « Il y inscrivit son nom en grandes lettres bien apparentes. » On l'a lue aussi, mais pas clairement, sur l'ourlet du vêtement de la *Madone Ansidei* (Londres, National Gallery), citée par Vasari aussitôt après la fresque de Pérouse.
Le 12 décembre, dans le nouveau contrat signé à Pérouse par Raphaël et Berto di Giovanni pour les religieuses de Monteluce, Raphaël donne une liste

des lieux où son activité l'appelle : Rome, Pérouse, Assise, Gubbio, Sienne, Florence, Urbin et Venise. Notons qu'à ce moment Raphaël se trouve à Pérouse et non à Florence.

1506 Date qu'on veut lire sur l'ourlet du vêtement de la *Madone du Belvédère* (Vienne, Kunsthistorisches Museum), identifiée comme une œuvre peinte par Raphaël pour Taddeo Taddei à Florence.

1507 Date figurant sur la *Déposition de Croix* (Rome, Galleria Borghese) commandée par Atalanta Baglioni pour San Francesco de Pérouse.
Le 15 octobre, Raphaël se trouve à Urbin ; il y prête serment, « la main posée sur l'Evangile ». La date de 1507 figure sur la *Sainte Famille à l'agneau* (Madrid, Prado), mais elle a été contestée (cf. P. n° 18).

1508 Le 21 avril, Raphaël écrit de Florence à son oncle, Simone Ciarla, à Urbin.
Le 5 septembre, il écrit de Rome à Francesco Francia, à Bologne, lui indiquant qu'il est surchargé de travail ; l'authenticité de cette lettre a été mise en doute, puis réaffirmée.
La date de 1508 figure sur la *Grande Madone Cowper* (Washington, National Gallery of Art), provenant de la Casa Niccolini à Florence, et sur la *Belle Jardinière* (cf. P. n° 6).

1509 Le 15 janvier, Raphaël reçoit un acompte (ou un premier paiement, selon les auteurs) de 200 ducats pour des travaux dans les nouveaux appartements du pape. La mention de la « chambre du milieu » (camera de medio) indique qu'il s'agit de travaux commencés ou à commencer dans la *Chambre de la Signature.*
Le 4 octobre, Raphaël est nommé par le pape « rédacteur des brefs apostoliques », charge purement honorifique, qu'il n'exercera jamais.

1510-1511 Deux inscriptions dans la *Chambre de la Signature,* l'une sous la fresque des *Vertus,* l'autre sous le *Parnasse,* mentionnent que les travaux ont été terminés la huitième année du pontificat de Jules II, soit entre le 31 octobre 1510 et le 31 octobre 1511.
Le 10 novembre 1510, deux « tondi » (médaillons) en bronze sur dessins de Raphaël sont payés par Agostino Chigi.

1512 L'inscription sous la fresque de la *Messe de Bolsena* dans la *Chambre d'Héliodore* indique qu'elle fut achevée dans la neuvième année du pontificat de Jules II, c'est-à-dire avant le 31 octobre.

1513 Jules II meurt le 20 février.
Le 11 mars, Jean de Médicis devient pape sous le nom de Léon X.

En juillet, on trouve trace de deux paiements pour des travaux dans la *Chambre d'Héliodore*.

1514 Date inscrite sous la fresque de la *Libération de saint Pierre,* dans la *Chambre d'Héliodore,* avec la mention : deuxième année du pontificat de Léon X.
Le 1er mars, Raphaël est inscrit à la Compagnie du Corpus Domini à Urbin.
Le 1er avril, il commence à travailler comme architecte à Saint-Pierre de Rome, en qualité d'aide de Bramante ; celui-ci meurt le 11 avril et un bref du pape, en date du 1er août confirme la nomination de Raphaël comme architecte. Dans une lettre, dépourvue de date, à Balthazar Castiglione, Raphaël évoque cette nouvelle et lourde charge que le pape a mise sur ses épaules.
Il a en effet commencé une autre *Chambre* (celle de l'*Incendie*), évoquée dans une lettre du 1er juillet à son oncle Ciarla.
C'est également dans l'année 1514 qu'Elena, épouse de Benedetto dall'Oglio, notaire bolonais, fait édifier une chapelle dans l'église San Giovanni in Monte, pour laquelle elle commande à Raphaël une *Sainte Cécile* (Bologne, Pinacothèque).

1515 Le 15 juin, Raphaël reçoit un premier paiement pour des cartons de tapisseries (cf. T. nos 1 à 6).
Le 27 août, il est nommé conservateur des Antiquités romaines.
Dans l'hiver de 1515 à 1516, Raphaël se rend à Florence, appelé par Léon X pour présenter un projet de façade destiné à San Lorenzo, en concurrence avec Michel-Ange, Giuliano da Sangallo, Andrea et Jacopo Sansovino.
Il entre en correspondance avec Dürer.

1516 Le 3 avril, une lettre de Bembo au cardinal Bibbiena relate une excursion à Tivoli ; l'entourage de Raphaël apparaît composé d'hommes éminents et lettrés, parmi lesquels Balthazar Castiglione, Tebaldeo, poète de Ferrare, le cardinal Bibbiena et tous les humanistes de la cour papale. Le 20 juin, une autre lettre indique que les travaux sont terminés dans les appartements du cardinal (la *Stufetta* et la *Loggetta,* Vatican). L'activité de Raphaël apparaît de plus en plus intense et diversifiée : la date de 1516 apparaît sur la mosaïque de la coupole de la *chapelle Chigi* à Santa Maria del Popolo. Il renouvelle également le 21 juin, le contrat pour le *Couronnement de la Vierge* de Monteluce (cf. P. nº 39) ; il reçoit le 20 décembre un paiement pour des cartons de tapisserie.
Par ailleurs, une lettre de Leonardo Sellaio à Michel-Ange, alors à Carrare, le 22 novembre, l'avertit d'avoir à se méfier de Raphaël sculpteur car Raphaël a modelé un « putto » pour Pietro d'Ancona qui doit le reproduire en marbre.

1517 Cette date apparaît sous la fresque du *Serment de Léon III* dans la *Chambre de l'Incendie*.
Une longue correspondance (21 mars-4 décembre) avec Alfonso d'Este, duc de Ferrare, concerne un *Triomphe de Bacchus* que le duc voudrait obtenir de Raphaël et qui ne sera jamais exécuté.
Le cardinal Jules de Médicis, futur Clément VII, commande à Raphaël une *Transfiguration* , et à Sebastiano del Piombo une *Résurrection de Lazare*, toutes deux destinées à la cathédrale de Narbonne.

1518 Cette date figure sur le *Saint Michel* et sur la *Sainte Famille* commandés par le pape pour être offerts à François I^eR et à Claude de France, son épouse (cf. n°s 9 et 10).
Une lettre du duc de Ferrare demandant le carton du *Portrait de Jeanne d'Aragon,* vice-reine de Naples, semble indiquer que ce portrait était achevé à cette date (cf. P. n° 12).
L'année 1518 voit encore l'achèvement de la *Loggia de Psyché* à la Farnesina.
Dans un feuillet des Archives Vaticanes, deux « motuproprio » de Léon X décrivent Raphaël et Antonio da Sangallo le Jeune comme des urbanistes, « maestri delle strade », préparant des projets pour ce qui est aujourd'hui la Piazza del Popolo, la Via Leonina (Via di Ripetta) et la Via Lata (Via del Corso) ; ce feuillet, toutefois, n'est pas daté.
Les travaux commencent dans les *Loges* du Vatican (document du 1er mars) ; enfin, Raphaël s'occupe des antiquités romaines (document du 11 juillet et correspondance du duc de Ferrare). Il n'a pas encore commencé à peindre la *Transfiguration* (juillet 1518).

1519 Plusieurs témoignages évoquent la charge confiée à Raphaël par le pape : faire un relevé des monuments antiques et en élaborer une reconstruction graphique ; il faut rattacher à cette activité la fameuse *Lettre à Léon X sur le plan de la Rome antique,* attribuée à Raphaël. Tous les documents font état d'une activité multiforme et éclectique qui inclut même à un moment celle de scénographe, collaborant avec l'Arioste.
Le 16 juin, une lettre de Balthazar Castiglione à Isabelle d'Este décrit les *Loges* comme terminées. Le 18 août, le testament d'Agostino Chigi précise que Raphaël doit achever sa chapelle à Santa Maria del Popolo et que celle de Santa Maria della Pace n'est pas terminée non plus.
Le 26 décembre, la fameuse *Tenture des Actes des Apôtres,* tissée sur les cartons de Raphaël, est exposée dans la Chapelle Sixtine (cf. T. n°s 1 à 7).

1520 Un correspondant du duc de Ferrare lui indique que Raphaël travaille à la *Transfiguration.*
Le 6 avril, Raphaël meurt à l'âge de trente-sept ans.

O.M.

Chacune des sections de l'exposition a fait l'objet d'une numérotation propre.
Les références aux œuvres exposées sont indiquées de la façon suivante :

P. : Peintures
D. : Dessins
G. : Gravures
T. : Tapisseries

suivies du numéro du catalogue.

Peintures

Raphaël, un nouveau regard

Il faut du temps et du silence pour pénétrer dans le merveilleux univers de Raphaël : comme tout ce qui est simple et grand, son œuvre est d'abord secrète. Nous la regardons, semble-t-il, sans la voir : aucune autre peinture ne donne à ce point, au premier coup d'œil, une sensation de déjà vu. La *Joconde*, au sourire indéfiniment multiplié, ne produit pas, cependant, cette impression, sauvée par son mythe et son mystère. Raphaël, lui-même, est mystérieux ; il est aussi l'incarnation d'un mythe : nous devons réfléchir pour le comprendre car il paraît clair, aisé et, peut-être à cause de cela, presque ennuyeux... Les légendes que Vasari raconte sur lui — l'enfant prodige, le magicien au charme irrésistible — sont aujourd'hui presque oubliées : on commence à peine à leur substituer une autre légende, celle à laquelle Vasari aboutit à la fin de la *Vie* de l'artiste : « Raphaël est la peinture même ». Cependant ce peintre « aimable » reste difficile : la plupart des critiques ont avoué qu'ils ne sont venus à lui que tardivement et presque malgré eux.

Au Louvre, le visiteur attiré avant tout par Léonard n'accorde, le plus souvent, qu'un regard distrait et rapide à Raphaël. La foule qui se presse salle des Etats s'étonne que la *Joconde* soit si petite, les *Noces de Cana* si grandes ; parfois, plus rarement, elle s'arrache à la contemplation de ces murs sacrés et, se retournant, s'arrête un instant devant l'*Homme au Gant*, le tableau qui faisait pleurer André Gide. Raphaël ne suscite jamais tant d'émotion et ne récolte qu'une admiration bien convenue. Il a fallu la restauration du *Balthazar Castiglione* l'appel de cette tache claire près des sombres Léonard, pour attirer enfin l'attention sur le merveilleux accord chatoyant de ses gris veloutés. Ce public qui paie sa ration quotidienne d'hommages à la *Joconde* paraît à peine s'apercevoir qu'elle est encadrée grâce à Raphaël par quelques-uns des plus parfaits chefs-d'œuvre de toute l'histoire de la peinture.

Les images qu'offre ce grand peintre à nos yeux habitués à trop d'artifices et d'expressionnisme, paraissent comme gommées, presque invisibles. Raphaël ne cherche jamais à étonner et semble presque absent d'une œuvre où il est, pourtant, présent tout entier : ni effusion ni effet, cette œuvre n'est que peinture. C'est précisément ce que nous ne savons plus voir. Alors nous cherchons à comprendre, à expliquer, à disséquer. L'extrême faveur dont jouit le dessin — légitime car pour Raphaël le dessin joue, en effet, un rôle essentiel dans la préparation d'un tableau — cette faveur est aussi, parfois, un aveu de notre impuissance à « entrer » dans sa peinture : expliquer sa genèse nous laisse à sa porte, cependant, car le tableau achevé diffère de l'esquisse comme la fleur diffère du fruit.

A la manière d'un organisme vivant, c'est un tout dont on ne doit négliger aucune parcelle. Il a été élaboré avec une méticulosité d'artisan : le bois des panneaux est toujours choisi avec soin ; les planches sont jointes par des bandes de toile, pour éviter les redoutables fissures, dès *l'Ange* du retable de Saint-Nicolas de Tolentino (1501) jusqu'à la *Grande Sainte Famille* (1518). Si le support est une toile *(Balthazar Castiglione)*, c'est, alors, la plus fine ; le pourtour du tableau est soigneusement délimité par une « barbe » régulière (le *Petit Saint Georges*) ou par une bande noire *(Balthazar Castiglione)*. Les études actuellement en cours révèlent l'évolution de la technique de Raphaël dans l'emploi des matériaux et des pigments. Elle témoigne toujours de la même attention scrupuleuse dans la préparation des différents éléments et d'une constante exigence de qualité dans l'exécution. Le carton préparatoire (on peut retrouver sa trace sur le *Grand Saint Michel*) n'est qu'exceptionnellement suivi : ses motifs sont presque toujours modifiés en cours d'exécution (le *Petit Saint Michel*, la *Grande Sainte Famille*). Cette recherche de perfection jusqu'au dernier moment, dans des compositions déjà parfaitement élaborées, permet de vérifier l'exactitude des témoignages anciens : selon Vasari, Raphaël, abandonnant tout le reste à Giulio Romano, peignit seul le visage de *Jeanne d'Aragon*. En effet, sous le masque parfait de la « perle de l'Italie », la radiographie révèle une étrange et impitoyable déesse antique aux trois yeux : c'est l'ultime retouche apportée par le maître au carton de l'élève, par ailleurs utilisé sans variantes.

Les techniques scientifiques modernes permettent une nouvelle approche de l'œuvre d'art : nous pénétrons jusqu'à son cœur : sous la lourde chape des repeints se révèle intacte l'exceptionnelle grâce d'une silhouette s'enlevant sur un décor de « grotesques » (l'*Ange* de Saint-Nicolas de Tolentino). On voit apparaître le squelette d'un corps : la structure profonde des figures de Raphaël, leurs volumes fortement construits, leurs puissants contrastes d'ombres et de lumières, font penser aux peintres du XVIIe siècle (la *Belle Jardinière*). La violence contenue des formes harmonieusement équilibrées, comme domptées, échappe sous le charme de l'enveloppe colorée.

La mise en place rigoureuse est une donnée constante des œuvres de Raphaël : rien n'est laissé au hasard. Cette cohérence intime des parties assure la monumentalité de la composition, quelles que soient ses dimensions. Raphaël cache la tension sous le sourire de la grâce.

Si ces caractères sont présents dans chaque œuvre indiscutable, leur exécution est, en revanche, d'une surprenante variété : aucun tableau ne ressemble à l'autre. A la touche expressive des débuts — on suit le mouvement du pinceau dans l'*Ange* de Saint-Nicolas de Tolentino et dans le *Petit Saint Michel* — succèdent des touches fondues, indiscernables : dans la *Belle Jardinière* la délicatesse vraiment exceptionnelle de la technique confère au visage l'éclat nacré d'une fleur ; ses cils, comme ceux de *Jeanne d'Aragon*, sont peints un à un, virtuosité qui remplace la première manière héritée, sans doute, de Pérugin (une seule touffe de cils est massée au coin de la paupière de l'*Ange* du retable de Saint-Nicolas de Tolentino).

Près de la *Jardinière* à l'éclat de gemme finement polie, *Balthazar Castiglione* semble peint par un autre artiste. Raphaël y exploite presque à l'infini, les possibilités d'une touche caressante, enveloppante comme la fourrure qui réchauffe les épaules du modèle. Dans cette œuvre intime, où la virtuosité de l'exécution est volontairement contrôlée et cachée, l'harmonie d'une palette monochrome est tout à fait nouvelle. L'aspect esquissé, si moderne, s'accorde au caractère particulier du portrait dont le message amical paraît murmuré sur le ton de la confidence.

Mais c'est avec le fracas de la foudre que se pose le *Grand Saint Michel*. Hélas, le vol superbe de l'archange est aujourd'hui entravé par le poids des vernis et des repeints ; sa resplendissante image est défigurée par les injures du temps. Le rougeoiement incandescent du mont et de Lucifer semble presque éteint. Cependant l'invention extraordinaire de cette figure monumentale, son style « héroïque », une des ultimes expressions de la « grande manière » de Raphaël, restent encore, malgré tout, admirables. La sérénité apollinienne du visage de l'archange, ses ailes diaprées, ne peuvent revenir qu'à Raphaël dont l'autorité magistrale domine toute l'œuvre. Sans doute le *Saint Michel* offrait, en outre, cette riche variété d'exécution si prisée par Vasari et encore frappante dans la *Grande Sainte Famille*. On l'imputait autrefois, de façon péjorative, aux nombreux collaborateurs que dut employer Raphaël pour faire face aux pressantes commandes de 1518. Cependant Sebastiano del Piombo, si aigre dans ses critiques à l'égard des œuvres de son rival, n'en souffle mot ; n'aurait-il pas dû se réjouir à l'idée d'ajouter aux rumeurs perfides qui couraient déjà sur la médiocrité d'exécution de la Farnésine où Raphaël, disait-on, se fia trop à ses aides ? Une fois de plus il faut croire Vasari qui souligne que Raphaël collabora « avec les plus grands artistes dans une parfaite entente ».

A propos de la *Grande Sainte Famille*, d'ailleurs, il ne nomme que Giulio mais, fort jeune alors (il naquit sans doute en 1499), l'élève dut être étroitement contrôlé par le maître. Sur le visage ridé de la Sainte Elisabeth que Vasari lui attribue, Raphaël paraît avoir posé la caresse de la lumière. La *Grande Sainte Famille*, beaucoup mieux conservée qu'on ne le pensait (elle avait été presque entièrement repeinte), offre un florilège des différentes manières de Raphaël : fluide et légère sur le merveilleux Saint Joseph, la touche devient dense et précise sur la Vierge, figure principale de la composition. L'œuvre abonde en morceaux exquis : du bouquet de fleurs, sans doute peint par un spécialiste comme Giovanni da Udine, jusqu'au pied de la Vierge, chaussé d'une sandale, qui apparaît sous la draperie et fait penser à quelque précieux fragment antique. La cambrure élégante du pied, l'exécution raffinée des ornements, révèlent l'intervention de Raphaël. Cette volonté d'être parfait dans le moindre détail, qui ravira les maniéristes, ne distrait jamais, cependant, de l'essentiel : le pieux message des figures sacrées groupées en une mouvante architecture.

Mais dans cette grande œuvre Raphaël n'a pas encore tout dit : son émouvant et ultime auto-portrait prouve son prodigieux pouvoir de renouvellement. L'exécution large, vigoureusement brossée, parut si extraordinaire, comparée à celle de ses autres peintures qu'on hésita longtemps à lui attribuer le tableau. Les simplifications hardies du premier plan, cette mise en page si moderne (Degas avant la lettre), enregistrent, comme dans un instantané photographique, une exceptionnelle rapidité de vision : dans un éclair, elle saisit la vérité profonde des êtres, l'ami au visage confiant, Raphaël blême et secret, qui semble déjà porter le masque de la mort.

Dans tous ces tableaux, la technique est toujours au service de l'inspiration mais toutes deux sont égales en importance et en beauté. On comprend presque tout Raphaël au Louvre : dans ses tableaux de chevalet *(Saint Michel, la Grande Sainte Famille)* se retrouvent la puissance d'imagination et la faculté de donner vie aux idées des grands ensembles du Vatican. Les images qu'il nous propose sont d'autant plus convaincantes qu'elles furent créées par un homme de foi : Raphaël, cet amoureux du beau style (« bella maniera »), est aussi le pieux confrère de la Corporation du Corpus Domini.

Confronté dans le Musée à certains des modèles qui l'inspirèrent, la *Joconde* et la *Sainte Anne* de Léonard, Raphaël n'apparaît pas diminué par eux ; tout au contraire, son originalité éclate : « de plusieurs styles il ne fit qu'un, le sien » (Vasari).

Raphaël dans les collections françaises

François Ier tenta vainement de faire venir Raphaël en France, Léon X s'y opposa : outre sa prédilection personnelle envers l'artiste le pape objectait « l'intérêt de la Religion, Raphaël n'était pas seulement le plus grand peintre de Rome ; nommé architecte de Saint-Pierre il avait une mission presque sainte ; il élevait à Dieu le plus grand temple de la chrétienté »[1]. Ce refus contribua, peut-être, à rendre Léon X plus généreux envers le roi en intervenant de façon officielle, ou cachée, dans la commande des tableaux de Raphaël en 1518.

A ce grand envoi de chefs-d'œuvre devait être joint le portrait de Laurent de Médicis : la correspondance de Bertrando Costabili mentionne celui aussi de son épouse, Madeleine de la Tour d'Auvergne qui, sans doute, ne fut pas exécuté. Le portrait de Laurent sera perdu pour la France[2]. La mort subite de Raphaël ravit également à Narbonne la *Transfiguration* commandée par le cardinal Jules de Médicis pour la cathédrale de cette ville et qui resta à Rome.

François Ier possédait déjà, à cette date, une remarquable collection de peintures de Léonard : il voulait y ajouter des chefs-d'œuvre de Michel-Ange et de Raphaël. Ce désir et d'autres considérations plus politiques motivèrent certainement le choix du pape : le *Grand saint Michel* est le symbole d'un idéal chrétien et d'un programme, la *Grande Sainte Famille,* destinée à la reine, exalte ses vertus de mère, *Sainte Marguerite,* celles de la sœur du roi. Les portrait des deux jeunes époux, Laurent et l'infortunée Madeleine de la Tour d'Auvergne qui mourut prématurément après la naissance de Catherine de Médicis, sont des œuvres de circonstance. Celui de *Jeanne d'Aragon* peut surprendre : c'est pourtant le choix — sans doute conseillé par Laurent au Pape ou à Bibbiena — qui s'accordait le mieux aux goûts voluptueux du roi. Il faut se souvenir que François Ier possédait une « suite » des Beautés célèbres : la *Joconde* y tenait la première place et, presque certainement, son double la mystérieuse *Monna Vanna*[3], avec le portrait d'une *Dame de la cour de Milan (Béatrice d'Este).* Incarnation d'un idéal raffiné de beauté et d'esprit, *Jeanne d'Aragon,* s'inscrivait admirablement dans cette réunion de « Belles Dames ». Peut-être y prenait aussi place le *Portrait de femme* dont un ancien texte vante la parfaite beauté peinte au milieu d'un jardin[4] ; *Jeanne d'Aragon,* représentée dans un somptueux intérieur ouvert sur un jardin, paraît offrir un fascinant parallèle avec cette œuvre perdue.

Les premières traces en France des célèbres tableaux de Raphaël du Louvre remontent à la collection de François Ier mais assez tard, au XVIe siècle : nos sources sont Vasari, incomplet et parfois inexact, les visiteurs de Fontainebleau et les guides du château[5]. Où se trouvaient les tableaux avant la transformation des appartements royaux par François Ier ? Vraisemblablement pas à Fontainebleau qui ne devint qu'après 1528 le séjour préféré du

1. Laborde, 1955, p. 34.
2. Golzio, 1936 (éd. 1971), p. 65 et Oberhuber, 1971, pp. 436-446.
3. D.A. Brown, 1978, pp. 25-37.
4. Le tableau était attribué à Léonard.
5. Pour la bibliographie essentielle cf. Cox-Rearick 1972. A propos de Peiresc cf. S. Béguin, *Le XVIe siècle florentin au Louvre,* 1982, p. 71, note 9. J. Cox-Rearick prépare une nouvelle étude sur la collection de François Ier. De nombreux problèmes se posent encore sur les œuvres. Ainsi, on doit étudier le Sogliani (Cox-Rearick 1972, n° 31 F et cat. Exp. *Le XVIe siècle florentin au Louvre,* p. 55) qui provient de la collection Jabach (Le Brun, n° 275) pour savoir s'il lui a véritablement appartenu. Cette remarque a été faite, indépendamment, par A. Brejon de Lavergnée.

roi ; ne serait-ce pas plutôt dans l'une des résidences royales, le Louvre ou, mieux encore, l'un des châteaux de la Loire (Blois, Amboise ?) où la cour résidait le plus souvent ? Là seulement, semble-t-il, les chefs-d'œuvre du roi pouvaient trouver un cadre digne d'eux[6]. Le *Grand saint Michel* et la *Grande Sainte Famille,* qui arrivèrent après le mariage diplomatique de Laurent de Médicis et de Madeleine de la Tour d'Auvergne, auraient pu être portés à Amboise.

On oublie toujours ce point essentiel de la première localisation des œuvres : elle aiderait, peut-être, à éclairer leur histoire complexe ; malheureusement nous en sommes réduits aux hypothèses car avant le paiement à Primatice de la restauration des quatre peintures de Raphaël dans les années 1537-1540 à Fontainebleau, nous n'avons aucune mention de ces chefs-d'œuvre en France.

Vasari (édition de 1550 et de 1568) ne cite dans la *Vie* de Raphaël que le *Saint Michel,* « peint spécialement pour le roi »[7]. Il ne précise pas son emplacement mais en donne une description brillante. Il fait allusion à trois autres peintures dans la partie de la *Vie* de Giulio Romano en 1568, addition au texte de l'édition de 1550 : il est donc vraisemblable que Vasari ne fut pas informé par Giulio, qu'il visita cependant à Mantoue en 1544[8] mais par Primatice, sans doute rencontré à Bologne en 1563[9], qui avait restauré les quatre peintures[10]. Vasari mentionne correctement l'emplacement de la *Grande Sainte Famille* dans la chapelle (il s'agit de la chapelle Haute) où il place, aussi, la *Sainte Marguerite,* comme Cassiano del Pozzo et, par erreur, évidemment, le *Portrait de Jeanne d'Aragon.*

L'absence de mention de la *Belle Jardinière* au XVIe siècle est une des énigmes de la collection royale : l'existence d'une copie (citée par l'abbé Guilbert) et une allusion à Fontainebleau dans la notice du « Recueil d'estampes » de 1729, rendent quasi certaine, cependant, sa présence au château (cf. P. n° 6). Fut-elle une acquisition relativement tardive de François Ier, postérieure à la restauration par Primatice des trois autres Raphaël[11] ? Ou bien, était-elle déjà au château, en parfait état, sans avoir besoin d'être « rajeunie », cela d'autant plus qu'elle n'était pas prévue pour l'Appartement des Bains ou pour une chapelle ?

Une hypothèse sur sa localisation est suggérée par la lettre du 9 juillet 1519 où Sanudo écrit que la *Visitation* de Sebastiano del Piombo était destinée à la Chambre de la Reine[12]. En fait, la *Visitation* se trouve en 1585 dans la chapelle Basse à Fontainebleau[13]. La *Jardinière* aurait-elle pris sa place dans la Chambre de la Reine[14] ? Ainsi elle échappait à tous : en effet, aucune description ancienne de la Chambre n'est connue. Elle fut somptueusement décorée par Primatice en 1534-1537 en même temps que la Chambre du Roi : la belle cheminée, seule subsistante, suffit à attester la splendeur de cet ensemble disparu[15]. Lorsque François Ier fait visiter lui-même Fontainebleau à l'ambassadeur Wallop, il lui montre la Chambre du Roi, pas celle de la Reine[16] ; Cassiano del Pozzo ne la visite pas non plus. Par respect pour la

Reine, peut-être ne pénétrait-on pas dans ses appartements: si la *Belle Jardinière* a figuré chez la Reine elle a pu n'être jamais mentionnée à Fontainebleau.

Rien ne prouve que le Portrait de *Raphaël et un ami* ait appartenu à François Ier... rien ne permet davantage de l'identifier avec le double portrait de la collection Granvelle: probablement aucun Raphaël n'entra dans les collections royales sous Louis XIII. Cependant, certains témoignages sont troublants; ainsi Evelyn, en 1644, semble parler de cinq *Madones* de Raphaël au château: même en comptant la *Belle Jardinière* (qu'il n'a sans doute pas vue) ce chiffre demeure pour l'instant incompréhensible[17].

Le *Portrait d'un cardinal* cité par Cassiano au château de Fontainebleau en 1625 et les différentes mentions de ce portrait par la suite au XVII et XVIIIe siècles recouvrent une confusion entre deux portraits différents, probablement des répliques aujourd'hui connues par de misérables copies: le *Portrait de Clément VII,* d'après l'original des Offices, le *Portrait d'Hippolyte de Médicis* d'après Titien (cf. P. no 28). Cette dernière identification surprend; cependant ce n'est pas la seule confusion connue entre Titien et Raphaël: le portrait de *François Ier roi de France,* attribué à Raphaël, en buste de profil, dans un grand médaillon, gravé par Jacques de Bie, est une copie du portrait de François Ier par Titien[18]. Au XVIIIe siècle, la *Judith* de Giorgione, alors dans la collection Crozat, était attribuée à Raphaël[19]. Le *Portrait d'homme* de Franciabigio (P. no 35), «manière de Raphaël» selon Le Brun, sera, aussi, attribué brièvement à Giorgione.

Sous Louis XIV la collection des Raphaël s'enrichit encore. Nous pouvons en juger parfois d'une année à l'autre, en adoptant l'ingénieuse lecture de l'inventaire de la collection royale, rédigé par Le Brun (1683) que propose A. Hulftegger[20]. Dix numéros s'ajoutent aux sept provenant de la

6. Les études sur ce point n'ont donné, jusqu'ici, aucun éclaircissement.
7. Le *Saint Michel* commandé en 1519 à Sebastiano par François Ier et qui ne fut jamais livré (Hirst, 1981, p. 154) fut-il ordonné à l'artiste pour renouveler la comparaison (*«paragone»*) à l'origine prévue entre la *Transfiguration* de Raphaël et la *Résurrection de Lazare* de Sebastiano, que la mort de Raphaël fit échouer?
8. Hartt, 1958, p. 238.
9. Dimier, 1900, p. 13 et Vasari VII, p. 414.
10. Le texte du compte de 1537-1540 (Laborde, 1877, pp. 135-136) appelle «Sainte Anne» la *Grande Sainte Famille.* Vasari (V, p. 525, *Vie* de Giulio Romano) l'appelle «Sainte Elisabeth».
11. Pour notre hypothèse sur l'acquisition, cf. P. no 6. La gravure de Jean Mignon (Zerner, 1969, J.M. 1) semble montrer une certaine connaissance de la *Belle Jardinière.* (Pour J.M. 4 cf. la *Grande* et la *Petite Sainte Famille.*)
12. M. Sanudo, *I Diarii,* Vol. XXVII, 1890, p. 569; Vasari fait probalement allusion à ce tableau dans le passage où il parle du *Saint Michel* de Sebastiano (cf. Vasari, V, p. 374).
13. Van Buchel, 1585-1586 (éd. 1899), p. 165.
14. Il est évident que le texte de Sanudo ne fait sans doute pas allusion au château de Fontainebleau.
15. Dimier, op. cit., pp. 265-268.
16. W. Mc Allister Johnson, "On some neglected usages of Renaissance diplomatic correspondance", *Gazette des Beaux-Arts,* 179, 1972, p. 51.
17. La ressemblance entre le double portrait et deux figures au second plan de la *Justice d'Othon,* œuvre de la période française de L. Penni, ne paraît pas décisive pour conclure que vers 1557 on pouvait voir le double portrait en France. Pour les *Madones* de Raphaël à Fontainebleau, cf. Evelyn, 1644, éd. 1900, p. 91.
18. Passavant, 1860, II, p. 370, no 321.
19. Passavant, 1860, II, p. 315-316, no 253. Aujourd'hui à Leningrad (Ermitage).
20. Hulftegger, 1954 (publié en 1955), pp. 124-134.

collection de François I[er][21] : en réalité douze peintures car le *Petit saint Georges* et le *Petit saint Michel* sont inscrits ensemble, comme la *Petite Sainte Famille* et *Cérès*. C'est un ensemble inégal qui compte un grand chef-d'œuvre de la maturité de Raphaël *(Balthazar Castiglione)* et des œuvres rares (deux précieux tableaux de jeunesse) mais aussi d'autres peintures d'attribution très discutable. Le *Saint Jean à Patmos* (P. n° 32) entré en 1661, porte le nom de Raphaël dans l'inventaire de Le Brun : il s'agit, cependant, d'une composition secondaire, sans doute d'Innocenzo da Imola. On s'est assez vite interrogé sur cette attribution : la provenance illustre du *Saint Jean* (il vient des collections du cardinal de Richelieu et, peut-être, auparavant du palais Giustiniani) encouragea Le Brun à conserver le nom de Raphaël. Mazarin apporta une contribution autrement éclatante à la collection royale avec trois chefs-d'œuvre ; le *Petit saint Georges* et le *Petit saint Michel, Balthazar Castiglione,* acquis des héritiers du cardinal en 1661. Dans deux œuvres exceptionnelles de la jeunesse de l'artiste on voyait son talent naître *(Saint Michel)* et mûrir *(Saint Georges);* avec le *Castiglione* un des plus beaux portraits du monde entrait chez le roi.

Entre 1661 et 1666 le roi reçut de l'abbé de Loménie la *Petite Sainte Famille* et sa « coulisse », *Cérès* (P. n°s 14 et 15). Venaient-elles de la collection d'Adrien Gouffier, comme le prétendait Brienne qui l'avait léguée à son frère l'abbé, ou faut-il envisager pour elles une plus illustre provenance (Isabelle d'Este, cardinal Bibbiena, Castiglione) ? en tous cas Le Brun enregistre ces deux œuvres délicieuses sous le nom, assez vite discuté, de Raphaël. Par recoupement ce fut presque certainement en 1662 c'est-à-dire l'année même ou Everard Jabach vendait à Louis XIV, le 26 avril 1662, la plus belle partie de la collection[22]. Cette dernière acquisition, par ailleurs si avantageuse pour le roi, ne fit entrer sous le nom de Raphaël que le charmant Garofalo (P. n° 31) venant des collections Gonzague et de Charles Ier d'Angleterre ; Le Brun, avec finesse, l'inscrit comme « manière de Raphaël ». Il se sert de la même expression pour désigner les deux jolis portraits si légèrement perdus au jeu par le duc de Richelieu et acquis par le roi en 1665, le *Portrait de jeune homme* aujourd'hui plus justement donné à Franciabigio (P. n° 35) et le prestigieux petit *Portrait d'un jeune garçon blond* (P. n° 37) que nous proposons d'attribuer à Corrège. Aucune provenance antérieure de ces œuvres de grande qualité n'a, pour l'instant, été retrouvée : Le Brun, peut-être par comparaison avec *Balthazar Castiglione,* avait bien senti que leur style était très différent de celui des œuvres originales de Raphaël.

En 1671, avec la collection Jabach, le roi acquit la petite *Madone* ombrienne (P. n° 29), vraisemblablement la *Madone* attribuée à Pérugin offerte par le cardinal Bevilacqua à Vincent II de Gonzague. Cette provenance conféra peut-être un certain prestige à cette œuvre secondaire mais, somme toute, assez touchante où l'on reconnaissait au XVIIe siècle, les caractères de la première manière de Raphaël : Le Brun l'appelle : « Un tableau de Raphaël sous le Pérugin », idée plus ou moins reprise par la suite.

A un numéro près dans l'inventaire de 1683, donc provenant probablement aussi de Jabach, apparaît une autre *Madone,* très singulière, donnée à Raphaël par Le Brun. L'attribution repose sans doute, comme celle du *Saint Jean à Patmos,* sur une ancienne tradition dont l'origine nous échappe : elle est d'autant plus curieuse que le tableau, plus proche de Léonard que de Raphaël, a peu de qualité.

Vers la fin de l'inventaire sont enregistrées quelques peintures de l'ancien fonds. A. Hulftegger suppose que certaines furent ramenées de Fontainebleau à Paris entre 1679 et 1681, d'autres étant déjà entreposées aux Gobelins : leur origine et leur format sont bien différents...[23]. Les « Raphaël » (n°s 368, 387 et 388) confirment l'hypothèse d'A. Hulftegger : ces œuvres en mauvais état étaient difficilement exposables d'où leur transfert tardif et, du même coup, leur inscription aussi tardive dans l'inventaire de Le Brun. Parmi elles le *Saint Jean-Baptiste :* son historique en France est bien connu si son origine italienne reste encore mystérieuse. Il est signalé très tôt en mauvais état, comme *Sainte Marguerite* (P. n° 11) et le mystérieux *Portrait d'un cardinal* (P. n° 28).

Des nombreux Raphaël alors en France, chez de grands amateurs (ils furent presque tous perdus pour les collections nationales...)[24], un seul entra chez le roi au XVIIIe siècle, la *Vierge au voile* (P. n° 17). Peut-être achetée en Italie avant 1688 par M. de Châteauneuf, elle passa par différentes mains avant d'arriver dans celles du prince Louis Victor Amédée de Carignan ; celui-ci vendit à Louis XV, en 1643, la *Madone* estimée 2000 livres. Ce beau tableau fut le dernier acquis sous le nom de Raphaël pour la collection royale.

Les saisies révolutionnaires firent probablement entrer au Museum la jolie version de la *Vision d'Ezéchiel* dont le format très particulier devrait aider à préciser la première localisation.

Lors de la première exposition du Museum en 1793, onze peintures sont cataloguées sous le nom de Raphaël : ce sont les chefs-d'œuvre, *Castiglione,* la *Grande Sainte Famille,* les petits *Saint Michel* et *Saint Georges,* la *Belle Jardinière,* le *Portrait de Raphaël et d'un ami.* Mais d'autres, en mauvais

21. En tête de l'inventaire (dont cinq Raphaël).
22. Cette intéressante précision de date est apportée par R. Bacou (in cat. Exp. *Louis XIV,* 1977-78, p. 12).
23. Hulftegger (1954, publié en 1955, p. 131), à propos des n°s 335 à 377 de l'inventaire de Le Brun ; entre les n°s 387 à 394, on peut identifier toute une série de tableaux qui ont dû être transportés de Fontainebleau à Paris entre 1679 et 1681.
24. Au XVIIIe siècle, les collectionneurs français pouvaient justement s'enorgueillir de posséder une éblouissante série de Raphaël : le *Saint Georges* (aujourd'hui à Washington, National Gallery) et la *Sainte Famille* (Leningrad, Ermitage) appartenaient à Crozat ; la *Madone Bridgewater,* la *Madone au palmier,* la *Madone Mackintosh,* la petite *Madone* de Chantilly firent partie de la Galerie d'Orléans. Les *Portraits Doni,* brièvement revenus à Avignon en 1758 furent vendus aux Offices de Florence grâce à une persuasive intervention de François-Xavier Fabre.
Rappelons d'autre part que le *Retable Colonna* (aujourd'hui, New York, Metropolitan Museum) fut exposé au Louvre en 1870. Un des derniers tableaux inscrits sous le nom de Raphaël en France, un *Portrait d'homme* (supposé Marcantonio Raimondi), ne paraît plus se trouver à Aix-en-Provence dans la collection où Dussler (1971, p. 31, pl. 81) le mentionne (collection du comte de l'Estang Parade).

état, comme le *Grand saint Michel* (il ne sera exposé qu'en 1801 et la *Sainte Marguerite* seulement en 1837) n'y figurent pas. Avec ces œuvres indiscutables sont exposés, sous le nom de Raphaël, la *Vierge au voile,* le Franciabigio alors réputé autographe et son compagnon dans la collection du duc de Richelieu, le «portrait dit celui de Raphaël»[25] ainsi que le *Christ porté au tombeau,* probablement le *Christ mis au tombeau* aujourd'hui attribué à O. Venius, qui venait d'être saisi dans l'église de Villeneuve-sur-Yonne[26]. *Jeanne d'Aragon* (sous le nom de Giulio Romano), la petite *Madone* de l'école Lombarde du XVIe siècle (école de Raphaël) furent aussi exposées. Ce choix ne laisse pas d'être surprenant : l'état des œuvres à ce moment là, ne suffit pas à le justifier mais bien une connaissance assez confuse de l'art de Raphaël.

A l'époque des conquêtes, de nombreux Raphaël vinrent d'Italie en France : M.L. Blumer en énumère dix-huit, (tous ne sont pas du maître), qui ne firent que passer[27]. Cependant le Musée pouvait légitimement s'attendre à garder les deux fragments de Naples du retable de *Saint Nicolas de Tolentino* (P. n° 3) car ils firent partie du dépôt de Saint-Louis des Français : Léon Dufourny, qui négocia cette difficile affaire, fut contraint de les abandonner aux Napolitains car les fragments avaient appartenu au pape[28].

Les Français crurent tenir un chef-d'œuvre dans une version de la *Madone de Lorette* arrivée à Paris en 1801 avec les saisies du palais Braschi à Rome[29]. Mais on douta très vite de sa qualité ; déposée en 1820 dans l'église de Morangis (Essonne), elle disparut. La version aujourd'hui au Louvre fut acquise, évidemment comme originale, en 1816, à M. de Scitivaux ; une fois de plus, ce n'était qu'une copie. En 1978, seulement, C. Gould proposa de reconnaître l'original dans le tableau du Musée Condé de Chantilly.

Vers la fin du XIXe, à dix années de distance, deux acquisitions enrichirent, d'une manière bien différente, notre connaissance de Raphaël : ce fut d'abord, en 1873, celle des fresques de la Magliana, exécutées par l'atelier d'après des prototypes du maître, malheureusement divisées entre le Louvre et Narbonne. En 1883, *Apollon et Marsyas,* un des tableaux les plus discutés du siècle, entrait au Musée. Cet achat consacrait le triomphe de la qualité sur l'« attributionnisme » : en effet, à cette date, les conservateurs du Musée ne croyaient visiblement plus qu'il s'agissait d'un Raphaël. Le tableau fut acquis avant tout pour son intérêt et sa qualité : ce dénouement d'une longue et bruyante bataille ne laissait pas d'être paradoxal car toute l'histoire du tableau s'était bâtie sur la croyance pathétique de Morris Moore à son authenticité.

En 1981, l'acquisition d'un *Ange* du retable de saint Nicolas de Tolentino, la première œuvre documentée de Raphaël, offre un piquant parallèle avec celle du «Raphaël de Morris Moore» : cette fois entrait au Louvre un fragment inconnu, défiguré par les repeints, qui allait devenir un vrai Raphaël.

L'*Ange* est présenté pour la première fois avec les autres fragments identifiés du même retable, près des dessins préparatoires de Lille et de Paris :

seul manque le dessin d'Oxford pour que soit complet le dossier de cette première œuvre en grande partie disparue de Raphaël.

Les tableaux ont été réunis dans le catalogue et l'exposition sous différentes rubriques : la première, qui comprend treize numéros groupe ceux dont l'attribution à Raphaël semble certaine. Ce sont des tableaux signés et datés (La *Belle Jardinière,* le *Grand saint Michel,* la *Grande Sainte Famille*) ; leurs inscriptions ont été soigneusement vérifiées et, éventuellement, corrigées (La *Belle Jardinière).* Une longue tradition et le style assurent pour certains leur attribution (Le *Petit saint Georges* et le *Petit saint Michel, Balthazar Castiglione*). Pour d'autres, les critères stylistiques ou techniques permettent d'avancer le nom de Raphaël : ainsi l'*Ange* du retable de saint Nicolas de Tolentino, le *Saint Jean-Baptiste, Jeanne d'Aragon,* le portrait de *Raphaël et un ami.*

Les résultats des examens réalisés à l'occasion de l'exposition par les Services scientifiques et techniques des Musées ont été souvent décisifs : ils font l'objet d'une section spéciale.

Raphaël a, dès ses débuts, travaillé avec des collaborateurs : le problème de l'autographie de ses œuvres ne peut-être jugé selon nos modernes critères et ne se pose d'ailleurs pas tout à fait de la même manière pour lui que pour d'autres peintres. A la Renaissance l'invention, l'« idée », compte autant que l'exécution : cependant Raphaël prenait lui-même soin de spécifier ce qu'il n'avait pas exécuté de sa propre main (par exemple le carton de *Jeanne*

25. Catalogue, 1793, n°s 119, 124, 131, 182, 183, 311, 379, 467, 280, 436.
26. Catalogue, 1793, n° 276. Bien que les dimensions soient différentes (en hauteur), il s'agit sans doute du *Christ porté au tombeau,* attribué à O. Venius (*Catalogue sommaire illustré,* 1981, Inv. 1997 *bis,* p. 142). Improprement attribué à Sguazzella par Villot (n° 401, avec une erreur de provenance), il indique qu'une composition voisine, avec un fonds différent, a été gravée par Enée Vico, sous le nom de Raphaël.
27. Blumer, 1936, Raphaël, n°s 307-323 ; école de Santi n°s 324 et 325 (Une *Sainte Famille* du Pitti qui n'est pas arrivée à Paris).
28. Béguin, Communication à la Société de l'Histoire de l'Art français, 1982, à paraître.
29. Les deux envois du palais Braschi ont été confondus. Sous la cote Z4 1799 (Louvre, Bibliothèque Centrale, Archives), la liste des objets saisis au palais Braschi, arrivés à Paris le 5 thermidor An XII, comprend les « tableaux du neveu du pape », (le prince Braschi) où l'on retrouve *La Vierge et l'Enfant* de Pérugin (c'est-à-dire le Sassoferrato), mentionnée avec six autres numéros dont *La Vierge et l'Enfant, saint Jean* de Giulio Romano (Louvre) et la *Vierge et l'Enfant* de Fasolo (Louvre). Cet envoi ne comprend, en provenance de la villa Albani, que des bustes.
Sous la cote Z4 1801 est conservé l'*Inventaire descriptif des marbres antiques, camées, bustes, tableaux et vases extraits du Vatican, du palais du neveu du pape, le prince Braschi et de la villa Albani.* « Ces divers objets sont arrivés au Musée Central des Arts le 3 Pluviose an IX de la République française ». La caisse n° 420 contient sept peintures (pas de *Madone*). Dans une caisse sans numéro, par contre, figure *« La Madone à l'Enfant Lorette Raphaël »* (cf. P. n° 25) et un bas-relief de bronze présumé de Ghiberti. Au sujet des envois Braschi et des dépôts de Saint-Louis des Français, cf. Béguin, 1982, Communication à la Société de l'Histoire de l'Art français, à paraître. Cependant, le Sassoferrato, copie de *la Madone Connestabile* (cf. P. n° 23) qui ne peut correspondre qu'à la première liste Z4 1799, est porté, à tort, par Blumer (1936, Pérugin, n° 382) comme provenant des saisies de 1798 à la villa Albani. Cette identification erronée est consignée dans l'inventaire Napoléon et reprise par tous les catalogues du Musée.

d'Aragon, P. n° 12). A côté de tableaux entièrement autographes *(Balthazar Castiglione)* d'autres furent peints avec l'aide de collaborateurs dont Raphaël contrôlait totalement la participation, ces œuvres sont donc vraiment siennes. On peut aussi montrer qu'il est personnellement intervenu dans des tableaux à tort considérés comme un travail d'élève *(Jeanne d'Aragon).*

La seconde section rassemble des peintures souvent considérées autographes que, pour des critères stylistiques et techniques, nous donnons plutôt à ses collaborateurs: Giulio Romano et Gian Franceso Penni. Ce sont des « œuvres inspirées de Raphaël » : dans le cas de la *Petite Sainte Famille* (P. n° 14), le thème original de Raphaël, connu par la gravure de Caraglio, est modifié par Giulio. *Cérès* (P. n° 15), le *Portrait de femme* (P. n° 16) s'inspirent également de lui mais présentent une technique sensiblement différente. L'attribution à Penni de la *Vierge au voile* (P. n° 17), déjà proposée par nombre d'auteurs, nous a aussi paru à retenir pour des raisons de style, de composition et d'exécution. Là encore le motif s'inspire d'un chef-d'œuvre du maître, la *Madone de Lorette* (Chantilly, Musée Condé). Mais K. Oberhuber inverse la chronologie de ces deux œuvres et invite à voir dans le tableau du Louvre un original... Quoi qu'il en soit, le changement d'attribution ne diminue pas la beauté et le charme de ces tableaux. Benvenuto Cellini estimait le talent de Gian Francesco Penni « pittore molto valente ». Il le jugeait comme Giulio Romano : « Discepoli maravigliosi del gran Raffaello d'Urbino[30]. » C'était déjà l'opinion exprimée auparavant par Paolo Giovio, évêque de Nocera, auteur du plus ancien témoignage qui nous soit parvenu sur Raphaël[31].

La troisième section groupe les œuvres d'atelier avec la version du Musée des Beaux-Arts d'Angers de la *Madone à l'agneau* (Madrid, Prado), la jolie copie de la *Vision d'Ezéchiel* (Florence, Pitti) ou les fresques de la Magliana (Musée du Louvre et Musée de Narbonne). Les copies d'œuvres perdues (la *Madone à l'œillet*), anonymes ou d'auteurs connus (Sassoferrato), figurent dans une quatrième section ainsi que la *Tête de sainte Elisabeth* considérée à son entrée au Musée comme un original de Raphaël[32].

Enfin une dernière section rassemble les anciennes attributions à Raphaël: elle reflète l'opinion que l'on eut en France de son art. La redécouverte de la jeunesse de Raphaël, un grand moment de l'histoire de l'« attributionnisme », sont rappelés par le « Raphaël de Morris Moore », l'*Apollon et Marsyas* (?) de Pérugin.

Dès le XVIIe siècle, les portraits du Louvre (Franciabigio, Corrège) furent jugés comme le *Jeune homme* de Montpellier (Brescianino), ou le *Violoniste* de Sebastiano del Piombo, le seront au XIXe siècle : images romantiques, sentimentales et mélancoliques. On y reconnaissait volontiers le peintre lui-même, « graziosissimo ».

Les tableaux attribués à Raphaël des collections du Louvre sont donc étudiés dans ce catalogue mais ils n'ont pu être tous présentés dans l'exposition en raison de leur état parfois défectueux ; nous avons omis ceux qui ne portèrent le nom de Raphaël que de façon très éphémère, comme la *Vierge aux balances* de Cesare de Sesto gravée dans le « Recueil d'estampes » sous cette attribution vite abandonnée[33] ou le *Portrait d'homme* saisi à Rome par les Français et arrivé à Paris comme Holbein dans les envois de Saint-Louis des Français en 1802, en dépôt au château de Fontainebleau[34].

On ne s'étonnera pas des changements des titres : ils se sont imposés, en cours d'étude, pour différentes raisons : la *Vierge au voile* (P. n° 17) a été préférée à la *Vierge au diadème* car la riche signification de la peinture la rattache à un thème iconographique très répandu au XVIe siècle : la plupart des œuvres qui le traitent sont ainsi désignées. De même, la « coulisse » de la *Petite Sainte Famille* est appelée *Cérès* (P. n° 15) au lieu de l'impropre et vague désignation d'*Abondance* sous laquelle elle est toujours inscrite au Louvre. Enfin, s'il reste encore anonyme, faute d'avoir pu identifier son modèle, le petit portrait, pris autrefois pour un autoportrait de Raphaël (P. n° 35), de préférence à *Portrait de jeune homme,* est, selon l'inventaire de Le Brun, appelé *Portrait d'un jeune garçon blond :* ce dernier titre a le mérite de souligner à la fois la jeunesse du modèle et la couleur de sa chevelure d'une blondeur caractéristique[35].

Peu de musées, comme le Louvre, peuvent revendiquer le privilège de posséder une collection formée de pièces célèbres, depuis la première œuvre documentée, le retable de *Saint Nicolas de Tolentino* (1501), jusqu'à l'une de ses dernières peintures, l'émouvant autoportrait avec un ami de 1519. Ce parcours de près de vingt années est jalonné de chefs-d'œuvre : le diptyque *Saint Michel* (1503) — *Saint Georges* (1505), la *Belle Jardinière* (1508), *Balthazar Castiglione* (1516), le *Grand saint Michel,* la *Grande Sainte Famille* et *Jeanne d'Aragon* de 1518. Autour d'eux, les motifs créés par Raphaël, traduits par ses meilleurs collaborateurs, sont une émanation de son génie. Des œuvres d'atelier (fresques de la Magliana), des pièces plus secondaires, des copies, rappellent au Musée les tableaux connus du maître et la diversité de son art. Une suite remarquable de peintures, qui portèrent autrefois son nom, évoque l'idée que l'on se fit de Raphaël au cours des siècles.

30. *Vita di Benvenuto Cellini,* cura di O. Bacci, Florence, 1901, pp. 31 et 53. Dans d'autres passages Cellini, le range avec Rosso parmi les « notabili huomini » (p. 50).
31. *Fragmentum Trium Dialogorum Pauli Jovii Episcopi Nucerini...,* cf. Golzio, p. 192.
32. On a volontairement exclu dans les notices des œuvres de Raphaël de mentionner, sauf exception, leurs innombrables copies. Les copies françaises trouveront d'ailleurs tout naturellement place dans l'exposition *« Raphaël et l'art français ».*
33. Passavant, 1802, p. 345, (d'après le catalogue des gravures de Tauriscus Eboeus, p. 156, n° 10).
34. Béguin, 1959 (publié en 1960), p. 194, n° 9.
35. Les notices ne comportent qu'une bibliographie sommaire : il a fallu faire un choix dans l'énorme littérature, souvent répétitive sur Raphaël en donnant la préférence aux ouvrages de base ou aux livres récents : succints, parfois, ils ont cependant le mérite d'apporter, souvent, de nouveaux points de vue sur l'artiste.
On a dû renoncer à évoquer le fascinant problème de l'étude et de la diffusion des œuvres de Raphaël en France, depuis les conférences de l'Académie jusqu'à la « fortune critique » des tableaux du Musée : cet aspect est heureusement largement abordé dans l'exposition *« Raphaël et l'art français ».*

La réunion dans l'exposition du Grand-Palais de tout ce qui, dans les collections publiques françaises, permet d'éclairer un moment unique de la création artistique, est presque parfaite. Mais les chefs-d'œuvre du Musée Condé, en vertu des règlements institués par le duc d'Aumale, manquent : pourtant ce grand collectionneur fut toujours un généreux prêteur. Il faut donc aller sur place, à Chantilly, étudier les *Trois Grâces* dont la comparaison avec le diptyque du Louvre aurait été passionnante, la petite *Madone d'Orléans* et la majestueuse *Vierge de Lorette*.

A travers toutes ces œuvres, dont aucune ne ressemble à l'autre, se révèle un prodigieux effort de création d'une admirable exigence. A chaque tableau, Raphaël réinvente la peinture et nous la fait découvrir en même temps que lui. Il a cherché, dans de multiples dessins, l'expression la plus juste et la plus parfaite pour atteindre enfin ce suprême achèvement : le tableau ou la fresque. Alors disparaît l'heureuse liberté que lui assurait la page blanche : il faut affronter toutes les contraintes de la technique et la résistance de la matière, les dominer et les transformer en un objet privilégié, unique. Le miracle de Raphaël est de transmuer la difficulté en grâce, la complexité en une évidente simplicité. Sans rien perdre de la passion qui l'animait à l'origine, sans céder à la facilité, il s'abandonne, lucide et rigoureux, au bonheur de peindre.

Vasari, champion inconditionnel de Michel-Ange, céda finalement au « charme » de Raphaël : « Lorsqu'il mourut », écrit-il, dans la *Vie* du peintre, la peinture pouvait bien mourir elle aussi et quand il ferma les yeux, elle sembla devenir aveugle. » Quel artiste composa jamais pour un autre artiste éloge plus grand ?

S.B.

Le catalogue a été établi par

Sylvie Béguin
Conservateur en Chef au Département des Peintures
pour les numéros 1 à 17, 19, 22 à 24, 26 à 34, 37 à 39.

Jean-Pierre Cuzin
Conservateur au Département des Peintures
pour le numéro 18.

Philippe Costamagna
pour le numéro 36.

Odile Menegaux
Chargée de Mission au Département des Peintures
pour le numéro 35.

Bernadette Py
Chargée de Mission au Département des Peintures
pour les numéros 20, 21, 25 et 39.

Nous remercions Michel Laclotte pour ses précieux conseils au cours de ce travail.

Nous exprimons notre reconnaissance à B. Py pour la préparation de la documentation bibliographique, à O. Menegaux pour la rédaction des différents textes d'information liés à la diffusion de l'exposition, à M. A. Debout pour ses recherches et ses travaux de traduction.

Notre gratitude pour leur collaboration va également à :
H. et Ph. Baby, J.R. et M.E. Béguin, E. de Boissard, P. Costamagna, I. Huss-Basdevant.

Les renseignements groupés au Service d'Etudes et de Documentation, sous la direction de J. Foucart, nous ont été fort utiles, ainsi que l'assistance de nos collègues du Département des Peintures et des services techniques du Laboratoire des Musées de France et de la Restauration des Peintures des Musées Nationaux et des Musées de Province.

Nous avons bénéficié des avis éminents des spécialistes de Raphaël, D.A. Brown, C. Gould, S.J. Freedberg, M. Gregori, K. Oberhuber, J. Shearman, que nous remercions bien vivement.

Nous exprimons notre gratitude pour leur aide à G. de Bellaigue, C. Bernardini, J. Biscontin, N. Blamoutier, R. Causa, M. Champion, C. Clough, C. Constans, O. Delenda, J. Dragomir, F.G. Dreyfus, M. Dreyfus, S. Ferrino-Pagden, C. Fischer, M. di Giampaolo, M. Guillaume, F. Haskell, R. Hodge, P. Joannides, M. Jorgaens, G. Kugler, S. Laveissière, G. Martin-Méry, F. Mancinelli, F. Manetti, M. Montagna, A. Muzzi, H. Oursel, M. Pastoureau, C. Pedretti, C. Pietrangeli, Ph. Pouncey, W. Prohaska, F. Russell, A. Serullaz, B. Skovgaard, V. Stacchini, L. Saulnier, C. Turner, M. Vasselin.

Nous remercions la maison Revillon pour ses précieuses informations.

Raphaël (Raffaello Santi)

Urbin, 1483 - Rome, 1520

1 Ange

Bois, peuplier. H. 0,58 ; L. 0,36. Une fausse signature *P.P. fecit 1502* sur le col de l'ange a été supprimée, cf. Section scientifique et technique.

Hist. : Fragment du retable de saint Nicolas de Tolentino, chapelle d'Andrea Baronci, église Sant'Agostino, Città di Castello : acquis par le pape Pie VI en 1789. Saisi par les Français en 1798 à Rome sans doute avec les autres fragments et déposé dans l'église Saint-Louis-des-Français. On ne possède ensuite aucune information sur le tableau qui fut finalement acquis en novembre 1981, d'une collection privée dans l'est de la France.

Paris, Musée du Louvre. RF 1981-55.

Bibl. : Lanzi, éd. 1795-1796, I, p. 378 - Pungileoni, 1829, p. 37 - Passavant, 1839, II, p. 10 - Passavant, 1860, II, p. 8 - Gruyer, 1869, III, p. 425 - Müntz, 1882, p. 81 - Crowe et Cavalcaselle, 1882, I, p. 107 - Magherini et Graziani, 1897, p. 259 - Magherini et Graziani, 1908, p. 88 - Rosenberg et Gronau, 1909, pp. 248-249 - Bombe, 1911, p. 297 - Spinazzola, 1912, p. 337 - Oberhuber, 1978, p. 72 - De Vecchi, 1981, p. 238, n° 4 - Béguin, 1982, pp. 99-115 - Béguin, 1982, à paraître - De Vecchi et Cuzin, 1982, n° 158 - Oberhuber, 1982, p. 10 ; p. 185, n° 3 a - Pedretti, 1982, pp. 14-15-21 - Cuzin, 1983, p. 7-9-11 - Jones et Penny, 1983, p. 12 - Béguin, 1983, à paraître - Brown, 1983, pp. 114-115 - Béguin, 1983, à paraître - Padoa-Rizzo, 1983, à paraître.

Le 10 décembre 1500 Andrea di Tommaso Baronci commanda à Raphaël, alors âgé de seize ans, et à Evangelista da Pian di Meleto, un tableau d'autel pour sa chapelle dans l'église Sant'Agostino de Città di Castello. Les artistes se partagèrent trente-trois ducats d'or payables, selon l'usage, en trois fois ; le tableau était achevé le 13 septembre 1501. Deux contrats donnent le nom des deux artistes et la date d'exécution de la peinture mais ne précisent pas son sujet (Magherini-Graziani, 1908). Vasari, qui signale le tableau dès 1550, ne le donne pas non plus (*Le Vite,* IV, p. 318). Le tableau est mentionné depuis le XVIIe siècle dans littérature locale sous le nom de Raphaël (cf. Magherini-Graziani, 1897 ; Magherini et Giovagnoli, 1927).

La première description du retable est donnée par Lanzi (1795-1796), reprise, avec certaines confusions, par Pungileoni (1829). Le retable était dédié à saint Nicolas de Tolentino (1245-1305), ermite de l'Ordre des Augustins, dont la canonisation fut proclamée le 5 juin 1446 par Eugène IV, ancien ermite augustin : elle fit du saint un protecteur de l'église. On l'interpréta comme une glorification de son ordre : le saint symbolisait ainsi la renaissance spirituelle de l'Eglise après le schisme. Il fut invoqué comme thaumaturge et, avec saint Sébastien et saint Roch, comme saint antipesteux. Une terrible épidémie de peste qui ravagea Città di Castello en 1499-1500 fut sans doute l'occasion de la commande et le saint était d'ailleurs l'objet d'une dévotion toute particulière à Città di Castello. Le second contrat du 13 septembre 1501 se situe trois jours après la date anniversaire de la mort du saint : le tableau, alors achevé, était peut-être déjà placé sur l'autel de la chapelle.

La composition du retable dut frapper par son ampleur et sa nouveauté. Sous une grande architecture ornée de grotesques et étincelante d'or (la gloire rayonnante de la partie supérieure, les auréoles et les rehauts d'or sur les chevelures des anges), Nicolas de Tolentino dont le froc noir se détachait sur le ciel, tenant d'une main le crucifix et de l'autre un livre, foulait aux pieds le démon. Autour du saint, quatre anges aux ailes et aux tuniques de couleurs vives et variées, portaient des phylactères chantant ses louanges. Dans la partie supérieure, Dieu le Père, au centre d'une mandorle entourée de chérubins et, un peu au-dessous, la Vierge et saint Augustin, patron de l'ordre du saint, s'apprêtent à poser une couronne sur la tête de Nicolas de Tolentino. Ce « couronnement » était fidèle au texte de la légende qui peint les derniers moments du saint : la composition fut sans doute élaborée par Raphaël en accord avec le commanditaire et les religieux. Le dessin de Lille (cf. D. n° 1) en conserve un des premiers projets où seul l'*Ange* du Louvre est représenté.

Une tentative pour vendre le retable en 1788 (probablement à Gavin Hamilton) n'aboutit pas. Le tableau resta en place dans l'église de Saint-Agostino jusqu'au 30 septembre 1789 où il fut sérieusement endommagé dans le tremblement de terre qui détruisit l'église et le couvent. La famille Domenichini-Trovi, alors titulaire de la chapelle Baronci, consentit à vendre les débris au pape Pie VI ; en échange le Pontife fit exécuter une copie à Rome par Ermenegildo Costantini (1731-1791), en 1791. On ne sait pas exactement combien de fragments du tableau étaient alors conservés : les

1

témoignages sur ce point différent, en particulier celui de J.-B. Wicar qui posséda, probablement, l'un de ces fragments (Le *Saint Augustin*) et, au moins, un dessin d'ensemble (aujourd'hui à Lille, Musée des Beaux-Arts, cf. D. n° 1).

Le pape fit transformer les fragments en autant de petits tableaux. Ils restèrent en possession de Pie VI à Rome jusqu'aux événements confus qui marquèrent l'année 1798 où les Français les réquisitionnèrent et les entreposèrent dans l'église Saint-Louis-des-Français. Mais ces dépôts furent, ensuite, repris par les Napolitains (Béguin, 1962-1963). Deux fragments de la partie supérieure du retable restèrent ainsi définitivement à Naples (La *Vierge* et le *Père Eternel,* Naples, Musée national de Capodimonte, cf. P. n° 3 et P. n° 3a). Les autres fragments disparurent sans doute à cette époque : cependant, la tête de l'un des deux anges placés à droite dans la partie inférieure du retable fut, en 1810, acquise par le comte Tosio (aujourd'hui Brescia, Pinacothèque Tosio-Martinengo, cf. P. n° 2). Elle fut identifiée par Fischel en 1912 qui proposa une restitution du retable basée sur la copie partielle de Costantini et le dessin de Lille (cf. D. n° 1) ; en 1913, après que le nettoyage de l'*Ange* de Brescia eut confirmé son hypothèse, Fischel intégrait dans sa reconstitution la *Vierge* de Naples, récemment publiée par Spinnazola (1912). Cette reconstitution fit autorité jusqu'en 1950 date à laquelle M. Schöne en proposa une nouvelle, plus valable.

La découverte d'un troisième fragment, l'*Ange* acquis par le Louvre, incite à la corriger légèrement.

L'étude stylistique et scientifique du panneau du Louvre ne laisse aucun doute sur son appartenance au retable de l'église de Sant'Agostino. Les repeints enlevés on peut maintenant avoir une idée plus précise de cette partie du retable. Le décor de grotesques du pilastre (décrit par Lanzi ; Costantini ne l'a pas copié) est analogue à celui de la partie haute (le *Père Eternel*). L'aile, d'une belle couleur rouge, du second ange (supprimé dans la copie de Costantini) est apparue ainsi qu'une toute petite partie de son vêtement. Ces détails aident à situer la figure dans la composition.

Les informations données par la copie incomplète de Costantini, le dessin de Lille, les reconstitutions présentées par Fischel et Schöne, permettent de proposer le schéma suivant de reconstitution du retable : sa hauteur était d'environ 3,90 m et sa largeur d'environ 2,30 m. Quatre chérubins entouraient le *Père Eternel.* La perspective architecturale, grandiose, incluait la voûte et les piliers, à droite et à gauche, entièrement recouverts de grotesques. Les quatre anges étaient représentés dans des attitudes diverses (Lanzi) et non symétriquement comme le suppose Schöne à propos du second ange de gauche disparu : l'*Ange* du Louvre permet de retrouver la couleur de ses ailes et de son vêtement.

La récente restauration de l'*Ange* de Brescia montre que sa draperie, à droite, ne comporte pas de repeints. On ne décèle pas, non plus, de grotesques sur le pilier derrière lui. L'image que nous donne Costantini est donc inexacte. L'aile est invisible et il est placé trop près du quatrième ange. Ce dernier, pendant de l'*Ange* du Louvre à droite, n'est connu que par la copie de Costantini. Par contre nous savons exactement maintenant la place de l'*Ange* du Louvre à gauche par rapport au pilier et au second *Ange.* Il était disposé presque sous la Vierge (qu'il regarde, semble-t-il) et dont l'ombre portée

Fig. 1. E. Costantini, *Saint-Nicolas de Tolentino.* Citta di Castello, Pinacoteca comunale

Fig. 2. Reconstitution du *Retable de Saint-Nicolas de Tolentino*

apparaît sur ses mains et sur le phylactère. Il est vraisemblable qu'un panneau de cette taille possédait une prédelle. Les tentatives de reconstitution de cette partie ne sont pas convaincantes (cf. Valentiner, 1935, p. 57).

Raphaël avait été aidé dans l'exécution de ce retable par Evangelista da Pian Di Meleto (mort en 1549), qui fut le collaborateur de son père Giovanni Santi. C'était un artiste, semble-t-il, secondaire, dont aucune œuvre certaine n'est connue. Bien qu'il soit qualifié de « maître » dans les deux contrats, comme le jeune Raphaël, c'est à celui-ci, toujours nommé le premier, que revient l'invention de la composition comme le prouvent les dessins préparatoires (cf. D. n°s 1 et 2). La relation entre ces dessins et la peinture, la qualité technique, les analogies avec les autres œuvres de cette période (*Bannière de la Trinité,* Città di Castello; *Couronnement Oddi,* Rome, Pinacothèque vaticane; *Madone,* Norton Simon Museum, Pasadena), invitent à voir la main de Raphaël dans l'*Ange* du Louvre d'une exécution très homogène.

La restauration a révélé sa magnifique harmonie colorée : le corsage jaune, les manches rouge carmin et la jupe vert bronze se détachent sur le pilastre orné de motifs « mantegnesques » (Lanzi). La matière picturale, très dense est posée largement à coups de pinceau appuyés dont on perçoit très bien la trace. La couleur rouge de l'aile du second ange, balayée de traits de pinceau pour simuler les plumes fut probablement choisie par Raphaël pour contraster avec le froc noir du saint Nicolas et le vert des ailes de l'*Ange* de Brescia.

Soigneusement préparé par des dessins (cf. D. n° 1), l'*Ange* du Louvre, avec le *Père Eternel,* est le plus grand morceau connu du retable; moins séduisant que l'*Ange* de Brescia c'est une partie plus importante et plus ambitieuse qui nous révèle davantage sur une œuvre essentielle de la jeunesse de Raphaël. Cette figure au regard levé vers le haut, expression très fréquente dans les œuvres de cette époque, fait la liaison entre la partie terrestre et la partie céleste du tableau ; situé au premier plan, tenant un phylactère avec le nom du saint, l'*Ange* est iconographiquement essentiel; c'est l'un des morceaux les plus complets qui nous soient parvenus du retable perdu : il donne un grand nombre d'informations nouvelles complétant heureusement celles fournies par les autres fragments.

Le style de l'*Ange* encore imprégné de la manière du Pérugin, en diffère déjà, cependant, par un plasticisme proche de Signorelli et par une touche décidée : Pérugin a pu inspirer Raphaël pour la pose du démon (Saint Michel du polyptyque de Pavie, Londres, National Gallery); mais peut-être aussi Signorelli *(Saint Michel* perdu pour Citta di Castello). Son riche caractère décoratif évoque Pinturichio, qui influença Raphaël à cette époque, mais le luminisme, le balancement rythmé de l'*Ange* font aussi penser à Léonard : Raphaël, dès cette époque connaissait Florence ; une copie du saint Jean Evangéliste de Donatello du Dôme apparaît au verso de l'étude pour la figure du démon sur le dessin du Louvre (cf. D. n° 2). L'invention iconographique, la distance que prend Raphaël vis-à-vis de ses modèles sont remarquables.

Ainsi dès le retable de *Saint Nicolas de Tolentino* (1501) Raphaël est capable de concevoir une œuvre monumentale presque aussi grande que la *Transfiguration* de la Pinacothèque vaticane. Il s'y montre déjà, comme il le sera toujours, ouvert à toutes les suggestions et capable de les fondre en une synthèse harmonieuse et personnelle. Les données fondamentales de son art, force, grâce, vérité, exceptionnelle intelligence du message iconographique, maîtrise de l'espace, sont déjà présentes dans la première œuvre d'un jeune homme de dix-sept ans.

2 Ange

Bois transposé sur toile. H. 0,31; L. 0,27.

Hist. : Même origine que le précédent; acquis d'un antiquaire à Florence par le comte Tosio qui le donna à la Pinacothèque de Brescia.

Brescia, Pinacothèque Tosio Martinengo.

Bibl. : Fischel, 1912, p. 104 - Fischel, 1913, p. 89 - Zappa, 1912, p. 332 - Gronau, 1923, p. 5 - Magherini et Giovagnoli, 1927, p. 63 - Gamba, 1932, p. 30 - Berenson, 1932, p. 479 - Ortolani, 1948, p. 9 - Fischel, 1948, I, p. 357 - Schöne, 1950, p. 113 - Longhi, 1955, p. 17 - Camesasca, 1956, I, pl. 3 - Volpe, 1956, p. 8 - Brizio, 1963, col. 222 - Wittkower 1963, p. 153 - Dussler, 1966, n° 13 - Schug, 1967, p. 473 - Berenson, 1968, I, p. 351 - Becherucci, 1968, tav. I - Dussler, 1971, pp. 2-3 - Kelber, 1979, p. 413, n° 8 - De Vecchi, 1981, p. 238, n° 4 c - Béguin, 1982, p. 104 - Béguin, 1982, à paraître - De Vecchi et Cuzin, 1982, n° 13 A - Oberhuber, 1982, p. 10; p. 185, n° 3 - Cuzin, 1983, pp. 7-9-11 - Jones et Penny, 1983, p. 12 - Brown, 1983, pp. 114-115 - Béguin, 1983, à paraître.

Avant la restauration le tableau se présentait de la même manière que le fragment du Louvre. Il est vraisemblable que ces figures d'anges, de petit format et plus « plaisantes » que les autres éléments du retable, durent disparaître très tôt lors des vols nombreux dans les dépôts d'œuvres d'art à Rome.

A la différence des deux fragments de Naples on n'a jamais douté de l'autographie de l'*Ange* de Brescia depuis son identification par Fischel comme un fragment du retable de Saint Nicolas de Tolentino (1912). Bien que le visage, comme tous les autres morceaux du retable, d'ailleurs, ait souffert, sa qualité est, en effet, tout à fait frappante. Si l'on admet que Raphaël a exécuté cette tête située au second plan, à plus forte raison il a dû peindre l'*Ange* du Louvre, figure de premier plan, essentielle dans le retable par son rôle d'intermédiaire entre la partie « terrestre » et la partie « céleste » du tableau. D'ailleurs les deux *Anges* présentent de nombreuses affinités stylistiques et une technique semblable.

2

3a

3

3 Dieu le Père tenant une couronne

Bois. H. 1,12 ; L. 0,75.

3a Madone

Bois. H. 0,51 ; L. 0,41.

Pour l'origine, cf. n° 1, jusqu'à l'acquisition par le pape Pie VI en 1789 ; saisis par les Français en 1798 à Rome et déposés dans l'église Saint-Louis-des-Français ; emmenés par les Napolitains à Naples où ils restèrent.

Naples, Musée et Galeries nationales de Capodimonte.

Bibl. : Fischel, 1912, p. 105 - Fischel, 1913, p. 89 - Ricci, 1912, p. 329 - Zappa, 1912, p. 332 - Spinazzola, 1912, p. 337 - A. Venturi, 1920, pp. 97-99 - Gronau, 1923, pp. 4-5 - Magherini-Giovagnoli, 1927, p. 58 - Gamba, 1932, p. 29 - Berenson, 1932, p. 481 - Ortolani, 1948, p. 9 (Evangelista) - Fischel, 1948, pp. 20, 25, 357 - Schöne, 1950, p. 113 - Longhi, 1955, p. 17 (Evangelista) - Volpe, 1956, p. 8 - Camesasca, 1956, I, pl. 146 A et p. 80 (Evangelista) - Fischel, 1962, p. 17 - Wittkower, 1963, p. 153 - Brizio, 1963, col. 222 (partiellement autographe) - Dussler, 1966, n° 87 - Schug, 1967, p. 473 - Becherucci, 1968, p. 24 - Berenson, 1968, I, p. 352 - Forlani-Tempesti, 1968, pp. 314-316, note - De Vecchi, 1969, 13A et 13B - Dussler, 1971, p. 1 a et b (intervention limitée d'Evangelista) - Kelber, 1979, p. 413, n°s 6-7 - Beck, 1976, pp. 13, 15 ; p. 80, pl. 1 - De Vecchi, 1981, n°s 13 A et 13 B - Béguin, 1982, pp. 104, 105, 107, 111, 112 - Béguin, 1982, à paraître - De Vecchi et Cuzin, 1982, n°s 13 A et 13 B - Oberhuber, 1982, pp. 10, 185, n° 4 - Cuzin, 1983, pp. 7-9-11 - Jones et Penny, 1983, p. 12 - Béguin, 1983, à paraître - Brown, 1983, pp. 114-115.

Les deux fragments appartiennent à la partie haute du retable de Saint Nicolas de Tolentino. Leur histoire se confond, au début, avec celle de l'*Ange* du Louvre (cf. P. n° 1). Mais à la différence de celui-ci, on peut suivre leurs traces depuis le dépôt de Saint-Louis-des-Français de Rome jusqu'à leur arrivée à Naples. Dans les listes dressées par De Venuti des tableaux récupérés par les Napolitains (cf. Filangieri di Candida, 1798, 1802) le *Père Eternel* fut d'abord inventorié comme Pérugin (n° 94) tandis que la *Vierge* restait anonyme (op. cit., n° 111). On suit les peintures dans les divers inventaires jusqu'à nos jours. Quand, à la suite de la mission de Léon Dufourny, les Napolitains durent restituer à la France les peintures du dépôt de Saint-Louis-des-Français de Rome, les deux tableaux, propriété du pape, furent abandonnés à Naples (Béguin, 1982). Fischel, lors de sa première étude ne connaissait que le *Père Eternel.* Spinazzola identifia la Madone (1912) et Fischel l'intégra dans une nouvelle reconstitution du retable (1913). Les deux fragments ont été diversement jugés : certains auteurs en ont entièrement donné l'exécution à Evangelista di Pian di Meleto, d'autres voient sa participation à des degrés divers. Pour cette étude, l'*Ange* du Louvre fournit des points nouveaux de comparaison : dans le *Père Eternel,* les éléments décoratifs, certains chérubins de qualité moindre, paraissent revenir à Evangelista ; sa participation paraît également importante dans la *Madone.* Il y a aussi, probablement, exécuté les rehauts d'or : il était spécialiste de cette technique. A. Forlani-Tempesti a comparé le verso du dessin du Louvre pour l'étude du démon avec le *Père Eternel* (cf. D. n° 2), preuve que Raphaël dès cette époque était déjà allé à Florence.

4 Saint Georges luttant avec le dragon

Bois, peuplier (Marette n° 538). H. 0,307 ; L. 0,268. Surface peinte : H. 0,294 ; L. 0,255. Barbe réservée au pourtour ; sur le côté droit 0,05 ; sur le côté gauche 0,06 ; en bas 0,05 ; en haut 0,06. Cette partie a été mise au ton très postérieurement (couche de peinture sans préparation).

Hist. : Pour la commande à Raphaël du diptyque de la part de la cour d'Urbin, voir infra. La première trace certaine des deux peintures semble donnée par Lomazzo qui les situe chez un collectionneur milanais au moins jusqu'en 1520-1523 (copies milanaises). Celui-ci les vendit au comte Ascanio Sforza de Plaisance. Lomazzo (1587), parle de leurs copies par Pietro Martir Stresi. Les deux panneaux furent sans doute achetés en Italie par le cardinal de Mazarin après 1653 (inventaire après décès de 1661, n° 1177) ; acquis par le roi Louis XIV en 1661 de ses héritiers et inventoriés par Le Brun en 1683, n° 140 ; les deux tableaux furent séparés et placés à Versailles en 1695 (Paillet) dans la petite Galerie du Roi (catalogue du 1er novembre 1695 ; Bailly, 1709 ; catalogue de 1737) ; en 1750 au Luxembourg (d'Argenville) ; en 1760 le *Saint Michel* est à la Surintendance de Versailles au magasin ; en 1762 au Luxembourg (catalogue 1762, n° 96) ; en 1785, au Louvre (Duplessis) ; exposé au Muséum en 1793).

Paris, Musée du Louvre. Inventaire Napoléon 440. MR 440. Inv. 609.

Bibl. : *Catalogues du Louvre :* 1793, n° 124 ; 1801, n° 934 ; 1810, n° 1138 ; 1816, n° 1026 ; 1823, n° 1156 ; 1830, n° 1190 ; 1837, n° 1190 ; Villot, n° 381 ; Tauzia, n° 369 ; *Catalogue sommaire,* 1890, n° 1503 ; Ricci, n° 1503 ; Hautecœur, 1926, n° 1503 ; *Catalogue sommaire illustré,* 1981, p. 222.

Lomazzo, 1584, pp. 47-48 - Lomazzo, 1587, p. 181 - Scatto, 1622, p. 60 - Félibien, 1666, éd. 1705, I, p. 224 - Le Comte, 1699, II, pp. 64, 77 - Bailly, 1709, éd. Engerand, 1899, p. 24, n° 12 - Monicart, 1720, II, p. 356 - *Recueil d'estampes,* 1729, I, p. 9 ; pl. 16, gravure de N. de Larmessin - Mariette, *Abecedario,* éd. Chennevières, 1857-1858, IV, p. 304 - Lépicié, 1754, pp. 91-92 - Dezallier d'Argenville, 1752, p. 306 - Piganiol de la Force, 1764, I, p. 309 - Dezallier d'Argenville, 1778, p. 335 - Quatremère de Quincy, 1824, p. 24 - Landon, 1831, VI, pl. 61 - Passavant, 1839, II, pp. 33-34 - Passavant, 1860, II, p. 22, n° 18 - Crowe et Cavalcaselle, 1882, I, pp. 204-209 - Shearman, 1881, p. 257 - Grimm, 1882, p. 269 - Müntz, 1882, p. 118 - Springer, 1883, I, p. 118 - Cosnac, 1884, p. 330, n° 1177 - Gruyer, 1889, pp. 383-402 - Gruyer, 1891, pp. 76-81 - Grouchy, 1894, p. 61 - Cartwright, 1895, pp. 58-62 - Rosenberg et Gronau, 1909, p. 218 - Venturi, 1916, p. 337 - Venturi, 1920, p. 124 - Fischel, 1920, p. 3 - Venturi, 1926, IX, p. 130 - Wansher, 1926, p. 6 - Rouchès, 1929, pp. 32-33 - Gamba, 1932, p. 39 - Berenson, 1932, p. 482 - Lee of Fareham, 1934, p. 8 - Golzio, 1936, éd. 1971, pp. 309-310 - Ortolani, 1948, p. 20 - Fischel, 1948, I, pp. 31, 357 - Suida, 1948, p. 23, n° 3 - Schöne, 1950, p. 136, note 43 - Popham, 1954, p. 227, note 8 - Longhi, 1955, pp. 18, 22 - Volpe, 1956, p. 8 - Bazin, 1957, p. 124 - Weigert, 1961, pp. 167-168, n° 466, n° 476 - Camesasca, 1956, I, pl. 46 - Lynch, 1962, pp. 203-212 - Fischel, 1962, p. 21 - Brizio, 1963, col. 224 - Haskell, 1963, p. 185 - Dussler, 1966, n° 103 - Schug, 1967, p. 476 - Bazin, 1967, p. 95 - Clough, 1967, p. 202 - Berenson, 1968, p. 353 - Stuffmann, 1968, p. 63 sous le n° 50 - Beccati, 1968, p. 504 - Becherucci, 1968, pp. 51-52 - Forlani-Tempesti, 1968, p. 337 - De Vecchi, 1969, n°

49 - Oppé, 1909, éd. Mitchell 1970, pp. 22, 32, 33, 37 - Shearman, 1970, p. 77, note 23 - Pope-Hennessy, 1970, pp. 127-130 - Dussler, 1971, p. 5 - Conti, s.d. (1973), p. 133 - Beck, 1976, p. 92 - Shearman, 1977, p. 132 - Kelber, 1979, pp. 31-32, 417 - Shapley, 1979, I, pp. 391-394 - Cantarel-Besson, 1981, p. 52 - De Vecchi, 1981, n° 21 - Laclotte et Cuzin, 1982, pp. 153, 158 - Pedretti, 1982, p. 28 - De Vecchi et Cuzin, 1982, n° 49 - Brown, 1983, pp. 135 à 151 et notes 101-153 - Shearman, 1983, pp. 16-17 - Ettlinger, 1983, p. 26 - Cuzin, 1983, p. 63 - Clough, 1983, à paraître - Jones et Penny, 1983, p. 6.

Exp.: Paris, Petit-Palais, 1935, n° 394 - Paris, Bibliothèque Nationale, 1961, n° 467.

L'inventaire après décès de Mazarin en 1661 nous donne la plus ancienne description des deux tableaux: « 1177 un autre qui se ferme en deux en forme de couverture de cuir: d'un côté est représenté saint Georges à cheval qui combat avec le dragon et dans l'autre saint Michel qui combat aussi un monstre, le tout fait par Raphaël haut de onze poulces et estant ouvert large de neuf poulces la dite fermeture ornée de quelques ornements d'argent et de cuivre prisé la somme de deux mil livres... » Le diptyque se présentait comme un « libretto ». Selon Clough ce sont les ornements d'argent et de cuivre de cette couverture de cuir qui ont fait écrire, par erreur, à Le Brun que les deux petits tableaux étaient peints sur cuivre. Cependant Le Brun ne parle plus de couverture de cuir, ni de fermeture avec des ornements (« Deux autres petits tableaux de Raphaël qui tiennent ensemble représentant l'un saint Michel et l'autre saint Georges... peints sur cuivre avec leurs bordures d'ébène »). A-t-il écrit cuivre pour cuir (pour une autre erreur de support, cf. n° 7)? Il décrit les tableaux « tenant ensemble », de mêmes dimensions que dans l'inventaire de 1661. Si l'on admet que le support de cuivre et le cadre d'ébène (Le Brun) sont bien exacts, la présentation des tableaux dut être transformée entre 1661 et 1683. Par ailleurs Lépicié, Lomazzo se fondant sur le damier au revers du *Saint Georges* prétendent

Fig. 3. Raphaël,
Saint Georges et le dragon.
Florence,
Offices, Cabinet des Dessins

Fig. 4. Raphaël,
Saint Georges et le dragon.
Washington,
National Gallery of Art

que si ce dernier n'en porte pas, on peut en voir un au revers du *Saint Michel:* aucune trace, actuellement, n'apparaît sur les panneaux.

L'histoire de l'origine des deux peintures a été compliquée par des confusions entre le *Saint Georges* du Louvre et celui de Washington dont la provenance était, par ailleurs, mal étudiée. De récentes contributions (Shapley, Clough, Shearman, Brown, Ettlinger) ont renouvellé entièrement la question en replaçant les trois peintures dans un contexte historique. Pour Passavant (1860) les deux *Saint Georges* ont été commandés à Raphaël par le duc d'Urbin Guidobaldo da Montefeltre mais c'est le *Saint Georges* Crozat (Washington, National Gallery) dont le duc fit présent à Henri VII à l'occasion de son entrée dans l'Ordre de la Jarretière (1504). Castiglione, lors de son ambassade en Angleterre (prévue en 1505 mais retardée jusqu'en 1506), l'aurait porté au roi.

Cependant ce second *Saint Georges* n'était pas dans les collections royales anglaises au XVIe siècle. Gravé en 1627 par Luca Vosterman dans la collection Pembroke, il n'appartint à Charles Ier qu'à la suite d'un échange. Vertue, qui écrit en 1717 et 1721 ("Note Books", 1929-1930, p. 40), fait état d'une information selon laquelle Castiglione l'aurait commandé et donné à un ancêtre des Pembroke. Ce fait est contesté par Ettlinger, sans doute à juste titre.

Certains auteurs ont donc supposé que le présent du duc d'Urbin au roi d'Angleterre serait plutôt le *Saint Georges* du Louvre: il paraissait, d'ailleurs, correspondre à une description de l'inventaire royal anglais de 1547 (Cartwright, Lynch). Cette thèse avait déjà été soutenue, de façon confuse, par Félibien (« Entretiens », qui parle d'Henri VIII pour Henri VII) mais selon la notice du « Recueil d'Estampes » (1729) le cadeau du duc au roi était le *Saint Georges* avec une jarretière (c'est-à-dire le *Saint Georges* - Crozat de Washington).

Il est étrange, cependant, que les inventaires anglais citent plusieurs *Saint Georges* sans jamais mentionner le *Saint Michel.* Les deux tableaux parvinrent ensemble dans la collection de Mazarin. Ils formaient déjà un diptyque dès le milieu du XVIe siècle; Lomazzo (« Le Rime ») les vit à Milan (il devint aveugle en 1570). Ils furent, dit-il, copiés par Stresi et vendus au comte Ascanio Sforza de Plaisance. D'autres copies furent aussi exécutées à Milan au XVIe siècle: l'une (peut-être douteuse) était à San Vittorio (Scatto); certaines copies avec variantes dessinées par Cesare da Sesto (New York, Pierpont Morgan Library) impliquent aussi la connaissance du grand *Saint Michel* envoyé en France en 1518 (pour d'autres copies d'Ambrogio Figino, Milan, Bibliothèque ambrosienne, cf. Bora, 1971). De plus, l'évidente influence des deux peintures sur certains artistes italiens (Lotto, Dosso Dossi) rend bien improbable que le *Saint Georges,* séparé du *Saint Michel,* ait pu être en Angleterre une cinquantaine d'années auparavant.

Les deux tableaux constituèrent donc très tôt un diptyque. On les retrouve mentionnés ainsi à Milan chez un

4

collectionneur inconnu, puis à Plaisance chez le comte Ascanio Sforza, avant d'être acquis, probablement en Italie, par Mazarin et, enfin, par le roi. Cette thèse est, aujourd'hui, généralement acceptée.

L'origine antérieure du diptyque a été mise en rapport avec la cour d'Urbin. Cependant la commande a suscité deux interprétations différentes : Giovanna Feltria della Rovere aurait commandé ce diptyque à Raphaël pour rappeler que son père Federico di Montefeltro et son frère, Guidobaldo duc d'Urbin (en 1504) reçurent l'Ordre de la Jarretière ; son mari, Giovanni della Rovere et son fils Francesco Maria (en 1503) reçurent l'Ordre de Saint-Michel (Shearman, Clough et Brown). Pour Ettlinger, Guidobaldo da Montefeltre aurait commandé le diptyque à l'occasion de l'adoption de son neveu, le fils de Giovanna, le jeune Francesco Maria. L'adoption eut lieu le 10 mai 1504 à Rome et donna lieu à une grande cérémonie à Urbin en septembre. Cette seconde thèse postule que les deux tableaux furent peints ensemble en 1504 ; c'est aussi l'idée de Clough, pour d'autres raisons, et de Beck qui les date de 1505.

La plupart des historiens ont été, cependant, frappés par la différence de style entre les deux tableaux. Leur datation suscita de nombreuses polémiques. Longtemps ils furent tenus pour des œuvres de jeunesse, vers 1500, avec le *Songe du Chevalier* (Londres, National Gallery), les *Trois Grâces* (Chantilly, Musée Condé), la *Madone Connestabile* (Léningrad, Ermitage), etc., datation qui apparaît encore chez Fischel (1948) ; cependant une datation autour de 1504, déjà proposée par Crowe et Cavalcaselle, deviendra plus générale après la publication de l'article de Longhi (1955).

Si le style des deux tableaux est, à notre avis, nettement différent, il en est de même de leur apparence : leurs panneaux sont, certes, de dimensions et d'épaisseur voisines mais la barbe réservée au pourtour n'est pas la même pour chaque panneau. Elle est plus large et irrégulière sur le *Saint Michel :* sa surface peinte est donc légèrement plus petite que celle du *Saint Georges* où cette barbe, mieux calculée, est plus soigneusement préparée. Les deux panneaux n'ont pas été réalisés ensemble ni de la même façon, comme le confirme l'examen au laboratoire. La préparation, la couche picturale sont aussi plus épaisses sur le *Saint Michel.* Tout semble indiquer que lorsque Raphaël, toujours si soigneux, peignit le *Saint Georges* il n'avait pas sous les yeux le *Saint Michel.* Celui-ci a été commandé le premier et le *Saint Georges* a été peint après coup pour lui faire pendant. Leur iconographie est d'ailleurs d'une inspiration très différente (cf. P. n° 5).

Rien, ni historiquement, ni matériellement, ne permet d'affirmer que les deux panneaux aient jamais fait partie des collections d'Urbin où, d'ailleurs, on ne les retrouve dans aucun inventaire. Une thèse un peu analogue est envisagée par Jones et Penny pour qui les deux ouvrages auraient pu être exécutés pour un particulier dont le prénom ou le prénom des enfants étaient Georges et Michel.

Les copies de Cesare da Sesto et de Figino ajoutent encore à la problématique de la provenance urbinate du diptyque qui se trouvait donc très tôt dans la région de Milan. L'iconographie très particulière du *Saint Michel* (cf. P. n° 5) fait problème : celle du *Saint Georges* est très simple. Son exécution, sans reprise, d'une extrême liberté, est techniquement supérieure à celle du *Saint Michel.* On admet généralement que le *Saint Georges* de Washington est, stylistiquement plus avancé que le *Saint Georges* du Louvre (pour une opinion contraire, cf. Pope-Hennessy). Le dessin est plus élégant, la touche plus légère.

Des gravures nordiques (Dürer, Schongauer) ont pu fournir à Raphaël des prototypes pour le dragon et certains détails du costume (le casque orné d'une plume). Mais le paysage n'a rien de flamand (Lee of Farenham l'écrit à tort) : il est, encore, un peu péruginesque.

L'influence de Léonard (niée par Dussler) est plus évidente encore sur le dessin-modello, avec petites variantes, des Offices (530 E) que sur la peinture. On a, à juste titre, souligné aussi l'influence de l'antique : peut-être n'est-elle pas précise (Beccati). Raphaël se souvient des chevaux du Quirinal (cf. Grimm, 1882), Shearman (1977) place en 1502, un voyage à Rome de Raphaël à l'occasion du jugement sur la copie du Laocoon ; il pouvait aussi, s'inspirer des sarcophages où ce thème des chevaux hennissants et cabrés est constant.

Gilbert note la différence d'exécution entre ce type de petit panneau précieux de cabinet et les éléments de prédelle plus rapidement peints (par exemple ceux de la *Crucifixion Mond*).

5 Saint Michel

Bois, peuplier (Marette n° 537). H. 0,309 ; L. 0,265. Surface peinte 0,294 ; L. 0,251. Au pourtour barbe réservée : sur le côté droit 0,06 ; sur le côté gauche 0,08 ; en haut 0,07 ; en bas 0,08. Cette partie a été mise au ton, très postérieurement (couche de peinture sans préparation).

Hist. : Pour l'historique cf. P. n° 4.
Paris, Musée du Louvre. Inventaire Napoléon 439. MR 439. Inv. 608.

Bibl. : *Catalogues du Louvre :* 1793, n° 131 ; 1801, n° 933 ; 1804, n° 933 ; 1810, n° 1137 ; 1816, n° 1025 ; 1823, n° 1155 ; 1830, n° 1189 ; 1837, n° 1189 ; Villot, n° 380 ; Tauzia, n° 368 ; *Catalogue sommaire,* 1890, n° 1502 ; Ricci, n° 1502 ; Hautecœur, 1926, n° 1502 ; *Catalogue sommaire illustré,* 1981, p. 222.
Lomazzo, éd. 1587, p. 181 - Scatto, 1622, p. 60 - Félibien, 1666, éd. 1705, I, p. 224 - Le Comte, 1699, II, p. 64 - Bailly, 1709, éd. Engerand, 1899, p. 24, n° 11 - Monicart, 1720, II, p. 356 - *Recueil d'estampes,* 1729, I, p. 9, pl. 15, gravure de Claude Duflos - Dezallier d'Argenville, 1752, p. 306 - Mariette, *Abecedario,* 1727, éd. Chennevières, 1857-1858, IV, p. 304 - Lépicié, 1752, II, pp. 86-87 - Piganiol de la Force, 1701, éd. 1764, I, p. 310 - Quatremère de Quincy, 1824, p. 24 - Landon, 1831, pl. 36 - Passavant, 1839, II, p. 34 - Passavant, 1860, II, pp. 22-23, n° 19 - Crowe et Cavalcaselle, 1882, I, p. 159, pp. 204-207 - Müntz, 1882, p. 119 - Cosnac, 1884, p. 330, n° 1177 - Gruyer, 1889, pp. 388-402 - Gruyer, 1891, pp. 81-84 - Morelli, 1893, pp. 238, 308, 322 - Grouchy, 1894, p. 61 - Oppé, 1909, éd. Mitchell 1970, pp. 22, 32, 33 - Rosenberg

5

et Gronau, 1909, p. 218 - Frizzoni, 1915, p. 193, pl. I B et I C - Venturi, 1916, p. 334 - Venturi, 1920, pp. 102-103 - Fischel, 1920, p. 3 - A. Venturi, 1926, p. 83 - Rouchès, 1929, pp. 32-33 - Gamba, 1932, p. 39 - Berenson, 1932, p. 481 - Golzio, 1936, éd. 1971, pp. 309-310 - Suida, 1948, p. 23 - Ortolani, 1948, p. 20 - Fischel, 1948, I, pp. 31, 357 - Suida, 1948, p. 23, n° 2 - Bazin, 1957, p. 124 - Longhi, 1955, pp. 18-22 - Camesasca, 1956, I, pl. 46 - Martineau, 1956, p. 13 - Volpe, 1956, p. 8 - Weigert, 1961, pp. 167-168, n°s 466 et 467 - Lynch, 1962, p. 151 - Fischel, 1962, p. 21 - Haskell, 1963, p. 185 - Brizio, 1963, col. 224 - Dussler, 1966, n° 102 - Schug, 1967, p. 476 - Bazin, 1967, p. 95 - Clough, 1967, p. 202 - Becherucci, 1968, pp. 38, 51 - Berenson, 1968, I, 353 - De Vecchi, 1969, n° 488 - Pope-Hennessy, 1970, pp. 16, 128, 245, 246 - Shearman, 1970, p. 77, n° 23 - Dussler, 1971, pp. 5-6 - Bora, 1971, p. 53, n° 85 - Conti, 1973, p. 133 - Slatkes, 1975, pp. 339-341 - Beck, 1976, p. 90, pl. 6 - Oberhuber, 1978, p. 75 (pour St Michel et St Georges) - Kelber, 1979, p. 417, n° 17 - Arasse, 1980, pp. 56-57 - De Vecchi, 1981, p. 18, n° 22 - Cantarel-Besson, 1981, p. 52 - Oberhuber, 1982, p. 28; pp.30-31 - De Vecchi et Cuzin, 1982, p. 153 - Laclotte et Cuzin, 1982, p. 153 - Brown, 1983, pp. 135 à 158, notes 101 à 153 - Shearman, 1983, p. 77 - Ettlinger, 1983, p. 26 - Cuzin, 1983, p. 62 - Clough, 1983, à paraître - Jones et Penny, 1983, pp. 6 et 7.

Exp.: Paris, Petit-Palais, 1935, n° 393 - Paris, Bibliothèque Nationale, 1961, n° 466.

Mariette (1741, p. 10, n° 102) cite un dessin (disparu), dans la collection Crozat, pour ce tableau. Lépicié mentionne au revers du *Saint Michel* un damier: il avait lu Lomazzo (Trattato) qui parle d'un *Saint Georges* par Raphaël peint sur un damier pour le duc d'Urbin. N'en trouvant aucune trace sur le *Saint Georges* Lépicié croyait l'apercevoir sur le *Saint Michel.* Un examen minutieux ne révèle aujourd'hui rien de tel. Il est vrai que la peinture est recouverte d'un enduit et que le panneau a peut-être été aminci, cf. P. n° 4. Francesco Maria de Montefeltre ayant reçut l'Ordre de Saint-Michel en 1503, c'est à cette date, ou peu après, que le tableau aurait pu être peint si l'on accepte la thèse de la commande à Raphaël par Giovanna della Rovere. K. Oberhuber le date de 1504 et D.A. Brown de 1505 (il trouve le *Saint Georges* légèrement moins avancé). Clough et Ettlinger, pour des raisons historiques, le datent, avec le *Saint Georges,* de 1504 (cf. P. n° 4), Beck de 1505. Le *Saint Michel* fut peint le premier, le style et l'exécution, nous l'avons noté, vont dans ce sens. La figure plus lourde, la touche plus grasse et très apparente, les couleurs plus saturées, le dessin moins élégant et moins nerveux, les nombreuses reprises qui dénotent encore un certain manque d'habileté, tous ces caractères distinguent le *Saint Michel* du *Saint Georges.* Le visage offre encore des traits péruginesques: l'aplomb et le poids du corps, l'efficacité des gestes rappellent les études de jeunes gens pour la Libreria Piccolomini (1502-1503) (cf. Oxford, Ashmolean, Parker, n° 510). Le rapport est étroit avec la prédelle de la pala Oddi. Le style paraît moins avancé que celui du diptyque de Londres-Chantilly. L'examen au laboratoire confirme ce jugement en offrant une image radiographique du *Saint Michel* très différente de celle du *Saint Georges.* L'iconographie de ce tableau est intéressante: elle a été élucidée (Passavant) mais il reste encore à préciser les raisons du choix des épisodes secondaires à l'arrière-plan tirés de la « Divine Comédie » de Dante (« Enfer », XXIII, 57) où le poète décrit le châtiment des hypocrites et des voleurs. Les premiers, à gauche, vêtus de chapes de plomb doré, sortent de terre et défilent devant la ville de la colère livrée aux flammes; à droite, près d'un rocher, les voleurs nus sont tourmentés par des serpents et des oiseaux noirs (Passavant). Fischel fait, également, référence aux passages de Dante relatifs au saint Michel victorieux (VII, 11) et au tumulte des éléments et de la ville en flammes. Il a parlé le premier de Bosch; Slatkes cite le *Saint Michel* comme le plus ancien exemple de son influence en Italie: on ne sait exactement où Raphaël aurait pu voir ses œuvres ou des tableaux nordiques analogues qui commençaient à se répandre en Italie. En tous cas le *Saint Georges* gravé de Dürer (daté entre 1500 et 1504) ou des gravures de Schongauer ou du Maître MZ auraient pu fournir des modèles pour le dragon. Raphaël s'en inspire avec une ingénuité un peu naïve surtout dans les monstres. Sur la radiographie l'oiseau noir à droite est invisible: il paraît avoir été ajouté pour « meubler » cette partie, très usée. L'exécution, sèche et moins modelée, opaque, sans lumière, diffère de celles des autres figures: mais l'oiseau apparaît sur la gravure.

Ce petit tableau pose plus d'un problème. Le *Saint Michel* porte un bouclier orné d'une croix rouge sur fond blanc. Ceci pourrait faire penser « aux armes véritables du peuple de Florence » (Nardi), cependant, en l'absence d'un autre emblème spécifique à Florence, il doit s'agir d'une allusion à la croix de saint Michel, chevalier du Christ, dont la couleur varie selon les pays: elle est bleue sur fond rouge dans les statuts de l'Ordre de saint Michel par J. Fouquet (Paris, Bibliothèque nationale). Le choix du passage de Dante pourrait, aussi, ramener à Florence et fait penser aux imprécations de Savonarole (mort en 1498). A cet égard, il est intéressant de comparer le tableau du Louvre avec la *Crucifixion* de Botticelli (Cambridge, Fogg Art Museum) qui présente des éléments iconographiques voisins (pour une relation probable avec Botticelli dans le *Songe du chevalier,* cf. Gould, 1978, p. 641). La ville en feu au fond n'a pas été identifiée. Il est vrai que le texte de Dante peut tout aussi bien s'appliquer à César Borgia, qui avait chassé d'Urbin le souverain légitime (cf. Ettlinger, 1983, p. 26, et n° 10). L'intérêt de la Cour d'Urbin pour Dante est attesté par le manuscrit enluminé par S. Giraldi commandé en 1480 par Federico da Montefeltro (Rome, Bibliothèque vaticane).

L'origine des deux panneaux n'est pas documentée, elle a été déduite de leur association et du fait que le duc d'Urbin possédait un *Saint Georges* de la main de Raphaël (Lomazzo), information reprise par Pungileoni. Mais si on l'accepte les deux tableaux ont dû sortir très tôt des collections ducales, puisqu'ils sont copiés au début du XVIe siècle par des artistes milanais (Cesare da Sesto, Figino), et qu'ils sont mentionnés dans une collection milanaise, puis dans celle du comte Ascanio Sforza au cours du XVIe siècle (Lomazzo).

6 La Belle Jardinière
La Vierge, l'Enfant et le petit saint Jean

Bois, peuplier (Marettte, n° 540), cintré en haut. H. 1,22 ; L. 0,80. Signé et daté sur le bandeau au bas de la robe : *RAPHAELLO URB.*, en haut à droite près du coude : *M.D V.III.* (De faibles traces d'or d'un trait vertical supplémentaire à la droite du VII subsistent et sont visibles au microscope. Le point final, bien conservé, est à sa place.)

Hist. : Collection de François Ier? Probablement à Fontainebleau (sa copie est signalée au Cabinet des Empereurs par Guilbert, 1731). Au Louvre, selon la gravure de Rousselet, vers 1650? collection de Louis XIV, inventoriée par Le Brun, 1683 (n° 1) ; à Versailles en 1695 (Paillet) ; Cabinet des Médailles (1er novembre 1795) où elle est encore mentionnée en 1709 (Bailly) ; Lépicié et Piganiol de la Force (1764). Au Luxembourg (1766). En 1785 au Louvre (Duplessis). Exposé en 1793 au Muséum.

Paris, Musée du Louvre. Inventaire Napoléon 433. MR 433. Inv. 602.

Bibl. : *Catalogues du Louvre:* Le tableau y figure toujours sous le nom de Raphaël : 1793, n° 183 ; 1804, n° 1182 ; 1810, n° 1128 ; 1816, n° 1027 ; 1823, n° 1157 ; 1830, n° 1185 ; Villot, n° 379 ; Tauzia, n° 362 ; *Catalogue sommaire,* 1890, n° 1496 ; Ricci, 1913, n° 1496 ; Hautecœur, 1926, n° 1496 ; *Catalogue sommaire illustré,* 1981, p. 221.
Félibien, 1666, éd. 1705, I, p. 224 - Bailly, 1709, éd. Engerand, 1899, pp. 19-20, n° 5 - Mariette, *Abecedario,* 1727, éd. 1857-1858, IV, p. 276 - *Recueil d'estampes,* 1729, II, p. 7, pl. 6 (gravure de J. Chéreau) - Guilbert, 1731, II, p. 152 - Lépicié, 1752, I, pp. 80-81 - Dézallier d'Argenville, éd. 1752, pp. 289, 300, 305 - Piganiol de la Force, 1764, p. 131 - Quatremère de Quincy, 1824, pp. 44-45 ; p. 285 - Landon, 1831, VI, pl. 47, pp. 73-74 - Passavant, 1839, II, pp. 86-87 - Passavant, 1860, I, p. 99, II, n° 53, pp. 67-70 - Gruyer, 1869, III, p. 155 - Crowe et Cavalcaselle, 1882, I, pp. 360-364 - Müntz, 1882, pp. 156, 169, 191 - Durand-Gréville, 1907, II, pp. 50-52 - Rosenberg et Gronau, 1909, p. 43 - Oppé, 1909, éd. Mitchell 1970, pp. 51-54 - Venturi, 1920, pp. 134, 136, 137-138 - A. Venturi, 1926, p. 152 - Rouchès, 1929, pp. 33-34 - Berenson, 1932, p. 481 - Gamba, 1932, pp. 46-50 - Adhémar, 1946, p. 7 - Hetzer, 1947, p. 38 - Fischel, 1948, I, pp. 51, 359 - Ortolani, 1948, pp. 27-28 - Suida, 1948, p. 7 - Longhi, 1955, p. 22 - Putscher, 1955, p. 182 - Hulftegger, 1955, p. 130 - Camesasca, 1956, I, pl. 86-87 - Nicodemi, 1956, p. - Schöne, 1958, p. 18 - Wölfflin, 1899, éd. Murray 1961, p. 84 - Freedberg, 1961, I, pp. 67-68 - Fischel, 1962, p. 37 - Brizio, 1963, col. 226 - Stricchia-Santoro, 1963, p. 15 - Dussler, 1966, n° 96 - Berenson, 1968, p. 353 - Becherucci, 1968, p. 73 - De Vecchi 1969, n° 69 - Swoboda, 1969, p. 195 - De Vecchi 1969, n° 39 - Pope-Hennessy, 1970, pp. 83, 186, 195, 200 - Dussler, 1971, p. 22 - Freedberg, 1971, p. 30 - Lossky, 1971, p. 25 - Schug, 1967, pp. 477-479 - Cox-Rearick, 1972, n° 32 F - Conti, Sd., 1973, p. 133 - Kauffmann, 1976, pp. 232-233, sous le n° 200 - Beck, 1976, p. 112, pl. 17 - Levi d'Ancona, 1977, ad vocem - Kelber, 1979, p. 431, n° 59 - De Vecchi et Cuzin, 1982, n° 39 - Laclotte et Cuzin, 1982, pp. 153, 159 - De Vecchi, 1981, p. 21 et n° 39 - Oberhuber, 1982, pp. 40, 46 ; p. 188, n° 49 - Pedretti, 1982, pp. 29-30 - Cuzin, 1983, p. 33 - Jones et Penny, 1983, p. 33 - Sonnenburg, 1983, p. 24, n° 3, p. 25, n° 4.

Exp. : Paris, Louvre, 1972, n° 32.

Il n'existe malheureusement aucune mention certaine de la *Belle Jardinière* au XVIe siècle : « Le tableau est désigné sous ce nom assez singulier parce que la Vierge est assise sur une pierre dans une prairie richement couverte de plantes et de fleurs. » (Passavant). Félibien (1666) se contente de la décrire : « Vierge assise dans un paysage avec le petit saint Jean avec elle. »

Cependant, dès 1709, l'inventaire de Bailly, qui reprend ce titre descriptif, mentionne aussi « une copie d'après Raphaël représentant la sainte Vierge en paysanne ayant de hauteur 3 pieds et 8 pouces sur 2 pieds 5 pouces de large » (éd. Engerand, 1899, p. 399 n° 409). Cette désignation était probablement courante au XVIIe siècle pour distinguer l'original des autres Vierges attribuées à Raphaël dans les collections royales, peut-être même est-elle apparue auparavant. En tous cas pour Monicart dans le « Versailles immortalisé » (1720) : « La Vierge en paysane est du grand Raphaël. » Mariette (« Abecedario ») l'appelle *La Jardinière.* Dans le *Recueil d'estampes* (1729), la gravure de Chéreau porte le titre de *La Belle Jardinière.* Selon la notice « ce tableau est connu sous le nom de la *Belle Jardinière* à cause de la simplicité avec laquelle la sainte Vierge est habillée ». Même interprétation chez Lépicié (1752) « ce tableau est connu sous le nom de *"Belle Jardinière"* à cause de l'habillement simple de la Vierge et de ce qu'elle est assise dans une campagne émaillée de fleurs. »

La notice du « Recueil d'estampes » qui a été attribuée à Mariette (pour une discussion sur la part de celui-ci aux notices du « Recueil », cf. Stuffmann, 1968) a probablement joué un rôle dans la diffusion du titre visiblement connu à la fin du XVIIIe siècle : Quatremère de Quincy s'y réfère. Il apparaît dès le premier catalogue du Musée et devient tout à fait courant sur certaines lithographies.

La *Belle Jardinière* a sans doute appartenu à François Ier. Le Brun la mentionne en tête de l'inventaire de 1683, suivie de sept autres tableaux qui tous proviennent de la collection du roi (soit cinq Raphaël). Le père Dan (1642) ne la décrit pas au Cabinet des Peintures où, cependant, Evelyn (1644, p. 119) mentionne trois Madones de Raphaël : ce total n'est possible qu'en incluant la *Belle Jardinière* (il mentionne ensuite d'autres madones sans précision). Cependant le tableau paraît bien avoir été à Fontainebleau au XVIe siècle. L'abbé Guilbert (1731) décrit clairement sa copie par Jean Dubois au Cabinet des Empereurs : « Elle est assise et a devant elle Jésus et saint Jean agenouillé ; l'original en bois est au Cabinet des Antiques à Versailles. » Bailly (1709) la cite sans nommer le copiste.

Le Cabinet des Empereurs, dans un corps de bâtiment construit sous Charles IX, fut plus tard réaménagé ; on a tracé des travaux pour la cheminée en février 1644. Les tableaux décorant le cabinet étaient des copies : la plupart provenaient de l'Appartement des Bains (Dimier, 1900, pp. 281-282) et la copie de la *Grande Sainte Famille* y figurait aussi (cf. P. n° 10). La copie de la cheminée paraît, comme cette dernière, avoir une autre provenance. Aurait-elle été dans l'une des chapelles ? Müntz l'a pensé en annotant le texte imprécis de Van Buchel (1585) sur la chapelle Haute, construite en 1534 : « On y voit deux colonnes en marbre d'une belle couleur bleu-verdâtre et une peinture de Raphaël qui représente la Vierge avec l'Enfant Jésus. » Mais le père Dan parle plus justement de ce tableau

6

comme d'une copie de la *Grande Sainte Famille* alors au Cabinet des Peintures.

Cette copie était encore à cette place au moment de la Révolution (rapport sur le château de Fontainebleau daté du 18 septembre 1793, *N.A.A.F.* 1902, p. 182, cf. Stein, 1912, pp. 301-302). La remarque curieuse de l'abbé Guilbert (1731, II, p. 74) disant « qu'elle a été faite par les élèves de Raphaël et sous ses yeux », transfert curieux à la copie des remarques de Vasari sur l'original, est une confirmation de cette identification. Dans tous les textes, ce tableau est appelé « Sainte Famille », désignation qui implique la présence de Joseph, absent dans la *Belle Jardinière.*

La Belle Jardinière aurait-elle été dans la chapelle Basse qui fut réaménagée par François Ier en 1545 (les travaux étaient terminés à cette date d'après l'inscription à la clef de voûte de la chapelle). Van Buchel situe sur le maître-autel la *Visitation* de Sebastiano del Piombo, qui fut toujours à cet endroit, et parle, aussi, « d'une autre peinture qui est dans la même chapelle, attribuée à un autre grand artiste, Jean de Bologne II (p. 189). N'est-ce pas étrange qu'au XVIIe siècle aucun visiteur de Fontainebleau n'y ait mentionné la *Belle Jardinière,* chef-d'œuvre signé de Raphaël? Elle pouvait aussi échapper aux visiteurs dans la Chambre de la Reine qu'on ne visitait pas. Une Vierge à l'Enfant y figurait encore en 1665 (*Journal du Cavalier,* Bernin, 1885, p. 26).

Sans doute n'était-elle déjà plus à Fontainebleau mais au Louvre où la situe la lettre de la gravure de Rousselet, au moins y était-elle déjà en 1650.

La *Grande Sainte Famille* et la *Belle Jardinière* n'ont-elles pas, d'autre part, été confondues par le père Dan? N'est-ce pas à ce tableau plutôt qu'à la *Grande Sainte Famille* que s'appliquerait l'information : « Le roi François Ier l'acquit pour 24000 F » ?

Deux passages de Vasari ont été mis en rapport avec la *Belle Jardinière.* Dans le premier (*Vie de Raphaël,* IV, p. 328) après avoir mentionné le tableau esquissé pour la famille Dei, Vasari en mentionne un autre, qui par la suite, fut envoyé à Sienne : Raphaël, en quittant Florence pour Rome, laissa à Ridolfo del Ghirlandajo en soin d'en terminer la draperie bleue. Dans le second passage (*Vie de Ridolfo Ghirlandajo,* VI, p. 534) Vasari précise qu'il s'agit d'une *Madone* que Raphaël exécutait à la demande « d'alcuni gentiluomi senesi ». Selon la dernière édition florentine du texte de Vasari, le gentilhomme s'appelait Messer Filippo Sergardi, clerc de camera de Léon X. C'est de lui que François Ier aurait acquis la peinture. Cette origine, peu fondée, paraît justement mise en doute par Cox Rearick (com. écrite). Ce renseignement, que Mariette pouvait aisément obtenir de l'un de ses correspondants italiens, apparaît dans la notice du « Recueil d'estampes » et a été repris par Lépicié. Il est répété par Passavant et par nombre d'auteurs (Dussler).

Villot fit justement observer qu'« un artiste ne signe pas un ouvrage inachevé et que le départ de Raphaël pour Florence n'ayant eu lieu que dans l'été 1508, Ghirlandajo, en finissant le tableau et en le signant pour Raphaël, l'aurait daté de 1508 et non de 1507 époque à laquelle Raphaël était encore à Florence » (repris par P. La Croix qui annote le texte de Passavant (1860, I, p. 99, note 2). La controverse sur la draperie (Durand-Gréville) est aujourd'hui renouvellée par l'examen du tableau au laboratoire : la radiographie révèle une exécution continue et la draperie est bien de la même main.

Il paraît donc difficile de retenir pour la *Belle Jardinière,* l'origine Sergardi si cette origine correspond bien à celle du tableau inachevé cité par Vasari. Serait-ce plutôt, comme l'a pensé Nicodemi (1956), l'un des tableaux peints par Raphaël pour Taddeo Taddei : l'autre étant la *Madone à la prairie* de Vienne que Baldinuci ne signale plus de son temps, Casa Taddei (cf. *Notizie,* éd. 1846, p. 23) ? On n'a aucune trace ni aucune description de ce tableau disparu et cette origine n'est donc pas, non plus, jusqu'ici prouvée. (Pour une autre identification douteuse cf. Passavant 1860, II, pp. 344-355.)

Si Passavant a tort de comparer la draperie de la Vierge à celle du *Couronnement de la Vierge* de Ridolfo del Ghirlandajo au Louvre, par contre ce qu'il dit de la date de la *Belle Jardinière* qu'il faut lire 1508 est juste : peut-être était-elle, de son temps, mieux conservée car le dernier chiffre a aujourd'hui presque entièrement disparu.

La *Belle Jardinière* est la plus belle des Madones florentines, vues en pied dans un paysage : *Madone dans la prairie,* (Vienne, Kunsthistorisches Museum) ; *Madone au chardonneret,* (Florence, Offices) ; *Madone à l'Agneau,* (Madrid, Prado) (cf. P. n°18) ; *Madone Canigiani,* (Munich, Alte Pinacothek). Variations sur trois ou cinq figures et sur le thème des préfigurations de la Passion, elles s'inspirent surtout de la *Sainte Anne* de Léonard ; Raphaël en connaissait le carton, des dessins ou des copies ; il avait pu voir à Florence la *Madone de Bruges* de Michel-Ange de 1507.

Fig. 5. Raphaël, *Madone du Belvédère.* Vienne, Kunsthistorisches Museum

Fig. 6. Raphaël, *Madone au chardonneret.* Florence, Offices

Le visage de la *Belle Jardinière,* ses yeux baissés aux cils dessinés un à un, son expression intense et douce à la fois, sa coiffure gracieuse et compliquée ornée d'un voile qui retombe en se déroulant sur l'épaule se rattachent à la pure tradition florentine (la *Vierge* de Baldovinetti au Louvre). Son élégance n'est pas celle d'une «paysanne»: le corsage ouvert, bordé d'un galon brodé d'or, la très fine chemise blanche sont proches de la robe à la mode de *Maddalena Doni* (Florence, Offices).

La disposition symétrique du paysage (les nuages eux-mêmes s'écartent comme des rideaux célestes...), les architectures «nordiques», autant d'éléments qui rappellent aussi Pérugin et une certaine influence flamande (Memling). Mais ce que Vasari dit des tableaux Taddei («qui tiennent de sa manière pérugineque et de celle bien meilleure qu'il acquit ensuite en travaillant») convient parfaitement à la *Belle Jardinière.*

Tout ce que Florence a appris à Raphaël avec les exemples des plus grands maîtres et de Fra Bartolomeo — est ici présent mais dominé de la façon la plus originale. La chronologie discutée des Madones florentines (Swoboda, Dussler, Oberhuber) doit être revue en tenant compte de la nouvelle lecture de la date de la *Belle Jardinière:* il est plus facile maintenant de comprendre son rapport avec la *Grande Madone Cowper* (Washington, National Gallery) datée de 1508. Quant à sa composition c'est l'aboutissement des recherches dont chaque madone florentine offre un moment particulier. L'étude des dessins préparatoires le confirme (cf. D. n° 50). Dans la *Belle Jardinière,* Raphaël reprend le schéma pyramidal des Madones de Vienne et de Florence et propose des variantes sur la pose des enfants: loin d'être formelle, cette recherche est l'expression de «l'idée». Dans le dessin du Louvre, les enfants sont finalement à leurs places respectives: en corrigeant, dans la peinture, la pose de la Vierge tournée vers le petit saint Jean sur le dessin (D. n° 50), Raphaël met en valeur l'enfant dont le geste de la main gauche ne va pas changer. L'agneau du petit saint Jean, référence trop directe à Vinci, disparaîtra sur la peinture, remplacé par la croix. La cohésion des trois figures est parfaite dans le tableau, image de leur intime communion révélée par l'échange des regards. Les rythmes en guirlandes de chaque forme font écho au format cintré du panneau: depuis le *Retable de saint Nicolas de Tolentino,* ce format avait été utilisé par Raphaël pour un chef-d'œuvre, le *Sposalizio* (Milan, Brera). Il le reprendra encore avec le même bonheur dans la *Madone de Foligno* (Rome). L'idée d'encadrer la Vierge dans le ciel — ici par des nuages — est aussi celle de la *Madone Canigiani* où les nuages ont la même fonction: elle annonce les rideaux de la *Madone Sixtine.* Dans le tableau du Louvre Raphaël reprend le thème de la Madone au livre illustré dès ses débuts (*Madone,* Norton Simon Museum, Pasadena) et, dans cette même époque florentine (*Madones* de Vienne et de Munich). La Vierge, l'enfant et le petit saint Jean s'inscrivent dans un triangle, forme parfaite, symbole de la très sainte Trinité (Oberhuber).

Dans un paysage serein où le temps semble suspendu, c'est l'ultime moment de bonheur innocent avant la révélation: la tension intérieure très forte des acteurs du drame les rend muets, l'émotion entrouvre leurs lèvres; immobiles ils sont passionnément attentifs à ce qui va se produire. La Vierge ne peut s'empêcher de retenir contre elle l'Enfant mais sans le contraindre. Il prend appui sur le pied et le genou de sa mère, s'efforce de saisir le livre fermé où est inscrite l'heure du sacrifice. Son geste est plein de douceur mais aussi d'une décision irrévocable: il regarde intensément Marie pour la convaincre de le laisser accomplir sa mission; le petit saint Jean, à genoux, s'apprête à se relever pour remettre à Jésus la croix qu'il porte sur l'épaule. Chaque geste est exprimé de la façon la plus vraie, mais aussi la plus plastique. A l'extraordinaire maîtrise artistique et l'exceptionnelle délicatesse d'exécution (spécialement dans la tête de la Vierge) s'ajoute une grâce «ornementale pleine d'un équilibre subtil» (Freedberg). Aux symboles trop explicites de la *Madone* de Vienne où l'Enfant reçoit la croix des mains de saint Jean et dont les fraises rouges et les coquelicots annoncent le sang, la mort, la Passion, Raphaël préfère, dans la *Belle Jardinière,* des allusions plus discrètes: c'est qu'à la préfiguration de la Passion se mêle le vieux thème en l'honneur de Marie, celui de la Madone d'Humilité assise dans un jardin ou une prairie. Peu de fleurs; des feuillages, des boutons non encore éclos, cependant on reconnaît, en plus de la violette, symbole d'humilité, des symboles de la Passion: le pissenlit, l'ancolie, peut-être aussi une anémone à cœur noir. Vers la Vierge qui couronne plastiquement la composition, montent les regards. Elle est célébrée dans sa vertu de mère, dans son humilité et sa perfection, comme suprême médiatrice de la Passion.

La copie du Victorian and Albert Museum porte la date de 1507 (Kauffmann, 1973, n° 290). Une copie, avec variantes, dite *la Madone de Léon X* (cf. Nicodemi, 1956) porte la date de 1510. Pour les nombreuses autres copies cf. Dussler.

7 Balthazar Castiglione

Toile. H. 0,82; L. 0,67. Cf. Section scientifique et technique.

Hist.: Peint pour Balthazar Castiglione; le tableau resta à Mantoue, Casa Castigliona après sa mort (A. Beffa Negrini); proposé par Camillo fils de B. Castiglione, au duc d'Urbin, en août 1588 (Eiche); probablement vendu ou dispersé à la mort de Francesco Maria, duc d'Urbin (28 avril 1631); collection de Lucas von Uffelen; acquis à sa vente le 9 avril 1639 à Amsterdam par Alfonso Lopez (Sandrart); collection du cardinal Mazarin après 1653 (inventaire de 1661); vendu par ses héritiers à Louis XIV en 1661; inventorié dans la collection du roi par Le Brun en 1683 (n° 151) qui le plaça à Versailles, en 1695 (Paillet), dans la petite Galerie du Roi (1er novembre 1695; Bailly, 1709). De 1715 à 1736 à Paris chez le duc d'Antin (Antin 1715); de nouveau à Versailles (1737) dans la Galerie du Roi puis à la Surintendance, Salon du directeur des

7

Bâtiments (Jeaurat, 1760, Du Rameau, 1784 et note de 1788). Exposé au Muséum en 1793.

Paris, Musée du Louvre. Inventaire Napoléon 437. MR 437. Inv. 611.

Bibl. : *Catalogues du Louvre :* 1793, n° 119 ; 1796, n° 36 ; 1802, n° 58 ; 1804, n° 1185 ; 1810, n° 1117 ; 1816, n° 1021 ; 1823, n° 1151 ; 1830, n° 1195 ; Villot, n° 383 ; Tauzia, n° 371 ; *Catalogue sommaire,* 1890, n° 1505 ; Ricci, 1913, n° 1505 ; Hautecœur, 1926, n° 1505 ; *Catalogue sommaire illustré,* 1981, p. 223.

Beffa Negrini, 1606, p. 432 - Cosnac, 1661, éd. 1884, p. 348 n° 1297 - Sandrart, 1675, I, p. 55 - Bullart, 1682, II, p. 321 - Bailly, 1709, éd. Engerand, 1899, p. 23, n° 10 - Monicart, 1720, II, p. 356 - Mariette, *Abecedario,* 1727, éd. 1857-1858, IV, p. 338 - *Recueil d'estampes,* 1729, I, p. 8, pl. XIII, (gravure de N. Edelink) cf. R. et F., n° 290 - Lépicié, 1752, I, pp. 95-96 - Piganiol de la Force, 1764, I, p. 309 - Quatremère de Quincy, 1824, pp. 196-197 - Passavant, 1839, II, p. 187-188 - Passavant, 1860, II, pp. 154-156, n° 112 - Campori, 1863, p. 451 - Mundler, 1868, p. 276 - Springer, 1878, pp. 509-510 - Gruyer, 1881, II, pp. 51-89 - Müntz, 1882, p. 555 - Crowe et Cavalcaselle, 1885, II, pp. 261, 326, 327 - Gruyer, 1891, pp. 96-101 - Oppé, 1909, éd. Mitchell 1970, pp. 67, 109-111 - Rosenberg et Gronau, 1909, pp. 239-240 - Venturi, 1920, p. 184 - De la Sizéranne, 1920, p. 209 - Alazard, 1925, p. 78 - Focillon, 1926, pp. 133-134 - Venturi, 1926, p. 273 - Wansher, 1926, p. 135 - Funck-Hellet, 1932, p. 50 - Berenson, 1932, p. 482 - Gamba, 1932, p. 102 - Fischel, 1935, *Thieme et Becker,* p. 439 - Golzio, 1936, éd. 1971, pp. 42-43 - Lugt, 1936, pp. 113-114 - Bloch, 1946, p. 175 - Hetzer, 1947, p. 64 - Fischel, I, 1948, pp. 115, 325, 365 - Ortolani, 1948, p. 52 - Suida, 1948, p. 19 - Camesasca, I, 1956, pl. 115 - Schöne, 1958, p. 13 - Chastel, 1959, p. 495 - Wolfflin, 1899, éd. Murray, 1961, pp. 119-122 - Freedberg, 1961, pp. 333, 336 - Fischel, 1962, pp. 86, 244 - Imdhal, 1962, pp. 38-45 - Brizio, 1963, col. 241 - Kelber, 1963, p. 445, n° 89 - Dussler, 1966, p. 60, n° 105 - Pope-Hennessy, 1966, pp. 114, 316 (notes 15 à 17) - Louden, 1968, pp. 48-49 - Becherucci, 1968, p. 187 - Berenson, 1968, p. 353 - De Vecchi, 1969, n° 114 - Dussler, 1970, pp. 34-35, 155 - Freedberg, 1971, p. 46 - Seilern, 1971, pp. 27-28 sous le n° 24 - Beck, 1976, p. 160, pl. 41 - G. Emile-Mâle, 1979, pp. 271-272 - Kelber, 1979, p. 445, n° 89 - Shearman, 1979, pp. 260-270 - De Vecchi, 1981, p. 62, n° 70 - Eiche, 1981, pp. 154-155 - De Vecchi et Cuzin, 1982, n° 104 - Gould, 1982, p. 480 - Laclotte et Cuzin, 1982, pp. 153, 160 - Oberhuber, 1982, pp. 162, 192, n° 111 - Mérot, 1982, pp. 4-6 - Pedretti, 1982, p. 44 - Cuzin, 1983, pp. 187-190 - Jones et Penny, 1983, pp. 159-162.

Exp. : Paris, Petit-Palais, 1935, n° 395 - Paris, Louvre, 1945, n° 72 - Paris, Bibliothèque Nationale, 1961, n° 468 - Paris, Louvre, 1975, n° 21, en photo seulement.

On croyait autrefois, à tort, que le tableau avait appartenu aux collections des Gonzague à Mantoue puis à Charles Ier d'Angleterre (Mariette, Lépicié). Le portrait resta en possession des Castiglione presque jusqu'à la fin du XVIe siècle : le comte l'emporta, peut-être, avec lui lors de son ambassade en Espagne mais à sa mort, en 1529, il était revenu dans la maison de famille de Mantoue. On sait, aujourd'hui, grâce à la lettre d'août 1588 de Camillo Castiglione, fils de Balthazar, à Giulio Veterani, ministre de Francesco Maria della Rovere duc d'Urbin, que le tableau fut offert au duc : « L'âme du comte, s'il pouvait l'apprendre, tirerait une grande consolation de savoir que le tableau sera conservé dans cette cour où le comte passa une grande partie de sa vie et sous la protection d'un prince descendant de ces princes glorieux qu'il servit si longtemps. » (Eiche). L'inventaire du palais d'Urbin et de la « garde-robe » de Pesaro (1623-1624) mentionnent un portrait anonyme de Castiglione, peut-être le même. (F. Sangiorgi, *Documenti urbinati,* Urbin, 1976, p. 319-374.) Après la mort prématurée du duc (28 avril 1631) les collections revinrent en partie aux Médicis (par Vittoria della Rovere qui épousa Ferdinand II, grand-duc de Toscane) ; une partie fut vendue à Urbania (alors Castel Durante) et à Urbin (cf. Eiche, p. 155, note 8). Lucas Van Uffelen, amateur, ami de Sandrart et de Van Dyck, qui vivait à Venise depuis 1616, acheta le portrait et l'emporta à Amsterdam. L'historique du *Castiglione* n'offre plus, ensuite, de difficultés. Toutefois si le marchand Lopez, qui acquit probablement toute la collection Uffelen, vendit le tableau à Paris vers 1641, comme le suppose Shearman, (p. 270, note 44), on ignore quel collectionneur le posséda avant Mazarin : le *Castiglione,* de toute manière, ne lui appartenait pas à la mort de Lopez (1649) car il n'apparaît pas dans l'inventaire de 1653 (publié par le duc d'Aumale) et fut, probablement, acquis après cette date (décrit dans l'inventaire après décès de 1661).

Les recherches entreprises à l'occasion de la restauration du tableau en 1975 et en 1979 (G. Emile-Mâle ; J. Shearman) ont permis de répondre définitivement à la controverse sur les dimensions de la peinture. Imdhal, qui se basait sur le rapport de restauration de 1788-1789 et sur les gravures de Sandrart et d'Edelinck, croyait que la copie de Rubens vers 1620 (comte A. Seilern), montrant entièrement les mains du modèle, reproduisait la composition originale de Raphaël. L'examen précis du support a prouvé que le tableau n'a pas varié de dimensions.

En effet, le portrait n'a pas été transposé de bois sur toile : Passavant l'affirmait à tort, suivi d'un certain nombre d'auteurs (jusqu'à Dussler 1971) ; à ce sujet, cf. Shearman, 1980). Si Le Brun écrit que le tableau est peint sur bois (1683), l'inventaire du palais Mazarin (1661) le dit à juste titre sur toile. Cette contradiction est levée par Paillet (1695), suivi par Monicart (1720), qui précisent «toile collée sur bois». La toile originale, très fine et d'une exceptionnelle qualité, était, à l'origine, clouée sur la face d'un châssis au dos duquel on a inséré un panneau de bois composé de deux planches. La tension provoquée par les clous lors du cloutage a donné une forme de guirlande festonnée très visible au bord de la toile. Une preuve supplémentaire que le tableau n'a pas été coupé est donnée par une bande de peinture noire originale tout autour ; c'est un procédé déjà employé par Raphaël dans le *Sposalizio* (Milan, Brera) et la *Madone de Lorette* (Chantilly, Musée Condé, cf. Béguin, 1979, p. 66, note 4). A l'intérieur du format ainsi délimité, la composition n'a donc pas pu varier dans ses dimensions, même si le tableau a été coupé au-delà de cette bande noire qui était cachée certainement sous le cadre. D'autre part, la copie du Palazzo d'Arco, qui s'inspire certainement de l'original primitivement conservé à Mantoue dans la maison familiale de Castiglione, offre une composition semblable à celle du tableau du Louvre.

Le modèle, le comte Balthazar Castiglione (1478-1529), poète et littérateur, ambassadeur à la cour d'Urbin, auteur du « Corteggiano », fut l'ami et le conseiller de Raphaël. Il est représenté assis sur une chaise du type « Savonarole » ou «sedia dantesca » (à peine visible). Sur la tête il porte un « scuffiotto » (sorte de résille ou turban serré) cachant une calvitie précoce et, par-dessus, un grand béret aux bords découpés orné d'une médaille, est-ce celle dessinée par Raphaël (Beffa Negrini, 1606, p. 432) ? Son pourpoint sombre, dont on aperçoit la doublure écarlate, laisse voir sa chemise plissée et bouffante sur le devant de la poitrine. Il est garni, ainsi que le haut des manches, d'une épaisse fourrure grise. Ce n'est sans doute pas du castor, comme on le dit généralement, qui devrait être rasé pour ressembler à la fourrure peinte par Raphaël, pratique alors inhabituelle ; il s'agit, plutôt, de petit gris ou écureuil gris : la fourrure a été travaillée en minces bandes que l'on aperçoit très bien, surtout à droite ; elle est coulissée avec un large ruban noir, sur le bas des manches est posé peut-être un épais velours noir. Ce vêtement très chaud est certainement une tenue d'hiver. Castiglione appréciait les vêtements ornés de fourrure : dans une lettre à sa mère il demandait un manteau de damas noir bordé de martre : dans le portrait anonyme de Mantoue (Palais Ducal) il porte un vêtement orné de fourrure.

Le portrait fut probablement exécuté en 1514-1515 lors du séjour de Castiglione à Rome, comme ambassadeur d'Urbin auprès du pape. Il est mentionné dans une lettre de Pietro Bembo du 19 avril 1516 au cardinal Bibbiena (Golzio, p. 42). C'est sans doute le portrait auquel Castiglione fait allusion dans une poésie dédiée à sa jeune femme Ippolita Torella (Golzio, p. 43).

Une lettre du 12 septembre 1519 de l'ambassadeur de Ferrare, Paolucci, à Alphonse d'Este (Golzio, p. 97) mentionne un autre portrait (longtemps, à tort, identifié avec celui du Louvre). A. Beffa Negrini cite, dans la maison de famille de Castiglione à Mantoue, deux portraits (au sujet de la copie de l'un de ces portraits, cf. P. n° 27). A l'exception de Wansher, on n'a jamais douté de l'identité du modèle : l'amitié partagée de Raphaël pour Castiglione s'exprime dans la peinture par un rayonnement chaleureux qui ajoute à sa beauté.

La récente restauration a permis de retrouver son harmonie grise autrefois totalement faussée par les vernis jaunes. Le visage, seul coloré, met en valeur l'éclat bleuté du regard. La comparaison classique entre le portrait de *Castiglione* et les œuvres vénitiennes ne s'impose plus ou, du moins, pas de la même manière qu'auparavant. La facture légère est comme esquissée, une lumière égale et diffuse baigne tout le tableau. La touche moelleuse et fondue est posée sur une préparation elle-même très mince : la structure de la fine toile est perceptible ; elle donne une sorte d'ondulation et comme un frémissement à toute la peinture, ce qui fait penser à l'exécution vibrante et expressive des vénitiens.

Grâce à Shearman, s'appuyant sur des remarques de Seilern à propos de la copie « baroque » de Rubens (comte A. Seilern), nous pouvons de nouveau contempler le portrait de *Castiglione* sans nous laisser impressionner par son apparence dans le dessin de Rembrandt (Vienne, Albertina, n° 432 du corpus Benesh), la gravure de Sandrart, jugés importants car les deux hommes virent le tableau. Ces témoignages furent utilisés par Imdhal pour prouver que l'aspect primitif avait été grandement altéré. Mais c'est volontairement que Raphaël, à l'inverse de ses autres portraits florentins, a minimisé les mains de Castiglione au premier plan pour mieux concentrer l'attention sur le visage. Il a placé le modèle au niveau d'un spectateur privilégié (Raphaël, sa jeune femme ?) de façon à établir entre eux une communication plus intime : c'est une mise en page très nouvelle du portrait, très proche de la vie. Ce chef-d'œuvre classique, prélude ainsi à des conceptions encore plus audacieuses comme celle du double portrait (P. n° 13). Le portrait de *Baltazar Castiglione* est un hommage à Vinci, à la *Joconde* que Raphaël a pu voir à Rome avant le départ de Léonard pour la France : la pose simple mais si étudiée de *Castiglione,* l'harmonie discrète de ses tons et la subtile modulation de la lumière rappellent, en effet, *Mona Lisa.*

8 Saint Jean-Baptiste dans le désert

Bois transposé sur toile. H. 1,35 ; L. 1,42. En haut, à gauche et à droite, les armes de Claude Gouffier et de Jacqueline de La Trémoille, sa femme.

Hist. : Aurait été commandé à Raphaël par Adrien Gouffier, cardinal de Boissy et serait passé dans la collection de son neveu Claude Gouffier, Duc de Roannais (titre porté par l'aîné des Gouffier) qui l'aurait placé, en 1532, au-dessus de l'autel de Saint-Jean dans la collégiale d'Oiron ; collection du comte de la Feuillade, descendant par alliance des Gouffier : Charlotte de Roannais, sœur de Claude, épousa François d'Aubusson, comte de la Feuillade qui l'offrit à Louis XIV ; inventorié par Le Brun dans la collection du Roi en 1683 (n° 368). Le tableau est signalé à Versailles (Paillet), dans la grande antichambre (1er novembre 1695). En 1709-1710 au Cabinet de la Surintendance (Bailly) ; catalogué par Lépicié (1752). En 1760 porté au magasin de la Surintendance (Jeaurat). En 1764, le tableau est accroché à Versailles, dans la salle de Mars, au-dessus de porte (Piganiol). En 1820 concédé, à la demande du duc de Maillé, à l'église de la commune de Longpont (Seine-et-Oise). Transporté par suite de son mauvais état, chez le duc où il resta ; après sa mort, acquis à sa vente par le marchand de tableaux Cousin ; revendiqué en 1837 par le Musée du Louvre ; en 1838, à la suite d'un procès, un arrêt de la cour royale restitua définitivement le tableau à la liste civile (cf. Dalloz, *Jurisprudence générale,* édition de 1851, XVII, pp. 68-69).

Paris, Musée du Louvre. Inventaire Napoléon 183. B.183. Inv. 606.

Bibl. : *Catalogues du Louvre:* Villot, n° 606 ; Tauzia, n° 366 ; *Catalogue sommaire,* 1890, n° 1500 ; Ricci, 1913, n° 1500 ; Hautecœur, 1926, n° 1500 ; *Catalogue sommaire illustré,* 1981, p. 222.
Bailly, 1709, éd. Engerand 1899, pp. 18-19, N° 4 - *Recueil d'estampes,* 1729, I, p. 9, pl. 14, gravure de Simon Vallée - Lépicié, 1752, I, pp. 89-90 - Piganiol de la Force, 1764, I, p. 145 - Quatremère de Quincy, 1824, p. 217 - Landon, 1831, VI, pl. 57 - Passavant, 1839, II, p. 355 (Giulio Romano) - Passavant, 1860, II, sous le n° 240, p. 290, (école de Raphaël) - Fillon, 1867, p. 108 - Galichon, 1867, pp. 90-91 - Mündler, 1868, pp. 299-300 - Müntz, 1882, p. 550 (copie) - Crowe et Cavalcaselle, 1885, II, p. 485 - Morelli, 1890, p. 54 (Sebastiano del Piombo) - Clouzot, 1905, p. 262 - Frizzoni, 1906, p. 417 (Raphaël et collaborateurs) - Bernardini, 1908, p. 83 (Sebastiano del Piombo) — Rosenberg et Gronau, 1909, p. 251 - Gronau 1923, p. 213 (Sebastiano del Piombo) - Venturi, 1926, p. 323 - Gamba, 1932, p. 106 - Berenson, 1932, p. 481 - Boudot-Lamotte, 1934, p. 49 - Fischel, *Thieme et Becker,* 1935, p. 441 - Dussler, 1942, p. 155, n° 98 - Palluchini, 1944, p. 187 - Ortolani, 1948, p. 67 - Camesasca, 1956, I, pl. 121 (partiellement autographe) - Freedberg, 1961, p. 370 (Giulio et Raffaellino del Colle) - Brizio, 1963, col. 240 (partiellement autographe) - Dussler, 1966, n° 100 (atelier de Raphaël) - Berenson, 1968, p. 353 - Marabottini, 1968, fig. 102 (anonyme raphaelesque) - De Vecchi, 1969, n° 128 (Raphaël et collaborateurs) - Dussler, 1971, p. 63 (atelier de Raphaël, 1520) - Conti, s.d., 1973, p. 138 - Weil-Garris-Posner, 1974, p. 69 - Constans, 1976, p. 167, note 26 - Lucco, 1980, n° 212 (Raphaël) - De Vecchi, 1981, n° 260, (atelier, 1520) - Oberhuber, 1982, p. 194, n° 135 (1516-1517) - De Vecchi et Cuzin, 1982, n° 128 (collaborateurs) - Cuzin, 1983, p. 220.

L'historique du tableau a été confondu avec celui de la version des Offices. Saint Jean-Baptiste est représenté, selon la tradition florentine, comme un adolescent pénitent exilé dans un désert boisé unissant le double caractère de l'être sauvage vivant en pleine nature et du Bacchus antique couronné de vignes (cf. Freedberg, 1982, pp. 281-288). Aronberg-Lavin (1970, p. 162) rappelle que Raphaël fut sollicité en 1517 de participer à la décoration du Studiolo d'Alphonse d'Este à Ferrare avec un *Triomphe de Bacchus* qu'il ne devait pas exécuter (Golzio, pp. 62-63). C'est à cette même période, semble-t-il, que le tableau du Louvre a pu être conçu.

Saint Jean-Baptiste a été plusieurs fois représenté par Raphaël : le tableau des Offices est autographe pour les uns, œuvre d'atelier pour les autres (Dussler, p. 48 ; De Vecchi, 1969, n° 144), Oberhuber (1982, n° 9, p. 202), l'attribue à Giulio Romano et le date de 1518, Dussler le préfère à la version du Louvre. Mais, indépendamment de la question d'autographie, il s'agit de deux compositions très différentes qui ne sont certainement pas de la même date. Passavant (1860) ne catalogue pas le tableau du Louvre et le cite à propos du tableau des Offices.

L'attribution à Raphaël, traditionnelle au Louvre, a été proposée par un certain nombre d'auteurs dans le passé mais vivement combattue par Dussler qui y voit une œuvre d'atelier vers 1520 dont l'invention lui paraît difficilement attribuable à Giulio. Le style puissant très michelangelesque, l'importance du paysage expliquent que certains auteurs aient pensé à Sebastiano (Morelli, Gronau), idée qui n'a pas été retenue par les spécialistes du peintre vénitien. Un retour s'est récemment dessiné en faveur de l'attribution à Raphaël (Oberhuber, Cuzin).

Le mauvais état de conservation du tableau l'a desservi. La récente restauration, en éliminant les lourds repeints anciens, permet de mieux le juger. On ne peut nier la beauté de l'invention de cette figure puissante, la hardiesse de la pose qui projette le corps dans l'espace, invention tout à fait contemporaine des recherches de Raphaël pour la décoration de la chapelle Chigi à Sainte-Marie-du-Peuple en 1516-1517. La pose des jambes de la figure de la planète *Mars* (cf. D. n° 116) pour la voûte et la sculpture du *Jonas* exécutée par Lorenzetto avec la collaboration de Raphaël (?) et d'après ses dessins en sont très proches. L'influence de Michel-Ange et des *Ignudi* de la Sixtine a été ici décisive. Ces motifs hardis et nouveaux inspirèrent les maniéristes (en particulier Parmesan, *Saint-Roch,* Bologne, San Petronio).

La beauté du paysage a été, à juste titre, soulignée par Gamba. Le contraste entre la pénombre fraîche où se terre saint Jean et l'ouverture inondée de clarté, en haut à droite, est d'inspiration léonardesque. Raphaël met cette idée au service de l'iconographie ; le précurseur désigne du doigt la croix mais aussi cette clarté, symbole de la lumière c'est-à-dire de la révélation et du salut. L'expression ardente et farouche de son visage reste saisissante en dépit des accidents qu'il a subis.

8

Il est très difficile de se prononcer sur l'exécution et sur la part qu'y prit Raphaël. La collaboration de l'atelier paraît vraisemblable : Giulio (né en 1499) y a-t-il participé ? Freedberg (1961) qui donnait le tableau à Giulio en laissait l'exécution à Raffaellino dal Colle.

9

9 Saint Michel terrassant le démon, dit **Le Grand saint Michel**

Bois transposé sur toile, H. 2,68; L. 1,60. Signé et daté RAPHAEL URBINAS. MD XVIII (sur la bordure de la tunique). Pour les restaurations et la transposition, cf. Section scientifique et technique.

Hist. Commandé par le pape et offert par Laurent de Médicis à François Ier (lettres de Bertrando Costabili au duc de Ferrare du 1er mars 1518, du 28 mars 1518, du 13 avril 1518, du 27 mai 1518; et lettres de Goro Gheri au duc d'Urbin du 25 mars 1518, du 11 avril 1518, du 15 avril 1518, du 8 mai 1518, du 17 mai 1518). Pour l'expédition en France, lettres de Goro Gheri du 3 juin 1518, et deux lettres adressées par Gheri au duc d'Urbin en France du 3 et du 19 juin 1519; le tableau est signalé pour la première fois en 1537-1540, au château de Fontainebleau où il est restauré par Primatice («Comptes»); en 1584 Lomazzo l'y mentionne et, en 1625, Cassiano del Pozzo et «Peiresc» le virent au château. En 1642, le père Dan le signale au Cabinet des Peintures, il y est encore en 1644 (Evelyn). Revenu probablement au Louvre après 1652, il est placé avant 1673, selon Félibien, dans la galerie au-dessus du trône aux Tuileries; gravé par Rousselet en 1676; en 1681 le Grand saint Michel se trouve au Cabinet des Tableaux, au Louvre («Mercure de France»). Il est inventorié par Le Brun dans les collections de Louis XIV en 1683 (n° 5) avec sa bordure «taillée» et ses «volets peints d'ornements rehaussés d'or». En 1692 déménagé à Versailles avec le Cabinet du Roy, on l'expose en 1695, dans la chambre du roi, en été, avec la *Grande Sainte Famille* (Paillet), en 1709-1710 dans le grand appartement du roi (Bailly). En 1715 on l'envoie à Paris chez le duc d'Antin (Antin); en 1752 catalogué par Lépicié; les mémoires de *Trévoux,* le 18 octobre, le mentionnent au Luxembourg (cf. Guiffrey, 1879); 1764 il est exposé à Versailles dans la salle de Mercure de Pâques à la Toussaint (Piganiol); en 1784 on le porte à la Surintendance, dans la 4e pièce (Du Rameau). Il est encore mentionné à Versailles en 1794. En 1801 au Muséum.

Paris, Musée du Louvre. Inventaire Napoléon 431. MR 431. Inv. 610.

Bibl.: *Catalogues du Louvre:* 1801, n° 932; 1810, n° 1136; 1816, n° 1024; 1823, n° 1154; 1830, n° 1187; Villot, 1849, n° 382; Tauzia, n° 370; *Catalogue sommaire,* 1890, n° 1504; Ricci, n° 1504; Hautecœur, 1926, n° 1504; *Catalogue sommaire illustré,* 1981, p. 222.
Comptes, 1537-1540, éd. Laborde, 1877-1880, I, pp. 135-136 - Vasari, 1550, éd. Milanesi, IV, p. 365 - Lomazzo, 1584, p. 48 - Cassiano del Pozzo, 1625, éd. Müntz, 1885, p. 267 - «Peiresc», 1625, *in* Seymour de Ricci, 1913, p. XI - Dan, 1642, p. 135 - Evelyn, 1644, éd. 1906, II, p. 91 - Félibien, 1666, éd. 1705, I, pp. 241, 255; III, pp.144, 215 - Le Comte, 1699, p. 83 - Bailly, 1709, éd. Engerand 1899, p. 12, n° 1 - Piganiol de la Force, 1701, éd. 1764, I, p. 156 - Monicart, 1720, p. 252 - Mariette, *Abecedario,* éd. Chennevières, 1817-1858, IV, pp. 305-306 - *Recueil d'estampes,* 1729, I, pl. 4 - *Mercure de France,* 1751, pp. 232, 235 à 240 - *Mémoires de Trévoux,* 1752, I, p. 761 - Lépicié, 1752, I, pp. 87-88 - Jauncourt, 1765, XII, p. 277, col. 2 - Quatremère de Quincy, éd. 1824, pp. 279-280 - Landon, 1831, VI, pl. 35 - Passavant, 1839, II, p. 309 - Gaye, 1840, pp. 146-147 - Laborde, 1850, p. 31 - Passavant, 1860, II, pp. 254-257 - Campori, 1863, pp. 350-356 - Guiffrey, 1879, p. 412 - Müntz, 1882, p. 550 - Crowe et Cavalcaselle, 1885, II, pp. 390-400 - Morelli, 1890, p. 180 - Gruyer, 1891, p. 102 - Dollmayr, 1895, p. 274 (Giulio Romano) - Müntz, 1900, p. 316 - Rosenberg et Gronau, 1909, p. 245 (Giulio Romano) - Oppé, 1909, éd. Mitchell, 1970, pp. 65-67, 118 - Herbet, 1916, éd. Stein, 1937, p. 93 - Venturi, 1919, pp. 203-204 - Venturi, 1920, p. 204 - Venturi, 1926, IX, p. 322, (école de Raphaël) - Wansher, 1926, p. 135 - Berenson, 1932, p. 482, (Giulio Romano) - Gamba, 1932, p. 112, (Giulio Romano) - Gluck, 1936, p. 102 - Golzio, 1936, éd. 1971, pp. 66-68 - Hartt, 1944, p. 85 (exécuté par Giulio Romano) - Adhémar, 1946, p. 5 - Fischel, 1948, pp. 275-366 (exécution de Giulio et en partie de Raphaël) - Ortolani, 1948, p. 67 (Giulio Romano) - Suida, 1948, p. 20 - Hulftegger, 1954, p. 130 - Camesasca, 1956, I, pl. 129 (en partie Giulio Romano) - Réau, 1956-1959, II, vol. I, p. 49 - Hartt, 1958, I, p. 27 - Montagu, 1958, pp. 91-96 - Shearman, 1959, p. 459 - Freedberg, 1961, pp. 354-356 (Giulio Romano) - Shearman, 1961 (publié en 1963), p. 214 - Fischel, 1962, p. 206 - Brizio, 1963, col. 240 (Raphaël) - Dussler, 1966, n° 104 - Bazin, 1967, pp. 64-65, 117 - Marinelli, 1967, p. 155 - Shearman, 1967, pp. 58, 194, notes 26, 214, note 48 - Beccherucci, 1968, pp. 189-190 (exécution par les élèves) - Berenson, 1968, p. 353 (Giulo Romano) - Gibbons, 1968, sous les nos 44, 131 - Marabottini, 1968, pp. 250-251 (Raphaël aidé par Giulio Romano) - De Vecchi, 1969, n° 135 - Pope-Hennessy, 1970, pp. 128, 237 - Dussler, 1971, p. 47 - Cox-Rearick, 1972, p. 30, n° 34 F - Summers, 1972, p. 295 - Constans, 1973, p. 171, n° 56 - Conti, s.d., 1973, pp. 126-129, 230-232 - Weill-Garris-Posner, 1974, pp. 14, 24; p. 68, n° 136 - Beck, 1976, p. 168, pl. 45 - Emile-Mâle, 1979, p. 405 - Kelber, 1979, p. 453, n° 103 - De Vecchi, 1981, p. 253, n° 83 - Laclotte et Cuzin, 1982, pp. 153, 162 - De Vecchi et Cuzin, 1982, n° 135 - Oberhuber, 1982, pp. 173-178, 194, n° 137 - Pedretti, 1982, p. 48 - Brown, 1983, p. 119, note 26 - Cuzin, 1983, pp. 176, 216, 219, 226 - Jones et Penny, pp. 175, 188.

Exp.: Paris, Louvre, 1972, n° 34.

On ne sait rien de la destination première du tableau: fut-il d'abord envoyé à Amboise, où eut lieu le mariage de Laurent de Médicis et de Madeleine de la Tour d'Auvergne? Il est tentant de penser qu'il était, peut-être, destiné à la chapelle Saint-Michel (aujourd'hui disparue, située près de l'actuelle chapelle Saint-Florentin) où Louis XI créa l'ordre de saint Michel le 1er août 1469?

Le *Grand saint Michel* est mentionné pour la première fois à Fontainebleau en 1537-1540, au moment où Primatice le restaure. Ornait-il au château une des chapelles royales avant d'être placé au Cabinet de Peintures au début du XVIIe siècle? On le suit à peu près jusqu'à son transfert au «Vieux Louvre», il y fut probablement apporté avec les autres tableaux de la collection royale quand, après la Fronde, Anne d'Autriche et Louis XIV revinrent s'installer à Paris. Il reçut alors un emplacement insigne, le Cabinet du Roi: non moins remarquable est le fait qu'il fut pendant un temps accroché aux Tuileries en 1667, dans la galerie «où était le trône». Sorte d'emblème du pouvoir royal, le *Grand saint Michel* sera toujours étroitement associé au souverain: à Versailles on le place dans sa chambre «de Pâques à la Toussaint». Au XVIIIe siècle cette habitude demeure: on le transporte au Luxembourg lorsque le roi s'y installe. Ce n'est pas seulement parce qu'il s'agit d'une œuvre insigne, «ce que l'art a jamais su produire de plus parfait» (Félibien): son prestige se confond avec celui de la grandeur royale dont il donne une image triomphante.

Selon Vasari Raphaël peignit ce tableau pour François Ier dont il reçut une récompense considérable. Selon le père Dan le tableau est un cadeau du pape Clément VII (qui ne fut élu qu'en 1521) à François Ier: ces deux anciens témoignages sont donc erronés. La lettre de Bertrando Costabili au duc Alphonse de Ferrare du 1er mars 1518 parle des travaux en cours pour Laurent, duc d'Urbin; le pape a commandé un saint Michel grandeur nature pour le donner au très chrétien roi de France que Raphaël doit exécuter au plus tôt. Les documents relatifs à cette œuvre ont été publiés par Gaye (lettres de Baldassare Turini à Laurent de Médicis, duc d'Urbin et par Venturi [avec adjonctions et quelques erreurs]; lettre de Bertrando Costabili publiée par Campori, cf. Golzio, pp. 67-68).

Elles permettent de suivre l'exécution de la commande (et celles des autres œuvres, dont la *Grande Sainte Famille*, cf. P. n° 10) dès mars 1518 jusqu'au départ des tableaux pour Lyon en juin de la même année. Laurent de Médicis offrit le *Saint Michel* au roi de France à l'occasion de son mariage avec Madeleine de la Tour d'Auvergne, certainement comme un cadeau du pape.

L'historique du tableau est intimement lié aux événements politiques et aux rapports de François Ier avec la papauté: une série de lettres nous apprend la part prise par le pape dans la commande et le rôle joué par Laurent de Médicis qui offrit les tableaux au roi de France, exactement comme le cardinal Bibbiena offrit, de la part du pape, la *Jeanne d'Aragon* au roi. Raphaël dut peindre en hâte toutes ces œuvres car le pape désirait sans doute que les cadeaux arrivent en France à l'occasion du mariage de Laurent de Médicis avec Madeleine de la Tour d'Auvergne ou peu après. Ce mariage était l'heureuse conclusion d'une politique d'alliance entre la France et la papauté. Dans le *Couronnement de Charlemagne* au Vatican (1514-1517) Raphaël avait introduit François Ier, sous les traits de Charlemagne et Léon X, sous ceux de Léon III: le roi français aspirait à la couronne impériale; au Concordat de Bologne il s'était engagé à défendre les droits de l'Eglise; vainqueur de Marignan et de Milan, le souverain pouvait être assimilé à l'archange triomphant du démon, c'est-à-dire des ennemis de l'Eglise, bien que son étoile, dès 1518-1519, commençât à pâlir.

Cependant, les tableaux de Raphaël ne quittèrent Florence pour Lyon que le 19 juin, adressés à un certain «Bartolini» (sans doute Gérard Bartolini, trésorier du duc d'Urbin). Ils arrivèrent après le mariage, célébré solennellement le 19 juin à Amboise, et même après le départ de Laurent de Médicis pour Rome, le 26 juin (journal de Barillon, secrétaire du chancelier Duprat).

Le choix du thème du *Saint Michel* par le pape et Laurent était donc particulièrement heureux. De plus François Ier était le grand maître de l'Ordre royal auquel il redonna tout son éclat. On considérait l'archange comme le protecteur de la France, «bras droit de l'Eglise».

La riche iconographie du chef des milices célestes s'était, à cette époque, renouvelée par des théories d'origine cabalistiques et par l'assimilation de son mythe à celui du mythe solaire. Tel un Apollon, dont il possédait la beauté parfaite et la puissance, saint Michel avait vaincu le dragon comme le dieu triompha du serpent Python. Cette fusion d'éléments païens et chrétiens ne pouvait que séduire en France où le mythe d'Apollon fut très vite utilisé à la louange du roi dans les décors du château de Fontainebleau (la galerie d'Ulysse). Le thème du Roi Soleil, repris et amplifié par Louis XIV, s'élabore dès cette époque.

Paré, costumé comme pour un ballet, l'archange, tel un danseur céleste, se pose un instant avec une détermination invincible et une grâce parfaite: sans effort, dans une pose d'une extrême simplicité, il accomplit le geste de mort mais c'est aussi un geste de vie. Les détails rares, l'éclat des ailes colorées, qui rappellent les statues chryséléphantines, ajoutent un charme fascinant à sa beauté. Pour les Français, le vaste paysage de montagnes et de mer semblait faire allusion à la devise de l'Ordre de saint Michel: «Immensi tremor oceani». L'archange sur un fond de paysage cosmique précipite Lucifer dans l'abîme sans fond dont Vasari particulièrement inspiré dans ce passage des «Vies», nous décrit la sulfureuse beauté.

Ce tableau, d'une invention extraordinaire où classiques et maniéristes allaient se reconnaître, fut tout de suite jugé «cosa rara». Le Saint Michel fut immédiatement célèbre: gravé très tôt par Beatrizet, il inspire un grand nombre d'œuvres d'art. Citons seulement par référence à Saint Jean à Patmos, (P. n° 32), le tableau d'autel d'Innocenzo da Imola commandé le 22 décembre 1517 et livré en 1522 pour le monastère de San Michele in Bosco (aujourd'hui, Bologne, Pinacothèque). L'évolution de Raphaël, dans l'interprétation du thème est soulignée, au Louvre, par la confrontation entre le *Petit* (P. n° 5) et le *Grand saint Michel*. La composition fut, sans doute, soigneusement élaborée à travers des dessins (cf. D. n° 118). Le 21 septembre 1518 Raphaël envoyait au duc de Ferrare, son carton entièrement autographe (perdu).

On pense aujourd'hui que le tableau du Louvre a été presque entièrement peint par Raphaël lui-même, après avoir autrefois admis l'hypothèse de la participation d'élèves, spécialement de Giulio Romano. En dépit des outrages du temps, dans les parties préservées (particulièrement tout le haut de la figure) la beauté de l'invention paraît en effet égale à celle de l'exécution, d'une admirable maîtrise.

Le *Saint Michel,* comme la *Grande Sainte Famille,* inspirèrent à Sébastiano del Piombo, dans une lettre célèbre à Michel-Ange du 2 juillet 1518, des propos envieux et malveillants (Golzio, p. 71, cf. G. Pachagli, lettre à Michel-Ange, 30.I.1519, in *Il Carteggio di Michelangelo,* II (1967), p. 151). Sebastiano y critique le contraste entre les tons intenses et le modelé clair et froid autrefois peu visibles sous les vernis jaunes mais dont on peut juger grâce à la restauration de la *Grande Sainte Famille*. Les deux œuvres sont, en effet, très proches. Cette technique qui tire son origine de la manière sombre et du sfumato de Léonard, est caractéristique de l'évolution ultime de Raphaël et atteint son sommet dans *la Transfiguration* (Rome, Pinacothèque vaticane).

10 La Grande Sainte Famille de François Ier

Bois, transposé sur toile. H. 2,07 ; L. 1,40. Signé et daté sur l'ourlet du manteau de la Vierge : RAPHAEL. URBINAS. PINGEBAT. M.D. X.VIII. Le mot Romae qui apparaît un peu plus haut est une addition tardive. Cf. Section scientifique et technique.

Hist. : Ce tableau, commandé par le pape Léon X, fut exécuté entre mars et avril 1518 pour être offert à la reine de France par le neveu du pape, Laurent de Médicis. Elle reçut le tableau fin mai (cf. Golzio, pp. 66-68). Signalé au château de Fontainebleau dès 1537-1540 *(Comptes)*, le tableau fut placé dans la chapelle du Roi (Vasari) : il était en tout cas à un certain moment dans la chapelle Haute où, en 1585, Van Buchel mentionne sa copie (à tort identifiée par Müntz avec la *Belle Jardinière* de Raphaël, cf. P. n° 6). Le tableau est cité à Fontainebleau par « Peiresc » (vers 1625), Cassiano del Pozzo (1625) et le père Dan (1642) et Evelyn (1644) qui le situent au Cabinet des Peintures. En 1731, Guilbert ne parle plus que de sa copie au Cabinet des Empereurs. La *Grande Sainte Famille* avait été, entre-temps ramenée à Paris. Félibien (1666) la mentionne dans la Grande Galerie des Tuileries. Le tableau est inventorié par Le Brun dans les collections de Louis XIV (n° 3), qui signale ses volets (de velours vert, précisera Bailly, en 1709) peints d'ornements dorés (perdus). Il fut transporté à Versailles (Paillet, 1695) où il est placé l'été dans la Chambre du Roi avec le *Saint Michel* (Catalogue du 1er novembre 1695). En 1709, le tableau orne le grand Appartement du Roi (Bailly). De 1715 à 1736 à Paris, dans l'hôtel du duc d'Antin ; il fut ramené à Versailles, dans la salle de Mercure de Pâques à la Toussaint. Le reste du temps il était conservé dans la 4e pièce de la Surintendance (Du Rameau, 1784). En 1792 le tableau est revenu au Louvre (n° 125, Surintendance) et va être régulièrement exposé au Muséum à partir de 1793.

Paris, Musée du Louvre. Inventaire Napoléon 432. MR 432. Inv. 604.

Bibl. : *Catalogues du Louvre :* 1793, n° 182 ; 1796, n° 34 ; 1804, n° 1181 ; 1810, n° 1127 ; 1817, n° 1028 ; 1823, n° 1138 ; 1830, n° 1184 ; Villot, n° 377 ; Tauzia, n° 364 ; *Catalogue sommaire,* 1890, n° 1498 ; Ricci, 1913, n° 1498 ; Hautecœur, 1926, n° 1498 ; *Catalogue sommaire illustré,* 1981, p. 221.

Comptes, 1537-1540, éd. Laborde, 1877, I, p. 135-136 - Vassari, 1550, éd. Milanesi, V, p. 525 (Raphaël et Giulio) - Van Buchel, 1585-1586, éd. 1899, p. 163 - « Peiresc », 1625 (?), in Ricci, 1913, p. XI - Cassiano del Pozzo, 1625, éd. Müntz, 1885, p. 267 - Dan, 1642, p. 135 - Evelyn, 1644, éd. 1906, II, p. 91 - Félibien, 1666, éd. 1705, I, pp. 227-255 - Bailly, 1709-1710, éd. Engerand (1899), n° 2, pp. 16-18 - Monicart, 1720, I, pp. 249-250 - Mariette, *Abecedario,* éd. Chennevières, 1857-1858, IV, pp. 281-282 - *Recueil d'estampes,* 1729, I, pp. 6-7 - Guilbert, 1731, I, pp. 155-156 - Lépicié, 1752, I, pp. 84-85 - Piganiol de la Force (1764), I, pp. 159-161 - Landon, 1831, VI, pl. 44 - Passavant, 1839, II, pp. 312 (Giulio) - Gaye, 1839-1840, II, pp. 146-147, 316 - Laborde, 1855, p. 33 - Passavant, 1860, II, n° 229, pp. 257-260 - Campori, 1863, pp. 353-354 - Gruyer, 1869, III, p. 393 (partiellement Giulio) - Müntz, 1882, pp. 533, 555 - Crowe et Cavalcaselle, 1885, II, pp. 390-400 (exécution de Giulio) - Morelli, 1890, p. 180, note 1 (Giulio Romano) - Dollmayr, 1895, p. 276 (Giulio et Penni) - Dimier, 1900, p. 282 - Jacobsen, 1902, p. 276 - Oppé, 1909, éd. Mitchell 1970, pp. 65, 67, 117 - Rosenberg et Gronau, 1909, p. 245 - Venturi, 1920, pp. 204-205 - Voss, 1920, I, p. 92 - Venturi, 1926, p. 322 - Berenson, 1932, p. 481 (par Giulio Romano) - Gamba, 1932, p. 112 (invention de Raphaël) - Fischel, 1935, p. 441 - Golzio, 1936, éd. 1971, pp. 66-68 ; p. 70 - Firestone, 1942, pp. 43-62 - Ortolani, 1942, p. 64 (esquisse de Raphaël) - Hartt, 1944, p. 85 (exécution partielle de Raphaël) - Hetzer, 1947, p. 42 (exécuté par l'atelier) - Fischel, 1948, I, p. 366 (Giulio et Penni) - Suida, 1948, pp. 19-20 - Wölfflin, 1948, p. 98 (esquisse de Raphaël) - Camesasca, 1956, I, pl. 130 (en partie par l'atelier) - Hartt, 1958, I, pp. 26-28 (par Giulio Romano) - Freedberg, 1961, I, pp. 351-354 (par Giulio Romano) - Wölfflin, 1899, éd. Murray, 1961, pp. 86, 213 - Fischel, 1962, p. 251 - Brizio, 1963, col. 240 (partiellement autographe) - Dussler, 1966, p. 57 - Bazin, 1967, p. 64 - Becherucci, 1968, I, p. 187 - Berenson, 1968, p. 353 - Marabottini, 1968, pp. 250-253 - De Vecchi, 1969, n° 136 - Dussler, 1971, p. 48, pl. 101 (exécuté par Giulio Romano) - Freedberg, 1971, p. 47 ; p. 471, n° 50 - Pope-Hennessy, 1971, pp. 16, 242 ; p. 261, n° 34 - Cox-Rearick, 1972, pp. 30-32, n° 36 - Conti, s.d. 1973, pp. 126, 134, 136, 139, 175 - Weill-Garris-Posner, 1974, pp. 14, 24 ; p. 68, note 136 - Constans, 1976, pp. 162, 171, note 57 - Beck, 1976, p. 170, pl. 46 - Levi d'Ancona, 1977, ad vocem - Béguin, 1979, pp. 24, 41-43 - Kelber, 1979, p. 452, n° 102 - De Vecchi, 1981, p. 136, n° 84 - Laclotte et Cuzin, 1982, p. 153 - De Vecchi et Cuzin, 1982, n° 136 - Pedretti, 1982, pp. 43-48 - Oberhuber, 1981, pp. 170-173, 176, n° 136 - Cuzin, 1983, pp. 207, 216, 217 - Jones et Penny, 1983, p. 188.

Exp. : Paris, Petit-Palais, 1968, n° 253 - Paris, Louvre, 1972, n° 36.

Pour Hartt l'iconographie du tableau est en relation étroite avec les circonstances historiques de sa commande. Ce « second présent » de Laurent de Médicis toucherait, en fait, à l'ensemble de la famille royale car il célébrerait l'alliance du pape et du roi scellée par le mariage de Laurent avec Madeleine de la Tour d'Auvergne, nièce du roi (cf. Cox-Rearick). L'ange, qui laisse tomber des fleurs, serait un « Ange nuptial ». Près de lui, le second ange, serait en réalité une sainte Madeleine, patronne de la jeune épouse. Sa chevelure « auburn », ses mains jointes sur la poitrine, rappellent, en effet, les « Madeleines » léonardesques (Giampetrino, *Madeleine,* Burgos, cathédrale, capilla des Connestabile).

A cette thèse ingénieuse, que l'analogie de l'ange qui jette des fleurs avec la figure ailée des *Noces de Psyché,* à la Farnésine, semble appuyer, on peut opposer les remarques suivantes : la seconde figure paraît grâce à la restauration bien ailée, son aile est décelable à droite de l'ange qui jette des fleurs. Comme ce dernier, elle n'est pas auréolée à la différence des autres personnages sacrés dont les auréoles paraissent toutes anciennes mais difficiles à dater (sur une gravure italienne du XVIe siècle, les figures n'ont aucune auréole). D'autre part l'ange jette les fleurs sur la tête de la Vierge et non sur celle de la supposée Madeleine qui n'apparaît donc pas comme une figure privilégiée dans la composition. Placée à l'arrière-plan c'est, au contraire, une figure secondaire qui paraît meubler un « trou » ; elle s'articule d'ailleurs, d'une façon un peu gauche, avec les autres figures plus monumentales. N'a-t-elle pas été introduite après coup afin de répondre aux observations perfides de Sebastiano, que Raphaël devait connaître afin que la Vierge ne se découpe pas trop brutalement sur le fond sombre ? L'Enfant bondissant hors de son berceau et se jetant souriant dans les bras de sa mère a été interprété comme une image symbolique de la Résurrection (Firestone). Le berceau, décoré d'un motif à l'antique est en bois sculpté, non en pierre comme on l'écrit généralement. Il représente, malgré tout, la tombe, car le repos du sommeil est, traditionnellement, une allusion à la mort. La main gauche de

10

l'Enfant est posée près du voile de la Vierge. On interprète aussi souvent le voile comme une allusion au linceul.

La joie de l'Enfant s'élançant vers Marie exprime l'heureux mystère de la Résurrection : le petit saint Jean, qui porte la croix du sacrifice et du salut, le contemple en priant. Le tableau était destiné à la reine Claude de France : ce n'est donc pas un hasard s'il exalte la maternité et la royauté de la Vierge, reine du Ciel qu'un ange couronne de fleurs ; elles font allusion à ses vertus, mais surtout à la Passion. L'ange contemple la Vierge avec respect ; ce sentiment, plein de gravité et de retenue, caractérise toutes les figures, aussi bien sainte Elisabeth qui apprend au petit saint Jean le geste de la prière (iconographie rare et nouvelle chez Raphaël) que l'admirable saint Joseph pensif dont la beauté éclipse celle des saints Joseph des *Madones* de Munich (Canigiani), du Prado (P. n° 18) et aussi celui, à notre avis ajouté, de la *Madone de Lorette* (P. n° 25). La Vierge, elle-même, s'incline pour accueillir l'enfant dans une attitude agenouillée pleine de soumission et de respect (Wölfflin note justement l'évolution du sentiment maternel dans les Madones romaines de Raphaël par rapport aux Madones florentines).

La participation de l'atelier a toujours été admise, son importance varie selon les auteurs. Tous s'accordent pour donner à Raphaël le saint Joseph. Pour le reste les noms de Giulio mais aussi de Polidoro, de Gian-Francesco Penni, de Raffaellino del Colle ont été prononcés. Le récent nettoyage est l'occasion d'une nouvelle mise au point. La diversité des mains, dans les différentes parties du tableau, est nettement apparue. La maîtrise et la délicatesse de la touche confirment entièrement l'autographie du saint Joseph. Il en est de même pour la Vierge : la beauté sculpturale du drapé, les passages nuancés des roses changeants, la main aux longs doigts ponctués de lumière, le pied à la pose d'une élégance recherchée, tout est parfait.

Le corps potelé et les mains de l'Enfant qui rappellent beaucoup celles de l'Enfant de la *Madone de Lorette* (Chantilly), paraissent aussi revenir à Raphaël, comme le visage à l'expression si prenante. La structure de son corps, particulièrement de la tête, a été dessinée d'abord dans ses trois dimensions : la forme du crâne est très visible et les cheveux ont été ajoutés légèrement après coup. La jambe gauche, dans l'ombre, plus faible, est d'un collaborateur. La facture assez lourde très homogène de la sainte Elisabeth revient entièrement à Giulio (cf. Vasari) ainsi que celle du petit saint Jean. K. Oberhuber pense, cependant, que Raphaël a pu reprendre le visage (com. orale). Le magnifique turban pourrait être peint par Raphaël. Les fleurs sont attribuables à un spécialiste comme Giovanni da Udine qui aurait pu peindre, aussi, les autres accessoires, en particulier le berceau et peut-être le magnifique pavement de marbres colorés au premier plan (pour des morceaux comparables, l'exécution de Giulio dans la *Madonna della Gatta* [Naples, Capodimonte] et dans la *Cérès* (cf. P. n° 15) paraît différente). L'ange portant des fleurs ne

Fig. 7. Raphaël, *Les noces de Psyché.* Rome, Farnesina (détail)

reviendrait-il pas à Raffaellino del Colle par comparaison avec cette même figure dans la copie à fresque de Raffaellino del Colle à Urbania (Oratoire de Corpus Domini, cf. *Restauri nelle Marche,* Urbino 28 juin-30 septembre 1973, p. 378) ? Cette figure est spécialement proche de l'original, alors que les autres offrent toutes des variantes, comme si Raffaellino del Colle voulait revendiquer sa participation dans le tableau pour cet ange. Le bouquet est un véritable florilège marial : jasmin, roses, œillet, marguerite ; il comporte des allusions à la Passion : souci, églantine ; au Serpent vaincu par l'Incarnation : le bleuet. Le second ange rappelle davantage Giulio ou peut-être Penni. Il est difficile de juger de ses mains, croisées sur la poitrine ; cette partie est très usée. On ne trouve pas trace semble-t-il de l'exécution si particulière, de Polidoro da Caravaggio.

Dans l'ensemble, la part prise par Raphaël dans la *Grande Sainte Famille* paraît beaucoup plus importante qu'on ne le pensait. Il a contrôlé entièrement l'exécution de cette importante peinture et probablement posé lui-même les lumières.

Pour les critiques acerbes de Sebastiano, cf. P. n° 9 et pour les copies, cf. Dussler.

Raphaël et Giulio Romano

11 Sainte Marguerite

Bois transposé sur toile. H. 178 ; L. 122.

Hist. : Collection de François Ier : le tableau fut exécuté pour le roi ou pour sa sœur Marguerite de Valois en 1518 (Vasari, 1550, le mentionne avec les autres tableaux de Raphaël envoyés au roi à cette date cf. P. nos 9-10). Il fut probablement placé dans l'appartement des Bains sous François Ier (Dimier). Signalé en 1625 à Fontainebleau par « Peiresc », Del Pozzo et en 1642 par le père Dan. Collection de Louis XIV : inventorié par Le Brun (n° 387). A Versailles en 1655 (Paillet) et en 1696 au magasin (magasin 96). Bailly le signale au Cabinet de la Surintendance (1709-1710). Revenu au Louvre en 1737 puis ramené à Versailles à la Surintendance en 1700 (5e pièce, Jeaurat, puis la 6e pièce, Du Rameau, 1784). De nouveau à la Surintendance, 1794. Exposé au Musée en 1837 pour la première fois.

Paris, Musée du Louvre. Inventaire Napoléon 133. B. 2599 (inconnu italien). Inv. 1607.

Bibl. : *Catalogues du Louvre :* 1837, n° 1406 ; Villot, n° 422 ; Tauzia, n° 367 ; *Catalogue sommaire,* 1890, n° 150 ; Ricci, 1913, n° 150 ; Hautecœur, 1926, n° 1501 ; *Catalogue sommaire illustré,* 1981, p. 224.
Comptes 1537-1540, éd. Laborde, 1877-1880, I, p. 135-136 - Vasari, 1550, éd. Milanesi, V, p. 524 (Giulio Romano) - « Peiresc », 1625, in Ricci, 1913, p. XI - Cassiano del Pozzo, 1625, éd. Müntz, 1885, p. 267, note 4 - Dan, 1642, p. 135 - Evelyn, 1644, éd. 1906, II, p. 91 - Félibien, 1666, éd. 1705, I, p. 228 - Bailly, 1709, éd. Engerand, n° 8, pp. 21-22 - Marielle, *Abecedario,* 1727, éd. 1857-1858, IV, p. 309 - *Recueil d'estampes,* 1729, I, p. 7, gravure de L. Surugue - Guilbert, 1731, I, p. 156 - Lépicié, 1752, I, pp. 92-93 - Landon, 1831, VI, pl. 59 - Passavant, 1839, II, pp. 316-317 - Laborde, 1855, pp. 32-33 - Passavant, 1860, II, n° 230, pp. 260-261 - Müntz, 1882, p. 549 - Crowe et Cavalcaselle, 1885, II, pp. 479-480 (Giulio Romano et Polidoro) - Dollmayr, 1895, p. 278 (pas de Raphaël) - Dimier, 1900, p. 281 - Frizzoni, 1906, p. 417 - Rosenberg et Gronau, 1909, p. 245 (pas de Raphaël) - Oppé, 1909, éd. Mitchell 1970, p. 118 - Venturi, 1926, p. 369 (Garofalo) - Wansher, 1926, p. 136 - Gamba, 1932, p. 113 (Giulio Romano) - Berenson, 1932, p. 481 (pas de Raphaël) - Glück, 1936, p. 100 (Giulio) - Ortolani, 1948, p. 68 - Hartt, 1944, p. 86 (Giulio Romano) - Adhémar, 1946, p. 7 - Fischel, 1948, I, pp. 275, 366 (exécution de Giulio Romano) - Suida, 1948, p. 20 - Camesasca, 1956, I, pl. 151 A et p. 87 (pas de Raphaël) - Freedberg, 1961, p. 364 - Fischel, 1962, p. 206 - Dussler, 1966, n° 101 (douteux) - Bazin, 1967, p. 65 - Berenson, 1968, I, p. 353 (atelier de Raphaël) - Marabottini, 1968, p. 97 (Giulio Romano) - Buddensieg, 1968, pp. 63-64 - De Vecchi, 1969, n° 138 - Dussler, 1971, p. 47 - Cox-Rearick, 1972, n° 38 F (Raphaël et Giulio) - Conti, s.d., 1973, pp. 138, 141, 224, 235 - Kelber, 1979, p. 452, n° 101 - De Vecchi et Cuzin, 1982, n° 138 - De Vecchi, 1981, p. 252, n° 85 - Oberhuber, 1982, p. 196, n° 190 - Cuzin, 1983, p. 220.

Exp. : Paris, Louvre, 1960, n° 177 - Paris, Louvre, 1972, n° 38.

Fig. 8. *Sainte Marguerite.*
Vienne, Kunsthistorisches Museum

Le texte de Vasari *(Vie* de *Giulio Romano)* établit que le tableau a été peint en 1518 et envoyé avec la *Grande Sainte Famille* et *Jeanne d'Aragon* au roi François Ier. Cependant la correspondance au sujet du *Saint Michel* et de la *Grande Sainte Famille* ne le mentionne pas. Vasari, toutefois, en parle en même temps que des autres tableaux et dit qu'elle était placée dans la chapelle royale. On admet généralement qu'elle était destinée à Marguerite de Valois, la sœur du roi ; elle a pu arriver en France après l'autre envoi. C'est au château de Fontainebleau que Primatice la restaure en 1537. La *Sainte Marguerite* est encore signalée en 1625 par « Peiresc » et Cassiano del Pozzo. Elle fut, peut-être, placée d'abord dans la Chapelle du Roi (Vasari) avant d'être exposée dans l'Appartement des Bains (Dimier) (cf. P. n° 10). Il n'y a donc pas lieu de retenir l'origine, rapportée en 1642, par le père Dan : un gentilhomme florentin donna le tableau à l'église Saint-Martin-des-Champs à Paris où, plus tard, le roi Henri IV l'acquit. La gravure de Thomassin de 1589 mentionne la *Sainte Marguerite* à « Fontainebleau ». Elle fut restaurée par Primatice (1537-1540) avant d'être placée dans l'Appartement des Bains.

Déjà endommagée dans un incendie, selon Cassiano del Pozzo (1625), son état était médiocre. Il fut aggravé par la transposition (cf. Herbet, 1916, ed. Stein, 1937). Pour une seconde version, différente, de ce thème à Vienne (cf. Dussler, n° 109 et De Vecchi-Cuzin, 1982, n° 172).

Plusieurs copies anciennes sont connues. La copie placée actuellement dans la chapelle du Trianon paraît être celle qui fut commandée à Voltigeant lors du transfert des originaux de l'Appartement des Bains au Cabinet des Empereurs.

Vasari précise que Giulio peignit presque entièrement de sa main la *Sainte Marguerite* d'après un modèle de Raphaël. Ce point de vue a été largement accepté : l'état du tableau rend, d'ailleurs, tout jugement critique difficile ; cependant on a cherché la main de Raphaël dans certaines parties (par exemple le dragon). La gravure de Thomassin permet de comprendre la beauté et la nouveauté de la composition, l'opposition entre la

11

gracieuse jeune fille et le monstre dans la pénombre d'une forêt : l'influence de Léonard est évidente, mais comme pour la Madeleine de la *Sainte Cécile* (Bologne, Pinacothèque), l'influence de l'antique l'est également (Buddensieg). Sainte Marguerite a été choisie à dessein : c'était le prénom de la sœur du roi. De plus, comme saint Michel, elle a vaincu le démon (souvent figuré sous forme de dragon, cf. P. n° 4). C'est donc un symbole de l'Eglise triomphant de ses ennemis. Grâce à ses vertus, elle échappe au monstre qui l'avait avalée : la légende précise qu'une croix l'a sauvée ; Raphaël ne la représente pas. Cependant la sainte porte la main à sa draperie et peut-être s'apprête-t-elle à attacher le dragon pour le contraindre à la suivre : selon la légende elle attache le dragon avec sa ceinture. Dans la version très différente du Kunsthistoriches de Vienne ce geste est conservé mais la sainte porte la croix. Le tableau du Louvre, moins explicite que la version de Vienne, est d'autant plus mystérieux et proche de l'esprit de Raphaël. Son message iconographique (le triomphe de l'église sur ses ennemis) est le même que celui du *Grand saint Michel* de l'envoi de 1518.

12 Portrait de Jeanne d'Aragon

Bois transposé sur toile. H. 1,20 ; L. 0,95. Pour la restauration, cf. Section scientifique et technique.

Hist. : Le tableau fut probablement offert au roi François Ier par le cardinal Bibbiena, légat en France en 1518 ; il était déjà en sa possession fin 1518, début 1519 selon la correspondance d'Alphonse d'Este à son secrétaire Opizo Remo. Selon Vasari le portrait, avec la *Sainte Marguerite* et la *Grande Sainte Famille,* était dans la Chapelle du Roi ; en tous cas le tableau fut probablement placé dans l'Appartement des Bains de Fontainebleau sous François Ier (Dimier) ; en effet, Guilbert, en 1731, signale sa copie ; à Versailles elle le remplaçait, l'original étant dans le Cabinet des Empereurs où avaient été transportés les originaux sous Henri IV. En 1537-1540 le tableau est restauré par Primatice *(Comptes).* Signalé en 1625 à Fontainebleau (« Peiresc », Cassiano del Pozzo) ; décrit, en 1642, par le père Dan au Cabinet des Peintures. Inventorié par Le Brun en 1683 dans la collection de Louis XIV (n° 2). En 1695 à Versailles Cabinet de Monseigneur (Paillet) ; en 1709-1710, Cabinet de la duchesse de Berry (Bailly) ; en 1760 à la Surintendance dans la 3e pièce (Jeaurat). En 1784, à la Surintendance 7e pièce (Du Rameau) ; en 1792 au Louvre ; en 1793 exposé au Muséum.

Inventaire Napoléon 434. MR 434, Inv. 612.

Bibl. : *Catalogues du Louvre:* 1793, n° 34 ; 1810, n° 1124 ; 1816, n° 1020 ; 1823, n° 1150 ; 1830, n° 1194 ; Villot, n° 384 ; Tauzia, n° 373 ; Ricci, 1913, n° 1507 ; Hautecœur, 1926, n° 1507 ; *Catalogue sommaire illustré,* 1981, p. 223.
Comptes, 1537-1540, éd. Laborde, 1877-1880, I, pp. 135-136 - Vasari, 1550, éd. Milanesi, V, p. 265 (participation de Giulio Romano) - Cassiano del Pozzo, 1625, éd. Müntz, p. 267, note 4 - « Peiresc », 1625, *in* Ricci, 1913, p. XI - Dan, 1642, p. 135 - Evelyn, 1644, éd. 1906, p. 91 - Bailly, 1709, éd. Engerand, 1899, p. 20, n° 6 - Monicart, 1720, II, p. 614 - *Recueil d'estampes,* 1729, p. 7,pl. 8, gravure de J. Chéreau - Guilbert, 1731, I, p. 153 - Lépicié, 1752, I, p. 94 - Quatremère de Quincy, éd. 1824, pp. 193-194 - Passavant, 1829, II, pp. 323-327 - Passavant, 1860, II, pp. 265-269 - Campori, 1863, pp. 358-360 - Mundler, 1868, p. 299 - Gruyer, 1880, p. 476 -Müntz, 1882, p. 556 - Crowe et Cavalcaselle, 1885, II, pp. 401-405 - Gruyer, 1881, II, pp. 170-197 - Dollmayr, 1895, p. 280 - Dimier, 1900, p. 281 - Rosenberg et Gronau, 1909, pp. 149-244 - Oppé, 1909, éd. Mitchell 1970, pp. 65-67 - Herbet, 1913, éd. Stein, 1937, p. 93 - Venturi, 1926, p. 447 - Wansher, 1926, p. 32 - Berenson, 1932, p. 482 (Giulio Romano) - Gamba, 1932, p. 113 - Golzio, 1936, éd. 1971, pp. 76-77 - Adhémar, 1946, p. 7 - Suida, 1948, p. 19 - Fischel, 1948, I, pp. 125, 266 (Giulio Romano) - Freedberg, 1951, p. 345 (Giulio Romano) - Camesasca, 1956, I, pl. 136 (Giulio Romano) - De Maffei, 1959, p. 319 (Penni) - Shearman, 1961- 1963, p. 215 - Freedberg, 1961, p. 431 (Giulio Romano) - Fischel, 1962, p. 95 (Giulio Romano) - Oberhuber, 1962, p. 68 (Giulio Romano) - Brizio, 1963, col. 241 (réplique) - Dussler, 1966, n° 106 (atelier de Raphaël) - Bazin, 1967, n° 64 - Berenson, 1968, III, p. 353 (en grande partie de Giulio Romano) - Becherucci, 1968, p. 188 - Dussler, 1971, pp. 63-64 - Oberhuber, 1971, p. 443 - Cox-Rearick, 1972, n° 39 F - Conti, s.d., 1973, pp. 192-224 - Cropper, 1976, p. 384 - Constans, 1980, p. 162, nos 6130-6150 - Shearman, 1980, p. 4 - De Vecchi, 1981, p. 260 (Giulio Romano) - De Vecchi et Cuzin, 1982, n° 142 - Laclotte et Cuzin, 1982, p. 153 - Gould, 1982, p. 485 (Giulio Romano) - Oberhuber, 1982, p. 202, n° 10 (œuvre attribuée et d'école) - Cuzin, 1983, pp. 229-230 - Jones et Penny, 1983, pp. 163-164.

Exp. : Paris, Louvre, 1972, n° 39.

Le modèle Jeanne d'Aragon (c. 1500-1577), petite fille de Ferdinand Ier roi de Naples, fille de Ferdinand d'Aragon, duc de Montalto, était fiancée en 1518 au connétable de Naples Ascanio Colonna dont elle deviendra la femme. Vasari l'appelle « vice-reine de Naples », titre qui revient dans la correspondance d'Alphonse de Ferrare (cf. Golzio) et que reprend le père Dan. Elle était célèbre pour son esprit et sa parfaite beauté. Girolamo Ruscelli composa pour elle un recueil de poésies (« Tempio alla Divina Signora donna Giovanna d'Aragona... », Venise 1558). Agostino Nipho, surtout, lui dédia en 1529 son traité « De Pulchro et Amore » (paru à Rome en 1531) car cette « perle d'Italie » était pour lui « le type de la beauté totale et par le corps et par l'esprit ».

Fig. 9. Raphaël,
Portrait de jeune homme,
Cracovie, Musée Czartoryski

Fig. 10. Michel-Ange,
Ignudo,
Rome, Vatican, Chapelle Sixtine

12

Sur ce portrait la jeune princesse porte une magnifique robe rouge, couleur, selon Dolce (*Dialogue,* 1565, p. 30), qui fait allusion à l'amour (« amoroso piacere »). De sa main droite elle retient une fourrure, sans doute une martre zibeline alors à la mode (cf. le portrait de *Luciana Brembati* de Lorenzo Lotto, Bergame, Académie Carrara et l'*Antea* de Parmesan, Naples, Capodimonte). On aperçoit, dans l'ombre portée du bras, la petite tête retournée de l'animal avec ses dents aiguës. Ce portrait eut un énorme succès : Brantôme parle, déjà, de ses nombreuses copies. Bailly en signale deux (n° 420, p. 600, n° 873, p. 621). L'une d'elles fut utilisée en remplacement à Fontainebleau, lors des déménagements du tableau de l'Appartement des Bains au Cabinet des Peintures puis au Cabinet des Empereurs. Busnel l'a copié pour la petite Galerie du Louvre, tableau que Passavant (1860) prend pour l'original, à tort. Deux copies sont encore conservées à Versailles (Constans, 1980, n°s 6132 et 6150). Pour d'autres copies anciennes, cf. Ricci et Dussler.

Les premières informations conservées sur la peinture en France sont inexactes : selon le père Dan, le cardinal Hippolyte de Médicis en fit présent au roi de France (répété par Guilbert, Lépicié, Mariette...). Le nom d'Hippolyte de Médicis lui fut peut-être suggéré par la présence d'un de ses portraits dans les collections royales (cf. P. n° 28) ; mais le cardinal n'avait que 9 ans à la mort de Raphaël et trois lettres d'Alphonse d'Este à son secrétaire Opizo Remo (28 décembre 1518, 1er février et 2 mars 1519) donnent exactement l'origine et la date de la peinture qui fut offerte à François Ier par le cardinal légat Bibbiena (publiées par Campori, cf. Golzio). Il s'agissait donc, comme le propose Cox-Rearick, d'un « cadeau indirect du pape ».

Le portrait fut peint en 1518 d'après un carton, aujourd'hui perdu, que Raphaël envoya à Alphonse d'Este en précisant qu'il n'était pas son œuvre. Raphaël avait, en effet, envoyé un de ses élèves (qu'il ne nomme pas) à Naples pour l'exécuter (cf. Campori et Golzio). Est-ce Giulio Romano, dont Vasari ne parle qu'à propos de la peinture, ou Penni (De Maffei ; Hartt, 1944) ? L'auteur du carton peut très bien ne pas être le même que l'exécutant de la peinture.

Raphaël, selon Vasari, envoya à François Ier le portrait de Jeanne d'Aragon où il ne peignit que la tête « dal naturale » laissant Giulio terminer tout le reste. Cette information n'apparaît pas dans la *Vie de Raphaël* (où il n'est pas question du portrait) mais au début de celle de Giulio (édition de 1568), dans un passage relatif à sa participation à certaines œuvres de Raphaël. Vasari ne fut donc pas renseigné par Giulio qu'il put rencontrer à Mantoue en 1544 mais sans doute par Primatice, en 1563.

On a douté, à tort, de ce témoignage. L'exécution de la tête du modèle diffère visiblement du reste de la peinture. De ce fait elle s'y intègre imparfaitement : elle paraît posée sur le cou dont la technique plus sommaire est beaucoup moins fine. Dans le visage la touche lisse, fondue, invisible donne à l'ovale parfait l'apparence d'un émail. Les cils sont dessinés un à un. Les traits d'une délicieuse finesse sont probablement très observés (le menton porte la fossette caractéristique du modèle). Les sourcils ont été déplacés et la radiographie révèle combien le visage a été travaillé, modifié dans son orientation. Par chance, malgré la transposition, le document du laboratoire, très lisible, témoigne, au niveau des yeux, de la transformation. Le carton original qui paraît être reporté sans variantes par ailleurs, n'a donc pas été utilisé à cet endroit. Ce fait, la qualité très haute de cette partie de la peinture, accréditent le témoignage de Vasari. Comment l'interpréter ? Raphaël a-t-il peint la tête en se basant sur le carton fait « dal naturale » ; ou bien aurait-il eu l'occasion de rencontrer à Rome la princesse et de la peindre « dal naturale » ? La première hypothèse paraît plus vraisemblable. Quoiqu'il en soit la délicatesse de ce ravissant visage, sa grâce reviennent à Raphaël : ce morceau remarquable ne peut être l'œuvre de Giulio qui n'atteint jamais à une telle subtilité. On retrouve parfaitement sa marque, au contraire, dans l'exécution des mains, lourdes en dépit de leurs longs doigts effilés, dans la superbe robe à l'abondance un peu molle, aux plis trop cassants et aux étoffes mal diversifiées les unes des autres (Raphaël y excellait au contraire, cf. Vasari, IV, p. 41 pour *Léon X,* Offices). L'œuvre de Giulio ne compte rien de si grand ni de si parfait même pas le beau portrait de Hampton Court (*Isabelle d'Este?*) clairement inspiré de *Jeanne d'Aragon.* L'invention revient donc tout entière à Raphaël qui se réserva le plus difficile, la peinture du visage. Pour cette commande officielle il n'aurait pu, d'ailleurs, s'en remettre totalement à un collaborateur. L'emphase mise sur le costume est une allusion au rang social de la princesse comme le cadre fastueux qui l'entoure : la salle est prolongée par une loggia dont le plafond décoré rappelle la villa Madame. Elle s'ouvre sur un luxuriant jardin.

Le modèle fut choisi « parce qu'elle était la plus ravissante d'Europe » (Shearman) et Laurent de Médicis, dont Jeanne d'Aragon incarnait l'idéal, a peut-être, conseillé le pape sur ce point. La princesse représentait parfaitement les qualités de beauté, d'élégance et d'esprit que recherchait aussi François Ier. Peut-être Raphaël a-t-il peint ce portrait en sachant qu'il allait rejoindre dans les collections du roi de France *La Joconde* de Léonard ; son influence y est, en tout cas, sensible dans le sfumato du visage.

La formule du portrait d'apparat créée ici par Raphaël était alors très nouvelle : la préciosité des gestes, la pose recherchée et l'élégance de la figure donnent à cette œuvre classique un charme déjà maniériste. C'est peut-être pourquoi certains auteurs, sensibles à cette rupture stylistique, donnent entièrement ce portrait à Giulio, invention et création (Freedberg, 1971). Le geste de la main droite de Jeanne d'Aragon est inspiré d'un des plus beaux ignudi de Michel-Ange, celui qui est situé au-dessus à gauche de Jérémie. La même figure a, peut être, aussi suggéré la pose de l'autre main appuyée sur le genou.

Une grande évolution sépare le *Portrait de jeune homme* (autrefois à Cracovie, musée Czartoryski) de la *Jeanne d'Aragon* qui, d'une certaine manière, cependant, s'en inspire. La mise en page plus complexe, l'importance du costume dont l'ampleur s'oppose à la petite tête aristocratique, enfin l'insertion de gestes tirés de Michel-Ange qui sont utilisés comme autant de « citations », font de la *Jeanne d'Aragon* un modèle pour la formule maniériste du portrait d'apparat.

Raphaël

13 Raphaël et un ami

Toile. H. 0,99; L. 0,83. Pour les agrandissements et la restauration, cf. Section scientifique et technique.

Hist.: Collection de François Ier? Les premières mentions de ce tableau au château de Fontainebleau remontent au XVIIe siècle au Cabinet des Peintures. (« Peiresc », Cassiano del Pozzo en 1625, le père Dan en 1642.) Inventorié par Le Brun en 1683 dans la collection de Louis XIV (n° 10). En 1695, signalé à Versailles (Paillet). En 1709, placé dans le Cabinet de Monseigneur devenu Cabinet de la duchesse de Berry (Bailly) puis à la Surintendance dans la 3e pièce (Jeaurat, 1760; Du Rameau 1784 et note de 1788). En 1792, il est au Louvre et sera exposé à l'exposition du Muséum de 1793.

Paris, Musée du Louvre. Inventaire Napoléon 435. MR 435. Inv. 614.

Bibl.: *Catalogues du Louvre:* 1793, n° 436; 1796, n° 38; 1802, n° 57; 1810, n° 1116; 1816, n° 1019; 1823, n° 1149; 1830, n° 1193; Villot, n° 386; Tauzia, n° 374; *Catalogue sommaire,* 1890, n° 1508; Ricci, 1913, n° 1508; Hautecœur, 1926, n° 1508; *Catalogue sommaire illustré,* 1981, p. 223.
« Peiresc », 1625 (?) in Ricci, 1913, p. XI (Pordenone) - Cassiano del Pozzo, 1625, éd. Müntz, 1885, p. 267 (Pontormo) - Dan, 1642, p. 137 (Pontormo) - Bailly, 1709, éd. Engerand, 1899, pp. 20-21, n° 7 - Monicart, 1720, II, p. 380 - *Recueil d'estampes,* 1729, I, p. 7, pl. 9. gravure de N. de Larmessin - Lépicié, 1752, I, pp. 96-97 - Passavant, 1839, p. 356, note (Sebastiano) - Waagen, 1839, p. 424 (Sebastiano) - Passavant, 1860, II, n° 294, p. 355 (Sebastiano) - Castan, 1867, p. 109 - Duranty, 1877, p. 34, cf. p. 32 - Crowe et Cavalcaselle, 1885, II, p. 560 (Polidoro?) - Bernardini, 1908, p. 451 (copie ancienne d'après Sebastiano) - Rosenberg et Gronau, 1909, p. 252, (pas de Raphaël) - Coppier, 1913, p. 31 - Venturi, 1920, p. 206 - Duportal, 1923, p. 386 - Venturi, 1926, IX 2, p. 327 - Wansher, 1926, I, pp. 27-29, 130-131 - Hourticq, 1930, p. 130 (Sebastiano) - Berenson, 1932, p. 482 (Giulio) - Gamba, 1932, p. 113 - Gombosi, 1933, Thieme et Becker, XXVII, p. 74 (Sebastiano) - Dussler, 1942, p. 61, 138, n° 42 (Sebastiano) - Palluchini, 1944, p. 187 (Raphaël) - Adhémar, 1946, p. 5 - Fischel, 1948, I, pp. 119, 319 (douteux) - Ortolani, 1948, p. 68 - Camesasca, 1956, I, pl. 138 (en partie autographe) - Cunningham, 1960, p. 15 - Freedberg, 1961, pp. 343-345 - Fischel, 1962, p. 89 (douteux) - Kelber, 1963, p. 452, n°s 100, 109, 116 - Brizio, 1963, col. 241 - Dussler, 1966, n° 107 (dessin autographe de Raphaël) - Becherucci, 1968, fig. 220 - Berenson, 1968, p. 353 (probablement par Giulio) - Wagner, 1969, pp. 98 et 110 (pas de Raphaël) - Matteoli, 1969, pp. 289-292 (Sebastiano?) - De Vecchi, 1969, n° 143 - Dussler, 1971, p. 46 - Freedberg, 1971, p. 46 - Pope-Hennessy, 1971, pp. 16, 260, note 26 - Cox-Rearick, 1972, n° 40 F - Conti, s.d., 1973, p. 234 - Garas, 1975, pp. 53-72 - Beck, 1976, fig. 55 - Lichtenstein, 1978, pp. 126-138 - Lucco, 1980, n° 210 - De Vecchi, 1981, n° 90 - Laclotte et Cuzin, 1982, p. 153 - De Vecchi et Cuzin, 1982, n° 143 - Oberhuber, 1982, pp. 166, 198, n° 221 - Cuzin, 1983, p. 228 - Jones et Penny, 1983, p. 171.

Exp.: Paris, Louvre, 1972, n° 40.

Le tableau a-t-il appartenu à François Ier? On ne peut l'affirmer. Il n'est signalé à Fontainebleau qu'au début de XVIIe

siècle («Peiresc», Cassiano del Pozzo). Aucune copie ancienne au château comme c'est le cas pour les autres tableaux du roi, ni aucune mention de restauration dans les Comptes ne sont connues. On ne peut davantage affirmer que le tableau provenait du palais Granvelle comme l'a supposé Castan (1867).

L'inventaire après décès, en 1607, de François Perrenot de Granvelle, petit-fils de Nicolas Perrenot, chevalier de Charles-Quint et neveu du cardinal Antoine de Granvelle, mentionne bien un portrait sur toile de Pontormo mais ce tableau mesurait 4 pieds et demi sur 3 pieds et demi (soit 1,48 sur 1,15 m), dimensions que ne posséda jamais le tableau du Louvre même après avoir été agrandi. Le Brun (1683) lui donne 2 pieds et demi sur 2 pieds (0,81 sur 0,64 m). Bailly (1709) précise qu'il a été rehaussé de 9 pouces et demi et élargi de 11 pouces. Il mesure alors 3 pieds et 8 pouces sur 3 pieds et 4 pouces (1,19; 1,07; nouvelles dimensions chez Lépicié (1752) et Durameau (1784) jusqu'en 1788 où il est question de remettre le tableau «dans sa grandeur primitive».

De plus, la collection Granvelle semble avoir été essentiellement dispersée de 1664 à 1674 par Charles François de Saint-Amour, descendant du petit-fils du plus jeune frère du cardinal Granvelle, dates trop tardives pour le tableau mentionné au château de Fontainebleau dès 1625.

Le portrait Granvelle ne serait-il pas une copie du tableau du Louvre? L'inventaire après décès, en effet, le mentionne après deux autres numéros dont le premier est une copie («Portrait de Joconde, royne d'Egypte, fait sur bois de chasne de la main de Leonardo da Vinci» (...), n° 258, peut-être aussi le suivant («Le triomphe d'Amour de la main de Jean de Hoz (Jean Dhoey), peintre du roi de France», n° 259). Ceci, joint à la différence de format, jette un doute sur le portrait Granvelle qui n'est donc pas à identifier avec le double portrait du Louvre.

L'attribution du double portrait a été très discutée: dès l'origine le nom d'un des modèles, mal compris, a peut-être été pris pour celui du peintre («Pontormo», «Pordenone»...). Puis Polidoro da Caravaggio et Sebastiano del Piombo ont été suggérés afin d'expliquer le style du tableau («maniériste» selon les uns, «baroque» selon les autres), si différent du «classique» Castiglione. Cependant le nom de Raphaël, avancé dès 1683 par Le Brun, finira par s'imposer à l'ensemble de la critique. Mais Wagner pense à Luca Penni ou à un peintre de l'entourage de Raphaël; pour C. Garas, c'est l'œuvre de Gian-Francesco Penni.

Fig. 11. *Portrait de Raphaël.* Rome, Villa Lante

Ces considérations et l'identification des modèles ont influencé sur la datation qui a oscillé entre 1514 et 1519. Les plus anciens témoignages ne précisent pas si Raphaël s'est peint à gauche. La gravure d'après le double portrait, datée à la main de 1636 (Londres, British Museum), porte la mention «Raphaël Sanzio da Urbino con Bernardino Pinturrichio il suo amico». Cependant pour Mariette et Lépicié suivis par la plupart des auteurs, la figure de gauche représente bien Raphaël (à l'exception de Müntz qui le nie tandis que de Quincy, Waagen et Duportal avancent le nom de Marc-Antoine).

La comparaison du tableau du Louvre avec le portrait de Raphaël aux Offices et les gravures de Bonasone et de Woeriot (celles-ci découlent, d'ailleurs, du tableau) montre bien que le même personnage y est représenté. Il apparaît aussi dans le médaillon de la villa Lante, sur le dessin d'Andrea Vendramin (1627) et la gravure de W. Hollar (tous reproduits à l'exception de Woeriot in Garas). Raphaël semble vieilli, peut-être malade, mélancolique. Nous sommes certainement à la fin de sa vie (1519).

Le compagnon de Raphaël a posé des problèmes: Pinturrichio (gravure du British Museum), Pontormo (le Père Dan, Le Brun, Bailly, Mariette), Castiglione (bien à tort, pour Wansher), Peruzzi (Duportal), Giulio Romano (Hartt), Polidoro (Ortolani), Giovanni Francesco Penni (Garas), toutes identifications jusqu'ici réfutées. L'épée, à son côté, mode très répandue à cette époque, a suscité le titre «Raphaël et son maître d'armes», aujourd'hui abandonné.

Faisons état de deux hypothèses nouvelles: pour Gould (com. écrite) il s'agirait de Pietro Aretino, jeune, qui désigne du doigt à Raphaël, leur commun protecteur, ami et mécène Agostino Chigi, mort prématurément en 1524 ce qui expliquerait la dispersion rapide d'un portrait au caractère si intime. On ne connaît aucun portrait d'Aretino jeune mais, selon Gould, la gravure de Marc-Antoine, qui le représente plus âgé et grossi, ne contredit pas cette hypothèse.

J. Shearman (com. orale) propose d'identifier ce mystérieux personnage avec Giovanni Battista Branconio dell'Aquila (1473-1522) ami fidèle de Raphaël dans ses dernières années et son exécuteur testamentaire avec Baldassare Turini. Raphaël lui construisit un magnifique palais, aujourd'hui détruit (Marchini *in* Salmi, 1968, p. 474) et peignit, à sa demande, la *Visitation* (Madrid, Prado).

13

Le buste anonyme et posthume de Branconio dans la chapelle funéraire de San Silvestro à l'Aquila ne contredit pas cette identification : même chevelure crépue, même dessin des sourcils, mêmes yeux largement ouverts, seule la barbe paraît plus fournie sur le tableau du Louvre et différemment taillée. Cependant cette partie du tableau a été trop restaurée sur les usures : sur la copie dessinée de Jan de Bisshop (Rotterdam, Musée Boymans) la barbe ressemble à celle du buste.

Pour Gould (com. écrite) Branconio, qui était prêtre, est trop âgé pour être représenté ici. Il paraît, en effet, plus âgé sur le buste de l'Aquila. Dans le portrait du Louvre, l'attitude familière de Raphaël (prématurément vieilli par la fatigue de ces années intenses, sans doute...) et celle, confiante, de son compagnon témoignent, en tout cas, de leur intimité. L'ami désigne-t-il à Raphaël quelque chose ou quelqu'un ?... Ou bien s'apprête-t-il à saisir son épée pour défendre son ami si attaqué dans toute cette période (cf. P. n°s 9-10) ? En tout cas dans ce tableau, Raphaël s'efforce de renouveler le portrait classique : déjà *Balthazar Castiglione* (P. n° 7) était étudié pour mettre le modèle au même niveau que le spectateur (Shearman) et le double portrait de *Navagero et de Beazzano* (Rome, galerie Doria) pour les faire communiquer avec lui. Le tableau du Louvre cherche à donner au portrait l'illusion de la vie et l'impact d'un « instantané » : jamais Raphaël n'a été aussi loin dans sa tentative pour rivaliser avec le réel (un des traits constamment relevés par Vasari).

Les affinités stylistiques entre le double portrait et les cartons des *Actes des Apôtres,* auxquels Raphaël travaillait en 1516, sont frappants. Le grand retour à Vinci, qui marque ces dernières années, est à la fois une méditation sur la lumière et sur l'expression : la figure de Raphaël et celle de son ami font irrésistiblement penser à celles du Christ et de l'un des ses disciples. Dürer s'était représenté en Christ (1500, Munich, Alte Pinacothek) et Raphaël pouvait connaître ce portrait ; il possédait lui-même un auto-portrait de Dürer (perdu).

Quoi qu'il en soit, dans le tableau du Louvre, toutes ces données stylistiques et iconographiques se fondent harmonieusement, l'expression de Michel-Ange et principale puissance rappellent Sebastiano. Le visage de Raphaël y offre l'image du détachement suprême : son regard est au-delà de la vie et d'une mort désormais toute proche.

Œuvres inspirées de Raphaël

Giulio Romano

(Pippi) Rome 1499 (?) mort à Mantoue 1546

14 La Petite Sainte Famille La Vierge, l'Enfant, sainte Elisabeth et le petit saint Jean

Bois, noyer (Marette n° 541). H. 0,38 ; L. 0,32. Revers peint à l'imitation du marbre. Pour la coulisse, cf. P. n° 15.

Hist. : Selon Félibien, collection d'Adrien Gouffier, cardinal de Boissy, légat de Léon X à la cour de France en 1519 ; collection du duc de Rouannais (titre porté par l'aîné des Gouffier) qui le céda en 1662 à Louis Henri de Loménie, comte de Brienne ; celui-ci l'offrit à son frère, l'abbé de Loménie, qui en fit don à Louis XIV vers 1663 ; inventorié par Le Brun en 1683 (n° 118 avec la *Cérès* cf. P. n° 15). Le tableau est à Paris en 1690 (note manuscrite à l'inventaire Le Brun de 1683). En 1692 à Versailles (Houasse) ; en 1695 dans la Galerie du Roi (Paillet) ; en 1696 dans le magasin ; en 1709 dans la petite Galerie du Roi (Bailly) ; en 1715 à Paris, chez le duc d'Antin (Antin) ; en 1737 de nouveau à Versailles ; en 1784 à la Surintendance (9e pièce, Du Rameau) où il est encore en 1794 (n° 117) ; exposé au Muséum en 1798 (n° 124) comme Raphaël.

Paris, Musée du Louvre. Inventaire Napoléon 436. MR 436. Inv. 605.

Bibl. : *Catalogues du Louvre :* 1801, n° 919 (Giulio Romano ; 1804, n° 919 ; 1810, n° 1130 ; 1816, n° 1030 (id.) ; 1823, n° 1160 (id.) ; 1830 et 1837, n° 1188 (id.) ; Villot, 1849, 1re éd. n° 420 et autre édition n° 378 ; Tauzia,

14

n° 365; *Catalogue sommaire,* 1890, n° 1499; Ricci, 1913; 1499; Hautecœur, 1926, n° 1499; *Catalogue sommaire illustré,* 1981, p. 223 (Raphaël et atelier).
Brienne, 1662, éd. Bonnaffé 1873, p. 19 - Félibien, 1666, éd. 1725, II, pp. 334-336 - Le Comte, 1699, II, p. 54 - Bailly, 1709, p. 26-27, n° 15 - Monicart, 1720, p. 127 (disciple de Raphaël) - Mariette, *Abecedario,* éd. Chennevières, 1855-1858, IV, pp. 277-278 - *Recueil d'estampes,* 1729, I, pl. 9, n° 17 - Lépicié, 1752, I, pp. 81-82 - Quatremère de Quincy, 1824, pp. 140-141 - Landon, 1831, VI, pl. 47 - Passavant, 1839, II, p. 320 - Passavant, 1860, II, p. 263 (Gian-Francesco Penni, d'après dessin de Raphaël) - Gruyer, 1869, III, p. 362 (Giulio Romano) - Müntz, 1882, p. 531 (copie) - Crowe et Cavalcaselle, 1885, II, pp. 552-554 (Polidoro et Penni) - Notté, 1887, pl. 71 - Gruyer, 1891, pp. 114-115 - Roussel, 1892, 1896, 1900 - Dollmayr, 1895, p. 279, note 1 (pas de Raphaël) - Jacobsen, 1902, p. 276 - Hourticq, 1905, pp. 238-244 - Jacobsen, 1906, p. 5 (atelier) - Rosenberg et Gronau, 1909, p. 246 (Giulio Romano ou Polidoro da Caravaggio) - Oppé, 1909, éd. Mitchell, p. 247 - Venturi, 1920, pp. 205-206 - Berenson, 1932, p. 481 (Giulio Romano) - Gamba, 1932, p. 106 (Giulio Romano) - Fischel, 1935, *Thieme et Becker,* p. 442 (Penni) - Liphart, 1941, p. 185 - Fischel, 1948, I, p. 366 (Penni?) - Suida, 1948, p. 20 - Camesasca, 1956, I, pl. 131 (Giulio Romano) - Nicodemi, 1956, pp. 11-17 - Freedberg, 1961, pp. 364-365 (Giulio Romano) - Brizio, 1963, col. 240 (invention de Raphaël) - Dussler, 1966, n° 99 (dessin de Raphaël) - Marabottini, 1968, p. 252 (Giulio Romano, contrôlé par Raphaël) - De Vecchi, 1969, n° 137 (atelier) - Swoboda, 1969, p. 194 - Dussler, 1971, pp. 49-50 (atelier de Raphaël) - Pope-Hennessy, 1971, p. 243 (Giulio sur un dessin de Raphaël) - Oberhuber, 1972, p. 30 - De Vecchi, 1981, n° 86 (Raphaël) - De Vecchi et Cuzin, 1982, n° 137 (Raphaël) - Oberhuber, 1982, p. 202, n° 8 (Gian Francesco Penni) - Shearman, 1983, (sous le n° 218) - Cuzin, 1983, p. 222 - Jones et Penny, 1983, p. 204 (Giulio Romano).

Exp.: Paris, Louvre, 1960, n° 176.

Une des rares choses absolument certaine de l'histoire de ce tableau est son appartenance à Loménie de Brienne qui le décrit avec emphase dans le catalogue latin de sa collection (1662). Selon Seymour de Ricci qui ne donne pas ses sources , il fut vendu, avant 1666, 6000 livres à Louis XIV par Brienne. L'historique du tableau repose entièrement sur la tradition rapportée par Félibien de l'origine Boissy-Brienne. Si on l'admet, il est impossible de le faire correspondre avec celui qui fut commandé à Raphaël par Isabelle d'Este dès 1515 et qu'il n'avait pas encore exécuté en 1519 (pour les documents, cf. Golzio, pp. 36-38 et Campori), comme le propose J. Shearman (sous le n° 218 de la copie de Hampton Court).

On a donc tenté de faire coïncider celle-ci avec la version Roussel (passée en vente chez Galliera le 25 novembre 1971, n° 370, légèrement plus grande: H. 0,38; L. 0,29, ce qui n'ajoute rien, au contraire, à la beauté de la composition). Après avoir figuré à Venise vers 1640 (elle porte, dit-on, au revers le cachet du marchand Jean Thierry), elle serait identifiable avec l'exemplaire acquis sur les conseils du Cassiano del Pozzo par le marquis de Fontenay pendant son ambassade près d'Urbain VIII (Félibien: contesté par Brienne). Cette seconde version aurait ensuite appartenu au cardinal de Mazarin. Dans l'inventaire après décès (publié par Cosnac p. 295, n° 945), les dimensions sont identiques à celles données par Le Brun pour la version du Louvre (1 pied 2 pouces sur 11 pouces) contrairement à ce qu'écrit Félibien. Ce tableau passa ensuite aux héritiers: Brienne le critique vivement. En fait, l'origine Gonzague du tableau Mazarin-Roussel n'est probablement pas mieux démontrée que l'origine Boissy du tableau du Louvre. Pour d'autres répétitions de cette composition, cf. Ricci (1913) et Dussler (1971).

En tout cas l'enregistrement de ce tableau et de sa coulisse dans l'inventaire de Le Brun en 1683 paraît correspondre tout à fait à la période d'acquisition indiquée par le texte de Félibien: c'est le numéro précédant les 4 tableaux venant de Mazarin (inventaire après décès 1661), peu après le premier lot Jabach en 1662.

L'examen radiographique du tableau du Louvre révèle que le motif a été transformé. La ligne d'horizon est visible partout et le sombre mur de pierre (une tombe antique?) surmonté de buissons et d'arbres derrière des figures, n'existait pas à l'origine. Cette partie a mal vieilli. Dès 1788, l'inventaire de Du Rameau parle du «placard noir dans le fond derrière les têtes qui n'est qu'un repeint qu'il faut enlever» (cf. *Section scientifique et technique*). L'aspect actuel est très ancien; il apparaît sur toutes les autres versions connues et sur les gravures du XVIIe siècle. Dans le premier état les trois figures se détachaient sur le vaste paysage surmonté d'un grand ciel; sans cette disgracieuse addition le groupe gagne en beauté et continue une tradition picturale inaugurée dès la période florentine sous l'influence de la *Sainte Anne* de Léonard.

Cependant le motif architectural, probablement un ancien mur en ruine, est présent sur la gravure de Caraglio (Bartsch, XV, p. 695) (cf. G. n° 65) mais la tête de la Vierge se détache à demi sur le ciel, effet plus heureux. Elle est assise au bas de ce mur (sa position n'est pas précisée sur la peinture). Le groupe est articulé avec force autour des deux enfants par le jeu des regards: un lien psychologique s'établit entre toutes les figures. L'arrangement des vêtements est plus simple, plus

Fig. 12. Giulio Romano, *Sainte Famille.* Windsor Castle

« antique » : dans les versions peintes une recherche visible de joliesse et de grâce donne une certaine afféterie aux visages plus vides, une complication plus grande aux vêtements. L'attitude de la sainte Elisabeth est mal comprise comme certains détails (la main de la Vierge posée sur le dos du petit saint Jean a été remplacée par une draperie). Sur la gravure, c'est une figure d'une grande beauté, comme une Sibylle de Michel-Ange ; elle rappelle la sainte Elisabeth de *L'Impannata* (Florence, Galerie Pitti). La gravure de Caraglio a été copiée (exposition *Ibero-Americana,* Palacios de Bellas-Artes, Séville, 1929-1930, Sala 18 : coll. part., copie du XVIIe siècle). La gravure porte l'inscription *Raphaël Urbinas invenit.* Elle conserve, sans doute, le motif original de Raphaël : serait-ce celui de la *Madone Gonzague* pour laquelle Raphaël demandait dès 1515, avec le soin qui le caractérise « les dimensions et l'éclairage » (Golzio, pp. 36-38) ? Serait-ce celui d'une Madone que possédait Castiglione, qu'il hérita de Bibbiena (Golzio, p. 140, cf. aussi M. del Piazzo, 1969, p. 35 « quadrum parvum ») et envoya à Mantoue le 29 décembre 1520 (*Lettere inedite e rare,* éd. G. Gorni, 1969, pp. 16-17 et p. 24, autre référence 11 octobre 1521). En tout cas la qualité de la version du Louvre, sa composition (où la radiographie révèle une importante variante) plaident en faveur de sa priorité par rapport aux autres versions. On sait que Ligozzi exécuta à Mantoue des copies de Raphaël (cf. Luzio, 1913, p. 255).

Cette composition a été utilisée par l'atelier de Raphaël dans les versions du Louvre, comme dans la version Roussel que Dussler refuse toutes deux, avec raison, à Raphaël. Le dessin de Windsor (Popham, 1949, n° 833, copie) est donné par Oberhuber à Giulio d'après une idée de Raphaël : sa technique lui fait penser soit à un modello, soit à une préparation pour la gravure. La première interprétation semble plus juste car les variantes essentielles de la peinture s'y retrouvent. Il ne s'agit pas, semble-t-il, d'une préparation pour la gravure de Caraglio.

Giulio est probablement aussi l'auteur du tableau du Louvre. Il s'y montre peu fidèle à l'inspiration dépouillée de la gravure qu'il interprète avec le goût du joli et de l'expressif typique de la *Madone au chêne* ou de la *Madone à la perle* (Madrid, Prado), mais aussi avec un certain manque d'harmonie dans les proportions des figures. Dans la gravure, la composition monumentale, les rapports avec la *Grande Sainte Famille* (l'enfant Jésus) et avec le *Grand Saint Michel* (cf. P. n°s 9 et 10) (dans le paysage ou l'arrangement « antique » de la coiffure de la Vierge proche de celle de saint Michel), paraissent indiquer une datation vers 1518. L'auteur de la *Petite Sainte Famille* est familier avec toutes ces œuvres : l'exécution empâtée, la technique des draperies bleues sur fond rouge (cf. *Section scientifique et technique*), la touche un peu lourde et grasse dans le paysage, les draperies, le dessin rond et sinueux, l'expression figée des visages, les effets contrastés des lumières, tout rappelle la manière de Giulio Romano. Son nom, après le nettoyage du panneau, est préférable à celui de Penni.

15 Cérès

Bois, peuplier (Marette n° 432). H. 0,384 ; L. 0,313. Inscription au bas à gauche et à droite : *RAPHAEL URBINAS* (apocryphe).

Hist. : Selon Félibien collection d'Adrien Gouffier, cardinal de Boissy, légat de Léon X à la cour de France en 1519 ; duc de Rouannais (titre porté par l'aîné des Gouffier) qui le céda en 1662 à Louis Henri de Loménie, comte de Brienne. Celui-ci l'offrit à son frère, l'abbé de Loménie, qui en fit don à Louis XIV vers 1663. Inventorié par Le Brun en 1683 (n° 118) avec la *Petite Sainte Famille* (P. n° 14). Le tableau est à Paris, en 1690, selon une annotation manuscrite à l'inventaire de 1683 ; en 1692 à Versailles ; en 1695 dans le Petit Cabinet (Paillet) ; en 1709 dans la Petite Galerie du Roi (Bailly) ; en 1760 à la Surintendance de Versailles dans le deuxième Cabinet particulier (Jeaurat) ; en 1794 toujours à la Surintendance ; en 1798 exposé au Muséum.

Paris, Musée du Louvre. Inventaire Napoléon 443. MR 443. Inv. 657.

Bibl. : *Catalogues du Louvre :* 1801, n° 917 (Giulio Romano ; 1804, n° 917 (id.) ; 1816, n° 1031 (id.) ; 1830, n° 1192 (Giulio Romano ou Giovanni da Udine) ; 1837, n° 1192 (Giulio Romano ou Giovanni da Udine) ; Villot, éd. 1849, n° 431 (Giulio Romano) et 1852 n° 387 (école de Raphaël) ; Tauzia, n° 375 ; *Catalogue sommaire,* 1890, n° 1510 (école de Raphaël) ; Ricci, n° 1510 (école de Raphaël) ; Hautecœur, 1926, n° 1510 (école de Raphaël) ; *Catalogue sommaire illustré,* 1981, p. 216 (Penni).
Brienne, 1662, éd. Bonnaffé 1873, p. 19 - Félibien, 1666, éd. 1705, pp. 224-225 (Raphaël) - Bailly, 1709, éd. Engerand 1899, p. 34, n° 7 (Giulio Romano) - *Recueil d'estampes,* 1729, I, n° 17, pl. 1 - Mariette, *Abecedario,* éd. Chennevières, 1855-1858, pp. 277-278 - Lépicié, 1752, I, p. 116 (Giulio Romano) - Passavant, 1839, II, pp. 320-327 - Passavant, 1860, II, p. 264 (sous le n° 232) (Penni) - Paliard, 1881, pp. 308-318 - Crowe et Cavalcaselle, 1885, II, p. 553 (Penni) - Dussler, 1966, p. 58 (Penni) - De Vecchi, 1969, sous le n° 137 - Dussler, 1971, p. 50 (Penni) - De Vecchi et Cuzin, 1981, sous le n° 137 - Jones et Penny, 1983, p. 204 (Giulio Romano et Giovanni da Udine).

Exp. : Houston, Rice Museum, 1973-1974, n° 13 - Paris, Musée d'Art et d'Essai 1979-1980 (sans n°).

Félibien le premier parle du volet de la *Petite Sainte Famille* dans les Entretiens. L'historique du tableau du Louvre repose sur ce seul témoignage. Félibien distingue les deux versions de la *Petite Sainte Famille,* l'une dans les collections du roi venant du cardinal de Boissy via Brienne et l'autre alors dans la collection du duc de Mazarin (cf. P. n° 14). Au cours de la discussion, Félibien, répondant à « Pymandre » qui présente l'exemplaire venant du cardinal de Mazarin comme l'original, tire indirectement argument de la grisaille pour défendre l'exemplaire de Boissy ; celui-ci « le gardait chèrement et Raphaël lui-même avait pris soin qu'il fût bien conservé car il est couvert d'un petit volet de bois peint et orné d'une manière aussi agréable que savante ».

Selon Félibien la *Petite Sainte Famille* serait entrée dans le Cabinet du Roi avec ce petit volet de bois. Brienne ne le décrit pas dans son catalogue. C'est peut-être ce qui incite Hautecœur (1926) à penser que la grisaille aurait été séparée de la *Petite Sainte Famille* par Loménie de Brienne. A tort, probablement, car Le Brun, en 1683, parle expressément d'une « coulisse peinte en grisaille » de mêmes dimensions, de même

15

main que la *Petite Sainte Famille* qu'il inscrit sous le même numéro. Paillet (1695) mentionne la « coulisse de grisaille » mais déjà à cette date elle est séparée de l'autre tableau car les emplacements sont différents. Elle continuera de l'être et apparaît, désormais, sous le nom de Giulio Romano : Bailly (1709) l'enregistre donc sous ce nom à part de la *Petite Sainte Famille,* alors généralement considérée comme un Raphaël.

Il n'y a pas lieu de retenir l'hypothèse, formulée en premier par Lépicié, selon laquelle la grisaille serait le modèle d'une fontaine (répété dans les catalogues du Louvre jusqu'à Tauzia). Elle n'a sans doute pas été faite, à l'origine, pour servir de volet à la *Petite Sainte Famille* car leurs bois sont différents, comme leurs dimensions. De plus il n'y a aucun rapport entre leurs sujets.

Lépicié voit dans cette grisaille « une femme dans une niche sous l'emblème de l'Abondance », identification toujours admise. Paliard (1881) croyant que le tableau a été peint par Raphaël pour le cardinal de Boissy la met en rapport avec les emblèmes des Montmorency dont Gouffier avait adopté en partie le blason et va jusqu'à faire correspondre les six épis de blé aux six abbayes dont il était abbé commanditaire.

On ne peut, naturellement, retenir cette thèse. Le tableau ne représente pas une Abondance qui porte traditionnellement des fruits, des légumes et des fleurs, mais une *Cérès* (identification indépendamment soutenue par Ph. Pouncey, com. orale). Les attributs sont précisément la corne d'abondance et les épis de blé ainsi que les serpents (ici figurés sur l'anse du vase posé près d'elle).

L'attitude, la draperie mouillée sont empruntées à la *Vénus Génitrix* (Naples, Capodimonte), alors à Rome, Casa Sassi. Raphaël s'en était inspiré pour une *Judith* (vers 1510 ; Vienne, Albertina), perdue. Elle était connue de l'auteur de la grisaille : le vase que tient Vénus lui a peut-être donné l'idée du vase posé près de *Cérès.* Le masque antique qui le décore rappelle la tête d'Holopherne sur le dessin de Raphaël et les serpents celui de l'*Apollon* de l'école d'Athènes (surtout visible sur la gravure de Marc-Antoine).

La *Petite Sainte Famille* et *Cérès* sont peints sur des différents bois, cette dernière sur un bois de noyer, essence différence de celle des autres panneaux attribués avec certitude à Raphaël au Louvre. La radiographie révèle une préparation et une écriture également très différentes des siennes (cf. *Section scientifique et technique*). La figure est sans variante mais tout le décor imitant des incrustations de marbres précieux entourant la niche a été transformé : le dessin initial, incisé, du premier projet est très visible.

Selon Le Brun, la grisaille et la *Petite Sainte Famille* sont « de la même main ». Cette observation paraît juste. La façon de poser les lumières, les ombres profondes, les empâtements, le dessin sinueux des contours, la forme des mains paraissent très analogues. La qualité et le charme prenant de ce petit panneau font comprendre que certains aient pensé l'attribuer à Raphaël lui-même (Shearman, com. orale). Cependant la transformation toute sensuelle du motif antique paraît bien étrangère à son esprit. Le nom de Penni a été proposé par analogie avec la *Loggetta* du Vatican qui lui est attribuée. Cependant la *Primavera* de cet ensemble, proche de la *Cérès,* a été attribuée à Giulio Romano (Redig de Campos, 1946, XII). La *Cérès* offre le vocabulaire ornemental préféré de Giulio : les coquilles, les masques (pour un masque dont la bouche est formée d'une coquille, cf. Pouncey et Gere, 1962, n° 145 atelier de Giulio). On y voit aussi l'imitation des marbres précieux de la *Grande Sainte Famille* comme dans la *Madonna della Gatta* (Naples, Capodimonte) et toute la sensualité des décors mantouans. Cependant la *Cérès* est, probablement, une œuvre de jeunesse, de la période romaine de Giulio, contemporaine de la *Petite Sainte Famille.*

Fig. 13. Giulio Romano, *La Primavera.* Rome, Vatican, Loggetta

Fig. 14. *Venus genitrix.* Naples, Musée archéologique

Fig. 15. *Judith* (?) Vienne, Albertina

16

16 Portrait de jeune femme

Bois, peuplier. H. 0,60; L. 0,44. Cf. Section scientifique et technique.

Hist.: Collection Lord Acton, Londres, acquis par Bode à Londres pour le Musée des Beaux-Arts de Strasbourg par l'intermédiaire de Ch. F. Murray en 1890.

Strasbourg, Musée des Beaux-Arts.

Bibl.: Janitschek, 1891, p. 242 - Terey, 1893, p. 171 - Loeser, 1896, p. 287 - Catalogue Musée, 1899, n° 267 (atelier de Raphaël?) - A. Venturi, 1899, p. 471 - Catalogue Musée, 1909, n° 266, (atelier de Raphaël) - Catalogue Musée, 1912, n° 269 (atelier de Raphaël) - Berenson, 1932, p. 262 (Giulio) - Haug, Catalogue du Musée, 1938, n° 259 (Giulio) - Fischel, 1948, I, p. 124 (école de Raphaël) - Fischel, 1962, p. 93 (école de Raphaël) - Laclotte, 1966, n° 245 (Raphaël?) - Shearman, 1966, p. 63 (Giulio) - Laskin, 1966, p. 255 (Giulio?) - Heinemann, 1966, p. 86 (Giulio) - Chiarini, 1966, 2, p. 88 (Giulio) - Berenson, 1968, I, p. 197 (Giulio) - Marabottini, 1968, I, p. 254 - Pope-Hennessy, 1970, p. 220 - Dussler, 1971, p. 33 (Giulio) - Brown et Oberhuber, 1978, p. 83, note 176 (Giulio) - De Vecchi, 1981, p. 260 (pas de Raphaël) - De Vecchi et Cuzin, 1982, n° 147 - Gould, 1982, p. 484 (Giulio) - Brown, 1983, pp. 178, 200, note 212 (Giulio) - Cuzin, 1983, p. 236.

Exp.: Paris, Petit Palais, 1965-1966, n° 245.

Le tableau, qui passait au moment de l'acquisition pour un Raphaël, fut ensuite catalogué au Musée de Strasbourg comme une œuvre d'atelier exécutée par Gian-Francesco Penni ou par Giulio. C'est sous ce dernier nom qu'il figurera au musée à partir de 1938. Cependant la restauration exécutée au moment de l'exposition de 1965 à Paris permit à Laclotte d'attirer de nouveau l'attention sur ce très intéressant portrait. Pour lui «l'aisance et l'ampleur de la mise en page, la richesse de l'accord chromatique, la générosité de l'exécution» militent en faveur de son attribution à Raphaël. Les transformations subies par le tableau pourraient suggérer «une association effective avec Giulio»; celui-ci ayant d'abord, suivant un premier dessin, peint le dessin modèle «avec une robe assez décolletée et sans la main» et Raphaël ayant achevé l'œuvre en exécutant entièrement lui-même un nouveau costume dont la technique rappelle celle du *Portrait de Léon X* (Offices). Laclotte suppose, aussi, que Raphaël peignit peut-être lui-même aux deux stades de son évolution ce portrait qui pouvait être un pendant au *Bindo Altoviti* (Washington, National Gallery), de mêmes dimensions. Cette hypothèse sera favorablement accueillie par Pope-Hennessy, Marabottini et Cuzin, mais elle n'a pas reçu l'approbation de la plupart des critiques de l'exposition en 1966 (Shearman, Heinemann, Laskin, Chiarini) qui, tous, donnent le portrait à Giulio. Dussler, à tort, y voit une copie, avec variantes, par Giulio, de la *Donna Velata* (Florence, Offices) auquel Berenson l'a toujours attribué (1932; 1968). C'est aussi le sentiment d'Oberhuber, de Gould, de De Vecchi et de D.A. Brown. Ce dernier exclut l'hypothèse d'un pendant avec le *Bindo Altoviti* qu'il croit de Raphaël (1983).

Quant au modèle, Berenson l'appelle la *Fornarina*. Pour Gould, ce tableau et le tableau Barberini représentent bien la même personne mais plus âgée dans le tableau de Strasbourg. Laclotte, avec raison, précise les différences fondamentales des deux visages: la femme de Strasbourg a le front plus fuyant (évidemment aussi plus haut), le nez plus fort, une bouche plus charnue et un cou plus long, mais ses oreilles sont semblables à celles de la *Fornarina* selon Gould. Laclotte a encore raison de noter son «air de famille» avec le *Jeune Garçon* de Lugano (collection Thyssen) dont D.A. Brown souligne, justement, les analogies techniques dans l'exécution des chairs et des chevelures. Ajoutons que, dans les deux tableaux, la pose de trois quarts, le dessin de l'ovale du visage et le mouvement du cou sont tout à fait comparables. Les deux portraits paraissent l'œuvre d'un même artiste qui s'inspire de très près des portraits romains de Raphaël et s'applique, avec un certain goût de l'effet, très caractéristique dans le traitement des vêtements de la *Femme* de Strasbourg, à imiter sa virtuosité dans le rendu des étoffes dont Vasari soulignait, au contraire, avec raison, à propos du *Léon X* (Florence, Offices), les qualités d'observation (IV, p. 41). Cet artiste a moins d'imagination que Raphaël pour composer et renouveler comme lui, à chaque œuvre, entièrement sa mise en page où chaque partie (visage, mains, étoffes) s'intègre dans une sorte d'unité organique où tout est important mais à sa juste place.

Gian Francesco Penni?

Florence 1488? Naples, vers 1528?

17 La Vierge au voile (La Vierge au diadème bleu; la Vierge, l'Enfant et le petit saint Jean)

Bois (peuplier: Marette, n° 542). H.0,680; L. 0,487. Cf. Section scientifique et technique. Revers: une inscription d'une écriture de la fin du XVIIIe siècle: «Tablau de Raffael». Au-dessous l'inscription ADS précédé d'un paraphe illisible (peut-être celui de Noël Araignon). A gauche un cachet de cire rouge, celui du prince de Carignan.

Hist.: Louis Ier Phélypeaux, seigneur de La Vrillière et Chateauneuf? au moins dès 1688, Balthazar Phélypeaux, premier marquis de Chateauneuf, Louis II Phélypeaux, premier marquis de La Vrillière qui le vend en 1705 à Pierre Rouillé, seigneur de Marbeuf; à sa mort acquis en 1713 par Louis Alexandre de Bourbon, Comte de Toulouse qui le cède en 1728 à Victor Amédée, prince de Carignan; en 1742, son fils, Louis, prince de Carignan, le vend au roi Louis XV (estimé 2 000 livres). Placé à la surintendance de Versailles (1760, Jeaurat); Du Rameau (1784 et note de 1788); en 1793, exposé au Museau (n° 280).

Paris, Musée du Louvre. Inventaire Napoléon. MR 438. Inv. 603.

Bibl.: *Catalogues du Louvre:* 1793, n° 280; 1816, n° 1029; 1820, n° 1081; 1830, n° 1186; Villot, n° 376; Tauzia, n° 363; *Catalogue sommaire,* 1890, n° 1487; Ricci, 1913, n° 1487; Hautecœur, 1926, n° 1487; *Catalogue sommaire illustré,* 1981, p. 22.
Recueil d'estampes, 1729, I, p. 12 et pl. 29 (gravure de François de Poilly et Ch. Simonneau) - Mariette, *Abecedario,* 1727, éd. Chennevières, 1857-1858, IV, p. 276-277 - Brice, 1752, II, p. 435 - Lépicié, 1752, I, pp. 83-84 - Quatremère de Quincy, 1824, pp. 138-139 - Passavant, 1839, II, p. 82, n° 1 et p. 132 - Passavant, 1860, II, p. 108, n° 83 - Gruyer, 1869, III, p. 220 - Müntz, 1882, p. 391 - Crowe et Cavalcaselle, 1882, I, pp. 22, 354, 1885, II, pp. 133-135 (Penni) - Gruyer, 1891, pp. 94-96 - Dollmayr, 1895, p. 360 (Penni) - Frizzoni, 1896, II, p. 397 (Giulio Romano) - Wolfflin, 1898, éd. 1948, p. 97, note 1 - Engerand, 1901, p. 534 - Jacobsen, 1902, p. 276 (Giulio Romano ou Penni) - Berenson, 1909, p. 185 (Giulio Romano) - Oppé, 1909, éd. Mitchell 1970, p. 102 (atelier de Raphaël) - Rosenberg et Gronau, 1909, p. 232 (Giulio Romano) - Venturi, 1920, pp. 163-164 - Filippini, 1925, p. 221 - A. Venturi, 1926, p. 218 - Berenson, 1932, p. 481 (Giulio Romano) - Funck-Hellet, 1932, p. 49 - Gamba, 1932, p. 69 - Ortolani, 1948, p. 39 - Camesasca, 1956, pl. 103 B - Fischel, 1962, p. 95 - Brizio, 1963, col. 233 (en partie de Raphaël) - Dussler, 1966, n° 97, pp. 55-56 - Scharf, 1964, p. 119 (Raphaël et assistant) - Becherucci, 1968, p. 135 - Berenson, 1968, p. 353 (Giulio Romano en grande partie) - De Vecchi, 1969, n° 89 - Dussler, 1971, pp. 28-29 (atelier de Raphaël) - Freedberg, 1971, p. 734, note 1 (atelier de Raphaël) - Dacos, 1977, p. 78 - Kelber, 1979, p. 438, n° 79 - Béguin, 1979, p. 43 - De Vecchi, 1981, n° 56 (atelier) - Laclotte et Cuzin, 1982, p. 152 - Oberhuber, 1982, pp. 90, 191, n° 88 - De Vecchi et Cuzin, 1982, n° 89 - Cuzin, 1983.

Exp.: Cahors, 1945, n° 10.

L'inventaire de Louvois (1688) signale une copie (n° 61) d'après « l'original à Mr de Chateauneuf ». Il s'agit de Baltazar Phélypeaux, seigneur de La Vrillière, premier marquis de Chateauneuf, mort en 1700. L'hôtel et ses collections passent alors à son fils Louis II Phélypeaux, premier marquis de La Vrillière. En 1705, *La Madone au voile* est gravée par Jacob Frey qui mentionne le propriétaire à cette date (Louis II Phélypeaux, mort en 1683).

Est-ce le tableau du Louvre, ou un autre exemplaire, qui apparaît au fond d'un portrait non identifié du Musée de Dijon que M. Gregori propose d'attribuer à l'école romaine? (Guillaume, 1980, n° 185). D'autre part, en 1705, Louis II Phélypeaux cède l'hôtel et ses collections à Pierre Rouillé, seigneur de Marbeuf, mort en 1712 (cf. Piganiol de La Force, 1901, p. 3). C'est de sa succession que l'acquiert le Comte de Toulouse en 1713. En 1728, ce dernier vendit le tableau à Victor Amédée (1690-1741) prince de Carignan, dont les armes figurent au revers du tableau encadrées du collier de l'ordre de l'Annonciade. Son fils Louis, Victor, Amédée, prince de Carignan (1721-1778) le cède à son tour dès 1742 au roi Louis XV, sans doute directement, car il ne se retrouve pas dans le catalogue de la vente (30 juillet 1742; remise au 18 juin 1743). Le tableau est mentionné dans l'*Etat des tableaux de la collection du prince de Carignan, dressé pour le roi très chrétien* par Noël Araignon, écuyer, valet de S.M. la reine (cf. Engerand d'après le manuscrit de Dresde dont une copie est conservée à la Bibliothèque du Louvre).

Le tableau est désigné sous les titres suivants: *Silence de la sainte Vierge, Vierge au linge, Sommeil de l'enfant Jésus, Vierge au Voile* et *Vierge au Diadème bleu.* Ce dernier titre est le plus généralement retenu; il est purement descriptif et néglige la signification de la peinture: le titre de *La Vierge au Voile* paraît préférable. Cette Vierge à l'Enfant endormi, avec le petit saint Jean, est, en effet, une préfiguration de la Passion, thème qui intéresse Raphaël dès ses débuts: dans sa période romaine la *Madone de Lorette* (Chantilly, Musée Condé, cf. P. n° 25) est une version particulièrement frappante de ce thème. Le tableau du Louvre, un peu différent, en est malgré tout très proche. Les nombreuses copies et répliques de ces deux interprétations ont été souvent confondues.

Le sommeil de l'enfant Jésus fait allusion à la mort: la présence du petit saint Jean, la croix sur l'épaule, précise cette référence à la Passion. La Vierge soulève le voile, symbole du linceul pour découvrir au Précurseur l'Enfant plongé dans le sommeil, image de la mort. On a interprété cette scène comme une allusion à la cérémonie de la messe où le calice est recouvert d'un voile représentant le drap dans lequel le corps du Christ fut descendu de la croix (Firestone; Sauer).

Dans le tableau du Louvre le geste du bras droit tendu de la Vierge évoque celui de la *Madone de Lorette,* inspiré de l'antique (*Apollon* du Belvédère) et proche des recherches de Raphaël pour le plafond de la Chambre de la Signature (la *Justice, l'Astronomie*). La scène est située dans un paysage que son décor de ruines antiques rapproche de la fresque de la *Dispute* (Crowe et Cavalcaselle). Ce serait, selon Mariette, une vue d'une ruine antique près de la vigne Sacchetti, du côté de Saint-Pierre.

Pour Oberhuber et Cuzin, le tableau est de Raphaël. Depuis la récente restauration, il a retrouvé son coloris clair. Les fins rehauts d'or de la ceinture sont devenus çà et là visibles. La préparation des draperies bleues sur fond rouge est caractéristique et diffère de la technique de Raphaël (*Grande Sainte Famille,* par exemple). La radiographie, révèle, elle aussi, une image différente de celle de Raphaël: la lumière est égale,

Fig. 16. Raphaël, *Nativité.* Oxford, Ashmolean Museum

17

sans modulations ni contrastes, les formes sont massives et molles, le dessin manque de subtilité.

L'exécution technique est très soignée. L'harmonie claire est particulière, avec des lilas et des bleus raffinés. Mais la composition manque de rythme. Les figures, toujours animées chez Raphaël, sont ici figées : elles s'enlèvent « en silhouettes sur le fond », sans s'établir dans l'espace ; ce parti est poussé à l'extrême dans les petits personnages au milieu des ruines. L'absence d'enveloppe atmosphérique, peut-être due à des nettoyages trop poussés, accentue ce caractère. Chaque partie constitue un motif isolé, sans liaison physique (ou spirituelle) avec le reste. Les raccourcis donnent aux figures du premier plan des proportions d'autant moins gracieuses qu'elles s'opposent à l'allongement excessif des bras.

Malgré ces réserves, le tableau du Louvre est très supérieur aux nombreuses répétitions connues (pour les différentes copies, cf. Dussler). Une seconde composition, en forme de tondo, comporte, avec de nombreuses variantes, un paysage où l'on a identifié le couvent de San Salvi près de Florence. Une réplique, de forme carrée, est conservée au Musée de l'Université de Princeton (De Vecchi et Cuzin, n° 164 ; c'est le tableau venant du duc de Westminster). Quoi qu'il en soit du rapport entre les deux types de composition dont P. Aronberg Lavin montre bien le symbolisme différent (1961), le tableau du Louvre reflète les recherches de Raphaël au début de sa période romaine. Il a dû être élaboré dans son atelier, à partir de ses dessins, par exemple des dessins des Offices (Fischel, R.Z., VIII, n° 536) et d'Oxford, Ashmolean Museum (Fischel, R.Z. VIII, n° 361) qui ont eu une énorme diffusion (cf. Béguin, 1979). Pour les idées voisines, il faut comparer aussi avec les dessins de Berlin, collection Kühlen et d'Oxford (reproduits par Fischel, VIII, p. 368, fig. 281 et 282). Passavant signale une copie du tableau du Louvre (qui serait en Angleterre), signée et datée de 1512. C'est à peu près la période d'exécution de la *Vierge au Voile* par un des collaborateurs de Raphaël ; plutôt que Giulio dont la technique et l'harmonie colorée sont très différentes, l'attribution à Penni (Shearman, com. orale), paraît plus vraisemblable. Peu d'œuvres peuvent lui être attribuées avec certitude. Le portrait signé d'*Andrea Turrini* (Dublin, National Gallery) ne contredit pas cette attribution. Mais la comparaison paraît surtout intéressante avec le *Saint Jean-Baptiste* (Londres, collection Philip Pouncey) qui montre les mêmes décrochements de plans anguleux soigneusement peints, les mêmes feuillages et le même type de visage fin au long nez, la même tendance à enlever les formes en silhouette sur le fond. L'attribution de ce tableau postule évidemment que la date de naissance de Penni doit être située avant 1496 (Vasari dit qu'il avait 40 ans à sa mort, vers 1528) ou bien, plus justement, que le tableau est plus tardif (1518-1520). Pour une autre *Sainte Famille* de Penni au Musée de Cava dei Tirreni, cf. Gere, 1957, p. 161.

Atelier de Raphaël

18 La Sainte Famille à l'agneau

Bois. H. 0,29 ; L. 0,21. Au dos, sur la traverse supérieure du panneau, inscription à l'encre en lettres majuscules : *Galleria Gerini.* Cachet de cire ovale avec les initiales *NT* entrecroisées. Sur la tranche du panneau, inscription à l'encre : *M.G. Gerini,* répétée sur chacune des quatre faces.

Hist. : Collection Gerini, Florence ; Niccolo Tacchinardi, Florence ; prince Anatole Demidoff, Paris et Florence ; vente Paris, 8 fév. 1851, n° 1 ; Robin, Paris ; legs Robin au Musée d'Angers, 1864.

Angers, Musée des Beaux-Arts. Inv. 272.

Bibl. : Passavant, 1839, II, n° 63 a, p. 91 - Passavant, 1860, II, n° 46 a, p. 55 - Gruyer, 1869, III, p. 304, n° 1 - Jouin, 1869, pp. 23-27 - Catalogue Musée (Jouin) 1870, n° 318, pp. 79-82 (reprise du texte précédent) - Catalogue Musée, (Jouin), 1881, n° 272, pp. 83-85 (*id.*) - Crowe et Cavalcaselle, 1882, I, p. 339 - Catalogue Musée (Valotaire), 1928, pp. 12, 20, repr. - Dufour, 1930, pp. 312-317 - Cuzin, 1982, n° 71, pp. 124-125 - Catalogue Musée (Huchard), 1982, p. 7, repr. p. 19.

Où se trouve l'original de la *Sainte Famille à l'agneau* de Raphaël? En 1934, Lord Lee of Fareham publiait fort longuement (Lee, 1934) un petit tableau, en sa possession, de cette composition dont un exemplaire célèbre existe au Prado, en général considéré comme l'original de Raphaël. Ce dernier porte une signature et une date lue généralement *1507,* mais son historique ancien est imprécis : il aurait été « retrouvé » par l'infant Don Sebastien en 1830 dans l'Oratoire de l'Escorial, et sa signature alors remarquée (Passavant, 1860, p. 55). Lee

18

constate que les gravures qui existent de la composition, celle de Carlo Gregori en 1786 (Lee, 1934, pl. IV A), celles d'Antonio Morghen, de A.E. Lapi et de Lenfant, ne correspondent pas dans certains détails avec le tableau du Prado, mais avec celui qui se trouve en sa possession : les plus importantes de ces variantes étant deux arbres graciles à l'extrême droite et un arbre plus rapproché dont le tronc plus fort est visible derrière Joseph, au-dessus de son dos ; un autre arbre apparaît à l'extrême gauche. Dans le tableau du Prado, un seul arbre, d'un style très différent, apparaît à l'extrême droite. Le vol d'oiseau en haut à gauche, dans le tableau du Prado, manque dans les gravures.

Le tableau gravé se trouvait au XVIIIe siècle dans la collection Gerini de Florence : la gravure de Gregori fait partie de la *Raccolta di 80 stampe della Galleria Gerini,* parue à Florence en 1786. Lee assimile donc son tableau avec le tableau Gerini, passé ensuite dans la collection Tacchinardi, toujours à Florence, et considère que la même œuvre passe ensuite dans la collection Staffa-Conestabile à Pérouse puis, considéré comme une copie, dans une collection suisse où il l'achète lui-même.

Le tableau de Lord Lee porte sur le décolleté de la Vierge l'inscription et la date *Raphael Urbinas AD MDIV.* Cette date *1504* lui paraît corroborée par le style du tableau où il reconnaît une œuvre des débuts de l'époque florentine du peintre : caractère menu et péruginesque du visage de la Vierge, forte influence, non encore assimilée, de la *Sainte Anne* de Léonard. Il conclut en faveur de l'authenticité de son tableau, considérant que celui du Prado est une reprise, par Raphaël, de trois ans postérieure. Oskar Fischel, dans un appendice à l'article de Lee, considère que le tableau « possède plus de traits raphaélesques que celui du Prado » (1934, p. 14). L'authenticité du tableau Lee, passé ensuite dans des collections privées au Liechtenstein puis en Allemagne fédérale, est soutenue par L. Dussler (1971, p. 11) qui le date de la fin de 1504, rejetant le tableau du Prado qu'il accepte encore comme original dans l'édition de 1966 de sa monographie, en se déclarant convaincu par les arguments de A. Schug (1967, pp. 477-479), qui voit dans l'œuvre de Madrid plusieurs indices indiquant la main d'un copiste.

Fig. 17. Raphaël,
La Sainte Famille à l'agneau.
Madrid, Prado

Or l'historique prêté par Lee, puis par Dussler, à l'exemplaire qu'ils publient comme un original appartient au tableau du Musée d'Angers, comme l'indique l'examen matériel de l'œuvre : l'inscription *Galleria Gerini,* au dos du panneau, répétée sur la tranche, et le cachet *NT,* vraisemblablement celui de Niccolo Tacchinardi, ne laissent guère place au doute. Le tableau, d'une qualité à notre avis bien supérieure à l'exemplaire Lee, correspond point par point, et mieux que celui-ci, à la gravure de Gregori et comporte l'arbre placé « dans le dos » de Joseph, gratté, dit Lee, sur son propre tableau. La collection Gerini était une des plus importantes de Florence ; l'essentiel semble avoir été constitué par le marquis Andrea, mort en 1766. Une série de gravures de la *Raccolta Gerini* parut dès 1759 (*Raccolta di stampe rappresentanti i quadri più scelti de' Sigg. Marchesi Gerini;* seul le premier volume semble être paru) et comprend la *Sainte Famille* de Raphaël (n° VIII ; aimables indications de Fabia Borroni Salvadori). Le tableau paraît avoir été célèbre au XVIIIe siècle. Mariette possédait un dessin d'après lui, passé dans sa vente après décès (15 nov. 1775, n° 700 : « Une Sainte-Famille, où se voit l'enfant Jésus monté sur un mouton, dessiné avec soin à la pierre noire, d'après un superbe tableau de ce maître qui existe à Florence dans la galerie du marquis de Gerini, l'estampe y est jointe ») ; on reconnaît la composition dans un croquis pris par Saint-Aubin à la vente (exemplaire du Museum of Fine Arts de Boston, n° 371713). On sait que la collection fut vendue en 1825 et alors dispersée : la *Sainte Famille* de Raphaël fut, après une *Vierge* de Fra Bartolomeo, le tableau estimé au prix le plus élevé. Marco Chiarini, que nous remercions de son aide, nous communique le texte du *Catalogo e stima dei quadri esistenti nella Galleria del Sig. Marchese Giovanni Gerini a Firenze,* Florence, 1825 : *N. 288: Raffaello da Urbino. La S. Famiglia in aperta Campagna : figure sotto la grandezza media, B[a] 10 × B[a] 7 e 8 soldi (1000 zecchini)* (estimation du peintre Giuseppe Bezzuoli, confirmée par P. Benvenuti et F.X. Fabre). Le propriétaire semble être ensuite le chanteur Niccolo Tacchinardi, ami de Canova et peintre dilettante. Peu de temps après le tableau devient la propriété du prince Anatole Demidoff, établi à Florence. L'article de Jouin (1869) qui paraît avoir eu en mains toute une documentation concernant le tableau, donne ensuite toutes précisions sur le sort de celui-ci : en mai 1847, le prince, souhaitant transporter certaines œuvres d'art, dont la *Sainte Famille,* de Paris à Florence, confia cette mission à un transporteur : les caisses, contrairement aux conventions passées, furent chargées pour le voyage entre Châlon et Lyon, sur des « gondoles à vapeur » naviguant sur la Saône : un bateau sombra près de Tournus et une caisse contenant dix-sept tableaux, dont le Raphaël, subit des dommages. Une commission d'experts déclara quatre des tableaux, dont le Raphaël, indignes de figurer dans la collection du prince. La valeur de la *Sainte Famille* fut fixée à 12880 F, somme que les experts désignés acceptèrent ; Demidoff refusa de rentrer en possession des tableaux endommagés, il y eut procès, qui conclut en faveur du prince (mars 1848). Le 8 février 1851, le tableau restauré fut vendu aux enchères à Paris sous le nom de Raphaël et adjugé 1936 F (2032 F avec les frais) à M. Robin. Ce dernier, originaire de Chalonnes (1797-1864), devait léguer sa collection au Musée d'Angers. Le tableau figure sous le nom de Raphaël dans les catalogues successifs du Musée d'Angers (Jouin, 1870 et 1881), et dans la littérature locale (notamment Dufour, 1930), mais disparaît dans l'oubli dans la littérature consacrée à Raphaël : il ne figure pas, par exemple, parmi les copies de la *Sainte Famille à l'agneau* mentionnées par Dussler.

Pourvu d'un historique prestigieux, le tableau d'Angers doit être examiné avec soin, surtout lorsque l'on sait les réticences exprimées parfois devant le tableau du Prado (par Mayer, Saxl, Schug ; cf. Dussler, 1971, pp. 11-13), dont l'historique est très imprécis ; lorsque l'on considère, surtout, les copies anciennes, qui paraissent toutes dériver du tableau aujourd'hui à Angers et sur lesquelles on retrouve les variantes qui distinguent celui-ci de l'exemplaire du Prado : celle d'une collection privée de Bade-Würtemberg (vente Heinrich von Preussen, Berlin, 6-7 juin 1932) ; celle des Bayerische Staatsgemäldesammlungen (Inv. n° 6422), déposée à Aschaffenburg ; celle, donnée à Penni, de la collection Pembroke à Wilton Park ; celle passée en vente à Paris, Galliera, 5 déc. 1964, n° 25 ; celle du Musée de Cassel (GK 539), cette dernière sans l'arbre immédiatement derrière saint Joseph.

Le tableau d'Angers serait-il l'original de Raphaël pour lequel on pourrait reprendre tous les arguments que Lee, puis Dussler, portent au crédit de l'exemplaire qu'ils publient comme l'original ? Nous avouons en avoir été, un temps, persuadé. Compte tenu de l'état de la peinture, qui, ne l'oublions pas, serait restée quarante-huit heures dans la Saône (Dufour, 1930, p. 316), et des restaurations qu'elle dut ensuite subir, celle-ci frappe par ses qualités de finesse et de délicatesse. Le visage de la Vierge, plus mince et léonardesque que sur le tableau du Prado, les plantes du premier plan, les arbres sur les côtés, sont d'un raffinement digne de Raphaël. Comparé, l'exemplaire du Prado paraît plus solide, mais plus lourd. Notons que des traces d'or subsistent sur le décolleté de la Vierge, là où se trouvent les « signatures » et les dates de l'exemplaire Lee et de celui du Prado, et permettent de supposer qu'il y avait là une inscription, dont semblent subsister les restes d'un *A*.

Mais l'examen du carton du tableau conservé à l'Ashmolean Museum d'Oxford (Parker, 1972, n° 520, pp. 268-269 ; De Vecchi, 1981, repr. p. 243) et celui des radiographies des tableaux d'Angers et du Prado apportent des éléments déterminants. La comparaison des radiographies est très favorable à l'exemplaire du Prado ; l'image de ce dernier apparaît vivante et animée, comparable à celle d'autres tableaux de Raphaël, et surtout montre des repentirs, principalement dans l'enfant et l'agneau, qu'on n'imagine pas dans une copie. La radiographie du tableau d'Angers montre une image plus froide, cernée et figée. D'autre part, élément capital, des mesures prises précisément d'un point à l'autre sur le carton d'Oxford et sur le tableau du Prado coïncident, et non sur le tableau d'Angers. Et un point lève à notre avis tous les doutes : la radiographie du tableau du Prado montre que la tête de l'agneau a été peinte, dans un premier temps, légèrement plus sur la droite, et légèrement plus haute, comme on la voit sur le carton d'Oxford ; la main gauche de l'enfant (à droite) est vue nettement au-dessous de l'oreille, sur la radiographie comme sur le carton. La tête de l'agneau, sur la peinture, a été ensuite abaissée et tournée davantage vers la gauche, la main de l'enfant touchant alors l'oreille. Ce détail, sur la radiographie du tableau d'Angers, ne montre nul « repentir ». Il est donc manifeste que le carton d'Oxford a servi pour le tableau du Prado, ce qui démontre de façon guère discutable que ce dernier est l'original de Raphaël.

Faut-il envisager l'hypothèse de deux tableaux originaux ? Sans l'exclure absolument, elle est difficile à soutenir, dans la mesure où dans ce cas le tableau d'Angers semblerait ne pouvoir être, pour des raisons stylistiques, que le premier en date, puisque celui du Prado, avec ses figures plus pleines, évoque l'extrême fin de la période florentine, et même les œuvres romaines. Les repentirs seraient alors inexplicables car l'on imagine mal des hésitations dans l'élaboration d'une seconde version, que ne comporterait pas la première. Il faut donc conclure que le tableau Gerini est une copie, d'une rare qualité, on l'avouera, de l'original de Raphaël, probablement peinte à Florence au moment de l'exécution de ce dernier. Mais il semble que très vite, à Florence, en témoignent gravures et copies, cette version soit passée pour un original : preuve, en tout cas, du niveau de qualité que surent atteindre les émules du maître, dès la période florentine. Reste à expliquer la « disparition » des arbres du fond dans le tableau du Prado, dont le ciel paraît être entièrement repeint, et l'arbre de droite rajouté au moment de ce repeint. La radiographie ne donne aucun renseignement sur ce que cache le repeint ; mais l'examen attentif du tableau avec une lumière latérale laisse nettement apparaître, en épaisseur, le tronc d'arbre « dans le dos » de Joseph, et derrière lui, à l'extrême droite, on distingue aussi, en épaisseur, un second tronc d'arbre. Le tableau de Madrid paraît donc avoir montré à l'origine, un fond comparable à celui de l'exemplaire d'Angers.

Ainsi, à vouloir démontrer que le « Raphaël » d'Angers était l'original, parvenons-nous à confirmer l'authenticité du tableau du Prado et à écarter avec de bons arguments celui autrefois dans la collection de Lord Lee. J.P.C.

19

19 La vision d'Ezéchiel

Cuivre. H. 0,415; L. 0,307. Le bas de la plaque a une forme chantournée qui est cachée sous le cadre. Ce format, très particulier, montre, semble-t-il, que le tableau a pu faire partie d'un ensemble décoratif ou d'un objet.

Hist.: Ancienne collection.

Paris, Musée du Louvre. MR 445. Inv. 641.

Bibl.: Crowe et Cavalcaselle, 1885, II, pp. 382-385 - Ricci, 1913, nº 1513 A - Hautecœur, 1926, nº 1513 A - Dussler, 1971, p. 45 - Kelber, 1979, sous le nº 95 - *Catalogue sommaire illustré,* 1981, p. 225.

Belle copie ancienne du tableau sur bois de la galerie Pitti à Florence décrite par Malvasia (Felsina-Pittrice, I, p. 44) en 1678 chez le comte Vincenzo Hercolani à Bologne qui aurait remis à Raphaël en 1510, 8 ducats d'or. Cette date, cependant, n'est pas considérée comme la date d'exécution de l'original généralement placé entre 1516 et 1517 (pour une discussion sur la date, cf. Dussler, qui signale également une copie ancienne); d'autres copies sont signalées par Passavant (1860, II, p. 152 qui ne cite pas la copie du Louvre). Cette dernière ne peut être identifiée avec celle achetée par Poussin à Bologne pour M. de Chantelou qui passa dans la Galerie d'Orléans (gravée par N. de Larmessin pour le *Recueil d'estampes*). Elle était, en effet sur bois (*Journal du cavalier Bernin,* 1885, p. 66). Cette version appartint ensuite à Sir Thomas Boring, Stratton (Passavant) (cf. *Raphaël et l'Art français* nº 314).

Fig. 18. Raphaël,
La vision d'Ezéchiel.
Florence, Pitti

Les fresques de la Magliana

20 Le Père Eternel

Fresque transposée sur toile. H. 1,40; L. 2,83.

21 Le Martyre de sainte Cécile

Fresque transposée sur toile. H. 1,66; L. 3,40.

Hist.: Résidence papale de la Magliana: le Saint-Siège abandonna le couvent au XVIIIe siècle aux religieuses de Sainte-Cécile: les fresques furent alors transposées sur toile et engagées en 1858 au Mont de Piété à Rome. Rendues aux religieuses, elle furent exposées à la basilique Sainte-Cécile-de-Rome; acquises en 1861 par Alphonse Oudry, entrepreneur de Civita Vecchia à Rome qui mourut à Naples le 5 février 1869: son frère Louis Oudry fit apporter les fresques en France et les offrit au baron Gustave de Rothschild; mises en vente le 25 avril 1873 (au sujet des circonstances qui entourèrent la vente, cf. Ricci, nº 1512). Le *Père Eternel* fut acquis par le Louvre. Les débris de l'autre fresque, le *Martyre de sainte Cécile,* furent rachetés par les Oudry qui les firent compléter par H.J. Dubouchet; vente du 10 avril 1876; acquis par Chaber qui les légua au Musée de Narbonne.

Paris, Musée du Louvre.
Narbonne, Musée des Beaux-Arts.

Bibl.: *Catalogues du Louvre: Catalogue sommaire,* 1890, nº 1512 (école de Raphaël); Ricci, 1913, nº 1512 (id.); Hautecœur, 1926, nº 1512 (id.); *Catalogue sommaire illustré,* 1981, p. 224 (id.).
Grüner et Platner, 1847 - Passavant, 1860, II, pp. 227-228, nº 208 - Pellegrini, 1865, pp. 118-147 - Gruyer, 1873, pp. 336-351 - Müntz, 1900, p. 357 - Crowe et Cavalcaselle, 1885, II, pp. 465-467 - Morelli, 1893, p. 305 (Spagna) - Reinach, 1910, p. 299 (Spagna) - Berthomieu, 1910, pp. 180-200, 1911, pp. 295-299 - Gnoli, 1921, p. 61 - Berthomieu, 1923, pp. 126-129, nº 445 - Lefèvre, 1967, pp. 400-415 - Bianchi, 1968, pp. 672, 676 - Berenson, 1968, p. 324 (Perino, sur indication de Raphaël?) - Dezzi Bardeschi, 1971, p. 141, note 2 - Le Varlet, 1977, p. 8 - De Vecchi et Cuzin, 1982, nº 169 - Cuzin, 1983, p. 216 - Gould, 1983, p. 361.

Ces deux fresques proviennent de la résidence papale de la villa de la Magliana, près de Rome, d'où le nom de « Fresques de la Magliana » qui leur est souvent donné.

Sixte IV, dès le début de son pontificat, fit exécuter par G. de San Gallo un projet pour agrandir et transformer la Magliana. Sous le pontificat de Jules II, le cardinal Alidosi, qui avait reçu en don la villa, fit poursuivre les travaux.

Les projets de la chapelle avaient été établis par Bramante, et le cardinal Alidosi écrivit à Michel-Ange le 3 mai 1514, les travaux à peine terminés, pour solliciter un *Baptême du Christ* de sa main. Il ne répondit pas à cette demande.

Après l'assassinat du cardinal Alidosi et la mort de Jules II, Léon X confia la décoration de la chapelle à Raphaël et à ses collaborateurs. Leur intervention ne peut se placer qu'après 1513 et même certainement au-delà. Le décor de la chapelle comprenait une fresque dans le cul-de-four de l'abside (le *Père Eternel*) et une suite de trois fresques: le *Martyre de sainte Cécile,* l'*Annonciation* et la *Visitation,* disposées dans trois lunettes sous la voûte de la chapelle. Ces fresques furent

20

21

grandement endommagées par la création d'ouvertures et par la transposition sur toile en 1859. La lunette avec le *Martyre de sainte Cécile* a été surtout gravement mutilée.

Les jugements portés sur ce décor sont très divers. Au moment de leur arrivée en France et de la vente, elles furent, naturellement, considérées comme des Raphaël (Delaborde, Vitet, Gruyer, Haro, Platner). Par la suite elles furent attribuées à Spagna (Morelli, Cavalcaselle) par confusion avec les fresques de la *Visitation* et de l'*Annonciation* qui, comme le décor de la grande Salle des Muses (aujourd'hui, au Musée de Rome, palais Braschi) a été attribué à Spagna. Gnoli (1921) juge le *Père Eternel* « una povera cosa del 1520 » qui lui rappelle l'art de la jeunesse de Perino del Vaga. Cuzin exprime un jugement très favorable sur ces fresques et va jusqu'à attribuer le *Martyre de sainte Cécile* au jeune Perino del Vaga vers 1518-1519.

La fresque du Louvre *Le Père Eternel* est inspiré de motifs bien connus de Raphaël. L'exécution assez sèche, les formes gonflées, ne peuvent revenir, bien entendu, ni à Raphaël, ni à Perino. *Le Martyre de sainte Cécile* est d'un style plus attachant. On y a parfois reconnu, à tort, le *Martyre de sainte Félicité* en reprenant le titre donné par Vasari à la gravure de Marc-Antoine (cf. G. n° 39). Mais il s'agit bien du martyre de sainte Cécile suppliciée avec son mari et ses deux fils. Cette fresque ne subsiste, malheureusement, que dans les deux parties latérales. La partie centrale, où fut percée la fatale ouverture, a été copiée avec beaucoup de fidélité d'après la gravure de Marc-Antoine par Dubouchet, en camaïeu sauf pour les petits fragments colorés qui se raccordaient à ces parties latérales. Les variantes de la partie droite, par rapport à la gravure, témoignent de l'existence d'un modello perdu (serait-ce le dessin ruiné de Dresde ?). D'un meilleur style que le *Père Eternel,* plus souples et d'une belle harmonie, ces morceaux rappellent l'atelier de Raphaël : un peu de la grande manière des fresques du Vatican survit encore dans ces fragments dont la date pourrait se placer à l'époque de la réalisation des *Loges*.

D'après Raphaël

22 La Vierge à l'œillet

Bois. H. 0,283 ; L. 0,227.

Hist. : Acquis en 1882 de Mme Timbal avec la collection Charles Timbal (catalogue, pp. 18, 20, n° 23).

Paris, Musée du Louvre. RF 341.

Bibl. : Ricci, 1913, n° 1513 B - Hautecœur, 1926, n° 1513 B - Gamulin, 1958, pp. 160... - Dussler, 1971, p. 63 - Guillaume, 1980, sous le n° 101 - *Catalogue sommaire illustré,* 1981, p 224.

Cette composition célèbre est connue grâce à un grand nombre de copies (pour des listes, non exhaustives, cf. Ricci, 1913 sous le n° 1513 B ; Dussler, 1971, p. 63, Guillaume, 1980, sous le n° 101). Il est pratiquement impossible d'identifier le charmant exemplaire du Louvre parmi celles-ci. La plupart ont été attribuées à Sassoferrato (par exemple l'exemplaire de Detroit, Institute of Art) ou parfois à Baroccio (exemplaire de la Galleria Nazionale, Palazzo Barberini, à Rome, à tort selon Olsen).

La composition est inspirée de la *Madone Benois* de Léonard (Leningrad, Ermitage) ; de nombreux dessins montrent que Raphaël a travaillé à plusieurs reprises sur ce thème (cf. D. n° 92). Elle ressemble aussi, inversée, à celle de la *Grande Madone Cowper (Nicolini)* (Washington, National Gallery of Art), comme l'a remarqué D.A. Brown.

Fischel (1948, I, p. 127) et Cavalcaselle (I, 1882, p. 343) ont supposé que Raphaël peut n'avoir jamais peint lui-même une *Madone* semblable, qui aurait été réalisée par ses assistants. D'autres, tel Passavant (1860, II, n° 49), préfèrent penser que Raphaël aurait pu créer ce type de madone : le grand nombre de copies recensées paraît le confirmer (Brown, 1983, p. 197, note 154). La *Vierge à l'œillet* a été située soit au début de la période d'Urbin, c'est-à-dire 1504 (Dussler), soit à la fin de la période florentine : les rapports avec la *Grande Madone Cowper* et avec la copie de la collection Pembroke, signée Raphaël et datée de 1508, semblent confirmer cette dernière hypothèse.

22

23

Sassoferrato (Giovanni Battista Salvi)

Sassoferrato 1609, Rome 1685

23 La Vierge et l'enfant Jésus (Madone Connestabile)

Cuivre, forme octogonale. Diamètre 0,15. Au revers, l'inscription : 5 thermidor an VII.

Hist. : Rome, saisi en 1798. La provenance de la villa Albani n'est pas assurée et le tableau semble avoir été confondu avec un autre provenant du palais Braschi (archives du Louvre, Z4 1799), arrivé à Paris 19 juillet 1799.

Paris, Musée du Louvre. MR 402. Inv. 646.

Bibl. : Catalogue, 1800, n° 67 - Tauzia, n° 360 - Hautecœur, 1926, n° 1494 - Blumer, 1936, n° 382 (sous le nom de Perugin) - *Catalogue sommaire illustré,* 1981, p. 236.

C'est une interprétation de la *Madone Connestabile* de Raphaël (Leningrad, Musée de l'Ermitage) dont le format en tondo a été modifié.

24 La Vierge et l'Enfant avec le petit saint Jean (Madone Aldobrandini)

Toile. H. 0,478 ; L. 0,385.

Hist. : Collection Campana, acquise en 1861, Musée Napoléon III (Cornu 536). Entré au Louvre en 1863.

Paris, Musée du Louvre. MI 620.

Bibl. : Cornu, 1862, n° 536 - Tauzia, n° 359 - Reiset, 1863, n° 248 - *Catalogue sommaire,* 1890, n° 1493 - Ricci, 1913, n° 1493 - Hautecœur, 1926, n° 1493 - Gould, 1962, p. 150, n° 744 - Dussler, 1971, p. 27 - *Catalogue sommaire illustré,* 1981, p. 236.

24

Copie exacte mais légèrement agrandie de la *Madone Aldobrandini* (Londres, National Gallery) dont on connaît de nombreuses autres copies anciennes (cf. Ricci ; Gould, (1962) qui renvoie à Passavant). L'original a été daté vers 1509-1510 (Dussler). Pour le rapport du motif avec la *Vierge à l'œillet* (cf. P. n° 22) et avec les dessins (cf. D. n° 94).

25

25 Madone de Lorette

Bois. H. 1,21 ; L. 0,91.

Hist. : Vendu par F.-X. Fabre à Charles Sébastien de Scitivaux, général de l'armée française en Italie (cf. *Raphaël et l'Art français,* « Fabre ») ; acheté en 1816 (selon Villot, 1849) par Louis XVIII.

Paris, Musée du Louvre. L 3762. Inv. 644.

Bibl. : *Catalogues du Louvre, Notice...,* 1830, n° 1191 - Landon, 1831, VI, pl. 45 - *Catalogue sommaire illustré,* 1981, p. 224 (copie) - Villot, 1849, n° 421 - Villot, 1852, n° 389 (d'après Raffaello) - Passavant, II, 1839, p. 127, a (copie) - Passavant, II, 1860, a, p. 102 (copie) - Crowe et Cavalcaselle, II, 1885, p. 111, note (copie) - Rosenberg et Gronau, 1909, p. 250 (copie) - Dussler, 1966, n° 95 (copie) - De Vecchi, 1969, sous le n° 96 (copie) - Dussler, 1971, p. 27 (copie) - Pedretti, 1982, p. 40 - Cuzin, 1983, pp. 136-144.

Exp. : Paris, Louvre, 1973, n° 31 - Chantilly, Musée Condé, 1979-1980, n° 45.

Ce tableau est la copie d'une *Madone* de Raphaël peinte à Rome en 1509 (Béguin, 1979, p. 26) ou 1510-1511 (Gould, 1980, p. 338), aujourd'hui à Chantilly, Musée Condé (Cuzin, 1982, n° 96), pour les dessins, cf. D. n° 95. Au XVIe siècle, dans l'église Santa Maria del Popolo à Rome, l'œuvre de Raphaël était exposée, selon un témoignage contemporain (« Il Codice Magliabecchiano », éd. Frey, 1982, p. 128), lors des fêtes solennelles, en pendant au *Portrait du pape Jules II* (Londres, National Gallery ; De Vecchi, 1982, n° 100). Enlevée de l'église en 1591 par le cardinal Sfondrato qui la vendit à Scipion Borghèse en 1608 (Gould, 1979, pp. 6-13), elle fut acquise en 1854 par le duc d'Aumale qui la légua à Chantilly.

Plusieurs gravures attestent la célébrité de cette composition dès le XVIe siècle (exp. Chantilly, 1979, nos 3, 4, 5) et il en existe de nombreuses copies qui passèrent, parfois, pour l'original (Py, 1979, pp. 29-36 et pp. 63-65). La plus célèbre fut la *Madone* léguée en 1712 à la basilique de Lorette ; mise à l'abri à Rome dans le palais Braschi, lors de l'avance des troupes françaises en 1797, elle fut saisie avec la collection Braschi en 1798 et envoyée à Paris en 1801 (Blumer, 1936, n° 315). Le tableau, dont l'authenticité avait déjà été mise en doute au XVIIIe siècle (de La Lande, 1769, VII, p. 381), arriva en fort mauvais état (lettre du 23 janvier 1801, archives du Louvre) et il fut de nouveau critiqué (lettre de Vivant-Denon, 27 mai 1805, archives du Louvre). Gravée en 1803 (Toulongeon, 1803, s.p.) et en 1807 par Villeroy (Filhol, 1807, IV, n° 230) ; la *Madone* fut concédée en 1820 à l'église de Morangis (Essonne) ; elle est aujourd'hui disparue.

Avec la *Madone* Scitivaux les conservateurs du Louvre crurent, en 1816, acquérir l'original de Raphaël. Mais très vite on s'aperçut qu'il ne s'agissait que d'une copie (Passavant, 1839), copie ancienne cependant, peinte sur un panneau du XVIe siècle (G.-Emile Mâle, 1976, p. 24, fig. 16).

La composition tire probablement son nom de l'exemplaire qui se trouvait à Lorette ; en effet ce titre apparaît pour la première fois en 1813 sur une gravure de Richomme (exp. Chantilly, 1979, n° 50). En 1847 deux copies furent mises en vente à Paris sous le titre de *Vierge de la maison Loreto* (« Le Constitutionnel », 27 février 1847) ou de *Vierge de Lorette* (« L'Illustration », 6 mars 1847) : elles furent très admirées (Delacroix, « Journal », éd. 1893, 1, pp. 273, 281, 283 ; Villot, 1849, sous le n° 389). L'appellation resta à cette composition de Raphaël que Vasari avait appelée *Nativité de Jésus-Christ* (Vasari, éd. Milanesi, IV, p. 338). De Vecchi (1981, cat. 55) suggère cependant que ce titre viendrait d'une chapelle dédiée à la Madone de Lorette dans l'église Santa Maria del Popolo dont Agostino Chigi avait confié la construction et la décoration à Raphaël ; on a supposé (Filippini, 1931, p. 73) qu'il aurait pu à l'occasion lui commander la *Madone* actuellement à Chantilly. Cette chapelle avait été concédée par Jules II en 1507 à Agostino Chigi pour lui servir de mausolée (Shearman, 1961, p. 130). Or cette représentation d'une Sainte Famille est également une préfiguration de la Passion : le voile avec lequel joue l'Enfant fait allusion au linceul qui enveloppera le Christ mort, mais l'Enfant éveillé annonce la Résurrection (pour un thème voisin, cf. P. n° 17) ; ce thème convient à une chapelle funéraire. Cependant Jules II qui s'était engagé en 1507 à convertir la « cappella maggiore » de l'église en mausolée pour sa propre famille (Shearman, 1961, p. 135) reste, lui aussi, un commanditaire possible pour la Madone de Chantilly.

B.P.

Fig. 19. Raphaël, *La Madone de Lorette.* Chantilly, Musée Condé

Fig. 20. Villeroy, *La Madone de Lorette* d'après le tableau autrefois à Morangis

26 Tête de sainte Elisabeth

Toile. H. 0,340 ; L. 0,245.

Hist. : Collection Oddi, villa Sant'Erminio (Pérouse), legs Eugène Piot, 1890.

Paris, Musée du Louvre. RF 648.

Bibl. : Bonnaffé, 1890, pp. 26-27 - Bonnaffé et Molinier, 1890, pp. 29-30, 45 ; pp. 49-51, n° 1 - Courajod, 1890, pp. 147, 424-425 - Ricci, 1913, n° 1509 A - Hautecœur, 1926, n° 1509 A - Dussler, 1971, p. 52 - *Catalogue sommaire illustré*, 1981, p. 225.

Cette tête fut d'abord attribuée à Raphaël (Ricci) puis considérée comme une étude de Raphaël (Hautecœur) pour la tête de sainte Elisabeth dans la *Visitation* (Madrid, Musée du Prado). Jacobsen la donne à un élève de Raphaël. Elle est plus justement considérée aujourd'hui comme une copie d'après cette peinture.

26

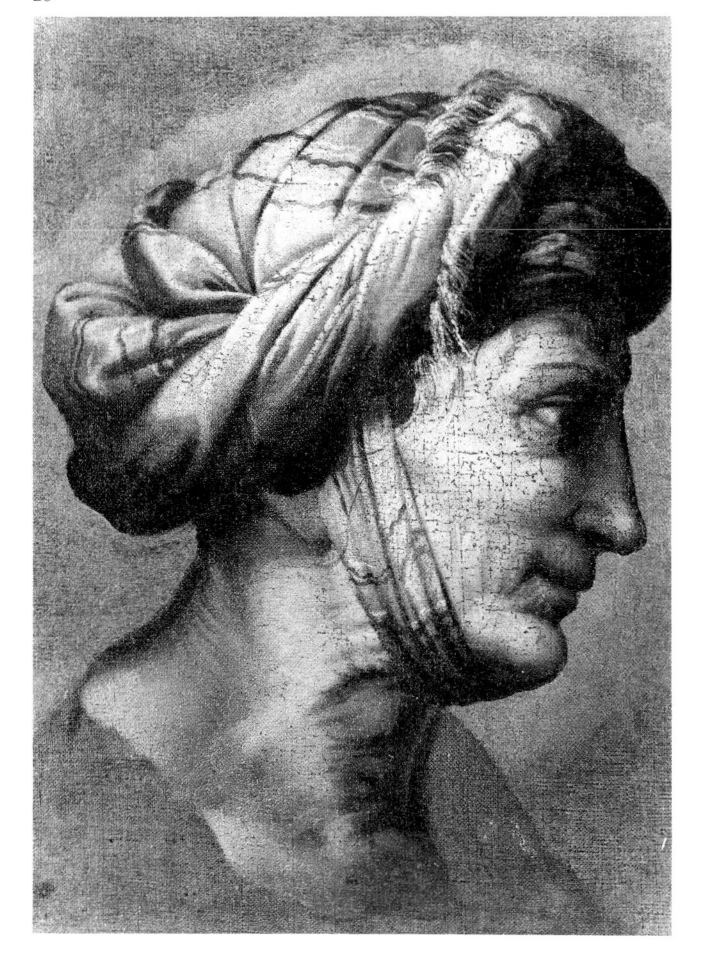

27 Balthazar Castiglione

Toile. H. 0,535 ; L. 0,483.

Hist. : Don Horace His de la Salle, 1878.

Paris, Musée du Louvre. RF 204.

Bibl. : *Catalogue sommaire illustré*, 1981, p. 224.

27

Fig. 21. *Portrait de Balthazar Castiglione.* Tivoli, Villa d'Este

Cette copie, si elle reproduit bien le visage de Castiglione, n'est pas une copie du portrait du Louvre. En effet, le modèle, tête nue, montre un front beaucoup plus haut et plus dégarni : la calvitie précoce dont Castiglione se plaignait à sa mère dans une lettre du 17 octobre 1509 (Cian, 1951, p. 177, n° 1) est très visible alors que sur l'original du Louvre, elle est cachée par le « scuffiotto ».

Ce tableau est donc une copie d'un portrait en buste de Castiglione qui rappelle la version exposée à la villa d'Este provenant de la Casa Castigliona (Shearman, 1979, p. 265) ; et reproduite par Imdhal (1962, p. 45, fig. 7).

Portrait d'un cardinal

28a Portrait d'Hippolyte de Médicis

Copie d'après Titien. Bois. H. 0,66 ; L. 0,55.

Hist. : Coll. de Louis XIV (Bailly n° 16) ; Musée du Louvre, en dépôt à Versailles.

Versailles, château. Inv. 769.MR 532. MV 7390.

28b Portrait de Clément VII

Copie d'après Raphaël. Toile. H. 1,28 ; L. 1,08.

Hist. : Coll. de Louis XIV (Bailly n° 18) ; Musée du Louvre, en dépôt à Versailles.

Versailles, château. Inv. 652. B 1804. MV 3134.

Bibl. : Golnitz, 1631, p. 353 - Bailly, 1709, éd. Engerand, 1899, pp. 77-78, n° 16 ; p. 28, n° 18, p. 641 - Landon, 1831, VI, pl. 67 - Constans, 1980, p. 162, n°s 6131, 6137.

En 1625 une note attribuée à tort à Peiresc (Bibliothèque Nationale), signale à Fontainebleau un *Cardinal Hippolyte* de Raphaël que Cassiano del Pozzo en 1625 attribue à Pontormo. C'est sans doute celui que Golnitz (1631) mentionne dans l'Appartement des Bains et qui fut, probablement copié avec les tableaux célèbres qui décoraient cet appartement. Serait-ce cette copie qui figure à Versailles comme copie de l'original de Titien du Pitti (Constans, 1980, n° 6137) ? C'est ce que pensent Herbet (1937, p. 152), Adhémar (1946, p. 7, note 7).

Par ailleurs, le Musée de Versailles possède aussi une copie d'un portrait de *Clément VII* (Constans, 1980, n° 6131) ;

28a

28b

il s'agit en fait d'un portrait du cardinal Jules de Médicis, futur Clément VII : cette copie a été rapprochée de la mention du père Dan (1642, p. 137) d'un portrait de Clément VII à Fontainebleau peint par Sebastiano del Piombo ; l'inventaire de 1692 (Herbert, 1937, p. 94) précise que ce portrait « que l'on croit être de Raphaël » est « sur ardoise », technique qui rappelle Sebastiano plus que Raphaël. Y a-t-il confusion entre deux tableaux, représentant des cardinaux ayant tous deux appartenu au Roi ? En tous cas, les deux copies de Versailles proviennent toutes deux de la collection de Louis XIV.

Le tableau mentionné par Le Brun en 1683 (n° 338), Bailly (1709, pp. 28 et 641) est peint sur bois. Il est suivi jusqu'en 1785 dans tous les inventaires à Paris. Le Brun le déclare « tout délabré » et Bailly (1709) « fort endommagé ». Il fut restauré en 1750 par Colins et la veuve Godefroid (Archives Nationales 01 1934 A). C'est une copie que Villot mentionne encore au Louvre au XIXe siècle car il ne dit rien de son état. Lépicié, en 1752, considérait le portrait comme une étude « incontestablement de Raphaël » pour la figure du cardinal Jules de Médicis, futur Clément VII dans le portrait de *Léon X et deux cardinaux* (Florence, Offices).

Il décrit le modèle « en camail et rocher, la tête est d'une expressivité pleine de feu. C'est une demi-figure coupée par un appui de pierre orné d'un pilastre ». Cette description correspond à la gravure d'Edelinck et à celle de Landon (*Ecole Italienne,* VI, planche 67). *Clément VII* donné comme peint sur bois (Le Brun) était-il à l'origine vraiment peint sur ardoise (d'Estrechy, Dan) ? Cassiano del Pozzo qui ne parle plus de son support parle aussi du portrait de la sœur du pape Clément VII par Sebastiano, comme étant, lui, sur ardoise (1886, p. 268) ; les deux tableaux sont mentionnés à la suite dans l'inventaire de 1692 par d'Estrechy à Fontainebleau (cf. Herbet, 1937, p. 94) la sœur du pape est peut-être le portrait de la « signora Giulia Gonzaga » cité par Vasari au château de Fontainebleau (Vasari, V, pp. 578-579) serait-il aujourd'hui à Longford Castle (Palluchini, 1944, p. 71, cf. Hirst, 1980, p. 119) ? Mais ce portrait est sur bois. En revanche, le Louvre en conserve une copie sur ardoise (*Catalogue sommaire illustré,* 1981, p. 237, RF 2104) provenant du legs du baron Schlichting, 1914. Serait-ce le tableau perdu de la collection François Ier ou sa copie ?

En résumé, il existait certainement dans les collections royales deux portraits de cardinaux qui ont été confondus. Ils sont connus aujourd'hui par des copies. Il s'agissait de copies (ou de répliques) d'originaux célèbres, l'un, *Hippolyte de Médicis* d'après Titien, l'autre, *Clément VII,* d'après Raphaël.

Anciennes attributions à Raphaël

Ecole ombrienne

Début du XVIe siècle

29 La Vierge et l'Enfant

Bois. H. 0,50 ; L. 0,38.

Hist. : Collection de Vincent Gonzague, Mantoue, 1605 ? Collection Jabach, acquise en 1671 par Louis XIV. Inventorié par Le Brun en 1683. (n° 231) avec cette note : « vue à Paris le 8 mai 1690 » ; mentionné par Houasse (1691) avec une note le disant à Versailles ; à Versailles en 1695 (Paillet) puis au magasin 96. En 1709 dans la Petite Galerie du Roi (Bailly) ; en 1760 à la Surintendance (Jeaurat). Il n'est pas sûr que la mention de Du Rameau en 1784 (p. 35, 9e pièce), concerne cette œuvre.

Paris, Musée du Louvre. MR 405. Inv. 723.

Bibl. : Bailly, 1709, p. 27 - Lépicié, 1752, I, p. 79 - *Notice,* 1823, n° 1127 - *Notice,* 1830, n° 1160 - Villot, n° 446 (d'après Pérugin) - Passavant, 1860, II, p. 337 - *Catalogue sommaire,* 1890, 1573 B - Hautecœur, 1926, n° 1573 B (d'après Pérugin) - *Catalogue sommaire illustré,* 1981, p. 259 (école Ombrienne, début XVIe siècle).

Peut-être le tableau dont le cardinal Bevilacqua fit don à Vincent de Gonzague : « Una madonna del Perugino col. Figlio in braccio che se bene de poco inventione e de maniera secca... » (d'après une lettre de 1605 publiée par Braghirolli, *Notizie...,* 1874, cf. Luzio, p. 41 et Camesasca, 1969, n° 155).

29

L'attribution de cette petite *Madone* à Raphaël est très ancienne : elle provient de la collection Jabach et fut acquise par le roi en 1671. Le Brun l'a inventoriée comme « Raphaël sous le Pérugin ». Comme tel le tableau a joui d'une certaine considération puisqu'il est accroché en 1709 dans la Petite Galerie du Roi.

Lépicié reprend l'idée de Le Brun en laissant entendre que tout médiocre qu'elle soit, cette Madone est précieuse car il s'agit d'une œuvre de « l'enfance de Raphaël lorsqu'il commençait à peindre chez le Pérugin ». Ce dernier nom va ensuite prévaloir et il est porté dans l'inventaire et dans les différentes notices comme Pérugin. Villot puis Hautecœur l'ont catalogué : « d'après Pérugin ». Le récent catalogue sommaire illustré l'a classé, très justement, dans l'école Ombrienne du début du XVIe siècle. Pour un type analogue attribué à Genga, cf. *Mostra di opere d'arte restaurate nelle province di Siena e Grosseto,* III, 1983, n° 46.

La Vierge et l'Enfant, leurs visages inexpressifs et leurs attitudes conventionnelles, le paysage aux deux arbres symétriques, montrent l'influence de Pérugin. Cependant le parapet derrière la Vierge rappelle certains modèles florentins que Raphaël a lui-même imité dans la *Madone Terranuova,* (Berlin, Dahlem Staatliche Museum) et dans la *Petite Madone Cowper* (Washington, National Gallery) comme vient de le révéler la restauration récente de cette peinture (Brown, 1983, pp. 124-126). Cette présentation a inspiré le Maître de la *Madone Northbrook* (Worcester Art Museum), tableau que l'on attribuait autrefois à Raphaël mais qui est aujourd'hui considéré comme l'œuvre de l'un de ses imitateurs ombriens (Brown, op. cit., pp. 133-135). Le tableau du Louvre s'en rapproche mais la palette, l'exécution minutieuse des chevelures font surtout penser à Pinturrichio.

Cette *Madone,* de qualité moyenne, est intéressante dans la mesure où elle révèle l'idée que l'on se faisait en France au XVII et au XVIIIe siècles des « différents degrés par lesquels Raphaël a passé pour arriver à la perfection » (Lépicié).

Ecole lombarde

Début du XVIe siècle

30 La Vierge, l'Enfant et le petit saint Jean

Bois. H. 0,74 ; L. 0,58. Au revers un monogramme, gravé dans le bois, qui n'a pas été jusqu'ici identifié.

Hist. : Inventorié sous le nom de Raphaël par Le Brun en 1683 (n° 232). A Versailles en 1695 (Paillet) ; en 1696 dans la Galerie du Roi. En 1709-1710 dans la Petite Galerie du Roi (Bailly) ; catalogué par Lépicié en 1752. En 1760 porté à la Surintendance dans la 6e pièce (Jeaurat) où il est encore en 1784 (Du Rameau). Revenu au Louvre en 1792 et exposé au Muséum en 1793. Sur l'inventaire Napoléon il est indiqué comme mis en dépôt à l'Elysée le 24 mai 1867 et rentré au Louvre le 14 janvier 1869. Peut-être avait-t-il déjà été auparavant envoyé à Saint-Cloud et à Compiègne dès 1837. Il est, en tous cas à Compiègne en 1874, peut-être en 1887. Il fut aussi, par confusion avec un autre tableau semble-t-il, envoyé à Bourg-en-Bresse d'où il revint définitivement au Louvre en 1959.

Paris, Musée du Louvre. Inventaire Napoléon 88 (Léonard) MR 326, (école de Léonard). Inv. 819 (école d'Italie).

Bibl. : *Catalogues du Louvre :* 1793, n° 443 (école de Raphaël) ; 1823, n° 106 (Léonard) ; 1830, n° 1088 (Léonard) ; 1837, n° 1088 (Léonard) avec inscription manuscrite sur l'exemplaire de la bibliothèque du Musée : « inconnu » ; Villot, 2e éd. 1852, n° 529 (anonyme, XVIe siècle). Notice, Compiègne, 1837, n° 54 (Léonard) ; 1874, n° 161. Notice, Compiègne, 1887, n° 161 (école milanaise, XVIe) ; *Catalogue sommaire,* 1981, p. 258.

Bailly 1709, éd. Engerand 1899, p. 26, n° 15 - Lépicié, 1752, p. 80 - Passavant, 1860, II, p. 337.

Une composition sous-jacente, perceptible à l'œil et en lumière rasante, est parfaitement visible sur la radiographie. Elle

30

pourrait représenter un *Saint Sébastien* ou un *Ecce Homo*; au premier plan un dallage en perspective. Les éléments architecturaux qui encadrent la figure sont partiellement conservés dans la composition actuelle.

Dans l'inventaire de Le Brun ce tableau, donné à Raphaël, suit la *Madone* précédente : leur origine est peut-être la même. L'attribution à Raphaël est conservée par Bailly et Lépicié qui spécifie : « Première manière de Raphaël. » Ce nom prestigieux explique certainement, que le tableau ait été choisi pour Versailles : Bailly le signale dans la Petite Galerie du Roi. Pour la même raison, peut-être, il fut exposé dès 1793 au « Muséum ». En 1841, cependant, le catalogue de Compiègne le donne à Léonard de Vinci. Par la suite l'inventaire des Musées Royaux l'inscrit à l'Ecole de Léonard (MR 326) et l'inventaire Villot (Inv. 819) aux Ecoles d'Italie XVIe siècle. Villot le range sous cette dénomination dans son catalogue en faisant allusion à ses anciennes et prestigieuses attributions (Raphaël et Léonard) ; il y voit l'œuvre de « quelque artiste lombard qui s'est inspiré de ces deux maîtres ». Cette attribution, évidemment plus juste que l'attribution à Raphaël, est reprise dans le récent *Catalogue sommaire illustré*. Ce tableau, comme le précédent, illustre assez bien l'idée confuse que l'on s'est faite en France, jusqu'au début du XIXe siècle de Raphaël à ses débuts.

31

Garofalo (Benvenuto Tisi dit Il Garofalo)

Garofalo 1481 - Ferrare 1559

31 La Vierge, l'enfant Jésus et saint Joseph avec sainte Elisabeth et le petit saint Jean

Bois : peuplier (Marette n° 553). H. 0,40 ; L. 0,31. Format jadis cintré dans le haut ; surface originale peinte : H. 0,372 ; L. 0,295 ; le tableau a été agrandi au pourtour. (Au sujet des transformations et des restaurations du tableau, cf. Bergeon, 1980, n° 19) Au revers, cachet Jabach et chiffre de Charles Ier d'Angleterre.

Hist. : Collection des Gonzague, Mantoue ; acquise en 1637 par Charles Ier d'Angleterre (probablement le n° 28 de l'inventaire de Van der Doort, 1639) ; collection Jabach en 1649, acquise par Louis XIV en 1662 ; inventoriée par Le Brun en 1683 (n° 77). Vu à Paris en 1690 (annotation manuscrite sur l'inventaire de Le Brun) ; 1695 à Versailles (Paillet) ; 1696 dans la Galerie du Roi à Versailles ; 1709-1710 dans la Petite Galerie du Roi (Bailly n° 13) ; 1760 à Versailles Grand Cabinet du directeur des Bâtiments (Jeaurat) ; 1794 Versailles, Surintendance (n° 101) ; exposé au Muséum en 1798.

Paris, Musée du Louvre. Inventaire Napoléon 229. MR 229. Inv. 694.

Bibl. : *Catalogues du Louvre :* Toujours attribué à Garofalo, 1798, n° 162 ; 1801, n° 791 ; 1804, n° 791 ; 1810, n° 950 ; 1856, n° 863 ; 1823, n° 989 ; Villot, 420 ; Tauzia, 414 ; *Catalogue sommaire,* 1890, n° 1552 ; Ricci, 1913, n° 1552 ; Hautecœur, 1926, n° 1552 ; *Catalogue sommaire illustré,* 1981, p. 177.
Van der Doort, 1639 éd. 1958, p. 2 - Bailly, 1709, éd. Engerand 1899, p. 25, n° 13 - Monicart, 1720, I, p. 127 - Lépicié, 1752, I, p. 86 - Grouchy, 1894, p. 239 - Luzio, 1913, p. 168 - Hulftegger, 1955, p. 131, note 1 - Bergeon, 1980, pp. 56-57, n° 19.

Exp. : Paris, Louvre, 1980, n° 19.

Lépicié est le seul à identifier, à tort, le saint Joseph avec Zacharie. La *Sainte Famille* provient des collections des Gonzague de Mantoue, selon la mention de l'inventaire qui lui donne sa juste attribution (« a Mantua, peece don by Gra [Grafell]) », cf. aussi l'inventaire de Bathoe, n° 5, publié par Luzio, p. 168). Il s'agit plutôt du n° 28 de l'inventaire de Van der Doort qui décrit une composition assez voisine (toutefois sans mentionner sainte Elisabeth) mais de mêmes dimensions, avec une forme cintrée analogue que du numéro 32 du même inventaire, également attribué à Garofalo, sans paysage et, semble-t-il, de format différent. Le tableau, à la mort de Charles Ier, fut acquis par Jabach puis par Louis XIV en 1662.

Au revers le chiffre de Charles Ier (C.R.) et le cachet de Jabach rappellent cette illustre provenance.

Le tableau a vite perdu son attribution ancienne. En annotant l'inventaire de Bailly qui l'appelle « tableau estimé de Raphaël », Engerand suivi par Ricci l'a confondu avec un autre, également attribué à Raphaël (cf. P. n° 14). La *Sainte Famille* de Garofalo est prudemment cataloguée par Le Brun « manière de Raphaël ». Cette attribution est diversement modulée dans les inventaires suivants. Déjà l'attribution de Bailly (« tableau estimé de Raphaël ») est ambiguë mais Lépicié la met en doute : « Ce que je puis assurer c'est qu'après l'avoir examiné avec attention, je le crois seulement fait par un de ses élèves et peut-être sous ses yeux. » L'inventaire de 1794, tout en rappelant l'attribution ancienne (« dit de Raphaël »), l'attribue à Garofalo. Cette dernière attribution, reprise par le catalogue de l'exposition du Muséum en 1798, a toujours été conservée. Zeri (com. orale) a pensé à l'atelier de Garofalo.

Passavant, qui a lu Lépicié, puisqu'il en parle à propos des deux autres petites *Madones* (cf. P. nos 29 et 30), ne le cite pas.

32

Innocenzo da Imola (Francucci)

Imola 1490-1494 -mort à Bologne entre 1547-1550

32 Saint Jean à Patmos

Bois transposé sur toile. H. 2,45 ; L. 1,70. Inscription en bas à droite : RAPHAEL.

Hist. : Collection Giustiniani, Rome? Collection du cardinal de Richelieu au palais Cardinal (Sauval) ; collection de Louis XIV (inventaire de Le Brun, 1683, n° 11). Le tableau a probablement été à Fontainebleau après 1642. En 1685 commande d'une « bordure neuve » (Guiffrey, II, 25 mars, colonne 619). En 1696 au magasin; vers 1701, dans la Chambre du Roi (*Mémoire,* 1701-1710) ; en 1709-1710 placé dans le petit appartement du Roi (Bailly) ; en 1715 à Paris chez le duc d'Antin, jusqu'en 1736. Porté à Versailles (1753) ; il y est signalé par Lépicié en 1752 et par Piganiol de la Force (1764) ; en 1784 à la Surintendance (dans la deuxième pièce) ; en 1792 il est au Louvre ; envoyé en dépôt au Musée de Marseille en 1802 jusqu'en 1949; déposé au château de Versailles le 9 novembre 1949.

Château de Versailles. MV 7717.

Bibl. : Bailly, 1709, éd. Engerand 1899, p. 18, n° 3, p. 620 (sa copie n° 861) - Sauval, 1724, II; p. 159 - *Recueil d'estampes,* 1729, I, p. 10, XVIII - Lépicié, 1752, I, p. 90 - Piganiol de la Force, 1764, p. 191 - Passavant, 1860, II, p. 349, n° 282 - Bonnafé, 1883, p. 15 - Bouillon Landais, 1884, n° 323 - Conti, s.d., 1973, pp. 136-137, 234 - Auquier, 1908, n° 763 - Constans, 1980, n° 4125.

Passavant signale la copie de Berlin (Bode Museum, cf. Bacceschi, 1971, n° 29) que Salerno (1960, p. 96) identifie avec une copie de Guido Reni mentionnée dans un inventaire de 1638 au palais Giustiniani. Y remplaçait-elle un original et serait-ce lui qui passa ensuite dans la collection du cardinal de Richelieu? Cette copie était attribuée à Raphaël; Reni avait plusieurs fois copié la *Sainte Cécile* (Bellori) qu'il copia de nouveau pour le cardinal Sfondrato (Rome, Saint-Louis-des-Français, cf. Bacceschi, n° 22).

Le tableau de Versailles, visiblement inspiré de la *Vision d'Ezéchiel* alors à Bologne dans la collection Hercolani (cf. Raphaël et l'art français, n° 19) a été attribué à Innocenzo da Imola (Conti). Il a sans doute fait partie d'un ensemble car il a été gravé par Agostino Veneziano avec les trois autres évangélistes (Bartsch).

Zacchia (Paolo Zacchia di Antonio)

Vezzano, fin XVᵉ siècle; documenté à Lucques de 1519 à 1561

33 Sainte Catherine d'Alexandrie

Bois (peuplier). H. 1,68 ; L. 1,01. Au revers disposées dans la largeur du panneau, deux scènes profanes; au bas une frise avec un décor à l'antique.

33

Hist. : Provient probablement de la cathédrale de Lucques. Collection Campana, acquise en 1861; entré au Louvre en 1863, Musée Napoléon III.

Paris, Musée du Louvre. MI 604.

Bibl. : Cornu, 1858, nº 466 (Andrea del Sarto) - Reiset, 1863, nº 225 (école de Raphaël) - Tauzia, 1883, nº 376 (école de Raphaël) - *Catalogue sommaire,* 1890, nº 1511 - Ricci, 1913, nº 1511 (école de Raphaël) - Hautecœur, 1926, 1511 (école de Raphaël) - Berenson, 1968, p. 353 (atelier de Raphaël) - *Catalogue sommaire illustré,* 1981, p. 253 - Brejon de Lavergnée, 1981, p. 351.

Lorsque ce tableau était dans la collection Campana il était attribué à Andrea del Sarto. L'attribution à l'école de Raphaël, proposée par Reiset, a été conservée longtemps au Musée du Louvre. Berenson y voit une œuvre d'atelier.

L'identification du peintre est due à F. Zeri qui l'a justement rapproché d'une *Sainte Pétronille* (Lucques, cathédrale), peut-être son pendant. A. Bréjon a proposé cette attribution avec une certaine réserve car la *Sainte Catherine* lui paraît différente du *Portrait de musicien* signé de Zacchia au Louvre. L'attribution à Raphaël a été suggérée sans doute par analogie avec la *Sainte Catherine d'Alexandrie* de Marc Antoine Raimondi (Paris, Bibliothèque Nationale, cf. *Marc Antoine Raimondi,* G.B.A., 1978, XCII, nº 94).

Pérugin (Pietro di Cristoforo Vannucci)

Citta delle Pieve vers 1445 - Fontignano (Perugia) 1523

34 Apollon et Marsyas ? « Le Raphaël de Morris Moore »

Bois : peuplier (Marette, nº 682). H. 0,39 ; L. 0,29. Une bande noire est peinte au pourtour (sur les côtés, largeur 0,05) ; à la partie supérieure, une baguette peinte en noir a été ajoutée (0,09 et en bas, 0,04), *revers :* à la peinture blanche, *"Morris Moore March 2nd 1850"* ; au-dessous à l'encre noire : *The contest between Apollo and Marsyas by Raphaël Florentine painter. Ille hic est Raphaël Timuit quo sospite vinci Rerum magna Parens et Moriente Mori"*. Au-dessous, le monogramme, à la peinture blanche : J.B. nº 48. Sur le côté droit depuis le haut jusqu'au monogramme sur lequel il mord légèrement, un dessin à la peinture noire (ou une inscription ?) indéchiffrable. Le revers, a été recouvert d'une peinture d'un vert assez clair qui a été soigneusement grattée : elle est encore lisible par endroit. Entre le monogramme et l'étiquette, une zone grattée en profondeur : elle pourrait correspondre à une marque d'origine, étiquette ou ancienne inscription.

Hist. : Collection Sir John Barnard ; Thomas Emerson ; Duroveray ; vente à Londres, Christies, Londres, 2 mars 1850 ; acquis par Morris Moore ; vendu par lui au Louvre en 1883.

Paris, Musée du Louvre. RF 370.

34

Bibl.: *Catalogues du Louvre: Catalogue sommaire,* 1890, nº 1509 (Raphaël); Ricci, 1913, nº 1509; (attribué à Raphaël); Hautecœur, 1926, nº 1509 (id.); *Catalogue sommaire illustré,* 1981, p. 217 (Pérugin).
Delaborde, 1858, pp. 241-260 - Batté, 1859, pp. 245-246 - Gruyer, 1859, pp. 5-20 - Passavant, 1860, II, pp. 354-355, nº 293 (Timoteo Viti) - Gruyer, 1864, I, pp. 248-249; II, pp. 421-441 - Mundler, 1867, p. 198 - Müntz, 1882, pp. 231-236 - Crowe et Cavalcaselle, 1882, I, pp. 209-212 - Morelli, 1882, pp. 251-252 - De Chennevières, 1884, pp. 59-60 - Méliot, 1884, pp. 1-30 - Morelli, 1890, p. 134 - Gruyer, 1891, pp. 67-74 - Morelli, 1893, pp. 208-311 - Jacobsen, 1902, pp. 178-179, 270-295 - Williamson, 1903, pp. 62-63 (Pinturicchio) - Berenson, 1909, p. 220 (Pérugin) - Bombe, 1906, p. 415 (Pérugin) - Frizzoni, 1906, pp. 415-416 - Knapp, 1907, pp. 94, 108-109 - Pératé, in A. Michel, 1909, p. 316 (Pinturicchio) - Rosenberg et Gronau, 1909, p. 252 - Venturi, 1913, pp. 453, 858 - Bombe, 1914, p. 108 - Soulier, 1921, pp. 937-943 - Gnoli, 1923, p. 59 (Pérugin) - Canuti, 1931, I, p. 47, nº 68, II, pp. 335-336 - Van Marle, 1933, XIV, p. 379 (Pérugin) - Santi, 1963, col. 559-566 (Pérugin) - Beccati, 1968, pp. 504-505 (Pérugin) - Berenson, 1968, I, p. 329 (Pérugin) - Camesasca, 1969, nº 48 (Pérugin) - Haskell, 1978, pp. 77-88 - Del Bravo, 1982, pp. 11-12 - Laclotte-Cuzin, 1982, p. 158.

Exp.: Paris, Petit Palais, 1935, nº 350.

Le revers, malheureusement transformé, conserve quelques informations fragmentaires sur l'histoire du tableau. Morris Moore y a apposé avec fierté son nom et la date de son achat. Au-dessous, il a écrit, de sa main, un distique latin en l'honneur de Raphaël; ce sont les deux derniers vers de l'épitaphe de sa tombe au Panthéon (cf. Golzio, p. 119) où, en 1860, Moore apporta solennellement son tableau.

Son origine est inconnue: on a récemment suggéré qu'il a pu appartenir à Lorenzo de Médicis mais il ne figure pas dans les inventaires médicéens (del Bravo). Le caractère précieux du panneau indique qu'il était destiné à un collectionneur raffiné. Sa présence à Florence est probable: Bacchiacca s'en est inspiré (*Adam et Eve,* Philadelphie, collection Johnson). Plus tard, le tableau appartint à John Barnard (son monogramme figure au revers; on ne le retrouve cependant pas dans ses collections; d'où les doutes de Redford, 1888), puis au marchand Thomas Emerson (Haskell l'appelle Emery mais il admet [com. écrite] qu'il s'agit plutôt d'Emerson). Morris Moore l'acquit à la vente de Duroveray en 1850, attribué faussement à Mantegna. Moore l'attribua à Raphaël et consacra le reste de sa vie à le prouver. Il prétendit même, huit mois après son acquisition, lire le monogramme de Raphaël sur le carquois (il n'y figure pas). (Cf. Haskell qui présente cette longue histoire et recense les nombreux articles et publications de Moore.)

Une vive polémique allait s'engager au sujet du nouveau Raphaël: elle opposa Moore à la plupart des historiens, Eastlake, Waagen, plus tard Morelli et d'abord Passavant, alors considéré comme le meilleur spécialiste de la question. Son jugement évolua: cependant il n'y reconnut jamais Raphaël et proposa d'abord de l'attribuer à Timoteo Viti, puis à Francesco Francia.

En France, H. Delaborde soutint avec chaleur l'attribution de Moore. Il se demanda si l'un des deux tableaux peints pour Taddeo Taddei (Vasari, IV, p. 321) n'était pas *Apollon et Marsyas* (l'autre étant la *Madone dans la prairie,* Vienne, Kunsthistorisches Museum). Gruyer accrédita l'hypothèse en citant Bottari qui raconte que le tableau Taddei aurait été vendu à Londres (au sujet de l'identification du tableau Taddei, cf. aussi P. nº 6). Gruyer concluait avec enthousiasme: « C'est Raphaël lui-même et il est là tout entier. » Müntz, Crowe et Cavalcaselle retinrent l'attribution à Raphaël. Moore exposa son tableau à Munich, à Dresde, à Vienne, à Venise, à Milan (cf. Moore, *Quelques Documents,* 1866). Morelli le vit, exprima des doutes; plus tard, il avança le nom de Pérugin et rapprocha l'*Apollon et Marsyas* du dessin de l'Académie de Venise (Inv. 198). Le nom de Pérugin finira par s'imposer mais, entre temps, ceux de Timoteo Viti, de Costa, de Pinturicchio furent aussi proposés.

Le verdict de Passavant avait fait avorter la tentative de Moore de vendre son tableau à la National Gallery de Londres. En 1858, il réussit à l'exposer à Paris, brièvement, dans le salon Carré du Louvre. C'est pourquoi Moore, finalement, préféra céder le tableau au Musée. L'acquisition ne fut réalisée qu'en 1883, grâce aux efforts de Delaborde et de Gruyer. Les deux hommes n'avaient plus, à ce moment, d'illusions et Gruyer jugeait le « Raphaël de M. Morris Moore » comme le collectionneur désirait qu'on l'appelât, à son juste prix: l'œuvre « d'un peintre tellement fort qu'on peut à l'occasion le confondre avec les plus grands maîtres » (Lettre au directeur du Louvre, archives du Louvre P 6).

L'attribution à Pérugin de ce tableau est, aujourd'hui unanimement acceptée: la date a été extrêmement discutée: Moore le plaçait en 1504: c'était pour lui le chef-d'œuvre de la jeunesse d'un grand maître. La datation a ensuite oscillé entre 1475 et 1505. Le style, les rapports avec les dessins incitent à placer le tableau entre 1495 et 1500.

Certains auteurs ont remarqué l'exceptionnelle représentation du sujet et l'ont expliquée par le génie de Raphaël: si l'on admet que le tableau est de Pérugin, cette originalité devient plus difficilement explicable. On connaît peu de tableaux mythologiques de lui et, si l'on en juge par le *Combat de l'Amour et de la Chasteté,* il paraît peu doué en ce domaine. Le tableau représente-t-il bien Apollon et Marsyas (un Marsyas qui ne serait pas conforme à la légende...) ou s'agit-il d'un autre sujet?

Le sujet a été contesté pour la première fois par D. del Bravo: observant que Marsyas n'a ni les oreilles ni le type d'un satyre, il propose d'y reconnaître plutôt Daphni, jeune pasteur qui mourra d'amour pour Apollon et dont le malheureux destin est annoncé par le vol des oiseaux. Lorenzo de Médicis, dans la seconde églogue, a chanté Daphni; le poète de cour, Lorenzo Naldi, célébra Lorenzo sous ce nom.

Dans le tableau, le jeune homme assis à gauche n'est pas un satyre mais un jeune paysan: son corps rude et musclé, ses cheveux ras, son visage aux traits sans finesse le font ressembler au *Berger* de la *Nativité* du Cambio ou du polyptyque de Sant' Agostino. Cette figure rustique contraste avec celle de l'Apollon, d'une beauté idéalisée.

Le même type masculin apparaît sur des dessins comme l'*Idolino* (Florence, Offices, Inv. 531 E ; pour d'autres dessins comparables, cf. Ferino Pagden, 1983, n°s 4 et 7), peut-être d'ailleurs, attribuables plutôt à Raphaël (Turner, 1983, p. 119). Beccati a comparé l'Apollon du tableau au Méléagre de Scopas et aux modèles praxitéliens connus, au XVIe siècle, grâce à des copies et des gravures. Ce type apparaît très tôt dans l'œuvre de Pérugin (*Le Baptême du Christ,* chapelle Sixtine, 1482) : le *Saint Sébastien* du Louvre, daté vers 1500 est une de ses expressions les plus parfaites. Il évolue ensuite vers le maniérisme et la convention *(le Combat de l'Amour et de la Chasteté).*

Un dessin, provenant du « Carnet vénitien » (« Libretto veneziano », Venise, Académie) a parfois été rapproché de l'*Apollon et Marsyas,* par Crowe et Cavalcaselle qui, d'ailleurs, l'attribuaient à Raphaël, (Ferino-Pagden, 1982, n° 83/7, p. 176, fig. 114 et sur les problèmes complexes de l'attribution du « Libretto » pp. 140-150). Pour Fischel (1917, II, n° 96, p. 91) il s'agit d'une copie d'après une scène mythologique laquelle, peut-être, se rapporte aussi à l'*Idolino* (Florence, Offices).

Mais le dessin le plus important (Venise, Académie, Inv. 198), considéré généralement comme un « modello » pour la peinture, présente avec elle nombre de variantes : la figure du pseudo-Marsyas a été posée par un assistant (ce qui est tout à fait conforme aux habitudes de travail de Pérugin) car elle est habillée et s'oppose à la figure nue, conventionnelle, d'Apollon. Ses vêtements apparaissent d'ailleurs aussi à l'infrarouge sur le tableau et sous forme de repentirs sur la peinture. Cette particularité a été copiée par Bacchiacca. Il semble donc que le « modello » ait circulé plutôt que la peinture.

L'oreille de Marsyas paraît être celle d'un faune sur le dessin : malheureusement, sur la peinture, cette partie a été retouchée ; malgré tout, elle ne paraît pas très différente de son aspect actuel. L'étude du dessin et des documents du laboratoire n'apporte donc pas d'élément décisif pour juger de l'iconographie du tableau. Mais le sujet, sur le dessin, se présente plutôt comme une pastorale : Apollon (?) est couronné de feuillages. Il pourrait tenir une flûte à la main (le bas de la feuille manque à droite malheureusement). Le « ton » est donc bien différent dans le tableau, plus « classicisant ». Ce type de composition, exceptionnel dans l'œuvre de Pérugin, permet de comprendre pourquoi Isabelle d'Este s'adressa à l'artiste pour décorer son *Studiolo* de Mantoue.

L'histoire de l'attribution du « Raphaël de Morris Moore » se confond avec celle des débats passionnés sur la reconnaissance de l'œuvre de jeunesse de Raphaël. Dans une page célèbre du journal (25 février 1858) Delacroix le premier a vu clairement, en peintre, les limites de ce singulier tableau : « Voilà un ouvrage admirable et dont les regards ne peuvent se détacher. C'est un chef-d'œuvre sans doute, mais le chef-d'œuvre d'un art qui n'est pas arrivé à sa perfection. »

Franciabigio (Francesco di Cristofano, dit)

Florence (?) 1482-3 - Florence 1525

35 Portrait d'homme

Bois. H. 0,76 ; L. 0,60. Surface originale peinte : H. 0,60 ; L. 0,45.

Hist. : Collection du duc de Richelieu ; acquis en 1665 par Louis XIV ; inventorié dans les collections du roi par Le Brun en 1683 (n° 158) ; conservé à Paris jusqu'au 26 octobre 1692, date à laquelle il est transféré à Versailles (Paillet 1695). Placé dans les magasins (Catal. de 1696). En 1709-1710 se trouve dans le cabinet du surintendant (Bailly). Dans le catalogue de Lépicié de 1752, il porte l'attribution à Giorgione. Plus tard à la Surintendance, dans la 4e pièce (Jeaurat 1760), puis dans le salon du directeur des Bâtiments (Durameau 1784 et note de 1788). Exposé au Muséum en 1793.

Paris, Musée du Louvre. Inventaire Napoléon 442. MR 442. Inv. 517.

Bibl. : *Catalogues du Louvre :* 1793, n° 379 ; 1801, n° 937 ; 1810, n° 1123 ; 1816, n° 1023 ; Villot, 1849, n° 430 (Raphaël) ; Villot, 1852, n° 318 (Francia) ; Tauzia, n° 523 (école florentine du XVIe siècle) ; *Catalogue sommaire,* 1890 n° 1644 (id.) ; Ricci 1913, n° 1644 (id.) ; Hautecœur 1926, n° 1644 (Franciabigio) ; *Catalogue sommaire illustré,* 1981, p. 176 (Franciabigio).
Passavant, 1839, I, p. 120, II, pp. 88, III, p. 96 - Passavant, 1860, II, pp. 365-366 - Bode, 1889, p. 608 - Morelli, 1893, p. 24 - Berenson, 1896, p. 108 - Wölfflin, 1899, p. 172 - Jacobsen, 1902, pp. 293-294 - Schaeffer, 1904, p. 155 - Frizzoni, 1906, pp. 406-407 - Tuetey et Guiffrey, 1909, p. 400 - Crowe et Cavalcaselle, 1909, III, p. 459 - Coppier, 1913, p. 28 - Gronau, 1916, p. 326 - Alazard, 1924, p. 140 - Venturi, 1925, IX, pp. 426, 435 - Gamba, 1929, pp. 487-488 - Ferraton, 1949, pp. 444-445 - Shearman, 1960, p. 61 - Freedberg, 1963, I, pp. 12, II, p. 22 - Stricchia-Santoro, 1963, p. 14 - Shearman, 1965, II, p. 208 - Monti, 1965, pp. 40, 142 - McKillop, 1974, pp. 27-28, 103.

Exp. : Paris, Louvre, 1960, n° 163 - Paris, Louvre, 1980, n° 16 - Paris, Louvre, 1982, n° 14.

Lors de l'acquisition de la collection du duc de Richelieu par Louis XIV en 1665, l'attribution du portrait est incertaine. Dans la quittance de cinquante mille livres reçue par le duc pour les vingt tableaux vendus, leur liste est énumérée de façon assez vague : « Le baptême de saint Jean de l'Ambert Zustians, la Vierge de Titien, deux portraits de Raphaël... ». Ferraton qui a retrouvé la quittance a remarqué également que l'inventaire Le Brun suit du numéro 156 au numéro 178, le même ordre que celui de la quittance des tableaux acquis au duc 18 ans plus tôt. La description du numéro 158 est parfaitement précise : « Un tableau manière de Raphaël représentant le portrait d'un jeune homme demi-figure, habillé de noir (sic), appuyé d'un bras gauche sur une table, et sa main droite sur la gauche. »

Le tableau demeura donc dans les collections royales avec l'attribution à Raphaël (bien que Lépicié en 1752 fasse état d'une attribution à Giorgione), attribution qui était encore conservée dans le premier catalogue Villot (1849). Passavant en 1839 modifia l'attribution en faveur de Francia (suivi de

35

Villot [1852]), puis il changea l'attribution et considéra le tableau du Louvre comme une œuvre de Ridolfo del Ghirlandaio, avis partagé par Morelli et Gamba. Jacobsen proposa Albertinelli, et Berenson Bugiardini (de 1896 à 1932). Ce sont Crowe et Cavalcaselle qui les premiers attribuèrent le jeune homme du Louvre à Franciabigio, en se référant au chevalier de saint Jean, monogrammé, de la National Gallery de Londres; attribution qui est par la suite universellement reconnue.

Franciabigio, plus que n'importe quel autre peintre, s'est imprégné des *Portraits Doni* de Raphaël. McKillop voit un effort de la part de Franciabigio d'aller au-delà de l'exemple raphaélesque; mais il parvient difficilement à s'en dégager. Le moment où l'influence de Raphaël est la plus forte sur Franciabigio se situe entre 1508 et 1510; la date de 1509 proposée par Freedberg paraît justifiée. Cependant Shearman (1960) place le *Portrait* du Louvre plus tardivement en 1512, tout en soulignant le rapport avec le *Jeune homme* d'Alnwick d'Andrea del Sarto. Le rapport entre le tableau du Louvre et celui d'Andrea est évident: pour une fois Franciabigio aurait montré la voie à Andrea; mais il faut se rappeler que les deux artistes s'inspirent d'une même œuvre: les *Portraits Doni* de Raphaël. Gruyer juge ce jeune homme «trop mélancolique et trop romantique loin d'avoir la force et l'autorité des vrais portraits de Raphaël»; c'est justement cette douceur et cette entente du clair-obscur qui avaient permis l'attribution du jeune homme à Giorgione et à Raphaël; attributions parfaitement compréhensibles pour un portrait aussi sensible. O.M.

Andrea del Brescianino

Documenté à Sienne à partir du 26 février 1505 (ancien style, nouveau style 1506) - Florence 1527 (?)

36 Portrait de jeune homme

Bois. H. 0,61; L. 0,51.

Hist.: Acquis par François-Xavier Fabre vers 1816 dans une vente aux alentours de Florence, le portrait aurait appartenu au poète Alfieri (Passavant).

Montpellier, Musée Fabre. Inv. 825-1-184.

Bibl.: Renouvier, 1842, pp. 84-89 - Boucher-Desnoyer, 1852, p. 36 - Passavant, 1858, III, pp. 181-182; 1860, p. 367 - Clément de Ris, 1859, II, pp. 226-228 - Renouvier, 1860, p. 8 - Catalogue Montpellier, 7e ed., 1866, p. 95, n° 405 - Gonse, 1875, pp. 114-119 - Crowe et Cavalcaselle, 1885, II, p. 564 - Gonse, 1900, I, pp. 201-202 - Berenson, 1907, pp. 207-212 - Berenson, 1909, p. 156 - Jacobsen, 1910, p. 90 - Berenson, 1913, I, p. 61 - Borenius (*in* Crowe et Cavalcaselle), 1914, VI, p. 28, n° 2 - D'Albenas, 1914, p. 200, n° 722 - Clapp, 1916, pp. 216-217 - L. Venturi, 1931, tav. CCCXLII - *Thieme et Becker*, 1932, XXVI, p. 581 - A. Venturi, 1932, IX, p. 372 - Sandberg-Vavala, 1953, p. 368 - Di Carpegna, 1955, pp. 15-16 - Catalogue Johnson Collection, 1966, p. 17 - Berenson, 1968, I, p. 66.

Exp.: Paris, 1939, Orangerie, n° 107.

Ce portrait fut acquis par Fabre sur les conseils de Canova qui attribua le portrait à Raphaël, probablement époque à laquelle fut inscrit au revers: «RAPHAEL SANCTIUS URBINAS». Au XIXe siècle le tableau était célèbre et considéré comme un Raphaël de grande qualité; F.-X. Fabre refusa de le vendre au frère du roi de Prusse pour 2000 louis (note de l'inventaire du conservateur Desmazes). Il a été également attribué à Raphaël par Boucher-Desnoyer et les différents catalogues du Musée Fabre de Montpellier. Le nom de Raphaël fut très tôt mis en doute (Renouvier 1860, Clément de Ris, Lavice); et la citation

36

de Paul Valéry: « De qui est votre nouveau Raphaël cette année », se rapporte au portrait de Montpellier.

Renouvier (1843) et Passavant proposèrent une attribution à Ridolfo del Ghirlandaio, Waagen, oralement, à Pontormo, Gonse à Francia; Crowe et Cavalcaselle hésitent entre Andrea del Sarto et Francia. L'attribution à Andrea del Brescianino est due à Berenson (1907), suivi par le reste de la critique. Ce portrait fut cependant, à plusieurs reprises, mis en rapport avec des portraits raphaélesques: du *Portrait d'homme* du Musée du Louvre (cf. P. n° 35) que Renouvier attribuait à Francia; Berenson pour appuyer son attribution à l'école siennoise compare le portrait de Montpellier avec le *Bindo Altoviti* de la National Gallery de Washington (alors à Munich) qu'il attribuait, suivant l'appréciation de Morelli, à Peruzzi. L'activité d'Andrea del Brescianino, très complexe, relève plus de l'art florentin que de l'art siennois. Andrea a cependant une formation siennoise, Berenson le dit élève de Pacchia, mais dès ses premières œuvres on constate un aspect florentin qui montre une connaissance des œuvres de Raphaël et de Fra Bartolomeo, notamment dans la *« Vierge entre deux saints »* de Bibbiano et le *Portrait d'homme* de Montpellier. Cette culture florentine sera constante dans l'œuvre d'Andrea del Brescianino: le *Couronnement de la Vierge* de l'église de la contrada de la « Chiocciola » à Sienne, datable des années 1520, est un exemple de l'assimilation de l'art d'Andrea del Sarto et de Sogliani. A partir de 1524, le *« Baptême du Christ »* du Museo de l'Opera del Duomo de Sienne montre une certaine orientation maniériste; cette évolution est liée à l'ouverture de l'atelier à Florence, date à laquelle Andrea est nommé dans le Livre des peintres. Parmi les documents concernant Andrea del Brescianino se trouve toujours nommé à son côté son frère Raffaello. Raffaello meurt à Florence en 1545. La mort d'Andrea n'est pas documentée, mais doit probablement dater de l'année 1527. Les deux frères arrivèrent à Florence en 1525 et ouvrirent ensemble un atelier. Il est curieux que Vasari ne fasse pas mention d'Andrea del Brescianino qui était le plus habile des deux frères, et cite seulement Raffaello dans la vie de Francesco Salviati qui se forma dans son atelier après la peste de 1527 qui l'avait fait fuir à Arezzo. Andrea dut mourir de la peste et l'atelier des frères Brescianino fut repris par Raffaello qui continua d'exercer une peinture dans le style d'« Andrea del Brescianino ». Comme le souligne Zeri rien ne permet de distinguer l'art des deux frères, mais trop souvent la critique moderne ignore Raffaello del Brescianino. Il conviendrait peut-être même de rapprocher de l'activité de Raffaello ou de l'atelier florentin certaines œuvres qui portent l'attribution à Andrea mais dont la qualité est nettement inférieure. L'attribution à Andrea del Brescianino du *Portrait d'homme* de Montpellier n'est pas à mettre en doute, il s'agit d'une œuvre de jeunesse des années 1510-1515, de culture florentine proche des portraits de Raphaël.

Il fut à plusieurs reprises comparé au *Portrait d'homme* de la collection Johnson de Philadelphie, n° 113, qui est cependant d'une moins bonne qualité et peut être mis en rapport avec l'activité de Raffaello del Brescianino. Le portrait de Montpellier, fin et sensible, est parmi les chefs-d'œuvre de l'artiste, sa douceur ne pouvait faire penser qu'aux portraits florentins de Raphaël.

Ph. C.

Corrège? (Antonio Allegri)

Parme, 1489 ?-id., 1534

37 Portrait d'un jeune garçon blond

Bois, sapin (Marette, n° 991). H. 0,42; L. 0,33. Avec les agrandissements: H. 0,590; L. 0,443. Pour la transformation du format et la restauration, cf. Section scientifique et technique.

Hist.: Collection du duc de Richelieu, vendue en décembre 1665 à Louis XIV, le tableau est inventorié par Le Brun dans la collection royale en 1683 (n° 159) avec la note marginale postérieure « Vu à Paris le 8 avril 1690 ». A Paris en 1691 (Houasse) avec note ajoutée: « 29 octobre 1692 le sieur Paillet a donné un récipissé de ce tableau au sieur Houasse; il est dans la Petite Galerie de Versailles. » Il se trouvait encore à cet emplacement en 1695 (Paillet), en 1709 (Bailly), en 1737 et en 1752. Placé en 1760 à la Surintendance, dans le Salon des directeurs des Bâtiments (Jeaurat) où il se trouve encore en 1784 (Du Rameau). Exposé dans la Grande Galerie du Muséum dès sa création en 1793 (n° 467).

Paris, Musée du Louvre. Inventaire Napoléon 441. MR 441. Inv. 613.

Bibl.: *Catalogues du Louvre*: 1796, n° 37; 1801, n° 938; 1810, n° 1122; 1861, n° 1022; Villot, n° 385; Tauzia, n° 372; *Catalogue sommaire*, 1890, n° 1506; Ricci, 1913, n° 1506; Hautecœur, 1926, n° 1506; *Catalogue sommaire illustré*, 1981, p. 214 (Parmesan).
Bailly, 1709, éd. Engerand 1899, pp. 25-26, n° 14 - *Recueil d'estampes*, 1729, I, p. 8 et pl. 10, gravure de N. Edelinck - Lépicié, 1752, I, pp. 97-98 (?) - Passavant, 1860, II, p. 100, n° 79 (?) - Gruyer, 1881, I, pp. 189-198 (Franciabigio) - Crowe et Cavalcaselle, 1885, II, pp. 559-560 - Morelli, 1890, pp. 134-136 (Bacchiacca) - Gruyer, 1891, pp. 82-92 (Franciabigio) - A. Venturi, 1900, p. XI (Rondani) - Berenson, 1903, p. 300 (Sogliani) - Frizzoni, 1906, p. 140 (Bacchiacca) - Rosenberg et Gronau, 1909, p. 251 - Coppier, 1913, p. 31 - Gamba, 1925, p. 213 - Friedeberg, 1927, p. 357 (élève de Raphaël d'après un dessin du maître) - Fröhlich-Bum, *Thieme et Becker*, 1930, (Parmesan) - Berenson, 1932, p. 482 (?) - Suida, 1935, pp. 105-113 (Parmesan) - Ferraton, 1947-1948, p. 60 - A.O. Quintavalle, 1948, p. 195 (Parmesan) - Ferraton, 1949, p. 145 - Copertini, 1949, pp. 25, 36 (Parmesan) - Freedberg, 1950, p. 181 (Parmesan?) - Berenson, 1968, I, p. 320 (Parmesan); p. 353 (Raphaël) - De Vecchi, 1969, n° 119 - A.G. Quintavalle, 1969, p. 55 (Parmesan) - Freedberg, 1971, p. 487 (Perino?).

Exp.: Paris, Louvre, 1960, n° 174 - Paris, Louvre, 1973-1974 n° 11.

Aucune trace de ce portrait, un des plus célèbres du Louvre n'est connue antérieurement à la collection du duc de Richelieu (Ferraton).

37

Le Brun (1683) laisse clairement entendre que son attribution n'est pas assurée puisqu'il l'inscrit « manière de Raphaël ». Ce sentiment est partagé par Bailly (1709) « tableau estimé de Raphaël ». Cependant Lépicié et Mariette affirment l'attribution laissant planer les doutes sur l'identification du modèle. Le jugement de Passavant (1860) est très réservé : « traité avec beaucoup de facilité mais il n'est pas partout d'un dessin très correct ». L'attribution à Raphaël fut cependant conservée par Gronau (1904) et Crowe et Cavalcaselle (1882-1885). Pour Friedeberg le portrait fut exécuté par un élève de Raphaël d'après le présumé autoportrait d'Oxford (Oxford, Ashmolean, Parker, 515).

Cependant certains auteurs ont pensé plutôt à l'école florentine et nommé Bacchiacca, Franciabigio, Sogliani. D'autres préférèrent l'école bolonaise avec Francia. Récemment l'école de Parme a rallié presque tous les suffrages : Venturi songea à Rondani et Gamba à Parmesan. Ce dernier nom va finalement être retenu par la plupart des auteurs. Cette attribution acceptée sans enthousiasme par Freedberg (1951) a été remise en question par lui en 1971 en faveur de Perino del Vaga dont il propose le nom avec réserve (com. écrite d'après la photographie). Le problème difficile posé par l'attribution du tableau est reflété par l'embarras de Berenson qui l'inscrit deux fois, avec doute, sous le nom de Raphaël et sous celui de Parmesan : deux titres différents ont facilité cette erreur.

Mais la restauration récente du tableau invite à réfléchir à nouveau sur le problème. L'enlèvement des repeints et des vernis jaunes a en effet changé profondément son aspect autant que le fait de l'avoir remis dans ses dimensions originales. Le fond est devenu d'un vert très doux, les chairs rosées, les yeux bleus, les cheveux blonds dorés, l'harmonie vert bronze du vêtement est seulement rehaussée d'une fine chemise blanche et, sur le poignet, d'un mince ruban d'un rose fané. L'attitude du modèle est celle du penseur, du poète, de l'artiste : c'est une de ces images de la mélancolie qui vont, par la suite, se multiplier (Préaud). Le dessin sinueux, la pose sophistiquée et les déformations du visage (l'œil gauche) révèlent une manière « anti-classique ». Ces caractères ont suggéré une attribution à Parmesan ; cependant même en tenant compte de l'état du tableau on n'y retrouve pas sa touche fondue, son clair-obscur délicat ni son graphisme raffiné.

Loin d'avoir été, comme l'écrit Lépicié, « peint rapidement au premier coup » le tableau présente de nombreux repentirs. La radiographie les montre très clairement ainsi que l'exécution en pleine pâte, dense, au luminisme accentué. Ces caractères, le coloris à la fois clair et en même temps les tons rompus (le ruban) rappellent Corrège, nom suggéré par Brown, Oberhuber et Shearman d'après la photographie. Cette attribution paraît convaincante à Gould (com. écrite). La rareté de ses portraits ne rend pas toutefois cette attribution immédiatement évidente. Cependant on peut trouver dans ses œuvres de jeunesse des points de contact avec le tableau du Louvre. Par exemple le visage de la sainte Madeleine dans un tableau d'autel de 1517 (New York, Metropolitan Museum) est comparable : même pose maniérée, même déformation des traits et des mains, même coloris clair des chairs. Un certain air d'étrangeté, une forte influence léonardesque marquent les deux œuvres. L'auteur du portrait du Louvre connaissait-il le *Bindo Altoviti* (Washington, National Gallery of Art) avec ses cheveux blonds répandus sur les épaules ? Connaissait-il l'autoportrait du Parmesan de Vienne... ou même son modèle auquel le tableau du Louvre ressemble un peu : cependant la couleur des cheveux de Parmesan est châtain plutôt que blond doré. Corrège aurait pu voir ce dernier à Parme et l'autre à Rome lors d'un voyage dont la date a été discutée entre 1519 (D.A. Brown) et 1520 (Gould). Cette période paraîtrait la datation extrême pour le tableau...

On ne croit plus depuis longtemps que le charmant tableau du Louvre représente Raphaël. Déjà Lépicié avait présenté à ce sujet des observations pleines de bon sens : « Parmi quelques-uns il passe pour être le portrait de ce peintre ; mais on a peine à se persuader que dans un âge si peu avancé que l'est le jeune homme représenté dans ce tableau, Raphaël fut déjà aussi éloigné de sa première manière qu'il le paraît dans l'ouvrage dont nous parlons. »

Ni le type du visage, ni la date ne sont, en effet, compatibles avec cette identification. Mais le tableau du Louvre nous rappelle à la fois la légende du génie enfant (le modèle, très jeune du tableau paraît avoir environ 15 ans), et l'idée un peu trop précieuse et suave que l'on s'est faite longtemps de son style.

Sebastiano del Piombo (d'après)

38 Le Violoniste

Bois, H. 0,673 ; L. 0,520. Inscription en bas à droite : MDXVIII.

Hist. : Attribuée au Musée du Louvre par l'Office des Biens Privés, 1950. MNR 282.

Bibl. : *Catalogue sommaire illustré,* 1981, p. 237.

Copie du tableau d'une collection privée parisienne qui passa à Rome dans la galerie Barberini, puis dans la galerie Sciarra. Il provenait de la célèbre collection de Rodolphe II à Prague où il est cité sous le nom de Raphaël, en 1621. Le tableau, après le pillage de la ville, appartint à Christine de Suède.

Le titre est impropre : le jeune homme tient un archet orné de lauriers. Il s'agit vraisemblablement d'un portrait dont

38

le modèle est représenté en Orphée. On a proposé d'y reconnaître l'un des plus fameux musiciens de la cour de Léon X, Jacomo San Secondo ou Marone de Brescia.

L'attribution du tableau à Sebastiano del Piombo est aujourd'hui acceptée par tous. Une copie (Florence, galerie Corsini) attribuée à Giulio Romano est, selon Garas (1953), en faveur de l'attribution de l'original à Raphaël. C'est sous ce nom que ce délicieux portrait a été célèbre depuis le XVIIe siècle jusqu'au XIXe siècle, sans doute, comme les deux portraits du Louvre (P. n°s 35 et 37), celui de Montpellier (P. n° 36) pour son charme plein d'une romantique mélancolie.

Document

39 Contrat pour le *Couronnement de la Vierge* (Couronnement de Monteluce), *Accord de 1516*

Manuscrit à l'encre sur papier : H. 274 ; L. 206 ; à vue.

Hist. : Accord passé le 21 juin 1516 entre Raphaël et les religieuses du couvent de Monteluce (près de Pérouse) pour un *Couronnement de la Vierge;* conservé dans les archives du couvent il fut amené au Louvre en 1797 ; volé à deux reprises à des dates inconnues, il fut restitué la première fois en 1829, en 1836 après le second vol (pour l'histoire de ces vols, cf. Régeasse-Dragomir, 1969, pp. 34-35).

Paris, Musée du Louvre, Bibliothèque centrale, Ms 2.

Bibl. : *Antologia Romana,* 1776, III, p. 132 - *Opere del Consigliere Ludovico Bianconi,* IV, 1802, pp. 59-60 - Passavant, 1860, II, p. 309 - Tauzia, 1879, n° 1617 - Gnoli, 1917, pp. 149-150 - Golzio, 1971, p. 48 - Glasser, 1977, p. 88.

Les sœurs Clarisses du couvent de Monteluce (près de Pérouse) commandèrent à Raphaël le 12 décembre 1505 un tableau pour le maître-autel de leur église (Golzio, p. 11). Le sujet n'est pas précisé dans le contrat mais le modèle à suivre est le tableau d'autel de l'église San Girolamo de Narni : c'est un *Couronnement de la Vierge* (Narni, Musée municipal) peint en 1486 par Domenico Ghirlandaio pour les frères mineurs de l'Observance. On y voit dans la zone inférieure des saints Franciscains à genoux, iconographie qui sera plusieurs fois reprise dans des tableaux peints pour des églises franciscaines (Glasser, 1977, p.

15

+ Al nome de dio adj xxi de giugno M D XVj In Roma

Sia Noto et manifesto aqualunche legera la pnte scripta Como Maestro Raphaelo da Urbino pictore Teglie a fare et depinger una Tavola o vo Cona p le moneche del Monastero de Montelucie ex muros perusinos Con li infrascripti pacti et Capituli che qui de sotto se notaranno etc.

In pma che dicta Tavola sia Haltezza et grandezza che fu ragionata nel pmo disegno dato da prefato M. Raphaelo Con la Incoronatione dela gloriosissima nra dona: Con li apostoli In modo et forma che in esso primo desegno se dimonstra ad uso de bono: optimo: et leale Maestro Depinta de fini et boni colori secondo ad tale opa se conviene:

Et che el prefato M. Raphaelo sia obligato far dicta Tavola siue Cona et depinger solum la Istoria supradicta In lo tempo o vo vano de dicta Tavola In Roma a sue spese de legname: colori: et oro che vi intrasse: et omne altra cosa et spesa che andasse p fare: depinger: et finir de Iucto ponto dicta Tavola: Ma la Capsa: chiodi: Corde et imagliatura: vectura et Gabelle de essa p condurla da Roma a pergia vadi a spese de esse moneche

Quale opa pfato M. Raphaelo promette dar finita p tempo de uno anno da hoggi: ut ad finium ad tal tempo che dicta Tavola sia conducta In perugia Adeo che il giorno dela Sacratissima festa dela Assumptione nra adj 15 de Agosto del 1517 sia p festa et messa In opa nello altare dla chiesa del dicto monastero de Montelucie

Ma la predella Cornicione: fregio: et omni altro adornamento de dca Tavola et pictura de esse cose se debbia fare et depinger In perugia vz legname Intaglio: Magisterio colori: oro: et omne altra cosa che ui andasse de Iucto spese de M. Berto de Giovannj pictor sopradicto et in questa opa compagno electo da pfato M. Raphaelo et acceptato da prefate Moneche quale M. Berto habbi etiam adepingere tucte le cose contenute In lo pmo Capitulo vz predella: Cornicione etc. et sia obligato ultra li adornamenti depinger In la predella la Nativita de pfata gloriosissima nra donna suo sponsalitio et sua sanctissima morte o vo Transito

Lequale tucte cose vz ornamento predella etc. pfato M. Berto sia obligato farre ad uso de bono et leale maestro et p termino ut supra notato: vz che se possa ponere In opa et sia p festa p la festa de S.ta Maria de Agosto 1517 ut supra

39 recto

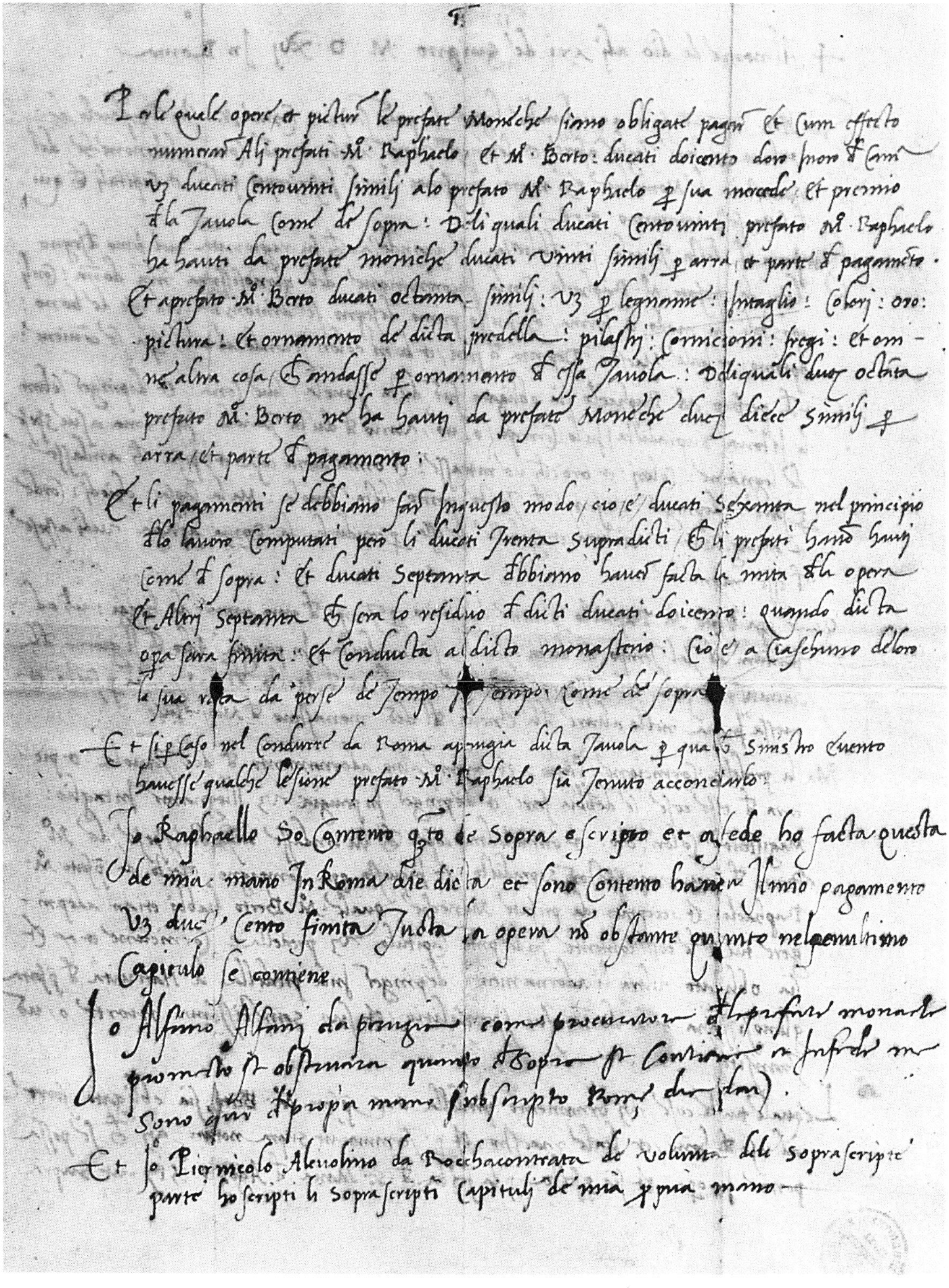

Per li quali opere et pictur(e) le prefate Moniche siano obligate pagar(e) Et cum effecto
numerar(e) Ali prefati M. Raphaelo Et M. Berto: ducati doicento doro in oro de Cam(era)
Vz ducati Centovinti simili alo prefato M. Raphaelo per sua mercede Et premio
dela Tavola come de sopra: Deli quali ducati Centovinti prefato M. Raphaelo
ha hauti da prefate moniche ducati Vinti simili per arra et parte de pagamento.
Et a prefato M. Berto ducati octanta simili: Vz per legname: intaglio: Colori: oro:
pictura: Et ornamento de dicta predella: pilastri: Cornicioni: fregi: et omne altra cosa accadesse per ornamento de essa Tavola: Deliquali duc. octanta
prefato M. Berto ne ha hauti da prefate Moniche duc. diece simili per
arra et parte de pagamento:

Et li pagamenti se debbiano far(e) inquesto modo, cio e, ducati Sexanta nel principio
delo lavoro Computati pero li ducati Trenta supradicti Che li prefati hanno hauti
come de sopra: Et ducati Septanta debbiano haver(e) facta la mita dela opera
Et Altri Septanta che sera lo residuo de dicti ducati doicento: quando dicta
opera sera finita: Et Conducta a dicto monasterio: Cio e a Ciaschuno deloro
la sua rata da perse de Tempo in Tempo come de sopra

Et si per caso nel Condurre da Roma a perugia dicta Tavola per qualche sinistro evento
havesse qualche lesione prefato M. Raphaelo sia Tenuto acconciarla.

Io Raphaello So Contento quanto de Sopra e scripto et a fede ho facta questa
de mia mano In Roma die dicta et sono Contento haver(e) il mio pagamento
Vz duc. Cento finita tucta la opera no obstante quanto nel penultimo
Capitulo se contiene

Io Alfano Alfani da perugia como procuratore dele prefate moniche
promecto et observara quanto de sopra se contiene [illegible]
Sono qui de propia mano subscripto [illegible]

Et Io Piernicolo Aleuolino da Roccacontrata de volunta dele soprascripte
parte ho scripti li soprascripti Capituli de mia propria mano

39 verso

77). Le délai de deux ans prévu dans le contrat ne fut pas respecté et en 1516 les sœurs firent établir un nouvel « accord » (voir Shearman, 1961, p. 158), exposé ici, auquel Raphaël donna son agrément : « Io Raphaelo son contento... » Alors que le premier acte, passé devant notaire, était rédigé en latin, celui-ci est écrit en italien, contresigné par les parties concernées : Raphaël, Alfano Alfani, représentant les sœurs, et Piernicolo Alevolino, rédacteur du document. Daté de Rome le texte précise que le tableau doit avoir les mesures « convenues dans le premier dessin donné » (pour ce dessin, cf. Zentai, 1978, p. 199). Il mentionne pour la première fois le sujet : le Couronnement de la Vierge ; comme en 1505 Raphaël doit supporter tous les frais nécessaires à la fabrication du tableau (bois, couleurs) à l'exception du transport de l'œuvre à Pérouse, dont il est néanmoins responsable ; la peinture doit être accrochée dans l'église pour le 15 août 1517, fête de l'Assomption. La prédelle, le cadre, la décoration de ce grand tableau (3,54 m sur 2,30 m) sont à la charge de Berto di Giovanni (documenté à partir de 1488, mort en 1529), peintre de Pérouse déjà cité dans le contrat de 1505. Suit le prix de l'ensemble : 200 ducats d'or, alors qu'en 1505 la somme fixée était de 177 ducats.

Raphaël exécuta des dessins préparatoires (Stockholm, Nationalmuseum, *RZ* VIII, 381 ; Bayonne, musée Bonnat, *RZ* VIII, 382, 383 ; Oxford, Ashmolean Museum, *RZ* VIII, 384) mais le tableau (Rome, Pinacothèque Vaticane ; De Vecchi, 1982, n° 154), ne sera peint qu'après sa mort par Giulio Romano et Giovanni Francesco Penni. La partie inférieure ne représente pas des franciscains mais les apôtres contemplant le sarcophage vide de la Vierge. Selon Shearman (1961, p. 143) cette allusion à l'Assomption est liée à un tableau d'autel, non exécuté, projeté par Raphaël pour la chapelle Chigi à Santa Maria del Popolo à Rome. Un dessin du Louvre (cf. D. n° 124), proche du dessin d'Oxford, a servi de modèle à un *Couronnement de la Vierge* (Pérouse, Galleria Nazionale) peint en 1517 par Berto di Giovanni (attribution que conteste Gould, 1983, p. 290).

Contenant un des rares témoignages de l'écriture de Raphaël ce document fut connu en 1776 grâce à la publication d'une lettre *(Antologia Romana)* écrite de Pérouse par Ludovico Bianconi *(Opere...)* grand amateur d'art, apparenté par sa fille aux Ansidei, famille de Pérouse pour laquelle, au XVIe siècle, Raphaël avait peint un retable (Londres, National Gallery ; De Vecchi, 1982, n° 46). En 1797 le tableau, réquisitionné sans la prédelle, et le contrat furent amenés à Paris. Le *Couronnement,* exposé en 1798 (*Notice...,* 1798, n° 68) fut rendu à l'Italie en 1815, mais l'accord de 1516 resta au Louvre. B.P.

Peintures non présentées à l'exposition

20. Atelier de Raphaël, *Le Père Eternel,* Paris, Louvre.
23. Sassoferrato, *La Vierge et l'Enfant Jésus,* (Madone Connestabile), Paris, Louvre.
24. Sassoferrato, *La Vierge et l'Enfant avec le petit saint Jean,* (Madone Aldobrandini), Paris, Louvre.
27. D'après Raphaël, *Balthazar Castiglione,* Paris, Louvre.
28. D'après Raphaël, *Portrait d'un Cardinal,* Versailles, château.
29. Ecole ombrienne, début XVIe, *La Vierge et l'Enfant,* Paris, Louvre.
30. Ecole lombarde, XVIe, *La Vierge, l'Enfant et le petit saint Jean,* Paris, Louvre.
33. Zacchia, *Sainte Catherine d'Alexandrie,* Paris, Louvre.
36. Brescianino, *Portrait de jeune homme,* Montpellier, Musée Fabre.
38. D'après Sebastiano del Piombo, *Le Violoniste,* Paris, Louvre.

Dessins

Raphaël et le dessin

Chaque année, le jour de la fête de S. Luc, les salles de l'Académie sont rendues publiques, et chaque année, cette tête (de Raphaël) *devenue une sorte de relique, reçoit de tous les jeunes artistes l'hommage d'une innocente, mais honorable superstition. Chacun s'empresse d'y faire toucher son crayon. Ainsi raconte-t-on que de jeunes soldats allaient aiguiser leur sabre sur la pierre qui couvre le vainqueur de Fontenoy.*

Antoine-Chrysostome Quatremère de Quincy

Histoire de la vie et des ouvrages de Raphaël
Paris, 1824, p. 392

Les dessins de Raphaël, recherchés immédiatement après sa mort, furent l'objet d'appréciations successives et contradictoires. Il est l'un des premiers artistes de la Renaissance à avoir bénéficié d'un *corpus*[1]. Pourtant notre connaissance de son œuvre dessiné s'appuie sur des données vieilles d'un siècle à peine pour les réviser bien souvent.

Trente-cinq sur les trente-neuf feuilles que le Louvre conserve sous son nom, sont présentées ici. Les portefeuilles du Cabinet des Dessins contiennent, par ailleurs, plus de trois cents copies anciennes, et quatre vingt-sept pièces figurent sous le titre indifférencié *d'école de Raphaël*. Plusieurs des originaux étaient, jusqu'à une date récente, classés sous les noms de Filippino Lippi, Francesco Francia, Giulio Romano[2]. Inversement, quelques-uns des dessins les plus célèbres au XIXe siècle, régulièrement exposés dans la galerie d'Apollon, sont aujourd'hui attribués à d'autres artistes ou considérés comme des dérivations[3]. La raison principale de cet état de fait réside dans le changement du goût et plus encore dans la différence d'appréciation de l'artiste entre notre époque et celle des siècles précédents. Les amateurs ont longtemps préféré aux feuilles d'études «libres», les compositions achevées, les pièces de grand format dont ils goûtaient la facture autant que, selon l'expression de Quatremère de Quincy, *la variété des poses et des airs de tête*. Copies et originaux étaient volontiers mêlés et également *embordurés* (montés) chez Jabach qui possédait, en 1671, cent quarante-trois «Raphaël» dont on ne retient plus qu'une dizaine d'originaux[4]. D'autres fonds, moins impressionnants par le nombre, mais de nature plus homogène, comme celui du Musée des Beaux-Arts de Lille, doivent leur qualité au fait qu'ils ont été constitués plus tard et par un seul collectionneur.

Les dessins de la jeunesse de Raphaël, contrairement à une opinion fréquemment exprimée, ne relèvent pas de citations qui ne seraient que prélèvements et remplois de motifs empruntés ailleurs et assemblés. Son rapport à la tradition, à son milieu est le fait d'acquisitions successives, jamais d'abandons ni de retournements. Les dessins, dans leur variété, sont les révélateurs de cette sédimentation d'apports originels mêlés les uns aux autres et retranscrits. « Il appartient à la paix », écrit Focillon[5] et « d'être le Parfait et l'Homme heureux, il a subi la peine ». Son image, trop vite enfermée dans celle de la beauté impassible, a perdu de sa réalité. L'excès de références dont son œuvre dessiné a été chargé par une critique soucieuse « d'objectivité » et éprise de classification, en a longtemps dissimulé la véritable nature. Son art n'a été compris que sous son aspect généalogique, par estimation de la distance qui le séparait de ses maîtres ou de ses condisciples.

Victime d'un examen qui se voulait impartial, son dessin a été passé au crible, dépouillé de tout ce qui n'était pas conforme à la norme définie une fois pour toutes. La liberté des premiers projets, l'écriture très élaborée des feuilles florentines, les rehauts, reprises et « repentirs » furent considérés comme suspects[6]. Ces premiers efforts de « mise en ordre » datent de la seconde moitié du siècle dernier. L'ensemble des dessins alors connus, ceux dont seules la photographie ou la gravure gardaient le souvenir et dont on ignorait la localisation, fut répertorié, classé en séquences chronologiques ou ordonné en fonction de critères d'ordre technique. Dès 1913, Fischel, dans le premier volume du *Corpus* des dessins, proposait de regrouper en « carnets » les études des périodes ombriennes et pré-romaine : « carnet gris », « carnet vert », « grand carnet florentin », « carnet rose », et « rougi ». L'existence de ces séries, bien que contreversée, continue, par commodité, à être admise aujourd'hui encore[7].

Les qualités du dessin de Raphaël n'ont longtemps été appréciées que par opposition à ce qui précédait. Ses mérites étaient opposés à ceux de Pérugin jugé « froid et contraint »[8]. Difficile à décrire, rompant sans cesse avec les objectifs qu'il vient de fixer, ce dessin s'oppose à toute généralisation. Sa fabrication, l'usage qui est fait de la feuille, le choix des matériaux, échappent à une classification méthodique. Il n'y a pas de véritable évolution chez Raphaël. Ses dessins sont reconnaissables par tel ou tel détail de facture qui résiste au changement de propos ou de fonction. L'écriture, les formats varient sans cesse. Il procède par déplacements, mutations brusques, rebelles aux clivages de la chronologie. Rien n'est moins prestigieux que les feuilles des premières années : sujets de dévotion traités dans des formats étroits, lignes minces, sans recours au lavis ou aux rehauts, recherches d'attitudes d'après le modèle posant dans l'atelier. Certains dessins, plus tardifs, tels l'*Annonciation* ou le carton de *Sainte Catherine* s'imposent par leur ampleur, leur état de conservation, mais combien d'autres, des plus elliptiques aux plus forts, ne sont lisibles qu'à travers les altérations qu'ils ont subies, liées à leur fonction même : supports ultérieurement agrandis, contours repris, feuilles découpées ou mutilées par des interventions maladroites. Un examen attentif permet de découvrir, dans la diversité des manières, une maîtrise du trait qui n'interdit jamais, même dans les débuts, la correction visible. Un certain nombre se caractérise par un tracé en deux temps : un premier trait au stylet, appliqué sur le papier blanc, incise la surface sans la colorer. Il sert à ordonner les formes, de façon encore approximative. Un second, à la plume ou à la pointe de métal, intervient comme une reprise critique, conduisant jusqu'à leur terme les parties essentielles et laissant en réserve ce qui est déjà arrêté ou, au contraire, définitivement écarté. De la même manière, la mise en place d'un groupe est déterminée, sur le support encore vierge, par une série de repères et de perforations tracés au compas et à la règle, donnant les lignes de construction, les indications de perspective, le volume géométrique des figures. Cette genèse invisible, qui ne cède qu'à une observation patiente, relève des méthodes de travail du Quattrocento florentin et ombrien, se réclame de l'exemple de Verrocchio auquel il fut si fortement redevable. Le dessin est pour Raphaël une « autocritique permanente », pour reprendre l'expression de J. White[9].

1. O. Fischel, *Raphaels Zeichnungen*, Strabourg, 1918.
2. D. n°s 17 à 20, 64, 65, 107.
3. Voir l'actuelle exposition, *Autour de Raphaël*, Musée du Louvre, Cabinet des Dessins.
4. Musée du Louvre, Cabinet des Dessins, *Répertoire systématique des fonds. I, la collection Jabach*, Paris, 1978.
5. H. Focillon, *Raphaël*, Paris, 1926, pp. 12,15.
6. Outre l'ouvrage de Passavant, première monographie consacrée à Raphaël, en 1839, traduite en français en 1860, les principaux répertoires de dessins raphaélesques sont ceux de Weigel (1865), Robinson (1870), Ruland (1876). Les grandes collections françaises, dispersées depuis, y étaient soigneusement consignées (duc d'Aumale, L. Bonnat, His de la Salle, Ch. Timbal, H. de Triqueti).
   Les appréciations souvent erronées de Morelli (1881 et années suivantes), ont été reprises par la plupart des auteurs, y compris O. Fischel dans la première version de son *Corpus* paru à Strasbourg en 1898.
7. D. n°s 21, 30, 38, 44.
8. A. C. Quatremère de Quincy, 1824, p. 28.
9. J. White, 1967, p. 18.

Il donne la mesure de ses échecs comme de ses réussites et permet de saisir ce qu'ont pu être ses intentions : défi lancé à lui-même, moyen d'assurer ses forces et d'évaluer sa place, face aux « grands » qu'il admirait. A Florence, les peintures de Vinci et de Fra Bartolomeo, la sculpture du Quattrocento lui révèlent un nouveau répertoire de gestes et d'attitudes. Les formats des feuillets s'allongent, s'étirent en frises, les figures sont livrées à un espace plus vaste, à la mesure du mouvement des corps. Il n'y a pas de sentiment d'effort chez Raphaël, ni de vitalité triomphante, mais une intériorité, une concentration d'énergie, mises au service d'une volonté toujours plus marquée de la forme. Les feuilles d'études de *Vierges à l'Enfant* illustrent bien cette double démarche : observation et notation du réel puis décantations successives par démultiplications du même motif, sollicité jusqu'à obtenir la forme parfaite... « ma essendo carestia e di buoni giudicj, e di belle donne, io mi servo di certa idea che mi viene nella mente... », écrivait Raphaël à Baldassare Castiglione[10].

Giovanni-Battista Armenini, en 1587, essayant de définir le *modo* du dessin de l'artiste, relèvera cette soumission de la main à l'Idée[11]. W. Young Ottley citant, en 1823, le texte d'Armenini remarquera que cette même distinction entre « invention » et « composition » assurera la valeur de l'enseignement de Raphaël. En confiant à d'autres la transcription, puis l'exécution de ses propres projets, il permettra la réalisation des entreprises inachevées à sa mort[12]. Jusqu'à la fin, le recours au modèle ne sera que la vérification, par le trait, du *concetto* mental. Le dessin, l'exercice d'après les maîtres, sont les étapes qui facilitent le passage de la forme idéale, abstraite, à son « double » figuré. La quête du naturel, qui fut l'essentiel de son travail, n'est rien d'autre. Puissent les visiteurs de l'exposition être sensibles à leur tout, en dépit de la fragilité des feuillets, à cette ferveur et à cette exigence.

F.V.

10. Passavant, 1860, I, p. 502 : « Mais, étant privé, et de bons conseils et de belles femmes, je me sers d'une certaine idée qui me vient à l'esprit. »
11. « ...*Dicesi poi che Raffaello teneva un'altro stile asssai facile, percio che dispiegava molti disegni di sua mano, di quelli che li pareva che fossero piu prossimani a quella materia, della quale egli gia gran parte n'havea concetta nella Idea, e hor nell'uno, hor nell'altro guardando* ... (... il disait aussi que Raphaël disposait d'un autre pratique qui lui était coutumière : il plaçait devant lui plusieurs dessins parmi ceux qui lui paraissaient le mieux correspondre à son sujet, dont le concept était déjà en grande partie établi, regardant alternativement l'un ou l'autre. »
12. W. Young Ottley, *The Italian School of Design*, Londres, 1823, p. 55.

Raphaël à Rome

La date à laquelle Raphaël quitta définitivement Florence n'est pas connue, pas plus que les circonstances de sa venue à Rome. Ce fut sans doute à la fin de l'année 1508, pour aller rejoindre son maître Pérugin, appelé lui-même à participer à la rénovation du palais du Vatican que Jules II voulait marquer de son empreinte : trois salles, ou *Stanze,* que l'on désigne par le terme impropre mais devenu courant de « Chambres ». Vasari affirme que Bramante compatriote du peintre, favorisa sa venue.

Les collections du Louvre, des Musées de Montpelier et de Lille conservent vingt-trois études préparatoires pour les fresques en forme de lunettes qui ornent ces pièces ; on y a adjoint une feuille inédite (D. n° 75), appartenant à une collection particulière. La Chambre de l'Incendie, en grande partie peinte par les élèves, ne fut achevée qu'en 1517, sous le règne de Léon X. Les dessins permettent donc de suivre ici l'évolution de l'artiste dans son style de décorateur monumental, spécifiquement romain. En revanche, les cycles peints des chapelles Chigi à Santa Maria della Pace et à Santa Maria del Popolo, ne sont représentés que par une étude, récemment identifiée (n° 105). D'admirables projets en sont conservés dans les collections du Musée de Bayonne et du Musée Condé de Chantilly, qui font l'objet d'expositions indépendantes. Pour le même commanditaire, le banquier du pape Agostino Chigi, son mécène et bientôt son ami, Raphaël réalisa le plus élégant des décors profanes de la Renaissance : celui de la Loggia de sa villa des bords du Tibre, la Farnesina : trois études où triomphe un idéal de beauté nourri tout à la fois de l'observation la plus directe de la beauté charnelle et d'une vision repensée du classicisme antique, en sont le reflet (nos 110 à 112). Les cartons de la tenture des Actes des Apôtres, destinée à orner la Chapelle Sixtine, constituent, avec les fresques du Vatican, la tâche la plus considérable de l'artiste dans les années 1514-1516. C'est aussi le moment où Raphaël succède à Bramante comme architecte de la basilique Saint-Pierre (1514). De cet autre aspect de son génie, quelques précieux tracés d'architecture, mêlés aux études de figures, portent témoignage. Les études pour les plus célèbres de tableaux de chevalet, la *Madone d'Albe*, la *Grande Sainte Famille,* ou la *pala* de la *Transfiguration,* ponctuent, parallèlement aux grands décors romains, la prodigieuse production artistique du créateur dans les dix dernières années de sa vie. En outre, il reçoit du pape sa nomination de conservateur des antiquités romaines (1515).

Si l'on s'en tient au dessin, les débuts de la période romaine ne présentent pas de grands changements par rapport aux dernières années florentines. Les dessins sur papier préparé rose, regroupés sous le terme commode de « carnet rose » comportent des motifs déjà utilisés à Florence. Au moment où il quitta la Toscane, Raphaël dut emporter des portefeuilles de dessins qu'il réutilisa volontiers, selon une pratique qui lui était coutumière. Le motif d'*Adam* de la belle feuille du Louvre (D. n° 77) est autant redevable à la *Bataille de Cascina* de Michel-Ange, œuvre florentine par excellence, qu'à l'exemple de la statuaire antique. A Rome, Raphaël, déjà bien informé des sources antiques par les collections médicéennes et par les recueils de copies qui circulaient dans les ateliers, fut mis en contact avec le monde classique de façon beaucoup plus directe qu'à Florence. S'y ajouta l'exemple de l'architecture monumentale de Bramante dont l'*Ecole d'Athènes* se fit très vite l'écho. La rivalité avec Michel-Ange domine dans cette décennie l'histoire de la peinture et du dessin romain, mais c'est à Florence que Raphaël avait éprouvé pour la première fois la stimulante fascination pour les formes michelangelesques. Rappelons que la *Dispute du Saint Sacrement* et le plafond de la Chambre de la Signature sont contemporains du plafond de la Sixtine dont Michel-Ange ne dévoila la première partie qu'à l'été 1511. Par ailleurs, Léonard séjourna dans la ville éternelle en 1513, logé dans les appartements même du Bélvédère : rien ne marque cependant, chez Raphaël, à cette époque, pas plus les peintures ou les dessins de la Chambre d'Héliodore que les fresques Chigi, une quelconque réaction à la présence du vieil artiste. Les dessins les plus proches de Léonard — et pourrait-on ajouter, de Fra Bartolomeo — sont ceux de la *Dispute du Saint Sacrement,* fresque qui selon toute vraisemblance fut la première œuvre réalisée par l'artiste à Rome, et l'imposa définitivement au milieu pontifical. A Rome, le grand changement, c'est l'échelle des peintures. Dans une certaine mesure, la préférence accordée aux feuilles de grandes dimensions, traduit la même évolution vers une monumentalisation des formes. A cet égard, le changement fut très rapide : en témoigne l'étude pour l'*Apollon* du Parnasse (D. n° 78), où le nu est traduit avec une puissance qui ne le cède en rien à Michel-Ange. La composition de la *Rencontre d'Attila avec Léon I* (D. n° 87), étude considérée comme une des pièces les plus précieuses du Cabinet du Roi à l'époque de Félibien, peut être retenue comme le sommet d'une longue recherche menée par les artistes d'Italie centrale depuis Pollaiuolo sur le thème du combat d'hommes nus. Mais Raphaël n'avait pas le culte du nu. Le dessin est pour lui avant tout le moyen de rendre intelligible la forme visuelle. Vasari l'a bien senti[1].

Le succès immédiat que rencontra Raphaël dépassa celui de Michel-Ange. La diffusion de ses compositions par les gravures de Marcantonio Raimondi n'est pas étrangère à ce rayonnement. L'arrivée du graveur à Rome, vers 1510, marque le début d'une collaboration qui trouva d'emblée sa plus haute expression dans le *Massacre des Innocents.* Cette œuvre est bien connue par des études qui se trouvent à Vienne et à Windsor, mais aucun dessin n'en est conservé dans les collections publiques françaises. A l'isolement superbe de Michel-Ange, cependant très lié à Sebastiano del Piombo, avec qui Raphaël entra en compétition directe lors de la *Transfiguration*[2], s'oppose dès 1514-1515 la présence de nombreux collaborateurs aux côtés de l'artiste. Un véritable chantier s'organise autour de lui pour la préparation des cartons de tapisseries et de la décoration des Loges, au Vatican. Deux dessins seulement pour les Loges, dont celui du Louvre (D. n° 106), sont reconnus comme originaux. L'étude de l'œuvre graphique des dernières années est singulièrement compliquée par le va-et-vient incessant des idées créatrices entre le maître et ses collaborateurs, Giulio Romano et Giovanni Francesco Penni étant les personnalités les plus marquantes du groupe. Ceux-ci sont chargés de mettre au net ou même de préciser tel ou tel élément de la composition à peindre. Le dessin de la *Messe de Bolsène,* qui semble bien original, est connu depuis Passavant, mais il est dégagé enfin de son papier de doublage et rendu ainsi visible (D. n° 86) ; il est tracé au verso d'un projet qui ne fut jamais exploité, mais reflète une invention du maître, mise au propre par un élève, peut-être Penni.

1. *Ma conoscendo nondimeno che non poteva in questa parte arrivare alla perfezione di Michelagnolo, come uomo di grandissimo giudizio, considero che la pittura non consiste solamente in fare uomini nudi, ma che ell'ha il campo largo, e che fra i perfetti dipintori si possono anco coloro annoverare che sanno esprimere bene e con facilità l'invenzioni delle storie ed i loro capricci con bel giudizio* (Vasari, éd. Milanesi, IV, p. 375) : « Raphaël, conscient de son incapacité à rivaliser avec Michel-Ange sur ce plan, jugea que la peinture, dont le champ est vaste, ne consiste pas uniquement dans la représentation d'hommes nus et que de très grands peintres ont d'abord eu le souci d'inventer des scènes d'histoires composées avec justesse et aisance, livrant à bon escient le fruit de leur imagination. »
2. La période qui suivit l'achèvement du plafond de la Chapelle Sixtine, en 1512, représente paradoxalement un moment particulièrement critique pour Michel-Ange. Vers cette époque, il dessine pour Sebastiano del Piombo le carton de la *Pietà* de Viterbe (Museo Civico), où il convient peut-être de voir un écho de la *Pietà* projetée par Raphaël (D. n° 102). L'effet de nocturne de ce dessin pourrait-être mis en relation avec les recherches comtemporaines de Sebastiano del Piombo, dont l'importance a été récemment soulignée par M. Hirst (1981, pp. 42-43 ; p. 48, note 30).

Les incertitudes des attributions sont particulièrement aiguës dans le cas des études à la sanguine, l'un des aspects les plus complexes de l'œuvre de la maturité. Antérieurement aux études pour le *Massacre des Innocents* (v. 1510), l'emploi de la sanguine n'était qu'occasionnel ou limité à certains détails, les études complètes de Vierges à l'Enfant, du Metropolitan Museum ou du British Museum[3], restant des exceptions. Les critères de qualité, l'évaluation d'une façon qui lui est propre de rendre la forme dans sa plénitude, jamais isolée de l'espace qui l'entoure, le rendu de la palpitation de la lumière, sont des éléments déterminants dans l'appréciation des dessins, laissant toutefois une large part d'incertitude.

Un des aspects les plus attachants du dessinateur est sa fidélité à la technique délicate du papier préparé de couleur, sur lequel seule marque la pointe métallique, le plus souvent d'argent. Depuis le Quattrocento elle était utilisée dans les ateliers florentins. L'étude inédite pour le *Sacrifice à Lystra* (D. nº 101), récemment acquise par le Cabinet des Dessins, en est une des plus tardives et des plus hautes expressions. Indissociable chez Raphaël de la peinture, le dessin témoigne ainsi de la grandeur de l'artiste, moins comme phénomène bouleversant de rupture, à la façon de Michel-Ange, que comme la manifestation la plus élevée d'une longue expérience culturelle, l'expression d'une harmonie assumée sans rupture vis-à-vis du passé.

C.M.G.

3. Londres; British Museum, 1895, 9, 15, 624; Pouncey et Gere, 1962, nº 20, verso. New York; Metropolitan Museum, 64-47; Bean, 1982, nº 210.

La collection Wicar

L'exceptionnelle collection de dessins de Raphaël conservée aujourd'hui par le Musée des Beaux-Arts de Lille provient du legs consenti par le peintre Jean-Baptiste Wicar à la veille de son décès en 1834. Né en 1762, ce lillois de modeste condition est admis à l'âge de dix ans à l'Ecole gratuite de dessin de l'Académie des Arts de sa ville où son travail lui mérite une aide du Magistrat (la municipalité) puis, en 1779, une bourse de deux ans pour apprendre le métier de graveur à Paris chez «un maître renommé». Elève de Le Bas, il fréquente aussi les cours de l'Académie royale de Peinture et de Sculpture. Il y obtient une médaille en 1780, mais il renonce à la gravure l'année suivante et entre dans l'atelier de David, qui le prend en affection et l'emmène à Rome en 1784 lorsqu'il part y peindre, dans l'atmosphère antique, *Le Serment des Horaces.*

Ce voyage scelle le destin de Wicar, qui, conquis par l'Italie, y retourne de 1787 à 1793 pour y dessiner les principaux chefs-d'œuvre du Palais Pitti et de la Galerie du Grand Duc de Toscane en vue de leur reproduction par la gravure dans le vaste ouvrage connu sous le nom de *Galerie de Florence.* Il revient alors en France et se voit confier, grâce à David, le poste de Directeur des ateliers de peinture de la Manufacture nationale de Porcelaine à Sèvres, puis, quatre jours plus tard, celui de Conservateur des Antiquités au Museum avec logement au Louvre. Intransigeant dans ses fonctions, il fait preuve d'un fanatisme exacerbé à la Société républicaine des Arts, où la violence de ses attaques contre tous ceux qui ne manifestent pas des sentiments républicains aussi affirmés lui occasionne de nombreux ennemis. Emprisonné le 3 juin

1795 après la chute de Robespierre, il parvient à se faire libérer le 25 et part se faire oublier en Italie peu après. Il ne devait plus revenir en France.

Habile à défendre ses intérêts, Wicar ne tarde pas à se faire octroyer une place à la commission chargée de réquisitionner les œuvres d'art à la suite des succès de l'armée française dans la péninsule. Bien que difficile à cerner avec précision, son rôle semble avoir été important. Il parachève ainsi sa connaissance des ressources artistiques de l'Italie et il se retrouve à Rome au début de 1801 et s'y fait d'utiles relations. Après un intermède en tant que Directeur de l'Académie des Beaux-Arts de Naples de l'été 1806 au printemps 1809, il se fixe définitivement dans la Ville éternelle, cherchant à s'y imposer comme peintre d'histoire et de portraits. En dépit de son activité en ce domaine, il parviendra à la gloire par une autre voie : celle de sa collection de dessins.

En effet, amateur passionné de dessins et fin connaisseur, Wicar a su rassembler une magnifique collection de maîtres italiens, ou, plus exactement, trois collections successives, car, comme nous allons le constater, les choses n'allèrent pas sans difficultés. Si nous devons reconnaître notre ignorance des conditions dans lesquelles fut constitué cet ensemble, on peut aisément imaginer l'opiniâtre persévérance que l'artiste dut manifester en ce domaine, grâce à quelques indices significatifs. Ainsi, le voit-on à plusieurs reprises donner des instructions précises à son fidèle collaborateur Giangiacomo afin qu'il suive avec efficacité et discrétion telle affaire qui pouvait s'avérer intéressante, et trouve-t-on sur des albums d'atelier des indications à propos des achats effectués, ou des mentions du genre de celle-ci : « Monsieur Giuseppe Pazzini, imprimeur à Sienne, a des dessins ». D'autre part, nous savons qu'il disposait en différentes villes d'Italie de correspondants sûrs, tels que le marchand d'estampes florentin Luigi Bardi, qui l'informent et peuvent éventuellement acheter pour lui. Enfin, il ne faut pas oublier que les troubles de cette période ont mis sur le marché quantité d'œuvres qu'il était possible d'acquérir à bon compte et il ne fait guère de doute que Wicar ait su tirer parti de ces circonstances favorables.

Des notes sur un carnet de portraits exécutés selon toute probabilité vers 1790 laissent supposer que Wicar collectionnait déjà lorsqu'il travaillait à la *Galerie de Florence*. En tout cas, la mésaventure dont il fut victime à Florence en 1798-1799 prouve l'importance de sa moisson à cette date. Wicar avait alors laissé trois caisses de dessins à la garde d'un certain Giuseppe Giustini, mais celui-ci, pour plus de sûreté, les confie aux Pampaloni père et fils qui les ouvrent, vendent leur contenu au peintre Antonio Fedi et simulent un incendie pour donner le change. Fedi cède à son tour un certain nombre de pièces, notamment un lot important de dessins de Raphaël, au collectionneur anglais William Young Ottley de passage dans la ville au mois de février 1799. Lorsqu'il apprend l'affaire à Milan en juillet 1800, Wicar multiplie les démarches jusqu'aux plus hautes autorités pour récupérer son bien, mais en vain. Ottley conserve les dessins. Ils sont finalement rachetés par le peintre Lawrence, qui acquiert aussi la collection que Wicar avait lui-même vendue au marchand londonien Samuel Woodburn en 1823, afin de se faire construire une villa. La plupart des pièces réunies par Lawrence aboutissent au British Museum de Londres et surtout à l'Ashmolean Museum d'Oxford qui conservent ainsi un nombre impressionnant de dessins de Raphaël et de Michel-Ange ayant appartenu à Wicar.

Celui-ci entreprend aussitôt une troisième collection et a la satisfaction, en 1824, de duper Fedi en lui rachetant à bon compte, par personne interposée, les dessins qu'il possédait encore. C'est elle que, flatté des marques de considération dont il fut l'objet de la part de ses concitoyens au cours des dernières années de son existence, il lègue en 1834. Lorsque les caisses arrivent à Lille, on recense 68 dessins de Raphaël en 53 feuillets. Même si l'on retranche les attributions trop généreuses, l'ensemble reste exceptionnel. Il couvre la totalité de la carrière du peintre et offre des études très variées, dont certaines pour les compositions les plus célèbres comme *L'Ecole d'Athènes* et *La Dispute du Saint Sacrement*, mais on aura garde d'oublier l'une des pages les plus éblouissantes du maître, l'étude pour *La Vierge d'Albe*. Associés à ceux conservés aujourd'hui dans les musées anglais, ces dessins permettent d'affirmer avec Roseline Bacou que Wicar « apparaît finalement comme le collectionneur de Raphaël le plus judicieux et le plus heureux qui ait existé » (R. Bacou, « Ils existent. Le saviez-vous ? », dans *L'Œil*, avril 1957, p. 28).

H.O.

Remerciements

Nous exprimons notre reconnaissance, pour leur accueil et leur aide dans nos recherches, à :
N. Barbier, H.Y. van Boissum-Buisman, E. Brugerolle, X. Dejean, V. Ducoureau, S. Ferino-Pagden, A. Forlani Tempesti, M. Gerbaud van Berge, J.A. Gere, R. Harprath, C. van Hasselt, A. Jacque, M. Latour, A. Lefébure, C. Loisel-Legrand, L. Monacci, A.M. Petrioli-Tofani, Ph. et M. Pouncey, M. Stuffmann, N. Turner, L. Zentai et tout spécialement à P.A. Joannides.

Nous avons trouvé, au Musée des Beaux-Arts de Lille, auprès de H. Oursel et A. Scottez, une aide particulièrement amicale et efficace.

Nous exprimons notre gratitude, pour leur collaboration à :
M. Coursaget, J.P. Cuzin, J. Dragomir, L. Faillant-Dumas, H. Falkner Von Sonnenburg, A. Serullaz, A. Tournois, M. Vasselin.

Pour son aide au palais du Vatican, à F. Mancinelli.

Pour la préparation de la documentation bibliographique, à M. Pinault et pour ses travaux de traduction, à M. Dupont.

En raison de leur statut particulier, les dessins de Raphaël et de son école appartenant au Musée Bonnat, à Bayonne, et au Musée Condé, à Chantilly, font l'objet d'expositions particulières, dans leurs lieux de conservation.

Le catalogue a été établi par :

Françoise Viatte,
conservateur au Cabinet des Dessins :
pour les n°s 1 à 62, 113 à 115, 123, 124, 129 à 132.

Catherine Monbeig Goguel,
chargée de recherches au C.N.R.S. :
pour les n°s 63 à 112, 116 à 122, 125 à 128, 133 à 137.

avec la collaboration de Dominique Cordellier,
conservateur au Cabinet des Dessins.

Dominique Le Marois a assuré les travaux de restauration des dessins n°s 7 et 8, 9 et 10, 11 et 12, 13 et 14, 36 et 37, 85 et 86.

Note pour l'utilisation du catalogue :

— Dans le cas de feuilles dessinées au recto et au verso, les dessins de chacune des faces sont étudiés séparément et désignés par deux numéros distincts.
— Les dimensions des dessins sont données en millimètres. Dans le cas de feuilles aux bords irréguliers, on a tenu compte des dimensions maximales.
— La mention L. suivie d'un numéro, renvoie à l'ouvrage de Frits Lugt, *Les marques de collections de dessins et d'estampes,* Amsterdam, 1921 (supplément La Haye, 1956).

Bibliographie :

— Les *Corpus* de l'œuvre dessiné de Raphaël établis par O. Fischel (1913-1941) et P.A. Joannides (1983), reproduisant tous les dessins étudiés, sont cités sans mention des planches et figures.
— Les références concernant l'ensemble de la feuille (recto et verso) sont indiquées dans la bibliographie des *rectos.* Pour les *versos,* seules sont indiquées les mentions qui leur sont spécifiques.
— Seules les opinions remettant en cause l'attribution à Raphaël sont mentionnées dans la Bibliographie.

Dans le commentaire critique, les ouvrages suivants sont cités sous forme abrégée, sans indication de dates : Camesasca, 1966 ; Parker, 1956 ; Popham et Wilde, 1949 ; Pouncey et Gere, 1962 ; Stix et Fröhlich-Bum, 1932.

Les débuts

1500-1504

1 Projet pour le retable de saint Nicolas de Tolentino

Dans la partie haute, figure à mi-corps, dessinée d'après le modèle vivant, placée dans une mandorle, tenant des deux mains une couronne indiquée par un double trait. Un peu en-dessous, deux figures à mi-corps sur des nuages. Celle de gauche tient la couronne de la main droite et son manteau de la main gauche. A droite, de façon symétrique, saint Augustin présente la couronne de la main droite et tient la crosse de la main gauche. Au centre, une tête de séraphin. Dans la partie inférieure, au centre, figure en pied, avec indication du vêtement, tenant une croix du bras droit et piétinant le démon terrassé. Le bras gauche du démon est plié en arrière à la hauteur de la tête. A gauche figure debout, drapée se détournant vers la droite, également dessinée d'après le modèle. Elle tient un phylactère enroulé autour de ses épaules.
Autour du groupe supérieur, légères indications d'une voûte à caissons et, à gauche, semble-t-il, d'un pilastre. Dans la partie inférieure, sous le pied gauche de la figure debout, indication d'un plan en perspective, perpendiculaire à l'axe de la composition.
Pierre noire sur tracé au stylet visible par endroits : dans la figure de saint Augustin, dans celle de gauche, en bas, représentant un ange, enfin dans la tête de Dieu le Père. Mis au carreau à la pierre noire ; perforations visibles par transparence. Pointillé à la pointe du compas, sur une ligne verticale, dans l'axe de la figure, pour le personnage central, représentant saint Nicolas. Repentir dans la position du bras droit, à partir de l'épaule, pour cette même figure. H. 0,394 ; L. 0,248.
Taches sur toute la surface de la feuille, en particulier dans la partie haute, à côté du visage de Dieu le Père et sur celui de saint Augustin.

Hist. : J.-B. Wicar (L. 2568) ; légué à la ville en 1834.

Lille, Musée des Beaux-Arts. Inventaire Pl. 474.

Bibl. : Benvignat, 1856, n° 737 - Passavant, 1860, II, n° 386 - Weigel, 1865, p. 573, n° 6796 - Förster, I, 1867, p. 157, II, 1866 p. 341 - Robinson, 1870, pp. 111-113, sous n° 4 et note 18, pp. 351-356 - Ruland, 1876, p. 110, A.I., n° 1 - Gonse, 1878, p. 48 - Crowe et Cavalcaselle, I, 1882, pp. 119, 139-141 - Lübke, 1882, p. 128 - Wörmann, II, 1882, p. 630 - Morelli, 1882, pp. 155, 162, 172 - Springer, 1883, p. 64 et fig. 20 -Minghetti, 1885, p. 50 (douteux) - Müntz, 1886, pp. 103, 106, repr. - Morelli, 1887, p. 148, note 2 - Minghetti, 1887, p. 56 (douteux) - Lützow, 1888, p. 62 - Pluchart, 1889, n° 474 - Morelli, 1891-1892, p. 441 (Pinturicchio) - Morelli, 1893, pp. 324, 325, 364, 365 (Ecole de Pérugin) - Koopmann, 1897, pp. 474-475 - Fischel, 1898, n° 33 (Pinturicchio) - Ricci, 1903, p. 248 (Pinturicchio) - Gonse, 1904, p. 220 - Gronau, 1908-1909, p. 148 - Ricci, 1912, p. 329 - Fischel, 1912, pp. 112, 115, 118 et pl. 2 - Fischel, I, 1913, n° 5 - Fischel, 1913, p. 89 - Venturi, *Storia,* VII-2, 1913, p. 768, fig. 585 - Fischel, 1915, p. 95 et fig. 3 (détail) - Conway, 1916, pp. 145-146 - Venturi 1916, pp. 315-318, fig. 1 - Venturi, 1920, p. 97, fig. 1 - Venturi, *Storia,* IX-2, 1926, pp. 72, 78-81 et fig. 8 - Magherini et Giovagnoli, 1927, pp. 45, 49, 51, 56, 57 et pl. XXI - Venturi, 1927, n° 2, pl. 2 - Gamba, 1932, pp. 5, 30 et pl. 3 - Popham, 1939-1940, p. 50 - Middeldorf, 1945, n° 4 - Fischel, 1948, p. 25, pl. 3 et p. 357 - Ortolani, 1948, pp. 9-32 - Schöne, 1950, pp. 117, 119 et fig. 2 - Longhi, 1955, p. 17 - Parker, 1956, sous n° 504 - Bacou, 1957, p. 29 - Castelfranco, 1962, n° 1, repr. - Wittkower, 1963, p. 153 - Forlani Tempesti, 1968, p. 314, note 28, fig. 1 - Oppé, 1970, fig. 21 - Pope-Hennessy, 1970, p. 266, note 7 - Dussler, 1971, p. 2 - Beck, 1973, fig. 66 - Ray, 1974, n° 273, p. 351 et fig. 131 - Gould, 1975, p. 213 - Oberhuber et Ferino, 1977, p. 25 sous n° 22 - Kelber, 1979, p. 413 - De Vecchi, 1981, pp. 12, 13, 238, n° 4, fig. 3 - Beguin, 1982, pp. 107, 111 et fig. 14 - De Vecchi, 1982, p. 87, repr. - Oberhuber, 1982, p. 10 repr. - Cuzin, 1983, pp. 9, 11, fig. 2 - Joannides, 1983, n° 12r. et pl. 3 - Ferino-Pagden, 1983, p. 88 et fig. 33.

Exp. : Bruxelles, 1954-1955, n° 121 - Lille, 1961, n° 5 - Berlin, 1964, n° 70 - Paris, 1965, n° 233 - Lille, 1968, n° 79 - Amsterdam, Bruxelles, Lille, 1968, n° 76 - Florence, 1970, n° 76, pl. 64, n° 77, pl. 65 - Lille, 1983, n° 1, repr. (verso).

L'une des feuilles les plus célèbres de Raphaël, considérée le plus souvent, en raison de sa date et de sa destination, comme une référence essentielle à la compréhension du style des premières années. Elle constitue, recto et verso, une suite de recherches pour la première des œuvres documentées, le *Retable de saint Nicolas de Tolentino,* exécuté par Raphaël à l'âge de dix-sept ans. L'authenticité du dessin n'a plus été mise en doute après 1903, une fois abandonnées les propositions d'attribution à Perugin ou à Pinturicchio.

Le 10 décembre 1500, Raphaël et Evangelista da Pian di Meleto reçoivent la commande d'un tableau pour la chapelle Baronci, dans l'église Sant' Agostino de Città di Castello. Il est livré le 13 septembre 1501. On s'accorde pour l'identifier avec le *Couronnement de saint Nicolas de Tolentino,* aujourd'hui détruit mais connu grâces aux descriptions anciennes, aux dessins préparatoires et aux fragments conservés, qui font l'objet d'un étude complète dans cette exposition (P. n°s 1 à 3 A). Dans le projet d'ensemble exposé ici, saint Nicolas est représenté debout sur le démon terrassé. A gauche, bien détaché du centre, un ange portant un phylactère, le visage levé. La figure du haut est placée dans l'attitude qu'aura Dieu le Père. A ses côtés, deux demi-figures, études pour la Vierge et saint Augustin. Tout porte à croire, contrairement à ce qui a

1

été avancé parfois, qu'il s'agit d'un premier projet, d'une mise en place générale des figures et du cadre architectural et non du dernier dessin d'une série (Forlani Tempesti, 1968). Des variantes notables interviendront dans le détail, notamment pour la partie basse copiée par Costantini en 1791 (voir Béguin, 1982, et P. n°s 1 à 3 A), mais l'essentiel ne sera pas modifié. Le dessin de Lille, ainsi qu'une feuille double face, conservée à l'Ashmolean Museum d'Oxford, ont servi de base aux différentes reconstitutions du retable par Fischel (1912), Schöne (1950) et S. Béguin (1982). Il peut être considéré comme révélateur des intentions de l'artiste, au début de ses recherches : une articulation rigoureuse de formes soumise à une symétrie parfaite. La perforation de la feuille à la pointe du compas servant de repères, les indications de perspective, sous le pied gauche de saint Nicolas, l'axe vertical au pointillé partageant la feuille en deux « volets » sont significatifs des pratiques utilisées dès cette époque par Raphaël. La minutie de la préparation ne sera jamais incompatible avec la liberté de l'écriture, les premiers tracés au stylet encore visibles dans certaines parties en témoignent. Le retable aura des dimensions importantes, comparables à celles de la dernière de ses peintures, inachevée à sa mort, la *Transfiguration* du Vatican. L'ambition du projet est sensible dans le dessin. Tout participe à l'effet de projection dans l'espace qui en est le principe dominant : les regards des trois figures du haut convergent vers le centre, leur symétrie donne une certaine emphase aux gestes des mains tenant des couronnes, étudiés avec un soin particulier (Oxford, Ashmolean Museum, Parker, 504). Les couronnes elles-mêmes sont indiquées en trois dimensions. L'ensemble du dessin est exécuté d'après le modèle, à l'exception de saint Augustin, qui porte déjà le manteau et la mitre d'évêque. Cette habitude est souvent attribuée aux coutumes apprises par Raphaël chez Pérugin. Elle n'est pas uniquement le fait des ateliers ombriens, mais se trouve, exactement à la même date en Toscane, chez Fra Bartolomeo ou, à sa suite, chez un artiste aussi complexe que Girolamo Genga, qui fut peut-être le condisciple de Raphaël chez Pérugin, autour de 1500.

Ce retable, communément appelé *Couronnement*, par simplification, est conçu comme une image de dévotion et prend valeur d'emblème. En rassemblant, sur la même page, l'ensemble des motifs attachés à la représentation *glorieuse* de saint Nicolas, il élabore une iconographie composite à partir des récits légendaires attachés à la relation de sa mort (voir Béguin, 1982, pp. 101-102). Le *Couronnement*, ou plutôt la vision par le saint de son propre couronnement, est une image simplificatrice, forte, réunissant l'iconographie traditionnelle du saint (terrassant le démon) à celle, fictive, de ses derniers moments (la croix contenant les reliques, l'apparition de la Vierge et de saint Augustin, la présence des anges). Les références à Pérugin et, davantage encore en ce qui concerne les dessins, à Signorelli (voir verso) sont perceptibles dans les physionomies, comme dans les attitudes. L'ange de gauche, le visage en raccourci, rappelle la figure de Marie-Cléophas dans la *Famille de la Vierge* de Pérugin, peinte entre 1500 et 1502 (Marseille, Musée des Beaux-Arts ; Camesasca, 81 et le dessin du Louvre qui en dérive, Inv. 4365 ; attribué à Berto di Giovanni par S. Ferino, 1982, p. 52, sous n° 26 ; Geymüller, 1884, fig. 42)). C'est à Pérugin que revient également l'idée du phylactère enroulé autour des épaules, emprunté aux Sibylles du décor du *Cambio* (Oberhuber, 1978, p. 65).

La feuille d'Oxford a été mise en relations avec le retable un peu plus tard que celle de Lille, par Robinson, en 1870, (Parker, 504 ; Fischel, I, 1913, n° 7-8). Le recto représente des études de mains pour saint Nicolas et saint Augustin, le verso des recherches pour saint Augustin, le bras et la main de Dieu le Père, l'ange de gauche. Robinson a suggéré (pp. 351-356) que l'étude identifiée comme étant celle de saint Augustin, en pied, pourrait plutôt être interprétée comme un projet pour saint Nicolas de Bari. La présence de celui-ci dans la partie droite du retable, eût été conforme à l'iconographie souhaitée par les moines Augustiniens, commanditaires de l'œuvre.

Fischel (1912, p. 115) cite un dessin, non localisé, pour la draperie recouvrant les jambes de l'ange prévu à droite, qui ne figure pas encore dans le projet de Lille. Il faisait partie de la collection du baron de Triqueti, comme la *Tête de femme* de l'école des Beaux-Arts exposée n° 23 (Inv. 466 ; Fischel, I, n° 17). Il est possible qu'il s'agisse de la feuille du British Museum, aujourd'hui rapprochée de la *Présentation au Temple*, partie de la prédelle du *Couronnement de la Vierge*, du Vatican (Pouncey et Gere, 6 verso ; Fischel, I, n° 31 ; voir D. n° 27).

La détermination complète et précise du trait, le rendu des volumes et de la lumière sont caractéristiques de Raphaël à cette date. On rapprochera de cette feuille plusieurs études à la pierre noire (et fusain?) contemporaines, certaines encore classées sous le nom de Pérugin, comme les deux *saint* et *moine franciscain* du Musée Bonnat, à Bayonne, qu'il faut rendre à Raphaël (Inv. 1281, 685, Bean, 1960, n° 99-100 ; Russell, 1981, fig. 1-2).

2 Études pour le retable de saint Nicolas de Tolentino

Tête d'homme de face, inclinée sur la gauche, le regard dirigé vers le bas, indication des épaules et du buste ; deux projets de draperies ; dans la partie supérieure, en sens inverse, quatre croquis de cygnes et d'une cigogne avalant un serpent ; en bas à droite, détail du cortile d'un palais avec double arcature et un étage.
Pierre noire, pour la figure centrale et les drapés, plume, encre brune pour les oiseaux et le dessin d'architecture. Etude pour le drapé sur le bord droit ; croquis non indentifiés sur le bord supérieur et dans la partie inférieure droite. Trait d'encadrement à la pierre noire sur les quatre bords. H. :,409 ; L. 0,263.

Lille, Musée des Beaux-Arts. Inventaire Pl. 475 (verso de Inventaire Pl. 474).

2

Bibl. : Benvignat, 1856, n° 738 - Weigel, 1865, p. 573, n° 6797 - Robinson, 1870, p. 353 - Ruland, 1876, p. 110, A.I., n° 2 - Gonse, 1878, p. 50 - Geymüller, 1884, p. 12, fig. 1 (détail) - Müntz, 1886, p. 105 (détail - Pluchart, 1889, n° 475 - Fischel, 1912, pp. 112, 115 et pl. 5 - Fischel, I, 1913, n° 6 - Fischel, 1913, p. 94, fig. 9 (détail) - Venturi, *Storia*, VII-2, 1913, p. 768, fig. 586 - Venturi, 1916, pp. 315-318, fig. 2 - Venturi, 1926, p. 97, fig. 2 - Venturi, *Storia*, 1926, pp. 72, 78-79, fig. 9 - Venturi, 1927, n° 3, pl. 3 - Middeldorf, 1945, n° 5 - Schöne, 1950, p. 117 - Bacou, 1957, p. 29 - Castelfranco, 1962, pl. 2 - Forlani Tempesti, 1968, pp. 314, 315, note 28, fig. 2 - Pope-Hennessy, 1970, pp. 41, 43, fig. 29, 266, note 13 - Ray, 1974, pp. 274, 351, fig. 131 - Béguin, 1982, pp. 107, 111, fig. 15 - Brown, 1983, p. 117, fig. 48 - Joannides, 1983, n° 12v. et pl. 4.

L'étude pour la tête et les épaules d'une figure vue de face, au centre de la feuille, est généralement considérée, depuis sa publication par Fischel, comme un dessin pour Dieu le Père, dans la partie haute du *Couronnement* (voir recto n° 1). Venturi (1913) puis, plus récemment A. Forlani Tempesti, ont remarqué que le même modèle avait pu être également utilisé pour le visage de saint Nicolas. La comparaison de ce projet du verso, avec l'étude du recto, et, d'autre part, avec la copie de Costantini (Fischel, I, fig. 40) permet de souscrire à cette dernière hypothèse, qui est celle de Pope-Hennessy (1970). L'étude du visage et du buste apparaît comme une reprise détaillée, agrandie, de la figure du recto. Elle correspond moins au motif de Dieu le Père, dans la position de la tête et l'indication du regard, tel qu'il est représenté dans ce premier projet qu'à celui du saint. En revanche, elle s'apparente au modèle choisi pour Dieu le Père dans le fragment de la peinture achevée, conservée à Naples, directement issue, semble-t-il, des modèles de Signorelli (Fischel, I, fig. 38 ; P. n° 3). Il peut être comparé à celui d'Adam dans la *Création d'Eve* de la Bannière de Città di Castello (1499 ou 1503-1504 ; De V. 25 A). L'étude de drapé de la partie droite est une recherche pour le vêtement de l'ange de gauche, (P. n° 1). Elle correspond au détail non traité dans le dessin d'ensemble pour cette même figure, conservée à Oxford (Parker, 504 verso ;

Fig. 22-23. Études pour le *Retable de saint Nicolas de Tolentino.* Oxford, Ashmolean Museum (recto, verso)

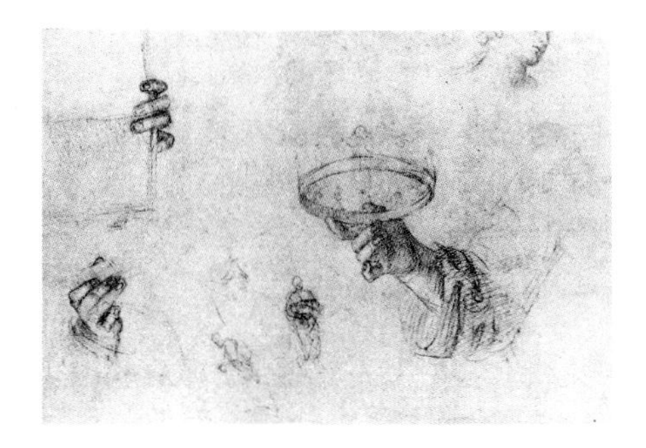

Fischel, I, n° 7). Cette suite de recherches menées à travers les feuilles d'Oxford et de Lille, étroitement complémentaires, témoignent d'une finesse et d'une précision dans la notation qui échappent à toute référence, à tout emprunt de motif ou d'écriture et font d'emblée de ce jeune maître de dix-sept ans un *padrone del segno*, selon l'expression de Venturi (1913, p. 768).

Les croquis d'animaux et la notation d'architecture, surprenants dans leur liberté, rendent à la feuille son statut de feuille d'étude. On s'est employé, sans grand succès, à rapprocher les oiseaux de motifs copiés dans des étoffes ou dans le décor du plafond du Cambio. Une autre analogie pourrait être trouvée dans les arabesques du décor de Signorelli à la chapelle Saint-Brice à Orvieto (Dussler, 1927, pl. 115-119). L'élévation du cortile a été justement rapprochée par Geymüller de ceux des palais ducaux de Gubbio et d'Urbino où se retrouvent des partis analogues.

3

3 Portrait de jeune homme

Il est vu de face, à mi-corps, la tête légèrement tournée vers la gauche. Il est coiffé d'une sorte de chapeau aux bords découpés et relevés.
Pierre gris noire. H. 0,255 ; L. 0,185.

Hist. : Rev. Dr. H. Wellesley (L. 1384) ; vente, Londres, Sotheby, 25 juin 1866 et treize jours suivants, dixième jour de vente, n° 1796 (Raphaël, *Tête de jeune homme au chapeau singulier*). Fr. Locker Lampson (L. 1692), annoté au verso, à la plume et encre brune : *Frederick Locker Bought at Dr. Wellesley's Sale, July 1866* ; probablement vente, Londres, Christie's, 11 avril 1919, n° 1212, (Raphaël, *Tête de l'artiste, collection Wellesley*). - Acquis par le baron Edmond de Rothschild ; legs au Musée du Louvre en 1935.

Paris, Musée du Louvre, Collection Edmond de Rothschild. Inventaire 771 D. R. recto.

Bibl. : Ruland, 1876, P. 331, IX, n° 1 - Fischel, I, 1913, n° 14 - Valentiner, 1927, pp. 255-258, repr. fig. 8 - Fischel, 1948, p. 357 - Wagner, 1969, pp. 34, 39-41, pl. 12 (anonyme) - Joannides, 1983, n° 65 (localisation inconnue).

Exp. : Paris, 1954, n° 82 (Pérugin) - Paris, 1960, n° 45 (Ecole de Pérugin).

Entré dans les collections du Louvre en 1935 et deux fois exposé depuis cette date, ce dessin a néanmoins échappé à l'attention de la critique moderne, à l'exception d'H. Wagner et de P. Joannides, qui en ignoraient la localisation. Fischel, qui l'a publié en 1913, alors qu'il se trouvait dans la collection Locker Lampson à Rowfant, croyait, à tort, y déceler des reprises dans le tracé des yeux. Il le considérait bien comme un original de Raphaël, comme l'avait fait Ruland, puis Valentiner. Tous trois s'accordent pour relever la similitude du motif avec ceux de Pérugin, plus précisément avec la figure du prophète *Daniel* dans une des lunettes du Cambio et proposent une datation entre 1500 et 1504, à l'époque des travaux pour Città di Castello et du *Sposalizio* de Milan. Valentiner suggère un rapprochement avec une figure de la *Légende de saint Nicolas de Tolentino*, du Musée de Detroit (De V. 13 C. *Le bienheureux Nicolas ressuscite deux colombes* ; 1500-1501).

H. Wagner, dans son étude un peu trop systématique des pseudo-portraits et autoportraits de Raphaël, propose de considérer le dessin du Louvre comme l'œuvre d'un artiste inconnu représentant le peintre âgé de seize ou dix-sept ans. Ce portrait aurait servi de modèle pour le *Daniel* du Cambio. Il est rapproché par le même auteur de deux autres portraits d'adolescents, à la pierre noire, autrefois attribués à Pérugin et ayant également passé pour être des portraits de Raphaël (Oxford, Ashmolean Museum : Parker, 515 et Cambridge, Fogg Art Museum ; Wagner, pl. 11). Il faut ajouter à ce groupe une étude de tête, conservée au British Museum, portant une inscription identique à celle du dessin d'Oxford mais probablement antérieure, datée vers 1500 par Ph. Pouncey et J. Gere (n° 1 verso, pl. 1). Ces derniers envisageraient, dans ce dernier cas, l'hypothèse d'un autoportrait, vers seize ou dix-sept ans. Il est possible que le modèle du dessin de la collection Rothschild soit le même que celui du British Museum. Le degré de finition du premier le rend moins vivant et, d'une certaine manière, plus impersonnel, à cause de la référence à Pérugin. Mais le regard est le même, ainsi que le modelé du nez et de la bouche. Le rapport avec la figure de *Daniel*, au Collegio del Cambio, ne remet pas en cause son attribution à Raphaël. La qualité du dessin, recto et verso, est bien la sienne et la facture étrangère à tout ce que nous connaissons de Pérugin et de ses élèves pour ou d'après les fresques du Cambio (voir Ferino-Pagden, 1982, n° 24-30, fig. 25 à 31). Il doit être considéré, semble-t-il comme un exemple des exercices « libres » effectués autour de 1500 par le jeune peintre chez Pérugin, comparable à ceux que nous connaissons par ailleurs (voir D. n° 11). La participation éventuelle de Raphaël au cycle de la Sala dell' Udienza, au Collegio del Cambio, peint par Pérugin entre 1496 et 1500, repose sur le fait que les documents mentionnent la présence de deux *garzoni* parmi les assistants. La chronologie précise du Cambio n'est pas connue et les tentatives de distinction des « mains », patiemment menées par les historiens, sont aujourd'hui acceptées avec réserve (voir Wittkower, 1963, p. 161; Dussler, 1971, p. 68; Oberhuber, 1978, pp. 63-65).

La lunette représentant *Dieu le Père avec prophètes et sibylles*, dans laquelle se trouve *Daniel*, est sur le mur du fond de la salle, face à celle des Vertus *Force* et *Tempérance* (Camesasca, 71 P, pl. XLII). Elle se situerait, selon K. Oberhuber, assez tôt dans l'élaboration du cycle, soit vers 1498, après le décor du plafond (op. cit. p. 65). Selon A. Venturi, elle serait entièrement l'œuvre de Raphaël, responsable également de l'allégorie de la *Force* (Venturi, *Storia*, 1926, p. 8). Les nombreuses variantes du dessin exposé avec le modèle de la fresque interdisent d'y reconnaître une copie au sens propre du terme.

Fig. 24. Pérugin
Décor du Collège du Cambio.
Pérouse

4 Feuilles d'études avec nuages et figure assise, lisant (?)

Dans la partie inférieure, croquis d'architecture, nef et façade d'une église à fronton, vue en perspective, latéralement.
Pierre noire et brune, trace d'encadrement à la pierre noire en bas à droite. Trait à la règle, à la pierre noire sur le bord gauche, en haut de la feuille. Repentirs dans la jambe droite de la figure. Taches brunes. A gauche, annotations à la plume (voir *Hist.*, n° 3).

Paris, Musée du Louvre, Collection Edmond de Rothschild, Inventaire 771 D.R. verso.

Exp.: Paris, Louvre, 1960, sous n° 45 (Ecole de Pérugin).

L'existence de ces croquis, non mentionnés dans les ouvrages relatifs à l'étude du recto, n'a pas été relevée jusqu'à maintenant, à l'exception de sa mention dans la notice de l'exposition de 1960. Il s'agit vraisemblablement d'une des premières feuilles d'études de Raphaël. L'utilisation de la pierre noire était considérée jusqu'à maintenant comme réservée de préférence aux projets plus arrêtés, destinés à des œuvres peintes (voir Fischel, I, n° 2, 5, 7, 8, 11; D. n° 15, 22). Il semble au contraire que Raphaël l'ait utilisée également, dans ses débuts, pour des études de figure, de petit format, exécutées d'après le modèle vivant, révélant une réelle similitude de facture dans le traitement simplifié des formes, le géométrisme des visages. Certaines sont empruntées à des compositions de Pérugin, ce qui a permis d'attribuer l'ensemble à celui-ci selon la proposition émise par Fischel (voir, en particulier Oxford, Ashmolean Museum, Parker, 28 à 30; Bayonne, Musée Bonnat, Bean, 1960, n° 99 à 101; Fischel, 1917, fig. 32 à 34, 148, 152, 158; Russel, 1981, pp. 11-12, fig. 1-2). L'indication des vêtements, superposée au tracé de la figure, bien visible ici, est particulière à ce groupe. C'est un procédé que Raphaël utilisera plus tard, dans les études d'anges du *Couronnement Oddi*, par exemple (De V. 24; voir D. n° 24). On le trouve, dès 1499-1500 dans les études pour le *Retable de saint Nicolas de Tolentino*, dont cette petite étude est très proche (Parker, 504 verso; Fischel, I, n° 7). Les études de nuages de la partie supérieure, d'une grande qualité poétique, n'ont pas d'équivalent, semble-t-il, dans l'œuvre dessiné de Raphaël tel qu'il est compris aujourd'hui. Elles sont exécutées d'après nature, peut-être dans l'intention de les inclure dans une composition peinte. Les motifs de nuages supportant des figures, traités comme un plan fixe, parallèle au sol, se retrouvent dans la *Résurrection* de São Paulo (1501-1502? - De V 18) et le *Couronnement Oddi* (1502-1503). Pinturicchio, dans un esprit plus narratif, en tirera un effet luministe dans le *Départ d'Enea Silvio Piccolomini pour le Concile de Bâle*, partie du décor de la *Libreria* de Sienne (voir D. n° 17). Motifs abstraits, ils se réfèrent à l'iconographie utilisée par Pérugin dans les représentations d'allégories ou de visions extatiques (lunettes du Cambio et *Pala de Vallombrosa*, par exemple; Camesasca XXXVIII D., XXXIX A. et B., LI). Selon K. Oberhuber (comm.

Fig. 25. Pinturicchio,
Fresque de la Libreria Piccolimini.
Sienne

4

or.), la silhouette assise et les nuages pourraient être rapprochés des cartons pour la *Libreria Piccolomini* (Fischel, I, n° 62).

5 Saint Jean Evangéliste

Plume, encre brune, H. 0,191 ; L. 0,082. Trait d'encadrement à la plume et encre brune. Doublé. Taches et jaunissements sur les bords.

Hist. : P.-J. Mariette (L. 1852) ; vente, Paris, 1775, partie du n° 699 (Raphaël) - Ch. P.-J.-B. de Bourgevin - Vialart de Saint Morys - Saisie des Emigrés ; marque du Louvre (L. 1886).

Paris, Musée du Louvre. Inventaire 3870 recto.

Bibl. : Recueil Saint Morys, 1783, pl. 113 - Inventaire manuscrit Morel d'Arleux, 12621 - Passavant, 1860, II, n° 333 - Ruland, 1876, p. 120, CXVII, n° 1 - Tauzia, 1879, n° 1609 - Crowe et Cavalcaselle, I, 1882, p. 239, note - Chennevières [1882], pl. 13 - Seidlitz, 1891, p. 6 - Morelli, 1891-1892 p. 293 (faux) - Fischel, 1898, n° 479 (perugisnesque) - Fischel, I, 1913, n° 10 - Conway, 1916, p. 146 - Fischel, 1948, p. 357 - Forlani Tempesti, 1968, p. 418, note 31 - Cocke, 1969, p. 25, pl. 7 - Goldberg, 1971, p. 234, note 7 - Joannides, 1983, n° 16 (comme verso).

La figure de saint Jean Evangéliste est inspirée de la sculpture de Donatello, placée sur la façade du Dôme de Florence (Fischel, I, p. 45, fig. 41). Il présente des variantes dans la position de la tête, l'expression du visage, l'indication des cheveux, de la barbe et du vêtement. La partie inférieure est uniquement tracée, à la différence des pieds, plus nettement indiqués et différents de ceux du modèle sculpté. La majorité des historiens s'accordent pour y reconnaître une œuvre de jeunesse. Crowe et Cavalcaselle préfèrent l'inclure dans la suite des dessins préparatoires à la *Gloire de la sainte Trinité*, peinte dans le Monastère de San Severo à Pérouse (voir D. n° 46). Le traitement de la plume et le hiératisme de la silhouette offrent des analogies avec plusieurs feuilles de la jeunesse de Raphaël, en particulier avec l'étude d'archer, d'après Signorelli, qui se trouve au recto du projet d'Oxford pour la Bannière de Città di Castello (Ashmolean Museum ; Parker, 501 ; Fischel, I, n° 2). Fischel compare le modelé du visage à celui de Dieu le Père dans la *Création d'Ève*, partie de cette même composition (1499 ; De V., 25 A.). Il semble que le même type physionomique ait été repris dans plusieurs œuvres réalisées autour de 1500 et un peu après, telles que le *Retable de saint Nicolas de Tolentino* (P. n°s 1 à 3 A) et le *Sposalizio* (De V., 28).

Plus proche de l'interprétation que de la copie au sens littéral, cette feuille constitue l'une des premières marques de l'intérêt porté par Raphaël à la sculpture florentine, avant le séjour de 1504. Un groupe de guerriers, appartenant à la suite dite du « Grand Carnet florentin », inspiré par le saint Georges de Donatello à Or San Michele, constitue un exemple plus tardif de cette même attraction (Oxford, Ashmolean Museum ; Parker, 523 ; Fischel, II, 87. Au sujet de l'influence de Donatello sur Raphaël, voir Oberhuber et Vitali, 1972, p. 23, av. bibl. ; Ferino-Pagden, 1982, n° 27).

5

Fig. 26. Donatello, *Saint Jean Evangéliste.* Florence, Duomo

L'hypothèse selon laquelle Raphaël se serait servi, pour le *Saint Jean* du Louvre, d'un croquis intermédiaire de Pérugin, ne repose sur aucune base vérifiable. Avancée par Fischel, elle a été reprise par Conway et plus récemment, par V.L. Goldberg. Tous trois s'appuient sur le fait que Pérugin s'était lui-même inspiré à plusieurs reprises de Donatello, vers 1499-1500 (voir Fischel, loc. cit. et Parker, 523). La connaissance, par Raphaël, de la sculpture florentine du Quattrocento, en particulier d'Andrea della Robia, apparaît clairement dans les œuvres antérieures à la période florentine (voir D. n° 14). Elle s'explique bien si l'on souscrit à l'hypothèse, communément admise aujourd'hui, d'un ou plusieurs séjours à Florence, avec Pérugin, entre 1496 et 1498 (voir Longhi, 1955, p. 17; Becherucci, 1968, pp. 12-15; 1974, pp. 191-195; Forlani Tempesti, 1968, p. 316; Oberhuber, 1978, p. 67).

Le dessin figurait, à la fin du dix-huitième siècle, sur le même montage que le *putto volant*, exposé n° 10.

6 Tête d'homme de trois quarts à gauche, le regard levé

Pierre noire sur premier tracé au stylet. H. 0,181 ; L. 0,082. Double trait d'encadrement à la plume et encre brune (montage).

Paris, Musée du Louvre. Inventaire 3870 verso.

Bibl. : Ruland, 1876, p. 331, X, n° 1 - Fischel, I, 1913, n° 9 - Conway, 1916, p. 146. Forlani Tempesti, 1968, p. 148, note 31 - Cocke, 1969, p. 25, pl. 5 - Joannides, 1983, n° 16 (comme recto).

Fischel propose de reconnaître dans cette étude un projet destiné à la tête de Satan, dans le *Retable de saint Nicolas de Tolentino.* Le motif est inversé dans le projet d'ensemble mais la copie de Costantini permet de savoir que la position de Satan fut ultérieurement modifiée par Raphaël. Ce rapprochement a

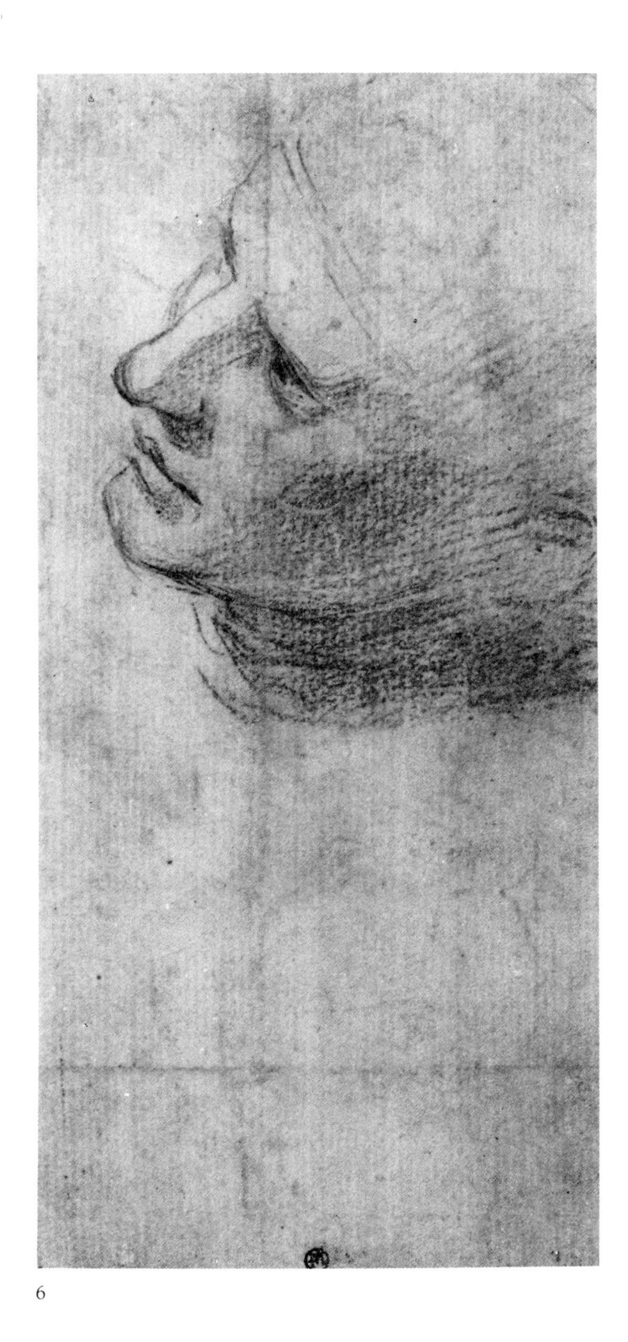

6

été maintenu par la critique récente (S. Béguin, comm. or.), bien que ce profil soit pratiquement passé sous silence dans les études relatives à la genèse du *Retable* (voir D. n° 1-2). Fischel souligne le fait que des motifs comparables de têtes vues en raccourci se trouvent chez Pérugin, dans des œuvres datables vers 1495-1500 (*Déploration*, dite *de Santa Chiara*, à Florence et lunette du Cambio représentant *Dieu le Père avec prophètes et sibylles* ; Camesasca, 41 et 71 P). Il semble que l'analogie, qui pourrait être relevée dans de nombreux cas, soit le fait d'un archétype commun à Pérugin et à Raphaël dont on trouverait l'origine chez Signorelli.

L'identification avec la figure de Satan terrassé est difficile à maintenir, bien que le dessin ait probablement été conçu au moment de l'élaboration du *Retable*. Le traitement de la pierre, la préparation au stylet, le type physionomique du personnage sont les mêmes que ceux des dessins d'Oxford et de Lille. Toutefois, nous connaissons, pour cette époque, si peu de dessins à la pierre noire, susceptibles d'être rattachés à des peintures que le regroupement autour d'une seule œuvre d'une suite de feuilles, comparables du point de vue technique, peut paraître abusive et relever de la facilité. Le visage qui figure dans le dessin exposé n'est pas celui d'une figure allongée mais bien celui d'un personnage vu dans une perspective verticale et de bas en haut, comme l'indiquent l'ombre portée sur la joue, l'inclinaison de la tête, la direction du regard. Le bord d'une coiffure, bandeau ou bonnet, visible sur le front, le différencie de la tête de Satan, cornu et bouclé dans le projet de Lille. Il est difficile de déterminer ce qu'a pu être la destination d'une telle étude, dans la perspective des recherches pour le *Retable de saint Nicolas*. Le regard levé exclut toute possibilité de rapprochement avec les trois figures de la partie haute, mais il est probable que le modèle qui a servi pour saint Nicolas (D. n° 2) a également posé pour ce personnage. La préparation au stylet, si importante sur le dessin de Lille, notamment dans la tête de saint Augustin, indique que chaque figure a dû être élaborée à partir d'une étude d'après nature.

7 Vierge à l'Enfant dans un paysage

Plume, encre brune sur premier tracé au stylet ; trait d'encadrement à la plume et encre brune sur les quatre bords. H. 0,123 ; L. 0,122.

Hist. : E. Jabach (L. 2961). Entré en 1671 dans le Cabinet du Roi ; marques du Louvre (L. 1899 et 2207).

Paris, Musée du Louvre. Inventaire 3855 recto.

Bibl. : Inventaire manuscrit Jabach, II, 10 (Raphaël) - Inventaire manuscrit Morel d'Arleux, 1420 - Passavant, 1860, II, p. 467, n° 325 - Weigel, 1865, p. 547, n° 6711 - Ruland, 1876, p. 54, A.I., n° 2 - Tauzia, 1879, n° 1607 - Schmarsow, 1880, p. 27 - Morelli, 1881, p. 274 (Pinturicchio) - Springer, 1881, p. 380 - Chennevières, (1882), pl. 9 - Lübke, 1882, p. 91 - Crowe et Cavalcaselle, I, 1882, p. 108 - Morelli, 1882, pp. 150, 155 - Wörmann, II, 1882, p. 626 (Pinturicchio) - Springer, 1883, I, p. 319 (douteux) - Wickhoff, 1884, p. 62 (Pinturicchio) - Minghetti, 1885, p. 48 (Pintuticchio) - Müntz, 1885, p. 338 - Müntz, 1886, pp. 190-191, repr. face p. 192 - Lützow, 1888, p. 68 (Pinturicchio) - Koopmann, 1889, p. 60 (Pinturicchio) - Seidlitz, 1891, p. 5 (Pinturicchio) - Morelli, 1891-1892, p. 293 (Pinturicchio) - Morelli, 1893, pp. 244, 283, 290, 308, 335, 350, 364-365, repr. p. 315 (Pinturicchio) - Koopmann, 1897, p. 146, n° 69 - Fischel, 1898, n° 3, (Pinturicchio) et p. VIII - Fischel, I, 1913, n° 43 - Conway, 1916, p. 15 - Venturi, 1920, p. 117, fig, 33 - Fischel, 1948, p. 357 - Forlani Tempesti, 1968, p. 419, note 39 - Malke, 1980, p. 150, sous n° 73 - Ferino-Pagden, 1982, *Prospettiva*, pp. 72, 74, note 5 - Joannides, 1983, n° 20r.

7

Fig. 27. Raphaël, *Madone Solly*. Berlin, Musée

Le dessin était présenté, à la fin du dix-huitième siècle, sur le même montage qu'une *Vierge à l'Enfant*, aujourd'hui classée parmi les feuilles de l'atelier de Raphaël (Inv. 4280). Son authenticité, reconnue par Passavant, qui la situe vers 1504, Ruland et Tauzia, a été contestée par Morelli (1881), puis par la majorité des historiens, à l'exception de Lübke et de Müntz, qui la datent du début du séjour de Raphaël à Florence. Fischel, en 1898, suivant l'opinion déjà émise avant lui, reconnaissait dans la feuille exposée un projet de Pinturicchio utilisé par Raphaël pour la *Madone Solly*, l'une des premières Vierges « ombriennes » et des plus fortement redevables à l'influence de Pérugin (Berlin Staatliche Museen, 1500-1501 ; De V. 14). Reprenant la proposition de classement de Müntz et de Koopmann, Fischel regroupait les dessins alors considérés comme préparatoires à la *Madone Solly*, sous le nom de Pinturicchio (Fischel, 1898, n° 3 à 7 ; voir D. n° 30). Crowe et Cavalcaselle, avaient cependant relevé des différences notables entre le dessin du Louvre et le tableau de Berlin, aussi bien dans l'attitude de la Vierge, celle de l'Enfant et le rapport des deux figures, que dans le fond de paysage (1882, pp. 106-107). Les mêmes auteurs suggéraient que la feuille pouvait simplement être considérée comme l'une des étapes de l'élaboration du thème de la *Vierge au livre*, poursuivi autour des années 1500-1505, sans constituer un projet directement lié à la *Madone Solly*. Ils y voyaient, à juste titre, la preuve de l'attention avec laquelle Raphaël, au cours de ces années, reprenait inlassablement les modèles vus dans l'atelier de Pérugin en tentant de les adapter à son propre langage (voir De V. 9). Dans le premier volume de son *Corpus*, paru en 1913, Fischel revient sur son propos en donnant le dessin à Raphaël et le place en tête d'un groupe d'études de Madones, contemporain des premiers travaux pour Città di Castello (Fischel, I, n° 43-54). Tout en maintenant le rapport avec la *Madone Solly*, il relève une similitude, dans l'exécution soignée du visage et l'élaboration de la coiffure, avec les portraits de jeune fille exécutés dans cette même période (Londres, British Museum ; Pouncey et Gere, 13 ; Fischel, I, n° 33). Plus récemment A. Forlani Tempesti a proposé de lier cette *Vierge à l'Enfant* à la *Vierge entre saint Roch et saint Sébastien*, exposée ici (D. n° 13) et d'y reconnaître une œuvre postérieure à la *Madone Solly*.

Il semble correct de suivre l'hypothèse formulée par Crowe et Cavalcaselle en retenant l'idée d'un projet, non retenu, pour une *Vierge à l'Enfant lisant*, contemporain des recherches pour la *Madone Solly*. L'attitude de l'Enfant et le geste de la Vierge font directement référence à Pérugin (*Vierge à l'Enfant* de Washington, National Gallery ; Camesasca, 79), mais les indications de paysage sont voisines de celles du projet d'Oxford pour la *Madone Norton Simon* (Parker, 508 ; Fischel, I, 48-49). L'attitude de l'Enfant se retournant se retrouve dans un dessin à la pointe de métal, conservé à Oxford (Ashmolean Museum ; Parker, 502 ; Fischel, I, texte, fig. 30).

grande dimensions, comportant plusieurs croquis, divisée au moment où les dessins furent montés, alors qu'ils appartenaient à E. Jabach. La *Vierge à l'Enfant* du recto a été encadrée d'un trait de plume au moment de sa réalisation, par Raphaël.

Le même type de putto se retrouve dans un dessin de Pérugin ou de son école, représentant *six enfants jouant*, conservé dans la collection Lehman au Metropolitan Museum de New York (Szabo, 1978, n° 29 ; Ferino-Pagden, 1982, sous n° 83/20). L'attribution à Raphaël, mise en doute par certains historiens, à la suite de Morelli, est à conserver. L'indication si

8 Deux enfants jouant

Dans la partie inférieure gauche, on aperçoit la partie supérieure du crâne d'un troisième enfant.
Plume, encre brune sur traces de pointe de plomb (?). H. 0,114 ; L. 0,113.

Paris, Musée du Louvre. Inventaire 3855 verso.

Bibl. : Passavant, 1860, II, n° 325 - Ruland, 1876, p. 141, A XI., n° 1 - Schmarsow, 1880, p. 27 - Morelli, 1881, p. 274 (Pinturicchio) - Chennevières (1882), pl. 9 - Crowe et Cavalcaselle, I, 1882 p. 108 - Wickhoff, 1884, p. 62, note 2 (Pinturicchio) - Müntz, II, 1885, p. 195 - Müntz, 1886, pp. 171, 192, repr. - Koopmann, 1889, p. 60 (Pinturicchio) - Koopmann, 1890, p. 21 - Morelli, 1891-1892, p. 293 (Pinturicchio) - Morelli, 1893, p. 283 - Koopmann, 1897, p. 147, n° 70 - Fischel, 1898, n° 493 et p. VIII (Pinturicchio) - Fischel, I, 1913, n° 43 et note 1, texte, fig. 59 - Ferino-Pagden, 1982, p. 58, sous n° 32 - Joannides, 1983, n° 20v.

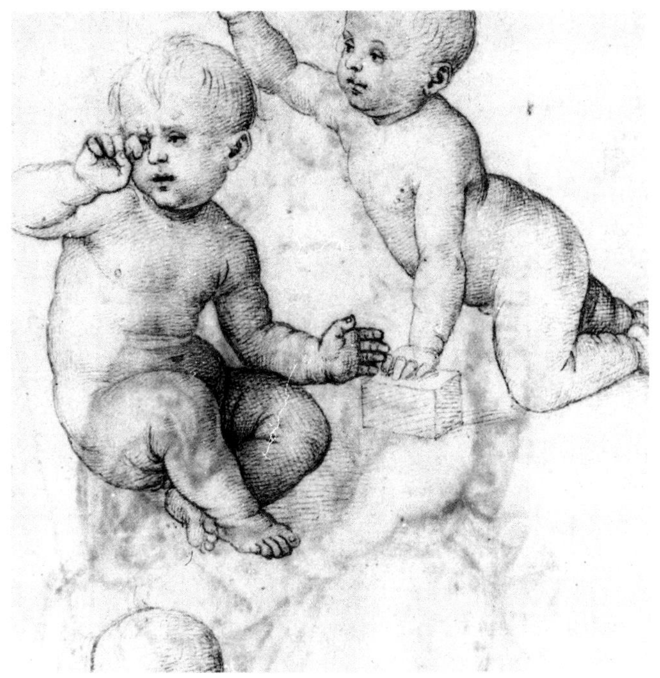

8

Ce motif est interprété indifféremment comme celui de deux enfants jouant ou se querellant. Sa destination n'est pas connue actuellement. Il s'agit d'un fragment d'une feuille plus importante, coupée sur les bords supérieur et inférieur à une date récente, car les détails qui apparaissent sur la reproduction de Fischel (1913) ont disparu depuis. Deux contre-épreuves à la sanguine, conservées au Louvre, reproduisent la même composition, à laquelle s'ajoute un troisième putto, allongé sur le coude droit, correspondant au dessin dont on ne voit qu'un fragment, sur le bord inférieur (Inv. 4246 et 4246 bis). Ces deux feuilles n'en faisaient qu'une et ont été séparées après la publication de Fischel, qui mentionne un seul dessin (avec un faux n° Inv.). Les motifs sont réalisés à une échelle plus grande et restituent ce que devait être la composition d'ensemble. Il est possible que le dessin exposé ait été copié à la sanguine et que la contre-épreuve ait été éxécutée à partir de cette copie, aujourd'hui disparue. L'enfant allongé dont on ne voit que le crâne se poursuit au verso du dessin de *putto ailé* (D. n° 10), et les deux feuillets, réunis, se juxtaposent presque parfaitement. La partie manquante, dans les yeux du putto allongé, correspond à la marge rognée au moment d'un montage malheureux. La trame du papier des dessins (Inv. 3855 et 3881) correspond parfaitement, comme on a pu l'observer au moment où le verso du dessin Inv. 3381 (D. n° 10) a été dégagé à l'occasion de l'exposition. Le dessin exposé a donc pu appartenir, ainsi que le *putto ailé* à une feuille de plus

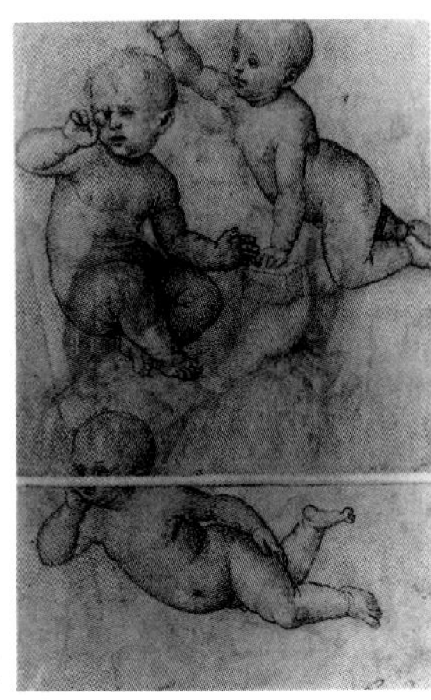

Fig. 28. Montage des dessins exposés sous les n°s 8 et 9

Fig. 29. Contre-épreuve du n° 8, Louvre, Cabinet des Dessins (Inv. 4246 bis)

particulière du visage et des mains n'appartient qu'à lui ; elle est comparable à celle de l'Enfant, au recto de cette même feuille. Il semble que Raphaël ait constitué, dans ses débuts, comme l'indique S. Ferino-Pagden, une sorte de répertoire de motifs, analogues à ceux des carnets de croquis qui circulaient en Italie à cette date, dans lesquels le thème des enfants avaient une part importante. Les jeux, bacchanales ou groupe d'enfants, liés à la représentation des *Conversations sacrées* apparaissent chez Pérugin et ses élèves. Ils trouvent leur origine dans les motifs sculptés et la gravure italienne du Quattrocento. L'album autrefois attribué à Raphaël, connu sous le nom d'« Album de Venise » en fournit plusieurs exemples comparables (Ferino-Pagden, 1982, n° 32 et 83/20).

9 Putto allongé vers la gauche, reposant sur le coude droit

Le dessin est coupé dans la partie supérieure.
Plume, encre brune. Trace de sanguine dans la partie inférieure. Annoté à la plume et encre brune, dans le coin inférieur droit : *6. 2.*

Paris, Musée du Louvre. Inventaire 3881 verso.

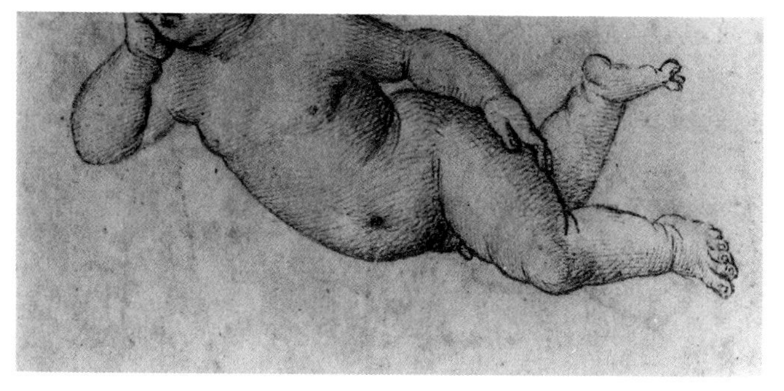

9

Ce dessin a été détaché de son montage, sur lequel il était collé en plein, à l'occasion de l'exposition. Voir recto, n° 8. Il manque quelques millimètres entre les bords supérieur et inférieur de ce feuillet et la *Vierge à l'Enfant*, exposée sous le n° 7 (Inv. 3855).

10 Putto ailé se balançant sur une bandelette et tenant de la main gauche une lampe embrasée

Plume, encre brune sur premier tracé au stylet et traces de pierre noire. H. 0,158 ; L. 0,126. Collé en plein.

Hist. : E. Jabach (L. 2959) ; montage à bande dorée des *Dessins d'Ordonnance*. Entré en 1671 dans le Cabinet du Roi ; marques du Louvre (. 1899 et 2207).

Paris, Musée du Louvre. Inventaire 3881.

Bibl. : Inventaire manuscrit Jabach, II, 584 - Inventaire manuscrit Morel d'Arleux, 2740 - Passavant, 1860, II, n° 339 - Ruland, 1876, p. 52, IV - Tauzia, 1881, n° 1615 - Chennevières (1882), pl. 26 - Wickhoff, 1884, p. 62, note 2 (Pinturicchio) - Müntz, 1885, *Geymüller* II, p. 272, repr. - Morelli, 1887, p. 154, note 1 (Pinturicchio) - Morelli, 1891-1892, p. 293 (Pérugin) - Morelli, 1893, p. 372, note (Pérugin) - Fischel, 1898, n° 492 (Pérugin) - Fischel, 1917, p. 235, n° 179 (Ecole de Pérugin, dessinateur anonyme) - Venturi, 1920, repr. p. 128 - Joannides, 1983, n° 21.

Ce dessin, attribué à Raphaël par Passavant, qui le datait vers 1506, est donné par Fischel à l'école de Pérugin. Il a probablement appartenu à une feuille de plus grandes dimensions, dont il a été détaché. L'existence, au verso, d'une étude de putto allongé, indique qu'il devait être réuni probablement avant d'entrer chez Jabach, à la *Vierge à l'Enfant* exposée n° 7 (Inv. 3855). La partie supérieure du crâne du putto correspond à celui qui apparaît au verso de ce dessin (n° 8), ce qui permet d'avancer que les deux feuilles, recto et verso, ont pu faire partie d'une suite de croquis disposés sur une seule page, peut-être celle d'un carnet. De même que pour les *deux enfants jouant*, il existe une contre-épreuve à la sanguine du verso (Inv. 4246) et un autre du recto (Inv. 4243), présentant les mêmes différences d'échelle, ainsi que plusieurs variantes qui les distinguaient des originaux.

Le motif de ce putto tenant une lampe embrasée, personnifiant la Foi ou l'ardeur religieuse, ne se retrouve pas chez Raphaël. Son caractère archaïsant a permi de le donner à Pinturicchio et à Pérugin. Il est possible qu'il ait été conçu pour ou d'après la partie supérieure d'une *pala* d'autel, en pendant à un autre. Des motifs très comparables de putti porteurs de guirlandes apparaissent dans le décor de Pinturicchio pour les *appartements Borgia*, au premier étage du Vatican (1492-1493 ; Carli, 1960, pp. 43-52, pl. 79, 80, 86). S. Ferino-Pagden indique que le motif de ce dessin se retrouve dans un panneau décoratif du Musée de Princeton, peut-être dérivé d'un dessin

perdu de Raphaël (voir Joannides, 1983). Des motifs comparables d'anges, entourés de leurs ceintures ou tenant des banderoles, apparaissent dans les peintures réalisées autour de 1500 ou immédiatement après (*Crucifixion Mond* ou lunettes de la *Pala Colonna*, De V. 23 A et 42 A). Raphaël se montre ici particulièrement sensible à l'influence de Pinturicchio, avec lequel il est probablement en contact à cette date (voir D. n° 17). Des putti porteurs de guirlandes figurent dans le décor du plafond de la Libreria Piccolomini, au Dôme de Sienne, peint par Pinturicchio vers 1503 (Carli, 1960, pl. 142). L'exécution du dessin, l'attitude de l'Enfant sont proches des études de Vierges de cette même période (D. n° 13).

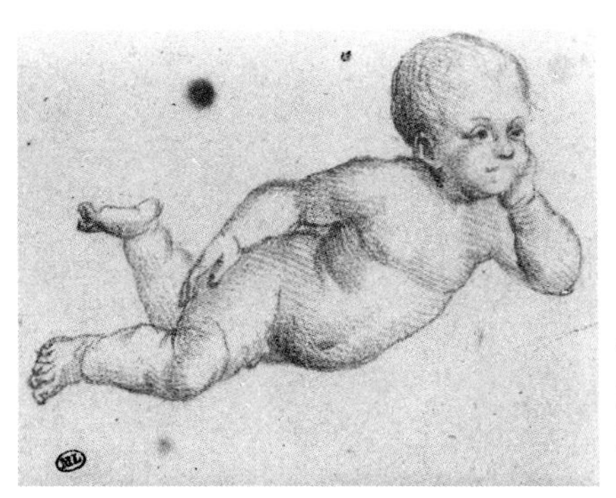

Fig. 30.
Contre-épreuve du n° 9,
Louvre,
Cabinet des Dessins
(Inv. 4246)

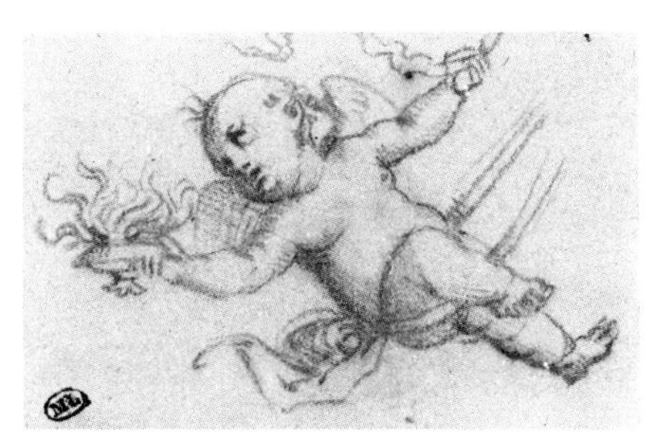

Fig. 31.
Contre-épreuve du n° 10,
Louvre,
Cabinet des Dessins
(Inv. 4243)

11 Jeune homme nu, un genou à terre, tourné vers la droite

Dans la partie inférieure droite, étude du visage et du buste du même personnage, presque entièrement effacée.
Plume, encre brune sur quelques traits à la pierre noire. Dessin constitué de deux feuillet assemblés, de dimensions égales. H. 0,142 ; L. 0,218. Bande de renfort sur la pliure centrale. Trait d'encadrement à la plume et encre brune. Jaunissements. Traits de plume en haut à droite.

Hist. : J.-Ed. Gatteaux (L. 852). Don au Musée du Louvre en octobre 1873 ; marque du Louvre (L. 1886).

Paris, Musée du Louvre. Inventaire RF 49 recto.

Bibl. : Ruland, 1876, p. 328, L VIII, n° 1 («peruginesque») - Chennevières (1882), s.p. - Tauzia, 1889, n° 1612 - Fischel, I, 1913, texte, pp. 37-40, repr. fig. 35 - Fischel, 1917, p. 134, n° 71, fig. 136 (Raphaël jeune ?) - Fischel, 1948, p. 257.

Cette étude dérive de la figure d'apôtre (saint Jacques ?), à droite, dans la *Transfiguration* de Pérugin, au Collegio del

11

Fig. 32. Pérugin, *Résurrection*. Collège du Cambio, Pérouse

Cambio à Pérouse (Fischel, I, texte, fig. 36 Camesasca, 71N). La pose est identique à celle du modèle mais elle révèle des préoccupations d'anatomie, qui ont conduit Fischel à la rapprocher d'une feuille du British Museum, représentant une académie, de dos (Pouncey-Gere, I, Fischel, I, n° 4). Les cheveux ont été dessinés après coup, à la manière des études exécutées d'après des mannequins. Son attribution à Raphaël peut paraître encore hypothétique. Fischel la classe parmi les œuvres dont l'auteur reste indéterminé, la date de son exécution supposée coïncidant avec celle de la collaboration de Pérugin et de Raphaël (Fischel, 1917, n° 68 à 79). Le même auteur observe que les dessins d'après le modèle nu sont rares dans l'école de Pérugin. Raphaël, dès ses débuts, travaille d'après le modèle vivant, en costume contemporain (voir D. n° 1 à 4). Il s'agit là d'une approche encore timide de l'étude du corps humain, à partir d'un modèle qui fut peut-être un dessin de Pérugin lui-même. Une feuille de la Bibliothèque Nationale (B. 3 a rés., Ecole de Vanucci), correspond à la figure de l'apôtre assis, à gauche, dans la *Transfiguration* du Cambio (Camesasca, 71N). La comparaison avec le dessin du British Museum est moins convaincante que celle que l'on peut établir avec d'autres feuilles dans lesquelles le nu est intégré dans une composition d'ensemble. Le traitement des hachures fines et non croisées, l'indication du visage et de l'expression se retrouvent dans le *Saint Sébastien* du dessin exposé sous le n° 16, dans le nu d'une feuille avec quatre cavaliers des Uffizi (n. 537 E.; Ferino-Pagden, 1982, n° 58) ou dans la copie d'après Signorelli, d'Oxford (Ashmolean Museum; Parker, 501; Fischel, I, n° 2. Voir également Parker, 503; Fischel, 1917, fig. 139-140). Le motif de la figure agenouillée, regard levé apparaît à plusieurs reprises chez Pérugin, notamment dans la *Résurrection* de Pérouse (Galleria Nazionale dell' Umbria, 1517; Camesasca, fig. 122 A).

12 Groupe de figures nues, combattant

Six figures, vues de dos, de face et de profil, dans des attitudes de combat. Deux d'entre elles tiennent un bouclier. En haut, à droite, en sens inverse, quatre figures à mi-corps, combattant; partie supérieure d'une figure brandissant un sabre. Signes griffonnés, au centre, dans la partie supérieure.
Plume, encre brune. H. 0,143; L. 0,219. Pliure verticale au centre.

Paris, Musée du Louvre. Inventaire RF 49 verso.

Bibl.: Fischel, I, 1913, pp. 37-40, fig. 34 - Fischel, 1917, p. 134, n° 71, fig. 137 - Fischel, 1948, p. 357.

Ces études, exécutées sur une double page de carnet, dont la pliure est apparente, ont été pratiquement ignorées par les historiens, à l'exception de Fischel, qui les réunit aux feuilles citées précédemment (D. n° 11). Le même auteur relève la similitude que présente leur écriture et celle des croquis de *Saintes Familles*, au verso du dessin d'Oxford pour la *Création d'Eve*, dans la Bannière de Città di Castello (Ashmolean Museum; Parker 501 verso). Selon Fischel, il pourrait s'agir de

Raphaël lui-même ou *d'un de ses compagnons de travail dans l'atelier de Pérugin, vers 1500, bénéficiant des mêmes références et des mêmes méthodes de travail.* L'analogie proposée par lui avec l'*Histoire de saint Bernardin,* à l'Oratoire de San Bernardino à Pérouse, est très convaincante, tant dans le groupement des figures que dans leurs proportions (voir Camesasca, 12 E et 12 G, en particulier).Il s'agit là d'un travail de notations rapides, très allusives, non d'une copie véritable et la référence à Pérugin ou à Signorelli (*Martyre de Saint Sébastien,* Città di Castello) doit être comprise comme un exercice de réflexion et non comme une transcription. Les nombreux repentirs, le fait que la feuille ait été utilisée dans les deux sens confirment le caractère de cette suite, qu'il est difficile de rattacher à une réalisation précise de Raphaël.

Nous sommes ici devant un exemple du groupe de dessins à l'écriture elliptique, bien caractérisée, dont l'attribution reste problématique, en raison du manque de pièces attribuables avec certitude à Raphaël pour les années antérieures à 1500. La comparaison avec les premières feuilles « sûres », pour les travaux de Città di Castello, n'est pas toujours interprétée dans le même sens par les historiens (voir Ferino-Pagden, 1982, n° 47 à 49; Turner, 1983, p. 119). L'essentiel du débat repose sur les différences d'appréciation du style de Raphaël à cette date et sur l'évaluation de la distance prise par lui-même à l'égard de Pérugin. La première interprétation, la plus traditionnelle, consiste à penser qu'il fut, dans les premiers temps, si imprégné des formules, des motifs et de l'écriture de Pérugin comme de la culture de Pinturicchio, que la distinction des mains reste aléatoire et qu'il faut suivre Vasari affirmant que... *fra le sue cose e di Pietro non si sapeva certo discernere* (Ed. Milanesi, vol. IV, p. 317; Ferino-Pagden, 1982, p. 77). Dans cette perspective, le groupe des dessins « à l'écriture libre », exécutés à la plume ou à la pierre noire, batailles, scènes mythologiques, notations d'archi-

Fig. 33-34. Pérugin, *Histoire de San Bernardino.* Pérouse, Galleria Nazionale

12

tecture est donné à Pérugin ou à son atelier, dans la phase la plus résolument décorative de leur activité, à l'époque des fresques du Cambio (voir D. n° 17). La seconde hypothèse tend à placer plus tard l'entrée de Raphaël chez Pérugin : en 1494, à la mort de son père, ou plutôt en 1499-1500, ou même à minimiser l'apport du maître à l'élève. Il s'ensuit qu'un certain nombre de pièces de cette « zone franche » pleines de références mais où domine une impression d'autorité, est le fait d'un artiste à la recherche de son style mais capable d'inventions personnelles. La période de formation de Raphaël ne se serait donc pas limitée au répertoire ombrien mais se serait enrichi d'apports divers, essentiellement florentins. La connaissance des antiques, celle des artistes contemporains travaillant à Sienne ou à Orvieto, était facilitée d'autre part, par la circulation des dessins et des recueils de croquis (voir Schmitt, 1971). C'est dans cette optique, semble-t-il, qu'il faut reconnaître ici la main de Raphaël, dans une phase encore expérimentale de son travail.

13 La Vierge et l'Enfant en trône entre Saint Roch et Saint Sébastien

Très légères indications de paysage à l'arrière-plan. Le trône est inachevé sur la partie droite.
Indication de perspective (?) au pointillé le long du trône, à gauche. Trait au stylet sur le bord droit. Perforation au compas, à gauche, au-dessus de la tête de saint Sébastien.
Plume, encre brune. Début de composition cintrée, de même technique, en haut à gauche. H. 0,288 ; L. 0,226.
Annoté dans l'angle supérieur gauche, à la plume et encre brune : *III* ; Feuillet taché et plié ; reconstitué dans l'angle supérieur gauche et dans la partie supérieure droite.

Hist. : G. Vallardi ; Ch. Timbal ; acquis par le Musée du Louvre en 1882 ; marque du Louvre (L. 1886).

Paris, Musée du Louvre. Inventaire RF 1395 recto.

Bibl. : Ruland, 1876, p. 89, C., V. - Tauzia, 1882, pp. 11-12, n° 1, repr. h.t. - Chennevières (1882), pl. 11 - Chennevières, 1884, p. 63 - Müntz, 1886, p. 240 repr. - Tauzia, 1888, n° 2010 - Koopmann, 1889, p. 61 - Frizzoni, 1889, p. 54, (Pinturicchio) - Koopmann, 1891, pp. 81-82 - Seidlitz, 1891, p. 6 - Koopmann, 1894, pp. 46-50 - Fischel, 1898, n° 80 (Pinturicchio) et p. VII - Fischel, I, 1913, n° 45 - Conway, 1916, p. 146 - Venturi, 1916, p. 352 (imitation de Raphaël) - Rouchès, (s.d.), pp. 6, 13-14, n° 3 - Fischel, 1948, p. 358 - Riedl, 1959, pp. 234-235, fig. 9 - Forlani Tempesti, 1968, pp. 319, 419, note 39, fig. 8 - Dussler, 1971, p. 14 - Malke, 1980, sous n° 73, fig. 73b. - Ferino-Pagden, 1981, p. 250, note 26 - Béguin, 1982, pp. 100, 113, fig. 4, note 14 - Ferino-Pagden, 1982, *Prospettiva*, pp.72, 74, note 6 - Cuzin, 1983, p. 52 - Joannides, 1983, n° 18r.

Le feuillet a été coupé sur les quatre bords. Il s'agit de l'un des premiers dessins traitant le thème de la *Sacra Conversazione*. Sa destination n'est pas connue mais la présence de saint Roch et de saint Sébastien indique qu'il a pu être destiné à une œuvre commémorative d'une épidémie de peste (Béguin, 1982, p. 101). Il a été attribué à Pinturicchio par Frizzoni, puis par Fischel (1898), par assimilation au groupe réuni sous cette appellation par Morelli. Koopmann le reconnaît, à juste titre, comme une feuille de Raphaël dans les premières années de son activité. Le rapprochement qu'il propose avec la *Madone*

13

Fig. 35. *Tournoi d'enfants.* Chantilly, Musée Condé (détail)

Ansidei (1505 ou 1506 (?), Londres, National Gallery; De V. 46 A.) avait déjà été établi par Tauzia, qui l'avait, par ailleurs, comparé au dessin de la *Vierge en trône avec saint Nicolas de Tolentino* du Musée de Francfort (Stätelsches Kunstinstitut, Inv. Nr. 376; Malke, 1980, n° 73; Béguin, 1982, fig. 5; Ferino-Pagden, 1982, *Prospettiva*, fig. 1). La similitude de la composition et de celle de la *Madone Ansidei* est relevée par la majorité des auteurs, qui s'accordent pour proposer une datation antérieure toutefois à 1505-1506 (Malke, 1980, Ferino, 1982, op. cit.). A Forlani Tempesti préfère y reconnaître une date proche de celle de la *Madone Solly*, et du projet de *Vierge à l'Enfant* du Louvre (Inv. 3855 recto; D. n° 7). Le seul auteur qui ait remis en cause l'attribution à Raphaël est Venturi, pour lequel il s'agit d'une *imitation, de style péruginesque, d'une œuvre proche de la Madone Ansidei*.

P.-A. Riedl a proposé d'interpréter l'indication de composition cintrée de la partie supérieure gauche comme une amorce de baldaquin, prélude aux développements ultérieurs de Raphaël sur ce thème (une sorte de baldaquin fermé apparaît déjà dans la *Madone Colonna*, vers 1504-1505, ou 1500-1501 selon la chronologie de K. Oberhuber). Le trône haut, inachevé à droite, dont la perspective est encore mal assurée, appartient aux solutions de mise en place retenues par Raphaël avant son séjour à Florence. C'est l'un des « archaïsmes » de la *Madone Ansidei*, dont on pense avancer la conception et le début de la réalisation jusqu'à 1503-1504 (voir Dussler, 1971, p. 13). La simplicité du parti adopté, la symétrie des figures sont des références directes à Pérugin. Il se pourrait que Raphaël ait ici repris et modifié le motif de la *Vierge à l'Enfant* de type péruginesque en y insérant celui de la *Madone au livre*, tel qu'il apparaît dans la *Madone Solly* et les études que l'on peut y rattacher. On rapprochera le groupe principal de celui de Pérugin dans la *Pala* de 1493, aux Uffizi et le groupement des figures à la *Pala* de Fano, 1497; Camesasca, 32 et 52 B.). Une certaine timidité dans l'indication des plans, le caractère conventionnel des attitudes des deux saints mal intégrés au groupe Vierge-Enfant, malgré le regard de l'Enfant vers saint Sébastien, permettent d'envisager une date d'exécution précoce, antérieure à la *Madone Ansidei*, soit aux environs de 1502.

14 La Vierge nourrissant l'Enfant

Pierre noire. H.0,226; L. 0,286. Taches. Restauration ancienne sur le bord inférieur droit.

Paris, Musée du Louvre. Inventaire RF 1395 verso.

Bibl.: Forlani Tempesti, 1968, p. 419, note 39 - Ferino-Pagden, 1981, pp. 238, 250, repr. fig. 7, note 26 - Joannides, 1983, n° 18v.

Découpé dans une feuille de dimensions plus importantes, le dessin de cette *Madonna lactans* est sans rapport, quant à sa destination éventuelle, avec la *Vierge en trône* du recto. Elle a dû être dessinée sur la feuille déjà découpée mais à une date probablement voisine. Il s'agit d'une compostion ambitieuse, trace d'un projet dont nous n'avons pas d'éléments comparables à cette date.

L'existence de ce dessin n'a pas été relevée par Fischel, ni par d'autres historiens, à l'exception d'A. Forlani Tempesti. S. Ferino l'a publié récemment dans une étude consacrée à une feuille double face, conservée à l'Ashmolean Museum d'Oxford, traditionnellement attribuée à Pérugin (Parker, 34; Ferino-Pagden, 1981, fig. 2). Au verso de ce dessin représentant *saint Jérôme dans le désert* (fig. 9), se trouve, parmi d'autres indications, un croquis à la plume pour une *Vierge nourrissant l'Enfant*. Le dessin d'Oxford est situé par le même auteur à l'époque de la *Vierge en trône avec saints*, dite *Pala Colonna*, en 1504-1505, ou selon les hypothèses plus récentes, 1500-1501 (New York, Metropolitan Museum; de V. 42 B; Oberhuber, 1978). Il n'y a pas d'autre analogie entre le dessin d'Oxford et celui du Louvre que celle du motif lui-même, résolument intimiste, direct dans sa notation. Il est nouveau chez Raphaël mais se trouve déjà chez Signorelli (*Sainte Famille*, Londres, National Gallery, 1490-1495; Dussler, 1927, pl. 55) et chez Pinturicchio (voir Ricci, 1903, pp. 154, 157, 158). A la différence des autres *Vierges à l'Enfant*, peintes ou dessinées autour de 1500, hiératiques, intemporelles, construites en fonction d'un espace strictement déterminé, le groupe est étudié avec un souci de vérité, une émotion, qui n'apparaîtront guère avant les Madones de la période florentine, comme la *Madone Tempi* ou la *Madone Mackintosh* (De V. 83, 86; voir D. n° 63). Il est possible, d'autre part, que cette figure ait été prévue pour être intégrée dans une composition plus vaste, du type des retables peints par Pérugin. S. Ferino-Pagden

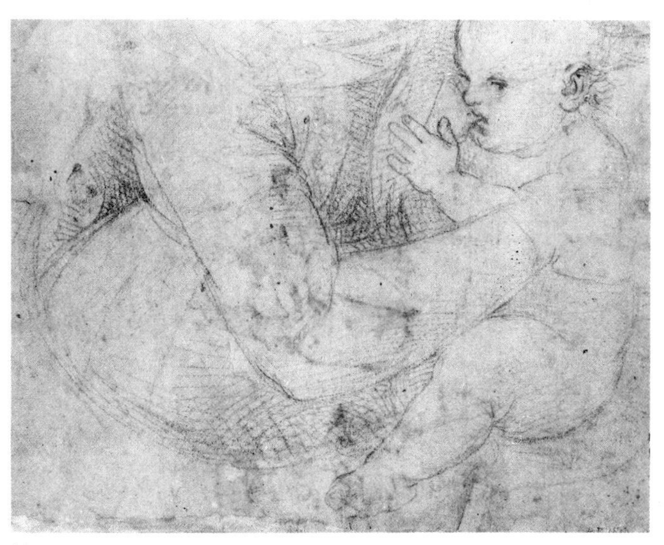

14

remarque la similitude du motif de l'Enfant porté et nourri par sa mère avec celui de sainte Marie-Cleophas portant saint Jacques-le-Mineur dans la *Famille de la Vierge* de Pérugin (Marseille, Musée des Beaux-Arts, 1500-1502; Camesasca, 81). Le visage de l'Enfant est très proche, également, de ceux que l'on trouve chez Pérugin dans les années 1495-1500 (*Madone au sac*, Florence, Palazzo Pitti; Camesasca, pl. XXII). Il semble que Raphaël se soit servi des mêmes modèles pour le *Tournoi d'enfants* de Chantilly, fragment d'un carton exécuté à la pierre noire (Inv. 42 bis; Fischel, 1, 42 et 42a). L'indication des formes par un jeu de lignes simples, la détermination complète et précise du trait rappellent celles des *portraits féminins* dessinés au début du séjour à Florence ou dans la période qui précède (Londres, British Museum; Pouncey et Gere, 13, pl. 15; Fischel, I, 33).

15

15 Tête d'homme barbu, coiffé d'un chapeau, de trois quarts, à droite

Étude pour saint Jérôme dans la *Vierge avec saint Jérôme et saint François*

Pierre noire sur papier gris-beige, légèrement blanchi au centre. H. 0,151; L. 0,108. Ligne verticale à la plume et encre noire, sur le bord latéral gauche. Taches. Jaunissement sur les bords.

Hist.: J.-B. Wicar (. 2568); légué à la ville en 1834.

Lille, Musée des Beaux-Arts. Inventaire Pl. 488.

Bibl.: Benvignat, 1856, n° 709 - Passavant, 1860, II, n° 388 - Weigel, 1865, pp. 553, 554, n° 6580 et n° 6581 - Ruland, 1876, pp. 54, II, n° 3 et 331, XII, n° 1 - Gonse, 1878, p. 52 (très douteux) - Crowe et Cavalcaselle, I, 1882, p. 110, note (non authentique) - Lübke, 1882, pp. 15, 92 - Minghetti, 1885, p. 48 - Pluchart, 1889, n° 488 - Morelli, 1891-1892, p. 377 (repris, douteux) - Fischel, 1898, n° 2, (authentique, mais repris par une autre main) - Knackfuss, 1908, pp. 5, 7, fig. 6 - Fischel, I, 1913, n° 44 - Conway, 1916, p. 111 - Venturi, 1916, pp. 322-323, 327, fig. 11 - Venturi, 1920, p. 110, fig. 18 - Venturi, *Storia*, IX-2, 1926, p. 126, fig. 35 - Venturi, 1927, n° 10 - Fischel, 1948, p. 357 - Dussler, 1971, p. 4 - Kelber, 1979, p. 416 - De Vecchi, 1981, p. 239 - Joannides, 1983, n° 23.

Exp.: Lille, 1961, n° 7 - Lille, 1983, n° 7, repr.

Le visage et les mains de saint Jérôme penché vers l'Enfant apparaissent dans la partie gauche du tableau du Musée de Berlin. A droite se trouve saint François, dont la main levée répond au geste de l'Enfant bénissant (Staatliche Museen; De V. 15). L'authenticité de ce dessin, un peu pâli, a été mise en doute par Morelli, puis par Fischel, qui, finalement, le retient comme original tout en reconnaissant — à tort — des reprises dans les traits du visage. L'utilisation de la pierre noire, appliquée en touches brèves, nerveuses, jouant librement sur le grain du papier (mais non pas *hésitante*, comme le dit Fischel), détermine la forme générale par le seul contour, comme si elle était ménagée en réserve. La reprise du visage est traitée pour

Fig. 36. *La Vierge avec saint Jérôme et saint François.* Berlin, Musée

elle-même, dans un souci de pénétration psychologique qui ne se retrouve pas complètement dans la peinture achevée. La précision du travail s'apparente aux études pour le *Couronnement Oddi* et le modèle de saint Jérôme à celui de saint Joseph dans le Sposalizio (Fischel, I, texte, fig. 50).

La *Vierge entre saint Jérôme et saint François* est généralement considérée comme contemporaine ou immédiatement postérieure à la *Madone Solly* (1501-1502 ; voir Dussler, p. 4). Elle a pu être réalisée sous l'influence du *Retable de la Vierge* de Pinturicchio, peint pour S. Maria dei Fossi, à Pérouse (1495-1498 ; Galleria Nazionale dell' Umbria ; Carli, 1960, pl. 88). La symbolique des gestes et des regards y est comparable. L'insertion des trois figures dans une forme presque carrée est, d'autre part, un emprunt direct aux coutumes iconographiques de Pérugin (*Vierge entre deux saintes*, v. 1493, Vienne, Kunsthistorisches Museum ; réplique au Louvre ; Camesasca, 33, 35). Elle constitue une sorte de prolongement aux recherches des années 1500 sur le thème des Vierges dites *au livre*, ou à *la fenêtre*, développé dans les premiers tableaux d'autel, réalisés à partir de 1504-1506 et dans lesquels le cadre architectural sera déterminant.

Le dessin à la plume, conservé à Vienne, présentant la même composition, avec des variantes, rapproché par Fischel (1898, n° 1) du tableau de Berlin, est aujourd'hui considéré comme une œuvre de l'atelier de Pérugin (Albertina, S.R. 97. Stix et Fröhlich-Bum, 40).

16 Saint Sébastien

Plume, encre brune sur premier tracé à la pointe de plomb. Dimensions totales du support : H. 0,257 ; L. 0,129. Feuillet très endommagé. Reconstitué en plusieurs endroits, notamment le buste et les cuisses. Feuillet découpé irrégulièrement sur les bords et collé en plein sur un fond partiellement lavé de brun. Le feuillet original est plié, froissé, taché.

Hist. : J-B. Wicar (. 2568) ; légué à la ville en 1834.

Lille, Musée des Beaux-Arts. Inventaire Pl. 451.

Bibl. : Benvignat, 1856, n° 725 - Passavant, 1860, II, n° 387 - Weigel, 1865, p. 575, n° 6818 - Ruland, 1876, p. 120, C., XI, n° 1 - Gonse, 1878, p. 50 - Springer, 1881, p. 383 (pas de Raphaël) - Crowe et Cavalcaselle, I, 1882, p. 63, note (difficile à juger - péruginesque) - Kahl, 1882, p. 85 - Pluchart, 1889, n° 451 - Koopmann, 1891, p. 45 - Morelli, 1891-1892, p. 441 - Koopmann, 1897, p. 102, n° 31 - Fischel, 1898, n° 470 (Pinturicchio) - Fischel, I, 1913, n° 13 - Conway, 1916, p. 146 - Fischel, 1948 , p. 357 - Ferino-Pagden, 1982, p. 86, sous n° 54 - Joannides, 1983, n° 19.

Exp. : Lille, 1961, n° 4 - Lille, 1983, n° 15.

16

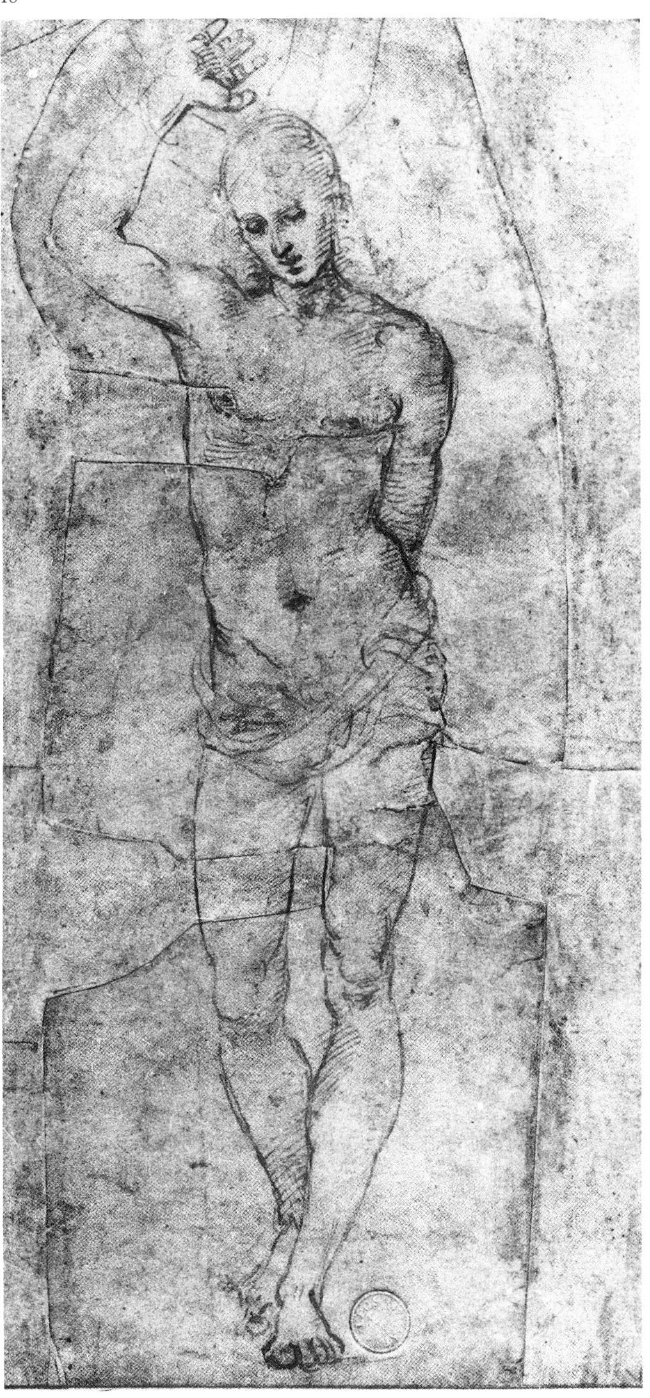

Le mauvais état de conservation du dessin rend son appréciation difficile. Sa destination n'est pas connue. La seule référence à une œuvre peinte est celle de Benvignat, indiquant qu'il s'agissait d'un projet pour un *saint Sébastien*, qui se trouvait à Turin en 1807, dans la collection Migneron (voir également Gonse, 1878, Crowe et Cavalcaselle, 1882). Nous n'avons pas retrouvé de trace de cette peinture.

Il paraît correct de proposer une datation vers 1502/1503, l'écriture du dessin présentant des analogies avec d'autres feuilles de cette période comme le projet pour la *Madone Terranuova* ici exposé (D. n° 34) et celui de Stockholm pour *l'Adoration des Mages,* prédelle du *Couronnement* du Vatican (Fischel, I, 29). Le traitement du nu, l'inscription de la figure dans l'espace interdisent d'y reconnaître une appartenance aux modèles ombriens, en dépit de la similitude du thème avec ceux qui sont fréquemment traités par Pérugin. L'attitude offre une certaine ressemblance avec celle du *Christ ressuscité* de São Paulo (Museu de Arte; 1501-1502; De V. 18). Il est probable que le dessin a été exécuté d'après modèle, comme l'indique Passavant, car les cheveux ont été ajoutés après coup, sur le crâne déjà dessiné. La proposition émise par P. Joannides, selon laquelle le dessin constituerait une étude de détail pour la *Vierge entre saint Roch et saint Sébastien,* du Louvre (D. n° 13) ne peut être retenue, tant pour la différence de dates que pour celle de l'échelle de la figure. S. Ferino-Pagden rapproche la pose du *saint Sébastien* de Lille de celle de *l'Idolino* des Uffizi, traditionnellement donné à Pérugin (n.531 E.; Ferino-Pagden, 1982, loc. cit.), mais que l'on tend aujourd'hui à rendre à Raphaël (Ferino-Pagden, 1983, fig. 35).

17 Religieux en prière, agenouillé, tourné vers la droite

Pointe de métal et rehauts de blanc sur papier préparé gris. H. 0,171; L. 0,103. Taches brunes sur le bord supérieur, usures et manques sur le bord latéral gauche, le vêtement et le visage. Oxydations dans la partie inférieure gauche.

Hist.: Walter Gay. Don au Musée du Louvre en 1938; marque du musée du Louvre (L. 1886).

Paris, Musée du Louvre. Inventaire RF 28.962 recto.

Bibl.: Oberhuber, 1978, pp. 78-80, fig. 28 - Joannides, 1983, n° 60r.

17

Ce dessin et le suivant ont été reconnus, sous le nom de Francesco Francia où ils étaient classés, par K. Oberhuber, qui les a publiés en 1978. Il s'agit, selon cet auteur, de deux projets, anciennement sur la même feuille, fournis par Raphaël à Pinturicchio pour les deux saints, Louis et Bonaventure, agenouillés au premier plan du *Couronnement de la Vierge* de la Pinacothèque du Vatican (Oberhuber, 1978, fig. 27). La peinture, commandée à Pinturicchio par la ville d'Umbertide, était achevée en 1503 (Ricci, 1903, pp. 164-167). Elle est en partie œuvre de l'atelier, selon Ricci. Oberhuber avance que cette collaboration du jeune artiste et du maître plus âgé, l'année même ou le premier est cité comme «le meilleur», dans un document daté (relatif au *Couronnement de Monteluce,* voir Golzio, 1936, pp. 8-9) doit être comprise comme l'indice d'une relation étroite, qui se vérifie, d'autre part, dans la

Fig. 37. Pinturicchio, *Couronnement de la Vierge.* Rome, Pinacoteca Vaticana

participation de Raphaël au décor de la *Libreria Piccolomini*. Cet ensemble, peint pour la bibliothèque attenante à l'aile nord du Dôme de Sienne, est commandé en juin 1502 et s'achève avant 1508, date du dernier paiement. La contribution de Raphaël apparaît dans les cartons et les dessins préparatoires aux fresques, sans que l'on sache exactement la part de sa responsabilité effective. Les témoignages de Vasari sur ce point sont contradictoires et, d'une façon plus générale, l'appréciation du rôle de Raphaël comme *ideatore* ou *disegnatore* reste l'une des difficultés essentielles de la compréhension de son style (voir bibl. sur ce sujet in Ferino-Pagden, 1982, n° 57). Une lecture attentive du verso des deux dessins exposés fournit des informations supplémentaires sur la simultanéité des deux projets : le *Couronnement* du Vatican et le décor de la *Libreria*. Le putto tenant un écu, au verso de ce dessin est analogue à ceux qui se trouvent à la base des pilastres de la *Libreria*, comme l'observe K. Oberhuber (fig. 39, Ricci, pp. 179, 183, 187, 191, 207, 211). Il est possible que l'indication d'arcature, sur la même feuille, soit relative à l'arrondi de la voûte peinte en trompe-l'œil autour des fresques. Les putti porteurs d'écus se retrouvent au verso d'un dessin de Raphaël pour un groupe de guerriers, destiné au *Couronnement d'Enea Silvio Piccolomini* (Oxford, Ashmolean Museum ; Parker, 510 ; Fischel, I, 64). Le second projet relatif au *Couronnement* du Vatican (D. n° 19) comporte, au verso, un très léger croquis qui pourrait être interprété comme une étude pour la *Circoncision* du Vatican, fragment de la prédelle du *Couronnement de la Vierge* de 1503 (De V. 24 B.).

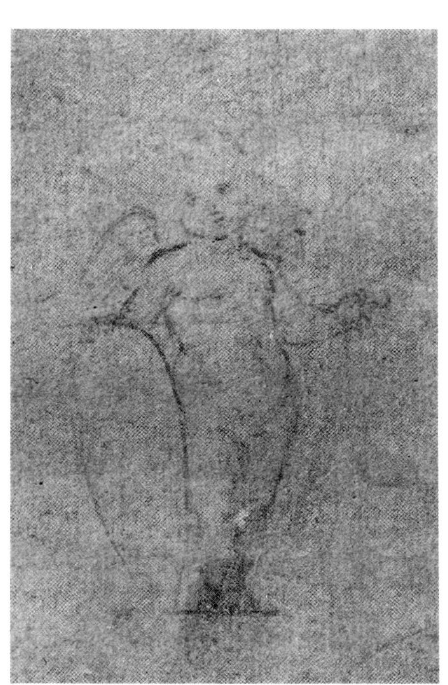

18 (détail)

Les deux dessins exposés sont exécutés d'après modèles, sans différenciation des visages. L'essentiel du travail porte sur le rendu des vêtements. La pose des rehauts de blanc contribue au caractère soigné de ces projets, plus élaborés que ceux que nous connaissons pour cette même période. Il s'agit de dessins de présentation, non d'études libres. La position de la tête du saint de droite sera différente dans la peinture de Pinturicchio. Une utilisation similaire de la pointe de métal rehaussée de blanc sur papier gris se retrouve dans les dessins pour la *Résurrection* du Musée de São Paulo, (Oxford, Ashmolean Museum, Parker, 505-506).

18 Putto ailé debout, de face, appuyé sur un écu, semblant tenir un bâton (?) de la main gauche

Dans la partie inférieure droite, croquis avec variantes pour la jambe droite, indication d'une voûte et d'un pilastre.
Plume, encre brune.

Paris, Musée du Louvre. Inventaire RF 28.962 verso.

Bibl. : Oberhuber, 1978, pp. 78-80, fig. 30 - Ferino-Pagden, 1982, p. 93, sous n° 57 - Joannides, 1983, n° 60 v.

Voir n° 17.

19 Religieux en prière, agenouillé, tourné vers la gauche

Pointe de métal et rehauts de blanc sur papier préparé gris, trait d'encadrement à la pointe de métal sur les bords supérieur et latéral droit. H. 0,176 ; L. 0,107
Taches brunes, usures et oxydations dans la partie inférieure droite. Traces d'arrachement d'un ancien montage.

Hist. : Walter Gay. Don au Musée du Louvre en 1938 ; marque du Louvre (L. 1886).

Paris, Musée du Louvre. Inventaire RF 28963 recto.

Bibl. : Oberhuber, 1978, pp 78-80, fig. 29 - Joannides, 1983, n° 61 r.

Voir n° 17.

20 Croquis pour une Circoncision (?)

Etude d'un pied et d'une table

Plume, encre brune ; traits à la sanguine et à la pierre noire.

Paris, Musée du Louvre. Inventaire RF 28963 verso.

Bibl. : Oberhuber, 1978, pp. 78-80, fig. 31 - Joannides, 1983, n° 61 v.

Voir n° 17. (Non reproduit.)

19

21 Tête de jeune garçon, regardant vers le haut et détail de deux mains

Etude pour saint Thomas, dans le *Couronnement de la Vierge* du Vatican

Pointe de métal sur papier préparé gris. H. 0,266; L. 0,196. Griffonnements exécutés par une main d'enfant, à la pointe de métal, dans la partie droite.

Hist.: J.-B. Wicar (L.2568); légué à la ville en 1834.

Lille, Musée des Beaux-Arts. Inventaire Pl. 440.

Bibl.: Benvignat, 1856, n° 700 - Passavant, 1860, II, n° 384 - Weigel, 1865, p. 570, n° 6757 - Ruland, 1876, p. 104, A.I., n° 13 - Gonse, 1878, p. 52 - Morelli, 1880, p. 364, note 1 - Schmarsow, 1880, p. 18, note 5 et p. 35 - Morelli, 1881, p. 247, note 3 - Crowe et Cavalcaselle, I, 1882, pp. 145-147 - Lübke, 1882, p. 129 - Morelli, 1882, p. 162 - Pulszky, 1882, p. 306 - Springer, 1883, I, p. 70 - Minghetti, 1885, p. 37 - Grimm, 1886, pp. 239, 240, 242 - Lützow, 1888, p. 61 - Pluchart, 1889, n° 440 - Koopmann, 1890, p. 56 - Morelli, 1891-1892, p. 377 - Morelli, 1892, pp. 240, note 1, 268, - 324 - Morelli, 1893, p. 240, note 1, 310, 312, 324, 364 - Koopmann, 1897, p. 243, n° 125 - Fischel, 1898, n° 20 - Fischel, I, 1913, n° 16 - Conway, 1916, p. 146 - Venturi, 1916, pp. 320, 321, 325, fig. 9 - Venturi, 1920, p. 106, fig. 13 - Stein, 1923, p. 31 - Venturi, *Storia*, IX-2, 1926, pp. 93, 94, fig. 21 - Venturi, 1927, n° 8 - Gamba, 1932, pl. 8 - Fischel, 1948, pl. 27, pl. 14 - Ortolani, 1948, fig. 7a - Bacou, 1957, p. 29 - Pouncey et Gere, 1962, p. 5, sous n° 3 - Wittkower, 1963, p. 161, note 28 - White, 1967, p. 20, note 9 - Forlani Tempesti, 1968, pp. 320, 419, note 41, fig. 9 - Oppé, 1970, p. 24, fig. 5 - Scheller, 1973, p. 128, n° 20 - Beck, 1973, fig. 67 - Plemmons, 1978, fig. 4 - Antal, 1980, pp. 123, 125, pl. 120 - De Vecchi, 1982, repr. p. 90 - Byam Shaw, 1983, p. 123, sous n° 115 - Joannides, 1983, n° 4r.

Exp.: Lille, 1961, n° 9, pl. III et n° 10 - Paris, 1965, n° 234 - Lille, 1983, n° 2.

Le *Couronnement de la Vierge* et les trois panneaux de prédelle conservés à la Pinacothèque du Vatican, connus sous le nom de *Retable Oddi* (De V. 24) constituent la première œuvre de Raphaël à laquelle on puisse rattacher un nombre important de projets dessinés. Autour du seul *Couronnement*, Fischel groupe treize dessins et cartons auxiliaires pour des figures isolées ou des détails (Fischel, I, n° 15-27), auxquels s'ajoute une feuille identifiée par Popham dans les collections de Windsor (Popham et Wilde, n° 788, pl. 46). Huit d'entre eux figurent dans l'exposition, qui présente également le carton de *l'Annonciation* pour la prédelle (D. n° 28). Cette longue séquence de dessins n'aura pas d'équivalent avant l'élaboration de la *Déposition Borghese* (D. n° 51). Elle témoigne de l'attention que prêta Raphaël à la première des commandes qu'il reçut de la ville de Pérouse.

Le dessin exposé est une étude pour la figure de saint Thomas, tenant la ceinture de la Vierge qu'il a reçue du ciel, au centre du groupe des apôtres entourant le tombeau, dans la partie inférieure du retable. Le visage est identique, le raccourci un peu moins accentué qu'il ne le sera dans la peinture; la position des doigts de la main droite sera différente. C'est une étude de détail qui évoque, par sa force suggestive, l'ensemble de la forme. Quatre des études actuellement connues pour le *Couronnement* sont des pointes de métal sur papier préparé gris (Fischel, I, 18-19, 21-22). La densité de la préparation, sa couleur, son uniformité dissimulant les inégalités du support, sont différentes de celles des « carnets » plus tardifs. Cette technique détermine un nouveau mode d'écriture qui s'appuiera sur un souci de la forme de plus en plus marqué. Le contour des dessins, à la fin de cette période dite « ombrienne » et au début du séjour à Florence, remplit la feuille, organise l'espace, impose aux figures un système de relations arbitraire. La liberté de la pointe de métal, *che indurisce, vetrifica le superficie* (Ortolani, in Forlani Tempesti,

21

p. 320) est équivalente, dans sa ductilité, dans la pose des hachures, à celle de la pierre noire. Il ne semble pas que l'on puisse, pour cette première période en tout cas, déterminer les critères qui ont guidé Raphaël dans le choix des techniques, ni conclure sur la finalité de l'une ou de l'autre d'entre elles.

Le *Couronnement de la Vierge* fut commandé à Raphaël par Alessandra di Simone degli Oddi pour la chapelle familiale de l'église San Francesco à Pérouse. La date de 1503, généralement considérée comme étant celle de sa réalisation, est liée à des considérations d'ordre historique (Dussler, 1970, p. 10 ; Luchs, 1983). La rivalité des deux familles patriciennes de Pérouse, Oddi et Baglioni, entraîna le départ de Simone degli Oddi, à plusieurs reprises, entre 1488 et 1503. Il ne fut rétabli dans son pouvoir qu'entre janvier et septembre 1503, avant d'être à nouveau chassé de la ville. Il est probable que le retable fut exécuté pendant cet intervalle. Une datation antérieure, vers 1499-1500, a été proposée par Wittkower (1963, p. 159) et L. Becherucci (1968, p. 20 ; voir Zentai, 1979, pp. 71-73). Cette hypothèse, difficilement crédible, repose sur le fait que le *Retable Oddi* est cité par Vasari avant le *Couronnement* de Città di Castello, comme l'exemple le plus parfait de l'assimilation par Raphaël de l'enseignement de Pérugin (Ed. Milanesi, IV, pp. 317-318).

La division en deux zones bien distinctes est, on le souligne souvent, très ombrienne dans sa conception mais elle apparaît comme une solution extrême, plus radicale dans son parti de symétrie et dans la disparition de tout motif décoratif — orbe, gloire et mandorle —, traditionnellement attaché à ce mode de composition. La référence à Pinturicchio, proposée par Oberhuber (1978, pp. 77-78) est aussi probable que le recours à Pérugin, dont les grandes *pale* d'autel datent précisément des années 1496-1500 (*Ascension* du Musée des Beaux-Arts de Lyon ; Camesasca, 56 C. ; *Pala de Vallombrosa*, Florence, Uffizi, Camesasca, 70 A).

Une étude de *draperie* à la pierre noire, au verso d'un dessin du British Museum en relation avec le *Couronnement de la Vierge*, a été rapprochée de la figure de saint Thomas par Ph. Pouncey et J. Gere (1962, 6 verso, pl. 8). Le dessin de Lille appartient au groupe des feuilles portant, au recto, des *graffiti d'enfant*, partie du groupe reconstitué par Fischel (Fischel, I, 41-51 ; voir D. n° 30).

L'existence, dans les collections du Louvre, d'un dessin pour la partie basse du *Couronnement*, a été interprétée comme celle d'un *petit modèle* préparatoire, de la main de Raphaël (Ferino-Pagden, 1982, p. 110). Son mauvais état de conservation rend son appréciation difficile, mais il semble qu'il s'agisse plutôt de la copie ancienne d'un dessin en rapport avec le *Couronnement* (Inventaire 3970 ; D. n° 114). Son authenticité est néanmoins défendue par P. Joannides, qui suggère qu'il a pu faire partie de la même feuille que le dessin du Musée de Budapest, (Inv. 1779, voir D. n° 22), original pour lui et relatif à la partie haute du *Couronnement* (Joannides, 1983, n° 38 et 39).

Fig. 38.
Couronnement de la Vierge.
Rome, Pinacoteca Vaticana

22 Deux figures assises

Etude pour le groupe principal du *Couronnement de la Vierge*

Tracé au stylet avec quelques traits à la pierre noire, repris par une autre main, à la plume et encre brune. H. 0,245 ; L. 0,177. Traces de montage avec filets à la plume et encre brune.

Lille, Musée des Beaux-Arts. Inventaire Pl. 441 (verso de Inventaire Pl. 440).

Bibl. : Benvignat, 1856, n° 701 - Blanc, 1859, p. 202 - Passavant, 1860, II, n° 384 - Grimm, 1872, p. 61 (douteux) - Ruland, 1876, p. 103, A.I., n° 6 - Gonse, 1878, p. 52, repr. p. 47 - Springer, 1881, p. 380 - Crowe et Cavalcaselle, I, 1882, pp. 145, 147 - Lübke, 1882, p. 129 - Morelli, 1882, p. 153 (abîmé) - Pulszky, 1882, p. 307 - Minghetti, 1885, p. 36 (repris) - Müntz, 1886, p. 90 - Koopmann, 1887, p. 213 (authentique, repris par autre main) - Minghetti, 1887, p. 41 - Pluchart, 1889, n° 441 - Morelli, 1891-1892, p. 378 (très repris, ne peut être jugé) - Morelli, 1892, pp. 240, note 1, 268, 324, repr. p. 346 (copie) - Morelli, 1893, pp. 344-346 (repris) - Koopmann, 1897, p. 237, n° 119 - Fischel, 1898, n° 15 - Fischel, I, 1913, n° 15 - Conway, 1916, p. 146 - Wittkower, 1963, p. 161, note 28 - Forlani Tempesti, 1968, p. 419, note 41 - Oppé, 1970, p. 24 et fig. 2 - Gould, 1975, p. 213, note 2 - Kelber, 1979, p. 421 - Joannides, 1983, n° 47v.

Etude d'après deux modèles masculins pour le groupe principal du *Couronnement de la Vierge*, dans la partie haute du retable. La reprise complète du contour original par une main plus tardive, à la plume, a dénaturé le dessin et rendu son appréciation difficile (Morelli). Certains auteurs ont, toutefois, bien identifié la véritable technique du projet (Koopmann, Fischel), dont le tracé reste visible par endroits (genou et cuisse de la figure gauche, bras gauche, genou et siège de celle de

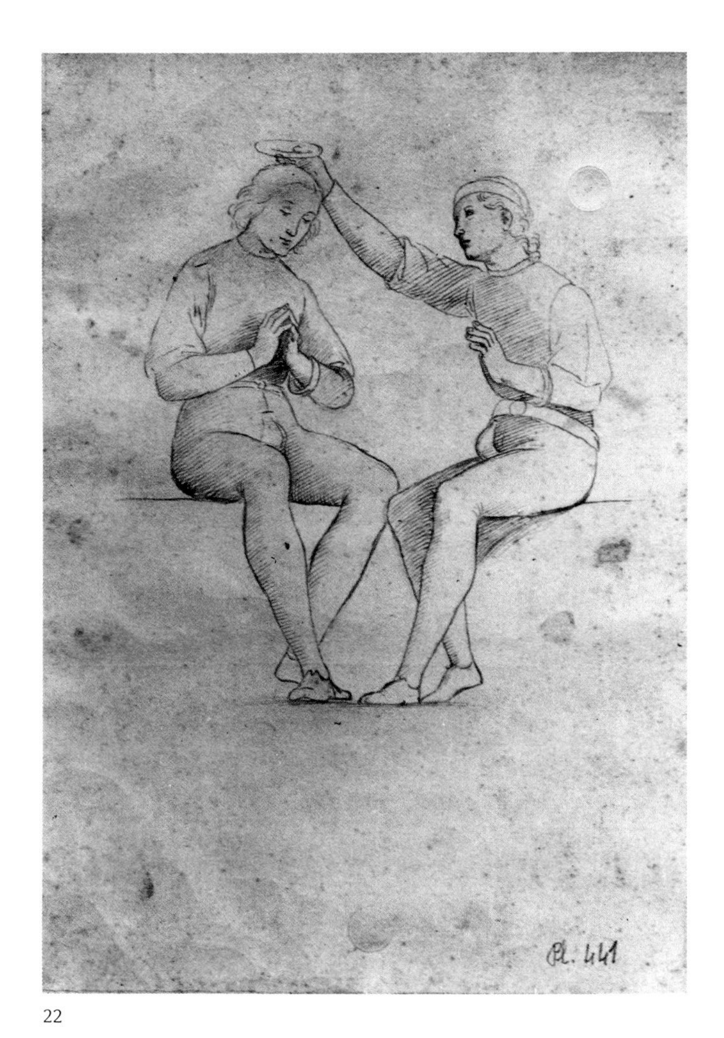

22

droite). La facture d'origine devait être comparable à celle des *anges musiciens* d'Oxford (voir D. n° 24) mais le dessin, demeuré au stade du trait incolore, a dû rester inachevé. Les gestes des deux figures seront retenus sans changement dans la peinture.

Un dessin de l'atelier de Raphaël représentant l'*Assomption* a été longtemps considéré comme la trace du premier projet pour la partie haute du *Couronnement*. La Vierge en gloire y est entourée d'anges musiciens (Budapest, Musée des Beaux-Arts, Inv. 1779; Zentai, 1979, fig. 52; Joannides, 1983, n° 38). L'existence de cette étude a permis de suggérer un changement de thème en cours d'élaboration (voir Oppé, 1970, p. 24). R. Zentai a récemment proposé d'y reconnaître de préférence la copie d'un projet de Raphaël pour le *Couronnement de Monteluce*, commandé en 1505 (Zentai, 1979). A une date très voisine de celle du *Retable Oddi*, Pérugin adoptait un mode de composition comparable dans le *Couronnement de la Vierge* de la Pala de San Francesco al Monte, à Pérouse, pour lequel la collection Rothschild conserve le dessin préparatoire (Louvre, 784, D.R. ; Camesasca, 91 B).

23 Etude de femme à mi-corps, de trois quarts à droite, les yeux baissés

Pierre noire sur premier tracé au stylet. H. 0,218 ; L. 0,155. Taches brunes sur l'ensemble de la surface.

Hist. : Th. Banks (L. 2423) - Mrs. Forster, sa fille - Baron H. de Triqueti (L. 1304). Don à l'Ecole Nationale Supérieure des Beaux-Arts en 1887.

Paris, Bibliothèque de l'Ecole Nationale Supérieure des Beaux-Arts. Inventaire 466.

Bibl. : Passavant, 1860, II, n° 367 - Ruland, 1876, p. 232, XXIV, n° 1 - Fischel, 1912, pp. 115, 116, fig 8 - Fischel, 1912, *Burl. Mag.*, p. 294, pl. I, 1 - Fischel, I, 1913, n° 17 - Joannides, 1983, n° 64 (localisation inconnue).

23

L'existence de cette étude, dans les collections de l'Ecole des Beaux-Arts, est demeurée ignorée, depuis sa publication par Fischel en 1913 comme *ancienne collection Triqueti* (Forlani, 1968, p. 419, note 40; Joannides, 1983). Elle provient des mêmes fonds réunis par le sculpteur Thomas Banks, puis par H. de Triqueti que la feuille double face du British Museum, pour la *Présentation* du Vatican (Pouncey et Gere, 6 ; Fischel, I, 31). Celle-ci ne fait qu'une avec celle que Fischel pensait perdue, en 1912 et qu'il identifiait comme une étude de draperie pour l'ange de droite du *Retable de saint Nicolas de Tolentino* (voir D. n° 1).

Le dessin exposé est un projet, d'après le modèle vivant, pour la tête et les épaules de la Vierge dans le *Couronnement Oddi*, comme l'avait déjà vu Passavant. On y trouve l'identification de l'ombre portée sur la joue et le cou qui figure dans le tableau. Fischel l'inclut dans la liste des études pour le *Couronnement* (I, 15-32) mais ne s'arrête pas à l'idée émise par Passavant. Hésitant sur sa destination, il semble y reconnaître un dessin pour la Vierge du *Sposalizio* (1504; De V. 28). Le rapprochement est maintenu par P. Joannides, qui en compare la facture au projet d'Oxford pour les compagnes de la Vierge, seule feuille actuellement connue pour cette peinture (Ashmolean Museum; Parker, 514; Fischel, I, 35).

Les reprises que Fischel croyait voir dans les yeux et le nez sont, une fois encore, totalement inexistantes. Ce même auteur compare, à juste titre, l'inclinaison du visage et du buste à celui de la Vierge dans le projet de Lille pour le *Retable de saint Nicolas de Tolentino* (voir D. n° 1-2). Il remarque que l'attitude de la Vierge du *Sposalizio* y est déjà définie en puissance. L'analogie pourrait s'étendre au groupe entier des trois figures du retable, dont la symétrie un peu solennelle trouvera un prolongement dans le triangle formé par le Grand-Prêtre, la Vierge et saint Joseph, dans le Sposalizio, également liés par la symbolique du geste. Eloignée de toute recherche d'idéalisation, directe dans sa notation, cette belle feuille indique, par le contraste qu'elle offre avec les autres projets pour le *Couronnement Oddi* quelle était la diversité des recherches conduites par Raphaël dans l'élaboration d'une seule de ses compositions.

24 Deux études d'anges musiciens

Projets pour le *Couronnement de la Vierge*

Un jeune homme jouant du violon, vu en pied, de trois quarts à gauche, habillé en costume contemporain avec indication d'une draperie autour des jambes. A gauche, un autre jouant du luth, vu en buste, de trois quarts à gauche, avec indication des jambes.
Pointe de métal sur papier préparé gris-mauve. La préparation est légère et les coups de pinceau très visibles. H. 0,200 ; L. 0,223. Le papier a été frotté par endroits. Tache brune en haut à droite. Au verso, d'une main plus tardive, éléments de frise décorative, à la plume, encre brune, lavis brun, traits à la sanguine.

Hist. : J-B. Wicar (L. 2568) ; légué à la ville en 1834.

Lille, Musée des Beaux-Arts. Inventaire Pl. 444.

24

Fig. 39-40. Etudes pour l'*Ange au tambour*.
Oxford, Ashmolean Museum

Bibl.: Benvignat, 1856, n° 707 - Passavant, 1860, II, n° 383 - Weigel, 1865, p. 570, n° 6765 et 6766 - Ruland, 1876, p. 103, A.I., n° 9 - Gonse, 1878, p. 54 (recto, verso) - Schmarsow, 1880, pp. 29-30 - Lübke, 1882, p. 129 - Crowe et Cavalcaselle, I, 1882, pp. 145-146 - Pulszky, 1884, pp. 227-228 - Wickhoff, 1884, p. 61 - Pluchart, 1889, n° 444 - Fischel, 1898, n° 17 (recto), n° 645 (verso) - Fischel, I, 1913, n° 21 - Parker, 1956, p. 261, sous n° 511 - Bacou, 1957, p. 29 - Wittkower, 1963, p. 161, note 28 - White, 1967, p. 20, note 8 - Forlani Tempesti, 1968, pp. 321, 419, note 44b. - Meder, 1978, p. 348, note 26 - Zentai, 1979, p. 77, fig. 51 - Joannides, 1983, n° 43.

Exp.: Lille, 1961, n° 14, pl. V - Lille, 1983, n° 5.

Cette feuille est rapprochée du *Couronnement de la Vierge* depuis Passavant, qui a reconnu dans la figure de droite un projet, d'après modèle, pour l'ange jouant du violon, à l'extrême droite de la partie haute. L'étude de luthiste, indiquée à gauche, à partir du même *garzone* posant dans l'atelier, ne sera pas retenue.Fischel a proposé, en 1898, sans y revenir par la suite, d'attribuer à un élève de Raphaël ce second croquis, ainsi que le verso, plus tardif, du dessin. Il est hors de doute que l'ensemble de la feuille est bien originale et l'on peut penser que les deux figures ont pu être destinées au même ange, avant que le choix de l'instrument n'ait été arrêté.

Le dessin garde le souvenir d'une première recherche d'attitude, de geste, de vêtement. L'indication si particulière du drapé aux plis cassés est propre à Raphaël qui se servait de modèles vivants comme Léonard de Vinci, Lorenzo di Credi ou Fra Bartolomeo le faisaient de figurines de terre ou de cire, qu'ils habillaient de linges humides. La tête et une partie du buste de l'ange au violon seront tournés vers la droite et la complexité un peu gratuite du drapé trouvera sa justification dans le mouvement tournant du corps. Il fait pendant à l'ange au tambourin de la partie gauche, étudié dans une feuille de l'Ashmolean Museum (Oxford; Parker, 511; Fischel, I, 18-19). Une étude séparée pour le visage de l'ange et la main tenant l'archet se trouve au British Museum (Londres; Pouncey et Gere, 4, pl. 5; Fischel, I, 22). L'ensemble de ces pièces, y compris le dessin de Lille, appartient au groupe réuni par Fischel, peut-être partie d'un même « carnet » (voir D. n° 30; Middeldorf, 1945, n° 12) Crowe et Cavalcaselle, s'appuyant sur l'orientation donnée aux regards, proposent de reconnaître dans les projets d'Oxford, la preuve d'une substitution du thème initial de l'*Assomption* à celui du *Couronnement*.

La liberté d'écriture et la maîtrise des dessins préparatoires au *Couronnement* ont été compris, par la critique moderne, comme une sorte d'anticipation aux recherches développées ultérieurement dans l'œuvre peint, sans correspondance immédiate avec le retable. (Forlani, 1968, p. 319; Oberhuber et Ferino, 1977, p. 25, sous n° 23a). J. White y voit l'une des preuves de la difficulté éprouvée par Raphaël à se dégager progressivement de la culture ombrienne, sans rompre son attachement aux formules traditionnelles (1967, pp. 20-21).

25

25 Tête d'homme barbu, regardant vers le haut

Etude pour un Apôtre du *Couronnement de la Vierge*

Pierre noire, préparation au stylet partiellement apparente ; le pointillé à la pierre noire ayant servi au tracé des contours indique le report à partir d'un autre dessin. H. 0,220; L. 0,193 ; papier bruni, légèrement taché ; jaunissements.

Hist.: J.-B. Wicar (L. 2568) ; légué à la ville en 1834.

Lille, Musée des Beaux-Arts. Inventaire Pl. 470.

Bibl.; Benvignat, 1856, n° 720 - Passavant, 1860, II, n° 412 - Weigel, 1865, p. 607, n° 7276 - Ruland, 1876, p. 331, XIII, n° 1 - Crowe et Cavalcaselle, I, 1882, p. 147 - Lübke, 1882, p. 129 - Pulszky, 1882, p. 307 - Wickhoff, 1884, p. 61 (copie) - Pluchart, 1889, n° 470 - Morelli, 1891-1892, p. 377 - Fischel, 1898, n° 25 (copie) - Berenson, 1903, n° 900 (Ridolfo Ghirlandajo) - Fischel, I, 1913, n° 25 - Conway, 1916, p. 146 - Venturi, 1916, pp. 320, 322, fig. 6 - Venturi, 1920, p. 106, fig. 12 - Venturi, *Storia*, IX-2, 1926, p. 93 - Fischel, 1937, p. 167, pl. I D - Popham, 1938, p. 45 - Popham et Wilde, 1949, p. 309, sous n° 788 - Pouncey et Gere, 1962, p. 6, sous n° 5 - Wittkower, 1963, p. 161, note 28 - Forlani Tempesti, 1968, pp. 320, 419, note 43 - Dussler, 1971, p. 10 - Joannides, 1983, n° 48.

Exp.: Lille, 1961, n° 13 - Lille, 1983, n° 4.

Etude pour le troisième apôtre à gauche, traditionnellement identifié comme saint André, dans le *Couronnement de la Vierge*. Il s'agit d'un carton auxiliaire, c'est-à-dire d'un dessin obtenu par transfert à partir du carton d'ensemble, à l'aide d'un piquetage qui détourait les formes pour en permettre le report, à la même échelle. La réalisation des cartons précédait immédiatement l'élaboration de l'œuvre. Leur fonction était de reprendre, pour le conduire jusqu'à son terme, tel ou tel détail de la composition. Ici, la concentration du visage, la texture et le volume des cheveux et de la barbe. Il existe très peu de cartons auxiliaires pour cette période de l'activité de Raphaël, mais trois d'entre eux sont relatifs au *Couronnement* du Vatican, peut-être en raison du caractère ambitieux du projet (Fischel, 1937). Le carton destiné à saint André est le plus élaboré des trois, comme découpé dans l'espace défini par les formes voisines, sans contour autre que celui du ponçage qui en indique le report. Une étude pour saint Jacques le Majeur, à droite de la composition, plus libre que le dessin de Lille, se trouve au British Museum (Pouncey et Gere, 5; Fischel, I, 23). Le troisième carton, destiné à deux têtes d'apôtres, a été découvert par Popham à Windsor, parmi les dessins de Carlo Maratta (Popham et Wilde, 788).

Fischel s'est montré sévère à l'égard de ce dessin, en dénonçant des reprises postérieures dans les traits du visage. Son opinion a été reprise, à titre hypothétique, par Popham (1938). Aucune disparité de facture ne semble justifier cette observation, même si la minutie un peu froide de cette belle page s'oppose à la liberté des autres projets pour le *Couronnement* que l'on peut voir ici.

Fig. 41.
Etude pour *Saint Jacques le Majeur*.
Londres, British Museum

Fig. 42.
Couronnement de la Vierge
(détail)

26 Tête de jeune homme regardant vers le haut

Etude pour le *Couronnement de la Vierge* (saint Thomas ?)

Pierre noire sur premier tracé en stylet. H. 0,336; L. 0,192. Taches sur l'ensemble de la feuille; tache brune au centre; feuillet froissé.

Hist.: J.-B. Wicar (L. 2568); légué à la ville en 1834.

Lille, Musée des Beaux-Arts. Inventaire Pl. 482.

Bibl.: Benvignat, 1856, n° 702 - Passavant, 1860, II, n° 385 - Ruland, 1876, p. 104, A.I., n° 12 - Gonse, 1878, p. 53 - Crowe et Cavalcaselle, I, 1882, p. 147 - Lübke, 1882, p. 129 - Pulszky, 1882, pp. 307-308 - Minghetti, 1887, p. 41 - Pluchart, 1889, n° 482 - Fischel, 1898, n° 19 et p. 14, note - Fischel, I, 1913, n° 26 - Conway, 1916, p. 146 - Venturi, 1920, p. 106, fig. 11 - Wittkower, 1963, p. 161, note 28 - Forlani Tempesti, 1968, p. 419, note 42 - Joannides, 1983, n° 46r.

Exp.: Lille, 1961, n° 11, pl. IV - Lille, 1983, n° 3.

Le lien de cette étude de visage avec les projets relatifs au *Couronnement de la Vierge* a été établi depuis Passavant, sans que sa destination ait pu être précisée. Elle a été présentée successivement comme une étude pour l'un des anges (Passavant), pour le second ange à droite ou pour l'un des apôtres (Fischel), ou enfin pour saint Jacques et saint Thomas (Crowe et Cavalcaselle, Fischel, Conway, Forlani Tempesti).

La comparaison avec l'étude à la pointe de métal pour saint Thomas, exposée ici (D. n° 21) paraît justifier cette dernière hypothèse. La tête est vue de trois quarts et non de face mais le parti de frontalité est le même et l'expression identique. Le même modèle a pu servir pour les deux dessins, au moment des recherches pour saint Thomas, placé au centre du groupe, séparé des autres et dont le geste donne à lui seul toute sa signification au tableau. La différence d'échelle exclut un rapport possible avec l'un des anges musiciens. Les deux autres apôtres ayant le regard levé vers le *Couronnement* sont saint Jacques et saint André, et sont connus par d'autres études (D. n° 25). L'utilisation magistrale d'une pierre noire très légère sert à définir les ombres et les lumières, presque sans contours. Elle est comparable à celle de la pointe métallique employée pour la même figure, preuve, une fois encore, de la simultanéité des techniques utilisées par Raphaël. Le traitement particulier de la forme — celle des yeux notamment — évoque celui des premiers dessins : projets pour le *Couronnement* de Città di Castello (D. n° 1-2) ou Autoportrait (?) du British Museum (Pouncey et Gere, 1 verso).

26

27 Deux études de draperies

Croquis pour un cavalier armé d'une lance (saint Georges ?)

Pierre noire. H.0,357 ; L.0,204. Taches sur l'ensemble de la surface. Tache brune du verso visible par transparence. Trace de montage sur les bords latéraux.

Lille, Musée des Beaux-Arts. Inventaire Pl. 483 (verso de Inventaire Pl. 482).

Hist. : Benvignat, 1856, n° 703 - Passavant, 1860, n° 385 - Weigel, 1865, p. 570, n° 6759 et 6760 - Ruland, 1876, p. 104, A.I., n° 15 - Gonse, 1878, 54 - Crowe et Cavalcaselle, I, 1882, p. 147 - Pulszky, 1882, p. 306 - Pluchart, 1889, n° 483 - Fischel, 1898, n° 24, - Fischel, I, 1913, n° 27 - Conway, 1916, p. 146 - Venturi, 1916, pp. 320, 323, fig. 7 - Pouncey et Gere, 1962, p. 7, sous n° 6 - Wittkower, 1963, p. 161, note 28 - Forlani Tempesti, 1968, p. 419, note 42 - Joannides, 1983, n° 46v.

Exp. : Lille, 1961, n° 12 - Lille, 1983, n° 13.

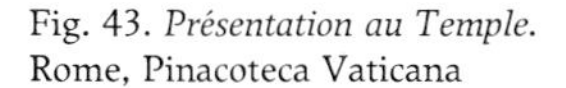

Fig. 43. *Présentation au Temple.*
Rome, Pinacoteca Vaticana

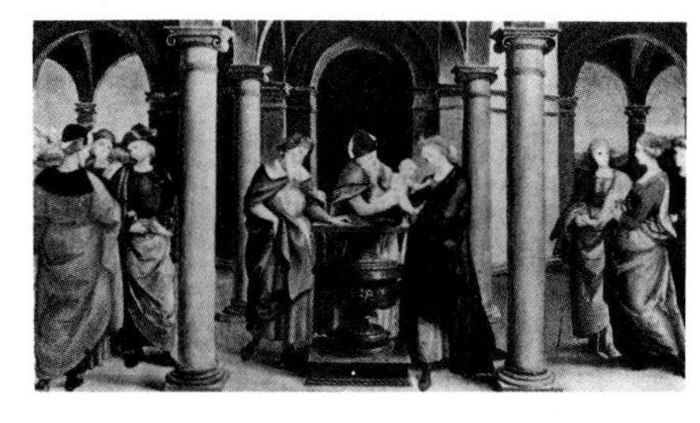

Fig. 44. Etude pour la *Présentation au Temple.*
Londres, British Museum

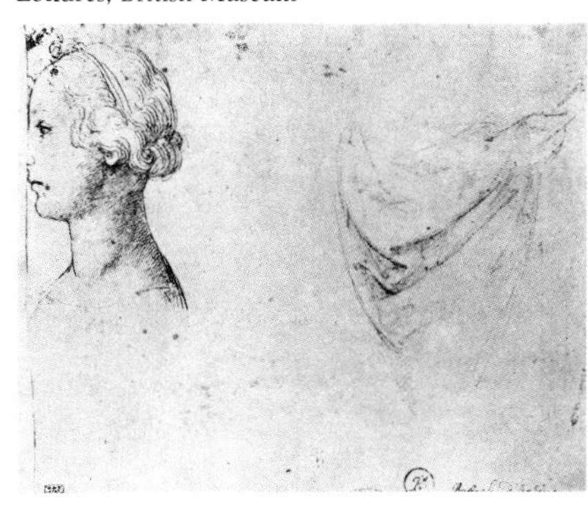

27

Ces études doivent être regardées horizontalement. Elles sont destinées à une figure debout, se déplaçant vers la gauche, dont on devine le genou gauche et la jambe fléchie. Elles sont considérées, depuis Passavant et Ruland, comme des recherches pour la draperie de saint Jacques dans le *Couronnement de la Vierge*, proposition acceptée encore actuellement par Ph. Pouncey, J. Gere (1962) et A. Forlani Tempesti (1968). Fischel (1913), qui adopte l'idée de Passavant, note toutefois que la draperie de saint Jacques est un peu différente et propose un rapprochement avec le vêtement de la jeune fille portant des colombes, à droite, dans la *Présentation au Temple*, troisième panneau de la prédelle du même retable (Rome, Pinacothèque du Vatican, De V. 24 B). Fischel note enfin un lien possible avec la *sainte Apolline* de la collection Rothschild (D. n° 35).

L'hypothèse émise par Fischel à propos de la *Présentation* doit être maintenue. Le dessin de la draperie, la forme de la jambe correspondent exactement à ceux de la jeune fille de droite. Le vêtement de saint Jacques, dans le *Couronnement*, plus statique et plus large, est sensiblement différent. Une autre étude pour la même figure, également à la pierre noire, se trouve au British Museum. Elle a déjà été rapprochée par Fischel (I, 31) de la *Présentation au Temple*, mais Ph. Pouncey et J. Gere préfèrent y reconnaître une étude pour saint Jacques (6 recto, pl. 7).

On ignore, actuellement, la destination du croquis du *saint Georges*, de la partie inférieure, dans laquelle Fischel (1898) tentait, à tort, de reconnaître une première pensée pour le tableau du Louvre.

28 L'Annonciation

Carton pour la peinture de la Pinacothèque du Vatican

Plume, encre brune, lavis brun de deux tons différents sur indications à la pierre noire et au stylet dans la partie supérieure. Constitué de trois feuillets verticalement assemblés. Double trait horizontal à la pierre noire et au stylet dans la partie centrale. Indications de perspective tracées au stylet, au sol et autour du chapiteau de la colonne centrale; dans la même technique, dessin d'une mandorle autour de la figure de Dieu le Père bénissant. Contours piqués pour le transfert. H. 0,284; L. 0,421. Coin supérieur gauche reconstitué. Doublé. Annotation au verso visible par transparence à la sanguine: *R... Sanzio* (?).

Hist.: W. Young Ottley - Th. Lawrence (L. 2445) - Guillaume II des Pays-Bas; vente après décès, La Haye, 18-20 août 1850, n° 79. Acquis à cette vente par le Musée du Louvre; marque du Louvre (L. 1886).

Paris, Musée du Louvre. Inventaire 3860.

Bibl.: Passavant, 1860, II, n° 320 - Förster, II, 1868, p. 342 - Robinson, 1870, p. 119, note 2 et sous n° 9 - Ruland, 1876, p. 104, A.I., n° 23 - Tauzia, 1879, n° 1606 - Lübke, II, 1879, p. 221 - Morelli, 1880, p. 314, note 1, 364, note 2 - Morelli, 1881, p. 247, note 3 - Kahl, 1882, p. 47 - Lübke, 1882, p. 129 - Crowe et Cavalcaselle, I, 1882, pp. 153-154 - Springer, 1883, I. p. 70, note - Chennevières (1882), pl. 20 - Pulszky, 1884, p. 228 - Geymüller, 1884, p. 11, note, repr. pl. I - Minghetti, 1885, p. 38 - Müntz, 1886, p. 98 et note 1, repr. face p. 98 - Grimm, 1886, p. 242 (pas de Raphaël) - Koopmann, 1886, p. 266 - Lützow, 1888, p. 60 (Raphaël, avec reprises d'une autre main) - Koopmann, 1890, p. 58 - Koopmann, 1891, p. 44 - Morelli, 1891-1892, p. 294 - Morelli, 1893, pp. 181, note 1; 240, note 2; 268, note; 344; 363 - Koopmann, 1897, p. 244, note 126 - Fischel, 1898, n° 27 (Raphaël, avec reprises d'une autre main) - Knackfuss, 1908, pp. 7, 14, fig. 15 - Ermers, 1909, p. 5 - Fischel, I, 1913, n° 28 - Venturi, 1916, p. 353 (pas de Raphaël) - Meder, 1919, p. 524, fig. 245 - Parker, 1956, p. 263, sous n° 513 - White, 1967, p. 19, note 6 - Forlani Tempesti, 1968, p. 420, note 46 - Pope-Hennessy, 1970, p. 84 - Dussler, 1971, p. 10 - Gould, 1975, p. 213, note 1 - Meder, 1978, p. 457 - Oberhuber, 1978, p. 87, fig. 36 - Dreyer, 1979, sous n° 19 - Joannides, 1983, n° 51.

Exp.: Paris, 1935, n° 671 - Rome, 1972-1973, n° 8, repr. - Paris, 1974, n° 3.

Le dessin correspond exactement, dimensions comprises, au premier des trois panneaux de la prédelle du *Couronnement de la Vierge* de la Pinacothèque du Vatican (De V. 20). Son authenticité est généralement acceptée, à l'exception des réserves émises par Grimm, Lübke et Fischel (1898), qui reconnaissent l'intervention d'une autre main dans l'application du lavis, technique encore rare chez Raphaël, à cette date. Les perforations très apparentes, destinées à l'application du *spolvero* pour le report, indiquent qu'il s'agit bien d'un carton. Les seuls changements qui interviendront porteront sur la figure de l'ange qui tiendra une palme et sur le paysage, à peine indiqué ici, de la manière allusive qui était celle de Raphaël dans ses croquis, (voir Fischel, I, 40, 46-49). Le point de vue est différent également: plus rapproché dans le carton que dans la peinture, dans laquelle un entre-colonnement est ménagé sur la partie droite. La scène est représentée à l'intérieur du cortile d'un palais, entouré de colonnes d'ordre composite. Sur le petit côté, un vestibule à double arcature à trois travées prolonge l'effet de perspective et accentue le caractère illusionniste du parti choisi. Les trois chapiteaux doriques sont indiqués en perspective, mais accolés à la colonne centrale, axe de toute la composition. La préparation au stylet, qui s'étendait peut-être à toute la feuille n'est plus visible que dans certains détails. Elle précise le volume géométrique des figures (Dieu le Père inscrit dans une mandorle), les détails d'architecture (chapiteau « quadruple » de la colonne centrale), indique la perspective au sol et, par un double tracé, le point focal de l'ensemble, sur la colonne. Tout témoigne de la rigueur de l'exécution et de la maîtrise parfaite de la perspective. Le décentrement des figures de l'ange et de la Vierge l'accentue encore. La forme du cortile et l'ordre choisi pour les chapiteaux pourraient, selon Geymüller, indiquer que le modèle choisi par Raphaël était celui du Palais Ducal d'Urbino, où il revient précisément en 1503.

Les analogies de composition entre la prédelle du Vatican et la *Nativité de la Vierge*, fragment de la prédelle de la Sacra Conversazione de Santa Maria Nuova, à Fano (1497) attribuée à Pérugin ont permis d'avancer que Raphaël était l'auteur de cette dernière (Camesasca, 52 C; Dussler, 1970, p. 10; Ferino-Pagden, 1982, n° 47 et 1983, p. 87). La figure de

28

l'ange pourrait également dériver de l'*Annonciation* de Signorelli aux Uffizi ; Bombe, 1914, pl. 43). La perfection du rendu de l'architecture impliquerait, d'autre part, une connaissance des modèles toscans, antérieurs au séjour de 1504 (voir D. n° 12 ; Forlani, op. cit.). Les études récentes relatives à la chronologie des premières œuvres de Raphaël tendent à considérer que l'époque du *Couronnement* et, en particulier, de la prédelle, aurait coïncidé avec le moment où le peintre, tout en suivant de près le style de Pérugin, aurait adapté ses formules à des principes tout à fait nouveaux, révélateurs de la direction vers laquelle il s'orientait (Oberhuber, 1978, 1982). Ici, l'espace est ouvert, les formes déliées, bien articulées dans leur mouvement. Le rendu du drapé de l'ange est significatif de l'intention du peintre : son « dynamisme » — qui n'est pas très différent de celui des figures de la *Nativité* de Fano et des dessins préparatoires (Ferino-Pagden, 1982, n° 47-48) conduit le regard et met en évidence, par contraste, la réserve de la

Fig. 45. *Annonciation.*
Rome, Pinacoteca Vaticana

Vierge. Il est traité comme une figure volante, comparable aux formes des anges de la *Crucifion Mond*, peinte pour Città di Castello, en 1502-1503 (De V. 23 A.). Le geste des mains est identique à celui de l'Ange de l'*Annonciation* exécutée par Pinturicchio, pour les appartements Borgia, au Vatican (Ricci, 1903, repr. p. 100).

Une étude pour le groupe central de la *Présentation au Temple*, troisième des panneaux de la prédelle, se trouve à Oxford (Ashmolean Museum; Parker, 513). Un projet pour le second, l'*Adoration des Mages*, est à Stockholm (National Museum; Fischel, I, 29).

29 Tête de jeune garçon coiffé d'une barrette

Pierre noire, rehauts de blanc sur le front, le nez, la joue droite, papier gris-brun. H. 0,212; L. 0,186. Taches; jaunissements.

Hist.: J.-B. Wicar, A. Fedi, J.-B. Wicar (L. 2568); légué à la ville en 1834.

Lille, Musée des Beaux-Arts. Inventaire Pl. 461.

Bibl.: Benvignat, 1856, n° 684 - Passavant, 1860, II, n° 407 - Ruland, 1876, p. 159, C., n° 1 - Gonse, 1878, p. 52 - Pulszky, 1882, pp. 308-309 - Pulszky, 1884, p. 228 - Minghetti, 1885, p. 36 - Müntz, 1886, p. 91 - Pluchart, 1889, n° 461 - Koopmann, 1890, p. 74 - Koopmann, 1891, pp. 44, 47 - Morelli, 1891-1892, p. 377 - Morelli, 1893, p. 233 (T. Viti) - Koopmann, 1897, p. 49, n° 6 - Fischel, 1898, p. V et n° 26 (Timoteo Viti) - Knackfuss, 1908, pp.6, 12, fig. 13 - Fischel, I, 1913, n° 20 - Conway, 1916, p. 146 - Fischel, 1917, p. 85 - Forlani Tempesti, 1968, pp.323-324, 419, 420, notes 40, 49, fig. 17 - Plemmons, 1978, fig. 8 - Cuzin, 1983, p. 46, fig. 42 - Joannides, 1983, n° 42.

Exp.: Lille, 1961, n° 15, pl. VII - Berlin, 1964, n° 71 - Paris, 1965, n° 236 - Amsterdam, Bruxelles, Lille, 1968, n° 80, pl. 19 - Florence, 1970, n° 77, pl. 6 - Lille, 1983, n° 9, repr.

Pulszky, puis Fischel (1898) ont relevé la similitude de ce visage et de celui de l'ange au tambourin d'Oxford (Ashmolean Museum, 511; Fischel, I, 19) et proposé de joindre la feuille de Lille à l'ensemble des études relatives au *Couronnement*. Leur idée a été adoptée par la presque totalité des auteurs, à l'exception de Morelli, qui préfère la donner à Timoteo Viti — après l'avoir acceptée comme originale — et décèle des reprises dans l'œil droit. Son opinion est retenue, en 1898, par Fischel, qui rend par la suite le dessin à Raphaël et suggère qu'il s'agit d'une étude d'après modèle ayant servi pour le dessin de l'ange au tambourin.

La critique moderne, tout en maintenant le lien avec le *Couronnement Oddi*, n'y reconnaît pas une relation directe, (Forlani Tempesti, Joannides). A. Forlani Tempesti l'interprète comme une *divagazione ritrattistica* sur un motif de la *pala* du Vatican et le raproche du portrait de jeune fille des Uffizi, lui-même en rapport avec la prédelle du *Couronnement* (n. 57 E; Ferino-Pagden, 1982, n° 55). L'inclinaison du visage, les jeux de lumière, le *trattegio* de la pierre évoquent la technique de l'ange musicien, à la pointe de métal, qui se trouve au British Museum (Pouncey et Gere, 4; Fischel, I, 22). Il se peut que Raphaël, étudiant d'après le modèle de l'atelier pour donner forme à l'ange musicien, se soit attaché à la possibilité expressive du modèle et l'ait dessiné « en premier plan », pour lui-même, au-delà de la seule destination de la *pala*, dans laquelle, au demeurant, il aura un type plus conforme à la *tipologia umbria* traditionnelle.

Raphaël portraitiste, ici, comme dans le dessin de la collection Rothschild exposé D.n° 3, mais avec plus d'assurance peut-être, atteint une vivacité et un naturel, bien accordés à ce que nous connaissons de lui dans ce domaine particulier (voir l'autoportrait (?) du British Museumn; Pouncey et Gere, 1 verso, Fischel, I, 38). La facture ample, la précision des ombres, le traitement libre de la gouache ne correspondent pas à la conception traditionnelle de son style des débuts. Elles sont à l'origine de la confusion établie par et autour de Morelli qui jugeaient plus vraisemblable d'y reconnaître une main émilienne, celle de Timoteo Viti ou de Francia. A. Forlani Tempesti suggère à juste titre que Raphaël a peut-être eu connaissance de l'œuvre dessiné de Lorenzo di Credi.

29

30 Figure assise, de face, tenant un livre

Etude pour la *Vierge Norton Simon*

Dans la partie inférieure, étude séparée à plus grande échelle du bras et de la main gauche. Etude de la tête avec auréole en haut à droite. En bas à gauche, dans un cercle, visage de profil.
Pointe de métal sur papier préparé blanc laiteux. H. 0,250 ; L. 0,180.
Reprise par une autre main pour le bijou et l'indication du livre dans la partie inférieure, à la pierre noire.

Hist. : A. Fedi - J.-B. Wicar (L. 2568) ; légué à la ville en 1834.

Lille, Musée des Beaux-Arts. Inventaire Pl. 442.

Bibl. : Benvignat, 1856, n° 704 - Passavant, 1860, II, n° 375 - Robinson, 1870, p. 139 sous n° 24 - Ruland, 1876, p. 90, VIII., n° 5 - Gonse, 1878, p. 54 - Springer, 1881, p. 387 - Crowe et Cavalcaselle, I, 1882, pp. 118 note et 226-227 (douteux) - Morelli, 1882, pp. 156-171 - Springer, 1883, p. 107 - Müntz, 1886, p. 204 - Lützow, 1888, p. 59, repr. - Koopmann, 1889, p. 56, fig. 2 - Pluchart, 1889, n° 442 - Koopmann, 1891, p. 80 - Koopmann, 1897, p. 145, n° 67 - Fischel, 1898, n° 4 - Fischel, I, 1913, n° 50 - Venturi, 1916, p. 334, fig. 20 - Venturi, 1920, p. 117, fig. 33 - Venturi, *Storia*, IX-2, 1926, p. 112, note 1 - Parker, 1939-1940, p. 38 - Parker, 1956, p. 258, sous n° 508 - Pouncey et Gere, 1962, sous n° 3 - Forlani Tempesti, 1968, pp. 320-326, 419, note 53a, fig. 20a - Pope-Hennessy, 1970, pp. 178, 284, fig. 161 et note 7 - Cuzin, 1983, pp. 23, 25, fig. 16 - Joannides, 1983, n° 34, recto.

Exp. : Lille, 1961, n° 17, pl. VIII - Paris, 1965, n° 236 - Amsterdam, Bruxelles, Lille, 1968, n° 81, pl. 20 - Florence, 1970, n° 78, pl. 67 - Lille, 1983, n° 8.

Etude pour une figure féminine exécutée d'après un modèle masculin. Le bijou et le livre placé sur l'étude séparée de la main ne sont pas originaux. Le dessin a longtemps été considéré comme une étude pour la *Madone Solly* (voir D. n° 7), selon l'avis de Passavant, Seidlitz, Koopmann et Fischel. Crowe et Cavalcaselle, les premiers, l'ont rapproché de deux

30

Fig. 46. *Vierge à l'Enfant,*
Pasadena,
Norton Simon Museum

Fig. 47-48. Etudes pour la *Vierge Norton Simon.*
Oxford, Ashmolean Museum
(recto, verso)

Fig. 49. Etude pour la *Vierge.*
Londres,
British Museum

autres feuilles, conservées au British Museum (Pouncey et Gere, 3; Fischel, I, 51) et à Oxford (Ashmolean Museum, Parker, 508, Macandrew, 1980, p. 275; Fischel, I, 46). Il existe au Louvre une copie en partie exécutée d'après le dessin d'Oxford (Inventaire RF 488; voir D. n° 129). La première feuille représente la tête et les épaules d'une femme dont le visage est très proche de celui du dessin exposé. La seconde constitue une suite de recherches pour une Vierge à l'Enfant à mi-corps dans un paysage, tenant un livre, dans la même attitude que le modèle en pied étudié ici. Fischel réunit ces trois pièces, dont deux sont des pointes de métal sur papier préparé, sous le titre de *Vierges à la fenêtre*, terme inexact puisque les indications d'encadrement, visibles sur le dessin d'Oxford sont bien des cadres et non des fenêtres (voir Pope-Hennessy, 1970, p. 178). Selon le même auteur, le groupe refléterait une suite de recherches pour une composition perdue, qu'il situe entre 1500 et 1502, immédiatement après la *Madone Solly*.

L'étude de Lille et les deux dessins des collections anglaises sont maintenant identifiés comme des préparations à la *Vierge à l'Enfant*, acquise en 1972 par le Musée de Pasadena, dont on avait perdu la trace depuis sa publication par Berenson en 1968 (Norton Simon Museum, 1503-1504; De V. 159). J. Pope-Hennessy, responsable du rapprochement, propose de voir dans le dessin de Lille une étape postérieure à la mise en place plus générale d'Oxford, à la plume, où le groupe n'a pas encore exactement sa place dans le paysage. Elle précèderait, en revanche, l'étude de tête du British Museum, qui joue, dans sa recherche de vérité, un rôle comparable à celui que Raphaël confiait aux *cartons auxiliaires* (D. n° 25).

La facture de ce très beau dessin, quête du détail juste et de la forme parfaite, est celle des études d'anges pour le *Couronnement Oddi* (D. 24). Les indications des mains sont proches, dans une technique différente, de celles d'Oxford pour le *Couronnement de saint Nicolas de Tolentino*. La verticale du visage, dessinée à la pointe, est également l'un des signes de l'écriture de Raphaël à cette époque (voir 771 D.R. verso, D. n° 4). Les similitudes de techniques et de format relevées par Fischel dans un groupe de sept dessins à la pointe de métal l'ont amené à proposer la reconstitution d'un album, auquel aurait appartenu la feuille de Lille (Fischel, I, 16, 18-19, 21, 22, 41, 51). Quatre de ces dessins sont relatifs au *Couronnement Oddi*, donc antérieurs à 1503 (voir D. n° 21 à 26). Les griffonnements, probablement dus à une main d'enfant, notés par Fischel, ne sont visibles que sur trois d'entre eux (Fischel, I, 16, 41, 51). La critique moderne est réservée sur cette tentative, dont l'objectivité et le bien-fondé avaient déjà été mis en doute par Parker (1939-1940, p. 38; Pouncey et Gere, loc. cit.; Meder, 1978, pp. 165, 171, note 83). Le même auteur remarque que l'étude d'Oxford pour la Madeleine de la *Crucifixion Mond* (De V. 23 A.), qui appartient à ce groupe du «pseudo-carnet», est, comme le dessin de Lille, exécutée d'après le modèle masculin (Ashmolean Museum, Parker, 509; Fischel, I, 41).

31 Deux archers

Celui de gauche vise une cible que lui désigne la figure de droite. Plume, encre brune sur premier tracé au stylet. H. 0,254; L. 0,181. Traces d'arrachement de la feuille de doublage qui couvrait anciennement le verso. Taches; jaunissements sur les bords.

Lille, Musée des Beaux-Arts. Inventaire Pl. 443 (verso de l'Inventaire Pl. 442).

Bibl.: Benvignat, 1856, n° 705 - Passavant, 1860, II, n° 375 (élève de Pérugin) - Weigel, 1865, p. 169, n° 30 - Robinson, 1870, p. 115, n° 5 - Ruland, 1876, p. 313, A.I.,n° 1 - Gonse, 1878, XVII, p. 56, repr. p. 49 (élève de Pérugin) - Vischer, 1879, p. 333 - Morelli, 1880, p. 360 (Raphaël jeune) - Springer, 1881, pp. 378- 380 (douteux) - Crowe et Cavalcaselle, I, 1882, p. 226 - Kahl, 1882, p. 90 - Morelli, 1882, p. 156 - Müntz, 1885, II, pp. 200, 343 - Pluchart, 1889, n° 443 - Minghetti, 1887, p. 21 - Lützow, 1888, p. 59 (pas de Raphaël) - Koopmann, 1890, pp. 4, 20 - Koopmann, 1891, pp. 51-52 - Seidlitz, 1891, p. 5 (pas de Raphaël) - Morelli, 1891-1892, p. 378 (Timoteo Viti ou Signorelli) - Koopmann, 1897, p. 65, n° 12 - Fischel, 1898, n° 558 (Ecole ombrienne, proche de Pinturicchio) - Fischel, I, 1913, n° 50 (Ecole ombrienne) - Magherini-Giovanoli, 1927, pp. 3, 10 - Salmi, 1953, p. 53 - Parker, 1956, p. 252, sous n° 501 - Joannides, 1983, n° 34r.

Exp.: Lille, 1961, n° 18 - Amsterdam, Bruxelles, Lille, 1968, n° 81 (pas de Raphaël) - Florence, 1970, n° 78.

La figure de gauche, vue de dos, tendant un arc, est inspirée de celle de l'archer, au premier plan du *Martyre de saint Sébastien* de Luca Signorelli, à Città di Castello (v. 1497?; Città di Castello, Pinacoteca; Dussler, 1927, pl. 60). Les jambes et le buste du même personnage se retrouvent dans une seconde copie, par Raphaël, de l'archer de Signorelli, dessinée sur un projet relatif à la *Création d'Eve*, dans la Bannière de Città di Castello, d'une exécution plus vigoureuse (Oxford, Ashmolean

Fig. 50. Raphaël d'après Signorelli, dessin. Oxford, Ashmolean Museum

31

Museum ; Parker, 501 recto ; Fischel, I, n° 2). La timidité de la facture du dessin de Lille *di sapore quasi infantile* (Magherini-Giovanoli), a permis d'introduire des doutes sur son authenticité. Fischel y reconnaît une *faible main ombrienne.* Il s'agit bien d'un original, néanmoins, dont le tracé au stylet, repris à la plume, par une autre main que celle de Raphaël, a été modifié et durci (voir un autre exemple, D. n° 22).

La seconde figure n'apparaît pas dans la peinture qui révèle des repentifs visibles et, selon M. Salmi (1953) une participation de l'atelier. Il est possible, bien qu'on ne puisse le démontrer, qu'un dessin de Signorelli, antérieur au parti finalement arrêté, ait été à l'origine de la copie de Raphaël, comme le pense Fischel (1913). Comme tous les motifs directement issus du répertoire ombrien, il trouvera, dans les peintures réalisées par Raphaël autour de 1502-1503, un écho qui confirmera la fonction « stimulatrice » de ces copies. Les deux figures d'archers peuvent être rapprochées, par exemple, pour la valeur du geste et de l'attitude, des spectateurs de gauche de l'*Adoration des Mages* du Vatican, dont l'étude d'ensemble est conservée à Stockholm (Fischel I, 29). Il est probable que Raphaël, dont la présence à Città di Castello en 1499-1500, est sûre, avait vu en place le *Martyre de saint Sébastien*, dans l'église S. Domenico, pour laquelle il exécuta le retable, aujourd'hui dispersé (De V. 23). La preuve de l'intérêt porté, dans ces mêmes années, aux cycles peints par Signorelli à Orvieto se vérifie dans plusieurs dessins, qui impliquent un voyage autour de 1503 (voir Forlani Tempesti, 1968, p. 316 et note 30 ; Shearman, 1977, pp. 131-132, Ferino-Pagden, 1982, pp. 88-99).

Fig. 51. Signorelli,
Martyre de saint Sébastien.
Città di Castello, Pinacotecca

Fig. 52. Signorelli,
Martyre de saint Sébastien (détail)

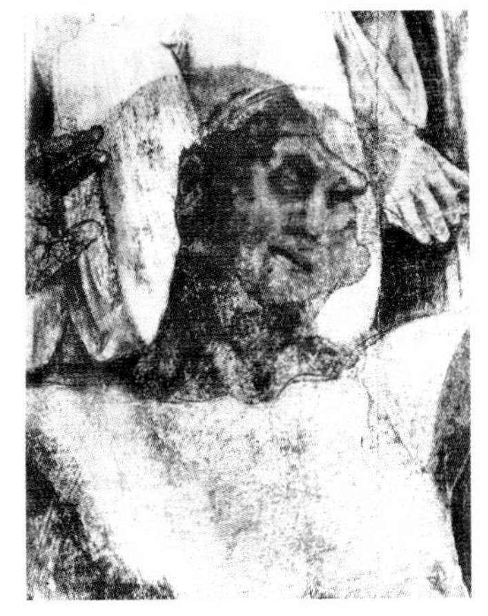

32 Enfant jouant avec un oiseau

Indication d'une main soutenant son dos.
Pointe de métal sur papier préparé gris beige, avec repentir au stylet pour la jambe droite. La préparation ne recouvre pas complètement le support. H. 0,103 ; L. 0,075. Reprises par une autre main, à la plume et au lavis brun, sur la partie gauche. Trace de pli dans l'angle supérieur droit, déchirure dans l'angle inférieur gauche.

Hist. : J.-B. Wicar (L. 2568) ; légué à la ville en 1834.

Lille, Musée des Beaux-Arts. Inventaire Pl. 480.

Bibl. : Benvignat, 1856, n° 691 - Passavant, 1860, II, p. 487 b (pas de Raphaël) - Ruland, 1876, p. 141, A, XII, n° 1 - Gonse, 1878, pp. 56, 70, repr. - Pluchart, 1889, n° 480 - Morelli, 1891-1892, p. 377 (faux ou copie) - Fischel, 1898, n° 7 (ombrien) - Fischel, II, 1919, n° 68 - Venturi, 1920, p. 148, repr. - Fischel, 1948, p. 358 - Parker, 1956, p. 258, sous n° 508 - Joannides, 1983, n° 72.

Exp. : Lille, 1961, n° 3 - Lille, 1983, n° 3.

Fischel, en 1898, refuse d'attribuer ce dessin à Raphaël mais le classe parmi les études préparatoires à la *Madone Solly*, groupe aujourd'hui rapproché de la *Vierge Norton Simon* (Fischel,

1898, 3 à 7 ; voir D. nº 30). Il la retient ensuite parmi les feuilles de la dernière période dite ombrienne et du début du séjour à Florence, en relevant des détails de facture qui implique une connaissance de l'art de Léonard de Vinci. Il est difficile de proposer une datation précise, par manque de références à une œuvre peinte. Le motif de l'Enfant apparaît, identique pour le geste et l'attitude, au verso du croquis d'ensemble à la plume pour la *Vierge Norton Simon* (Oxford, Ashmolean Museum ; Parker, 508a, verso). Dans ce dernier, le motif est inversé, l'Enfant tient un livre d'heures et la position de la tête est différente. Les repentirs du dessin de Lille, la liberté du trait indiquent, quoi qu'il en soit, la recherche et non la dérivation. La présence de la main, aux longs doigts, qui entoure son dos révèle qu'il était destiné à s'intégrer dans un groupe. La technique de la pointe de métal sur papier préparé apparaissant précisément dans ces mêmes années 1503-1504, il paraît justifié de conserver, pour le moment, la datation proposée par Fischel.

32

33 Tête de femme, de face, légèrement tournée vers la gauche

Pointe de métal sur indications à la pointe de plomb. H. 0,135 ; L. 0,096. Collé en plein. Taches blanches. Agrandissements du feuillet par réintégration, sur le bord droit et dans la partie inférieure gauche. Oxydations du trait. Papier jauni.

Hist. : F.-X. Fabre ; don au Musée en 1825.

Montpellier, Musée Fabre. Inventaire 837-1-241.

Bibl. : Passavant, 1860, II, nº 417 - Renouvier, 1860, nº 9 - Förster, II, 1868, p. 342 - Clément de Ris, 1872, p. 290 - Lafenestre et Michel, 1878, nº 850 - Gonse, 1904, p. 270 - Fischel, II, 1919, nº 3 - Joubin, 1929, pp. 8, 15, repr. - Gillet, 1934, p. 166 - Fliche, 1935, p. 138 - Jourda, 1938, p. 27, note 1 - Fischel, 1948, p. 358 - Joannides, 1983, nº 109.

Exp. : Montpellier, 1837, nº 86, pl. XIV - Berne, 1939, nº 128 - Paris, 1939, nº 158.

Le rapprochement proposé par Fischel avec la Vierge de la *Madone Northbrook*, dont l'authenticité n'est pas sûre et la date incertaine, n'est pas convaincant (vers 1505-1508 ; Worcester, Art Museum ; De V. 67 ; Brown, 1983, pp. 133, 135). Il est néanmoins accepté par Joannides, qui rapproche le dessin des autres feuilles connues pour cette même composition (Joannides, 1983, nº 108 r et 114 v). Tout indique, comme l'avaient bien vu Passavant, Gonse, Joubin, Gillet, une date nettement antérieure, voisine de celle du *Sposalizio* (1504). La perfection de l'ovale — indiqué sur le premier tracé à la pointe de plomb —, le caractère « serré », incisif du dessin, la concentration calme du visage appartiennent à la typologie de Raphaël antérieure au séjour à Florence. Le traitement de la pointe, l'indication des traits du visage (le nez et les yeux) sont comparables à la feuille d'étude de tête de l'Ashmolean Museum, la seule actuellement connue pour le *Sposalizio* (Oxford ; Parker, 514 ; Fischel, I, 35-36).

Fig. 53. *Mariage de la Vierge (Sposalizio).* Milan, Brera

Période florentine

1504-1508

33

Fig. 54. Raphaël (?)
Madone Northbrook.
Worcester, Art Museum

34 Sainte Famille avec saint Michel et saint Jean-Baptiste

Projet pour la *Madone Terranuova*

Plume, encre brune. H. 0,167 ; L. 0,159. Toute la partie inférieure droite est reconstituée et le dessin complété par une autre main, à une époque ancienne. Feuillet découpé et cintré dans la partie supérieure. Collé en plein, légers manques sur le bord supérieur de la feuille. Nombreuses taches sur l'ensemble de la surface.

Hist. : J.-B. Wicar (L. 2568) ; légué à la ville en 1834.

Lille, Musée des Beaux-Arts. Inventaire 431.

Bibl. : Benvignat, 1856, n° 686 - Passavant, 1860, II, n° 377 - Weigel, 1865, p. 556, n° 6609 - Grimm, 1872, p. 94 (faux) - Ruland, 1876, p. 56, V, n° 6 (probablement d'une autre main) - Lübke, 1878-1879, II, p. 229 - Morelli, 1880, p. 375 (copie) - Lippmann, 1881, p. 4, fig. 1 - Morelli, 1881, p. 247-248, repr. - Crowe et Cavalcaselle, I, 1882, p. 230 - Lübke, 1882, p. 93 - Minghetti, 1887, p. 94 - Pluchart, 1889, n° 431 - Koopmann, 1890, p. 36, pl 29 (repris par une autre main) - Morelli, 1891-1892, p. 377 - Morelli 1893, pp. 254, 266, 271, 276-277, repr. pl. C., p. 271 - Fischel, 1898, n° 52 - Fischel, I, 1913, n° 54 - Conway, 1916, p. 151 - Venturi, *Storia*, IX-2, 1926, p. 106, fig. 35 - Venturi, 1927, n° 12, repr. - Fischel, 1948, p. 38 - Forlani Tempesti, 1968, p. 421, note 64, fig. 31 - Cocke, 1969, p. 27, pl. 15 - Dussler, 1970, p. 16 - Oppé, 1970, fig. 45 - Pope-Hennessy, 1970, pp. 181-185, note 9 - Plemmons, 1978, fig. 53 - Kelber, 1979, p. 422 - De Vecchi, 1981, p. 242, n° 24 - Cuzin, 1983, p. 75 - Joannides, 1983, n° 69.

Exp. : Lille, 1961, pl. VII - Amsterdam, Bruxelles, Lille, 1968, n° 84 - Florence, 1970, n° 81, pl. 70 - Lille, 1983, n° 12.

34

Fig. 55.
Madone Terrannuova.
Berlin, Musée

Fig. 56.
Ecole ombrienne,
XVIe siècle,
Sainte Famille, dessin.
Berlin,
Kupferstichkabinett.

Ce dessin a été identifié par Fischel (1898) comme un projet pour la *Vierge à l'Enfant avec saint Jean-Baptiste* du Musée de Berlin, dite *Madone du duc de Terranuova* (Staatliche Museen ; De V. 36). Elle est considérée comme l'une des premières *Vierges* florentines, voisine de la *Madone du Grand-Duc*, et datée de la fin de l'année 1504 ou du début de 1505 (Dussler, 1970, pp. 16-17). L'appréciation du dessin est rendue difficile par l'intervention ancienne maladroitement pratiquée sur la partie inférieure droite.

La suggestion de forme arrondie, qui sera celle de la peinture, n'est pas donnée par le découpage du bord supérieur, apocryphe, mais, comme l'a indiqué A. Châtelet, par le geste de l'ange dirigeant saint Jean-Baptiste vers l'Enfant (cat. Exp. Amsterdam, 1968). Ils échangent le phylactère, emblème de la mission évangélique de saint Jean, portant, dans la peinture l'inscription : *(EC) CE AGNUS DEI*. Le projet sera modifié, simplifié, preuve une fois encore, que l'œuvre n'est pas conçue d'avance, mais s'élabore à travers des décantations successives. L'ange et saint Joseph seront supprimés, le groupe des enfants complété par un troisième (saint Jacques le Mineur ?), l'Enfant, la Vierge, moins archaïque, plus léonardesque dans le geste de la main levée, seront placés devant un paysage en surplomb — vue de ville et paysage rocheux — dans lequel on a cru percevoir une influence flamande. Il existe deux copies inversées de ce paysage dans un feuillet de l'album de Venise (Ferino-Pagden, 1982, n° 83/37, fig. 174-175). Les deux figures latérales, dans le dessin, évoquent encore les formules anciennes : la barbe « à deux pointes » de saint Joseph se retrouve chez Pérugin (Uffizi, n° 10908 F. ; Ferino-Pagden, 1982, n° 4, fig. 5). Une image exacte du dessin de Lille tel qu'il était avant la restauration est donnée par un dessin médiocre, de l'école ombrienne, appartenant au Musée de Berlin, où il a été attribué à Raphaël, puis à Pérugin (Morelli, 1883, p. 265). Au verso de la même feuille se trouve une copie de la *Madone Connestabile* (Fischel, I, texte, fig. 62).

Un fragment du carton d'ensemble, représentant la tête de la Vierge, est également conservé à Berlin (Fischel, III, 104). Ruland (1876, p. 55, V, n° 4) cite un dessin pour la *Madone Terranuova* dans l'ancienne collection J. Madrazo à Madrid, ainsi qu'une étude pour l'Enfant et la draperie de la Vierge aux Uffizi (Passavant, I, n° 115).

35 Sainte Apolline

De trois quarts vers la gauche. Elle tient une pince et la dent arrachée de la main droite.
Pinceau, lavis brun clair sur traits à la pierre noire. Piqué pour le transfert sur tous les contours, sauf dans la partie inférieure droite. Contours incisés dans le profil, la coiffure, le buste, la main droite, le bord supérieur du vêtement. Traces de mise au carreau à la pierre noire. H. 0,296 ; L. 0,155. Rehauts de blanc et hachures à la pierre noire ultérieurement rajoutés (?). Fortes oxydations de ces rehauts. Importants empiècements dans les coins inférieurs droit et gauche, ainsi que sur le bord supérieur droit. Réintégration sur le genou gauche. Usures, déchirures en plusieurs endroits. Doublé. Coupé sur le bord inférieur.

Hist. : Sir J. Stuart Hippisley (L. 1535) ; vente, Londres, Sotheby, 25 mai 1868, n° 28 - B. Suermondt (L. 415) ; vente, Francfort, Prestel, 5 mai 1879, n° 156 - E. Habich ; vente, Stuttgart, Gutekunst, 27 avril 1899 et j. suiv., n° 609, repr. - Acquis à cette vente par le baron Edmond de Rothschild ; legs au Musée du Louvre en 1935.

Paris, Musée du Louvre, Collection Edmond de Rothschild. Inventaire 783 D.R.

Bibl. : Morelli, 1880, p. 336 (école de Raphaël) - Fischel, 1912, *Burl. Mag.*, p. 294, pl. I, 4 - Fischel, I, 1913, n° 56 - Fischel, 1915, pp. 92, 95, pl. 1 - Conway, 1916, p. 146 - Lugt, 1921, p. 71, sous n° 415 - Fischel, 1948, p. 357 - Forlani Tempesti, 1968, p. 420, note 61 - Dreyer, 1979, sous n° 19 - Kelber, 1979, p. 419 - Joannides, 1983, n° 71 (sans localisation).

Exp. : Manchester, 1857, n° 48 - Paris, 1954, n° 13.

En dépit de son mauvais état de conservation et des interventions malheureuses qu'il a subies, ce dessin est intéressant car il constitue l'un des rares exemples de cartons de petit format qui ait été conservé. Comme les autre projets connus, il appartient aux premières années de l'activité de Raphaël (voir le carton du Louvre pour l'*Annonciation*, D. n° 28 et celui de la National Gallery de Londres pour le *Songe du chevalier*, De V. 37). Fischel, le premier, l'a rapproché d'une *Sainte Catherine*, dont il ignorait alors la localisation et proposé de reconnaître dans un second carton, du Kupferstichkabinett de Berlin le projet pour une *Sainte Madeleine*, lui faisant pendant (Inv. KdZ 5172 ; Fischel, 56 A. ; Dreyer, 1979, n° 19). Les deux panneaux, anciennement dans la collection Contini-Bonacossi, à Florence, sont actuellement dans le commerce d'art à New York (De V. 30 A. et B. ; huile et tempera sur bois ; H. 0,380 ; L. 0,140). Ils passent pour avoir constitué les volets d'un petit triptyque qui aurait comporté, au centre, une Vierge, de Pérugin. Cette hypothèse, que rien ne permet de vérifier, est celle de Passavant qui avait vu les peintures à Rome, en 1845, chez Vincenzo Camuccini (II, p. 10, n° 8). Aucune source ancienne ne fait état d'une collaboration Raphaël-Pérugin pour une commande de ce type, cependant le « montage » a pu ne pas être original mais postérieur à la date d'exécution des panneaux. Il est plus vraisemblable, semble-t-il, que les deux *Saintes* aient été découpées dans une peinture plus importante, comparable aux *Conversations Sacrées*, exécutées par Raphaël autour de 1500. La stricte symétrie des deux figures et les directions opposées des regards pourraient confirmer cette hypothèse. Elles semblent, par leur regard et leur attitude, suggérer la présence d'un groupe sacré, au centre (voir la composition de la *Pala Colonna* ou celle de la *Pala Ansidei* par exemple).

Les deux *Saintes* sont généralement datées du début de la période florentine, mais la restauration des fonds a fait disparaître le paysage que décrit Passavant (Longhi, 1955, p.

35

Fig. 57.
Sainte Apolline.
New York,
collection privée

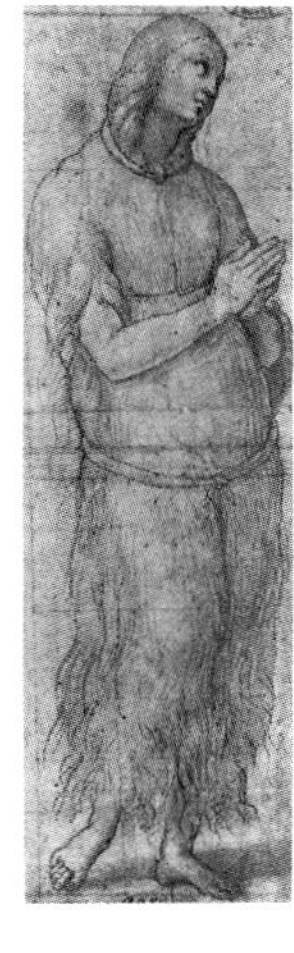

Fig. 58.
Sainte Madeleine,
dessin.
Berlin,
Kupferstichkabinett.

22; Dussler, 1971, p. 16 avec bibl.). Le dessin du Louvre a été coupé dans la partie inférieure. L'indication de la roue du martyre, qui figure sur la peinture, est à peine visible ici, sur la partie gauche. Fischel suggère que les deux projets — celui qui est exposé ici et la *Sainte Madeleine* de Berlin étaient à l'origine tracés sur la même feuille, en raison de la concordance des lignes horizontales de mise au carreau. Les deux feuilles ont les mêmes dimensions en hauteur, mais celle qui se trouve à Berlin semble intacte. La *Sainte Apolline* de la collection Rothschild était déjà «isolée», lors de l'exposition de Manchester, en 1857. Contrairement à l'avis émis par Fischel, le dessin de la main droite est bien original et la pince tenue par *Sainte Apolline* fait partie du projet. Il semble qu'il y ait eu changement en cours d'exécution, car le tracé de la palme de martyre est visible également, à côté de celui de la pince.

L'attitude de la *Sainte*, le léger *contraposto*, le geste du bras gauche ont permis plusieurs rapprochements avec des figures comparables, de cette même période (Fischel, 1915, p. 95 ; Dussler, 1971, loc. cit.). L'analogie se marque de la façon la plus frappante, selon nous, avec celle de la figure allégorique de gauche, dans le *Songe du chevalier* (De V. 37).

36 Le siège de Pérouse

Plume, encre brune ; annoté par l'artiste sur l'édifice de l'arrière-plan : *PERUSIA AUGUST...* Signé griffonné en bas à droite et pointillé à gauche, à la plume et encre brune. Deux croquis de bustes sur le bord supérieur. H. 0,266 ; L. 0,406. Plume verticale au centre. Feuillet froissé. Taches et jaunissements. Manques et reconstitutions dans la partie supérieure.

Hist. : Ch.-P.-J.-B. de Bourgevin Vialart de Saint Morys - Saisie des Emigrés ; marque du Musée (L. 1886).

Paris, Musée du Louvre. Inventaire 3856 recto.

Bibl. : Recueil Saint Morys, 1783, n° 14 - Inventaire manuscrit Morel d'Arleux, 1586 - Passavant, 1860, II, n° 327 (Timoteo Viti) - Grimm, I, 1872, p. 100, II, 1886, p. 483, note - Weigel, 1865, pp. 545, n° 91 ; 550,

36

Fig. 59. *Trois figures,*
dessin.
Vienne, Albertina

n° 6541 - Ruland, 1876, p. 165, A. III, n° 1 - Chennevières (1882), pl. 13 - Crowe et Cavalcaselle, I, 1882, pp. 42-43, note (Timoteo Viti) - Tauzia, 1888, n° 2013 (douteux) - Koopmann, 1889, p. 63 - Morelli, 1891-1892, p. 294 (authentique?) - Wickoff, 1892, sous n° 246 (copie ancienne) - Koopmann, 1897, pp. 101, sous n° 30 et 473 - Fischel, 1898, n° 534 et pp. XVI-XVII (Peruzzi) - Gronau, 1902, p. 25, pl. IV-1 (copie) - De Nicola, 1918, p. 212, fig. 4 (école de Raphaël) - Fischel, II, 1919, n° 96; III, 1922, n° 108 (copie) - Parker, 1956, p. 338, sous n° 633 - Forster, 1972, pp. 426-427 - Shearman, 1977, p. 133 - Plemmons, 1978, fig. 46 - Joannides, 1983, n° 93 R.

Ce dessin, que son mauvais état de conservation a longtemps fait considérer comme une copie, est bien un original de Raphaël, mutilé sur les bords latéraux, comme l'interruption du dessin permet de le voir. Dans un camp, aux portes d'une ville, trois porteurs de lance et un soldat tenant sabre et bouclier montent à l'assaut d'une forterese défendue par une figure dont seule la tête et le buste apparaissent. A gauche, deux tireurs à l'arc dont on ne voit que les gestes, à l'exception de la corde tenue dans la main gauche du premier; plus loin un lanceur de fronde. La destination du projet demeure inconnue et l'identification de son auteur a donné lieu à plusieurs hypothèses. Les noms de Viti et de Peruzzi avancés par Passavant et Fischel reposent sur le rapprochement établi avec un dessin de l'Albertina, premier projet pour les trois figures d'assaillants de la partie droite. Après avoir suggéré que les feuilles pouvaient avoir été réalisées par Peruzzi et Raphaël à partir d'un modèle emprunté à Léonard de Vinci, Fischel revient sur son opinion et retient le *Siège* conservé au Louvre comme la copie d'un original perdu de Raphaël dont le dessin de Vienne, authentique, serait la trace (Fischel, II, 95). Il l'inclut dans la suite dite du « Grand Carnet Florentin », tout en précisant qu'il n'en fait pas partie (II, n° 81-103).

L'inscription PERUSIA AUGUSTA permet d'y voir une allusion aux luttes répétées que menaient à Pérouse les familles rivales des Baglioni et des Oddi. K.W. Forster (1972) a tenté de rattacher ce projet aux travaux exécutés par Raphaël pour les Baglioni et proposé de l'assimiler à la *Déposition* commandée en 1507 par Atalanta Baglioni (voir D. n° 51). Le dessin du Louvre, comme les *Batailles* de l'Ashmolean Museum d'Oxford, aurait pu être conçu comme un projet de prédelle; hypothèse hasardeuse que la disparité des dessins cités ne justifie guère. Le *Siège de Pérouse* doit être daté du début du séjour à Florence, en 1504 ou 1505. Le dessin de Vienne en est une première pensée, plus libre, sans l'indication des armes, fixant les attitudes et le mouvement des corps. Sa tension, son dynamisme le différencient des scènes comparables réalisées dans les débuts. L'autorité du trait le rapproche du *Combat des fantassins et cavalier*, de l'Académie de Venise, plus délibérément léonardesque (Fischel, II, 97-98). De Nicola a démontré (1914) que la figure de l'archer, au centre, était inspirée d'un bas-relief perdu de Pollaiuolo, placé au XVIe siècle, dans une catacombe romaine et dessiné au moment de l'ouverture, en 1578 (de Nicola, 1918, fig. 1). J. Shearman (1977) s'est appuyé sur ce point, qu'il a inclu dans une séquence de faits ayant valeur de démonstration, pour suggérer un éventuel voyage de Raphaël à Rome, antérieur à 1508.

37 Deux études de Vierges à l'Enfant

Plume, encre brune, traces de trait d'encadrement au pinceau et à la pierre noire, doublé dans la partie gauche. H. 0,268; L. 0,416. Pliure verticale au centre. Jaunissements, usures et restauration anciennes sur le bord gauche.

Paris, Musée du Louvre. Inventaire 3856 verso.

Bibl.: Recueil Saint Morys, 1783, pl. 17 - Passavant, 1860, II, n° 327 - Robinson, 1870, p. 211, sous n° 78 - Chennevières, (1882), pl 7 - Lübke, 1882, p. 106 - Springer, 1883, I, p. 101, note - Morelli, 1891-1892, p. 294 - Koopmann, 1897, p. 178, n° 104 - Fischel, 1898, n° 300 et p. XVI (Peruzzi) - Gronau, 1902, pp. 38-39, repr. pl. XI (partie droite) - Fischel, II, 1919, n° 96, fig. 112; III, 1922, n° 108 (copie) - Parker, 1956, p. 338, sous n° 633 - Pouncey et Gere, 1962, p. 16, sous n° 19 - White, 1967, p. 21, note 13 - Cocke, 1969, p. 28, pl. 29 - Pope-Hennessy, 1970, pp. 187, 286, note 25 - Ferino et Oberhuber, 1977, p. 28, sous n° 27 - Brigstocke, 1978, p. 113 - Antal, 1980, pp. 129, 132, fig. 130 - Joannides, 1983 n° 93 v.

Fischel tout en voyant dans ces croquis du verso un « fac-similé ancien », les place néanmoins en tête de sa reconstitution de la genèse de la *Madone Bridgewater* (Fischel, III, n° 108-111; Edimbourg, National Gallery of Scotland; De V. 73). Dans leur notation un peu hâtive, ils apparaissent comme une recherche autour de motifs retenus pour leur valeur expressive, avant que l'imagination ne s'en empare. Le motif de droite est précieux à ce titre, car il offre l'un des rares exemples de copie littérale, ou presque, ayant donné lieu à l'une des plus brillantes suites dessinées relatives aux Madones florentines. C'est une interprétation du *tondo* de marbre que Michel-Ange venait depuis peu de réaliser à Florence pour Taddeo Taddei, chez lequel Raphaël le vit (Fischel, III, fig. 126). Une copie ancienne du dessin du Louvre est conservée à Oxford. Selon Parker (loc. cit.), le motif du dessin de gauche pourrait constituer une recherche pour la *Petite Madone Cowper* (De V. 35); mais le geste de tendresse de l'Enfant vers sa mère se retrouve dans d'autres peintures et croquis de cette même période (Fischel, III, 109-110). Une autre interprétation dessinée du *Tondo Taddei*, aujourd'hui conservé à la Royal Academy de Londres, se trouve au verso d'un dessin de Raphaël pour la *Madone à la prairie* (Chastsworth; Byam Shaw, 1969-1970, p. 31, n° 57; Brigstocke, fig. 19).

Ces deux dessins, tracés au verso d'un projet plus ambitieux, sont significatifs des méthodes de Raphaël qui procède par éliminations successives dans sa recherche de la forme parfaite. Le motif géométrique triangulaire à partir duquel s'élaborera la spirale des gestes et des regards de la Madone Bridgewater est une réduction abstraite du *Tondo* de Michel-Ange. Ici la Vierge est encore un peu lointaine et le geste du bras, rajouté par Raphaël, est mal venu. L'essentiel de l'étude a porté sur la diagonale de l'Enfant. Or ce motif, qu'à

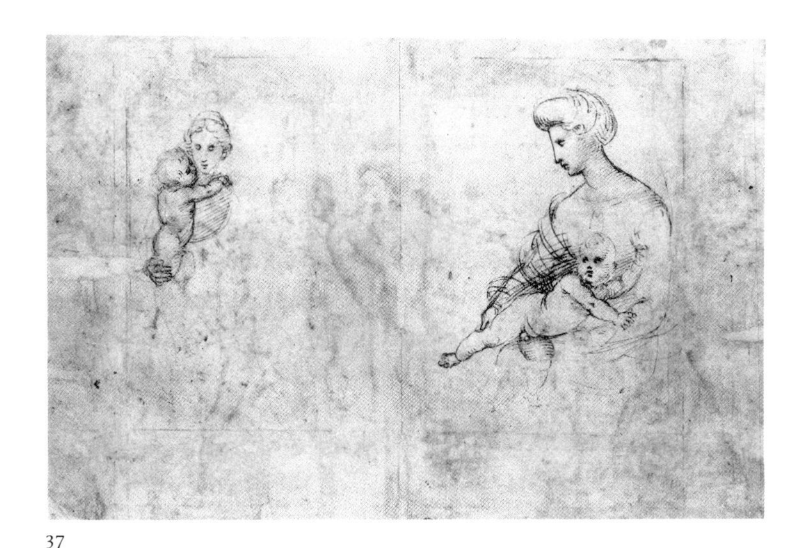

37

Fig. 61. *Madone Bridgewater.* Edimbourg, National Gallery of Scotland

retenu Raphaël dans le modèle sculpté, ne s'explique pas sans la présence de saint Jean-Baptiste, à gauche dans le *tondo*, mais invisible dans le dessin. Le traitement un peu systématique des hachures, l'indication des profils, présentent des analogies de facture avec deux feuilles du « Grand Carnet Florentin », suite de pièces double face datant du milieu du séjour, réunies sous ce vocable par Fischel, (II, 99-100).

La date de 1504-1505, généralement retenue pour cette feuille implique un délai de deux années au moins entre sa réalisation et celle de la *Madone Bridgewater*, dont la chronologie, discutée, est liée à celle de la séquence des études préparatoires: 1506-1507 ou, pour certains, début de la période romaine (voir Brigstocke, 1978, loc. cit.). Le motif de l'Enfant sur les genoux, puis sur les épaules de la Vierge, en différentes positions, sera repris dans une suite d'études à la plume, conservée au British Museum; Pouncey et Gere, 19; Fischel, III, 109), à l'Albertina (pointe de métal et plume; Fischel, III, 111) et aux Uffizi (n. 496 E; Fischel, VIII, 358). La présence de ces recherches, mêlées aux premiers projets pour le décor du Vatican entraîne une réalisation possible du tableau après le séjour à Florence, ou un prolongement des recherches susceptibles d'y être rattachées (voir D. n° 96).

Fig. 60. Michel-Ange, *Tondo Taddei.* Londres, Royal Academy

38 Tête d'homme de face coiffée d'un turban

Pointe de métal (plomb ou étain?) sur papier préparé gris. La préparation ne recouvre pas complètement le support, en particulier sur le bord gauche. H. 0,127; L. 0,103. Taches blanches dues à une usure de la préparation sur le front, le nez, les yeux, le maxillaire droit, le côté gauche du cou. Léger manque sur le bord gauche de la feuille.

Hist.: J.-B. Wicar (L.2568); légué à la ville en 1834.

Lille, Musée des Beaux-Arts. Inventaire Pl. 429.

Bibl.: Benvignat, 1856, n° 679 - Passavant, 1860, II, n° 409 - Weigel, 1865, p. 623, n° 7382 - Ruland, 1876, p. 159, CIII, n° 1 - Gonse, 1878, p. 56 - Pluchart, 1889, n° 429 - Morelli, 1890, p. 126, note 2 (Franciabigio) -Morelli, 1891-1892, p. 441 (Franciabigio) - Morelli, 1893, p. 129, note 1 (Franciabigio) - Fischel, 1898, n° 607 (ombrien) - Berenson, 1903, n° 753 (Franciabigio) - Fischel, II, 1919, n° 69 - Fischel, 1948, p. 358 - McKillop, 1974, pp. 228-229 - Joannides, 1983, n° 77.

Exp.: Lille, 1961, n° 20, pl. IX - Amsterdam, Bruxelles, Lille, n° 82 - Florence, 1970, n° 79, pl. 68 - Lille, 1983, n° 10.

Ce dessin, ainsi que cinq autres présentés ici, appartiennent au groupe désigné par Fischel sous le nom de « carnet gris » (D. n° 39 à 43). La similitude des techniques, le format et la texture du papier, sa préparation, ont conduit Fischel à regrouper, idéalement, des feuillets aujourd'hui dispersés, mais susceptibles d'avoir constitué anciennement des séries. Ces « carnets », au nombre de six, couvrant l'ensemble de la période florentine et le début du séjour romain, n'auraient jamais été, toutefois, reliés en recueils (voir Fischel, II, 1919, texte, pp. 87-89). Cette hypothèse de Fischel va dans le sens de l'effort général de classification de son époque (voir Meder, 1919, pp. 68 et 203). Elle est aujourd'hui reçue avec prudence par la critique, plus attentive à la spécificité des dessins que soucieuse de les ordonner. D'autre part, les éléments descriptifs ayant présidé au classement de Fischel ne sont pas toujours vérifiables (voir D. n° 30 ; Parker, 1939-1940 ; Pouncey et Gere, 3, 4, 14 ; Forlani Tempesti, 1968, note 51). Néanmoins la désignation des « carnets » de dessins de Raphaël, selon l'appellation proposée par Fischel, continue par commodité à être utilisée aujourd'hui. Quoi qu'il en soit, l'existence réelle ou supposée de ces séries n'entraîne que des considérations d'ordre pratique, les feuillets ayant fort bien pu servir à des époques et à des fins différentes. Si certains d'entre eux révèlent de réelles analogies de présentation, de fonction ou d'écriture (voir les feuilles du « carnet rose » (D. n° 92 à 98), tel n'est pas le cas du « carnet gris », placé par Fischel à la charnière des périodes « ombro-toscanes », dont les recherches n'offrent aucune véritable homogénéité.

Cette étude de visage à la fois impérieux et interrogatif, participe d'une autre recherche. Son format, comme miniaturisé, contredit son intensité. La nervosité du travail, l'autorité nouvelle du trait traduisent d'autres préoccupations que celles de la période qui précède. L'utilisation d'une pointe métallique (plomb ou étain?) moins incisive que l'argent autorise les reprises, révèle les alternatives et trace, d'un coup, les volumes. Le registre — celui du portrait — n'était pas nouveau pour Raphaël, puisqu'il existait chez Pérugin, qui l'avait lui-même retenu de Credi (voir le *portrait d'homme* du Louvre, Cabinet des Dessins, Inventaire 2678 ; Fischel, 1917, fig. 16), mais son exigence et son intensité impliquent déjà une connaissance des Florentins et anticipent sur le propos des années à venir.

Fischel observe une similitude avec les têtes d'hommes âgés de la première période, notamment avec celle du grand prêtre du *Sposalizio*. Le rapport n'est pas direct mais la date (1504) est juste. Il est possible que le dessin ait été réalisé en vue d'un portrait peint, comparable à celui qui est conservé dans la galerie Borghese, à Rome (1503-1504 ; De V. 27). La coiffure est presque identique à celle que porte Baldassare Castiglione dans le *Portrait* du Louvre : un turban serré aux tempes, parfois orné d'un bijou, que l'on portait avec ou sans chapeau (voir Shearman, 1979, p. 265).

38

39 Tête de femme, de trois quarts à gauche, les yeux baissés

Pointe de métal (plomb ?) et rehauts de blanc sur papier gris-beige. La préparation ne recouvre pas complètement le support. H. 0,127 ; L. 0,088. Contour peut-être repris par une autre main.

Hist. : J.-B. Wicar (L. 2568) ; légué à la ville en 1834.

Lille, Musée des Beaux-Arts. Inventaire Pl. 478.

Bibl. : Benvignat, 1856, n° 681 - Passavant, II, 1860, n° 381 (avec faux n° Inv.) et p. 487 d. (pas de Raphaël) - Ruland, 1876, p. 334, XVII, n° 1 (attribué à Raphaël) - Gonse, 1878, pp.56 repr., 57 - Müntz, 1886, repr. face, p. 232 - Pluchart, 1889, n° 478 - Seidlitz, 1891, p. 7 - Morelli, 1891-1892, p. 377 (Eusebio da san Giorgio) - Koopmann, 1897, p. 154, n° 75, repr. p. de titre - Fischel, 1898, n° 601 (Eusebio da san Giorgio) - Fischel, II, 1919, n° 70 - Fischel, 1948, p. 358 - Scheller, 1973, p. 129, n° 28.

Exp. : Lille, 1961, n° 56 - Lille, 1983, n° 13.

Fischel, qui, dans un premier temps, avait suivi Morelli en attribuant le dessin à Eusebio da san Giorgio, revient sur sa proposition et rapproche le visage de celui de la *Madone Terranuova* (voir D. n° 34). Il paraît plus convaincant d'évoquer à son propos ceux de la Vierge et des deux saintes de la *Pala Colonna* aux mêmes coiffures élaborées, ou plus tard (1508), celui de la Vierge de la *Madone Bridgewater*, qui offre, sous un angle différent, une grande similitude avec le dessin de Lille, dans les traits du visage et de la coiffure (National Gallery of Scotland, De V. 73). Il semble que la sécheresse inhabituelle du contour du visage, du nez et des yeux soit due à une reprise ultérieure, à la pointe de métal, que Fischel décrit mais qu'il n'est pas facile de distinguer vraiment. La véritable facture du dessin apparaît dans le travail extrêmement précis de la coiffure, des ombres du visage, du menton et du cou, dans lequel on a voulu reconnaître une influence de Léonard de Vinci (Koopmann).

39

Hist. : J.-B. Wicar - A. Fedi - J.-B. Wicar (L.2568) ; légué à la ville en 1834.

Lille, Musée des Beaux-Arts. Inventaire Pl. 466.

Bibl. : Benvignat, 1856, n° 706 - Passavant, 1860, II, n° 382 - Ruland, 1876, p. 37, XIV, n° 1 - Pulszky, 1877, p. 33 (Pérugin) - Gonse, 1878, p. 51 - Pluchart, 1889, n° 466 - Morelli, 1891-1892, p. 378 (copie) - Koopmann, 1897, p. 92, n° 20 - Fischel, 1898, n° 78 (copie) - Fischel, II, 1919, n° 71 - Scheller, 1973, p. 129, sous n° 29 - Fischel, 1948, p. 358 - Joannides, 1983, n° 24.

Exp. : Lille, 1961, n° 2 - Lille, 1983, n° 41.

Cette recherche, souvent interprétée comme une *Mater Dolorosa*, fait probablement partie des dessins volés à Wicar, décrite dans la liste qu'il en a dressée, sous le titre de *Tête pour le Spasimo di Sicilia* (Scheller, 1973). Fischel, dans la première édition de son ouvrage, suit une fois encore les appréciations malheureuses de Morelli en y reconnaissant une copie d'après la tête de la Vierge de la *Déploration du Christ*, panneau de la prédelle de la *Madone Colonna* (Boston, Isabella Stewart Gardner Museum ; De V. 42 F ; Brown, 1983, p. 60, fig. 31).

L'attribution à Eusebio da San Giorgio que certains maintiennent encore (Ph. Pouncey, comm. or), ne se vérifie pas. Collaborateur de Pérugin, l'un des premier copistes de Raphaël, Eusebio n'est connu, comme dessinateur, que par trois feuilles, qui lui ont été données par Fischel, dont deux se trouvent au Musée de Lille et présentent une facture toute différente (Inventaire Pl. 460 et 489 ; Fischel, 1917, fig. 301-302, 304 ; Ferino-Pagden, 1982, p. 59, n° 33).

40 Tête de Vierge, couverte d'un voile, de trois quarts à gauche

Pointe de métal sur papier légèrement préparé gris-beige. H. 0,152 ; L. 0,098. En bas, à gauche, à la plume et encre brune, à demi-gratté, numéro : *55*. Manque dans la préparation sur le bord supérieur, au centre. Jaunissement dans la partie inférieure.

40

En 1919, revenant sur cette proposition, il rattache le dessin à la suite du « carnet gris » et suggère qu'il a pu être destiné à une *Crucifixion*, en raison de la direction du regard (opinion déjà émise par Ruland et Koopmann). Le manque de spontanéité et les reprises qu'il croyait percevoir dans le contour du nez et des yeux étaient, selon lui, les indices d'une dérivation plutôt que d'un projet.

Le très beau travail de contre-jour indiqué sur le visage par un jeu de hachures progressivement espacées, l'autorité du contour, interdisent de douter de son authenticité. La date est probablement bien celle du carnet gris, mais il apparaît encore très proche des modèles de Pérugin comme l'avait vu Pulszky, qui l'identifiait comme un projet pour la *Déposition* dite de *Santa Chiara* (Florence, Palazzo Pitti, Camesasca, 4). On comparera les traits et l'expression du visage à ceux du saint Jean de la *Remise des clés* de Pérugin, à la chapelle Sixtine et à la Vierge de la *Pietà* des Uffizi (Camasesca, 23 C. et 40). Il faut comprendre cette feuille comme une expression tardive de l'*editoriale peruginesco* dont fait mention Longhi (1955).

41

41 Tête d'enfant couronnée de pampres

Pointe de métal sur papier partiellement préparé gris-vert. H. 0,102 ; L. 0,077. Manque sur le bord latéral gauche. Oxydations de la préparation dans la partie centrale.

Hist. : J.-B. Wicar (L. 2568) ; légué à la ville en 1834.

Lille, Musée des Beaux-Arts. Inventaire Pl. 464.

Bibl. : Benvignat, 1856, n° 693 - Passavant, 1860, II, n° 403 - Ruland, 1876, p. 66, XX, n° 3 - Gonse, 1878, p. 60 - Lübke, 1882, p. 100 (non authentique) - Crowe et Cavalcaselle, I, 1882, p. 359 ; II, 1885, p. 228 - Springer, 1883, I, pp. 60, 100, note - Pluchart, 1889, n° 464 - Koopmann, 1890, p. 60 (copie) - Morelli, 1891-1892, p. 377 (copie) - Fischel, 1898, n° 72 (pas de Raphaël) - Fischel, II, 1919, n° 72 - Fischel, 1948, p. 358 - Brown, 1983, p. 197, note 158 - Cuzin, 1983, p. 245, fig. 240 - Joannides, 1983, n° 276.

Exp. : Lille, 1961, n° 28 - Lille, 1983, n° 17.

Ruland reconnaît dans ce dessin le seul projet relatif à la *Grande Madone Cowper*, dite également *Madone Niccolini*, qui porte la date de 1508 (Washington, National Gallery of Art, De V. 82). Fischel, qui l'avait tout d'abord rejeté le définit comme la *plus juvénile* des feuilles du « carnet gris » et suit Ruland dans son identification. Crowe et Cavalcaselle, après avoir adopté cette même idée, préfèrent, dans le second volume de leur ouvrage, le rapprocher de la *Madone aux candélabres*, œuvre de la période romaine, dont l'exécution ne semble pas revenir à Raphaël seul (1513-1514 ; Baltimore, Walters Art Gallery ; De V. 103). L'analogie qu'ils remarquent avec une page du « carnet rose » : étude de tête de Vierge et d'un enfant, est exacte mais la destination de cette dernière demeure problématique (Londres, British Museum ; Pouncey et Gere, 24 ; Fischel, VIII, 349).

Il est difficile de souscrire complètement à l'hypothèse de Ruland. La position de la tête et la direction du regard ne se retrouvent pas dans la peinture de Washington. En revanche, il est vrai que cette image d'enfant-bacchus, rieur et joufflu, est commun à plusieurs *Madones* et se retrouve notamment, dans la *Madone Mackintosh* (voir le carton préparatoire à Londres, British Museum ; Pouncey et Gere, 26 ; Fischel, VIII, 362-363) et, comme le remarque J.-P. Cuzin dans la copie ancienne d'une *Vierge au Voile*, conservée au Musée de l'Université de Princeton (1511 ? ; De V. 164). Une fois encore apparaît la vanité d'un strict classement chronologique des dessins de Raphaël, en particulier des feuilles d'études. Il est probable que ce dessin, dont la date est difficile à déterminer mais paraît être voisine de 1504, a pu être envisagé et retenu à plusieurs reprises au cours des années 1504-1508, soit pour représenter l'Enfant, soit plutôt pour Jean-Baptiste couronné de pampres, comme il apparaît dans le dessin de la *Belle Jardinière* (D. n° 57). Il existe guère de motifs isolés dans les projets relatifs aux *Madones* florentines, conçues par enchaînements successifs

42

de figures. D'autre part, on s'accorde aujourd'hui pour admettre qu'on ne connaît pas actuellement de feuilles directement liées à la conception de la *Grande Madone Cowper* (Pope-Hennessy, 1970, p. 190). Le dessin double face de l'Albertina, dont elle a été récemment rapprochée, est plutôt, comme l'indique Fischel, relatif à la *Madone Bridgewater* (voir Brown, 1983, p. 160; Fischel, III, 110-111).

42 Portrait de jeune femme en buste

De trois quarts à gauche, le regard tourné vers le spectateur. La coiffure, inachevée, semble indiquer la présence d'un voile.
Pointe de métal sur papier préparé gris-vert; indication d'une ligne de même technique sur le bord droit. H. 0,127; L. 0,101. Dans la partie supérieure, au centre, trace d'un numéro gratté à la plume et encre rouge: *27* (?). Oxydations du trait dans le contour du visage et du buste. Taches grises dues à l'oxydation de la préparation sur les bords supérieur, inférieur et droit. Tache brune à gauche.

Hist.: J.-B. Wicar (L. 2568); légué à la ville en 1834.

Lille, Musée des Beaux-Arts. Inventaire Pl. 469.

Bibl.: Benvignat, 1856, n° 719 - Passavant, 1860, II, n° 411 - Ruland, 1876, p. 160, V, n° 1 - Gonse, 1878, pp. 53, 58, repr. - Müntz, 1886, p. 229, repr. - Springer, 1887, I, p. 84, fig. 28 - Pluchart, 1889, n° 469 - Morelli, 1891-1892, p. 441 (Timoteo Viti?) - Koopmann, 1897, p. 50, n° 7 - Fischel, 1898, n° 603 (ombrien) - Knackfuss, 1908, pp. 15, 19, fig. 19 - Fischel, II, 1919, texte, p. 89 et n° 75 - Venturi, 1920, p. 146, fig. 78 - Fischel, 1948, p. 358 - Ortolani, 1948, fig. 38 - Joannides, 1983, n° 78.

Exp.: Lille, 1961, n° 22, pl. X - Berlin, 1964, n° 72 - Amsterdam, Bruxelles, Lille, 1968, n° 85, pl. 21 et frontispice - Florence, 1970, n° 83, pl. 21 - Lille, 1983, n° 22.

L'une des feuilles les plus saisissantes de cette première période florentine, donnant bien la mesure de ce que furent l'ambition et le travail de Raphaël dans la cité toscane. La détermination nouvelle de l'écriture, la diversité des moyens techniques utilisés à partir de ces années 1504-1505, ont pu être précédées, à la charnière des deux séquences et si l'on accepte les clivages de la chronologie, d'une sorte de « second apprentissage », dont les « carnets » de Lille livreraient en partie les recherches, conçues comme des exercices. La « miniaturisation » de ces études de têtes, probablement voulue comme telle car il n'y a pas de trace de réduction des feuillets, vu dans le sens de la précision du trait et n'enlève rien à leur force. L'aptitude de Raphaël « à saisir l'essentiel d'un visage et, dans le même temps, ce qu'il a de plus général » (Cuzin, 1983, p. 46), le sens de la synthèse et le goût de l'observation vont faire du portrait l'un des domaines privilégiés de son entreprise florentine, le plus hermétique aussi, peut-être.

Il s'agit ici d'un dessin exécuté, une fois encore, d'après le modèle, comme l'indiquent le contour de l'oreille et le tracé parfaitement rond du crâne, aussi géométrique que le seront les croquis de tête à la plume. Le voile, bordé d'un feston, qui recouvre ces parties demeurées en réserve, est ajouté après coup, à traits rapides, à seule fin de créer une zone d'ombre autour de laquelle se construira toute l'oblique du portrait, dont la rondeur efface les angles. Le modelé serré du visage, si aigu et si énigmatique que l'exemple de Léonard lui est d'ordinaire associé, est rendu par un lacis de tailles impérieuses, découpant la forme en pans nets. L'attitude et le costume du modèle évoquent ceux d'un autre portrait féminin, à la pierre noire, conservé au British Museum, dans lequel on a longtemps voulu reconnaître la sœur de Raphaël (Pouncey et Gere, 13; Fischel, II, 33). La distribution de la lumière est à l'inverse de celle du dessin de Lille et laisse en clair toute la partie droite du visage. Les deux feuilles, bien différentes dans la technique et le format, sont probablement contemporaines, néanmoins (vers 1506, selon Pouncey et Gere). L'influence des portraits dessinés par Lorenzo di Credi dans l'atelier de Verrocchio, *esattissimi nella più alta luce* (Becherucci, 1968, p. 11), y est aussi facilement perceptible que celle de Léonard de Vinci (voir le *portrait de jeune homme*, Cabinet des Dessins du Louvre, Inv. 462; Dalli Regoli; 55, fig. 96).

43 Tête d'homme de profil, coiffé d'un bonnet vénitien

Pointe de métal sur papier préparé vert pâle, tournant vers le gris. H. 0,121; L. 0,104. Usures et oxydations de la préparation sur les bords de la feuille. Sur la partie droite, trace d'annotation grattée (?), à la pointe de métal: F.F.I. (?). Sur le bord supérieur, au centre, partiellement gratté, numéro à la plume et encre rouge: *37*.

Hist.: J.-B. Wicar (L. 2568); légué à la ville en 1834.

Lille, Musée des Beaux-Arts. Inventaire Pl. 468.

Bibl.: Benvignat, 1856, n° 716 - Passavant, 1860, n° 408 - Ruland, 1876, p. 159, C, II, n° 1 - Gonse, 1878, p. 56 - Pluchart, 1889, n° 468 - Morelli, 1891-1892, p. 377 (copie) - Fischel, 1898, n° 608 (ombrien) - Fischel, II, 1919, n° 76 - Fischel, 1948, p. 358 - Joannides, 1983, n° 76.

Exp.: Lille, 1961, n° 21, pl. IX - Lille, 1983, n° 21.

La facture précise, presque sèche, de ce profil, comme ciselé sur le fond pâle du papier, laissant toute leur force aux réserves où s'inscrivent vêtement et coiffure, est comparable à celle du portrait féminin exposé ici (D. n° 42). Peut-être est-il plus concentré encore sur l'observation du visage, qu'aucune liberté de graphisme ne vient distraire. Fischel, toujours soucieux de références, veut y reconnaître la dérivation d'un modèle trouvé dans une médaille de bronze et propose une comparaison avec le *Portrait de Louis de Gonzague*, par Donatello, à Berlin. Aucune identification avec un doge n'a pu être proposée (Fischel, texte, p. 99, note 1). P. Joannides préfère l'interpréter comme un dessin d'après nature, ce qui pourrait être plus juste, compte tenu du petit nombre de pièces de Raphaël réellement

43

copiées d'après les maîtres. Rien, au demeurant ne permet d'y voir autre chose qu'une œuvre originale. Le mode de représentation de profil évoque le portrait de cour, dont Raphaël avait eu connaissance à Urbino. Il ne faut pas oublier, par ailleurs, le parti analogue adopté par Léonard de Vinci, qui venait d'exécuter le portrait d'*Isabelle d'Este* (Musée du Louvre, Cabinet des Dessins ; 1500 ; Inv. MI 753).

44 Tête d'homme, de trois quarts à gauche, regardant vers le haut

Pointe de métal sur papier préparé vert. H. 0,121 ; L. 0,099. Trace de grattage de la préparation le long du contour du visage, sur la partie gauche. Dépassant ancien de L. 0,006 (dim. max.) sur le bord droit. Dans la partie supérieure, trace d'un numéro gratté, à la plume et encre rouge : 22.

Hist. : J.-B. Wicar (L. 2568) ; légué à la ville en 1834.

Lille, Musée des Beaux-Arts. Inventaire Pl. 435.

Bibl. : Benvignat, 1856, n° 689 - Passavant, 1860, II, n° 406 - Weigel, 1865, p. 615, n° 7281 - Ruland, 1876, p. 331, XI, n° 1 - Gonse, 1878, p. 57 - Pluchart, 1889, n° 435 - Koopmann, 1890, p. 60 - Morelli, 1891-1892, p. 377 (Timoteo Viti) - Koopmann, 1897, p. 94, n° 23 - Fischel, II, 1919, n° 74 - Fischel, 1948, n° 358 - Parker, 1956, p. 23, sous n° 34 - Ferino-Pagden, 1981, pp. 243, 248, note 58, fig. 14 - Cuzin, 1983, p. 28 - Joannides, 1983, n° 20.

Exp. : Lille, 1961, n° 24 - Lille, 1983, n° 20.

Le « carnet vert », si l'on adopte le classement proposé par Fischel, est le second des *albums de petit format, appartenant à la période ombro-florentine* (II, 1919, texte, p. 88, n° 74-77). Le terme de « carnet » convient mal à un nombre aussi réduit de feuilles, mais les similitudes d'écriture et de format indiquent qu'il s'agissait probablement d'une suite, dont la date et les intentions étaient comparables. Ces études de visages, plus tendues encore que celles du « carnet gris » vers la recherche de l'expression, l'indication de la lumière, plus fortes et incisives dans le trait, peuvent apparaître comme un prélude en mineur aux portraits dessinés de la période florentine.

Fischel, comme bien souvent pour les feuilles de cette époque, a cru percevoir des reprises dans les ombres et les contours du visage. Il établit un rapprochement avec une feuille double face de l'Ashmolean Museum représentant *saint Jérôme en pénitence*, attribuée au cercle de Pérugin mais récemment rendue à Raphaël par S. Ferino-Pagden (1981). Le *saint Jérôme* d'Oxford est identique au dessin de Lille pour la pose et l'expression du modèle mais plus arrêté dans le détail (plume, encre brune ; Parker, 34 ; Ferino-Pagden, fig. 9). Il n'est pas sûr que les dessins aient eu la même destination et l'antériorité de l'un sur l'autre est difficile à déterminer. La thèse soutenue par S. Ferino-Pagden repose sur l'identification des croquis du verso avec le fond de paysage de la *Pala Colonna*, dont la datation a été elle-même récemment discutée (Oberhuber, 1978 ; voir D. n° 14). Le dessin de Lille, comme l'ensemble du « carnet vert » ne peut être antérieur à l'automne 1504, car il révèle une connaissance du dessin florentin, dont on ne trouve pas d'expression aussi déclarée avant cette date.

Ces dessins sur papier préparé sombre, bien distincts des feuilles à la pointe de métal pour le *Couronnement Oddi* ou la *Madone Norton Simon*, probablement sans autres fins qu'eux-mêmes, constituent une sorte d'intermède entre les périodes successives de l'activité de Raphaël. L'utilisation du fond neutre, destiné à accentuer le caractère luministe du dessin est propre à l'école florentine. Il existe des préparations terre, grise ou ocre chez Raffaellino del Garbo, Granacci, Piero di Cosimo. On ne la trouve plus chez Raphaël après cette date. Il est probable qu'il en est essentiellement redevable à Léonard de Vinci, mais, comme l'a bien vu L. Becherucci, l'enseignement de Léonard lui avait été transmis avant le séjour de 1504 par Lorenzo di Credi, héritier du fonds d'atelier de Verrocchio et dont la présence à Florence constituait une sorte de prolongement, non des recherches *mais des solutions données par Léonard jeune à ses contemporains* (Becherucci, 1968, p. 12).

A ce titre, le rôle de Credi, avec lequel Raphaël avait pu être en contact très jeune, au moment de l'établissement de Pérugin à Florence (1493), sera, pour lui un écho toscan de l'enseignement du Pérugin. Plusieurs analogies peuvent être relevées entre ce visage et ceux de Credi, mais le plus saisissant est celui du berger de l'*Adoration* des Uffizi, peinte pour le couvent de Santa Chiara au tournant du siècle, quelques années après que Pérugin ait réalisé pour la même église florentine la *Déposition* du Palazzo Pitti (Dalli Regoli, 1966, fig. 140).

Un dessin du Louvre, présenté actuellement dans l'exposition du Pavillon de Flore, *Autour de Raphaël*, offre une étude du même modèle, exécutée à la pointe de métal, rehaussée de blanc sur papier gris-beige. Elle a été attribuée à Spagna, par Ph. Pouncey (Cabinet des Dessins, Inventaire 4375).

44

Fig. 62.
Saint Jérôme en pénitence, dessin.
Oxford, Ashmolean Museum

45 Tête d'homme de trois quarts à droite, regardant vers le haut

Pointe métal et rehauts de blanc sur papier préparé vert. Repentirs dans le contour du front, le crâne, le cou. H. 0,128 ; L. 0,104. Dans la partie supérieure, trace d'un numéro effacé, à la plume et encre rouge : *24*.

Hist. : J.-B. Wicar (L. 2568) ; légué à la ville en 1834.

Lille, Musée des Beaux-Arts. Inventaire Pl. 434.

Bibl. : Benvignat, 1856, n° 688 - Passavant, 1860, n° 405 - Weigel, 1865, p. 615, n° 7280 - Ruland, 1876, p. 119, V., n° 2 - Gonse, 1878, p. 56, repr. p. 51 - Crowe et Cavalcaselle, I, 1882, p. 121 - Pluchart, 1889, n° 434 - Morelli, 1891-1892, p. 441 (Timoteo Viti) - Koopmann, 1897, p. 50, n° 8 - Fischel, 1898, n° 612 (copie moderne) - Fischel, II, 1919, n° 77 - Joannides, 1983, n° 75.

Exp. : Lille, 1961, n° 23, pl. X - Lille, 1983, n° 19.

Il est difficile de voir dans cette vigoureuse étude un second projet relatif au saint Jérôme dans le désert conservé à Oxford, comme le pensent Ruland et Cavalcaselle. L'autorité calme du visage est à l'opposé de la dévotion un peu plaintive que dégage la tête d'homme exposée ici (D. n° 44). En revanche, l'hypothèse de Fischel selon laquelle il pourrait s'agir d'une étude de Raphaël pour la partie basse de la fresque de la *Trinité*, au monastère de San Severo à Pérouse, est intéressante. La datation ainsi proposée n'est pas incompatible avec celle du « carnet vert » ; en outre, la direction du regard, l'indication de la lumière venue d'en haut, conviennent bien à la disposition des six figures de saints adorant la Trinité, au registre inférieur. Toutefois nous ne savons rien des éventuels projets pour cette partie de la fresque, que Raphaël n'acheva pas et qui fut complétée par Pérugin en 1520 ou 1521 (voir D. n° 46 ; Camesasca, 126). Il est plus vraisemblable de penser que ce feuillet, comme les autres éléments des « carnets » florentins, n'a d'autres propos que lui-même. Il n'y a aucune raison de douter de l'authenticité des rehauts de blanc, comme le faisait Fischel. La recherche de volume dont témoigne l'insistance du contour, tracé, dans la partie gauche, par reprises successives, va dans le sens de cette rigueur et de cette obstination qui seront le fait de la période florentine. Quelque chose dans la facture et la ferveur attentive du modèle évoque le *saint Bruno*

de la *Madone au baldaquin* (D. n° 61). Plus qu'aux recherches de Fra Bartolomeo, mentionnées par Fischel, on pense à la vigueur de Piero di Cosimo (1462-1521), dans ses études à la pierre noire sur fond sombre, fortement éclairées de blanc (Berenson, n° 1848 B. et 1860).

46 Tête d'homme âgé, vue de trois quarts à gauche

Pointe de métal sur papier préparé gris-beige de deux tons différents et premier tracé au stylet avec repentirs dans le contour du visage, l'indication des cheveux et de l'oreille. H. 0,204 ; L. 0,186. Petites taches brunes sur le fond.

Hist. : J.-B. Wicar (L. 2568) ; légué à la ville en 1834.

Lille, Musée des Beaux-Arts. Inventaire Pl. 477.

Bibl. : Benvignat, 1856, n° 723 - Passavant, 1860, II, n° 410 - Weigel, 1865, p. 615, n° 7277 - Gonse, 1878, p. 64 - Koopmann, 1889, p. 62 - Pluchart, 1889, n° 477 - Koopmann, 1890, p. 59 - Koopmann, 1897, p. 255, n° 130 - Morelli, 1891-1892, p. 378 (Timoteo Viti ?) - Fischel, 1898, n° 108 et 611 - Fischel, IV, 1923, n° 211 - Parker, 1956, p. 82, sous n° 535 - Bacou, 1957, pp. 22, 29, repr. - Forlani Tempesti, 1968, p. 421, note 74 - Dussler, 1971, p. 68 (avec fausse description) - Scheller, 1973, p. 130, n° 31 - De Vecchi, 1981, p. 244, sous n° 48 - Byam Shaw, 1983, p. 123, sous n° 115 - Joannides, 1983, n° 100.

Exp. : Lille, 1961, n° 26, pl. XI - Amsterdam, Bruxelles, Lille, n° 83, pl. 23 - Florence, 1970, n° 80, pl. 69 - Lille, 1983, n° 16.

Dessin généralement considéré comme un projet relatif à la *Gloire de la Sainte Trinité*, peinte à fresque dans l'église du Monastère des Camaldules de San Severo à Pérouse, que l'on date de 1505 et non de 1507-1508, comme certaines analogies de composition avec la *Dispute* avaient permis de l'envisager (Vasari, Ed. Milanesi, pp. 323-324 ; De V. 80). Certains auteurs pensent toutefois qu'elle a pu être continuée jusqu'à cette date, (Forlani Tempesti, p. 339 ; Dussler, p. 68 et Oberhuber, 1982, p. 38). La mise en place des figures, largement drapées, la prédominance des blancs et des teintes sourdes, l'articulation des formes autour du motif central du Christ bénissant, sont à interpréter comme une démonstration évidente de l'influence de Fra Bartolomeo, dont on connaît, par Vasari, les liens d'amitié avec Raphaël et qui venait d'achever au Couvent de San Marco à Florence, la grande fresque du *Jugement dernier* (Vasari, Ed. Milanesi, IV, p. 327). La *Trinité* de San Severo, gravement endommagée au moment de la reconstitution de l'église au XVIIIe siècle, a été récemment restaurée et la date de 1505, portée sur le mur, définitivement reconnue comme authentique (Santi, 1979).

Aucun des quatre dessins groupés par Fischel (IV, n° 208-211) autour de la fresque n'offre de correspondance précise avec un élément de la composition. Il faut faire exception pour la belle feuille de l'Ashmolean Museum, présentant quatre études de têtes et de mains, ainsi qu'un croquis d'après la *Bataille d'Anghiari*, de Léonard de Vinci (Oxford, Parker, 535 ; Fischel, IV, n° 210). Fischel lui-même, après avoir reconnu dans la *tête d'homme* de Lille un projet pour saint Jean Martyr, à l'extrême droite de la fresque, ne maintient plus qu'à titre hypothétique le rapport du dessin avec la *Trinité* de San Severo. Le rapprochement qu'il propose avec la tête de l'un des moines, peints par Fra Bartolomeo dans la lunette de la *Foresteria* de San Marco ne repose sur aucune base vérifiable.

La tête de jeune moine tournée vers la droite, dans le dessin d'Oxford, alternativement rapprochée de celle de saint Benoît ou de saint Placide (voir Parker), correspond exactement à celle du dessin de Lille, bien que cette dernière soit de proportions légèrement plus grandes et moins stylisée. Les deux feuilles offrent la même particularité dans le traitement des hachures, ménageant en réserve, ou traitant plus légèrement la partie tonsurée du crâne. Le raccourci du menton, les ombres du cou laissent présumer que les visages étaient destinés à être vus d'en dessous. Le fait que le dessin de Lille soit « pointillicé avec une épingle », selon l'expression de Wicar (Scheller, 1973) indique qu'il était prévu pour le report. En

Fig. 63. Etudes pour la *Trinité de San Severo,* dessin.
Oxford, Ashmolean Museum

46

résumé, admettons avec Parker, que la relation des deux projets « si elle existe, demeure problématique ». En revanche, l'analogie des traits du visage de Lille avec ceux du profil d'homme âgé, tracé à côté de la tête de saint Placide (?), dans le dessin d'Oxford, est bien réelle et permet de suggérer qu'il a pu, comme ce dernier, être destiné à la figure de saint Maur assis à l'extrême gauche, de profil, dans la fresque. Premier projet abandonné par la suite ou trace d'un carton pour la partie inférieure, que Raphaël ne réalisera point, la fonction du dessin demeure problématique. Une fois encore, la structure forte, le travail du modelé évoquent l'exemple de Lorenzo di Credi, dans ses études d'après modèles pour des têtes de vieillards (voir projet du Louvre pour le saint Donato de la *Sainte Conversation* de Pistoia ; Inventaire 1785 ; Dalli Regoli, 1966, fig. 56-58).

Fig. 64.
Gloire de la sainte Trinité.
Pérouse,
Monastère de San Severo

47 Etude de main gauche avec indication d'une manche

Dans la partie inférieure droite, étude séparée pour quatre doigts de la même main, vus sous un angle différent ; à gauche, étude pour le pouce et l'index replié d'une main droite, dessinée dans le sens horizontal du feuillet.
Pointe de métal sur papier préparé gris. H. 0,132 ; L. 0,095. Légèrement oxydé en bas à gauche ; reconstitution dans l'angle supérieur droit ; usures de la préparation sur le bord supérieur. Annoté au verso, à la plume et encre brune, sur une étiquette ancienne rapportée (au XVIIIe siècle ?) : *Pietro n° 10.*

Hist. : Album Conestabile (Giancarlo et Scipione Conestabile, Pérouse ?) ; J. Postle Heseltine (L. 1507) ; P. et D. Colnaghi et Obach, Londres, 1912 ; H. Oppenheimer (L. 1351) ; vente, Londres, Christie's, 10-14 juillet 1936, lot 156 ; acquise à cette vente par F. Lugt (L. 1028).

Paris, Institut Néerlandais, Fondation Custodia. Inventaire 5083 A.

Bibl. : Heseltine, 1913, n° 41, repr. - Venturi, 1921, pp. 49, 51, fig. 2 - Fischel, IV, 1923, n° 209 - Jaffé, 1962, p. 233 - Forlani Tempesti, 1968, p. 421, note 74 - Dussler, 1971, p. 68 - Byam Shaw, 1983, n° 114, pl. 140 - Joannides, 1983, n° 102.

Exp. : Paris, Rotterdam, Haarlem, 1962, n° 71 - Londres, 1983, n° 48.

Cette étude appartient, ainsi que la suivante, à laquelle elle était probablement réunie, aux feuilles rapprochées de la *Gloire de la Sainte Trinité* à San Severo, Pérouse. Le rapport ne se vérifie pas davantage qu'avec la *tête d'homme* de Lille (D. n° 46). En revanche, la facture des mains présente une certaine analogie avec celles de saint Maur dans la feuille d'Oxford (Ashmolean Museum, Parker, 535). Il semble bien que les doigts étudiés ici tiennent la base d'un calice ou d'un ostensoir, dont on perçoit l'indication à la pointe comme l'observent J. Shearman et J. Byam Shaw (loc. cit.). L'effet de raccourci de la main et du poignet, que Fischel avait bien compris, suggère qu'elle était destinée à un personnage en pied, fait pour être vu de bas en haut et de dimensions importantes. Le traitement de la pointe de métal et la forme des doigts, aux extrémités carrées est comparable aux dessins de la première manière. Une date antérieure au cycle de San Severo n'est pas à exclure complètement (voir *saint Thomas*, exposé D. n° 21 et Fischel, I, 1913, n° 8 ; Byam Shaw, 1983, note 5).

48 Etude de main droite tenant un livre

Pointe de métal sur papier préparé gris. H. 0,073 ; L. 0,118. Préparation légèrement usée par endroits. Annoté au verso, à la plume et encre brune, sur une étiquette ancienne rapportée (au XVIIIe siècle ?) : *n° 34 Pietro*

Hist. : Voir D. n° 47.

Paris, Institut Néerlandais, Fondation Custodia. Inventaire 5083 B.

Bibl. : Heseltine, 1913, n° 41, repr. - Venturi, 1921, pp. 49, 51, fig. 3 - Fischel, IV, 1923, n° 208 - Jaffé, 1962, p. 233 - Forlani Tempesti, 1968, p. 421, note 74 - Byam Shaw, 1983, n° 115, pl. 140 - Joannides, 1983, n° 102.

Exp. : Paris, Rotterdam, Haarlem, 1962, n° 71, pl. LI.

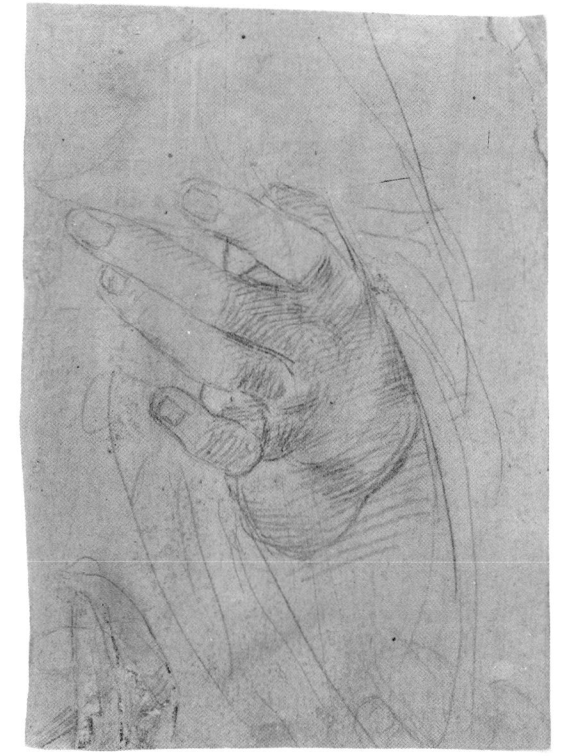

47

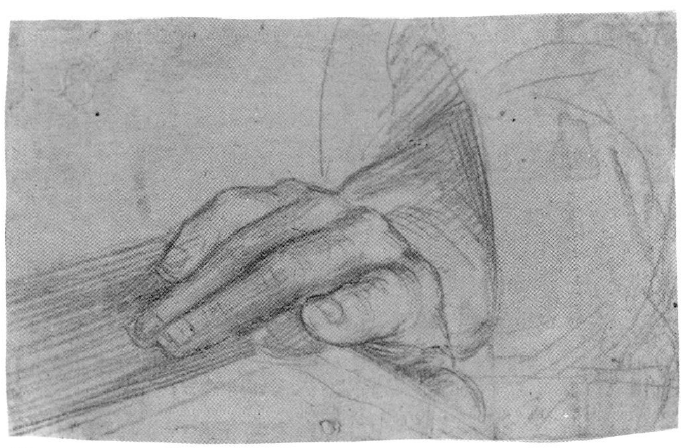

48

Comme dans le cas précédent, il s'agit du fragment d'un dessin mais la justesse de la notation, sa simplicité en font une pièce rare. Rien ne permet d'affirmer qu'il s'agit sans doute des deux mains de la même figure. J. Byam Shaw compare l'indication du livre ouvert à celui qui est tenu par saint Nicolas, dans la *Madone Ansidei*, de la National Gallery de Londres (1504-1506 ? ; De V. 46 A.).

La comparaison des deux dessins de la collection Lugt avec le *Jeune moine lisant*, du Musée Condé, à Chantilly (Inventaire 50 ; ancien 42) encore maintenu aujourd'hui sur la base du classement de Fischel, n'est pas convaincante. Le dessin de Chantilly (saint Antoine ?) est un carton à la pierre noire, sans hachures, piqué pour le transfert, de dimensions importantes (Fischel, IV, n° 212). Il est d'une grande qualité mais d'un style encore très archaïque, qui évoque les projets pour le *Retable de saint Nicolas de Tolentino* et exclut une possibilité de lien avec San Severo. Peut-être était-il destiné à une figure isolée, comparable à la série exécutée par Pérugin à l'église San Pietro, à Pérouse à côté de l'*Ascension* du Musée de Lyon (voir *San Mauro*, 1498 ; Camesasca, 56 E.). Peut-être y a-t-il un lien d'autre part, entre le carton de Chantilly et le *Saint mitré lisant*, motif qui se trouve dans une copie ancienne de Raphaël, rapprochée par Fischel de *l'étude de main* de la collection Lugt (Stockholm, National Museum ; Fischel, IV, texte, fig. 177).

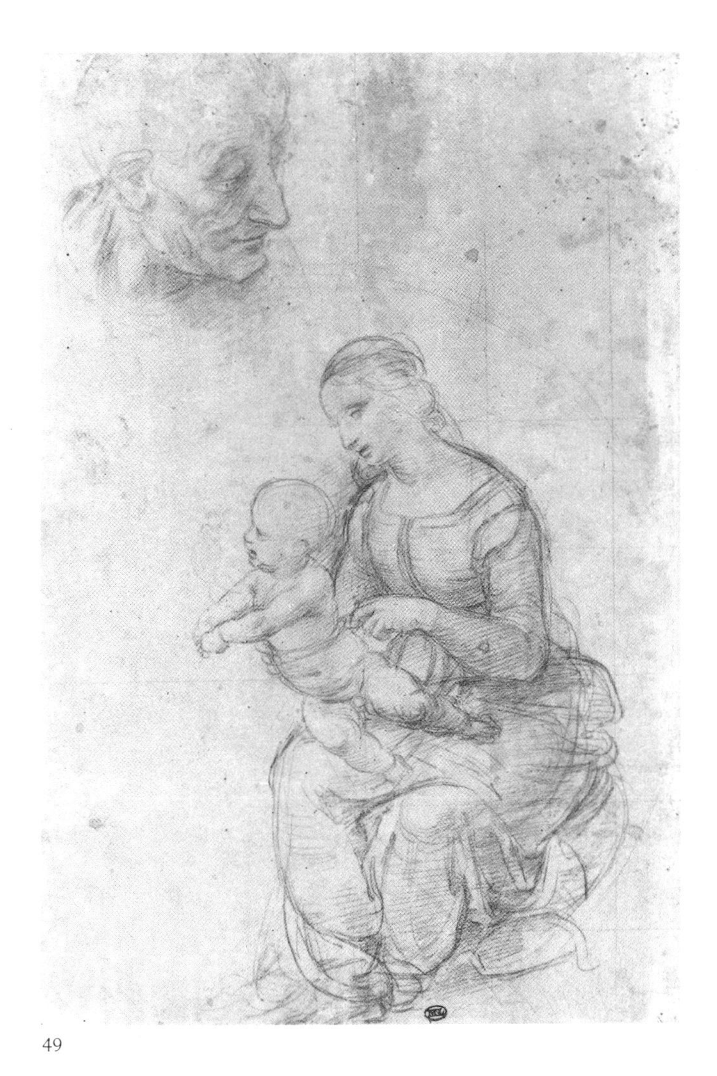

49

49 Vierge à l'Enfant

Etude séparée pour la tête de saint Joseph

Pointe de métal sur papier préparé rose pâle. Indication d'un voile sur la tête et les épaules de la Vierge, de même technique, ainsi que les fleurs (?) que l'on aperçoit devant l'Enfant. Indication de composition circulaire à la pointe de métal autour du groupe principal et, par-dessus, mise au carreau de la partie droite de la feuille. H. 0,225 ; L. 0,153. Usure et oxydations de la préparation sur les bords supérieur et latéraux. Doublé.

Hist. : Marquis de Lagoy (L. 1710) - Th. Dimsdale - Sir Th. Lawrence (L. 2445) - Guillaume II de Hollande ; vente, La Haye, 1850, n° 33 - Acquis par le Louvre à cette vente ; marque du Musée (L. 1886).

Paris, Musée du Louvre. Inventaire 3861.

Bibl. : Passavant, 1860, II, n° 328 - Weigel, 1865, p. 555, n° 6598 - Reiset, 1866, n° 316 - Förster, 1868, p. 342 - Grimm, 1872, A. p. 219 - Ruland, 1876, p. 60, XII, n° 2-3 - Chennevières, 1882, pl. 24 - Crowe et Cavalcaselle, I, 1882, pp. 287-288 - Springer, 1883, I, p. 111, note - Müntz, 1886, p. 214, repr. - Koopmann, 1890, p. 59 - Morelli, 1891-1892, p. 293 (faux) - Koopmann, 1897, p. 165, n° 87 - Fischel, 1898, n° 68 (pas de Raphaël) - Knackfuss, 1908, pp. 33, 43, fig. 43 - Venturi, 1920, p. 135, fig. 59 - Fischel, III, 1922, n° 139 - Venturi, 1926, *Storia*, IX-2, p. 154, note 1 - Venturi, 1927, n° 7 pl. 17 - Gamba, 1932, pl. 30 - Rouchès, s.d. pp. 6, 7, 17, n° 10 - Fischel, 1948, p. 359, note 1 - Middeldorf, 1945, n° 32 - Forlani Tempesti, 1968, pp. 344-345, fig. 49 - Dussler, 1971, p. 23 - Brigstocke, 1978, p. 110 - De Vecchi, 1981, p. 243, n° 37 - Cuzin, 1983, p. 88 - Joannides, 1983, n° 155.

Exp. : Paris, 1931, n° 47 - New York, Paris, 1975, n° 61.

Le groupe principal est une étude pour la *Sainte Famille au palmier*, tondo de la collection du duc de Sutherland, prêté à la National Gallery d'Edimbourg, alternativement daté de 1505, 1506 ou 1507 (De V. 62). Passavant a tenté de l'identifier, sans preuves, avec la seconde des œuvres peintes, à Florence, pour Taddeo Taddei (Vasari, Ed. Milanesi, IV, p. 321 ; Dussler, loc. cit.). L'Enfant s'échappe des genoux de la Vierge, à laquelle il est lié par le voile dont elle l'entoure et le retient, pour recevoir des fruits de saint Joseph, geste symbolique de l'acceptation de sa mission sur terre (Oberhuber, 1982, p. 49). Plusieurs changements interviendront dans la peinture, dont le dessin apparaît comme une première version plus vivante et plus intimiste. L'indication de la forme du *tondo*, première interprétation à grande échelle du parti déjà adopté dans les Madones *Connestabile* et *Terranuova*, apparaît nettement dans le dessin. Il était déjà retenu, en 1504, dans le projet des Uffizi pour la *Madone du Grand-Duc*, comme si la forme circulaire chère aux Florentins, avait été associée, dès le début, aux recherches de Raphaël sur le thème privilégié des Vierges à l'Enfant (Florence, Uffizi, n° 505 E; Fischel, III, n° 105 et White, 1967, p. 21, note 13). Le fléchissement de la Vierge qui suit le mouvement de son Fils est plus marqué dans le dessin du Louvre que dans la peinture. Le groupe est comme ramassé sur lui-même, la suggestion du cercle étant donnée par le corps de la Vierge, dont l'arrondi est perceptible sous l'indication du drapé, traité pour lui-même et plus détaillé qu'il ne le sera dans l'œuvre achevée. L'effet de raccourci, obtenu par la position des jambes évoque celui d'une image vue à travers un miroir convexe (voir Forlani Tempesti). Il convient bien à la description de la peinture, si on accepte de la reconnaître dans (le) *Cristo, Madonna, San Gioseffe, et ornamento a foggia di specchio*, décrit dans un inventaire des collections du duc d'Urbino en 1623 (Dussler, loc. cit.). Le visage de la Vierge est également différent dans le dessin et la peinture, plus près ici de celui de la *Grande Madone Cowper* (1508; De V. 82). Saint Joseph, étudié séparément, ne correspond pas du tout au type retenu pour la *Sainte Famille au palmier*. Il n'est pas impossible qu'il ait été destiné à une autre peinture, comme *La Sainte Famille avec Joseph imberbe*, de l'Ermitage, un peu antérieure (1506; De V. 61). Son visage aigu, expressif, rappelle la ferveur des figures de *l'Adoration des Mages* de Léonard de Vinci (Florence, Uffizi), et, davantage encore les types adoptés par Signorelli dans le *Tondo di Parte Guelfa*, peint entre 1484 et 1490 (Scarpellini, 1964, pl. 36).

Fischel ne cite pas d'autres études directement en rapport avec *La Sainte Famille au palmier*. Le projet circulaire de la Bibliothèque du Vatican, actuellement retenu (Joannides, 1983, n° 155-156) est plutôt en rapport avec la *Madone Canigiani*, comme l'avait suggéré Fischel (III, 137-138). En revanche, il est possible de reconnaître avec K. Oberhuber (1982, p. 44) dans la feuille d'études de Vierges à l'Enfant que conserve l'Albertina une première indication avec repentirs pour l'attitude de l'Enfant (S. R. 250 recto; Fischel, III, 110).

Voir également D. n° 60 verso.

Fig. 65. *Sainte Famille au palmier.* Edimbourg, National Gallery of Scotland

Fig. 66. *Sainte Famille avec saint Joseph imberbe.* Leningrad, Musée de l'Ermitage

50 Portrait de femme à mi-corps

De trois quarts à gauche. Au second plan, éléments d'un paysage entre deux colonnes. Indication d'un voile sur la chevelure. Plume, encre brune, repentir dans la base de la colonne gauche, H. 0,223; L. 0,159. Brûlures du papier, par l'encre, dans les yeux. Tache brune sur les mains. Doublé.

Hist.: E. Jabach (L. 2959, visible par transparence et L. 2961). Entré en 1671 dans le Cabinet du Roi; marques du Musée (L. 1899 et 2207).

Paris, Musée du Louvre. Inventaire 3882.

Bibl.: Inventaire manuscrit Jabach, II, 587 - Inventaire manuscrit Morel d'Arleux, 1393 - Passavant, 1860, II, n° 347 - Reiset, 1866, n° 329 - Grimm, 1872, n° 120 - Morelli, 1874, p. 172 - Ruland, 1876, p. 148, A.III., IV, n° 7 - Lützow, 1878, p. 69, repr. - Lübke, 1878-1879, II, p. 248 - Morelli, 1880, p. 372, note 2 - Morelli, 1881, p. 247, note 3 - Crowe et Cavalcaselle, I, 1882, p. 117 - Lübke, 1882, p. 117 - Morelli, 1882, p. 160 - Chennevières, 1882-1883, I, (41), R.5. - Pulszky, 1882, pp. 312, 313, repr. - Springer, 1883, p. 84, fig. 28 - Minghetti, 1885, p. 75 - Müntz, 1886, pp. 167, 228, repr. - Koopmann, 1889, p. 62 - Morelli, 1890, p. 148, note 1 - Koopmann, 1890, p. 72 - Morelli, 1893, pp. 251, note 3; 268, note 321 - Morelli, 1893, *Il Museo*..., p. 181 - Venturi, 1893, p. 180, n° 37 - Koopmann, 1897, p. 252, n° 128 - Fischel, 1898, n° 109 - Knackfuss, 1908, pp. 15, 18, fig. 18 - Emers, 1909, p. 42 - Venturi, 1916, pp. 339-341, fig. 25 - Fischel, II, 1919, n° 80 - Müntz, 1923, p. 122 - Venturi, 1926, *Storia*, IX-2, pp. 134-135, fig. 61 - Venturi, 1927, n° 22, repr. - Rouchès, 1938, n° 2, repr. - Rouchès, s.d., pp. 7, 14-15, n° 5 - Fischel, 1948, pp. 58, 59 - Ortolani, 1948, pp. 26, 28, fig. 36 - Suida, 1948, n° 26, repr. - Della Pergola, 1959, p. 115, sous n° 169 - Pedretti, 1959, pp. 173, 174, fig. 17 - Castelfranco, 1962, n° 18, repr. - Longhi, 1967, pp. 321, 324 - Becherucci, 1968, p. 47 - Forlani Tempesti, 1968, pp. 324, 337, 338, note 72, fig. 35 - Cocke, 1969, p. 27, pl. 17 - Freedberg, 1972, I, p. 65 - Beck, 1973, p. 22, fig. 20 - Clark, 1973, pp. 146, 151, fig. 3 - Ferino-Oberhuber, 1977, p. 27, n° 26 - Plemmons, 1978, fig. 24 - Kelber, 1979, p. 426 - De Vecchi, 1982, p. 95, repr. - Oberhuber, 1982, pp. 50, 64, repr. - Cuzin, 1983, p. 73 - Joannides, 1983, n° 175 et pl. 15.

Exp.: Paris, an V, n° 159..., 1845, n° 587 - 1931, n° 54 - 1935, n° 676 - 1962, n° 19 - 1965, *Louvre*, n° 37 - 1977, n° 17.

Ce portrait, l'une des feuilles les plus célèbres des collections françaises, récemment qualifié de *magique* (Oberhuber, 1982) est peut-être également la plus déconcertante. La limpidité de la mise en page, l'attitude simple du modèle, l'écriture brève et forte forcent l'admiration mais découragent le commentaire. La nature même du dessin, composé, achevé, sans autre finalité que lui-même est inhabituelle à Raphaël, pour qui l'étude est

50

Fig. 67. *Dame à la licorne.* Rome, Galleria Borghese

Fig. 68. Léonard de Vinci, *La Joconde.* Paris, Musée du Louvre

un mode essentiellement interrogatif. D'autre part, la référence à Léonard de Vinci, évidente, inlassablement soulignée et diversement interprétée, rend l'appréciation du dessin difficile en réduisant l'apport de l'invention.

Le *portrait de jeune femme* du Louvre, comme la *Léda* de Windsor ou, plus tard, certains projets pour la *Déposition Borghese*, dont on peut le rapprocher pour la qualité du *segno*, sont des expressions de l'admiration déclarée de Raphaël pour Léonard, vérifiable dès le début du séjour florentin et qui emplira toute sa vie (voir Fischel, II, n° 79 ; IV, n° 176). Le désir de voir ses œuvres sont, si l'on en croit Vasari, la raison essentielle du départ pour Florence, où il resta *stupefatto e meravigliato* du choc reçu (Vasari, Ed. Milanesi, IV, p. 373 ; Pedretti, 1959, p. 173). L'essentiel de son travail de dessinateur fut alors tourné vers le mouvement et l'anatomie. Il est indissociable de cette étape de transition que fut l'étude austère, attentive et presque impersonnelle des maîtres. Son dessin n'acquiert pas d'un coup sa liberté, sa « force virile », car l'apprentissage de nouveaux modes d'expression, peu à peu maîtrisés, lui permit de définir son propre langage. D'une certaine façon, la liberté de ce portrait, son audace, sont moins grandes que celles de plusieurs feuilles de la période d'apprentissage, néanmoins c'est cette démarche qui lui permettra peut-être d'entreprendre la *Déposition Borghese* ou, plus près de lui, la *Trinité* de San Severo à Pérouse, première de ses peintures à fresque.

Le dessin est daté, par les historiens entre 1504 et 1505, 1506 selon C. Pedretti (1973), 1507 pour P. Joannides (1983). La pose du modèle, le mouvement tournant du buste, le geste des mains et l'entre-colonnement de la loggia sont directement inspirés du chef-d'œuvre de Vinci, la *Joconde* du Louvre. La date de la peinture n'étant pas établie avec certitude, le dessin en a longtemps été considéré comme un terminus *ante quem*, bien que l'on ait récemment proposé de lui attribuer une datation différente (Pedretti, 1973 ; Clark, 1973) et suggéré que le dessin pouvait avoir été réalisé d'après d'autres portraits de Léonard, comme le carton inachevé d'*Isabelle d'Este* (Cabinet des Dessins du Louvre). Le caractère conventionnel des mains, un peu inexpressives, n'a pas le contenu spirituel de celles du modèle. Il est significatif des intentions de Raphaël : il s'agit d'une idée retenue et transcrite, la copie littérale lui étant étrangère, comme nous le révèlent les dessins du début. L'expression attentive et un peu absente du visage n'est pas davantage l'écho du mystère de son célèbre modèle. Rappelons que Vasari, dans son estimation des mérites comparés des deux peintres, se montra sévère pour Raphaël : *...per diligenza studio che facesse, in alcune difficoltà non potè mai passare Leonardo... non gli fu punto superiore in un certo fondamento terribile di concetti e grandezza d'arte* (Vasari, Ed. Milanesi, IV, p. 373, cité par Pedretti, p. 73). Le dessin a longtemps été considéré comme une étude pour le portrait de *Maddalena Doni*, conservé à Florence (Galleria Palatina ; De V. 56) daté vers 1506. Déjà Morelli et Venturi, puis de nombreux chercheurs, ont préféré, à juste titre, y reconnaître un projet pour la *Dame à la licorne*, de la Galleria Borghese, rendue à Raphaël par Longhi en 1928 et restaurée depuis (1505-1506 ; De V. 51). Le visage et le cadre architectural, limitant les différents plans, sont plus proches du dessin que ceux du portrait de Florence. Toutefois, ce type de composition, dont l'origine remonte aux Flamands du quinzième siècle, existait déjà chez Lorenzo di Credi et d'autres artistes de l'école de Verrocchio. Il est commun à plusieurs portraits féminins de Raphaël, dont les dates sont relativement proches l'une de l'autre, entre 1505 et 1507. Il est plus prudent de penser que le portrait exposé a été destiné à une peinture non réalisée ou perdue. Plus encore que le « cadrage » strict de la figure, l'essentiel de l'attention a porté sur l'indication de la lumière, l'évocation d'un espace ouvert sur le plein air, qui justifient l'expression de *Maler ohne Farben* joliment trouvée par Fischel pour définir Raphaël dessinateur de portrait.

C'est là peut-être et dans la précision du graphisme, l'alternance des espaces ménagés entre les hachures, la verticale des colonnes qu'il s'approche au plus près de Léonard.

51 Déploration du Christ

Étude pour la *Mise au tombeau Borghese*

Composition de neuf figures : la Vierge, assistée des trois Marie, est assise, le corps du Christ reposant sur ses genoux. La Madeleine se trouve au premier plan et soutient les jambes du Sauveur. Derrière, à gauche, Joseph d'Arimathie ; à droite, saint Jean et un autre disciple dont on ne voit que la tête.
Plume, encre brune, sur premier tracé au stylet et indications à la pierre noire, en particulier dans le corps du Christ et le bras droit de la Madeleine. Trait d'encadrement à 3 mm environ des bords latéraux, à la plume, à droite et à la pierre noire à gauche. Tête et buste d'un personnage indiqués à droite, entre saint Jean et la Madeleine. H. 0,332 ; L. 0,395. Pliure verticale au centre. Doublé. Papier jauni.

Hist. : P.-J. Mariette (L. 1852) ; vente, Paris, 1775, n° 69 - Comte M. von Fries - A. Bourduge (L. 70) - Th. Lawrence (L. 2445) - S. Woodburn, 1850, n° 49 - Acquis à cette vente par le Louvre ; marque du Musée (L. 1886).

Paris, Musée du Louvre. Inventaire 3865.

Bibl. : Inventaire manuscrit Morel d'Arleux, 234 - Lawrence Gallery, 1841, n° 25 - Passavant, 1860, II, n° 323 - Weigel, 1865, p. 564, n° 6689 et 6690 - Reiset, 1866, n° 319 - Förster, 1868, p. 342, Robinson, 1870, p. 157, sous n° 37 - Grimm, 1872, p. 168 - Ruland, 1876, p. 23, n° 30 - Pulszky, 1876, p. 33 - Gonse, 1878, p. 46 - Lübke, 1878-1879, II, p. 251 - Reiset, 1879, n° 319 - Lübke, 1882, p. 36 - Chennevières, (1882), pl. 17 - Crowe et Cavalcaselle, I, 1882, pp.301-304 - Wörmann, II, 1882, pp. 639, fig. 370, 639, note - Springer, 1883, I, pp.127-128, fig. 45 - Minghetti, 1885, p. 76 - Müntz, 1886, p. 256, repr. - Koopmann, 1887, p. 214 - Tauzia, 1889, n° 319 - Morelli, 1890, p. 172 - Koopmann, 1890, pp. 6, 68 - Morelli, 1891-1892, p. 293 - Koopmann, 1897, p. 283, n° 413 - Fischel, 1898, p. 47, n° 99 - Knackfuss, 1908, pp. 38, 48, fig. 48 - Frizzoni, 1914, p. 3, note 1 - Fischel, IV, 1923, n° 168 - Fischel, 1924, p. 76 - Focillon, 1926, p. 62, repr. p. 37 - Gamba, 1932, pl. 32 - Rouchès, s.d., pp. 7, 16-17, n° 9 - Richter, 1945, p. 338, fig. 3 - Fischel, 1948, p. 63 - Parker, 1956, p. 277, sous n° 530 - Della Pergola, 1959, II, p. 118, sous n° 170 - Forlani Tempesti, 1968, p. 422, note 93 - Oppé, 1970, fig. 71 - Pope-Hennessy, 1970, pp. 53, 268 et note 30 - Dussler, 1971, p. 24 - Lloyd, 1977, p. 114, note 2 - Oberhuber et Ferino, 1977, p. 28, sous n° 28 - De Vecchi, 1981, p. 244, note 42 - Oberhuber, 1982, pp. 44, 50, repr. p. 50 - Cuzin, 1983, pp. 63, 67 - Joannides, 1983, n° 125.

Exp. : Paris, Louvre, an V et an VII, n° 152 - Paris, Louvre, 1967, n° 119, repr.

La *Mise au tombeau*, dite également *Déploration Borghese* ou *Retable Baglioni* est signée et datée 1507 (Rome, Galleria Borghese ; De V. 70 B). Elle fut peinte par Raphaël pour l'autel de la chapelle des Baglioni à San Francesco de Pérouse, église où il avait déjà réalisé, quatre ans plus tôt le *Couronnement de la Vierge*. Le peintre en avait reçu la commande d'Atalanta Baglioni, dont le fils, Griffone, avait trouvé la mort à Pérouse en juillet 1500, lors des luttes qui divisaient les différentes branches de la famille. La peinture comprenait également une lunette (voir D. n° 53) et une prédelle (De V. 70 C.). C'est probablement la plus ambitieuse de ses œuvres florentines, la plus longuement mûrie et celle dont l'audace, la violence répondent à ce que fut sans doute l'intention de son commanditaire. L'histoire veut qu'Atalanta Baglioni ait accouru auprès de son fils mourant pour le bénir et l'encourager au pardon, puis ait traversé la ville, les vêtements ensanglantés (voir Burckhardt, Ed. 1958, p. 29).

La longue séquence d'études préparatoires permet de penser que la *Mise au tombeau* fut élaborée pendant une période assez longue, dont la durée varie, selon les historiens, de quelques mois à plusieurs années. (Vasari, Ed. Milanesi, IV, p. 325). La date de réception de la commande n'est pas connue et la chronologie des dessins encore très discutée. On s'entend toutefois pour estimer que sa conception, en tout cas, est entièrement florentine même si elle était déjà prévue à l'arrivée, en 1504, comme certains auteurs le pensent, en raison de l'éclectisme et du caractère ombrien des premiers dessins, dont fait partie le projet du Louvre (Richter, 1945 ; Dussler, 1971 ; Shearman, 1977 ; Ragghianti, 1978). Le changement de mode au cours de l'élaboration est sensible dans le passage progressif du thème méditatif de la *Déploration* à celui, actif, du *Christ porté au tombeau par ses disciples*. Cette recherche de mouvement, cette quête d'une composition méticuleusement agencée, avec de brusques retours et des repentirs, donnent bien le sens général de l'entreprise florentine de Raphaël. Elles peuvent apparaître comme une sorte de mise à l'épreuve de son talent, face aux artistes qu'il admirait.

La *Déploration* du Louvre appartient probablement à la fin de la première suite dessinée. Pour certains, elle en marque le début, premier résultat des copies d'après Signorelli exécutées à Urbino, où il se serait arrêté en allant à Florence (Richter, 1945). Le thème est inspiré de la *Déposition de Santa Chiara*, peinte par Pérugin, en 1495 (Florence, Palazzo Pitti, Camesasca, 41). Un premier dessin, conservé à Oxford, détermine la composition dans son ensemble et la cadre d'un

51

trait (Ashmolean Museum, Parker, 529 ; Fischel, IV, 164). Il a donné lieu à une composition gravée par Marcantonio Raimondi (G. n° 18). Il est suivi, si l'on se tient à l'ordre généralement adopté (Fischel, IV, 164-186 ; Forlani Tempesti, 1968, note 92 ; Pope-Hennessy, 1970, pp. 50-58 ; Joannides, 1983, n° 124-142) d'un projet pour le groupe de droite, étudié d'après le nu et d'une étude pour le corps du Christ (Parker, 530 ; Fischel, 166-167). Parker, puis Joannides, indiquent que le saint Jean du dessin du Louvre a été tracé par report de la figure correspondante du dessin d'Oxford (Parker, 530 recto). Cependant, aucune trace de transfert n'est visible et, contrairement aux indications que donne Parker, la position de la tête, celle des pieds sont différentes et les dimensions varient de 5 mm. En revanche, la figure indiquée par quelques traits à côté de saint Jean est probablement destinée à celle de l'apôtre qui se trouve dans le groupe d'Oxford. Un dessin du British

Museum reprend les mêmes formes drapées et ajoute la figure de la Madeleine, mains jointes comme dans le premier projet (Pouncey et Gere, 10; Fischel, IV, 165). L'exécution soignée du dessin du Louvre a été mal comprise par la plupart des historiens, qui ont voulu y reconnaître des reprises d'une autre main. Rien ne permet de souscrire à cette hypothèse. Cette technique serrée « en résille », enveloppant les formes faisait partie des méthodes apprises chez Pérugin. Elle est caractéristique du soin que l'on accordait à la préparation d'une œuvre achevée (voir Oberhuber et Ferino, 1977, et Ferino 1982, p. 112). A ce titre, on a proposé d'y reconnaître un *modello*, destiné à la présentation, voire même à un projet suivi d'exécution, dont G.B. Sassoferato, qui l'a copié au XVIIe siècle aurait, ainsi que d'autres, gardé la trace (Berlin, Staatliche Museen, Bock, 1975, n° 420, repr.; voir Frizzoni, 1914). Le personnage de droite, demeuré « en réserve » à côté de saint Jean indique bien, néanmoins, que le projet n'était pas définitif. Cette hésitation est révélatrice de la difficulté de cohésion des deux groupes, qui sera l'un des points essentiels de la recherche de Raphaël pour la *Mise au tombeau*. A la différence du projet d'Oxford, le dessin du Louvre ne comporte aucune trace de paysage et les indications d'encadrement sont plus imprécises. Le groupe de gauche est plus ramassé sur lui-même. L'attitude de Marie-Madeleine sera abandonnée mais l'esquisse de mouvement tournant que dessine son buste est l'amorce de la silhouette en spirale, démarquée du *Tondo Doni* qui, dans la peinture soutiendra la Vierge évanouie: le geste de la sainte Femme debout soulevant le voile de la Vierge, celui de Joseph d'Arimathie, l'attitude très statique de saint Jean, sont autant de références aux modèles antérieurs bien étudiées par Crowe et Cavalcaselle, notamment à la *Crucifixion* de Signorelli à San Sepolcro, peinte vers 1500, ainsi qu'à celle d'Urbino (Scarpellini, 1964, pl. 83 et 33). Axe principal de la composition, la figure de la Sainte Femme debout deviendra, dans la seconde séquence, celle de la Madeleine pour laquelle une étude est présentée ici.

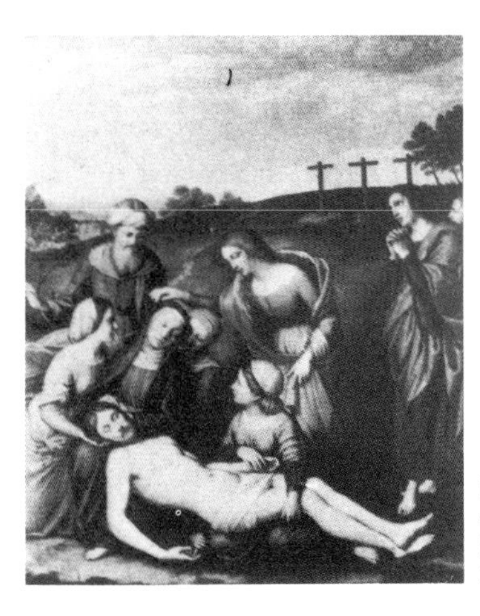
Fig. 69. G.B. Sassoferato d'après Raphaël, *Déploration du Christ*. Berlin, Musée

Fig. 70. *Mise au tombeau*. Rome, Galleria Borghese

La retenue des gestes, l'économie d'expression et de mouvement ne laissent rien présumer ici de l'émotion et de la violence des derniers projets. La Vierge défaillante, au visage rond et au yeux sans prunelles, est encore très ombrienne dans sa réserve. Le jeu des visages rapprochés, le glissement des corps qui fléchissent rappellent le groupe des femmes auprès de la croix dans la *Déposition* peinte par Filippino Lippi pour la SS. Annunziata, terminée en 1502 par Pérugin (Florence Accademia; Pope-Hennessy, 1970, fig. 40). Il est permis d'imaginer que l'effort de Raphaël dans la suite des études pour la *Mise au tombeau* sera précisément de rompre avec cet effet de pesanteur. La solution finalement arrêtée consistera à soulever le corps du Christ et à le porter au tombeau. Le dynamisme de l'ensemble sera déterminé par cette suggestion de marche, inspiré du sarcophage de la *Mort de Méléagre* (Shearman, 1977, p. 133) et de la *Mise au tombeau*, gravée par Mantegna. La gravité qui se dégage du dessin du Louvre est celle du temps suspendu, au bord de la douleur, précédant l'éloignement et la rupture finale. Plus qu'à un changement de thème, on serait porté à croire à l'évocation de deux moments successifs.

Une mention relative au paiement de la *Mise au tombeau* se trouve dans une lettre de Raphaël exposée sous le n° 55.

52 Étude d'une femme debout, drapée, se dirigeant vers la gauche

Plume, encre brune, croquis à la pierre noire en haut à droite. H. 0,265; L. 0,186. Papier jauni; Manques et déchirures sur le bord latéral gauche. Complété, dans la partie supérieure, d'une bande de 8 à 10 mm. Papier froissé dans la partie inférieure gauche et sur la jambe gauche. Restaurations au verso. Annoté en bas, au centre, à la plume et encre brune: *Raphaello d'Urbino 82* et au verso, à la plume et encre brune, dans la partie supérieure gauche: *C 201* et inférieure gauche: *24*. Croquis au verso, à la pierre noire, dont deux têtes et une étude de draperie.

52

Hist. : N. Hone, (L. 2793) - Sir J. Reynolds, (L.2364) - Major H.E. Morritt, vente, Londres, Sotheby's, 22 mars 1923, partie du lot 7 - Acquis à cette vente par F. Lugt (L. 1028).

Paris, Institut Néerlandais, Fondation Custodia. Inventaire 952.

Bibl. : Fischel, IV, 1923, n° 177 - Fischel, 1924, p. 75, pl. I A - Middeldorf, 1945, pp. 12, 19, n° 40, repr. - Richter, 1945, pp. 348, 351, fig. 29 - Fischel, 1948, p. 3, pl. 39 - Della Pergola, 1959, II, p. 118 - Jaffé, 1962, p. 233 - Lugt, 1965, p. 127 - Forlani Tempesti, 1968, pp. 353-354, 423, note 95 b., fig. 60 - Oppé, 1970, pl. 82 - Pope-Hennessy, 1970, pp. 58, fig. 47, 268, note 37 - Dussler, 1971, p. 24 - Lloyd, 1977, pp. 113-114 - Byam Shaw, 1983, n° 116, pl. 139 - Joannides, 1983, n° 138.

Exp. : Amsterdam, 1934, n° 633 - Paris, Rotterdam, Haarlem, 1962, n° 62, pl. XLVII - Londres, 1983, n° 49.

Fischel, à qui revient la publication de ce dessin, au moment de son entrée dans la collection de F. Lugt, y reconnaît un projet, d'une saisissante liberté d'écriture, pour la figure de la Madeleine, dans la *Mise au tombeau Borghese* (voir D. n° 51). Elle appartient à la suite des études relatives à la seconde version du thème, finalement retenue. Madeleine, quittant le groupe des Saintes Femmes soutenant la Vierge, à droite de la composition, s'élance vers le Christ, dont elle saisit la main. Fischel, puis I.-A. Richter, dans son étude sur la genèse dessinée de la *Mise au tombeau*, la placent immédiatement après le dessin d'ensemble pour la partie gauche, très élaboré, qui sera conservé sans modification, à l'exception de la figure de la sainte, debout derrière la Madeleine (Uffizi, n° 538 E., Fischel, IV, n° 175). La position des jambes indiquée ici se retrouve dans la peinture. Elle est inversée dans le projet de Florence. Fischel, reprenant en 1924, l'examen du dessin, interprète le travail de hachures de la partie inférieure comme des reprises postérieures, d'une *banal and paltry pen*, tentant de renforcer les ombres par un lacis de lignes entrecroisées,

Fig. 71. D. n° 52 verso

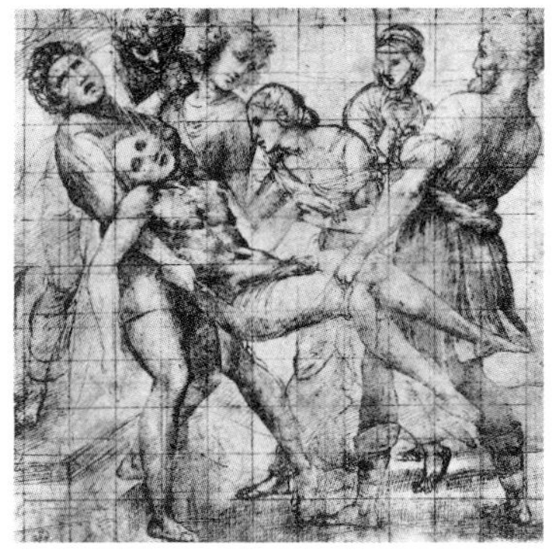

Fig. 72. Raphaël, Etude pour la *Mise au tombeau*, dessin. Florence, Uffizi

Fig. 73. Copie d'un dessin perdu de Raphaël. Chastworth, Collection Duke of Devonshire

comparables aux retouches des dessins des Uffizi (Fischel, 175) et à celui du Louvre, présenté dans cette exposition. Ces *trivial elucidations* seraient, pour lui, le fait d'un condisciple de Raphaël, resté en possession des dessins de l'artiste, à Pérouse. Ces considérations sur les techniques des dessins achevés, liées à la question de leur authenticité ont fait l'objet de plusieurs débats, résumés par J. Byam Shaw, dans son étude du dessin présenté ici (1983). Tout en étant réservé sur les assertions de Fischel, il se prononce contre toute intervention étrangère pour la feuille de la Madeleine. Récemment, S. Ferino-Pagden a pris position de façon convaincante sur cette question dans une analyse du beau dessin de Florence : les différents degrés de finition d'une même œuvre, perceptibles dans le dessin, loin d'être liés à des « retouches » malhabiles, ne seraient que le reflet de l'irrésolution du peintre, porté à détailler davantage les parties jugées satisfaisantes en laissant les autres encore imprécises (Ferino-Pagden, 1982, p. 112 n° 63). Fischel (1924) et I. A. Richter (1945) ont attiré l'attention sur le fait que les recherches destinées à la *Mise au tombeau* étaient menées parallèlement à celles de la *Sainte Catherine*, de Londres, (voir D. n° 62). Il semble, en effet, que la silhouette dansante de la Madeleine ait été inspirée par celle d'une figure de Domenico Ghirlandaio dans la *Naissance de la Vierge*, l'une des fresques de Santa Maria Novella, à Florence, pour laquelle il existe un projet dessiné aux Uffizi (n° 289 E ; Richter, fig. 30). Raphaël en retint la rapidité de la notation, le mouvement ondoyant de la forme et du drapé, dans un dessin perdu, connu à travers une copie de la collection du Duke of Devonshire à Chatsworth (Fischel, IV, 206). Sur la partie gauche de cette feuille se trouve indiquée la première pensée de la *Sainte Catherine* de Londres. L'étude de draperie du verso a été rapprochée par P. Joannides de celle de la Vierge dans la *Sainte Famille au palmier*, de la National Gallery of Scotland, à Edimbourg (voir D. n° 49) et le croquis de la pierre noire au recto identifié avec malice, comme un palmier (?) par J. Byam Shaw.

1956, p. 280, sous n° 534 - Bacou, 1957, p. 29 - Forlani Tempesti, 1968, p. 352 - Pope-Hennessy, 1970, p. 267, note 24 - Dussler, 1971, p. 24 - De Vecchi, 1981, p. 244, n° 42 - Cuzin, 1983, p. 62, fig. 61 - Joannides, 1983, p. 141.

Exp. : Lille, 1961, n° 25 - Lille, 1983, n° 13, repr.

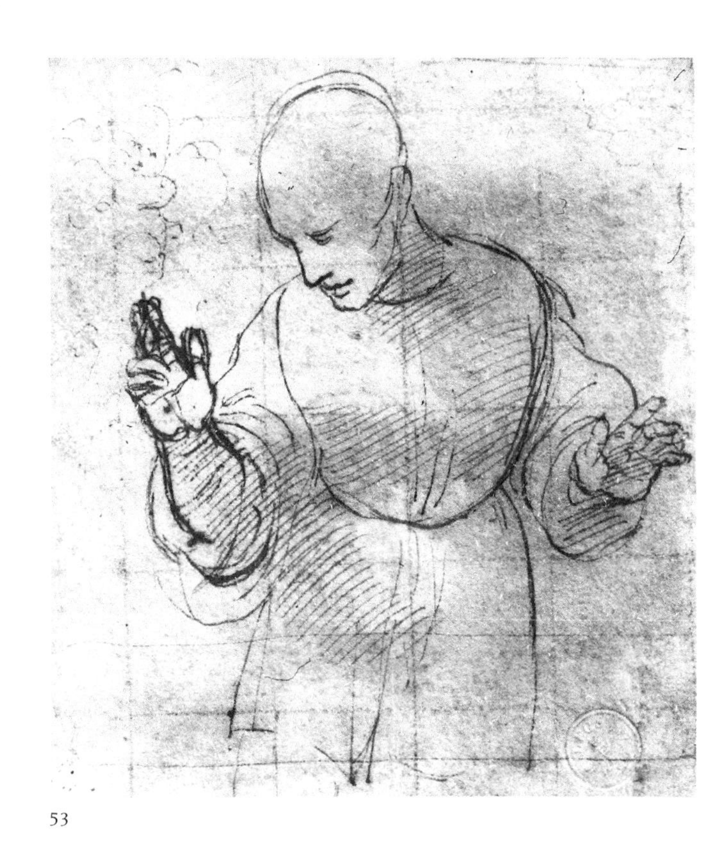

53

53 Figure à mi-corps, penchée en avant

Étude pour la lunette de la Mise au tombeau

Croquis d'angelots et de nuages dans la partie supérieure gauche. Plume, encre brune sur papier légèrement lavé de brun, mis au carreau à la pierre noire, traces de sanguine au centre ; repentir dans le contour du crâne et deux doigts de main droite. H. 0,113 ; L. 0,102.

Hist. : J.-B. Wicar - A. Fedi - J.-B. Wicar (. 2568) ; légué à la ville en 1834.

Lille, Musée des Beaux-Arts. Inventaire Pl. 465.

Bibl. : Benvignat, 1856, n° 697 - Passavant, 1860, II, n° 373 - Robinson, 1870, p. 146, sous n° 30 - Ruland, 1876, p. 56, VI, n° 4 - Gonse, 1878, p. 52 - Crowe et Cavalcaselle, I, 1882, pp. 228-229, 322 - Lübke, II, 1882, p. 95 - Pluchart, 1889, n° 465 - Morelli, 1891-1892, p. 378 (sans valeur) - Koopmann, 1897, p. 95, n° 24 - Fischel, 1898, n° 74 (faux) - Fischel, IV, 1923, n° 180 - Wind, 1937, p. 330 - Cocke, 1945, p. 30, pl. 41 - Parker,

Fig. 74.
Domenico Alfani,
Dieu le Père bénissant,
Pérouse.
Galleria Nazionale

Le rapprochement de cette étude pour une figure bénissante avec la lunette de la *Mise au tombeau* a été établi par Crowe et Cavalcaselle, qui, toutefois, la citent une seconde fois, dans le même ouvrage, parmi les projets relatifs à la *Trinité* de San Severo, à Pérouse. Une confusion avec le même sujet peint par Raphaël dans la lunette du *Retable Colonna* (De V. 42 A) se retrouve chez Fischel (1898), Ruland, Pluchart et Koopmann. C'est le seul projet actuellement connu pour cette composition, dont l'exécution revint à Domenico Alfani. La lunette, conservée à la Galleria Nazionale de Pérouse représente Dieu le Père bénissant, entouré d'angelots (Fischel, IV. fig. 167). L'encadrement, composé d'une frise de putti assis sur des têtes de béliers et couronnant des griffons, également à Pérouse, fut confié au même collaborateur sur un *concetto* de Raphaël, dont on n'a pas gardé de trace (Dussler, loc. cit.). La détermination du trait, qui n'exclut jamais les reprises et les repentirs mais les laisse au contraire délibérément apparents et en livre l'alternative, la sûreté de la mise en place, arrêtée d'un coup, font de cette petite étude l'un des meilleurs exemples du style de Raphaël avant le départ pour Rome. Sa liberté est déjà celle des premiers projets pour la Chambre de la Signature. C'est aussi l'un des seuls projets de la composition plafonnante de cette période, s'opposant, par sa simplicité, aux études relatives à la fresque de San Severo. L'indication de la «grappe» de putti, formant le cadre circulaire de la composition y est perceptible, à droite. Dessinée d'après le modèle vivant, elle semble avoir été retenue et jugée satisfaisante, comme l'indique la mise au carreau. Une autre étude pour cette figure se trouve à l'Ashmolean Museum d'Oxford, déjà rapprochée du dessin de Lille par Ruland (p. 52, D. I). Elle lui est probablement antérieure, (pointe de métal sur papier préparé gris blanc; Parker, 534; Fischel, III, n° 149).

54

54 Sainte Famille dans un paysage avec saint Jean-Baptiste, sainte Anne et saint Joachim

Étude pour la *Sainte Famille Alfani*

Dans la partie supérieure, angelots musiciens dans des nuages.
Plume, encre brune sur papier tracé au stylet et à la pierre noire (pour la grenade), mis au carreau à la sanguine pour la partie composée, uniquement. H. 0,353; L. 0,234. Découpé en forme de lunette et complété dans la partie supérieure. Piqué sur l'ensemble de la surface.

Hist.: Blanchard (?) - J.-B. Wicar - A. Fedi - Marquis della Penna, Pérouse - J.-B. Wicar (L. 2568); légué à la ville en 1834.

Lille, Musée des Beaux-Arts. Inventaire Pl. 458.

Bibl.: Rumohr, III, 1831, p. 147 - Benvignat, 1856, n° 741 - Passavant, 1860, II, n° 378 - Förster, I, 1867, p. 219-220, II, 1868, p. 341 - Grimm, I, 1872, pp. 145, 373 - Ruland, 1876, pp. 93, XXIX, n° 1; 93, XXIX, n° 1 et 2 - Gonse, 1878, pp. 68, 69, repr. 70 (transcription de la lettre du verso) - Schmarsow, 1880, p. 7 - Crowe et Cavalcaselle, I, 1882, pp. 377-379 - Wörmann, II, 1882, p. 637 - Springer, 1883, I, p. 324 - Müntz, 1886, pp. 46, 196, 216, note 1, repr. p. 116 - Minghetti, 1887, p. 102 - Müntz, 1888, pp. 216-220, repr. - Pluchart, 1889, n° 458 - Morelli, 1891-1892, p. 441 (dessin repris) - Koopmann, 1897, p. 188, n° 113 - Fischel, 1898, n° 427 et p. X (dessin repris) - Fischel, III, 1922, n° 161 - Gnoli, 1923, p. 18 - Golzio, 1936, p. 15 (verso) - Richter, 1945, p. 352 - Camesasca, 1956, p. 12 - Forlani Tempesti, 1968, pp. 354, 356, note 97, fig. 70 - Dussler, 1971, p. 23 - Scheller, 1973, p. 127, n° 14 - Plemmons, 1978, fig. 131 - Joannides, 1983, n° 174.

Exp.: Lille, 1961, n° 32, pl. XIV - Berlin, 1964, n° 73 - Paris, 1965, n° 237, repr. - Lille, 1983, n° 14.

Ce *modello* fut envoyé par Raphaël à Domenico Alfani, qui avait été son condisciple à Pérouse, chez Pérugin, comme le veut la tradition. Celui-ci en suivit fidèlement le tracé dans une

Fig. 75. Domenico Alfani, *Sainte Famille.* Pérouse, Galleria Nazionale

peinture, datée 1511, destinée à l'église San Simone dei Carmini de Pérouse, aujourd'hui conservée au Musée de la ville (Fischel, III, fig. 156). Le dessin figure dans la liste des dessins volés à Wicar, qui l'aurait reçu d'un certain Blanchard, dont on ignore l'identité... *Sainte Famille achetée à Blanchard, dessin fini et graticulé au rouge, avec l'écriture derrière où il est question de Madonna delle athalate et de certains strombonti di una tempesta...* voir Scheller, 1973, loc. cit.). Alfani aurait utilisé deux fois la composition, en inversant la position de l'Enfant dans la seconde version, également conservée à Pérouse (Müntz, 1886, p. 216). Le hachuré qui investit l'ensemble des formes a été, une fois encore, mal interprété par Fischel qui y voit des reprises. La présence de la lettre, au verso, faisant état du règlement différé de la *Mise au tombeau Borghese (... che voi solecitiate madona Atala(n)te che me manda li denari...)*, indique une date voisine ou immédiatement postérieure à 1507, précédant de peu le départ pour Rome. A l'opposé du registre du repentir, de la correction, la feuille s'impose par une maîtrise du trait assuré et continu comparable aux dessins les plus achevés de cette période. A. Forlani Tempesti la rapproche de l'étude pour la *Madone Canigiani* conservée à Windsor (Inventaire, 12738, Popham et Wilde, 790). Les angelots musiciens de la partie haute se retrouvent dans l'*Assomption* de Fra Bartolomeo, peinte en 1508 (anciennement Berlin Staatliche Museen; Fischel, III, fig. 157). Le modèle de la *Sainte Anne* de Léonard de Vinci a pu inspirer le motif de la Vierge, tenant l'Enfant par un lien. On ignore dans quelles conditions il fut envoyé à Pérouse, mais sa fonction de modèle, rare dans les rapports de Raphaël et de ses élèves, est révélatrice des liens qu'il maintenait avec l'Ombrie. Crowe et Cavalcaselle, puis Müntz, s'appuyant sur plusieurs interprétations données par Grimm (1872), ont identifié *Cesarino*, comme Cesare di Francesco Rossetti, qui lui servira plus tard d'intermédiaire pour traiter avec Agostino Chigi. *Riciardo* serait une allusion à un personnage du chant XX de *Morgante Maggiore* de Pulci : *Riciardetto*, frère de Roland (Müntz, 1886, p. 216). De la même manière, la demande du sermon (... *Cesarino che me manda la predica...)*, pourrait être l'indice des préoccupations iconographiques de Raphaël, liées à l'élaboration prochaine de la *Dispute du Saint Sacrement* (Cavalcaselle, p. 379).

55 Lettre de Raphaël à Domenico Alfani

Lille, Musée des Beaux-Arts. Inventaire Pl. 459 (verso de Pl. 458).

« Recordo a voi Menecho che me mandiate le istranboti de Riciardo di quella tempesta che ebbe andando in un viagio e che recordiate a Cesarino che me manda quelle predicha e recommandatemi a lui ancora ve ricoro che voi solecitiate madona le atala(n)te che me manda li denari e vedeti d'avere oro e dite a Cesarino che ancora lui li recorda e soleciti e se io poso altro p voi avisatime ».

« Je vous rappelle, à vous, Menecho, de bien vouloir m'envoyer les vers de Riciardo sur cette tempête qu'il a essuyée en allant en voyage, et de faire souvenir à Cesarino de m'envoyer le sermon. Recommandez-moi de nouveau à lui. Je vous prie aussi de presser Madame Atalante de m'envoyer un peu d'argent, et faites en sorte d'avoir de l'or. Dites à Cesarino qu'il le lui rappelle encore;

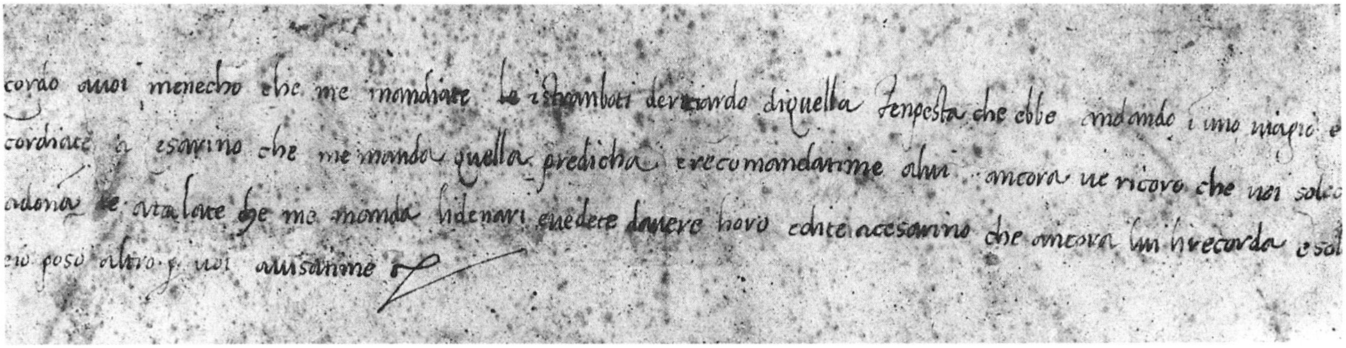

55 (détail)

pressez-le, et si je puis autre chose pour lui, dites-le moi» (d'après Gonse, 1878, p. 70).

Voir n° précédent.

56 Étude d'homme couronné de feuillages, de trois-quarts à gauche, appuyé sur un bâton

Plume, encre brune, sur premier tracé à la pointe de plomb. H. 0,197; L. 0,121. Traînée brune au centre. Annoté, en bas, à gauche, à la plume et encre brune: *guesto è il medesimo secondo disegno* et, à gauche, de même technique: *119*. Manque sur le bord inférieur, à droite.

56

Fig. 76. Etude de nu.
Paris, Ecole des Beaux-Arts (D. n° 56 verso)

Au verso, buste et bras droit d'un homme allongé et étude séparée d'une épaule, sur le bord gauche. Pointe de métal sur papier préparé rose. Annoté, en bas, à gauche, à la plume et encre brune: *Raffael Ur...* Préparation très oxydée, rendant le dessin à peine visible.

Hist.: E. Desperet (L. 721), vente, Paris, du 7 au 13 juin 1865, n° 119 - Armand-Valton, légué à l'Ecole des Beaux-Arts en 1908.

Paris, Bibliothèque de l'Ecole Nationale Supérieure des Beaux-Arts. Inventaire 318.

Bibl.: Brugerolles, 1983, n° 95 - Joannides, 1983, n° 126, r.v.

Exp.: Paris, 1935, n° 123 (Ecole de Raphaël).

Ce dessin, classé dans l'Ecole de Raphaël, est resté ignoré des chercheurs, à l'exception de P. Joannides, qui le place à l'époque de la *Mise au tombeau Borghese*, à cause de l'étude du verso, destinée à la figure du Christ dans cette composition (voir D. n° 50). Le même auteur rapproche le modelé hâtif et le type du visage de la *Scène de bataille avec prisonniers* de l'Ashmolean Museum d'Oxford, dont il n'a pas, toutefois, la qualité (Parker, 538; Fischel, IV, 194-193). On lui comparera également l'étude d'*Hercule et le centaure*, du British Museum (Pouncey et Gere, 22; Fischel, IV, 189). L'attitude pourrait évoquer celle d'un berger dans une *Adoration*.

57 Vierge assise avec l'Enfant et saint Jean-Baptiste

Étude pour la *Belle Jardinière*

Saint Jean-Baptiste est couronné de pampres et tient un mouton.
Plume, encre brune, mis au carreau à la sanguine. Sur la gauche, indication de format cintré à la pierre noire; double trait d'encadrement à la pierre noire. H. 0,300; L. 0,208. Papier jauni et taché, plusieurs perforations du trait par l'encre dans le visage, le bras et les mains de la Vierge. Collé en plein. Annoté au verso, à la plume et encre brune: *La Vierge jardinière dont le tableau est au Museum, du Cabinet Crozat, Mariette et Laîné, Arozarena 1861. Il ne faut pas décoller ce dessin, on courrait le danger de le perdre.*
Annoté au recto, en bas à droite, à la plume et encre brune: *45*.

57

Hist. : Viti-Antaldi (L. 2245) - P. Crozat, vente, Paris, 1741, partie du n° 104 - P.-J. Mariette (L. 1852), vente, Paris, 1775, partie du n° 696 - A. Bourduge (L. 70) - S. Woodburn - Guillaume II des Pays-Bas - D.G. de Arozarena (L. 109) - Ch. Timbal ; don au Louvre par Mme Ch. Timbal en 1881 ; marque du Musée (L. 1886).

Paris, Musée du Louvre. Inventaire RF 1066.

Bibl. : Quatremère de Quincy, 1824, p. 45 - Passavant, 1860, II, sous n° 308 - Lagrange, 1862, p. 168 - Weigel, 1865, p. 546, n° 6504 - Robinson, 1870, p. 173, note 1 - Ruland, 1876, p. 65, XIX, n° 4 - Lübke, II, 1879, p. 243 - Müntz, 1881, p. 191, note - Crowe et Cavalcaselle, I, 1882, p. 361 - Lübke, 1882, p. 101 - Chennevières, 1882, pl. 10 - Pulszky, 1882, p. 316 - Chennevières, 1883, p. 349 - Springer, 1883, p. 108 (avec localisation fausse) - Minghetti, 1887, p. 96 - Tauzia, 1888, n° 2012 - Morelli, 1893, p. 210 - Koopmann, 1897, p. 161, n° 81 - Fischel, 1898, n° 62 - Fischel, III, 1922, n° 120 - Venturi, 1926, *Storia*, IX-2, p. 152, note 1, 155, fig. 80 - Venturi, 1927, n° 20, repr - Rouchès, s.d., n° 8 - Rouchès, 1938, pl. 6 - Middeldorf, 1945, n° 27, repr. - Suida, 1948, n° 23, repr. - Parker, 1956, p. 269, sous n° 521 - Forlani Tempesti, 1968, pp. 346-347, fig. 54, note 86, 95 - Cocke, 1969, p. 29, pl. 33 - Pope-Hennessy, 1970, pp. 197, 200, fig. 183 - Dussler, 1971, p. 22 - Plemmons, 1978, fig. 62 - De Vecchi, 1981, p. 243, sous n° 39 - Cuzin, 1983, p. 85, fig. 87 - Joannides, 1983, n° 120.

Exp. : Paris, 1931, n° 46 - Paris, 1935, n° 668 - Paris, 1965, Louvre, n° 40 - Paris, 1967, n° 118.

Etude d'ensemble pour *La Belle Jardinière* du Louvre, étudiée ici par S. Béguin (P. n° 6). Entré au Musée à la fin du XIXe siècle, le dessin avait été emporté à la Havane par son ancien propriétaire, Arozarena, qui le destinait au musée de cette ville. Les conditions climatiques l'amenèrent à renoncer à son projet et il le vendit à Ch. Timbal, à son retour en France, en 1862. On ignore à quelle date et dans quelles conditions le vit Quatremère de Quincy, qui le décrit dans sa biographie de Raphaël en mentionnant, pour le verso, *des figures qui appartiennent à la composition du Christ au Tombeau*. Peut-être

Fig. 77.
Etude pour *La Belle Jardinière*,
dessin.
Chantilly, Musée Condé

Fig. 78.
Etude pour *L'Enfant Jésus*,
dessin.
Oxford, Ashmolean Museum

Fig. 79. *La Belle Jardinière*.
Paris, Musée du Louvre

eut-il l'occasion de le voir dans la collection Woodburn. L'inventaire du fonds Antaldi, dont le manuscrit est conservé à Oxford, ne permet pas d'identification véritable du dessin, à cause de l'imprécision des descriptions (voir Robinson, 1870, pp. 346-348).

La date du dessin de *La Belle Jardinière* est la même que celle de la peinture, signée et datée 1507 (?) ou, comme on le lit plus clairement aujourd'hui, 1508 (voir P. n° 6). Elle a été longtemps identifiée avec celle qui fut commandée par Filippo Sergardi, à Sienne. Raphaël, si l'on suit Vasari, l'aurait laissée inachevée et Ridolfo Ghirlandaio en aurait poursuivi l'exécution (voir S. Béguin, P. n° 6). Le projet du Louvre est généralement considéré comma la première des études préparatoires, antérieure à la version du Musée Condé à Chantilly, malgré l'avis contraire émis par Fischel (Inventaire IX, 53; nouveau, 61; Fischel, III, 119; voir Forlani Tempesti, Pope-Hennessy, Joannides). En partie dessinée d'après le modèle nu, plus imprécise dans l'indication du paysage, du sol, des attributs, elle est aussi d'une exécution plus spontanée que la feuille de Chantilly, jugée très sévèrement par les historiens du XIXe siècle (Passavant, 308; Müntz, 1886; Morelli, 1893). Moins diversifiée dans la généalogie des formes que d'autres Madones florentines, telle que la *Madone à la prairie*, qui lui est légèrement antérieure, *La Belle Jardinière* apparaît presque, à travers ce dessin, comme une œuvre pensée d'un coup, conduite par deux ou trois décantations successives, puis exécutée. Le seul dessin de détail concerne l'attitude de l'Enfant, tracée sur une feuille de l'Ashmolean Museum d'Oxford (Parker, 521; Fischel, III, 121). L'étude de squelette qui figure au verso de cette pièce (Fischel, 122), généralement rapprochée de la *Mise au tombeau Borghese*, pourrait avoir été conçue comme une première recherche d'attitude pour la Vierge de la *Belle Jardinière*, inversée, mais déjà légèrement penchée en avant. Quelle que soit sa destination, elle témoigne de l'intérêt porté alors par Raphaël à l'anatomie et peut aussi bien avoir été destinée à l'une ou l'autre de ces peintures, sensiblement contemporaines (Ashmolean Museum; Parker, 521).

Pope-Hennessy a justement observé que le véritable sujet du « dialogue » représenté dans le tableau et dans les projets dessinés n'était pas la mise en place d'un motif mais la relation d'un enfant humain et d'un enfant-Dieu. L'exemple de Michel-Ange dont la *Madone de Bruges* venait d'être envoyée en Flandre (1506) fut certainement déterminant pour l'élaboration du groupe et la différenciation des deux enfants (voir Pope-Hennessy, 1970, p. 200; Oberhuber, 1982, p. 40). L'essentiel de la démarche a porté sur le jeu des regards et des attitudes. La position de la Vierge, regardant les deux enfants, sera modifiée, légèrement détournée vers la gauche. La valeur symbolique des mains réunies, du livre et de la croix donnera toute sa signification à la composition. Les regards de la Vierge et de saint Jean-Baptiste en adoration convergeront vers l'Enfant, détourné et levant le visage vers sa Mère. Le carton de la *Belle Jardinière* est conservé dans la collection du duc de Leicester à Holkham Hall (Fischel, III, 123-125).

58 Vierge et l'Enfant dans un paysage

Plume, encre brune, lavis brun de deux tons différents sur premier tracé au stylet; traces de rehauts de blanc avec repentir sur l'épaule gauche. H. 0,250; L. 0,185. Usures et oxydations. Feuillet froissé; traces de plis. Doublé.

Hist.: E. Jabach (L. 2961) - Cabinet du Roi en 1671 - Marques du Musée (L. 1899 et 2207).

Paris, Musée du Louvre. Inventaire 3859.

Bibl.: Inventaire manuscrit Jabach, II, 25 - Inventaire manuscrit, Morel d'Arleux, 1388 - Passavant, 1860, II, n° 326 - Weigel, 1865, p. 551, n° 6555 - Reiset, 1866, n° 315 - Ruland, 1876, p. 94, XXXIII, n° 1 - Tauzia, 1879, n° 315 - Chennevières (1882), s.p. - Crowe et Cavalcaselle, I, 1882, p. 372, note - Koopmann, 1890, p. 61 - Nicole, 1891, p. 29, pl. I - Koopmann, 1897, p. 172, n° 96 - Fischel, 1898, n° 442

58

(douteux) - Fischel, III, 1922, n° 144 - Baldass, 1926-1927, p. 41 - Stix et Fröhlich-Bum, 1932, sous n° 54 - Rouchès, s.d., pp. 7, 15-16, n° 7 - Middeldorf, 1945, n° 33 - Fischel, 1948, pp. 68, 232, pl. 242 - Riedl, 1958, p. 228 - Riedl, 1960, p. 304 - Freedberg, 1961, I, p. 69, II, fig. 57 - Dussler, 1971, p. 26 - Oberhuber et Ferino, 1977, p. 29, n° 30 - De Vecchi, 1981, pp. 244-245, n° 49 - Ferino-Pagden, 1981, pp. 237, 247, note 24, 70 - Oberhuber, 1982, p. 60, repr. - Cuzin, 1983, p. 98 - Joannides, 1983, n° 167.

Exp.: Paris, an V, n° 153 - Paris, 1818, n° 271 - 1820, n° 319 - 1841, n° 367 - 1845, n° 567. Paris, 1931, n° 134.

Le thème de la Vierge nourrissant l'Enfant, ou *Madonna lactans,* apparu dès les premières années (voir D. n° 14) est évoqué dans les croquis rapides de la fin de la période florentine (voir *carnet rougi* de Fischel, III, 150, 153, 155, 156). S'il n'a pas été retenu pour une composition peinte, il est associé à la genèse de la *Madone au Baldaquin,* commencée en 1507 et laissée inachevée au départ de Florence (Florence, Palazzo Pitti, De V. 79). Ce dessin a été rapproché par Fischel, puis, plus étroitement encore, par Freedberg (1961) de la grande *pala* florentine, dont il révélerait la phase initiale d'élaboration. On a par ailleurs suggéré que la *Vierge à l'Enfant* du Louvre avait pu constituer le *modello* préparatoire à une petite peinture disparue, connue seulement à travers différentes copies, exécutées, par des artistes siennois aux environs de 1600, ce qui permet d'envisager, sans autres preuves, une présence de la peinture à Sienne, à cette date (Riedl, 1960; Oberhuber et Ferino, 1977).

Cette représentation de caractère familier, intimiste, placée dans un paysage, évoquant celle, médiévale, de la *Madone de l'Humilité,* rappelle certains traits de la *Madone du Belvédère,* datée 1506 (De V. 63). Le groupe sera modifié dans la *Madone au Baldaquin,* au profit d'un motif plus accordé au caractère solennel d'une *Conversation Sacrée*: l'Enfant assis se pressant sur sa Mère et s'en détournant. La vivacité du geste, l'animation des deux figures seront les mêmes et peut-être également, leur portée symbolique: l'évocation simultanée de la tendresse et du détachement, annonciatrice du destin du Christ, lui confère une valeur emblématique d'image sacrée. On la retrouve, à la même époque dans les *Madones Cowper* et *Colonna* (De V. 77 et 82). Le dessin d'ensemble pour la *Madone au Baldaquin,* conservé à Chastworth (Fischel, III, 143), peut être considéré comme l'étape intermédiaire de cette évolution. Les qualités luministes du dessin, le *chiaroscuro* obtenu par les deux applications successives du lavis, correspondent à ceux de la peinture, où la lumière est indiquée à partir de la gauche. L'exemple de Léonard de Vinci, souvent noté, y est évident et, plus encore, pour le choix du motif, celui de Lorenzo di Credi, auteur d'une *Madonna lactans,* réalisée vers 1478-1479 (Mainz, Gemäldegalerie; Dalli Regoli, 1966, pl. 27). Commandée en 1507 pour la chapelle Dei à Santo Spririto, à Florence, la *Madone au Baldaquin* est entrée au XVIIe siècle dans les collections granducales. Elles a été largement restaurée, agrandie dans la partie haute et complétée dans l'arrière-plan d'architecture (voir Riedl, 1958).

Fig. 80. Etude pour la *Madone au baldaquin,* dessin.
Chastworth, Collection Duke of Devonshire

59 Feuille d'études pour la Vierge et l'Enfant

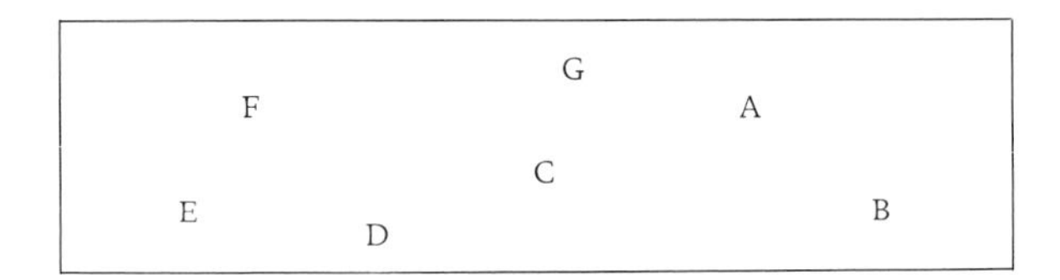

A. Vierge assise, tenant l'Enfant. Deux repentirs dans la tête de l'Enfant, la position du bras gauche et celle des jambes.
B. Vierge à l'Enfant. Repentirs dans la tête de l'Enfant et le bras droit. Etude séparée du bras et du poignet.
C. Deux études de l'Enfant de profil, jambes de face.
D. Recouvre partiellement le motif (C). Vierge à l'Enfant. Deux positions différentes, superposées pour l'Enfant avec repentirs pour la tête. L'un des motifs correspond à la position du groupe (A).
E. Etude de l'Enfant de profil, avec repentir.
F. Etude de l'Enfant de profil, corps de trois-quarts à gauche, avec trois repentirs pour la position du bras droit.
G. Croquis de Vierge à l'Enfant.

Plume, encre brune sur premier tracé à la pierre noire, pour le groupe (A) et l'Enfant (F). Nombreuses reprises et repentirs. H. 0,230; L. 0,313. Constitué de deux feuillets d'égales dimensions assemblés verticalement. Tache de colle le long de la pliure et traces d'encollage sur les quatre bords de la feuille. Quelques taches et jaunissements.

Hist.: S. Woodburn - Guillaume II des Pays-Bas - His de la Salle (L. 1333); donné à l'Ecole des Beaux-Arts en 1878.

Paris, Bibliothèque de l'Ecole Nationale Supérieure des Beaux-Arts. Inventaire 310.

Bibl.: Passavant, 1860, II, n° 361 - Müntz, 1886, repr. p. 178 - Vöge, 1896, p. 33, note 2, repr. détail (A) - Koopmann, 1897, pp. 180-181, n° 108 -

59

Fischel, 1898, n° 622 - Fischel, III, 1922, n° 146 - (comme verso) - Fischel, 1948, p. 68, pl. 51 - Oppé, 1970, fig. 62 - Pope-Hennessy, 1970, p. 274, note 18 - Dussler, 1971, p. 26 - Brown, 1983, p. 161, fig. 96 - Joannides, 1983, n° 179 (comme verso).

Exp.: Paris, 1879, n° 114 bis - Paris, 1935, Ecole des Beaux-Arts, n° 121 - Paris, 1958, n° 42.

Cette suite d'études est relative au groupe principal de la *Madone au Baldaquin*, dont on peut également rapprocher les deux dessins du verso (D. n° 60). Relevant, comme d'autres feuilles comparables, du registre du repentir, de l'alternative délibérément apparente, elle s'éloigne, en dépit de la liberté du trait, de toute approximation en livrant, mêlées, contradictoires, presque anarchiques une suite de solutions qui apparaissent comme une généalogie spontanée de formes, conduites par leur propre enchaînement. Si l'on accepte l'idée d'en rattacher l'élaboration à une œuvre particulière, le rapprochement avec la Vierge à l'Enfant du grand tableau du Palazzo Pitti est le plus vraisemblable. Elles révèlent les premières recherches de mise en place du groupe, qui peut être compris comme une somme des réflexions menées, dès les débuts ombriens, autour de ce thème privilégié. L'Enfant, dans une attitude peut-être trouvée chez Léonard de Vinci, s'arc-boute sur le sein de sa mère pour s'en rapprocher et s'en dégager en même temps. La solution finalement adoptée est celle qui apparaît dans les projets du Louvre (D. n° 58) et de Chatsworth, où la stabilité de la pose sera trouvée grâce à la position de la tête de l'Enfant, tournée vers les saints debout, sur la gauche. Le geste du bras, autour duquel s'élabore toute la

Fig. 81. *Madone au baldaquin*. Florence, Palazzo Pitti

séquence, est presque identique à celui de la *Grande Madone Cowper*, dont l'élaboration a due être menée parallèlement (1508; De V. 82). La feuille de l'Ecole des Beaux-Arts est à comparer, pour la disposition des formes et le choix des matériaux avec deux autres dessins, comprenant différentes études de Vierges, généralement rapprochées de la *Madone Bridgewater*, conservées au British Museum et à l'Albertina (Fischel, III, n° 109 et 111). Certains détails, comme les croquis (B) et (G) sont identiques, par l'écriture et le motif, aux feuilles du « carnet rougi », suite dessinée sur fond lavé de sanguine, regroupée par Fischel et datée de 1507-1508 (Fischel, III, n° 150-158).

60 Étude de draperie pour une figure assise ; tête d'homme âgé de profil à gauche, coiffée d'un bonnet

Dans la partie supérieure gauche, étude pour la draperie du genou droit; en bas à droite, détail de la bouche et du nez de l'homme de profil.
Pointe de métal, rehauts de blanc, sur papier préparé rose pâle.

Paris, Bibliothèque de l'Ecole Nationale Supérieure des Beaux-Arts. Inventaire 311 (verso de 310).

Bibl.: Passavant, 1860, II, n° 362 - Crowe et Cavalcaselle, I, p. 330, note - Fischel, III, 1922, n° 145 (comme recto) - Middeldorf, 1945, n° 34, repr. - Fischel, 1948, p. 68, pl. 43 - Cocke, 1969, p. 29, pl. 38 - Pope-Hennessy, 1970, p. 274, note 18 - Dussler, 1971, p. 26 - De Vecchi, 1982, repr., p. 96 - Brown, 1983, p. 198, note 164 - Joannides, 1983, n° 179 (comme recto).

L'étude de draperie, d'une extrême qualité, semble être relative à celle de la Vierge dans le même tableau. Elle est toutefois différente dans la disposition des plis et le léger fléchissement des jambes, qui amorcent un mouvement tournant. On la retrouve identique, en revanche, dans l'étude d'ensemble, conservée à Chatsworth (Fischel, III, 143). La reprise détaillée du genou, l'indication du corps, suggéré d'un trait, indiquent encore le travail de recherche et la modification possible. A la différence des draperies de Léonard de Vinci, dont l'exemple vient immédiatement à l'esprit, de celles aussi de Lorenzo di Credi, si proches dans la facture et le support coloré, l'étude de Raphaël relève moins de la pratique d'atelier, sans autre fin qu'elle-même, que d'un exercice graphique. Le caractère « pictural » n'est pas l'essentiel, ici: le contour est partout visible, les rehauts légers et le travail des hachures gardent toute la légèreté habituelles aux études à la pointe de métal. On lui comparera, pour mesurer la valeur mais aussi les limites de la référence, la draperie du Louvre pour le *Saint Barthélemy* de Credi (Inv. 1791; Dalli Regoli, 1966, cat. 17, pl. 32). Fischel observe que l'effet de monumentalité recherché est lié à l'insertion de la figure dans un cadre architectural. Le volume obtenu devait correspondre à l'ampleur du baldaquin, développant une vaste mandorle dans la partie haute.

Le visage de profil ne correspond à aucune œuvre peinte. Fischel suggère un rapprochement avec le portrait de Tanai de' Narli, dans le retable de Filippino Lippi, à Santo Spirito à Florence, qui a pu l'inspirer (Venturi, 1911, *Storia* VII,-1, fig. 376). Le type physionomique rappelle celui, antérieur, du saint Joseph de la petite *Sainte Famille* de l'Ermitage (De V. 61).

60

61 Tête de moine et figure nue à mi-corps

Étude pour saint Bruno dans la *Madone au Baldaquin*, du Palazzo Pitti.

Deux études pour la même figure: la tête du saint, de trois quarts à gauche et la figure, à mi-corps.
Pointe de métal et rehauts de blanc sur papier préparé beige-rosé. H. 0,123; L. 0,191. Dessin constitué de deux feuillets assemblés d'égales dimensions. Languette découpée de H. 0,075; L. 0,019 (environ) sur le bord gauche de la feuille droite. En bas, au centre, à la plume, partiellement grattés, numéros: *21*(?) et *20* (?). Oxydations dans les rehauts.

Hist.: J.-B. Wicar (L. 2568); légué à la ville en 1834.

Lille, Musée des Beaux-Arts. Inventaire Pl. 473.

Bibl.: Benvignat, 1856, n° 736 - Passavant, 1860, II, n° 389 - Weigel, 1865, p. 545, n° 6489 - Ruland, 1876, p. 76, XXIII, n° 7 - Gonse, 1878, p. 58 - Crowe et Cavalcaselle, I, 1882, p. 374, note - Springer, 1883, p. 115, note - Pluchart, 1889, n° 473 - Koopmann, 1890, p. 60 - Morelli, 1892, p. 377 (Timoteo Viti) - Koopmann, 1897, p. 93, n° 22 - Fischel, 1898, n° 83 (douteux) - Fischel, III, 1922, n° 147 - Fischel, 1948, p. 68 - Bacou, 1957, p. 29 - Pope-Hennessy, 1970, p. 274, note 18 - Dussler, 1971, p. 26 - Scheller, 1973, p. 130, sous n° 30 - De Vecchi, 1981, pp. 244-245, n° 49 - Joannides, 1983, n° 178.

61

Fig. 82.
Etude pour *Saint Bruno*,
dessin.
Florence, Uffizi

Exp. : Lille, 1961, n° 27 - Amsterdam, Bruxelles, Lille, n° 86 - Florence, 1970, n° 83 - Lille, 1983, n° 23.

Cette feuille, dont la pliure ancienne indique une éventuelle appartenance à un carnet, constitue deux recherches, à échelles différentes, pour saint Bruno, représenté à gauche de la Vierge dans la *Madone au Baldaquin* du Palazzo Pitti, à Florence (De V. 79 ; voir D. n° 58). L'étude de droite, d'après un modèle posant dans l'atelier, est inspirée du *saint Etienne* de Ghiberti, placé sur la façade d'Orsanmichele à Florence, comme l'a remarqué Fischel (Venturi, 1908, *Storia*, VI, fig. 77). Elle est indiquée d'un trait fluide, léger, déterminant bien la place du livre ouvert, le geste, si propre à Raphaël, de la main levée, redressée plus tard et accompagnant le regard, l'expression attentive du visage, dont le modelé annonce les accents rapides des sanguines tardives. La seconde intervention, à gauche, renforce la première, comme une reprise critique d'un motif conduit jusqu'à sa plus grande précision, soucieuse du volume comme des indications de lumière. Les recherches récemment menées sur la part effective prise par Raphaël dans l'exécution du tableau ont démontré que seuls le groupe principal de la Vierge et de l'Enfant, les deux chérubins du premier plan et les deux saints de gauche lui revenaient (Riedl, 1958, Dussler, 1971). Les saints Augustin et Jacques, à droite, les deux anges volants de la partie haute et le fond d'architecture feinte sont des adjonctions plus tardives. Les dessins préparatoires se limitent, en effet, à ces mêmes parties et le projet d'ensemble ne comprend pas d'indication architecturale, (Fischel, III, 143). Une étude d'ensemble pour la figure de saint Bruno, à la plume et au lavis brun se trouve aux Uffizi (n. 1328 F. ; Fischel, III, 148).

62 Sainte Catherine d'Alexandrie

Carton pour la peinture de la National Gallery de Londres

Pierre noire, rehauts de blancs, sur papier gris-beige, contours piqués pour le transfert. H. 0,587 ; L. 0,436. Le carton est constitué de quatre feuillets rectangulaires assemblés. Traces de plis, taches brunes et trous, parties manquantes sur la main gauche. Collé en plein.

Hist. : E. Jabach (L.2961) - Entré en 1671 dans le Cabinet du Roi - Marques du Musée (L. 1899 et 2207).

Paris, Musée du Louvre. Inventaire 3871.

Bibl. : Inventaire manuscrit Jabach, II, 592 - Inventaire manuscrit, Morel d'Arleux, 1406 - Quatremère de Quincy, Ed. Longhena, 1829, p. 726 - Passavant, 1860, II, n° 335 - Weigel, 1865, p. 571, n° 6775 - Reiset, 1866, n° 323 - Förster, 1868, p. 342 - Robinson, 1870, p. 177, sous n° 52 - Lübke, II, 1879, p. 247 - Lübke, 1882, p. 135 - Chennevières (1882), pl. 27 - Crowe et Cavalcaselle, I, 1882, p. 340, note - Springer, 1883, I, p. 119, note - Minghetti, 1885, p. 90 - Müntz, 1886, p. 254 - Tauzia, 1889, n° 323 - Koopmann, 1890, p. 60 - Morelli, 1891-1892, p. 293 - Koopmann, 1897, p.107, n° 37 - Fischel, 1898, n° 104 - Venturi, 1920, pp. 142-143 - Fischel, 1922, p. 13 - Fischel, IV, 1923, n° 207 - Filippini, 1925, p. 219 - Venturi, 1926, *Storia*, IX-2, pp. 168, note 2, 190, note 1, 172, fig. 94 - Venturi, 1927, n° 24, repr. - Fosca, 1937, repr. p. 63 - Richter, 1945, p. 342, fig. 11 - Fischel, 1948, p. 65 - Ortolani, 1948, p. 28, fig. 48 - Parker, 1956, p. 283, sous n° 536 - Castelfranco, 1962, n° 26, repr. - Forlani Tempesti, 1968, pp. 349-350, note 91, fig. 60 - Cocke, 1969, p. 19, pl. 55 - Forlani Tempesti, 1970, p. 84, pl. XXIV - Oppé, 1970, fig. 92 - Pope-Hennessy, 1970, p. 287, note 53 - Dussler, 1971, p. 25 - Beck, 1973, p. 25, fig. 25 - Gould, 1975, pp.210-211 - Plemmons, 1978, fig. 145 - Kelber, 1979, p. 434 - De Vecchi, 1981, p. 244, n° 44 - De Vecchi, 1982, p. 99, repr. - Brown, 1983, p. 2 - Cuzin, 1983, p. 100, fig. 105 - Joannides, 1983, n° 160 et pl. 14.

Exp.: Paris, 1811, n° 312 - 1815, n° 252 - 1818, n° 277 - 1820, n° 324 - 1841, n° 574 - 1845, n° 574 - Paris, 1931, n° 51 - Paris, 1935, n° 674 - Paris, 1965, *Louvre*, n° 38 - Paris, 1974, n° 4 - Paris, 1977, n° 18.

Le carton de la *Sainte Catherine* (De V. 84) est l'un des plus beaux dessins de Raphaël, le plus frappant peut-être, par ses dimensions et son excellent état de conservation, rare pour une feuille destinée au transfert sur un panneau de bois. Le piquetage des contours a, en effet, permis de le considérer comme un carton, dont l'exécution aurait immédiatement précédé celle de la peinture. Toutefois les variantes assez sensibles qu'il présente avec le tableau, ses dimensions plus réduites ne permettent pas d'y reconnaître un projet définitif. Certains détails, comme le tracé du cou et de la nuque, sur la partie droite, dissocié et antérieur à l'indication de la chevelure en torsade, trahissent la recherche plus que la mise en place finale. La tête de sainte Catherine est inclinée sur le côté gauche et non rejetée en arrière comme dans la peinture, le regard et l'expression de la bouche sont plus douloureux qu'extatiques. Les différences dans le détail de l'ajustement des vêtements ont été analysées par C. Gould (1975), qui a relevé la présence du nœud semblant retenir un drapé, sur l'épaule droite, disparu dans le tableau, ainsi qu'une modification dans les plis du manteau, sur la hanche et autour du coude droit. L'Ashmolean Museum d'Oxford, conserve une feuille d'études à la plume présentant, recto et verso, plusieurs projets pour la *Sainte Catherine*. Le visage, étudié séparément, correspond au modèle achevé. Les études de figures nues et drapées, portant les attributs du martyre, révèlent que la figure était déjà prévue pour être vue jusqu'aux trois quarts. Elle est interrompue au niveau du drapé et de la main dans le dessin exposé, mais étudiée en pied dans la copie d'un dessin, conservée à Chastworth (voir D. n° 52; Parker, 536; Fischel, IV, 205 et 204, Fischel, IV, 206). De ces différentes alternatives, Fischel a conclu que la figure, représentée à mi-corps, avait été, dès le début, étudiée par Raphaël comme un personnage vu en totalité (voir Gould, loc. cit.). Selon S. Parker, le carton du Louvre serait antérieur au dessin d'Oxford; un avis contraire est émis par Dussler.

La *Sainte Catherine*, généralement datée de la fin de la période florentine, en 1507, ou même réalisée à Bologne en 1506, comme l'a proposé Filippini (1925) semble plutôt appartenir à la limite des périodes florentine et romaine entre 1507 et 1508, échappant par sa force même à la rigueur excessive d'une chronologie trop stricte. Selon Fischel (1948) et Pope-Hennessy (1970), le tableau et son dessin préparatoire, constitueraient un «épilogue romain» aux entreprises florentines. La volte lente des lignes du corps et des plans du visage évoque celle de *L'Espérance*, peinte en grisaille sur l'un des panneaux de prédelle du *Retable Baglioni*, mais l'effet plastique, le modelé ferme sont déjà ceux que Raphaël retiendra de son étude de l'antique. Elle serait inspirée d'une figure de Muse sculptée sur le bas-relief d'un sarcophage, et proche déjà, des premiers travaux pour le plafond de la Chambre de la Signature.

Fig. 83. *Sainte Catherine.*
Londres, National Gallery

Fig. 84. Etudes pour *Sainte Catherine*, dessin.
Oxford, Ashmolean Museum,
(recto)

Fig. 85. (verso)

62

63 Vierge et l'Enfant Jésus

Fragment de carton pour la *Madone Tempi*

Pierre noire. Contours passés au stylet. Dessin composé de quatre (?) feuillets assemblés. H. 0,403 ; L. 0,365. Découpé en forme ovale ; monté dans une encadrement de même forme. Nombreuses reprises à la gouache grise et brune ; contours repris par endroits. Renforcé avec du mastic, sur lequel les traits ont été repassés. Collé sur toile. Nombreuses craquelures, soulèvements, manques du papier, presque entièrement détruit, à gauche, au niveau de l'épaule.

Hist. : F.-X. Fabre ; don au Musée en 1825.

Montpellier, Musée Fabre. Inventaire 837-1-242.

Bibl. : Quatremère de Quincy, Ed. Longhena, 1829, p. 726 - Renouvier, 1860, p. 9 - Passavant, 1860, II, n° 415 - Förster, 1867-1868, p. 342 - Ruland, 1876, p. 60, XI-5 - Lafenestre et Michel, 1878, n° 849 - Reber (1881), n° 1051 - Crowe et Cavalcaselle, II, 1885, p. 272 (incertain) - Müntz, 1886, p. 194 - Minghetti, 1887, p. 93 - Morelli, 1891-1892, p. 144 - Gonse, 1904, p. 270 - Fischel, III, 1922, n° 106 - Joubin, 1929, pp. 8, 16 - Gillet, 1934, p. 166 - Fischel, 1935, p. 138, repr. 137 - Jourda, 1938, pp. 26-27, note 1 - Joannides, 1983, n° 182 - Von Sonnenburg, 1983, p. 97, fig. III, p. 124, n° 50b.

Exp. : Berne, 1939, n° 129 - Paris, 1939, n° 159.

Un examen attentif de ce dessin préparatoire à une des Madones les plus célèbres de Raphaël (Munich, Alte Pinakothek), a permis de conclure à son authenticité malgré son état de conservation. Dans les parties où le tracé original à la pierre noire apparaît encore, on reconnaît la facture large et la

63

Fig. 86. *Madone Tempi.* Vienne, Alte Pinakothek

simplification des formes propre aux cartons, comparable à celui pour la *Madone Mackintosh* (Londres, British Museum ; Pouncey et Gere, 26 ; Fischel, VIII, n° 362). Le modelé a été trop retouché pour que l'on puisse affirmer l'emploi des rehauts de blanc (craie), cependant probable. L'autorité avec laquelle sont incisés les contours au stylet, parfaitement visibles sous la lumière rasante, est une preuve de l'originalité incontestable de l'œuvre, souvent passée sous silence, notamment par Dussler. Les premiers, Crowe et Cavalcaselle émirent des doutes à son sujet, en raison de son manque de lisibilité. Elle a cependant été considérée, avec les D. n° 70 et 71, comme une des pièces maîtresses de la collection du peintre François-Xavier Fabre, qui dût l'acquérir autour de 1800-1820, à Florence, peut-être de la famille Tempi elle-même, car la peinture, qui se trouvait dans cette collection depuis le XVIIe siècle (Bocchi et Cinelli, 1677, p. 282), fut acquise par Louis I de Bavière, à une date voisine (1829). Sans doute est-ce à cette époque que le carton, probablement déjà en mauvais état, fut découpé, collé sur toile et présenté à la façon d'un médaillon, imitant la *Madone à la Chaise*. Il est vrai que cette forme ovoïde est adaptée au groupe, ramassé sur lui-même, de la mère et de l'enfant, liés dans une intimité physique rarement exprimée avec autant d'harmonie, comparable à l'image circulaire du motif de la *Madone Sixtine,* proposée par M. Putscher (1955, pl. XXI, fig. 27). On le trouve, inversé, rapidement esquissé, dans deux feuilles regroupant diverses études de Madone (Vienne, Albertina ; Stix et Fröhlich-Bum, 53 R ; Londres, Bristish Museum, Pouncey et Gere, 19 ; Fischel, III, n°s 109, 110). Mais ce découpage dénature l'effet plastique de la peinture, où la Vierge, vue à mi-corps, se présente comme dans certains bas-reliefs de l'époque. Le rapprochement proposé par Schmarsow (1886, p. 46) et Vöge (1896, p. 23) avec l'image de la Madone dans le *Miracle de l'Enfant* de Donatello, à Padoue (Sanctuaire du Santo, cycle de l'histoire de saint Antoine) a été souvent souligné et trouve une confirmation dans un dessin de l'école de Raphaël, d'après ce détail, conservé à Chatsworth (Devonshire Collection, Inv. 572 A ; signalé par Shearman, 1965, p. 36, fig. 43 ; cf. Degenhart et Schmitt, 1968, II, p. 373, note 6, fig. 503). L'exemple très populaire de la *Madone de Vérone* de Donatello (voir Pope-Hennessy, p. 181, fig. 168 et Ruhmer, 1978, fig. 2), celui des œuvres de Lucca della Robbia ou de l'école de Padoue de la fin du XVe siècle (Ruhmer, fig. 5) ont également pu compter parmi les sources d'inspiration de Raphaël, qui se serait rendu à Padoue et en Italie du Nord avant de s'installer à Rome (Vischer, 1886, p. 109 ; Rohnen, 1978, p. 122).

La correspondance entre les mesures du carton et celles de la peinture, récemment restaurée (cf. von Sonnenburg, 1983) ont été vérifiées à l'occasion de la présente exposition. L'œuvre s'inscrit dans les recherches menées par Raphaël au cours du séjour florentin (1504-1508). On l'a rattachée à un passage de Vasari ayant trait à deux Madones faites pour Taddeo Taddei, qui fut également le mécène de Michel-Ange (Ed. Milanesi, IV, p. 321). La datation en est incertaine ; celle proposée en particulier, par Dussler, vers 1507-1508, convient bien au carton, qui ne saurait être éloigné de celui pour *Sainte Catherine* (D. n° 62).

64 Figure volante tenant une corne d'abondance, et angelots

Copie d'après une fresque de Filippino Lippi (Florence, S. Maria Novella)

Plume, encre brune, inscription à la plume, dans le cadre, en bas, à droite : *NOE PRIACHA*. H. 0,150 ; L. 0,240. Bords irréguliers, avec manques et taches brunes, à gauche. Annoté à la pierre noire, en haut à droite : *Rafaelo.*

Hist. : P.-J. Mariette (L. 1852 ; marque au verso) - Saisie des Emigrés ; marque du Louvre (L. 1886).

Paris, Musée du Louvre. Inventaire 3848.

Bibl. : Inventaire manuscrit Morel d'Arleux, 12619 - Passavant, 1860, II, p. 475 i - Ruland, 1876, p. 121, D, VII, n° 1, 2 - Scharf, 1935, p. 131, n°s 326 (recto), 327 (verso) - Fischel, V, 1924, p. 229, fig. 194 (recto) et 195 (verso) et sous n° 215 - Bacou, 1981, p. 254 (Raphaël ?).

Ce dessin (recto et verso, D. n° 65) n'est pas décrit dans le catalogue de la vente de la collection Mariette (Paris, 1775), ni sous le nom de Filippino Lippi, ni sous celui de Raphaël, mais il peut avoir fait partie du lot 699 : *Quatorze feuilles contenant 18 Etudes et Compositions diverses connues dans plusieurs tableaux de ce grand Artiste, exécutés à la plume et à la sanguine.*

Fischel attira l'attention sur ces deux copies d'après les fresques de Filippino Lippi à la Chapelle Strozzi, à S. Maria Novella (Florence, avant 1502 ; Scharf, p. 104, n° 3, pl. 78, fig. 114, 115) représentant, au recto *Noé,* au verso *Jacob,* qui ne figurent pas dans l'ouvrage de Berenson. Il établit un rapprochement, très intéressant avec le dessin de l'*Annonciation* de Stockholm (National Museum ; Fischel, V, 215) entièrement tracé à la plume, fine et légère, très construit, dont toute la partie supérieure est occupée par la figure de Dieu le Père, avec un vol d'anges. Ce dessin et son verso, mis en rapport postérieurement à Fischel avec l'*Assomption* de la Vierge qui aurait dû être peinte à la chapelle Chigi (Rome, S. Maria del Popolo ; Shearman, 1961, pp. 143, 144), apparaissent en effet comme un important relais entre la copie d'après les fresques florentines de Lippi et des dessins plus rapides avec des nuées d'anges (Uffizi, 1973 F ; Oxford, Ashmolean Museum, Parker 462 ; Oberhuber, 1972, 409, 410). Ils doivent dater de l'extrême fin du séjour florentin. L'intérêt de Raphaël pour Filippino Lippi se poursuivra à Rome où les fresques de la chapelle Caraffa à S. Maria sopra Minerva seront un de ses modèles dans la préparation des fresques de la Chambre de la Signature.

64

Fig. 87. Filippino Lippi, *Noé*.
Florence, S. Maria Novella

Il est clair, d'après le commentaire qu'il en donne, que Fischel, sans avoir intégré ces copies dans le corpus des dessins de Raphaël, les considérait comme tels, opinion partagée par K. Oberhuber, qui a attiré notre attention sur ces dessins peu connus. Elles sont de la même facture que le dessin de rinceaux avec putto et figure fantastique de l'Albertina (Boîte VII 353 a ; Venturi, 1921, fig. 2).

65 Figure assise tenant un vase et une banderole, et angelots

Copie d'après une fresque de Filippino Lippi (Florence, S. Maria Novella)

Inscription dans la banderole : *HEC EST DOMU(S) DEI ET PORTA*. Plume, encre brune. Bords irréguliers, avec reste d'un montage ancien, à droite. H. 0,140 ; L. 0,205. Annoté à la pierre noire *Rafaelo*.

Paris, Musée du Louvre. Inventaire 3848 (verso).

Voir D. n° 64.

65

Fig. 88. Filippino Lippi, *Jacob*.
Florence, S. Maria Novella

Période romaine

1508-1520

Les Chambres du Vatican

1. La Chambre de la Signature 1508-1511

66 Vieillard barbu drapé et jeune homme nu, portant des livres

Etudes pour la Chambre de la Signature

Plume, encre brune, sur premier tracé au stylet. Quadrillage de construction à la pointe de plomb et quelques traits de sanguine. H. 0,287 ; L. 0,203.

Hist. : J.-B. Wicar - A. Fedi - J.-B. Wicar (L. 2568) ; légué à la ville en 1834.

Lille, Musée des Beaux-Arts. Inventaire Pl. 448.

Bibl. : Benvignat, 1856, n° 715 - Passavant, 1860, II, n° 396 - Weigel, 1865, p. 612, n° 7247 - Ruland, 1876, p. 318, n° 1 - Gonse, 1878, p. 63 - Crowe et Cavalcaselle, II, 1885, pp. 71-72, note (Raphaël?) - Pluchart, 1889, n° 448 - Morelli, 1891-1892, p. 378 (peut-être pas original) - Koopmann, 1897, p. 427, n° 170 (Raphaël?) - Fischel, 1898, n° 161 (Penni) - Fischel, I, 1913, fig. 3 et 9 ; VI, 1925, n° 266 ; VII, 1928, p. 328, repr. frontispice (détail) - Ortolani, 1948, fig. 46 - Middeldorf, 1945, n° 67, repr. - Suida, 1948, n° 59, repr. - Goldscheider, 1951, fig. 154 - Bacou, 1957, repr. p. 25 - Pouncey et Gere, 1962, sous n° 27, p. 24 - Castelfranco, 1962, n° 50 - Forlani Tempesti, 1968, pp. 336, 424, note 109 b, fig. 91 - Dussler, 1971, pp. 72-73 - Oberhuber et Vitali, 1972, p. 11, fig. II - Grachtchenkov, 1975, p. 197, fig. 49 - Pfeiffer, 1975, p. 75, note 3 - Oberhuber et Ferino, 1977, p. 30 sous n° 32 - Joannides, 1983, n° 201.

Exp. : Lille, 1961, n° 41, pl. XX - Paris, 1965, n° 241, repr. - Bruxelles, 1954-1955, n° 124 - Berlin, 1964, n° 75 - Lille, 1983, n° 33, repr.

Le recto et le verso de cette feuille (D. n° 67), font partie d'un groupe d'études tracées à la plume, d'une écriture très vive, presque brutale, caractérisées par la multiplication des reprises, en rapport avec la *Dispute du Saint Sacrement* (Fischel, VI, n°s 264, 270, 271, 286, 299, 300, 301). Elles doivent être prises en considération pour l'établissement de la chronologie des fresques et tendent à montrer que la *Dispute* fut la première fresque à laquelle travailla Raphaël après son arrivée à Rome (automne 1508). Le premier paiement reçu par l'artiste, au Vatican, n'indiquait pas la nature des travaux accomplis (13 janvier 1509 ; voir Golzio, 1936, p. 370, n° 17).

66

Les études en question correspondent aux tâtonnements propres à une phase initiale et proposent des solutions multiples qui souvent ne trouveront leur aboutissement, après transformations, que dans les peintures successives de l'*Ecole d'Athènes* et du *Parnasse*. Raphaël se comporte en gestionnaire économe de ses propres idées (Oberhuber et Vitali). Ceci explique en partie les doutes émis sur l'authenticité des dessins à l'époque de Morelli et, en outre, le fait qu'elles aient été récemment encore écartées du groupe des dessins pour la *Dispute* (Pfeiffer). K. Oberhuber considère que celles du recto ont été faites en vue de l'*Ecole d'Athènes,* dont la partie gauche conserve l'esprit léonardesque de la *Dispute*.

Il ne s'agit pas de recherches vagues ; les figures sont déjà conçues dans leur insertion au sein de l'architecture peinte : preuves en sont les indications (verso) du pavement et de la marche d'autel (trait horizontal à la hauteur des jambes). Plusieurs figures tiennent des livres, ce qui peut être mis en rapport avec la fonction de bibliothèque qui apparaît de plus en plus avoir été celle de la Chambre de la Signature (voir Wickhoff, 1893, p. 49 ; Shearman, 1971, p. 381 ; O'Malley, 1977, pp. 275-276). La figure nue, assise (verso) a déjà la position qui sera celle du pape Grégoire le Grand, à gauche de l'autel du Saint Sacrement, regardant vers le haut. Le geste de l'homme se retournant brusquement, sans doute inspiré d'un motif bachique antique, a été atténué pour la figure d'Alcibiade (ou Alexandre), vêtu d'une cuirasse dans l'*Ecole d'Athènes* (Fischel ; Oberhuber et Vitali). Les études des deux figures de gauche (verso) et le premier tracé, très léger du jeune homme (recto), sont complétés par celle du dessin de Florence (Uffizi n. 496 E verso ; Forlani Tempesti, p. 424, note 109 a, fig. 90 ; Fischel, VI, n° 258) qui a elle-même été rapprochée de la figure, inspirée de Léonard, debout, à gauche de la *Dispute du Saint Sacrement.* Selon A. Forlani Tempesti, la première figure à gauche, au verso du dessin de Lille, doit être comparée au personnage de Francesco Maria Della Rovere de l'*Ecole d'Athènes,* la seconde devant au contraire se référer au même personnage dans la *Dispute du Saint Sacrement.* L'opposition entre la figure juvénile, au canon apollinien, à l'aspect androgyne, et le vieillard digne rappelle les recherches de Léonard, dont les dessins pour l'*Adoration des Bergers* sont considérés comme une importante source d'inspiration pour la *Dispute.* Le jeune homme (recto), porte indiscutablement un livre tenu de plusieurs façons, ouvert ou fermé, placé contre le buste ou au niveau de la hanche, et orienté différemment, soit contre le corps, soit en oblique et s'écartant du corps ; le geste de la main varie en conséquence, soit qu'elle soutienne le livre par en-dessous, soit qu'elle soit posée, recourbée vers le bas, soit qu'elle prolonge la direction du bras, comme le montre le trait le plus accentué. La superposition de tous ces éléments rend la lecture difficile et, en raison de son apparence idéale, la figure n'a pas manqué d'être comprise comme un *Apollon*. L. Goldscheider (1951) a suggéré un rapprochement avec le *Christ* de Michel-Ange à S. Maria sopra Minerva mais la sculpture est postérieure (première version en 1514 selon Tolnay, 1975, p. 85). Elle a été rapprochée de la statue de ce dieu dans la niche du second plan de l'*Ecole d'Athènes* (Crowe et Cavalcaselle). Sans doute y a-t-il eu une contamination de deux images, qu'il convient de rattacher à la présence d'une étude pour *Vénus* dans le dessin des Uffizi cité, comme l'a rappelé S. Ferino. Il est possible que Raphaël ait songé à placer cette divinité dans l'*Ecole d'Athènes* avant de choisir Minerve (Oberhuber et Vitali, p. 14 ; voir aussi Pouncey et Gere, 27, et la gravure par Marcantonio, G. n° 70). Une ultime utilisation de l'étude de jeune homme se trouve dans le poète appuyé contre un arbre, à côté de *Sapho*, dans le *Parnasse*. L'étude d'homme âgé (recto) associe deux gestes qui se développèrent séparément : l'un est lié au livre appuyé sur la cuisse ; l'autre au geste du bras drapé et du poing sur la hanche (voir la figure dite de Zénon, dans le groupe à gauche d'Aristote, dans l'*Ecole d'Athènes*). Cette figure a été dessinée à l'aide d'un quadrillage, selon un canon où la tête est comprise neuf fois dans la hauteur totale (Oberhuber et Vitali) ; il ne s'agit pas d'une mise au carreau destinée à l'agrandissement de la figure.

Ce dessin confirme le fait que, même si la *Dispute* a précédé les autres fresques de la Chambre de la Signature, la préparation graphique des trois compositions est difficile à dissocier ; celle de l'*Ecole d'Athènes,* en particulier, se fait sans hiatus avec la première.

Son passage chez le marchand Fedi est indiqué par Benvignat, mais non par R.W. Scheller (1973).

Fig. 89.
La *Dispute du Saint Sacrement.*
Rome,
Palais du Vatican

Fig. 90. Divers croquis avec Vénus, dessin.
Florence, Uffizi

Fig. 91.
Etude pour la *Dispute du Saint Sacrement,* dessin.
Windsor, Royal Library

67

67 Quatre figures

Études pour la *Chambre de la Signature*

Repentirs dans la tête de la figure de gauche et de celle, debout, au centre. En bas, à droite, léger croquis d'une tête et d'un torse de profil. Plume, encre brune ; pierre noire pour le croquis, en bas à droite. H. 0,286 ; L. 0,211.

Lille, Musée des Beaux-Arts. Inventaire Pl. 447 (verso de Inventaire Pl. 448).

Bibl. : Benvignat, 1856, n° 714 - Gonse, 1878, p. 52 - Crowe et Cavalcaselle, II, 1885, p. 72, note (Raphaël ?) - Pluchart, 1889, n° 447 - Koopmann, 1897, p. 431, n° 171 - Fischel, 1898, n° 160 (Penni) - Gronau, 1902, p. 39 - Fischel, VI, 1925, p. 286, n° 265 - Middeldorf, 1945, sous n° 67 - Forlani Tempesti, 1968, pp. 366, 424, note 109 b, fig. 92 - Oberhuber et Vitali, 1972, p. 11, note 1 - Grachtchenkov, 1975, p. 198, fig. 59 - Plemmons, 1978, p. 120, fig. 112 - Joannides, 1983, n° 201 verso.

Exp. : Lille, 1961, n° 42, pl. XXI.

Voir D. n° 66.

68 Figure drapée assise

Etude pour le Christ de la *Dispute du Saint Sacrement*

Pinceau, lavis brun, rehauts de blanc, sur premier tracé à la pointe de plomb. Mis au carreau à la pointe de plomb. Autour de la figure, cercle tracé au compas, avec stylet ; diamètre : 0,270. Dans la partie inférieure, tracé d'une ligne, à la plume et encre brune, partant d'un angle, sur laquelle sont portés des repères. H. 0,408 ; L. 0,269. Les oxydations visibles sur les anciennes reproductions ont été supprimées (1983).

Hist. : J.-B. Wicar - A. Fedi - J.-B. Wicar (L. 2568); légué à la ville en 1834.

Lille, Musée des Beaux-Arts. Inventaire Pl. 471.

Bibl. : Benvignat, 1856, n° 732 - Passavant, 1860, II, n° 390 - Weigel, 1865, p. 592, n° 7010 - Ruland, 1876, p. 181, n° 86 - Gonse, 1878, p. 62 - Lübke, 1878-1879, II, p. 275 - Springer, 1883, I, p. 205 - Crowe et Cavalcaselle, II, 1885, p. 36, note - Pluchart, 1889, n° 471 - Morelli, 1891-1892, p. 441 (faux) - Fischel, 1898, p. XXXV, n° 126 (dessin de l'Ecole ; peut être Penni) - Fischel, I, 1913, p. 22, fig. 20 ; VI, 1925, n° 289 - Middeldorf, 1945, n° 60, repr. (frontispice) - Fischel, 1948, p. 82, pl. 69 - Bacou, 1957, p. 29, repr. - Cocke, 1969, p. 36, n° 92, repr. - Oppé, 1970, pl. 114 - Pope-Hennessy, 1970, pp. 67-68, 270, note 58, fig. 56 - Dussler, 1971, p. 72 - Scheller, 1973, p. 127, n° 13 - Grachtchenkov, 1975, p. 196, fig. 44 - Bora, 1976, sous n° 45/2 - De Vecchi, 1981, p. 39, fig. 43 ; 1982, p. 102 - Joannides, 1983, n° 212.

Exp. : Lille, 1961, n° 14, pl. XIX - Lille, 1983, n° 31.

68

« Le présent dessin est une étude impressionnante pour le Christ, sobre et majestueux, qui domine la fresque de la *Dispute du Saint Sacrement* et constitue un pôle de construction. Eblouissante d'autorité plastique, la draperie est étudiée avec soin, tandis que le buste, le visage et les bras sont suggérés par quelques traits et taches légères de lavis, d'une incroyable audace dans leur schématisation poussée à l'extrême » (Oursel, in cat. Exp. Lille, 1983). Le dessin se range parmi les plus belles études de draperies de la Renaissance (Pope-Hennessy), et fut précédé par celles que Léonard de Vinci avait réalisées lorsqu'il était encore lié à l'atelier de Verrocchio, dans sa jeunesse (Berenson, n°s 1061, 1071 ; sur la draperie florentine, voir Cadogan, 1983). Raphaël, à Florence, put connaître les dessins du fonds d'atelier de Verrocchio, que conservait Lorenzo di Credi. La technique du pinceau et du lavis largement posé et rehaussé de gouache blanche pour indiquer les *lumi* (parties devant être éclairées) est celle, très léonardesque, des études d'ensemble pour la *Dispute,* à Windsor, Oxford, Chantilly (Fischel, VI, nos 258, 259, 260). Raphaël avait déjà abordé le délicat problème de la figure drapée assise vue de face dans la *Madone du Baldaquin;* bien que peu de temps les sépare, la présente étude qui dut être faite au cours de l'hiver 1508-1509 ou assez tôt en 1509, présente une souplesse et une fusion de la forme, d'une autre nature que l'étude à la pointe d'argent pour la draperie de la Vierge (D. n° 60). L'exemple de Fra Bartolomeo a également pu aider Raphaël à assouplir les formes de la draperie qui trouverait une ultime expression dans l'étude tardive pour le *Christ en gloire,* à la pierre noire, acquis en 1982 par le Getty Museum (Malibu ; voir D. n° 117). Fischel signalait à juste titre la mise au carreau et le cercle dans lequel est inscrite l'étude du Christ, tracés à la pointe de métal. Ces éléments ont effectivement servi à la construction de la figure et peut-être à son agrandissement. Le cercle correspond à l'auréole ornée de rayons d'or — concession à la tradition que Raphaël aura tendance à abandonner dans les fresques successives — sur laquelle se détache la figure peinte. Ce travail préliminaire, qui apparaît à plusieurs reprises dans les dessins (D. nos 74, 76), mériterait une analyse systématique. Peu de variantes sont apportées à la fresque, pour ce personnage ; l'épaule gauche est dégagée, la draperie, en bas, est réduite et habilement intégrée au nuage, où apparaît la tête d'angelot, déjà prévu dans le dessin. Celui-ci semble avoir directement servi au carton (perdu ; cf. D. n° 73).

Fig. 92.
La *Dispute du Saint Sacrement* (détail)

Quelques traits synthétisent le motif particulier qui sera à son tour intégré dans l'ensemble du groupe pour lequel on ne conserve malheureusement pas d'études d'ensemble. Outre le présent dessin, cette partie de la fresque est documentée par deux grandes études poussées, à la pierre noire, pour *Saint Etienne* et *Saint Paul* (Florence, Uffizi, Forlani Tempesti, 1968, pp. 377, 425, note 118 b, fig. 104 et Oxford, Ashmolean Museum, Parker, 548; Fischel, VI, n°s 295, 296). Le *Saint Paul* développe l'idée à peine ébauchée ici dans la figure de droite, dont le crâne ovoïde rappelle les dessins de Léonard de Vinci, et dont l'articulation de la main droite, posée sur un livre (non représenté) est brièvement indiquée sous le cou.

La pose du Christ dût être prévue très tôt, puisqu'elle est déjà fixée dans une étude, sans doute faite à l'aide de mannequins, comportant les figures de la Déesis (Milan, Biblioteca Ambrosiana; Bora, 1976, 45/2; Fischel, VI, n° 292), au verso de l'étude pour la Vierge (id.; Fischel, VI, n° 291).

69 Deux silhouettes d'homme

Etudes pour Abraham et saint Paul dans la *Dispute du Saint Sacrement*

Plume, encre brune, sur premier tracé à la pointe de plomb pour la figure de gauche. Trait d'encadrement à la règle pour les deux figures. H. 0,264; L. 0,406. Sur trois bords, traces d'arrachement d'une feuille ancienne de doublage.

Lille, Musée des Beaux-Arts. Inventaire Pl. 472 (verso de Inventaire Pl. 471).

Bibl.: Benvignat, 1856, n° 732 - Passavant, 1860, II, n° 390 - Ruland, 1876, p. 184, n° 122 - Gonse, 1878, p. 62 - Crowe et Cavalcaselle, II, 1885, p. 36, note - Pluchart, 1889, n° 472 - Fischel, 1898, n° 127 (sans doute Penni) - Fischel, VI, 1925, n° 290 - Dussler, 1971, p. 72 - Pfeiffer, 1975, p. 88, schéma V - Joannides, 1983, n° 212 verso.

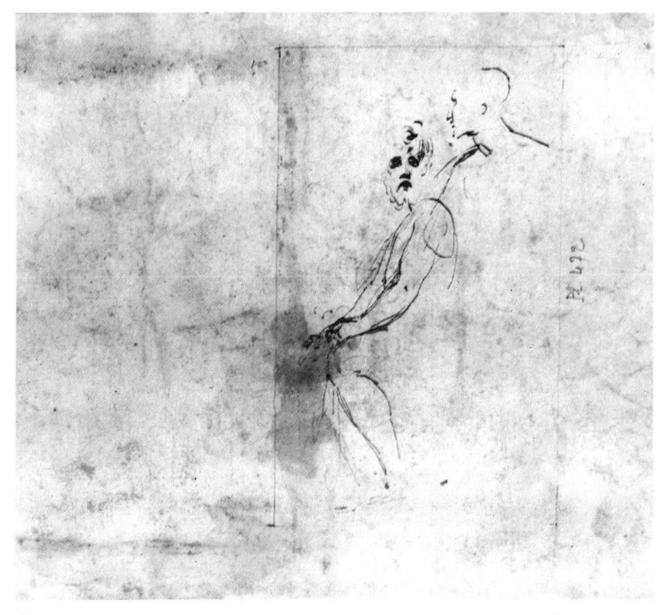

69

Parmi la quarantaine d'études conservées pour la *Dispute du Saint Sacrement,* tracées dans des techniques les plus variées et correspondant à des stades extrêmement divers de la création, celle-ci apparaît comme un simple croquis, caractérisée par une rare économie du trait. Le dessin se fait ici signe. Sa fonction est cependant essentielle. La pose des deux personnages, Abraham et saint Paul, représentés majestueusement drapés, à l'extrême droite du cercle des bienheureux siégeant sur les nuages, à la gauche du Christ (voir recto, D. n° 68), y est étudiée d'après des modèles vivants, nus. Le rapport dans l'espace formé par ces deux figures est rigoureusement établi au mépris de tout détail, et ne variera pas dans la peinture.

Fig. 93.
Abraham et saint Paul (détail de la *Dispute*)

70 Homme penché, en avant, et texte d'un sonnet

Étude pour la *Dispute du Saint Sacrement*

Au centre, autre position du bras droit. En bas, un croquis géométrique. Plume, encre brune, sur premier tracé à la pointe de plomb, laissant apparaître par endroits des traits de stylet; pierre noire pour le croquis; plume, encre brune pour le texte:
Ne (?) llo pensier che incercar tafanni
e dare inpreda el cor P (per) piu tua pace
(n) on vedi tu gliefetti aspri e tenace
(di) cului che nusurpa i più belli anni
(Dur) e fatiche e voi famosi afanni
(r) isvegliate el pensier che in otio giace
(m) ostrateli quel cole alto che face
(s) alir da bassi ai più sublimi scanni
(S?) e ho pensier cole che inclinar volti
(V?) oler seguita la nostra stella
vedi tu daluno alaltro polo
(d) a locaso al levante
bel pensier fache
ivene alme havoi celesti igenie (ingegni)
ivene alme celeste acerte ingni
Un ingn che Scorze e (?) orde e coi (?) vergati e sassi
disprezando le ponpe o (?) scetri e regni
Sol a mostrar e dichia
A partir de la neuvième ligne, les vers sont totalement ou partiellement barrés. En marge du poème, à droite, en colonne: *solo, nolo, stolo, dolo.*
H. 0,395: L. 0,256. Trace de pliure horizontale; petites taches brunes.

Hist.: J.-B. Wicar - F.-X. Fabre (L. 1866); donné au Musée en 1825.

Montpellier, Musée Fabre. Inventaire 825-I-275.

Bibl.: Quatremère de Quincy, Ed. Longhena, 1829, p. 726 - Passavant, 1860, II, n° 416 - Renouvier, 1860, p. 9, avec fac-similé - Förster, 1867-1868, p. 342 - Grimm, 1872, p. 325 - Clément del Ris, 1872, pp. 290-291 - Marianni, 1875 (sonnet) - Ruland, 1876, p. 184, n° 125 - Lafenestre et Michel, 1878, n° 85 - Crowe et Cavalcaselle, II, 1885, pp. 51-52, note - Grimm, 1886, p. 310, p. 514 (sonnet) - Fischel, 1898, p. 65, n° 146 - Gonse, 1904, p. 270, repr. p. 268 - Fischel, VI, 1925, n° 287, repr. frontispice - Joubin, 1929, pp. 9, 17, 18 - Zazzaretta, 1929, pp. 78-85 - Gillet, 1934, pp. 166-167 - Golzio, 1936, pp. 182, 186-187 (sonnet) - Middeldorf, 1945, n° 59 - Fischel, 1948, p. 320 (sonnet) - Camesasca, 1956, V, p. 87 (sonnet) - Castelfranco, 1962, n° 45 - Forlani Tempesti, 1968, p. 424, note 115 b - Golzio, 1968, pp. 604, 605, 608 - Pope-Hennessy, 1970, pp. 60, 269, note 54 - Scheller, 1973, p. 126, n° 5 - Pfeiffer, 1975, p. 88, schéma V, 98 - Stendhal, 1981, p. 141 - De Vecchi, 1981, p. 245, n° 50; 1982, repr. p. 102 - Joannides, 1983, n° 225 - Cuzin, 1983, p. 118, fig. 119.

Exp.: Paris, 1935, n° 678 - Montpellier, 1937, n° 88, pl. XV - Paris, 1939, n° 160 - Berne, 1939, n° 130 - Paris, 1965, n° 243 - Montpellier, 1980, n° 1.

Fig. 94. Étude pour la *Dispute* (partie dr.), dessin. Londres, British Museum

Voir D. n° 71.

On connaît cinq poèmes comparables à celui-ci, rédigés sur six feuilles comportant également des études en relation avec la *Dispute du Saint Sacrement* (Oxford, Ashmolean Museum, Parker, 547, 546, 545; Vienne, Albertina, Stix et Fröhlich-Bum, 58; Londres, Bristish Museum, Pouncey et Gere, 32, pl. 40; Montpellier, dessin exposé; transcrits, traduits en allemand, et reproduits par Fischel, VI, pp. 306-321, n°s 277, 279, 281, 283, 286, 287). L'écriture est celle de Raphaël. Selon Lomazzo (cité in Golzio, 1936, p. 316) l'artiste se plaisait à *scriver capitoli e stanze amorose.* Indépendemment des nombreuses ratures et hésitations, qui ne sont pas nécessairement la preuve d'un écrivain inexpert comme on l'a dit (Golzio), la qualité littéraire des vers a été contestée. Les incertitudes de la syntaxe sont sans doute à mettre principalement au compte des fluctuations de la langue italienne, encore non fixée au début du XVIe siècle.

Les poèmes n'en révèlent pas moins l'atmosphère d'un milieu propice à la création artistique, dans laquelle Raphaël fut inséré dès son entrée au service de Jules II. Les années passées à Florence, foyer de la pensée humaniste et les contacts antérieurs avec la cour d'Urbino l'y avaient préparé et c'est la forme du sonnet, calqué sur le modèle de Pétrarque, toujours à la mode, qu'il adopte spontanément. Cette expérience que l'on peut situer pendant l'hiver 1508-1509 et au cours de l'année 1509 ne semble pas s'être répétée. Le poème de Montpellier, reproduit pour la première fois en fac-similé dans la *Gazette des Beaux-Arts,* en 1860 (Renouvier), fut transcrit, avec de nombreuses erreurs, par Passavant (le texte publié t. I, p. 491, n'est ni celui de Montpellier ni une autre version de celui du British Museum, mais celui qui se trouve en réalité sur le dessin de Vienne). Fischel (1948) y a vu les seules lignes où Raphaël s'exprime de façon personnelle, laissant apparaître des aspirations où se mêlent les notions néo-platoniciennes de purification, de fierté, d'élévation spirituelle:

Cette pensée que tu cherches avec effort
tu lui dois donner ton cœur en pâture, et la paix, de surcroît
N'en vois-tu pas les effets rudes et tenaces,
toi, dont elle vole les plus belles années?
Oh, labeurs, et vous nobles tribulations,
réveillez la pensée amollie dans l'oisiveté!
Montrez-lui cette colline élevée afin
qu'elle la gravisse de tout en bas, pour accéder aux sièges les plus sublimes.

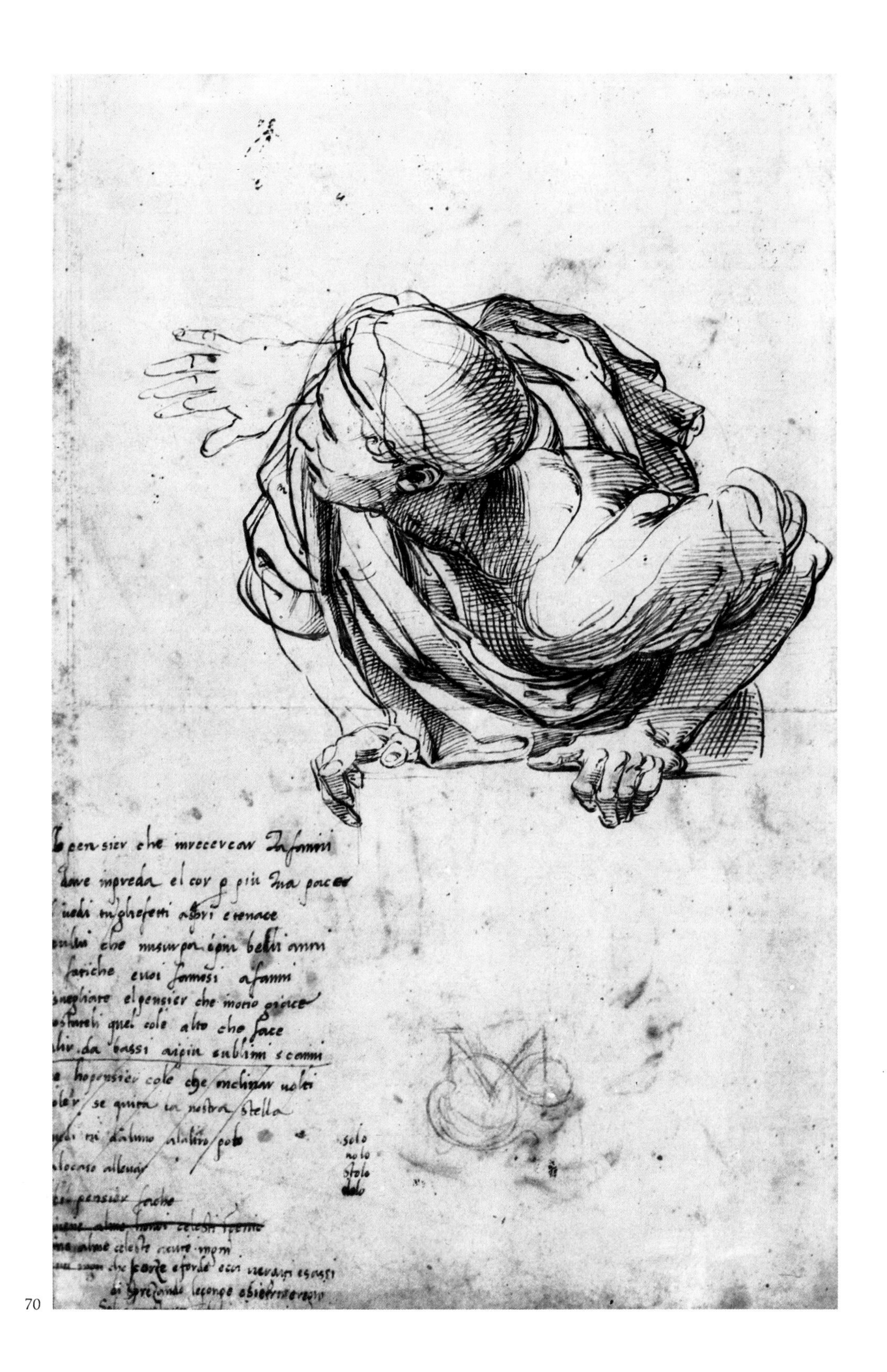

70

Les termes barrés *da l'uno a l'altro polo,* précisent la tonalité morale du poème, qui ne concerne nullement les vicissitudes de l'amour de Raphaël pour sa maîtresse, la belle Fornarina (Zazzaretta, Golzio) mais la situation de l'homme aux prises avec des choix opposés, tenté par l'inaction mais aspirant à l'élévation la plus haute. La présence du poème parmi des études pour la *Dispute* s'éclaire ainsi (sur une interprétation mystique, acceptée par R. Haussherr, cf. H. Pfeiffer).

71 Homme penché en avant

Étude pour la *Dispute du Saint Sacrement*

Dans la partie inférieure, détail de la tête et du cou.
Plume, encre brune, sur premier tracé à la pointe de plomb, laissant apparaître par endroits des traits de stylet. H. 0,398 ; L. 0,258. Taches brunes et traces de colle sur les bords. Traces de pliure horizontale.

Montpellier, Musée Fabre. Inventaire 825-1-275 verso.

Bibl. : Ruland, 1876, p. 184, n° 127 - Fischel, VI, 1925, n° 288 - Joannides, 1983, n° 255 verso - Cuzin, 1983, p. 118, fig. 120.

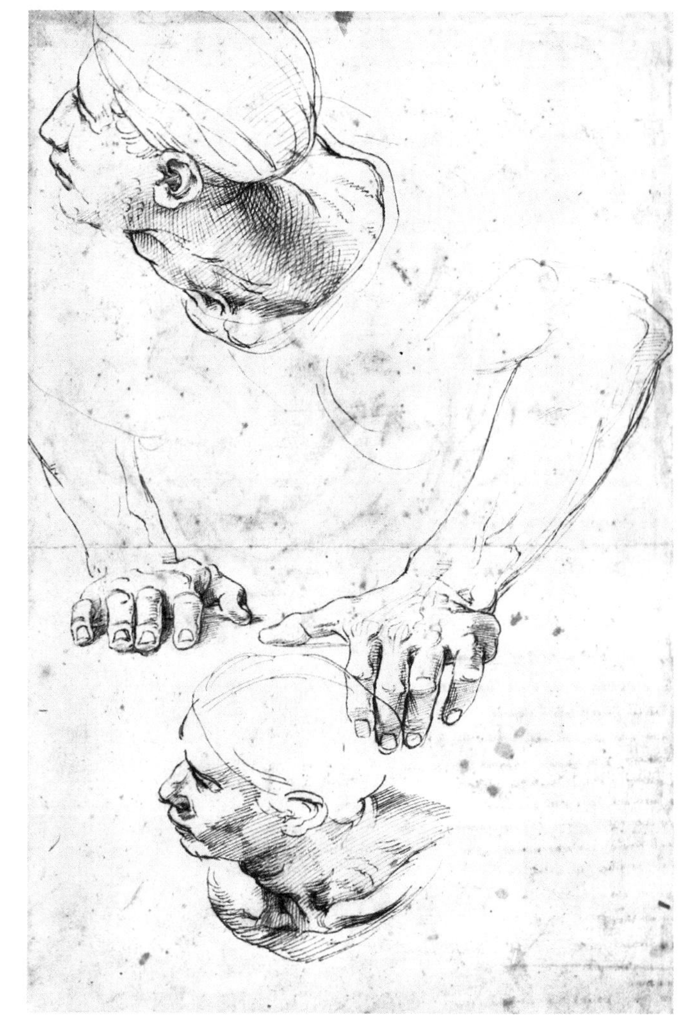

71

Les études au recto (n° 70) et au verso (n° 71) de ce dessin correspondent à la figure à l'extrême droite, s'appuyant sur le parapet, au premier plan de la *Dispute du Saint Sacrement.* Il s'agit d'un homme jeune, qui n'a pu être identifié avec aucun personnage précis (voir le schéma avec l'identification des personnages représentés dans cette fresque proposé par H. Pfeiffer, 1975, schéma II), mais a souvent été désigné comme « le sectaire ». Le motif ne fut introduit que tardivement : il n'apparaît pas dans l'esquisse du British Museum pour cette partie où sont représentés deux sages penchés au-dessus d'un livre et comportant un sonnet (Pouncey et Gere, 32 ; Fischel, VI, n° 286). A. Groner (1905, p. 56) supposait que les personnages situés sur le bord de la composition ainsi que le pilier monumental de l'église Saint-Pierre, visible au second plan, à droite, furent ajoutés sur l'ordre du pape Jules II.

L'attitude traduit l'intensité psychologique du personnage dont l'expression de fervente attention ne manifeste pas l'agressivité ou la contestation, sentiments en contradiction avec le sens de la peinture, profondément harmonieux. Une autre position de la main est indiquée au verso ; peu en accord avec le raccourci du buste et de la tête, elle devait suggérer un geste lié à la figure voisine (Denys l'Aréopagite, selon H. Pfeiffer) mais n'a pas été retenue. Dans la fresque, la draperie indiquée sur l'épaule droite disparaît. D'autre part, le personnage ne s'appuie pas sur l'angle de la balustrade (recto) mais sa main est posée à plat, comme dans le verso. La figure a été isolée et déplacée vers la droite. Le mouvement du bras gauche (recto et verso) est transformé dans la peinture, en un geste vers l'arrière, tout différent. L'étude du recto a dû précéder celles du verso où la position du bras droit et l'effet de

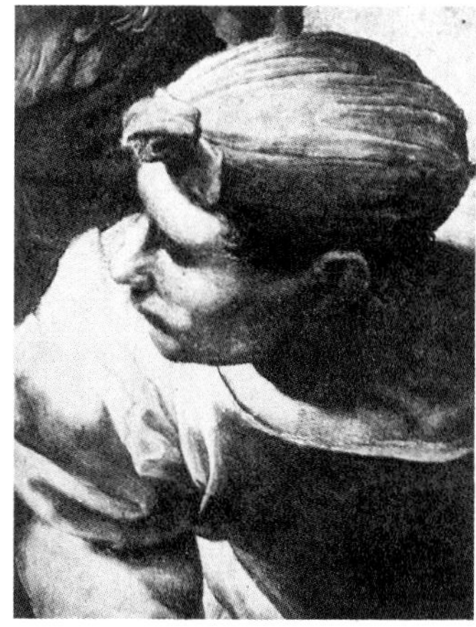

Fig. 95. Homme penché (détail de la *Dispute*)

l'éclairage sont à nouveau étudiés. Dans la peinture, le jeune homme, témoin de la scène, représenté en contre-jour, tient une place très importante pour le rythme général de la lumière, qui, de l'ombre terrestre, s'éclaircit progressivement vers le haut. Il contribue à donner à l'organisation des figures l'aspect d'un bas-relief continu, et constitue une trouvaille certaine que les études rendent plus frappante. L'extraordinaire efficacité de la technique de la plume et une apparente facilité ne doivent pas masquer le travail sous-jacent, perceptible dans le premier tracé à la pointe de métal qui présente de grandes variantes par rapport aux contours à la plume. La feuille figurait dans la liste manuscrite de J.-B. Wicar concernant les dessins qui lui avaient été volés à Florence, retrouvée par R.W. Scheller au Cabinet des Estampes de Leyde. Le peintre montpelliérain F.-X. Fabre qui vécut à Florence de 1795 à 1825 a pu recevoir les dessins de la main du marchand Fedi ou de Wicar lui-même.

Ce genre de dessins fut particulièrement apprécié par les artistes de la génération de R. Mengs qui y admiraient le gonflement des muscles, la fermeté de l'ossature, très sensible dans le dessin de l'articulation de la main. Il est vrai que, par rapport à d'autres éléments de la Chambre de la Signature, qui restent attachés au Quattrocento (goût pour les fonds d'or, formes encore liées aux modes d'expression ombriens), ces études appartiennent à un climat artistique complètement nouveau, voisin de celui de Michel-Ange (voir la figure penchée au bord de l'escarpement dans la gravure des *Grimpeurs* par Marcantonio, d'après le carton de la *Bataille de Cascina*).

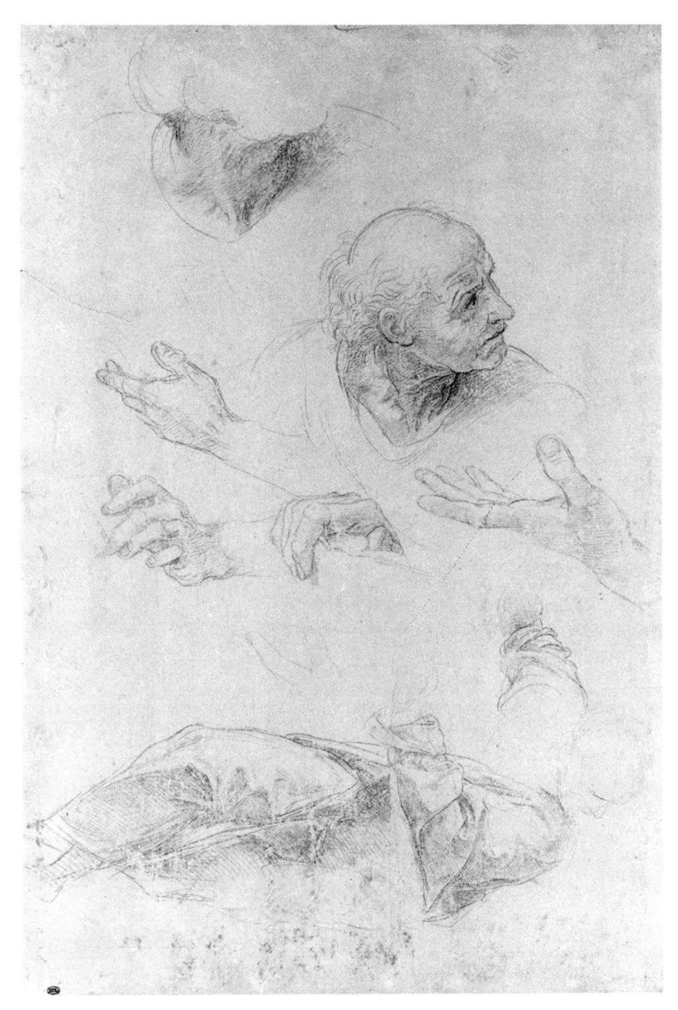

72

72 Feuille d'études de tête, de mains et de draperie

Pour « Bramante » dans la *Dispute du Saint Sacrement*

Pointe de métal sur papier préparé gris (la préparation ne recouvre pas complètement le support). Légers traits à la pointe de plomb, en haut à gauche ; signe griffonné à la pointe de métal, en haut à droite. H. 0,279 ; L. 0,411. Usure sur l'ensemble de la surface ; taches grises dues à l'oxydation de la préparation. Collé en plein.

Hist. : J.-B. Wicar - W.-Y. Ottley - S. Woodburn - Th. Lawrence (L. 2445) - Guillaume II des Pays-Bas ; vente, Amsterdam, 1850, n° 67 - Acquis à cette vente par le Musée du Louvre ; marque du Louvre (L. 1886).

Paris, Musée du Louvre. Inventaire 3869.

Bibl. : Passavant, 1860, II, n° 345 - Reiset, 1866, n° 322 - Ruland, 1876, p. 184, n° 117 - Robinson, 1878, p. 202, sous n° 70 - Springer, 1883, I, p. 332 - Chennevières (1882), pl. 29 - Minghetti, 1885, p. 177 - Müntz, 1886, p. 311, repr. (détail) - Morelli, 1891-1892, p. 293 - Koopmann, 1897, p. 421, n° 165 - Fischel, 1898, p. XXIV, n° 142 - Steinmann, 1905, p. 51, fig. 18 - Groner, 1905, p. 56, note 1 - Venturi, 1920, p. 153, fig. 86 - Fischel, VI, 1925, n° 282 ; VII, 1928, p. 348 sous n° 311-312 - Venturi, 1926, *Storia* IX-2, pp. 199-200, note 1 - Venturi, 1927, n° 28, repr. - Rouchès, 1938, n° 4, repr. - Rouchès, s.d., n° 14, repr. - Castelfranco, 1962, n° 44, repr. - Bacou et Viatte, 1968, n° 27, repr. - Forlani Tempesti, 1968, pp. 379, 425, note 117, fig. 101 - Dussler, 1971, p. 72 - Scheller, 1973, p. 128, n° 16 - Pfeiffer, 1975, pp. 95-96, note 63 ; p. 88, schéma V - Joannides, 1983, n° 224.

Exp. : Paris, 1931, n° 52 - Paris, 1962, n° 21.

L'identification avec Bramante du personnage étudié ici, figurant à gauche, appuyé à une balustrade dans la *Dispute du Saint Sacrement* est traditionnelle. Elle repose essentiellement sur la comparaison avec les traits, cependant bien peu visibles comme le remarque Gombrich (1972, p. 95), de la figure dite d'Euclide dans l'*Ecole d'Athènes* (cf. D. n° 97) dont Vasari affirme que c'est un portrait de l'architecte (Ed. Milanesi, p. 331). Passavant, confondant par ailleurs le dessin du Louvre et celui de Montpellier pour la figure placée symétriquement, à droite, doutait de cette identification ; Crowe et Cavalcaselle, qui passaient le dessin sous silence (II, 1885, fig. 39) reconnaissaient le portrait de Bramante dans la peinture. Sa présence se justifierait par son rôle majeur d'architecte dans la construction du nouveau Saint-Pierre — dont le pilier est représenté au second plan de la composition de droite — mais aussi dans celle des *Loges,* comme le prouve le détail du paysage, à gauche (Frommel, 1981, p. 103, fig. 1). Pfeiffer note aussi la place accordée à Bramante dans son *Historia XX Saeculorum* par le théologien Egidio da Viterbo, personnalité importante pour l'élaboration du programme iconographique de la *Dispute.* La figure, qui présente un remarquable *contraposto,* est comparable en intensité expressive aux prophètes Joël et Isaïe de Michel-Ange, dans le plafond de la Sixtine, sans qu'il soit nécessaire de parler d'influences (Freedberg, 1972, p. 121 ; cf. D. n° 77). La position des mains étudiée sous la tête a été retenue dans la peinture, alors que les autres études correspondent au mouvement des bras initialement prévu, esquissé dans la figure en pied dont, en revanche, la draperie a servi de modèle. La technique précise de pointe de métal sur papier préparé de couleur verte, directement liée à Léonard de Vinci, permet à Raphaël une observation plus approfondie et aiguë du modelé et de l'expression, que celle obtenue avec la plume. Une comparaison peut à cet égard être aisément faite entre le détail de la tête et du cou de cette feuille et celle de Montpellier (D. n° 71). Deux autres feuilles contenant des études arrêtées de détails pour la *Dispute du Saint Sacrement* et une troisième où est, en revanche, étudié l'ensemble du groupe autour du géomètre, à droite de l'*Ecole d'Athènes,* sont tout à fait comparables, et présentent la couleur de papier préparé déjà utilisée par Raphaël dans son « carnet vert » florentin (Oxford, Ashmolean Museum ; Parker, 546, 547 et 553 ; Fischel VI, nos 276, 278 et VII, n° 312). Selon A. Venturi (1920), le dessin est bien supérieur à la figure peinte, trop académique ; il fut acquis pour la somme de 953 francs à la vente de la collection de Guillaume II (Chennevières). R.W. Scheller laisse entendre qu'il pourrait provenir de la collection Viti-Antaldi, comme les deux premières feuilles citées, conservées à Oxford.

Fig. 96. Partie gauche de la *Dispute,* avec Bramante

73 Tête d'homme barbu, vu de face

Partie de carton pour Dieu le Père dans la *Dispute du Saint Sacrement*

Pierre noire sur premier tracé au stylet, partiellement apparent ; papier brun. Contours, en partie retracés par l'artiste, piqués pour le transfert. Papier gris beige ; constitué de quatre feuillets assemblés. H. 0,348 ; L. 0,376. Découpé de façon irrégulière. Trous ; manques sur les bords et dans la partie supérieure ; empiècement, à droite. Tache dans l'angle inférieur gauche, déchiré et reconstitué. Collé en plein.

Hist. : P. Lely, 1676 - Jonkheer J. van der Does, Heer van Bergesteyn ; vente, La Haye, 14 avril 1705 - L.H. ten Kate ; vente, Amsterdam, 16 juin 1732, Album B, n° 1 - Valerius Röver, Album 40, n° 1 - H. de Leth - Probablement Goll van Franckenstein - Ch.-P. J.-B. de Bourgevin Vialart de Saint Morys - Saisie des Emigrés ; marque du Louvre (L. 1886).

Paris, Musée du Louvre. Inventaire 3868.

Bibl. : ten Kate, 1724 - Richardson, 1728, III, p. 631 - Recueil Saint Morys, 1783, n° 17 - Inventaire manuscrit Morel d'Arleux, 1440 - Passavant, 1860, II, n° 331 - Weigel, 1865, p. 531, n° 6332 - Reiset, 1866, n° 321 - Ruland, 1876, p. 181, n° 75 - Chennevières, 1882, s.p. - Springer, 1883, I, p. 332 - Morelli, 1891-1892, p. 293 - Koopmann, 1897, p. 420, n° 162 - Fischel, 1898, n° 125 - Fischel, III, 1922, p. 13 ; VI, 1925, n° 303 - Rouchès, s.d., n° 13, repr. - Van Gelder, 1970, p. 146, fig. 5 - Pfeiffer, 1975, pp. 74, notes 8, 77, 80, 88, schéma V - Joannides, 1983, n° 226.

Exp. : Paris, 1974, n° 5.

Ce fragment est le seul vestige que l'on conserve du carton, au format de la fresque, pour la *Dispute du Saint Sacrement.* Les mesures ont été vérifiées sur place par les soins de F. Mancinelli, à l'occasion de la présente exposition. Il correspond à la figure de Dieu le Père qui domine toute la composition, au sommet de la lunette. Dans le crâne dégarni, le piquetage suit un tracé ovale presque régulier ; l'arête du nez est relevée par un double piquetage ; dans le front, deux arcs de cercles, ne correspondant pas aux traits du visage, ont été piquetés, sans que l'on en sache la raison. Un fragment de carton pour la tête de l'ange qui accompagne la *Poésie,* dans un des médaillons du plafond de la Chambre de la Signature (Londres, British Museum ; Pouncey et Gere, 28 ; Fischel, V, n° 229) présente une écriture tout à fait identique et il est à peu près impossible d'établir un ordre chronologique pour de telles œuvres, réalisées à quelques mois de distance (fin 1508-1509). Le carton pour l'*Ecole d'Athènes,* mesurant 8 mètres de long, a été conservé dans son intégralité, du moins pour la partie contenant les figures (Milan, Pinacoteca Ambrosiana ; Fischel, VII, nos 313-344) et a fait l'objet d'une publication propre (Oberhuber et Vitali, 1972). Les autres exemples de carton pour les fresques du Vatican ne sont que fragmentaires mais tous sont tracés à grands traits larges et vigoureux (voir D. n° 83, 84 et 90). Vasari, dans l'Introduction des *Vite* consacrée aux techniques, notait que l'artiste utilisait, pour tracer ces dessins monumentaux, un long bâton au bout duquel était fixé le fusain ou la pierre noire, ce qui lui permettait de contrôler

73

l'effet produit avec le recul indispensable. Une exposition récente a révélé l'ampleur du succès rencontré par cette méthode de travail, traditionnelle mais développée par Raphaël, chez un de ses imitateurs, Gaudenzio Ferrari (Turin, 1982). Le seul carton conservé en France pour une *Vierge à l'Enfant* est celui de la *Madone Tempi* (D. n° 63).

L'historique complexe de cette pièce a été établi par R. Bacou (in cat. Exp. Paris, 1974), qui signala la place que l'écrivain ten Kate et le collectionneur Richardson lui accordèrent dans leurs écrits.

Fig. 97. Tête d'enfant, fragment de carton. Londres, British Museum

74 Angelot volant jetant des fleurs

Pierre noire, rehauts de blanc sur papier légèrement préparé gris ; lignes de construction à la pierre noire et au stylet ; indications de traits de stylet tracés au compas avec perforations visibles par transparence. H. 0,236 ; L. 0,172.

Hist. : J.-B. Wicar - A. Fedi - J.-B. Wicar (L. 2568) ; légué à la ville en 1834.

Lille, Musée des Beaux-Arts. Inventaire Pl. 432.

Bibl. : Quatremère de Quincy, Ed. Longhena, 1829, p. 719, n° 5 - Rumohr, 1831, p. 71 - Benvignat, 1856, n° 690 - Passavant, II, 1860, p. 485, n° 399 - Ruland, 1876, p. 52, VI - Weigel, 1876, p. 608, n° 7203 - Gonse, 1878, p. 66 (probablement Fra Bartolomeo) - Crowe et Cavalcaselle, II, 1885, p. 172, note - Pluchart, 1889, n° 432 - Morelli, 1891-1892, p. 441 (Raphaël, d'après Fra Bartolomeo) - Koopmann, 1897, p. III, n° 44 - Fischel, 1898, n° 487 (Fra Bartolomeo) - Knapp, 1903, pp. 131, 319, pl. 59 (Fra Bartolomeo) - Venturi, 1920, p. 179, repr. - Gabelentz, 1922, I, p. 614 ; II, p. 118, n° 266 (Fra Bartolomeo) - Fischel, V, 1924, pp. 226, n° 227 - Gombosi, 1930, p. 17 - Viatte, 1963, n° 44 (Fra Bartolomeo) - Pfeiffer, 1975, p. 88, schéma V - Joannides, 1983, n° 283.

Exp. : Lille, 1961, n° 38, pl. XVIII - Amsterdam-Bruxelles-Lille, 1968, n° 93 (attribué à Raphaël) - Florence, 1970, n° 90, fig. 78 - Lille, 1983, n° 32.

Comparable au dessin D. n° 76, avec lequel il est traditionnellement classé, comme le souligna A. Forlani Tempesti. Cependant, celui-ci a été donné à Fra Bartolomeo dans les deux monographies consacrées à l'artiste florentin (Knapp ; Gabelentz). En effet un angelot jettant les fleurs, est représenté presque identiquement (la jambe droite est cependant un peu plus pliée) dans la lunette du *Couronnement de la Vierge* de la collection Carondelet, à Besançon (partie séparée conservée à Stuttgart, Staatsgalerie, Knapp, fig. 55). Le dessin de Lille est proche d'une étude d'*Angelot volant* (Uffizi, n° 412 ; Berenson, 1903, 234 ; Gabelentz, II, p. 57, n° 103, repr.), mais en sens inverse, préparatoire au tableau d'autel avec *Sainte Catherine et sainte Madeleine recevant la bénédiction de Dieu le Père* (Lucca, Pinacoteca Nazionale), qui est de la main de Fra Bartolomeo, et date de 1509. La conception synthétique de la figure volante représentée dans le dessin de Lille et le soin apporté au travail complexe, mais peu apparent (traits du compas, importante reprise sous le visage, vu dans deux positions superposées), militent en faveur de l'attribution à Raphaël, soutenue par A. Forlani Tempesti, à la suite de Fischel. Celui-ci rapproche justement cette figure des angelots représentés sous la Déesis, à gauche, dans la *Dispute du Saint Sacrement*. Ce type d'angelot est un motif récurrent chez Fra Bartolomeo, mais dans ce cas, Raphaël pourrait avoir précédé son contemporain car la Vierge Carondelet ne date sans doute que de 1511-1512 (selon Gabelentz). Il n'en reste pas moins que la dette de Raphaël envers Fra Bartolomeo est considérable, tant dans la pratique du dessin que dans l'organisation de l'espace. Une des sources d'inspiration de la *Dispute du Saint Sacrement* se trouve dans le *Jugement Dernier* de Fra Bartolomeo, à Santa Maria Novella (Knapp, 1903, fig. 4).

Le dessin a été également identifié avec un ange sculpté au-dessus du *Jonas* à Santa Maria della Pace (Crowe et Cavalcaselle) et avec celui du médaillon de l'*Astronomie,* dans le plafond de la Chambre de la Signature (Forlani Tempesti). Selon P. Joannides le dessin correspond à l'angelot apparaîssant à droite dans le projet pour la *Madone Sixtine* de Dresde (De V. 105 a), conservé à Francfort (Städeleches Kunstinstitut ; Fischel, VIII, 1941, n° 368 recto), qu'il date vers 1512.

74

75 Tête d'homme inclinée, de profil, à gauche

Tracé sur une autre étude de visage, dans une position plus frontale, dont l'œil est visible, à gauche du nez.
Pierre noire, fusain, rehauts de blanc, sur papier brun. Points et trait à la plume et encre brune, en diagonale, au centre, sous le tracé du vêtement. H. 0,321 ; L. 0,260. Légères touches de lavis gris dans le chevelure, en haut à gauche ; reprises avec des rehauts de blanc et de pierre noire dans certaines parties du profil, à gauche, dans le nez et la bouche. Feuillet reconstitué à gauche, sur lequel le dessin a été complété. Taches brunes, déchirures, manques. Annoté à la plume et encre brune, en haut, à gauche : *312* et en bas, à droite : *2.*

Hist. : P.-J. Mariette (L. 1852) ; montage avec cartouche : *Hanc effigiem ad vivum delineabat, translaturus tabulâ, cui nomen Disputio de SS. Sacramento, / in aedidus Vaticanis Raphael Sanzio/Urbinas ;* vente, Paris, 1775, partie du n° 694 - Charles Marcotte d'Argenteuil.

Paris, Collection particulière.

Ce dessin, demeuré inconnu, figura à la vente de la collection de P.-J. Mariette, dans le même lot que les *Têtes* pour *Héliodore chassé du Temple* (D. n°s 83 et 84) : *Deux grosses Têtes d'Anges, faites pour le sujet d'Hélyodore, et une autre qui se connaît dans la Dispute du Saint Sacrement : elles sont à la pierre noire, rehaussée de blanc.* Il fut alors acquis par J.D. Lempereur (1701-1779) mais ne figure pas dans le catalogue de la vente de cette collection (Paris, 24 mars 1774). On sait seulement qu'il appartint au peintre français Charles Marcotte d'Argenteuil, ami d'Ingres, qu'il rencontra en Italie en 1810 et à qui il demanda son portrait, conservé à la National Gallery de Londres, (sur les liens entre Ingres et la famille Marcotte, cf. Naef, 1978, II, chapitre, 127, pp. 503-533 ; sur l'importance de Raphaël pour Ingres et son entourage, cf. l'exposition actuelle *Raphaël et l'art français*).

Il a été repris au fusain et à la pierre noire, tant dans les contours que sous forme d'estompe, dans les parties ombrées ; il s'y mêle de la gouache blanche qui prend, par endroits, des reflets bleutés, distincts des plages claires où l'on peut deviner d'anciens rehauts de craie blanche, originaux. La main qui, à l'aide d'un fin pinceau a posé des touches de lavis gris dans la chevelure de *l'Ange* (D. n° 83), a fait le même travail ici, en haut à gauche. Outre ces adjonctions postérieures, on remarque un

Fig. 98. Angelots (détail de la *Dispute*)

75

très important repentir dans le tracé des yeux. Le dessinateur avait sans doute d'abord prévu de représenter, non une tête de profil, comme ici, mais un visage de trois quarts : l'œil gauche est dessiné un peu à gauche du creux formé par l'arête du nez et le front, à l'extérieur du profil, très appuyé. L'œil droit a d'abord été dessiné légèrement à gauche de celui qui apparaît regardant le spectateur. Il en résulte une incertitude dans l'expression, assez déconcertante. Certains traits correspondants à ce profil sont encore apparents. Il est difficile de discerner le trait original que l'on peut lire, par exemple, dans la forme ronde à l'arrière du crâne, sous les cheveux. Si Mariette dit vrai, et si la tête a bien été faite pour la *Dispute du Saint Sacrement,* où l'on trouve effectivement des têtes bien charpentées et larges comme celle-ci, le seul personnage qui pourrait y correspondre est le *Saint Bonaventure* dont le visage de profil incliné, est reconnaissable à son vêtement rouge sombre et à son chapeau de cardinal.

La parenté marquée avec le style des dessins de Fra Bartolomeo, tant dans le moelleux de la pierre que dans l'effet du *sfumato* (il est vrai exagéré par les adjonctions postérieures) correspondrait bien aux dessins finaux, proches des cartons, pour la *Dispute.* Cette tête énigmatique, mérite donc toute l'attention des spécialistes.

76 Angelot portant une tablette

Etude pour la *Théologie*

Pierre noire, quelques rehauts de blanc (?) ; trait de stylet, tracé au compas, visible dans le bras droit. H. 0,225 ; L. 0,154. Découpé de façon irrégulière. Nombreuses taches brunes ; coins inférieurs abattus.

Hist. : J.-B. Wicar (L. 2568) - A. Fedi - J.-B. Wicar ; légué à la ville en 1834.

Lille, Musée des Beaux-Arts. Inventaire Pl. 433.

Bibl. : Quatremère de Quincy, Ed. Longhena, 1829, p. 719, n° 4 - Benvignat, 1856, n° 692 - Passavant, 1860, II, n° 39 - Weigel, 1865, p. 577, n° 6843 - Ruland, 1876, p. 195, I, n° 6 - Gonse, 1878, p. 62 - Lübke, 1878-1879, II, p. 275 - Springer, 1883, I, p. 205 - Crowe et Cavalcaselle, II, 1885, p. 24, note - Pluchart, 1889, n° 433 - Koopmann, 1897, pp. 395-396, n° 152 - Fischel, 1898, p. XXVII, n° 165 - Venturi, 1920, p. 149, fig. 83 - Fischel, V, 1924, p. 226, n° 266 - Venturi, 1926, p. 190, note 1, fig. 114 - Gombosi, 1930, p. 17, pl. 3, fig. 1 (Sodoma) - Gamba, 1932, pl. 46 -

76

Ortolani, 1948, fig. 57 a - Middeldorf, 1945, n° 48, repr. - Parker, 1956, p. 298, sous n° 554 - Bacou, 1957, p. 29 - Carli, 1968, p. 15, repr. p. 72 - Forlani Tempesti, 1968, p. 362, note 104, fig. 80 - Dussler, 1971, p. 70 - Scheller, 1973, p. 126, n° 9 - Kelber, 1979, p. 461, sous n° 177 - De Vecchi, 1981, p. 245, sous n° 50 a - Joannides, 1983, n° 247.

Exp.: Lille, 1961, n° 39, pl. XVIII - Lille, 1983, n° 30, repr.

Ce dessin et l'angelot D. n° 74, souvent rapprochés (Pluchart, Fischel, Forlani Tempesti), présentent des effets enveloppés mais sans flou, proches des dessins de Fra Bartolomeo. Si l'intervention d'autres peintres ayant travaillé aux Chambres a été suggérée pour la peinture du médaillon de la *Théologie,* au plafond de la Chambre de la Signature, l'attribution à Raphaël, pour cette étude destinée à l'angelot de droite, n'a été contestée que par Gombosi ; selon lui, Sodoma serait l'auteur tant de la peinture que du dessin. Compte tenu du fait qu'il correspond à une toute autre phase du travail d'élaboration, proche du carton final, ce dessin définitif peut être daté de façon diverse selon la chronologie et le déroulement que l'on admet pour les peintures de la Chambre de la Signature. La complexité du travail de préparation — Raphaël apparaissant de plus en plus comme ayant mené parallèlement l'articulation progressive des peintures — rend difficile toute précision de datation.

Pour A. Forlani Tempesti, ce dessin comme l'*Adam* peuvent être placés au début du séjour romain. Le dessin exposé est comparable à l'étude pour le médaillon de la *Poésie* (Windsor, Popham et Wilde, 792 ; Fischel, V, n° 228) et a été précédé, pour la figure de la *Théologie,* par une rapide esquisse à la plume (Oxford, Ashmolean Museum, Parker 554 ; Fischel, V, n° 225). L'usage de la pierre noire, alors que la sanguine n'a pas encore l'importance qu'elle connaîtra, trouve un large développement au moment où Raphaël prépare la *Dispute du Saint Sacrement* et le plafond. Elle lui permet d'étudier sans brutalité les effets de la lumière, en ménageant un *sfumato* qui ne détruit pas les formes : par exemple l'étude de la Vierge de la *Dispute* (Milan, Biblioteca Ambrosiana ; Fischel, VI, n° 289).

La *tabula* sur laquelle seront inscrits les caractères en belle calligraphie romaine *DIVINARUM RERUM NOTITIA* est une référence antique, chère aux artistes de la Renaissance, et apparaît aussi dans la prédelle de la *Déposition* Borghese, (De V. 70 C).

Fig. 99. *La Théologie.*
Rome, Palais du Vatican

77 Feuille d'études

Cinq études d'hommes nus pour Adam dans la *Tentation d'Adam et Eve*. A gauche, figure de saint Jean-Baptiste

Plume, encre brune, sur traits de sanguine (pour les trois figures centrales) et sur traits de pointe de plomb (?), visibles à plusieurs endroits (notamment dans le bras tendu de la figure debout, au centre). Ligne verticale au stylet à 15 mm du bord gauche. H. 0,285 ; L. 0,432. Annoté à la plume, encre brune, par trois mains différentes, en bas, au centre : *Raphaël* ; à droite : *101* ; sur le bord droit : *62.* Trace de pliure verticale ; décoloration du papier le long des vergeures ; taches brunâtres. Collé en plein.

Hist.: Viti-Antaldi ; marque coupée en bas à gauche (L. 2245) - Saisie des Emigrés ; marque du Louvre (L. 1886).

Paris, Musée du Louvre. Inventaire 3847.

Bibl.: Inventaire manuscrit Morel d'Arleux, 12596 - Passavant, 1860, II, n° 351 - Grimm, 1872, p. 294 - Ruland, 1876, p. 196, V, n° 6 - Catalogue Antaldi, p. 347, n° 41 - Lübke, 1878-1879, II, p. 275 - Springer, 1883, I, p. 210 - Crowe et Cavalcaselle, II, 1885, pp. 21, 36 - Morelli, 1891-1892, p. 294 (faux) - Koopmann, 1897, p. 396, n° 153 - Fischel, 1898, n° 166 (Penni) - Fischel, IV, 1923, sous n° 201 ; V, 1924, p. 226, n° 224 - Arslan, 1928-1929, p. 530 - Gombosi, 1930, p. 18 - Rouchès, 1938, n° 7, repr. - Fischel, 1948, p. 360 - Pouncey et Gere, 1962, sous n° 60 - Forlani Tempesti, 1968, pp. 363, 423, 424, notes 102, 103, fig. 79 - Bacou et Viatte, 1968, n° 28, repr. - Cocke, 1969, p. 32, n° 59, repr. - Dussler, 1971, p. 70, sous n° 2 a - Shearman, 1977, pp. 135-136 - Joannides, 1983, n° 250.

Exp.: Paris, 1965, Louvre, n° 41.

Passavant nota, le premier, le rapport entre ces figures et l'un des compartiments qui ornent le plafond de la Chambre de la Signature, en alternance avec les médaillons des Vertus. Le *Péché Originel* est ici évoqué comme la *felix culpa,* occasion de la venue du Rédempteur. La peinture a parfois été donnée à Sodoma (Arslan) qui avait dû travailler au plafond de cette salle avant octobre 1508 (Golzio, 1936, pp. 20-22 ; Shearman, 1965, *Stanze,* p. 160, note 12 ; cf. Shearman, 1971 et Dussler, 1971). Le nom de Penni, autrefois proposé (Fischel, 1898), a été complètement écarté pour ce dessin, comparable aux autres études en rapport avec les compartiments du plafond de la Signature (*Jugement de Salomon,* Oxford, Parker, 555 ; *Astronomie,* Vienne, Albertina, Stix et Fröhlich-Bum, 83 ; Fischel, V, n°s 230 et 237). Les moyens les plus variés y sont utilisés et

77

parfois associés ; la sanguine remplace ici, de façon assez nouvelle, le premier tracé gris ou incolore. Aucun des croquis ne correspond exactement au motif peint d'Adam.

La figure de droite, tenant une croix, est une étude pour un saint Jean-Baptiste ; c'est peut-être le même personnage qui est figuré debout, dans l'attitude traditionnelle du saint baptisant. Cette silhouette réapparaît dans le groupe d'hommes nus d'une des études préparatoires pour la partie gauche de la *Dispute du Saint Sacrement* (Francfort, Städelsches Kunstinstitut ; Malke, 1980, n° 76, repr. ; Fischel, VI, n° 269). La feuille du Louvre doit donc être considérée comme un enchaînement d'études associant librement des formes qui découlent les unes des autres, sans qu'il soit possible de préciser sa finalité et sa date de réalisation. La démarche du dessinateur est proche de celle qui apparaît dans les superpositions de croquis pour la *Vierge à l'Enfant* dans les pages du « carnet rose » (voir D. n°s 92 et 95).

Fig. 100. *Le Péché originel.* Rome, Palais du Vatican

Lorsqu'il était encore à Florence, Raphaël avait dessiné un *Adam* d'un type différent (Oxford, Ashmolean Museum, Parker, 539; Fischel, IV, 201) qui servit à Marcantonio Raimondi pour sa gravure (voir G. n° 6) ; le motif Adam-saint Jean-Baptiste trouve son prolongement dans l'étude du Bristish Museum (copie; Pouncey et Gere, 60; Fischel, V, n° 223) qui semble avoir à son tour été utilisée pour la peinture du *Saint Jean-Baptiste* du Louvre (voir P. n° 8). On en trouve une autre interprétation dans le personnage principal d'un dessin de Lille, *Alexandre et Timoclée* (?), copie d'un original perdu (Pl. 367 ; classé sous le nom de Giulio Romano ; Fischel, V, fig. 192 ; cf. Parker, sous n° 638 ; Pouncey et Gere, sous n° 158). Crowe et Cavalcaselle ont indiqué deux sources d'inspiration pour l'*Adam* du Vatican : le *Torse* antique du Belvedere, et le carton de la *Bataille de Cascina,* par Michel-Ange. Un dessin regroupant des études de nus, comparables stylistiquement à celles pour Adam et faites d'après le torse de l'*Apolon Saurochtone* (Vienne, Albertina, Stix et Fröhlich-Bum, 62 ; Fischel, V, n° 219), confirment l'importance de l'exemple antique (cf. Shearman, 1977, p. 136). L'aspect michelangelesque des formes n'est peut-être pas nécessairement lié aux peintures de la chapelle Sixtine. Rien ne prouve que Raphaël en ait eu connaissance à l'époque où il travaillait à la préparation des fresques de la Signature, entre les derniers mois de 1508, date approximative de son arrivée à Rome, et le cours de l'année 1510. La date finale de 1511 est apposée sous la fresque du Parnasse. Or la première moitié du plafond de Michel-Ange, seule partie réalisée en même temps que la Chambre de la Signature, ne fut achevée qu'en août 1510 et resta cachée au public jusqu'à la fête de l'Assomption de 1511. Si, comme le raconte Vasari (Ed. Milanesi, p. 339), Bramante introduisit Raphaël à la Sixtine, ce ne fut sans doute que peu de temps avant cette dernière date (voir Redig de Campos, 1976, pp. 86-90). Le dessin a souvent été considéré comme l'un des premiers réalisés à Rome, le plafond de la Signature, et en particulier le compartiment avec *Adam et Eve* étant fréquemment reconnus avoir été peints d'abord (Fischel; Shearman, 1965, *Stanze* et 1977; Forlani Tempesti). Cette chronologie n'est pas unanimement acceptée (voir notamment Pope-Henessy, 1972, pp. 148, 280, note 43; Oberhuber et Vitali, 1972, p. 25).

78 Homme nu assis, jouant de la « lyre à bras »

Etude pour Apollon dans le *Parnasse*

A droite : détail de l'instrument, de l'épaule, du bras et de la main droite.
Plume, encre brune, sur premier tracé à la pointe de plomb. H. 0,349 ; L. 0,238. Manque dans l'angle inférieur droit. Bords endommagés.

Hist. : J.-B. Wicar - A. Fedi - J.-B. Wicar ; légué à la ville en 1834.

Lille, Musée des Beaux-Arts. Inventaire Pl. 452.

Bibl. : Benvignat, 1856, n° 728 - Passavant, II, n° 393 - Weigel, 1865, p. 578, nos 6853 et 6854 - Ruland, 1876, p. 186, n° 230 - Gonse, 1878, p. 62, repr. p. 61 - Lübke, 1878-1879, II, p. 267 - Blanc, 1881, p. 537, repr. - Springer, 1883, I, p. 230 - Crowe et Cavalcaselle, II, 1885, p. 85, note - Pluchart, 1889, n° 175 - Morelli, 1891-1892, p. 441 - Koopmann, 1897, p. 443, n° 175 - Fischel, 1898, n° 110 - Gronau, 1902, p. 15, pl. II - Kristeller, 1907, p. 202 - Kinsky, 1912, p. 412, sous n° 777 - Fischel, V, 1924, n° 245 - Middeldorf, 1945, n° 54, repr. - Suida, 1948, n° 44, repr. - Bacou, 1957, p. 29, repr. - Pouncey et Gere, 1962, p. 47, sous n° 60, - White, 1967, p. 23, note 20 - Carli, 1968, p. 15, repr. p. 69 - Beccati, 1968, p. 523, note 123 - Cocke, 1969, p. 34, pl. 75 - Dussler, 1971, pp. 75-76 - Scheller, 1973, p. 128, n° 17 - De Vecchi, 1981, p. 246 ; 1982, p. 103, repr. - Joannides, 1983, 237 - Cuzin, 1983, p. 129.

Exp. : Bruxelles, 1954-1955, n° 127 - Lille, 1961, n° 44, pl. XXII - Paris, Louvre, 1965, n° 242, repr. - Berlin, 1964, n° 74 - Lille, 1983, n° 34.

Apollon siège au centre du *Parnasse* au-dessus de la fenêtre de la Chambre de la Signature, par laquelle on aperçoit le Mont Vatican, qui dans l'Antiquité, était dédié à cette divinité (Shearman, 1971, p. 382). La prédominance d'Apollon n'a d'égale que celle du Christ (voir D. n° 68). Hormis la draperie et la direction du regard, la pose de la figure est sensiblement la même que dans le dessin mais la forme idéalisée a perdu de son âpreté. Entre les premiers dessins de nus classiques, les études de squelettes des années 1507-1508, et cette rigoureuse observation anatomique, l'évolution du dessinateur a été aussi profonde que rapide (White). Quelle que soit la chronologie adoptée pour les fresques de la Signature, la date de 1511, apposée sous le *Parnasse* est une limite extrême et le dessin ne doit pas être postérieur à 1510.

Selon K. Oberhuber (1967 ; 1964), Raphaël a pu avoir connaissance de dessins faits par Michel-Ange d'après l'Antique (Paris, Louvre, Inv. 688 et RF 1068 ; Dussler, 1959, nos 209 et 214, fig. 10 et 17). On a aussi suggéré qu'il s'était servi de modèles antiques, notamment du bas-relief du Sarcophage Borghese (Musée du Louvre ; Pulszky, 1877, p. 36 ; Pope-Hennessy, p. 40) ; le groupement des muses semble dériver plus particulièrement du Sarcophage Giustiniani (Vienne, Kunsthistorisches Museum ; cf. Beccati 1968, pp. 522-527, avec bibliographie sur ce point). Cependant, Raphaël semble plutôt créer dans le dessin une figure selon son propre idéal, « à l'Antique » plutôt que « d'après l'Antique », directement liée au modèle vivant et sans véritable souci de l'iconographie classique, dans laquelle Apollon est drapé et tient la lyre. L'instrument à archet du *Parnasse,* la *lira da braccio,* caractérisée par la corde supplémentaire, pour laquelle le musicien utilise le pouce, n'apparaît dans les images apolliniennes qu'à la fin du XVe siècle (voir Schroeter, 1977, en particulier fig. 57, 62). L'*Orphée* dans la gravure de Marcantonio (Bartsch Illustré, t. 26, p. 285 n° 295, repr.) se tient debout, mais tenant la *lira de braccio,* à peu près comme ici. L'instrument est grossièrement représenté dans la seule étude d'ensemble pour

78

le *Parnasse* dont on conserve le souvenir (Oxford, Parker, 639 ; Fischel, V, n° 237 a, fig. 221), où la pose d'Apollon est déjà fixée. Dans la gravure de Marcantonio (G. n° 28), qui reflète un état encore antérieur de la préparation (Shearman, 1965, *Stanze*, pp. 158, 163), le dieu tient la traditionnelle harpe à cordes pincées. Les autres instruments tenus par les Muses ont subi des transformations analogues dans le sens d'une modernisation qui a parfois été reprochée à Raphaël (voir Pastor, 1898, p. 514, note 1). La représentation de la *lira de braccio* dans le dessin de Lille est si exacte, qu'elle a pu être rapprochée d'un instrument de la collection Heyer (Kinsky, n° 707; disparu pendant la guerre; pour une histoire de l'instrument, cf. Winternitz, in N.G.G., pp. 936-954). Concession au symbolisme, dans la fresque elle comportera neuf cordes (voir, Chastel, 1982, p. 481).

Si la disposition d'Apollon au milieu des neuf Muses n'est pas totalement nouvelle — on la trouve dans la description d'un gâteau de mariage à Pesaro en 1475; cf. Mayer-Baer, 1949-1950, p. 95 — Raphaël innove davantage en traitant le dieu païen comme une figure mystique, préfigurant sainte Cécile (Bologne, Pinacoteca; De V. 108). Peut être s'est-il souvenu du prototype de Signorelli dans l'*Ecole de Pan,* (autrefois Berlin, Staatliche Museen; Dussler, 1927, fig. 59).

Fig. 101. Le *Parnasse*.
Rome, Palais du Vatican

Fig. 102. Etude pour le *Parnasse* (copie), dessin. Oxford, Ashmolean Museum

L'identification d'Apollon avec le chanteur San Secondo, célèbre à la cour d'Urbino et celle de Léon X (Passavant, Gamba; voir Chastel, loc. cit.) relève de la tendance abusive et générale des historiens de Raphaël, à identifier, avec des résultats contradictoires, les personnages de la Chambre de la Signature. Une copie de ce dessin se trouve à Bayonne (Musée Bonnat, Inv. 1385; Bean, 1960, n° 139).

79 Deux études de draperie

Pour la figure d'Homère dans le *Parnasse*

Plume, encre brune, sur premier tracé à la pointe de plomb. Touche de gouache blanche en bas, au centre, pour masquer une déchirure.

Hist.: Lille, Musée des Beaux-Arts. Inventaire Pl. 453 (verso de Inventaire Pl. 452).

Bibl.: Benvignat, 1856, n° 729 - Passavant, 1860, n° 393 - Weigel, 1865, p. 579, n° 6869 - Ruland, 1876, p. 186, n° 68 - Gonse, 1878, p. 63 - Springer, 1883, I, p. 231 - Crowe et Cavalcaselle, II, 1885, p. 67 - Pluchart, 1889, n° 453 - Morelli, 1891-1892, p. 441 - Fischel, 1898, n° 118 - Fischel, V, 1924, n° 244 - Cocke, 1969, p. 34, n° 74, repr. - Dussler, 1971, p. 75 - Scheller, 1973, p. 128, n° 17 - Joannides, 1983, n° 237 verso.

Exp.: Lille, 1961, n° 45, pl. XXIII.

Homère, aveugle, figure dans le *Parnasse* en compagnie de Dante et de Virgile, à la droite d'Apollon. Dans la gravure de Marcantonio Raimondi (cf. G. n° 12) qui reflète une première idée de la disposition générale de la fresque, largement réorganisée par la suite, il est déjà présent et c'est le seul poète avec Dante que l'on puisse identifier avec certitude. Se détachant du groupe central, il est vêtu d'une longue robe serrée à la taille, les épaules recouvertes d'un manteau symétriquement attaché sous le cou. L'étape suivante de la recherche pour l'ensemble de la composition est connue par une copie où les figures sont placées nues (Oxford, Ashmolean Museum; cité sous D. n° 78). La pose d'Homère est bien celle qui sera adoptée dans la peinture mais la figure est articulée comme un mannequin. La lumière est indiquée soigneusement. La mise au point fut donc progressive. Outre le présent dessin et le D. n° 80, on conserve une étude pour la Tête barbue d'Homère, levée, les yeux clos, la bouche à peine entrouverte (Windsor, Popham et Wilde, 796; Fischel, V, 246). Dans le dessin exposé, l'attention se porte sur la draperie enroulée sous la taille, exactement transposée dans la fresque. L'autre dessin de Lille, qui figure au recto de l'étude des pieds des poètes du groupe situé de l'autre côté du monticule où trône Apollon, a dû précéder celui-ci. La draperie (en bleu dans la fresque) est nouée sur l'épaule droite et un pan de la draperie cache le bras droit tendu. Le bras gauche est représenté nu,

79

mais la position de la main qui retient le vêtement est déjà en place. Il y aura donc une inversion dans la disposition de la draperie, qui permettra de dégager le bras tendu et de mettre ainsi en valeur le geste de la main ouverte du poète. Ces recherches permettent de suivre la progression du travail de préparation. Seul le pouce est exactement dessiné dans l'étude de gauche tandis que le détail de droite est une reprise de toute la main. Dans la peinture, le geste, moins rhétorique, plus naturel, est l'occasion d'un remarquable effet de contre-jour. La gravure citée présentait la main dans cette position avec, cependant, une curieuse anomalie dans l'index.

La représentation de la draperie est sans doute autant tributaire d'une observation de la statuaire antique, que de l'étude d'après le motif réel. Par cette assimilation des rythmes classiques, qui dépasse la notion d'imitation, Raphaël met au point une syntaxe de la draperie moderne, diffusée pour les gravures de Marcantonio, notamment la série des *Muses*.

De tous les poètes du Parnasse, Homère est le seul que Raphaël représente aussi nettement comme une figure antique, mais la typologie du visage est trop vague pour que l'on puisse admettre une dérivation d'un modèle hellénistique précis. Une source d'inspiration plus probable est la tête du *Laocoon* dans le groupe célèbre découvert à Rome en 1506-1507, qui devait être familier à l'artiste, puisqu'il avait été placé au Belvedere (Beccati, 1968, fig. 73 et 74). Raphaël aurait pu en avoir connaissance au cours d'un précédent voyage à Rome (Shearman, 1977).

80 Trois études de draperies et de mains

Pour la figure d'Homère dans le *Parnasse*

Plume, encre brune, sur traces de pointe de plomb ; signe griffonné à la plume et encre brune, en bas à droite. H. 0,334 ; L. 0,243. Feuillet élargi sur les bords ; dimensions totales : H. 0,340 ; L. 0,245. Trace de pliure horizontale.

80

Fig. 103. Homère aveugle (détail du *Parnasse*)

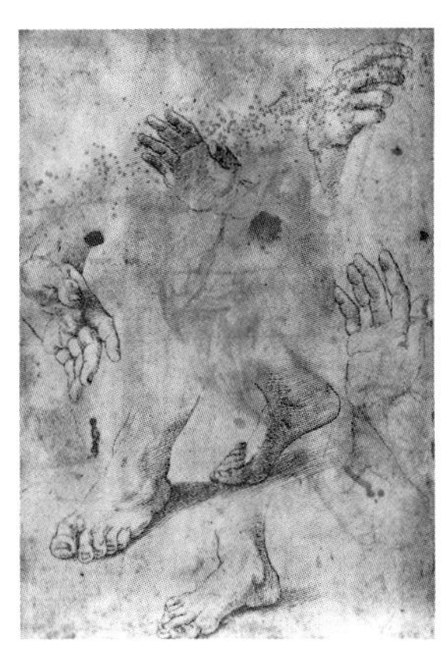

Fig. 104. Copies de diverses feuilles d'études pour le *Parnasse*, dessin. Florence, Uffizi

Hist. : J.-B. Wicar (L. 2568) ; légué à la ville en 1834.

Lille, Musée des Beaux-Arts. Inventaire Pl. 445.

Bibl. : Benvignat, 1856, n° 712 - Passavant, 1860, n° 394 - Ruland, 1876, p. 188, n° 94 - Weigel, 1876, p. 612, n° 7242 - Gonse, 1878, p. 63 - Crowe et Cavalcaselle, II, 1885, p. 67 - Pluchart, 1889, n° 445 - Fischel, 1898, n° 120 - Fischel, V, 1924, p. 260, n° 243 - Dussler, 1971, p. 75 - Scheller, 1973, p. 128, n° 17 - Joannides, 1983, n° 236.

Exp. : Lille, 1961, n° 45 - Lille, 1983, n° 34.

Voir D. n° 79.

81 Trois études de pieds

Pour les poètes dans le *Parnasse*

Plume, encre brune, sur pointe de plomb (pied de gauche) et stylet (pied de droite) ; signe griffonné, identique à celui porté au recto, en bas, à droite. H. 0,300 ; L. 0,208.

Lille, Musée des Beaux-Arts. Inventaire Pl. 446 (verso du Inventaire Pl. 445).

Bibl. : Benvignat, 1856, n° 713 - Passavant, 1860, II, n° 394 - Weigel, 1865, p. 580, nos 6874 et 6875 - Ruland, 1876, p. 188, n° 92 - Gonse, 1878, p. 63 - Springer, 1883, I, p. 232 - Crowe et Cavalcaselle, II, 1885, p. 70, note - Pluchart, 1889, n° 446 - Morelli, 1891-1892, p. 441 - Koopmann, 1897, pp. 445-446, n° 179 - Fischel, 1898, n° 119 - Fischel, V, 1924, n° 242 - Pouncey et Gere, 1962, p. 25, sous n° 29 - Dussler, 1971, p. 75 - Scheller, 1973, p. 128, n° 17 - Joannides, 1983, n° 236 verso.

Ces études correspondent aux poètes du *Parnasse* situés dans la partie droite, celle à laquelle Raphaël apporta les plus grands changements ; comme l'*Apollon* (D. n° 78), elle présente une facture énergique de hachures entrecroisées qui rappelle les dessins de jeunesse de Michel-Ange ; le rendu plastique du volume, la vision de bas en haut, font penser à l'utilisation de modèles sculptés, tels le *Bacchus* ou le *David* du maître florentin (Florence, Museo Nazionale et Accademia). On n'y trouve pas les traces de reprises signalées par Pluchart. Les deux pieds du haut ont directement servi à la figure élégante, généralement identifiée comme Horace ; Vasari n'en parle pas, mais Bellori la nomme ainsi (cf. Pouncey et Gere, p. 25). Elle est étudiée en entier, avec le détail des deux mains, dans une feuille, à Londres (British Museum, Pouncey et Gere, 29 ; Fischel, V, n° 241) mais la position des pieds, à peine esquissée, n'y est pas encore fixée.

Le pied dessiné seul, dans la partie inférieure du dessin correspond à la jambe droite du poète (Ovide), situé un peu plus haut et à la droite d'Horace, mais dans la peinture les orteils sont plus inclinés. En revanche, la position est exactement celle de cette figure telle qu'elle apparaît dans un stade antérieur de la composition, connu par la gravure de Marcantonio Raimondi (G. n° 28, cf. aussi la copie ancienne D. n° 136) et par la superbe étude du Bristish Museum (recto du dessin cité plus haut ; Fischel, V, n° 240). Les études de Lille ont donc été faites à un moment où Raphaël mettait au point la composition finale, sans avoir complètement abandonné son projet initial. La distinction avait déjà été faite par Crowe et Cavalcaselle.

Une belle copie à Florence (Uffizi, n. 1220 E ; signalée par Robinson, p. 201, sous n° 69) réunit les trois études de pieds, les mains du dessin anglais, et celle, ouverte, d'Homère (D. n° 80) qui se trouvaient réunies au XVIIe siècle (peut-être dans la collection Viti-Antaldi), puisque le dessin porte l'inscription suivante, mentionnant le nom de Poussin : *Nel Parnasso in Vaticano Era questo foglio caris simo Monsù Pussino. Si hebbi dal Sig. Pietro Santi Scol° di Monsù Lamar (?) suo discepolo 1699.* Cette copie comporte, au recto, une étude

Fig. 105. Groupe de poètes (détail du *Parnasse*)

Fig. 106. Etude pour « *Horace* », dessin. Londres, British Museum

d'après *Melpomène* (Oxford, Ashmolean Museum, Parker, 541; Fischel, VI, n° 249). Selon la reconstitution de R.W. Scheller toutes ces études pour le Parnasse, d'autres à Windsor, à l'Albertina, dans la collection Colville (Fischel, VI, 246, 247, 250, 251, 253) et à Lille (D. n°s 78 et 79), firent partie à un moment ou à un autre de la collection de Wicar. Fischel en cite plusieurs copies, faites en même temps que celle des Uffizi.

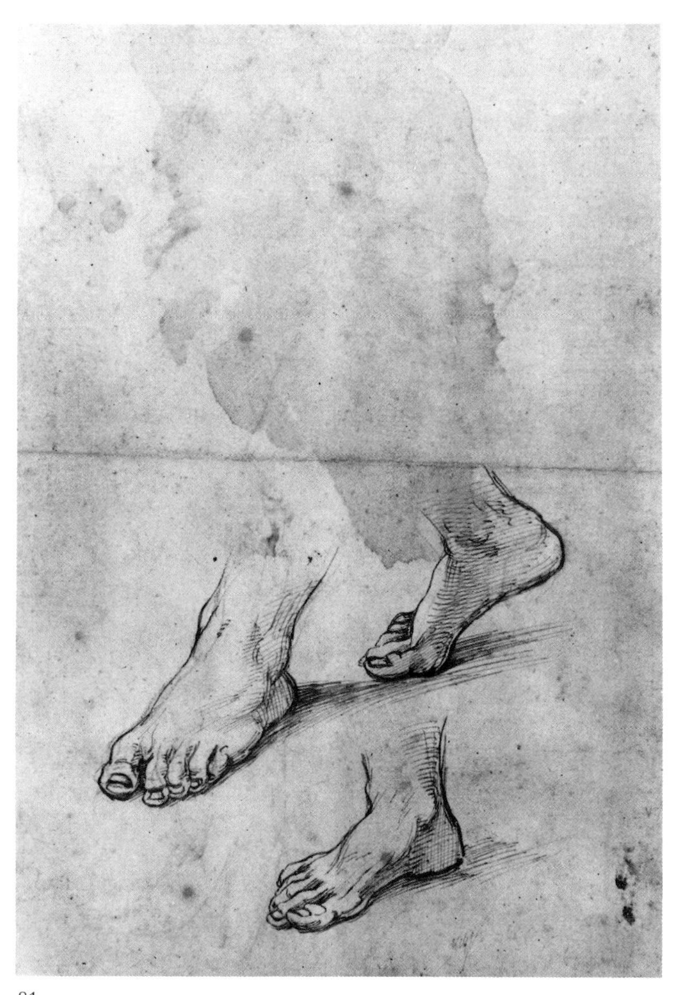

81

Fig. 107.
Etude d'homme pour le *Parnasse*, dessin.
Londres, British Museum

82 Saint debout tenant un étendard et le modèle d'une ville

Plume, encre brune; trait de construction au stylet, dans le bas; trait vertical à la pierre noire. H. 0,305; L. 0,210. Bande rapportée de H. 0,010 dans la pointe supérieure. Taches brunes. Feuillet froissé; traces de plis dans la partie supérieure.

Hist.: J.-B. Wicar (L. 2568); légué à la ville en 1834.

Lille, Musée des Beaux-Arts. Inventaire Pl. 485.

Bibl.: Benvignat, 1856, n° 724 - Passavant, 1860, II, n° 398 - Ruland, 1876, p. 318, XLII, n° 1 - Gonse, 1878, p. 64 (attribué à B. Franco) - Pluchart, 1889, n° 485 (attribué à Raphaël) - Morelli, 1891-1892, p. 378 (douteux) - Koopmann, 1897, p. 114, n° 48 - Fischel, 1898, n° 514 (manière de Giulio Romano).

Exp.: Lille, 1961, n° 48 - Lille, 1983, n° 43.

Après Passavant et Benvignat, qui signalaient une attribution antérieure à Battista Franco, seul Ruland soutint l'attribution à Raphaël, pour ce dessin qu'il considérait, à juste titre selon nous, comme appartenant à l'époque des fresques de la Chambre de la Signature. Le dessin a ensuite été jugé douteux (Morelli) ou davantage dans la manière de Giulio Romano (Fischel), puis n'a plus été mentionné. A.E. Popham et Ph. Pouncey (notes manuscrites) ont plus récemment exprimé une opinion favorable. Il ne trouve aucune équivalence dans la peinture et relève du type de dessins où la recherche est librement conduite par une plume ductile, proche des D. n°s 66 et 67. La position des pieds sur un gradin est indiquée de façon très suggestive, de quelques traits de plume, comme dans le D. n° 67. Encore proche des grandes études à la plume de la période florentine (cf. par exemple l'étude en relation avec *Sainte Catherine,* Oxford, Ashmolean Museum, Parker, 527; Fischel, II, n° 99), il s'y ajoute un sentiment de «grandeur à l'antique» qui reflète une imprégnation par la statuaire romaine (*Apollon du Belvedere, Sarcophage des Muses,* Vienne, Kunsthistorisches Museum, utilisé par Marcantonio; voir Bartsch Illustré, 1978, 26, p. 257, n° 263, repr.; Beccoti, p. 524, fig. 59). En raison de son aspect monumental, emblématique, isolé dans l'espace, le personnage évoque une figure prévue pour être placée dans une niche comme le furent les *Apôtres* de la Sala dei Palafrenieri au Vatican (De V. 131) ou aux Saintes qui entourent *Sainte Cécile,* dans la *pala* de Bologne (De V.

82

108). Comme eux, ce saint est nimbé d'une auréole tracée d'un trait léger. Il pourrait s'agit de Valérien, martyr du Ve siècle, mort en défendant la ville de Forli, dont l'iconographie traditionnelle veut qu'il tienne le modèle.

Les Chambres du Vatican

2. La Chambre d'Héliodore 1512-1514

83 Tête de jeune homme, de profil vers la droite

Partie de carton avec l'ange au premier plan, pour *Héliodore chassé du Temple*

Pierre noire, touches de fusain, léger lavis gris dans la chevelure, à gauche, sur parties de feuillets assemblés de couleur gris-beige. Piqué pour le transfert. H. 0,277; L. 0,342. Déchirures et plis; parties manquantes à gauche, en bas, et sur la droite, principalement sous le nez, restaurées par réintégration du papier de même teinte sur lequel le tracé du dessin a été complété par une autre main. Collé en plein.

Hist.: G. Masini - P. Crozat; vente, Paris, 1741, partie du n° 114 - P.-J. Mariette (L. 1852), montage avec cartouche: *RAPHAEL URBINAS. Alterius ex Angelis ultoribus Heliodorum è Templo eijcientibus, effigies in Regia Vaticane;* vente, Paris, 1775, partie du n° 694 - Acquis pour le Cabinet du Roi; marques du Louvre (L. 1899 et 2207).

Paris, Musée du Louvre. Inventaire 3852.

Bibl.: Vasari, Ed. Bottari, 1759, II, p. 108, note 2 - Mariette, *Abecedario,* IV, p. 269 - Ottley, 1823, p. 53 - Inventaire manuscrit Morel d'Arleux, 1417 - Quatremère de Quincy, Ed. Longhena, 1829, p. 720 - Passavant, 1860, II, n° 346 - Weigel, 1865, p. 541, n° 6488 a - Reiset, 1866, n° 313 - Ruland, 1876, p. 200, n° 36 - Springer, 1883, I, p. 269 - Crowe et Cavalcaselle, II, 1885, p. 140 (Giulio Romano) - Morelli, 1891-1892, p. 294 - Dollmayr, 1895, p. 243 - Koopmann, 1897, p. 449, n° 180 - Fischel, 1898, n° 168 - Rouchès, 1938, n° 8, repr. - Rouchès, s.d., n° 18, repr. - Fischel, 1948, p. 362 - Popham et Wilde, 1949, sous n° 822 - Parker, 1956, sous n° 556 - Forlani Tempesti, 1968, pp. 393, 426, note 146 - Dussler, 1971, p. 79 - Traeger, 1971, p. 88, note 326, fig. 55 - Oberhuber, 1972, n° 400, pl. 5 - Huemer, 1977, p. 107 - De Vecchi, 1981, p. 247, sous n° 58 e - Bacou, 1981, n° 6, repr. - Joannides, 1983, n° 334 - Cuzin, 1983, p. 159.

Exp.: Paris, 1931, n° 50 - Paris, 1967, n° 120 - Paris, 1974, n° 7.

Reiset, à la suite de Passavant, résumait en 1866 les informations essentielles sur ces deux superbes dessins (D. n°s 83 et 84): *au fusain et à la pierre noire,* et *avec quelques touches de crayon blanc,* pour la seconde, *ils ont été piqués,* et *nous paraissent être des fragments du carton qui a servi à l'exécution de la peinture (pour les anges vengeurs qui chassent Héliodore du Temple dans la fresque du Vatican). Ils ont malheureusement beaucoup souffert et ont été retouchés, probablement par Mariette, qui a rajusté avec beaucoup d'adresse et rétabli des morceaux entiers qui manquaient.* Morel d'Arleux pensait qu'ils étaient plus petits que la fresque, dont l'effet monumental fait illusion. La vérification des dimensions de ces

83

deux détails, dans la fresque correspondante de la *Chambre d'Héliodore,* faite à l'occasion de la présente exposition par les soins de F. Mancinelli, confirme que les dessins correspondent strictement à la peinture. Une *Tête de cheval,* à Oxford (Ashmolean Museum, Parker, 556 ; Oberhuber, 1972, n° 402, pl. 7), est un troisième vestige du carton, auquel Vasari, attachait une valeur toute particulière : *questa opera tanto stupenda in tutte le parti che anco i cartoni, sono tenuti in grandissima venerazione ; onde Messer Francesco Masini, gentil' uomo di Cesena... ha, fra molti suoi disegni et alcuni rilievi di marmo antichi, alcuni pezzi del cartone che fece Raffaello per questa istoria d'Eliodoro* (Ed. Milanesi, IV, p. 346). En 1829, Longhena, dans ses notes à la traduction de Quatremère de Quincy, citait encore à Cesena, dans la collection Masini, ces cartons dont une partie au moins, en avait depuis longtemps été éloignée puisque ceux que nous exposons étaient au Louvre depuis 1775, après être passés chez Crozat et Mariette. Ce collectionneur se livra avec son habileté coutumière à des réintégrations du papier et à des restaurations, mais les feuillets n'en étaient pas moins déjà *repassés et recouverts*

Fig. 108. *Héliodore chassé du Temple.*
Rome, Palais du Vatican

(Abecedario) quand il les acquit, ce qui ne l'empêcha pas de les décrire dans le catalogue de la vente Crozat, en 1741, comme *deux merveilleux cartons des deux têtes d'anges du sujet d'Héliodore sur lesquels Raphaël a peint son tableau.* Crowe et Cavalcaselle qui les attribuèrent catégoriquement à Giulio Romano, furent sans doute déroutés par le lyrisme, l'énergie vitale, le pathos de ces têtes, dont les cheveux claquent au vent du souffle divin, fortes d'expression, de « modernité », difficiles à admettre dans une acception restreinte de l'œuvre de Raphaël. La restauration de la fresque et le détachement de la première couche picturale, alourdie de repeints, a permis de retrouver, cas exceptionnel *d'abbozzo,* une première ébauche peinte par l'artiste sur le mur, pour l'ange aux sourcils froncés, tenant des verges à la main, au second plan qui correspond au D. n° 84 (Redig de Campos, 1965, p. 25, pl. XLV). Les seules études préparatoires connues pour cette peinture sont en rapport avec le groupe des mères, à gauche (Oxford, Ashmolean Museum, Parker, 1956, 557 ; Zurich, Kunsthaus ; Oberhuber, 1972, n°s 397, 399, pl. 2-4). Une première idée de la composition d'ensemble serait conservée dans une copie, à Vienne (Albertina ; Stix et Fröhlich-Bum, 203 ; Oberhuber, n° 396, pl. 1) mais cette identification (J. Shearman, 1965, *Stanze,* pp. 167-169) a été refusée par J. Pope-Hennessy (1970, pp. 107, 275, note 39). La fresque, dont le sujet est tiré du second *Livre des Macchabées* (III, 15), relate l'histoire du syrien Héliodore qui ayant tenté de s'emparer des trésors du Temple de Jérusalem, en fut chassé par un messager divin accompagné de deux jeunes hommes ; ce fut la première fresque peinte dans cette Chambre, immédiatement après celle de la Signature (achevée en 1511). Il faut y voir, comme dans *Attila* (D. n° 87), une allusion aux événements contemporains, liés à la rébellion des cardinaux schismatiques, soutenus par le roi de France, et à la grave maladie du pape, à Bologne, en août 1511, qui s'accompagna de véritables pillages au Vatican (Pastor, 1898, p. 561). Jules II dont la réaction fut terrible devait être attaché au sujet, déjà traité dans une tapisserie en sa possession (Müntz, 1886, pp. 284-285).

84 Tête de jeune homme de trois quarts, vers la droite

Partie de carton, avec l'ange, au second plan, pour *Héliodore chassé du Temple*

Pierre noire, touches de fusain sur parties de feuillets assemblés de couleur gris-beige ; coloré au lavis rouge, en haut à gauche ; sans doute légers rehauts de blanc et de lavis gris. Trace de lignes de construction ou de mise au carreau, à la pierre noire, visible en haut à droite. Contours piqués pour le transfert. H. 0,267 ; L. 0,237. Nombreux plis et déchirures ; plusieurs parties manquantes, notamment à droite et dans le bas, restaurées par réintégration de papier de même teinte sur lequel le tracé du dessin a été complété ; reprises au fusain particulièrement visibles dans l'arrondi de l'épaule.

Hist. : G. Masini - P. Crozat ; vente, Paris, 1741, partie du n° 114 - P.-J. Mariette (L. 1852), montage avec cartouche : *RAPHAEL URBINAS. Unius ex Angelis ultoribus Heliodorum è Templo eijcientibus caput, in Palatio Vaticano ;* vente, Paris, 1775, partie du n° 694 - Acquis pour le Cabinet du Roi ; marques du Louvre (L. 1899 et 2207).

Paris, Musée du Louvre. Inventaire 3853.

Bibl. : Voir n° 83. Bibliographie particulière : Inventaire manuscrit Morel d'Arleux, 1416 - Weigel, 1865, p. 541, n° 6448 b - Reiset, 1866, n° 312 - Ruland, 1876, p. 200, n° 37 - Chennevières (1882), pl. 25 - Koopmann, 1897, p. 449, n° 181 - Venturi, 1920, p. 172, fig. 116 ; *Storia,* IX-2, 1926, pp. 242-243, note 1, fig. 174 ; 1927, n° 38, repr. - Rouchès, s.d., n° 19, repr. - Rouchès, 1938, n° 9, repr. - Fischel, 1948, pp. 362, fig. 114 - Castelfranco, 1962, n° 59, repr. - Redig de Campos, 1965, p. 25, note 3 - Forlani Tempesti, 1968, pp. 393-394, 426, note 426, fig. 130 - Traeger, 1971, p. 88, note 326, fig. 56 - Oberhuber, 1972, p. 87, n° 401, pl. 6 - Oberhuber et Ferino, 1977, p. 29, sous n° 30 - Huemer, 1977, p. 107, fig. 24 - Bacou, 1981, n° 7, repr. - De Vecchi, 1982, p. 107, repr. - Joannides, 1983, n° 335 - Cuzin, 1983, p. 150, pl. 160.

Exp. : Paris, 1967, n° 121 - Paris, 1974, n° 6 - New York, Paris, 1974-1975, n° 64.

Voir D. n° 83.

85 L'Ouverture du Septième Sceau (Apocalypse, VIII, 1-6)

Projet pour la décoration d'une des Chambres du Vatican

Composition cintrée dans la partie supérieure. De part et d'autre de la baie rectangulaire, décentrée vers la gauche 1) à droite, saint Jean l'Evangéliste avec l'aigle, écrivant sous la dictée de l'ange 2) à gauche, le pape, imberbe, agenouillé, accoudé à un tabouret, accompagné de trois figures, dont une, vue en buste, portant la tiare. 3) Dans la partie supérieure, Dieu le Père apparaissant dans les nuages, au sommet de la composition, saisissant les trompettes tenues par deux des sept anges jouant de la trompette. Au centre, devant un autel décoré d'un chandelier, un ange debout, tenant un ostensoir de la main gauche et jetant des flammes de la main droite.
Plume, encre brune, lavis brun, rehauts de blanc sur traits de pierre noire (ou pointe de plomb?), papier brun. Trait d'encadrement en forme de lunette tracé au compas, repassé au pinceau et lavis brun. H.

84

Fig. 109. Un ange, fragment de fresque détaché. Rome, Palais du Vatican

85

0,247 ; L. 0,398. Bords coupés. Reconstitué dans la partie supérieure gauche ; empiècement triangulaire sur le bord gauche, en bas : nombreux trous renforcé en plusieurs endroits, au verso. Collé en plein.

Hist. : E. Jabach (L. 2961) - Entré en 1671 dans le Cabinet du Roi ; marques du Louvre (L. 1899 et 2207).

Paris, Musée du Louvre. Inventaire 3866.

Bibl. : Inventaire manuscrit Jabach, II, 121 - Inventaire manuscrit Morel d'Arleux, 1441 - Passavant, 1860, II, n° 324 (partiellement de Raphaël) - Müntz, 1866, pp. 371-372, repr. p. 369 - Ruland, 1876, p. 40, XXII, 1 et p. 202, n° 16 - Chennevières (1882), p. 16 - Wörmann, 1882, p. 647, note (copie) - Springer, 1883, I, pp. 265-266 (pas original) - Crowe et Cavalcaselle, II, 1885, pp. 145, 192 (pas de Raphaël) - Müntz, 1886, p. 369 - Morelli, 1891-1892, p. 294 (école) - Minghetti, 1885, p. 121 - Paliard, 1885, p. 277 - Dollmayr, 1895, p. 342 (Penni) - Koopmann, 1897, p. 450 - Fischel, 1898, n° 175 (école) - Steinmann, 1898-1899, pp. 172-173, fig. 3 (école) ; 1905, p. 120, fig. 56 (Peruzzi) - Pastor, 1898, p. 553, note 1 - Venturi, 1920, p. 176 - Fischel, 1935, p. 437 (copie d'élève) - Redig de Campos, 1946, p. 78 (école ; Penni) - Hartt, 1950, pp. 120-121, note 37 - Putscher, 1955, pp. 83, 225, note 21, pl. XXXIV, fig. 44 - White et Shearman, 1958, p. 306, note 48 - Shearman, 1965, *Stanze*, pp. 164-167, fig. 5 (copie) - Von Einem, 1968, p. 26 ; 1971, p. 27, note 77 (copie) - Dussler, 1971, p. 80 - Oberhuber, 1972, n° 402 a, fig. 79 (copie d'école) - Freedberg, 1972, pp. 148, 267, fig. 206 (Peruzzi ?) - Kelber, 1979, pp. 302, 490-491, note 55 - De Vecchi, 1981, pp. 35, 44-45, 97, note 49, p. 246, sous n° 50 - Joannides, 1983, n° 254 (copie ; Penni ?).

Il n'est pas possible de reconnaître la main de Raphaël dans ce projet dont la facture rappelle plutôt les *modelli*, souvent faits par G.F. Penni dans cette technique, d'après les originaux du maître (voir les dessins exposés au Louvre, *Autour de Raphaël*, pour les *Loges*). Cette attribution est acceptée en particulier par D. Redig de Campos et J. Shearman. Le rapport avec les *Stanze* du Vatican, est attesté par la forme de lunette, la présence du pontife et l'emplacement décentré de la fenêtre, caractéristique des murs méridionaux des Chambres de la Signature et d'Héliodore. Le dessin, régulièrement mentionné dans la littérature, est important en raison de la rareté des projets complets pour les fresques ; il reflète une solution aboutie, sans doute mise au net dans l'atelier, puis abandonnée pour des raisons iconographiques plutôt que formelles, comme dans le cas de l'étude pour *Attila* (D. n° 87). La question essentielle est de savoir pour quelle Chambre a été projetée cette scène de l'*Apocalypse* qui peut correspondre soit au mur avec la *Messe de Bolsène*, dans la Chambre d'Héliodore, dont une esquisse est au verso (D. n° 85), soit à celui de la *Jurisprudence* avec les *Vertus*, dans la Chambre de la Signature. La disposition de la fenêtre rend illusoire l'hypothèse soutenue par Crowe, Springer, Venturi et Redig de Campos, selon laquelle le projet aurait été fait pour le mur avec la *Délivrance de Saint-Pierre*. Traditionnellement c'est la première solution qui a été adoptée, la présence de l'étude au verso, remarquée par Springer et Passavant allant dans ce sens. Le nom de Peruzzi étant parfois associé aux peintures du plafond (voir Dussler, p. 78), il a été suggéré, à tort, que ce dessin serait de lui et de son invention (Steinmann, Freedberg), et correspondrait à une phase de la décoration de la Chambre, antérieure à l'intervention de Raphaël.

J. Shearman et M. Putscher, suivis de K. Oberhuber et L. De Vecchi ont avancé, indépendamment, la seconde hypothèse, défendue avec des arguments stylistiques et iconographiques. La réunion dans le grand dessin exposé D. n° 137, sorte de *pasticcio* fait dans l'atelier, d'une copie de la peinture de la *Dispute du Saint Sacrement* et des anges représentés dans l'*Apocalypse,* montrerait que celle-ci était associée à la *Signature*. La présence du pape, sans barbe, serait, selon J. Shearman, un argument décisif puisque ce détail indique une date antérieure à juillet 1511. On sait en effet qu'à partir de cette date le pape se montra, à Rome, portant la barbe qu'il s'était laissée pousser, à Bologne, dans un contexte de tribulations politiques et militaires (voir Zucker, 1977).

En réalité, il n'est pas exclu qu'un projet pour la Chambre d'Héliodore ait été préparé dès 1511 ; il semble qu'après avoir peint la première fresque de la Signature, la position de Raphaël auprès de Jules II, était assurée (Vasari, Ed. Milanesi, IV, p. 332) et il est clair qu'il n'attendait pas d'avoir achevé une œuvre pour aborder la suivante. Par ailleurs, la place accordée au pape, concorde mieux avec les fresques de la Chambre d'Héliodore où son portrait apparaît sur chaque mur. Le sujet tiré de l'*Apocalypse,* lié au *Jugement dernier,* va dans le sens de l'iconographie générale de cette *Stanza*. Le dessin reflète bien l'écriture de certains dessins de cette période, comme la *Pietà* (D. n° 102). H. von Einem et W. Kelber ont récemment défendu cette position.

86 Esquisse de composition

Projet pour la *Messe de Bolsène*

A droite, sur une plate-forme, le pape, imberbe, agenouillé, accoudé à un tabouret, mains jointes, accompagné d'autres figures agenouillées ; indication d'un gradin. Dans la partie supérieure éléments d'architecture monumentale avec colonnes, pilastres, et, à gauche, voûte. Au centre, prêtre officiant au-dessus d'un autel. A gauche, un escalier ; sur le côté ; en bas, figure de religieux debout de profil.
Plume et encre brune. Bords supérieur et inférieur coupés.

Paris, Musée du Louvre. Inventaire 3866 verso.

Bibl. : Passavant, 1860, II, n° 324 - Springer, 1883, I, p. 265 - Crowe et Cavalcaselle, II, 1885, p. 192, note - Koopmann, 1897, p. 450 - Shearman, 1965, *Stanze*, p. 165, note 29 - Oberhuber, 1972, n° 402 b - Joannides, 1983, sous n° 254.

Passavant qui, comme Crowe et Calvalcaselle après lui, vit parfaitement à *l'état d'ébauche, visibles au jour,* les *traces d'une composition semblable de la Messe de Bolsène de la Chambre d'Héliodore,* au verso de l'étude de l'*Apocalypse* (D. n° 85), regrettait que *le papier étant en très mauvais état, il n'est pas possible de la faire dédoubler*. Ce travail de dédoublage a été

86

réalisé à l'occasion de cette exposition et l'étude est présentée ici pour la première fois. La relation formelle avec le projet du recto est évidente, bien que la forme de lunette n'y apparaisse pas ; on retrouve certains détails comme le tabouret, à gauche. Le caractère original du tracé, qui n'a rien à voir avec celui d'une copie, prend un relief nouveau, s'agissant d'une esquisse libre et de la mise en place, dans toute l'ampleur de l'espace architectural d'une vaste composition, particulièrement complexe du fait de l'ouverture de la fenêtre décentrée. C'est à celle-ci que correspond le vide au centre du dessin.

Cette première esquisse au trait coïncide avec le *modello* (ou plutôt sa copie) conservé à Oxford (Ashmolean Museum, Parker, 642 ; Oberhuber, 1972, 403, pl. 8), qui en est le développement.

Nous renvoyons aux analyses de J. Shearman, K. Oberhuber et J. Traeger (1971, pp. 35-36, fig. 50) montrant l'extraordinaire métamorphose que Raphaël fit subir au premier projet pour aboutir, grâce à une série de trouvailles, à la peinture. Celle-ci fut réalisée au cours de l'année 1512, date qui figure dans l'inscription, sous la fresque (Dussler, p. 78), mais, comme dans le dessin du recto, ce projet est probablement antérieur de plusieurs mois. Jules II y est vu assistant au miracle de l'hostie consacrée, parmi les autres religieux, en contrebas de l'autel, dans la partie gauche. La personnification du prince de l'Église sera autrement mise en valeur dans la composition peinte. Le principe de l'utilisation du bord supérieur de la fenêtre comme d'une plate-forme élevée sur laquelle prend place l'autel où se déroule la messe, avec le célébrant (ici debout, à droite), est déjà en place, de même que l'idée de l'escalier, montant à gauche et à droite de l'ouverture de la fenêtre, vers l'autel. Le tracé de l'architecture, où l'on distingue surtout des colonnes et piliers monumentaux et, à

Fig. 110. La *Messe de Bolsène.*
Rome, Palais du Vatican

Fig. 111. La *Messe de Bolsène,* dessin.
Oxford, Ashmolean Museum

gauche, le dessin d'une voûte en trompe-l'œil, est un document essentiel pour la connaissance des conceptions architecturales de Raphaël.

87 La rencontre de Léon Ier et d'Attila

Pinceau, lavis brun, rehauts de blanc sur premier tracé à la pointe de plomb et au stylet, partiellement apparent. Trait d'encadrement en forme de lunette tracé au compas et à la pointe de plomb, visible dans la partie gauche ; les marques à la plume et encre brune, le long des bords, bien visibles dans la partie supérieure, indiquent que la feuille a été mise au carreau. H. 0,360 ; L. 0,589. Doublé.

Hist. : G. Vendramin - Du Fresne - E. Jabach (L. 2959, 2953 et 2961 ; les deux premiers paraphes ont été découpés et rapportés au verso du montage) ; indication du format *FF* à la sanguine et second paraphe (L. 2959) au crayon - Acquis pour le Cabinet du Roi en 1671 ; marques du Louvre (L. 1899 et 1886).

Paris, Musée du Louvre. Inventaire 3873.

Bibl. : Recueil Crozat, Vasari, Ed. Bottari, 1759, II, p. 109, note 2 - Morelli, 1800, p. 82, Ed. Frizzoni, 1884, p. 222 - Inventaire manuscrit Morel d'Arleux, 1451 - Quatremère de Quincy, Ed. Longhena, 1829, p. 132, note ; p. 726, n° 6 - Mariette, *Abecedario,* IV, p. 336 - Gruyer, 1859, p. 230, note 1 - Passavant, 1860, II, p. 134 et n° 342 - Weigel, 1865, p. 597, n° 7073 - Reiset, 1866, n° 325 - Förster, 1867-1868, p. 342 - Robinson, 1870, p. 225, sous n° 90 (élève) - Ruland, 1876, p. 202, n° 7 - Pulszky, 1877, p. 42 - Chennevières (1882), pl. 15 - Springer, 1883, I, p. 275 (copie libre d'après la peinture) - Minghetti, 1885, p. 228 (élève) - Lalanne, 1885, p. 136 - Crowe et Calvalcaselle, II, 1885, pp. 141-142, 188-189 (élève(s) d'après un *modello* par Raphaël - Müntz, 1886, pp. 376-377, 447, note - Morelli, 1890, p. 185 (Perino del Vaga) ; 1891-1892, p. 293 (id.) - Koopmann, 1895, p. XXIX, XXXII (élève) - Dollmayr, 1895, pp. 242-245 (copie libre de la fresque) - Koopmann, 1897, p. 450 (élève) - Fischel, 1898, n° 176 (copie ancienne avec variantes) - Gronau, 1902, p. 48 (élève) - Venturi, 1920, p. 176, fig. 128 (école) - Gamba, 1932, p. 83 - Fischel, 1935, p. 438 (école) - Popham, 1935, p. 95, sous n° 15 (incertain) - Rouchès, s.d., n° 21, repr. - Fischel, 1948, p. 363 (dessin d'atelier) - Grossmann, 1951, p. 18, n° 28 - White et Shearman, 1958, p. 306, fig. 26 (dessin d'atelier) - Bertini, 1959, p. 363, fig. 245 - Redig de Campos, 1961, p. 194, note 28 - Thuillier, 1961, p. 33 - Oberhuber, 1962, p. 36, note 63. - Pouncey et Gere, 1962, p. 58, sous n° 71 (Giulio Romano ?) - Oberhuber, 1963, p. 49 - Shearman, 1965, *Stanze,* p. 170, pl. 14 (dessin d'atelier) - Ciardi-Dupré, 1967, p. 3, fig. 3 - Marabottini, 1968, p. 276, note 13, fig. 5 (Giulio Romano) - Pope-Hennessy, 1970, pp. 115, 117, 276, note 43, fig. 104 (copie d'un *modello*) - Traeger, 1971, p. 41, note 51, fig. 11 (copie d'un *modello*) - Dussler, 1971, pp. 81-82 (copie) - Oberhuber, 1972, n° 407, pl. 11 - De Vecchi, 1981, pp. 52-53, fig. 62 (d'après Raphaël) - Oberhuber, 1982, p. 100, repr. - Catalogue vente, 1982, p. 16, sous n° 21 - Joannides, 1983, n° 341 (élève) - Cuzin, 1983, p. 162, fig. 168.

Exp. : Paris, An V, VII, n° 165 ; An X, n° 242 ; 1811, n° 316 ; 1815, n° 256 ; 1818, n° 281 ; 1820, n° 328 ; 1841 et 1845, n° 575 ; 1866, 1889, n° 325.

C'est une des feuilles les plus célèbres, les plus controversées (voir bibliographie et Oberhuber, 1972, pour une discussion détaillée), que le format et la complexité de la composition, admirablement orchestrée, rendent plus exceptionnelle. Elle est en rapport avec une des fresques, en forme de lunette, de la Chambre d'Héliodore, au Vatican, où est représenté un épisode de l'histoire de l'église du Ve siècle : Attila et l'armée des Huns arrêtés miraculeusement aux abords de Rome devant l'armée de saint Léon Ier, à l'apparition des apôtres Pierre et Paul, représentés en vol. L'allusion aux troupes françaises et à Louis XII, d'abord victorieux, puis quittant l'Italie sans motif apparent, en 1512, devait être claire aux yeux des contemporains. On doit comprendre le sujet comme le triomphe de l'Eglise et de la papauté, sauvés de leurs ennemis temporels, aux pires moments de leur histoire, par l'intervention divine. Les peintures de cette salle (voir aussi D. nos 85 et 86) furent commencées alors que s'achevaient celles de la Chambre de la Signature, à la fin de 1511 et le programme iconographique fut établi sous le pontificat de Jules II, remplacé en 1513 par Léon X que l'on a représenté en grande pompe dans la partie gauche de la fresque. Dans le dessin, qui ne correspond à la peinture, que dans la partie droite, le pape apparaît discrètement dans les lointains où flambe une ville. Le dessin ne saurait être une copie de la peinture. Qu'il s'agisse d'un véritable *modelletto,* parfaitement achevé pour la peinture, d'un dessin fait à partir d'une étude pour être traduit en gravure comme le laisserait prévoir la transformation de la lunette en une composition rectangulaire, ou offert en cadeau,

87

un tel dessin constitue un précieux témoignage d'une solution correspondant à une phase avancée, particulièrement heureuse, de la création, qui fut abandonnée à la suite d'importants changements politiques (Shearman, 1965, *Stanze,* pp. 71-72). Une composition plus rigide, mais aussi plus proche de la peinture, connue par une copie et sa réplique (Oxford, Ashmolean Museum, Parker, 645 ; Londres, British Museum, Pouncey et Gere, 71 ; Oberhuber, 1972, n° 404, pl. 8) fut considérée par Ph. Pouncey et J. Gere comme *some kind of pastiche drivation from the fresco,* tandis que J. Shearman y vit le reflet d'un premier projet et K. Oberhuber, une étape intermédiaire entre le dessin du Louvre et la fresque. En revanche, un dessin à la pointe de métal a précédé le détail dessiné du second cavalier au premier plan, à droite, sur son cheval cabré, tel celui des *Dioscures* romains, ou ceux des monuments équestres dessinés par Léonard, mais plus probablement dérivé des bas-reliefs de la colonne de Trajan (Francfort, Städelsches Kunstinstitut ; Shearman, 1965, *Stanze,* p. 171, fig. 12 ; Oberhuber, 1972, n° 406, pl. 10). Une étude où l'on a reconnu la tête d'un des chevaux, à la pierre noire (catalogue vente, 1982, n° 21) est entrée récemment dans la collection Woodner (New York).

Affrontant pour la première fois la représentation de la bataille qui avait fasciné Léonard et Michel-Ange, à Florence *(Bataille d'Anghiari et de Cascina),* que Titien abordera en 1538 *(Bataille de Cadore),* et dont la peinture classique fera un genre en soi, Raphaël opte délibéremment pour un ton héroïque, un répertoire de formes et de costumes à l'antique (voir Beccati, 1968, p. 532), donnant à la représentation des nus combattants, favorisée par Pollaiuolo au siècle précédent, une ampleur encore inconnue. D'autres sources ont pu être prises en compte (Ghiberti, médaillon d'*Adam et Eve chassés du Paradis* dans la porte du Paradis, Florence, Baptistère, pour les apôtres volants).

La technique inhabituelle, n'est cependant pas incompatible avec celles de la *Pietà* (D. n° 102) et du paysage pour le *Morbetto,* (cf. D. n° 102) à Windsor. La qualité de l'ensemble, savant, très beau dans certains détails et dans le luminisme

Fig. 112. *La rencontre d'Attila et de Léon Ier.* Rome, Palais du Vatican

général, milite en faveur d'une attribution au maître, et cela en dépit de l'usure de la feuille et des reprises postérieures dans les contours : aucun dessinateur de l'entourage de Raphaël ne semble tout à fait susceptible d'avoir réalisé seul ce grand dessin, ce qui exclut l'hypothèse d'une copie. Faut-il y voir, de surcroît, l'intervention de l'atelier? La minutie du travail, l'aspect du support ont fait croire qu'il s'agissait d'un dessin sur parchemin ce qui n'est pas le cas ; mais il est vrai que la feuille prend ici la valeur d'une œuvre en soi. Rappellons que, provenant de la célèbre collection vénitienne Vendramin (Morelli, 1800), elle suscita l'admiration du Bernin qui la vit à Paris, chez le banquier E. Jabach (Lalanne ; voir F. Viatte, cat. Exp. Paris, 1977). Elle fut gravée deux fois par Caylus, après l'avoir été par Angela Ranieri, avec dédicace à Christine de Suède, et copiée, aux dimensions (Louvre, Inv. 4145). Elle figura à toutes les expositions du Louvre, au siècle dernier.

88 Femme debout, de profil à gauche, visage de face, bras levé

Etude pour la cariatide représentant le *Commerce*

Sanguine, sur premier tracé au stylet. Traces de lignes grises. H. 0,258 ; L. 0,131. Taches brunâtres.

Hist. : E. Jabach (L. 2959) - Entré en 1671 dans le Cabinet du Roi (L. 478) ; marques du Louvre (L. 1899 et 2207).

Paris, Musée du Louvre. Inventaire 3877.

Bibl. : Recueil Caylus, s.p. - Inventaire manuscrit Morel d'Arleux, 1438 - Passavant, 1860, II, n° 341 - Gruyer, 1864, II, p. 65 - Weigel, 1865, n° 7415 et 7416 - Reiset, 1866, n° 328 - Ruland, 1876, p. 205, n° 23 - Chennevières, (1882), pl. 3 - Crowe et Cavalcaselle, II, 1885, p. 195, note - Müntz, 1886, p. 381, repr. - Morelli, 1891-1892, p. 293 (école de Raphaël) - Fischel, 1898, n° 187 (copie de la fresque) - Knackfuss, 1908, p. 84, fig. 86 - Venturi, 1920, p. 171, fig. 118 - Focillon, 1926, p. 114, repr. p. 83 - Venturi, 1926, *Storia*, IX-2, p. 236, note 2, fig. 169 - Rouchès, 1938, n° 10, repr. ; s.d., n° 20, repr. - Ortolani, 1948, fig. 95 b - Parker, 1956, sous n° 664 - Shearman, 1964, pp. 84-85, fig. 86 ; 1965, *Stanze*, p. 166, note 36 (Penni) - Redig de Campos, 1965, p. 33 - Oberhuber, 1972, n° 415, pl. 19 - Dumont, 1973, p. 19, note 28 (Penni) - Joannides, 1983, n° 347 (Penni?).

Exp. : Chicago, 1980, n° 47.

Cette figure fut représentée sous la composition d'*Héliodore chassé du temple,* dans le soubassement peint en grisaille qui comporte en tout onze figures de cariatides et quatre termes. Elles sont séparées par des panneaux de marbre peint et des scènes imitant des bas-reliefs de bronze. Ce soubassement fut le premier peint dans les Chambres du Vatican. Alors que les grandes compositions de cette pièce étaient terminées en 1514, date qui apparaît dans l'inscription accompagnant la *Libération de Saint-Pierre,* il est possible que la partie inférieure n'ait pas été achevée avant 1516 (Shearman, p. 36, note 166).

88

Le dessin, qui fut gravé par Caylus, est précieux pour l'histoire du décor, car c'est en effet dans ces années, que les soubassements des salles du Vatican font l'objet de recherches qui conduiront à de nouveaux partis décoratifs. Comme le notait C. Dumont, le caractère plastique des cariatides, prévu dans le dessin avec les ombres portées imitant celles d'une sculpture, est sans rapport avec le registre supérieur, de caractère pictural, à dominante pseudo-illusionniste.

L'exécution des peintures de cette partie secondaire a sans doute été confiée à des élèves et l'on parle souvent de Penni, à qui l'on a aussi voulu donner le dessin. L'originalité en avait déjà été contestée par Morelli. Il ne saurait en tout cas s'agir d'une copie de la peinture, comme le prouvent les différences dans la position de la main et des pieds, ici légèrement écartés. Crowe y voyait une étude d'après nature et le modèle présente quelque ressemblance avec la jeune femme de l'étude pour la *Madone de François Ier* (D. n° 107), d'une facture assez proche de celle du *Commerce.* On comprend, en ce sens que P. Joannides, rejetant l'une, porte un jugement négatif sur l'autre *(Raphael at his weakest or by a pupil, Penni?, at his strongest).*

La matière, il est vrai, est usée, peut-être, comme l'a suggéré P. Joannides, parce qu'une contre-épreuve en a été tirée. Les yeux et la bouche semblent avoir été légèrement retouchés. Mais, dans l'ensemble, cette pièce, admirée par H. Focillon pour son aplomb et sa fierté sans raideur, présente des qualités de simplicité dans le volume et de clarté dans le modelé, propres aux dessins de Raphaël lui-même. Cette attribution soutenue par K. Oberhuber et F. Viatte (cat. Exp. Washington, 1980), peut être acceptée, étant donné les limites de nos connaissances sur Penni, sans réserve (voir aussi F. Viatte, cat. exp. Chicago, 1980), au même titre que l'étude pour une *Allégorie féminine* d'Oxford, (Ashmolean Museum, Macandrew, 1980, 569 A, pl. XXXVII ; Oberhuber, 1972, 478, pl. 76), cependant mieux conservée. Les divergences de points de vue qui portent sur une appréciation de la qualité, toujours plus ou moins suggestive, montrent assez la difficulté à laquelle on se heurte lorsqu'on aborde l'étude des dessins à la sanguine, de la période tardive.

Fig. 113. *Allégorie du Commerce.* Rome, Palais du Vatican

Les Chambres du Vatican

3. La Chambre de l'Incendie 1514-1517

89 Femme agenouillée, vue de dos, bras écartés

Etude pour l'*Incendie du Bourg*

Sanguine sur premier tracé au stylet et à la pointe de plomb. H. 0,341 ; L. 0,216. Feuillet froissé ; pliures aplaties ; nombreuses taches brunâtres ; déchirures sur le bord gauche, le long duquel le dessin a été reconstitué et dans la partie supérieure, le long du bras. Annoté, en bas, à la plume et encre brune : *Rap. Urbino.* Collé en plein.

Hist. : P. Crozat ; vente, Paris, 1741, n° 116 - Ch.-P. J.-B. de Bourgevin Vialart de Saint Morys - Saisie des Emigrés ; marque du Louvre (L. 1886).

Paris, Musée du Louvre. Inventaire 4008.

Bibl. : Recueil Saint Morys, n° 11 - Inventaire manuscrit Morel d'Arleux, 1579 - Passavant, 1860, II, p. 531, n° 10 - Weigel, 1860, n° 7092 - Ruland, 1876, p. 209, n° 30 - Ortolani, 1948, fig. 136 b - Hartt, 1958, pp. 22, 287, n° 8 a, fig. 16 (Giulio Romano) - Oberhuber, 1962, p. 41, note 85, fig. 35 (Penni ?) - Marabottini, 1968, p. 279, note 42, fig. 26 - Dussler, 1971, p. 83 (« raphaelesque ») - Oberhuber, 1972, n° 424, pl. 27 - Joannides, 1983, n° 370 (Giulio Romano ?).

Mariette (catalogue vente Crozat, Paris, 1741) reconnut dans cette étude *la femme qui est à genoux, vue de dos, dans l'Incendie du Bourg,* dans la Chambre de l'Incendie, dite aussi de la Torre Borgia. La décoration en était déjà commencée en juillet 1514 et achevée avant mars 1517 (Dussler, p. 82). A un moment où Raphaël était occupé à préparer les cartons des tapisseries pour la chapelle Sixtine (D. nos 99 à 101), la part qui revint à ses élèves (surtout Giulio Romano et G.F. Penni) dût y être importante, même si les documents relatifs ne les mentionnent pas (voir D. n° 91).

La tendance actuelle, va dans le sens d'une restitution à Raphaël de la conception et de la réalisation partielle de l'*Incendie,* œuvre « révolutionnaire » (Shearman, 1959, p. 457), et d'une extrême importance pour l'avenir de la peinture d'histoire. Si tel est le cas, on ne voit guère comment le dessin — très discuté, mais qui n'est certainement pas une copie de la fresque, comme le montrent les repentirs dans les contours, un léger changement de l'axe de la figure peinte, un peu plus penchée, et l'abandon du costume ordinaire, observé d'après le modèle, avec le corselet et le bonnet — pourrait être une étude de première main par un autre que Raphaël. Tout au plus pourrait-on la considérer comme une copie par Giulio Romano d'après un original perdu du maître. C'est cette position que J.

89

Fig 115.
L'*Incendie du Bourg*
(détail)

Shearman adopte à propos de l'autre dessin également controversé pour le groupe des mères, au premier plan, réalisé dans la même technique (Vienne, Albertina, Inv. 4878; Oberhuber, 1972, 425, pl. 28; cf. Shearman, 1959, p. 458). Il est en effet bien improbable que Giulio Romano, âgé de quinze à dix-sept ans, ait conçu lui-même cette figure destinée à devenir très célèbre dans l'histoire des formes, battant en quelque sorte son maître sur son propre terrain. Ce nom fut cependant retenu par F. Hartt, qui donna les dessins cités, comme presque toutes les sanguines raphaelesques de la période tardive, à Giulio Romano. Cependant, l'étude du Louvre ne présente pas les caractères d'une copie, quand bien même y décelerait-on certaines incertitudes dans le modelé du bras et des épaules et de la raideur dans le vêtement (Oberhuber, Joannides). Elle s'impose bien davantage par son caractère d'authenticité (Dussler) et un sens du pathos, d'autant plus frappant que l'écriture est simple et sereine; elle ne le cède en rien, bien au contraire, à la figure peinte et se révèle en profond accord avec l'esprit de la fresque, conçue comme une tragédie antique, où chaque personnage assume un *caractère* et concourt à l'action générale, selon les règles énoncées par Aristote (Badt, 1959; Rasmus-Brandt, 1981). L'aspect d'étude préparatoire, associé aux qualités de clarté et de puissance justifient le maintien de ce dessin parmi les originaux de Raphaël. Mais, comme dans l'étude pour le *Commerce,* la marge d'objectivité est étroite. Le rapprochement suggéré par P. Joannides avec l'étude représentant le *Ganymède* de la Loggia de Psyché, actuellement exposée au Louvre (Inv. 4019; *Autour de Raphaël*), pour appuyer l'attribution à Giulio Romano, n'est pas convaincante. Selon J.-P. Cuzin (1983, p. 185), aucun des dessins pour l'*Incendie du Bourg* ne semblent être de Raphaël.

Fig. 114. L'*Incendie du Bourg*.
Rome, Palais du Vatican

90

Fig. 116. Le *Couronnement de Charlemagne*. Rome, Palais du Vatican

Fig. 117. Un évêque (détail du *Couronnement de Charlemagne*)

90 Tête d'homme de trois quarts, à droite

Etude pour un cardinal dans le *Couronnement de Charlemagne*

Pierre noire, rehauts de blanc, sur papier brun. Pointillé à la pierre noire, ayant servi au tracé des contours et indiquant le report à partir d'un autre dessin. H. 0,281 ; L. 0,214. Collé en plein.

Hist. : Probablement E. Jabach (paraphe J. Prioult, L. 2953) et entré en 1671 dans le Cabinet du Roi ; marques du Louvre (L. 1899 et 2207).

Paris, Musée du Louvre. Inventaire 3983.

Bibl. : Inventaire manuscrit Morel d'Arleux, 1418 - Fischel, 1937, p. 168 (Penni) - Oberhuber, 1962, p. 65, note 155, fig. 59 (Penni ou Raphaël) - Dussler, 1971, p. 85 (Penni) - Oberhuber, 1972, n° 432, pl. 36 - Joannides, 1983, n° 376 (plutôt Penni) - Cuzin, 1983, p. 186.

Exp. : Paris, 1974, n° 8.

Après Morel d'Arleux, qui donnait justement à Raphaël ce dessin exposé pour la première fois en 1974, le premier à le mentionner et à l'identifier avec un des cardinaux du *Couronnement de Charlemagne,* à la Chambre de l'Incendie, fut O. Fischel, dans son article sur les « cartons auxiliaires » (1937). Les traces du poncis montrent en effet qu'il s'agit d'un dessin reporté à partir d'un carton (voir D. n° 25). Les mesures correspondent exactement à la fresque (K. Oberhuber), où le personnage du cardinal de Pluviale et de Mitra est représenté assis, à gauche du diacre qui se tient debout derrière Charlemagne. La peinture, achevée avant mars 1517, n'a pas été projetée avant février 1516 (Dussler, pp. 82, 84). Elle est contemporaine des cartons de tapisseries. Le dessin à d'abord été attribué à Penni par Ph. Pouncey, aujourd'hui plus enclin à y voir la main de Raphaël, de même que K. Oberhuber (1972), R. Van Altena (note manuscrite), R. Bacou (cat. Exp. Paris,

1974) et J.-P. Cuzin. P. Joannides penche pour le nom de Penni. Malgré des reprises qui altèrent le tracé des yeux, de la pointe du nez, de la bouche, la justesse et la clarté du graphisme sont conformes à la manière de dessiner de Raphaël. Aucun dessin comparable de Penni n'est connu. L'expression, sereine et distante, est rendue avec une maîtrise qui ne semble guère pensable pour cet artiste.

Au fil des observations faites par les historiens : Fischel (1935), Redig de Campos (1965), Freedberg (1972), Oberhuber (1962), il apparaît de plus en plus clair que seul Raphaël, et non son élève Penni, a pu concevoir la fresque du Couronnement, composition extrêmement complexe, tant dans sa structure spatiale que dans l'ajustement des figures. Plus controversée est la part respective de Penni et de Giulio Romano dans la réalisation de la peinture, que F. Hartt (1958) donnait toute entière à Raffaellino del Colle et Gamba (1932), partiellement à Giovanni da Udine (sur ces problèmes d'attribution, cf. Marabottini, 1968, pp. 233, 283, note 58). J. Shearman (1965, *Stanze*, p. 176) jugeant l'œuvre « inintelligente » et valable seulement dans les parties isolées, fut conduit à donner à Penni les dessins préparatoires conservés : l'étude d'ensemble (Venise, collection Querini Stampalia ; Oberhuber, 1972, n° 430, pl. 33 : Penni) ; celle, à la sanguine pour les groupes des cardinaux, comportant au verso la figure du cardinal auquel se rapporte la *Tête* du Louvre (Düsseldorf, Kunstmuseum, F.P. 11 ; Oberhuber, 1972, n°s 427, 428, pl. 31, 32 : Raphaël) ; celle, de même technique, pour le porteur au premier plan de Chantilly (Musée Condé, Inv. F.R. 57 ; Oberhuber, n° 429, pl. 30 : Raphaël), dans laquelle A. Forlani Tempesti (1968, p. 176, note 84) voyait, à raison, selon nous, une « copie évidente ». La dernière étude pour le *Couronnement* a un aspect subtil, proche de celui nouvellement acquis par le Louvre pour le *Sacrifice à Lystra* (D. n° 101) ; on peut y reconnaître un dessin de Raphaël (Shearman, loc. cit., Johannides, 1983, n° 375) ou tout au moins une copie d'après une étude perdue de sa main (Oberhuber, 1972, n° 431, pl. 35). C'est dire l'importance de la participation de Raphaël dans la préparation soigneuse de cette œuvre. Qu'il ait été jusqu'à donner des cartons auxiliaires pour certaines têtes, s'agissant d'une composition où le portrait joue un rôle essentiel, n'a rien d'improbable. Une lettre du 17 novembre 1517 adressée au duc de Ferrare mentionne le carton, de la main de Raphaël, pour cette peinture ou pour celle de l'*Incendie du Bourg* (Golzio, p. 77 ; Shearman, 1959, p. 457).

Entourage de Raphaël

91 Homme nu assis

Étude pour l'empereur Lothaire

Sanguine sur quelques traits au stylet. H. 0,404 ; L. 0, 262. Indication d'un trait de sanguine, cintré, dans le haut. collé en plein.

Hist. : J.-B. Wicar - A. Fedi - J.-B. Wicar (L. 2568) ; légué à la ville en 1834.

Lille, Musée des Beaux-Arts. Inventaire Pl. 481.

Bibl. : Quatremère de Quincy, Ed. Longhena, 1829, p. 729, n° 14 - Rumohr, 1831, p. 135 - Benvignat, 1856, n° 734 - Passavant, 1860, II, n° 401 - Weigel, 1865, p. 600, n° 7107 et 7108 - Ruland, 1876, p. 210, IV, n° 2 - Gonse, 1878, pp. 66-67 - Crowe et Cavalcaselle, II, 1885, p. 484, note - Pluchart, 1889, n° 481 - Morelli, 1891-1892, p. 441, n° 99 (très douteux) - Koopmann, 1894, p. XI (élève) - Fischel, 1898, p. XXX, n° 204 (Giulio Romano) - Gonse, 1904, p. 222 - Hartt, 1944, p. 73, note, fig. 31 ; 1958, pp. 21, 287, n° 10, fig. 22 (Giulio Romano) - Oberhuber, 1962, p. 71, note 179 (Giulio Romano) - Shearman, 1965, *Stanze*, p. 79, note 99 - Dussler, 1971, p. 86 (Giulio Romano) - Oberhuber, 1972, n° 437, pl. 40 (Giulio Romano) - Joannides, 1983, n° 379 (Giulio Romano).

Exp. : Lille, 1961, n° 59 (Giulio Romano) - Lille, 1983, n° 36.

Cette étude pour l'une des figures du soubassement de la Chambre de l'Incendie est généralement acceptée comme une œuvre de Giulio Romano. Dans la « Vie » de l'artiste, Vasari précise que Giulio est l'auteur de cette partie des fresques : *Aiutò molto a Raffaello colorire molte cose nella camera di Torre Borgia dove è l'Incendio di Borgo, e particolarmente l'imbasamento fatto di colore di bronzo... Parte della quale storia uscì fuori in istampa non è molto, tolta da un disegno di mano di Giulio Romano* (Ed. Milanesi, V, p. 524). Cette décoration, plus complexe que celle, antérieure, de la Chambre d'Héliodore (D. n° 88), comporte des figures de princes séculiers ayant mis leur puissance au service de l'église, séparées par des dieux-termes. L'information fournie par Vasari est un argument en faveur d'une attribution des dessins préparatoires à Giulio. Outre celui-ci, sont conservés à Haarlem deux études pour les Termes et un troisième pour le bras de l'un d'eux, à la sanguine (Teylers Museum, A. 64, A. 65, B. 37 ; Oberhuber, 1972, n° 434 à 436, pl. 37 à 39).

La conception linéaire de la figure exposée, isolée dans l'espace qui l'entoure, la difficulté à rendre le raccourci, rendent incertaine l'attribution à Raphaël lui-même de cette feuille qui en est par ailleurs proche. Si elle est de Giulio Romano il faudrait y voir le point extrême d'assimilation par celui-ci du graphisme raphaélesque. Certains spécialistes

Fig. 118. *L'empereur Lothaire.*
Rome, Palais du Vatican

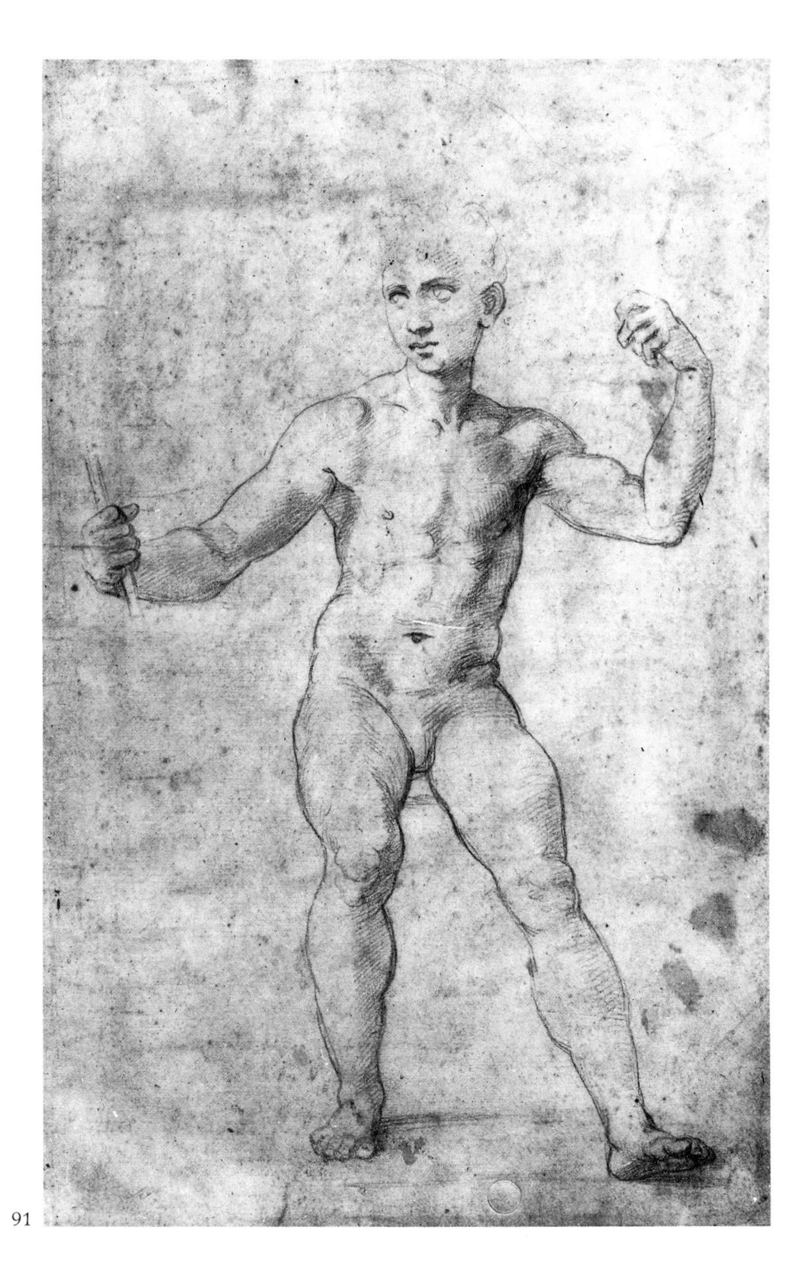

91

restent d'ailleurs partisans d'une attribution au maître lui-même (Gould, communication orale, 1982). Ce dessin est présenté ici pour faciliter la confrontation avec les études à la sanguine retenues comme étant plus sûrement de Raphaël. Le problème des rapports entre Giulio et Raphaël est traité dans l'exposition du Louvre, *Autour de Raphaël.* Rappelons que les hésitations n'ont pas épargné les dessins de Haarlem ; les deux *Termes* ont été donnés l'un et l'autre à Giulio Romano par L. Dussler (p. 86) et Marabottini (1968, p. 283, note 60, fig. 40, 44), puis à Raphaël par K. Oberhuber (1972), tandis que J. Shearman attribue le premier (A. 64), à juste titre selon nous, à Raphaël et le second à Giulio Romano (A. 65) ; (1964, p. 83, note 115, fig. 82, 83).

Une copie du dessin du Musée de Lille est conservée à Berlin (Kupferstichkaninett, KdZ n° 21555).

Le « Carnet rose »

92 Etudes pour la Vierge à l'Enfant

1. Vierge assise, tête de face, légèrement inclinée sur la gauche, jambes repliées sous elle, vues de profil, présentant un livre ouvert à l'Enfant assis sur ses genoux, le visage levé vers elle. Repentir dans la tête de l'enfant.
2. Etude, coupée sur le bord gauche et dans la partie supérieure, pour le même motif, la jambe gauche de l'enfant étant pliée, et sa main appuyée sur le livre.
3. Etude, coupée dans la partie supérieure, pour le même motif, la jambe gauche de l'enfant reposant pliée sur les genoux de sa mère.
4. Enfant assis sur le genou de sa mère, cambré en arrière ; nombreux repentirs dans la position des jambes.
5. Même motif, la jambe gauche de l'enfant étant rejetée en arrière.
6. Tête et aile d'ange, lisible en tournant le dessin de 45°, à gauche.
7. Tracé d'architecture sur toute la surface du feuillet, lisible en tournant celui-ci de 45°, à droite. Le long du bord gauche élément d'encadrement (?) monumental avec piédestal, comprenant une base et une plinthe, pilastre et chapiteau ; dans la partie supérieure, trait indiquant un entablement ; à droite, élément de colonne ou de pilastre surmonté d'un chapiteau, peut être d'ordre toscan. A l'intérieur de l'espace ainsi délimité, corps de moulures avec profil, répété trois (?) fois, sans lien organique avec les éléments latéraux.

Pointe de métal sur papier préparé rose. H. 0,120 ; L. 0,162. Fortement incisé dans certaines parties. Annoté sur le côté droit, au milieu, à la plume et encre brune : *23*.

Hist. : J.-B. Wicar - A. Fedi - J.-B. Wicar (L. 2568) ; legué à la ville en 1834.

Lille, Musée des Beaux-Arts. Inventaire Pl. 454.

Bibl. : Benvignat, 1856, n° 730 - Passavant, 1860, II, n° 379 - Weigel, 1865, p. 549, n° 6539 et p. 550, n° 6540 - Ruland, 1876, p. 62 XV, n° 11 - Gonse, 1878, p. 60 - Lübke, 1882, p. 99 - Springer, 1883, I, p. 88 - Crowe et Cavalcaselle, II, 1885, pp. 104, 132, note - Pluchart, 1889, n° 454 - Morelli, 1891-1892, p. 377 - Fischel, 1898, n°s 50 et 425 - Koopmann, 1897, pp. 168-169, n° 90 - Fischel, 1939, p. 182, pl. I, B - Fischel, VIII, 1941, n° 346 - Fischel, 1948, p. 127 - Forlani Tempesti, 1968, p. 426, note 131 (douteux) - Dussler, 1971, pp. 27, 63 - Vitali et Oberhuber, 1972, p. 37, note 137, fig. XXIX - Scheller, 1973, pp. 127-128, n° 15 ; p. 130, n° 32 - Ray, 1974, pp. 172, 173, 352, fig. 141 - Gould, 1975, p. 215, sous n° 744 et p. 219-220 sous n° 2069 - Ray, 1976, p. 92 - Joannides, 1983, n° 269.

Exp. : Lille, 1961, n° 35, pl. XVII - Amsterdam, Bruxelles, Lille, 1968, n° 89 - Florence, 1970, n° 80, pl. 72 - Lille, 1983, n° 27.

Cette feuille associe des recherches d'une part pour la Vierge, assise sur ses jambes repliées, dans un mouvement de *contraposto* harmonieux, le bras, vu légèrement en raccourci, mis en valeur par le gonflement de la manche ; d'autre part, pour la position dynamique de l'enfant contrastant avec la calme stature maternelle, étudiée dans cinq attitudes différentes. Ces formes se retrouvent, à des degrés divers et dissociés, dans la suite des Madones peintes entre 1507 et 1512. En particulier : *Madone Mackintosh* (Londres, National Gallery ; De V. 86) pour la position en *contraposto* de la Vierge, mais inversée (Gould, p. 219) ; *Madone à l'œillet* (une version à Rome, Galleria Nazionale, repr. Gamulin, 1958, pl. LXL, fig. 1 ; copie au Louvre, P. n° 22) comme le notait déjà Ruland, surtout pour la pose de l'enfant (Dussler, p. 63), et notamment le détail 4 (Fischel ; cet auteur avait, en 1898, écarté le rapport avec cette peinture) ; *Madone Aldobrandini* (Londres, National Gallery ; De V. 87), elle-même considérée par Dussler comme un développement de la *Madone à l'œillet* dérivant de la *Madone Benois* de Léonard de Vinci (Münich). Dans la peinture londonienne, qui comporte le petit saint Jean-Baptiste comme dans le dessin D. n° 93, la Vierge est assise sur un socle et l'enfant Jésus est proche du motif 3 (Dussler, p. 27 ; Gould, p. 215). On identifie souvent le dessin exposé avec cette œuvre datée de 1509 à 1510, en raison même de ses rapports avec les dessins sur papier préparé rose, plus ou moins contemporain de la Chambre de la Signature. Pour Dussler (p. 67), le dessin a été fait « à la fin de la période florentine ». Crowe et Cavalcaselle rapprochèrent le motif 5, mais inversé, de l'Enfant de la Madone de Foligno du Vatican (De V. 97). Ce motif, que l'on trouve aussi dans la gravure exposée G. n° 12, rappelle la torsion caractéristique, trouvaille de Michel-Ange, de l'enfant Jésus du *Tondo Doni,* (Florence, Uffizi, peinture) et du *Tondo Taddei* (Londres, Royal Academy : sculpture) ; il a été utilisé dans la *Sainte Famille* à la sanguine du Fitzwilliam Museum (Cambridge ; Jaffé, 1976, n° 32 ; Fischel, VIII, n° 357) et dans les motifs 2 des D. n°s 95 et 103.

Enfin, on reconnaît respectivement dans la *Madone de l'Impannata* (Florence, Palais Pitti, De V. 106) et la *Madone au Rideau* (Munich, Alte Pinakothek, De V. 110), des années 1513-1514, le motif 4 (inversé) et le motif 2. Notons que le dessin de Lille a pour thème une « Vierge au livre », qui ne correspond à aucune des Madones citées.

Fig. 119. Schéma du D. n° 92

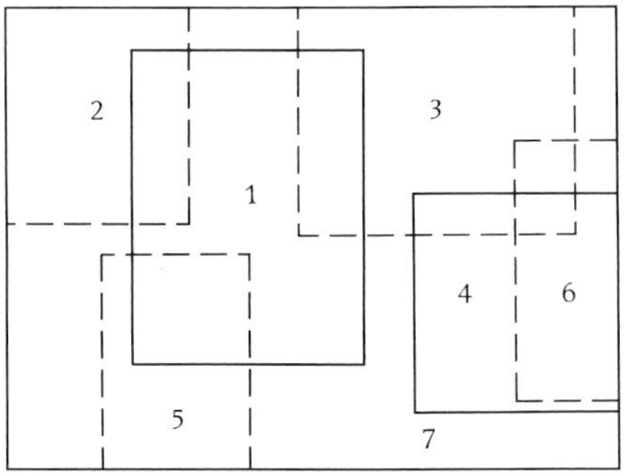

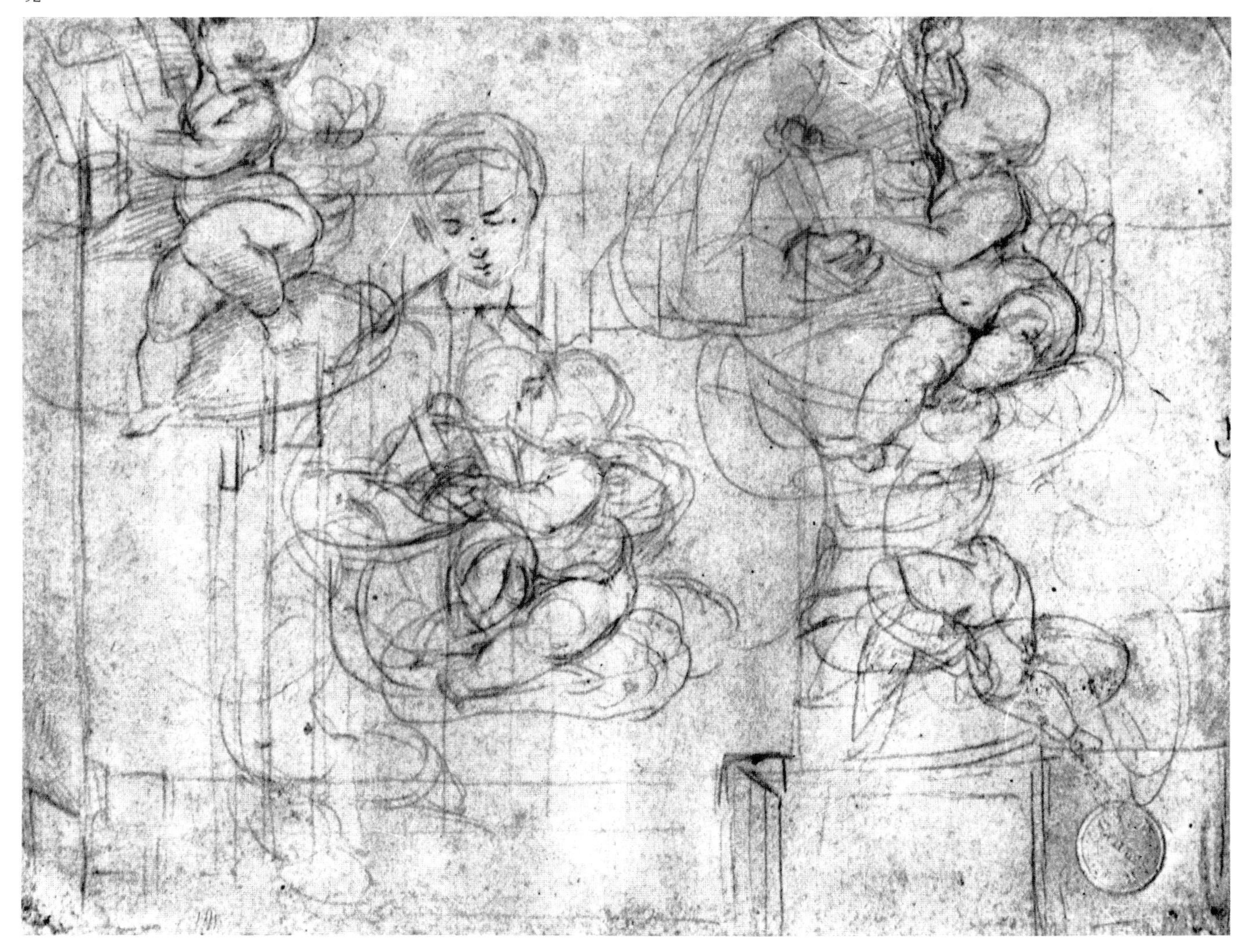

Fig. 120. Tracé d'architecture, d'après le D. n° 92

Comme l'a bien souligné C. Gould (1979, p. 45) il ne s'agit pas d'études réalisées en vue de peintures définies. Elles reflètent comme les autres études du « carnet rose » la facilité créatrice de son auteur et peuvent être considérées indépendamment des tableaux. La vivacité du trait, dans une technique subtile, devenue déjà rare en Italie à la période où Raphaël l'utilise, la justesse de l'attitude attentive du petit enfant regardant sa mère, la clarté des formes multipliées dans un espace très restreint, retiennent l'attention. Liées à l'observation la plus aiguë de la réalité, au même titre que les études de Léonard (par exemple la série d'études de *chats* pour la *Madone au chat*), elles sont également le fruit d'une synthétisation imaginée, plus encore qu'une décomposition du mouvement. Le motif 6 représente un ange qui ne semble pas avoir été remarqué ; sans préciser davantage, on peut le rapprocher de la *Poésie* ailée (plafond de la Chambre de la Signature) et des *Anges* qui accompagnent les *Prophètes* à la chapelle Chigi (S. Maria della Pace ; De V. 107), œuvre généralement datée vers 1514.

Les dessins d'architecture authentiques de Raphaël étant rares, les notations qui sont tracées (motif 7), sous les figures, revêtent, malgré leur aspect rudimentaire et leur manque de lisibilité, une importance qui a été soulignée par les études récentes (Oberhuber, 1963, p. 44; id. 1966, p. 242 ; Shearman, 1969, fig. 1 ; Vitali et Oberhuber, 1972 ; Ray, 1974, pp. 272-283 ; 1976). K. Oberhuber les a analysées pour la première fois et mises en rapport avec l'architecture peinte de la *Dispute du Saint Sacrement;* S. Ray (1974) y a vu un relevé d'architecture antique, tandis que P. Joannides a brièvement suggéré un rapprochement intéressant avec l'église romaine de Sant'Eligio degli Orefici auquel on attache le nom de Raphaël depuis Geymüller (1884, p. 19; voir Marchini, 1968, pp. 441-448, avec illustrations). Ces croquis confirment, en tout état de cause, que Raphaël a pu concevoir seul l'ambitieuse architecture peinte de l'*Ecole d'Athènes* sans une intervention directe de Bramante (Shearman, 1965, *Stanze,* p. 169, note 50), contrairement à ce que soutenait récemment J. Pope-Hennessy, (1972, p. 100).

Les doutes exprimés par A. Forlani Tempesti pour ce dessin et le D. n° 93 ne sont pas justifiés. Le numéro *23* qui figure sur le bord droit pourrait faire partie d'une numérotation suivie, ce qui, selon Fischel (VIII, p. 362) confirmerait l'idée, aujourd'hui mise en doute, d'un véritable carnet. Cf. D. n° 97.

93 Vierge assise avec l'enfant Jésus sur ses genoux

Pinceau, lavis brun, sur premier tracé au stylet et à la pointe de plomb. Trait d'encadrement au pinceau et à l'encre brune, doublé, par une autre main d'un trait à la mine de plomb, tracé à la règle. Papier blanc, partiellement préparé à la craie (?). H. 0,111 ; L. 0,150.

Lille, Musée des Beaux-Arts. Inventaire 455 (verso de Inventaire Pl. 454).

Bibl. : Benvignat, 1856, n° 731 - Ruland, p. 95, XL, n° 1 - Morelli, 1891-1892, p. 441 - Leroi, 1893, p. 77, repr. - Fischel, 1898, n°s 303 et 424 - Koopmann, 1898, pp. 169-170, n° 91 - Fischel, 1939, p. 182, pl. III, A - Fischel, VIII, 1941, n° 347 - Fischel, 1948, p. 129 - Parker, 1956, p. 258, sous n° 508 - Forlani Tempesti, 1968, p. 426, note 131 (douteux) - Dussler, 1971, p. 27 - Joannides, 1983, n° 269, verso.

Autre version du motif de la Vierge assise sur un socle, caractéristique des Madones de Londres, étudié au recto et dans la feuille suivante. Y est associé un nouvel élément : l'enfant jouant avec le voile de sa mère (repentir du bras droit),

93

Fig. 121. *Madone de Foligno* (détail). Rome, Pinacoteca Vaticana

que Raphaël a retenu dans la *Madone Bridgewater* (Collection Duke of Sutherland; prêté à Edimbourg, National Gallery, De V. 73) et surtout dans la *Madone de Foligno* où la tête de la Vierge est recouverte d'un voile, dans lequel l'enfant se blottit. L'enfant de la *Madone à la tenture* correspond presque à celui du dessin avec la jambe tendue en avant indiquée dans le repentir, mais en sens inverse. Le dessin est tracé à la pointe du pinceau, mais contraitement aux dessins où le pinceau intervient seul (Oxford, Ashmolean Museum, Parker, 518; Fischel, III, n° 133; voir Robinson, pp. 149-150, pour un intéressant développement sur la technique du lavis à l'époque de Raphaël, accompagné parfois d'une préparation de fond comme pour les pointes de métal), il ne présente aucun rehauts de lavis ou de blanc. En ce sens, on comprend les doutes exprimés par A. Forlani Tempesti. Le pinceau est manié comme la plume et l'effet global n'est pas très différent de celui obtenu dans une étude, proche par l'aspect ramassé du groupe mère-enfant, à Stockholm (National Museum; Fischel, III, n° 133) où la Vierge, assise, les jambes repliées sous elle comme dans la «Madone au socle», allaite l'enfant.

Ce dessin a été copié dans la feuille du Louvre (RF 488; D. n° 129) rassemblant 4 copies d'études différentes qui ont dû être réunies à une certaine époque; on y trouve notamment une autre «Madone au socle» qui rappelle les études du «carnet rose» et est peut-être le seul vestige d'une feuille perdue faisant partie de ce groupe.

94

94 Etude de Vierge à l'Enfant

En haut, à droite: détail de la manche et de la main gauche d'une femme allaitant.
Pointe de métal sur papier préparé rose. Lignes de construction à la pointe de métal. H. 0,162; L. 0,112. Taches grises dues à l'oxydation de la préparation.

Hist.: J.-B. Wicar - A. Fedi - J.-B. Wicar (L. 2568); légué à la ville en 1834.

Lille, Musée des Beaux-Arts. Inventaire Pl. 436.

Bibl.: Benvignat, 1856, n° 694 - Passavant, 1860, n° 380 - Weigel, 1865, p. 459, n° 6538 - Gonse, 1871, p. 60 - Ruland, 1876, p. 68, XXIV, n° 7 - Crowe et Cavalcaselle, II, 1885, p. 104, note - Lübke, 1882, p. 106 - Pluchart, 1889, n° 436 - Morelli, 1891-1892, p. 441 (Genga) - Koopmann, 1897, p. 170, n° 92 - Fischel, 1898, n°s 307 et 426 - Suida, 1898, pl. 18 - Fischel, 1939, pl. 182, pl. I, C - Fischel, VIII, 1941, n° 378 - Fischel, 1948, p. 129 - Dussler, 1971, pp. 27, 31 - Scheller, 1973, pp. 127-128, n° 15, p. 130, n° 32 - Gould, 1975, p. 215, sous n° 744 et pp. 219-220, sous n° 2069 - Kelber, 1879, p. 438, sous n° 80 - De Vecchi, 1981, p. 246, sous n° 51 - De Vecchi, 1982, p. 101, repr. - Joannides, 1983, n° 270.

Exp.: Lille, 1961, n° 29, pl. XII - Lille, 1983, n° 26.

Comme le dessin précédent, celui-ci peut être rattaché aux Madones des premieres années romaines, en particulier à la *Madone Mackintosh* et à la *Madone Aldobrandini,* deux œuvres

Fig. 122. *Madone Aldobrandini.* Londres, National Gallery

proches par la conception et le motif de la Vierge assise sur un socle de pierre. Mise à part l'opinion aberrante de Morelli qui y voyait le style péruginesque de Genga, les auteurs n'ont jamais mis en doute ce dessin et le rapprochent avec l'une ou l'autre des peintures citées a été régulièrement signalé depuis Ruland. Dussler notait que la position de la Vierge a été précédée par la *Charité* de la Prédelle de la *Mise au Tombeau Borghese* (De V. 70 C), étudiée dans le dessin de Vienne (Albertina, Stix et Fröhlich-Bum, 51; Fischel, IV, n° 181). La position de la main étudiée à part semble se référer à l'observation directe du geste actif d'une mère allaitant, plutôt qu'au geste d'abandon que l'on trouve dans la *Foi* de la prédelle Borghese citée, ou dans le carton pour *Sainte Catherine* (D. n° 62).

L'idée d'une «Madone lactans» ne semble pas avoir abouti, peut-être en raison d'un changement du goût des commanditaires, mais plusieurs feuilles attestent l'intérêt suivi de Raphaël pour le motif (voir D. n° 4; Bayonne, Musée Bonnat, Inv. 1385; Bean, 1960, n° 217; Stockholm, cité sous D. n° 93). La coiffure et l'indication du vêtement, avec le bustier ajusté largement décolleté, laissent présumer que Raphaël a observé un modèle réel. La tête est étudiée avec une extrême délicatesse dans la feuille également préparée en rose, du British Museum (Pouncey et Gere, 24; Fischel, VIII, 349). Le quadrillage, dont on distingue les traits sous les figures, a servi à la construction de celle-ci, comme dans l'étude rose (D. n° 49) datant de la fin de la période florentine, qui présente aussi une préparation rose du papier.

95 Etudes pour la Vierge à l'Enfant avec saint Jean-Baptiste

Détail de l'Enfant pour la *Madone de Lorette*

1. Jeune femme assise de profil vers la gauche, jambes étendues devant elle; sur ses genoux, l'enfant penché en avant, bras tendus, enserrant la croix présenté par le second enfant, placé en contrebas, à gauche.
2. Jeune femme assise par terre, jambes pliées sous elle, vue de profil vers la gauche, la main posée sur l'enfant vu de profil et tenant la croix de sa main droite posée sur le bord de l'encadrement, la main gauche tendue pour recevoir un objet du second enfant, à peine esquissé, assis, cambré, sur les genoux de sa mère, dans le sens opposé de l'enfant du motif 1.
3. Détail de l'enfant tenant la croix avec indication de la main de la Vierge sur son épaule.
4. Etude d'enfant couché sur le dos tendant les bras et détail du bras droit, lisibles en tournant la feuille de 45° à gauche.
5. Dans la partie gauche, traits semblant correspondre à un élément d'encadrement architectural, comportant (?) un arc, visible sous la tête de la Vierge du motif 1.

Pointe de métal sur papier préparé rose. H. 0,111; L. 0,143. Quelques manques sur les bords. Taches grises dues à l'oxydation de la préparation.

Hist.: J.-B. Wicar - A. Fedi - J.-B. Wicar (L. 2568); légué à la ville en 1834.

Lille, Musée des Beaux-Ats. Inventaire Pl. 437.

Bibl.: Benvignat, 1856, n° 695 - Passavant, 1860, II, n° 380 - Weigel, 1865, p. 548, n° 6521 - Ruland, 1876, p. 69, XXVI, n° 3/4 - Gonse, 1878, p. 60 - Crowe et Cavalcaselle, I, 1882, p. 288; II, 1885, pp. 109-110, note - Pluchard, 1889, n° 437 - Fischel, 1898, n° 312 - Fischel, 1927, p. 5 - Fischel, 1939, p. 187, pl. III, D - Fischel, VIII, 1941, n° 352 - Fischel, 1948, pp. 127, 361 - Pfeiffer, 1955, p. 183 - Sharf, 1964, p. 119, fig. 7 et 8 - Forlani Tempesti, 1968, p. 426, note 31 - Cocke, 1969, p. 37, pl. 101 - Pope-Hennessy, 1970, pp. 206, 288, note 59 - Dussler, 1971, p. 27 - Scheller, 1973, pp. 127-128, n° 15 - Ray, 1974, pp. 273, 352, fig. 139 - Gould, 1975, p. 215, sous n° 744 - Ray, 1976, p. 92 - Jaffé, 1976, p. 20, sous n° 32, pl. 24 - Brigstoke, 1978, p. 113, fig. 24 - Gould, 1980, p. 337, note 2 - De Vecchi, 1981, p. 246 sous n° 52 et p. 247 sous n° 55.

Exp.: Lille, 1961, n° 30, pl. XIII - Amsterdam, Bruxelles, Lille, 1968, n° 88, pl. 24 - Florence, 1970, n° 85, pl. 71 - Chantilly, 1979, n° 23, repr. - Lille, 1983, n° 25.

Ruland rapproche cette feuille, d'une part de la *Madone Aldobrandini* à laquelle se référaient les dessins précédents (motifs 1, 2, 3) et, d'autre part, de la *Madone de Lorette,* (motif 4), récemment retrouvée au Musée Condé de Chantilly, (cat. Exp. Chantilly, 1979, fig. 1; copie au Louvre, P. n° 25). Auparavant, Passavant, qui regroupait sous le n° 380 les dessins exposés D. n°s 94 à 96, notait que «parmi les esquisses d'enfants il y en a un pour le petit Jésus de la Vierge de Lorette». Crowe et Cavalcaselle soulignèrent la rapidité avec laquelle Raphaël transformait un thème aussi familier que celui de la Vierge à l'Enfant, et la qualité de l'observation des mouvements (II, p. 110); selon eux, ces motifs devraient être mis en rapport avec la *Madone Bridgewater* et la *Madone au palmier* de la collection Sutherland (dépôt à Edimbourg, National Gallery of Scotland; De V. 62, 73; cf. D. n°s 49 et 93), en raison de la position de l'enfant Jésus dans les motifs 1 et 2, ainsi qu'avec la *Madone Sixtine.* Ils furent suivis par Fischel (1941) sur ce dernier point. On peut en effet considérer que le détail des angelots, familièrement accoudés au bord du cadre de la *Pala* de Dresde (De V. 105), trouve sa première expression dans les motifs 2 et 3, bien qu'il s'agisse là du petit saint Jean tenant la croix et protégé par la large main de la Vierge, posée sur son dos. Ce dessin est le seul à pouvoir être

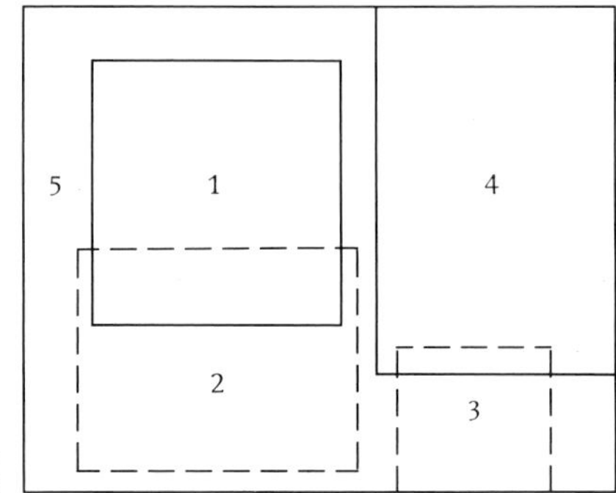

Fig. 123.
Schéma du D. n° 95

Fig. 124. *Madone de Lorette.*
Chantilly, Musée Condé

95

mis directement en rapport avec la *Madone de Lorette* (pour d'intéressantes copies presque contemporaines de la tête de la Vierge au Bristish Museum et l'Ahsmolean Museum, voir Pouncey et Gere, 1962, 47, repr. Fischel, VIII, fig. 286; Macandrew, 1980, 66 A, pl. XXXVIII). S. Béguin, dans l'importante étude consacrée à ce tableau, a noté le repentir du pied droit de l'enfant couché et s'éveillant, dans le motif 4. Le bras droit, étudié à part, est représenté un peu plus vertical dans la peinture. Celle-ci est habituellement datée vers 1509-1510 (Dussler, p. 27; Pope-Hennessy, p. 288, note 60; Sharf; Pouncey et Gere, cités pour D. n° 96; Béguin, p. 26; Cuzin, 1983, p. 139) mais une date plus proche de 1512 est également défendue (Putscher; Shearman, 1965, p. 35; Gould, 1980). Comme l'a justement noté C. Gould (1975), il serait dangereux d'utiliser de façon trop systématique les études du « carnet rose » pour dater les peintures auxquelles elles ont servi. Il convient de les considérer comme des « étapes embryonnaires » engageant le processus d'élaboration. Certains auteurs ont pensé que quelques-unes d'entre elles avaient été faites à la fin de la période florentine (Dussler, p. 67, pour D. n° 92; Crowe et Cavalcaselle, II, loc. cit., pour celle-ci). Celle-ci ne présente pas les « reprises irrespectueuses » que signalait Fischel (1941). Les traits sous-jacents (motif 5), notés par S. Ray et P. Joannides, évoquent un encadrement de retable, mais il est difficile d'en préciser la nature.

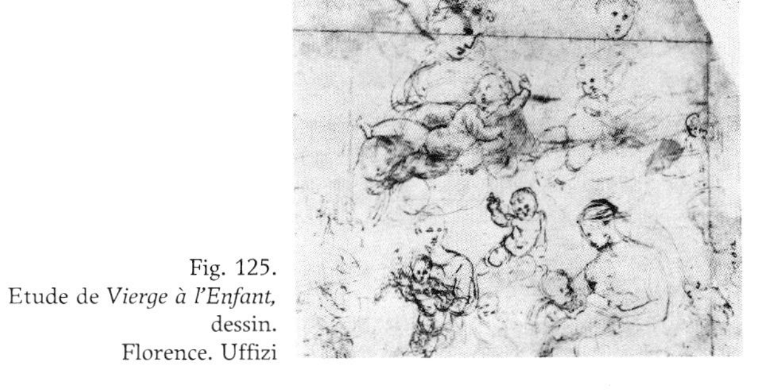

Fig. 125.
Etude de *Vierge à l'Enfant,*
dessin.
Florence. Uffizi

Longhena, dans l'édition de Quatremère de Quincy (1829, p. 718), signalait dans la collection Fedi deux dessins *con putti e pensieri di Madonne tutti due fatti a punta d'argento,* mais il n'est pas possible de les identifier. Rappelons que ce groupe de feuilles sur papier préparé rose firent partie du lot de dessins de Raphaël appartenant à Wicar qui passa entre les mains de Fedi.

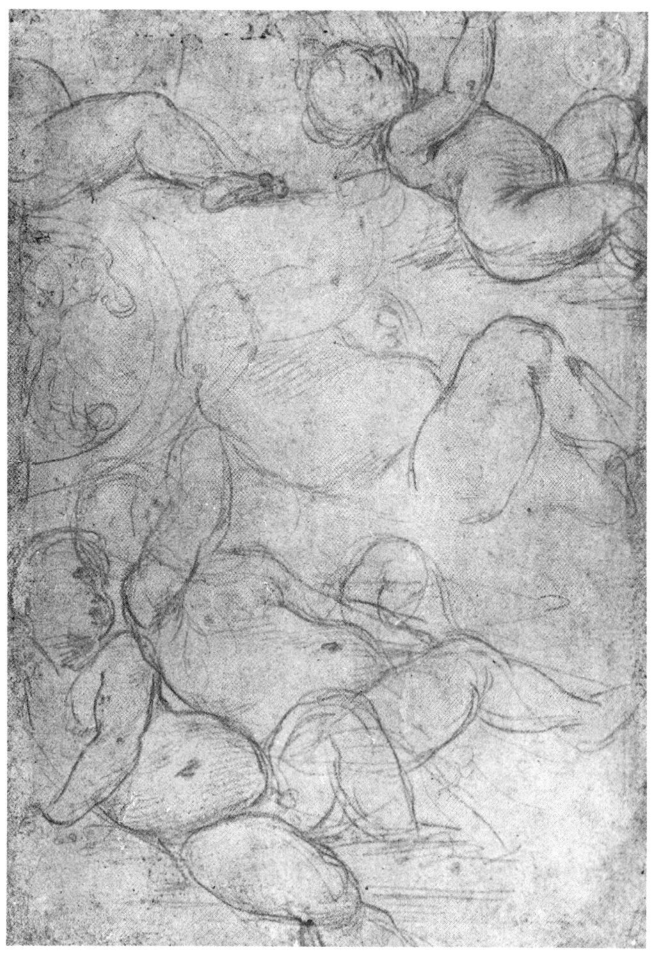

96

96 Cinq études d'enfants nus

Sur le côté gauche, étude de lunette avec deux figures assise, lisible en tournant la feuille de 45°, à gauche.
Pointe de métal sur papier préparé rose. Lignes de construction à la pointe de métal. H. 0,167 ; L. 0,119.

Hist. : J.-B. Wicar - A. Fedi - J.-B. Wicar (L. 2568) ; légué à la ville en 1834.

Lille, Musée des Beaux-Arts. Inventaire Pl. 438.

Bibl. : Benvignat, 1856, n° 696 - Passavant, 1860, II, n° 380 - Weigel, 1865, p. 548, n° 6521 - Wogelin, 1870, p. 5 - Ruland, 1876, p. 69, XXVI, n° 3/4 - Gonse, 1878, p. 61 - Lübke, 1882, p. 103 - Springer, 1883, I, p. 258 - Crowe et Cavalcaselle, II, 1885, p. 87 - Morelli, 1891-1892, p. 441 - Pluchart, 1889, n° 438 - Fischel, 1898, n° 304 - Fischel, 1939, p. 187, pl. II, D - Fischel, VIII, 1941, n° 351 - Fischel, 1948, p. 129 - Putscher, 1955, p. 183 - Pouncey et Gere, 1962, p. 20, sous n° 23 - Forlani Tempesti, 1968, pp. 387, 426, note 131 - Pope-Hennessy, 1970, p. 288, note 61 - Scheller, 1973, pp. 127-128, n° 15 - Brigstoke, 1978, p. 113 - Gould, 1980, p. 337, note 2 - Joannides, 1983, n° 272.

Exp. : Lille, 1961, n° 31 - Chantilly, 1979, n° 22, repr. - Lille, 1983, n° 24.

Cette série de cinq études d'enfants couchés éveillés, semble prolonger (ou précéder) l'étude du dessin D. n° 95 mise en rapport avec l'enfant Jésus de la *Madone de Lorette*. Fischel (1937) notait que dans les deux études du bas, le motif est associé à celui de l'enfant joueur de la *Madone Bridgewater* d'Edimbourg ; Fischel pensait que cette œuvre pouvait avoir été achevée par Raphaël à Rome, opinion partagée par A. Forlani Tempesti (p. 386), justement en raison de l'existence de dessins où l'on trouve des enfants étudiés dans des poses voisines. C'est le cas du dessin des Uffizi (cf. D. n° 103 ; au verso, premiers projets pour la *Dispute du Saint Sacrement*) et des deux feuilles qui font partie de ce groupe de dessins sur papier préparé rose, au Musée de Cleveland (voir D. n° 97) et au Bristish Museum (Pouncey et Gere, 1962, 23 ; Fischel, VIII, 350). Dans le dernier, les bébés ont un aspect moins musclé que ceux de la feuille de Lille, comme si Raphaël pensait à des figures flottantes, sans poids. On comprend l'erreur de A. Venturi (1920, p. 155, fig. 93), qui y avait vu des études pour les putti volant dans les nuages de la *Dispute*. Il est significatif que l'un des enfants du dessin des Uffizi ait été rapproché par A. Forlani Tempesti (p. 389) du putto nageant, conduisant la coquille de Galatée, dans le *Triomphe de Galatée* de la Farnesina (De V. 92).

Pluchart avait mis en rapport les études de la feuille exposée avec la *Madone de Lorette* mais depuis Fischel (1898), la double référence à la *Madone Bridgewater* et à la *Madone de Lorette* a été préférée, notamment par Ph. Pouncey et J. Gere qui confirment le lien entre les dessins de Lille et de Londres et admettent que les deux peintures ont été élaborées parallèlement.

L'étude pour une composition cintrée de lunette reposant sur des chapiteaux et surmontée d'un tympan a rarement été examinée. Fischel y a vu la Vierge assise et saint Joseph ou sainte Anne tenant l'Enfant Jésus levé ; il en soulignait l'importance, dans la mesure où il s'agit d'une idée de décoration monumentale, ainsi que la dignité michelangelesque de la composition qui semble annoncer la *Madone au sac* d'Andrea del Sarto (Florence, cloître de la SS. Annunziata), de quinze ans postérieure. Peut-on établir une relation entre ce projet et la décoration de la salle de Galatée à la Farnesina ? Celle-ci fut confiée à Sebastiano del Piombo tout de suite après son arrivée à Rome et sans doute peinte dans la deuxième moitié de 1511 (voir Freedberg, 1972, p. 142 ; Hirst, 1981, p. 33). Peut-on y voir une des toutes premières idées de décoration de la chapelle Chigi à S. Maria del Popolo, comme le suggère K. Oberhuber (communication orale) ?

97 Etude d'homme à mi-corps penché en avant et croquis de Vierge à l'Enfant avec saint Jean-Baptiste

Etude pour le groupe des disciples d'« Euclide » dans l'*Ecole d'Athènes*

Groupe de droite : étude de composition circulaire avec recherche de trois positions différentes dans l'inclinaison de la tête de la Vierge assise par terre, jambes repliées sous elle, tenant sur ses genoux l'enfant dessiné dans deux positions différentes (jambes de face, écartées et de profil, genou gauche plié) et tendant les bras vers le second enfant, accroupi à droite, de profil vers la gauche.

Pointe de métal sur papier préparé rose (avec nuance différente sur les quatre bords). H. 0,156 ; L. 0,117. Bord supérieur incisé. Légers manques sur les bords supérieur et inférieur à droite ; légèrement taché dans la partie inférieure.

Hist. : J.-B. Wicar (L. 2568) ; légué à la ville en 1834.

Lille, Musée des Beaux-Arts. Inventaire Pl. 479.

Bibl. : Benvignat, 1856, n° 685 - Passavant, 1860, II, n° 392 - Weigel, 1865, p. 588, n°s 6970 et 6971 - Robinson, 187, sous n° 70 - Ruland, 1876, p. 192,

Fig. 126. L'*Ecole d'Athènes*.
Rome, palais du Vatican

97

Fig. 127. Détail du carton pour l'*Ecole d'Athènes*.
Milan, Pinacoteca Ambrosiana

n° 109 - Gonse, 1878, p. 64 - Springer, 1883, *Schule,* p. 74, repr. - Crowe et Cavalcaselle, II, 1885, p. 67, note - Pluchart, 1889, n° 479 - Morelli, 1891-1892, p. 377 (copie) - Koopmann, 1897, pp. 436-437 - Fischel, 1898, n° 153 (copie; peut être original dans le groupe de la Vierge) - Fischel, 1928, VII, p. 311, n° 312 a, fig. 273 - Fischel, 1939, p. 187, pl. II, C - Fischel, 1941, VIII, n° 353 - Parker, 1956, sous n° 533 - Forlani Tempesti, 1968, p. 426, note 131 (douteux) - Scheller, 1973, p. 127, n° 15 - Oberhuber et Vitali, 1972, p. 12, note 18, fig. VII - Joannides, 1983, n° 229.

Exp.: Lille, 1961, n° 43 - Lille, 1983, n° 29.

La figure principale a été rapprochée par Passavant du jeune homme penché en avant, s'appuyant sur le dos de son camarade, pour le groupe des disciples entourant le géomètre, à droite de l'*Ecole d'Athènes.* Vasari reconnaissait Bramante dans ce dernier, tantôt identifié comme Euclide tantôt comme Archimède (voir le tableau des identifications proposé par Springer, 1883 et D. n° 72). A l'exception de la chevelure, la figure se retrouve dans les mêmes proportions et selon les mêmes contours tant dans le carton (Milan, Biblioteca Ambrosiana, cf. D. n° 73 ; Oberhuber et Vitali, pl. 56 à 58) que dans la peinture. Redig de Campos (1965, schéma), n'a cependant pas pu fixer, pour cette figure, les limites correspondant au travail de la *giornata* (partie peinte au cours d'une séance de travail sur le mur préparé pour la fresque). Malgré les petites dimensions de l'étude, les éléments nécessaires à la construction finale de la figure sont présents : exactitude de la pose, clarté du contour, indication de la répartition de la lumière. La direction du regard est donnée par deux traits légers, peu visibles, caractéristiques de la méthode de travail de Raphaël, jamais approximatif lorsqu'il s'agit de figures destinées à l'agrandissement. Il est probable que ce dessin a suivi l'étude pour tout le groupe conservée à Oxford (cité sous D. n° 72). On n'y trouve aucune des reprises signalées par Fischel. Le contour y est aussi précis que dans l'étude d'enfant mis en rapport avec la *Madone de Lorette* (D. n° 95).

L'étude pour le groupe de la Vierge avec l'enfant Jésus et le petit saint Jean est d'une toute autre nature. Il s'agit d'une recherche libre, qui présente quelque rapport avec la *Madone Aldobrandini* (voir D. n° 93) et contient des éléments de la *Madone d'Albe* (voir D. n° 103). L'absence de contrainte, permet ici à l'artiste de pousser jusqu'à la déformation le mouvement de la mère entourant les enfants, dans une composition qui n'existe dans aucune des *Madones* peintes.

Cette feuille fait partie du groupe de six dessins de dimensions voisines, sur papier préparé rose, considérées par Fischel (1939) comme provenant d'un même carnet dont faisaient aussi partie deux dessins, à Londres (British Museum ; Pouncey et Gere, 23 et 24 ; Fischel, VIII, n°s 350 et 349) et un neuvième à Cleveland (Museum of Art, CMA 78.37 ; autrefois Bâle, collection Von Hirsch ; Fischel, VIII, n° 354). Il convient d'y ajouter l'étude sur papier rose pour les *Poètes* du *Parnasse,* écarté par Fischel (Bristish Museum ; Pouncey et Gere, 1962, 44 et p. XVI ; Brown, 1983, p. 112, repr. coul.). Ce dernier et l'étude pour l'*Ecole d'Athènes* dans le dessin exposé constituent un élément essentiel de datation pour tout ce groupe qu'il convient de placer à l'époque de la décoration de la Chambre de la Signature. Le fait que ces feuilles aient fait partie d'un véritable carnet n'est pas prouvé (Pouncey et Gere, p. 20).

98

Fig. 128. *La Poésie* (détail du Siège). Rome, Palais du Vatican

Trois études, plus grandes, mais présentant la même préparation rose, pour l'*Ecole d'Athènes,* sont conservées à Francfort, Oxford et Florence (Fischel, VII, n°s 306, 307, 308). La couleur rose n'apparaît plus dans les dessins à la pointe de métal postérieurs (D. n° 101). Elles firent partie du lot qui passa entre les mains de Fedi.

98 Deux têtes d'après l'antique, vues de face et de profil

Deux études de Silène couché

Pointe de métal sur papier préparé rose (la préparation ne recouvre pas complètement le support). H. 0,108; L. 0,168. Composé de deux fragments de feuillets coupés, assemblés verticalement de : L. 0,117 (partie gauche) et 0,051 (partie droite). Léger manque sur le bord latéral du feuillet de droite.

Hist. : J.-B. Wicar - A. Fedi - J.-B. Wicar (L. 2568); légué à la ville en 1834.

Lille, Musée des Beaux-Arts. Inventaire Pl. 484.

Bibl. : Benvignat, 1856, n° 735 - Weigel, 1865, p. 615, n° 7284 - Passavant, II, 1860, n° 404 - Ruland, 1876, p. 346, XI, n° 1 - Gonse, 1878, p. 60 - Crowe et Cavalcaselle, II, 1885, p. 26, note - Pluchart, 1889, n° 484 - Morelli, 1891-1892, p. 442 (copie) - Fischel, 1898, n° 164 (pas de Raphaël) et n° 612 - Fischel, 1939, p. 182, pl. I, A - Fischel, VIII, 1941, n° 345 - Scheller, 1973, p. 127, n° 15 - Joannides, 1983, n° 268.

Exp. : Lille, 1961, n° 37 - Lille, 1983, n° 28.

Récemment mises en rapport avec des études d'expression pour la Chambre de la Signature (Joannides), en raison d'un rapport avec motif de la feuille de Vienne (Albertina; Stix et Fröhlich-Bum, 56; Fischel, VI, n° 283), les études de têtes barbues ont plus probablement servi, comme le suggéraient Crowe, Calvalcaselle et Fischel (1939) à la préparation des trônes imitant le marbre sculpté dans ces fresques. La tête de face peut-être comparée à celle qui orne le côté le plus visible du siège de la *Poésie* dans le médaillon, moins connu que celui de la *Philosophie,* orné du motif de la Diane d'Ephèse. Ces éléments de décors classicisant veulent indiquer l'origine grecque de la *Philosophie* et de la *Poésie;* typologiquement cette tête se rapproche de celle d'un Asclépios hellénistique. Le motif rappelle aussi les têtes qui couronnent le sarcophage romain décoré d'une scène nuptiale, dans l'église romaine de S. Lorenzo (Monument du cardinal Fieschi; Beccati, fig. 60). Le *Bacchus* n'est pas sans rapport avec le sarcophage de *Bacchus et Ariane* (Londres, Bristish Museum; Dacos, 1979, fig. 5) qui avait déjà servi à Ghiberti. Ces études sont à ranger dans le grand courant des découvertes des vestiges de la Rome antique dont l'installation des plus belles pièces, dans la cour du Belvédère au Vatican, autour de 1506, est une des manifestations qui précède l'arrivée de Raphaël à Rome (voir Pastor, 1898, p. 511, note). Cf. D. n° 97.

La Tenture des Actes des Apôtres

1515-1516

99 Homme debout de profil à droite

Etude pour le *Christ remettant les clefs à saint Pierre*

Sanguine sur premier tracé au stylet. H. 0,253; L. 0,134. Feuillet déchiré et découpé de façon irrégulière sur le bord droit. Tracé de la manche et de l'extrémité du pied gauche complété par une autre main. Deux empiècements sur le bord gauche. Trace de déchirure horizontale au niveau des genoux; manque dans l'angle inférieur gauche. Taches brunes et grisâtres. Collé en plein.

Hist. : Probablement E. Jabach (L. 2961) et entré en 1671 dans le Cabinet du Roi; marques du Louvre (1899 et 2207).

Paris, Musée du Louvre. Inventaire 3854.

Bibl. : Inventaire manuscrit Jabach, II, 592 - Inventaire manuscrit Morel d'Arleux, 1424 - Passavant, 1860, II, n° 350 - Woodward, 1863, p. 165 - Weigel, 1865, p. 569, n° 6743 b - Reiset, 1866, n° 314 - Ruland, 1876, p. 245, n° 10 - Chennevières (1882), pl. 2 - Springer, 1883, II, p. 71, fig. 72 - Crowe et Cavalcaselle, II, 1885, pp. 289 - Müntz, 1886, pp. 92, 486, note 1, repr., p. 478 - Morelli, 1891-1892, p. 293, n° 253 - Dollmayr, 1895, p. 255 (contre-épreuve) - Koopmann, 1895, p. XII (élève); Fischel, 1898, n° 244; I, 1912, p. 22, fig. p. 9 (Giulio Romano) - Rouchès, s.d., n° 26, repr. - Oppé, 1944, p. 85, pl. 20 a - Middeldorf, 1945, n° 84 - Fischel, 1948, pp. 256, 365, fig. 270 - Popham et Wilde, 1948, sous n° 802 - Gould, 1951, pp. 93-95 - Hartt, 1958, p. 17, 286, n° 1, fig. 7 - White et Shearman, 1958, p. 308, pl. 32 - Shearman, 1959, p. 457 - Bertini, 1959, pp. 371, 372 - Oberhuber, 1962, p. 190, note 19, fig. 25 - Ciardi Dupré, 1967, p. 5, fig. 5 - Forlani Tempesti, 1968, pp. 411, 429, note 165 b - Marabottini, 1968, p. 276, note 7, fig. 12 - Cocke, 1969, n° 121, repr. - Pope-Hennessy, 1970, pp. 163, 282, note 67 - Dussler, 1971, p. 101 - Shearman, 1972, pp. 67, 68, 96, 97, notes 13, 102, fig. 46 - Freedberg, 1972, pp. 273, 274, note 79, fig. 350 (Penni) - Oberhuber, 1972, n° 442, pl. 45 - White, 1972, p. 7, fig. 27 - Kaplan, 1974, p. 55, fig. 10 - Catalogue vente, 1977, pp. 17-18 - Viatte, dans cat. Exp. Chicago, 1979-1980, sous n° 2 - De Vecchi, 1982, p. 113, repr. - Joannides, 1983, n° 358 - Cuzin, 1983, p. 171, fig. 175.

Exp. : Paris, 1977, n° 19, repr.

Ce dessin fait partie de la quinzaine d'études de la main de Raphaël connus pour les cartons de tapisserie exécutés entre 1514 et 1515 sur le thème de l'histoire des apôtres Pierre et Paul. Elles furent tissées à Bruxelles dans l'atelier de Pieter Van Aelst et étaient destinées à orner la chapelle Sixtine, lors des fêtes solennelles. Ce fut la commande artistique la plus considérable que Raphaël reçut de Léon X. Il prépara, avec l'aide de ses assistants, dix cartons dont sept sont conservés (Londres, Victoria and Albert Museum); neuf tapisseries se trouvent au Vatican. Les payements s'étagent entre le 15 juin 1515 et le 20 décembre 1516. La préparation de ces cartons

99

coïncide avec les travaux de la Chambre de l'Incendie (*Incendie du Bourg* et *Bataille d'Ostie,* 1514-1515). Le *Remise des Clefs,* la première tapisserie à avoir été tissée, comme échantillon, arriva à Rome le 1er juillet 1517. Le carton fut sans doute aussi le premier réalisé et les dessins peuvent avoir été préparés à la fin de 1514. Cette œuvre a fait l'objet d'une étude complète, due à J. Shearman (*Raphael cartoons,* 1972). La *Remise des Clefs* réunit en une seule scène deux épisodes des Evangiles de saint Mathieu (chapitre XVI) et saint Jean (chapitre XXI) où le Christ d'une part confie les clefs du Royaume à Pierre et d'autre part le charge de conduire le troupeau de ses brebis. D'où le titre *Pace oves meas,* souvent donné à cette scène. Faisant suite à la *Pêche miraculeuse,* c'est la deuxième tapisserie du cycle.

Le présent dessin, dont l'attribution n'est plus contestée, est un fragment découpé d'une étude préparatoire pour l'ensemble du groupe du Christ et des apôtres, connu par une contre-épreuve à la sanguine (Windsor ; Popham et Wilde, 802, pl. 62 ; Shearman, 1972, p. 96, fig. 47) ; deux autres fragments, semblables à celui du Louvre, correspondant aux têtes des apôtres ont également été conservés (Angleterre, collection particulière ; voir Shearman, pp. 90, 97, fig. 48, 49). Ce découpage intervint à une date ancienne, certainement antérieure à Jabach à qui appartint le fragment du Louvre. Il est possible que Raphaël lui-même se soit livré à cette opération dans le but de faciliter la recherche de l'attitude du Christ, sans doute transformée pour des raisons iconographiques (Shearman). Les dessins préparatoires ont été faits dans le sens de la tapisserie. L'existence de la contre-épreuve de Windsor montre que Raphaël était soucieux, dès ce stade intial de la préparation graphique, de contrôler l'effet que produirait la composition et surtout l'éclairage, après l'inversion résultant du tissage. Dans des cartons peints à la détrempe, les compositions furent inversées par rapport au sens des tapisseries, Raphaël se pliant aux mêmes contraintes que celles d'un graveur lorsqu'il veut transcrire un motif dans le sens du modèle original (White).

Le dessin exposé est une étude objective, sobre et concise, de l'attitude du Christ et de l'effet de la lumière indiquée par les hachures ; comme dans l'étude de la *Madone d'Albe,* le modèle pose dans l'atelier, en costume de travail.

Fig. 129. Etude pour la *Vocation de saint Pierre,* dessin.
Windsor, Royal Library

100

100 Le Christ remettant les clefs à saint Pierre

Projet pour la tapisserie des *Actes des Apôtres*

Plume, encre brune, lavis brun, rehauts de blanc, sur premier tracé à la pointe de plomb. Pierre noire et stylet. Mis au carreau à la pierre noire. H. 0,223 ; L. 0,355. Oxydations. Papier bruni et taché.

Hist. : Cardinal M. Grimani (?) - J. Stella - L. Bauyn - Pierre Odescalchi (?) - Duc d'Orléans - Ch.-A. Coypel ; vente, Paris, 1753, n° 228 - Acquis pour le Cabinet du Roi. Marque du Musée (L. 1886).

Paris, Musée du Louvre. Inventaire 3863.

Bibl. : Recueil Crozat, pl. 40 - Mariette, *Abecedario,* II, p. 36, VI, p. 298 - Quatremère de Quincy, Ed. Longhena, 1829, p. 715 - Inventaire manuscrit Morel d'Arleux, 1384 - Passavant, 1860, II, n° 322 - Weigel, 1865, p. 569, n° 6739 - Förster, 1867-1868, p. 342 - Ruland, 1876, p. 245, n° 13 - Guiffrey, 1877, p. 44, n° 1 - Chennevières (1882), pl. 7 - Crowe et Cavalcaselle, II, 1885, p. 290, note (copie ; probablement par Penni) - Morelli, 1891-1892, p. 293, n° 252 - Tauzia, 1879, n° 1610 - Müntz, 1897, p. 11, note 1 (copie) - Fischel, 1898, n° 245 (copie) - Dacier, 1932, p. 135, repr. p. 139 - Rouchès, s.d., n° 25 - Hartt, 1958, pp. 17-20, 286, n° 2, fig. 5 - Shearman, 1959, pp. 456, 460 - Oberhuber, 1962, pp. 29, 32, fig. 25 - Wildenstein, 1967, p. 210 - Forlani Tempesti, 1968, pp. 411, 441, note 165 (Giulio Romano) - Marabottini, 1968, p. 276, note 7 (Penni) - Cocke, 1969, n° 123, repr. - Pope-Hennessy, 1970, pp. 163, 282, note 69 - Dussler, 1971, p. 101 - Freedberg, 1972, pp. 274, 275, 629, fig. 353 - Oberhuber, 1972, n° 445, pl. 46 - Shearman, 1972, p. 68, note 129 ; pp. 96-107, notes 18, 106 ; notes 57, 114, fig. 51 - Pomian, 1978, p. 27 - De Vecchi, 1981, p. 251, sous n° 75 - Joannides, 1983, n° 360 et pl. 35 - Cuzin, 1983, p.

Exp. : Paris, An V, An VII, n° 147 ; An X, n° 228 ; 1811, n° 310 ; 1815, n° 250 ; 1818, n° 273 ; 1820, n° 321 ; 1841 et 1845, n° 569 - Chicago, 1979-1980, n° 48.

Le carton pour la tapisserie de la *Remise des Clefs,* conservé au Victoria and Albert Museum (Londres, Shearman, 1972, pl. 6), correspond fidèlement, tant dans le paysage que dans les figures, à ce *modello* fait dans le même sens, contrairement au dessin précédent. Un souci particulier est apporté au traitement de la lumière, notamment dans la façon d'éclairer plus vivement la personne du Christ. L'absence du troupeau dans la partie gauche constitue la variante la plus importante. La

Fig. 130. La *Vocation de saint Pierre.*
Londres, Victoria and Albert Museum

qualité de la feuille, récemment étudiée par F. Viatte (cat. Exp. Chicago), semble exclure toute identification avec le style de Giulio Romano et de Penni, auxquels on a voulu l'associer. Il est cependant difficile de juger exactement de cette œuvre achevée, soigneusement mise au net, prévue, comme le montre la mise au carreau, pour sa transposition dans le carton. Une réplique un peu plus petite en existe aux Uffizi (1216 F; Oberhuber, 1972, fig. 146) et elle fut gravée à plusieurs reprises. Une preuve supplémentaire de l'importance qu'on lui attachait au XVIIIe siècle est fourni par le commentaire que Helle écrivit sur son exemplaire du catalogue de la vente Crozat, où il critiquait les attributions trop généreuses de Mariette : *Il n'y avait de vrais dessins de Raphaël dans cette vente que les deux retenus par le Roy qui sont N. S. qui présente ses clefs à saint Pierre, et saint Paul prêchant à la porte du Temple* (voir K. Pomian, 1978). Le second *modello* cité est exposé, D. n° 120.

Le Louvre conserve de surcroît plusieurs feuilles anciennes en rapport avec les tapisseries des *Actes des Apôtres :* une copie du dessin de Giulio Romano pour la *Pêche miraculeuse* (Inv. 3952 ; Shearman, 1972, p. 95, note 6) : une copie, par Biagio Pupini, d'après la *Guérison du paralytique,* précieuse car elle semble être un reflet du *modello* perdu (Inv. 3988 ; id. pp. 56, 98, notes 24, 99, fig. 55) ; deux copies d'après la gravure faite en 1518 par Ugo da Carpi (Bartsch, XII, 46, 27 ; id. fig. 60) de la *Mort d'Ananie* (Inv. 3989 et 3990 ; id. p. 100, note 31) ; une excellente copie de la *Lapidation de saint Etienne,* d'après le dessin de l'Albertina que J. Shearman considère comme autographe de Raphaël mais non en rapport avec la tapisserie elle-même (Inv. 4125 ; id. p. 101, note 35).

101 Groupe de figures tournées vers la gauche

Étude pour le *Sacrifice à Lystra*

Pointe de métal, rehauts de blanc, sur papier préparé gris. H. 0,248 ; L. 0,393. Importante usure de la préparation grise, notamment sur le bord gauche ; légères oxydations. Taches brunes et grises. Quelques manques et amincissements du papier. Collé en plein. Annoté en bas, à la plume et encre brune : *Raphaël Sanzio d'Urbino* et *Raffaello d'Urbino*

Hist. : Albums dit « Borghese » ; montage annoté à la plume et encre brune : *S.B. n° 86*, avec la mention *S.R. n° 5*, au verso du dessin - Acquis en 1981 ; marque du Musée (L. 1886).

Paris, Musée du Louvre. R.F. 38813

Bibl. : Cuzin, 1983, p. 174, fig. 184.

Récemment acquise par le Cabinet des Dessins et exposée pour la première fois, cette étude ne semble pas avoir été mentionnée dans les ouvrages et catalogues anciens. Elle correspond à la partie droite de la tapisserie consacrée à l'épisode de l'histoire de saint Paul se déroulant à Lystra, en Asie Mineure, où l'apôtre et son compagnon Barnabé sont adorés comme des dieux auxquels la foule veut offrir un sacrifice païen (Actes des Apôtres, XIV, 7-18). Une copie, ne comportant pas la figure du sacrificateur, à l'extrême gauche, mais reproduisant exactement le reste de la feuille, en était connue (Florence, Uffizi, n. 128 S ; H. 0,234 ; L. 0,291. Shearman, 1972, p. 104, note 50, fig. 68) ; dessinée à la plume, elle ne permettait pas de supposer le moyen utilisé dans l'original. Tant par la place unique qu'elle occupe dans l'élaboration des cartons de tapisserie, pour lesquels les dessins conservés sont rares, que par ce qu'elle révèle du dessinateur à sa maturité, cette étude revêt une importance de tout premier plan. Elle correspond au même type de recherches que celles réalisées dans la même technique en vue de l'*Ecole d'Athènes* (Vienne, Albertina, Stix et Fröhlich-Bum, 68 ; Oxford, Ashmolean Museum, Parker, 553 ; Fischel, VII, n° 305 et 312 ; cf. D. n° 72), qui avaient aussi pour fonction l'observation du groupement des figures d'une partie de la composition, à partir de modèles vivants posant dans l'atelier. Aucune étude semblable, postérieure à celle pour la Chambre de la Signature, n'était jusqu'à présent connue. Raphaël ne cessa jamais de faire un large usage de la pointe de métal, souvent considérée

Fig. 131. Le *Sacrifice à Lystra.*
Londres, Victoria and Albert Museum

Fig. 132. Groupe de figures,
d'après le D. n° 101, dessin. Florence, Uffizi

Fig. 133.
Etude pour saint Paul, dessin.
Chatsworth,
collection Duke of Devonshire

Fig. 134.
Etude de femme, dessin.
Budapest,
Szépmüvészeti Müzeum

comme exclusivement liée au Quattrocento ; ses études de figures isolées sont souvent dessinées avec cette technique. C'est le cas du *Saint Paul* pour le *Sacrifice à Lystra* (Chatsworth, Collection Duke of Devonshire, Inv. 730 ; H. 0,228 ; L. 0,103 ; Shearman, p. 103, note 49, fig. 69), complémentaire, par ses dimensions et sa facture du dessin exposé. Il n'est cependant guère possible de conclure à une spécificité de cette technique pour un type d'étude donné. Il est remarquable, s'agissant d'un moyen graphique si différent, que Raphaël ait utilisé la sanguine en termes assez proches, par exemple dans l'étude pour les soldats de la *Conversion de Saint Paul* (Chatsworth, Collection Duke of Devonshire, Inv. 905 ; Shearman, 1972, p. 101, note 37, fig. 63). La *Tête* exposée D. nº 108 en serait un autre exemple. De même, parmi les études de nus féminins en liaison avec l'*Histoire de Psyché*, on trouve, à côté des sanguines (D. nº 110, 111) une étude à la pointe de métal, d'une admirable concision (Budapest, Inv. 1934 ; Oberhuber, 1972, p. 63, note 167, fig. 61), relevant d'une même approche de la forme. Remarquable par la cohérence des volumes, la justesse des attitudes, l'élégance des formes unies dans une lumière indiquée avec délicatesse, l'étude pour le *Sacrifice à Lystra* est dessinée dans le même sens que le carton. Le sacrificateur, au premier plan, paraît tenir dans ses deux mains, serrées contre lui, la corne du taureau, légèrement esquissée au premier plan. Ce geste ne sera pas retenu dans la composition finale, où le second bovin, à l'arrière plan, est représenté de profil et non de face et où apparaît un personnage supplémentaire, à l'extrême droite (Shearman, pp. 159, 104). La figure du premier plan, à la limite du déséquilibre, dont le geste est difficile à interpréter, correspond au vieillard, penché, vers la béquille, qui git à terre. Dans le carton, le groupe est resserré à la façon d'un bas-relief où les figures, pressées les unes contre les autres, se détachent sur un fond d'architecture à travers lequel apparaît clairement la référence au modèle antique.

Autres œuvres de la période romaine

102 Pietà

Pierre noire, pinceau, lavis brun, rehauts de blanc, sur premier tracé au stylet. Trait d'encadrement au pinceau et lavis brun, sur premier tracé au stylet, cintré dans la partie supérieure. H. 0,304; L. 0,216. Plis et déchirures. Collé en plein.

Hist.: E. Jabach (L. 2959, répété à la sanguine et 2953); montage à bande dorée des *dessins d'ordonnance;* indication de format: *F°*, au verso, à la sanguine. Entré en 1671 dans le Cabinet du Roi; marques du Louvre (L. 1899 et 2207).

Paris, Musée du Louvre. Inventaire 3858.

Bibl.: Inventaire manuscrit Jabach, II, 36 - Inventaire manuscrit Morel d'Arleux, 1452 - Passavant, 1860, n° 330 - Ruland, 1876, p. 39, XVII, n° 5 (d'après la gravure) - Chennevières, (1882), n° 18 - Müntz, 1886, pp. 266 et 550 - Tauzia, 1879, n° 1611 - Morelli, 1891-1892, p. 293 (Bagnacavallo) - Fischel, 1898, n° 392 (d'après la gravure) - Kristeller, 1907, p. 206 (d'après la gravure) - Popham et Wilde, 1949, p. 319, sous n° 816 (d'après la gravure) - Davidson, 1954, pp. 150-151 (Perino del Vaga) - Oberhuber, 1962, p. 117, fig. 5; 1966, *Albertina,* p. 98, sous n° 137 - Bianchi, 1968, p. 656, note 79 (d'après la gravure) - Freedberg, 1972, pp. 417 (Perino del Vaga), 531 (école de Raphaël), fig. 526 - Oberhuber, 1972, p. 60, note 161, fig. 59 - Shoemaker, 1981, p. 130, sous n° 37, fig. 31 (modello pour la gravure) - Joannides, 1983, n° 318.

Le rapport entre ce dessin et la gravure de la *Pietà* dite de la «Vierge au bras nu», due à Marcantonio Raimondi ou à son entourage, a été établi par Passavant. Le même motif, digne et émouvant, a été gravé par Marcantonio avec quelques variantes dans une très belle interprétation (G. n° 19). Le bord de la manche ajustée, noté par P. Jean Richard dans la première des deux gravures (Bartsch Illustré, 1978, 26, p. 49, n° 34, repr.) est marqué dans le dessin par un mince trait de gouache, au niveau du poignet. Les auteurs se sont interrogés sur la nature du dessin, soit qu'il s'agisse d'un original de Raphaël ou d'un artiste de son entourage, ayant servi à la gravure, ou bien d'une copie d'après celle-ci. L'hypothèse de Morelli qui y voyait la main du bolonais Bagnacavallo, certes très proche de l'esprit de Raphaël dans ses dessins (Louvre, Inventaire 8890) est irrecevable. Fredberg lui-même a abandonné le nom de Perino del Vaga qu'il avait d'abord suggéré. Celui de Gian Francesco Penni, proposé il y a quelques années par P. Pouncey (note manuscrite) est plus satisfaisant dans la mesure où Penni, sans doute le plus proche des collaborateurs de Raphaël, travailla très tôt avec lui au Vatican; ses dessins au lavis rehaussés de blanc, les seuls dont on ait à l'heure actuelle une idée assez juste, ne semblent pas, à notre avis, présenter la sensibilité et la solidité plastique de celui-ci (sur Penni, voir D.

Fig. 135. *Pietà,* gravure.
Marcantonio Raimondi

102

n° 88 et les dessins exposés au Louvre, *Autour de Raphaël*). Depuis 1962, le nom de Raphaël a été maintenu par K. Oberhuber, avis actuellement partagé par Ph. Pouncey (communication orale) et P. Joannides qui note, à juste titre, que la composition cintrée, indique un projet de peinture.

La technique du pinceau et des rehauts a été largement utiisée par Raphaël lors de la préparation des fresques de la Chambre de la Signature, période à laquelle le dessin fut sans doute exécuté. La manière de poser les rehauts est comparable à celle des dessins à la pointe de métal sur papier gris, comme les études pour la *Madone de l'Impannata* de Windsor et de Berlin (Fischel, VIII, n°s 373, 374), dont J.P. Cuzin (1983, p. 197) a récemment proposé d'avancer la date vers 1511-1512, ou le paysage, riche en effets luministes, pour le *Morbetto* (Windsor, Popham et Wilde, 801; Forlani Tempesti, pp. 405, 428, note 156, pl. coul. XLV, voir aussi Shoemaker, pp. 118-119, sous n° 31). On la retrouve dans l'étude pour *Attila* (D. n° 87). Aucune source précise n'a été évoquée pour cette impressionnante composition, certainement redevable à Mantegna (l'*Homme de Douleur,* Copenhague, National Museum, vers 1500; gravé par Zoan Andrea: Hind, V, p. 63, n° 2, pl. 575) dont Raphaël subit certainement l'ascendant (Ronen, 1978). La composition et l'effet de clair-obscur présentent d'intéressants rapports avec la *Pietà* de Sebastiano del Piombo (Viterbo, Museo Civico; Hirst, 1981, fig. 54). Deux copies du dessin existent au Louvre (Inv. 4121) et au Metropolitan Museum (Inv. 06.105.17). Un autre dessin au Louvre (Inv. 3965) est à mettre en relation avec la gravure de Bonasone d'après le même sujet (voir G. n° 19), auquel se réfère le motif gravé dans Landon (IV, 388): le Christ repose allongé sur ce qui est devenu un autel, recouvert de la nappe sacrificielle.

103 Vierge à l'Enfant avec saint Jean-Baptiste

Etude pour la *Madone d'Albe*. Quatre croquis

1. Dans un encadrement circulaire, étude de Vierge assise par terre, buste de face, tête presque de profil, penchée vers la gauche, jambe droite repliée sous elle, jambe gauche étendue en avant, tenant sur ses genoux l'Enfant nu vu de face, visage tourné vers la gauche et regardant le second enfant, situé à gauche, tourné de profil vers la droite et présentant un agneau.
Sanguine; repentir dans le bras gauche de l'enfant Jésus, à la plume et encre brune, masqué par un rehaut de gouache blanche. Encadrement à la sanguine.
2. Détail de l'Enfant assis sur les genoux de sa mère. Plume et encre brune; repentir dans le bras droit, à la pierre noire.
3. Etude pour la Vierge assise de profil vers la droite avec l'Enfant blotti contre sa poitrine; trait d'encadrement dans le bas. Plume et encre brune.
4. Dans un encadrement, étude de Vierge assise de profil vers la droite soutenant le pied de l'Enfant assis sur ses genoux et blotti contre elle, avec, à droite, la silhouette du petit saint Jean-Baptiste. Plume et encre brune.
5. Façade d'un édifice à double arcature contenant quatre arcs séparés par des colonnes au premier étage et quatre au deuxième. Sanguine.
6. Plan d'un monument carré. Sanguine.

H. 0,422; L. 0,273. Coupé sur les bords gauche et droit. Tache d'encre rouge à gauche. Traces de colle et quelques déchirures sur les bords; traces de plis dans l'angle inférieur gauche.

Hist.: J.-B. Wicar - A. Fedi - J.-B. Wicar (L. 1568); légué à la ville en 1834.

Lille, Musée des Beaux-Arts. Inventaire Pl. 456.

Bibl.: Quatremère de Quincy, Ed. Longhena, 1829, p. 719, n° 16 - Benvignat, 1860, II, n° 740 - Passavant, 1860, II, n° 376 - Weigel, 1865, p. 545, n° 6484 - Förster, 1867, p. 341 - Ruland, 1876, p. 68, XXV, n° 7; p. 75, XXXIV, n° 12 (motif 3, 4) - Gonse, 1878, p. 62, repr. p. 55 - Lübke, 1878-1879, p. 278 - Springer, 1883, I, p. 261 - Geymüller, 1884, pp. 74, 81, fig. 50 (motif 5) - Crowe et Cavalcaselle, II, 1885, pp. 128-129, note - Müntz, 1886, p. 390, repr. p. 388; p. 580 (motif 5) - Minghetti, 1887, p. 134 - Pluchart, 1889, n° 456 - Koopmann, 1890, p. XVIII - Morelli, 1891-1892, p. 441 - Cartwright, 1895, p. 63, repr., p. 31 - Knackfuss, 1895, fig. 62 - Koopmann, 1897, pp. 191-192, n° 116 - Fischel, 1898, p. XXV; n° 308, n° 311 (motifs 4) - Gronau, 1902, p. 40, note 2 - Knackfuss, 1908, pp. 69, 74, fig. 76 - Venturi, 1920, p. 165, fig. 108 - Hermanin, 1925-1926, p. 86, repr. p. 90 - Focillon, 1926, p. 111 - Venturi, 1927, p. 226, note 1, fig. 156; 1927, n° 36, repr. - Niemeyer, 1928, pp. 25-26 - Fischel, 1925, VI, sous n° 252 - Gamba, 1932, pp. 86-87, pl. 24 - Fischel, 1935, p. 437; 1941, VIII, n° 364; p. 372, sous n° 358 - Middeldorf, 1945, n° 53 - Ortolani, 1948, p. 41 - Suida, 1948, n° 38, repr. - Fischel, 1948, p. 130, pl. 144 - Castelfranco, 1962, n° 55, repr. - Grombrich, 1966, pp. 67, 78 - Oberhuber, 1966, pp. 240-241, note 33 (motif 5) - Marchini, 1968, p. 441, fig. 6 (motif 5) - Forlani Tempesti, 1968, pp. 389, 426, note 135, fig. 125, pl. coul. XLIII - Cocke, 1969, pl. 102, repr. - Shearman, 1969, *Bramante*, p. 12 - Oppé, 1970, pl. 139 - Pope-Hennessy, 1970, pp. 205-206; 287-288, note 50; p. 289, note 74 (motifs 3, 4) - Dussler, 1971, p. 35; pp. 36, 39 (motifs 3, 4) - Freedberg, 1972, I, p. 347; I, fig. 176 - Scheller, 1973, p. 126, n° 6 - Ray, 1974, pp. 272, 351-352, fig. 136 (motif 5) - McKillop, 1974, pp. 156-157 - Grochtchenkov, 1975, p. 201, fig. 103 - Beck, 1976, fig. 89, p. 1 - Wasserman, 1978, p. 55, fig. 18 - Kelber, 1979, p. 436, sous n° 75; p. 443, sous n° 83 (motif 3) et 84 (motif 4) - De Vecchi, 1981, p. 459, sous n° 67; p. 247, sous n° 54; 1982, p. 105, repr. (détail) - Brown, 1983, pp. 168-178 (p. 174), fig. 105 - Joannides, 1983, n° 278 - Cuzin, 137, pl. 148 - Von Sonnenburg, 1983, p. 104, fig. 119 (détails), p. 124, n° 50.

Exp.: Bruxelles, 1954-1955, n° 124 - Lille, 1961, n° 33 - Berlin, 1964, n° 75 - Paris, 1965, n° 240, repr. - Amsterdam, Bruxelles, Lille, 1968, n° 87, pl. 22 - Florence, 1970, n° 70, fig. 74 - Lille, 1983, n° 278.

Contrairement aux études précédentes, celle-ci peut être considérée comme directement en rapport avec la peinture. De forme circulaire, selon l'indication du dessin, la *Madone d'Albe*

Fig. 136.
Projet d'architecture
(détail du D. n° 103)

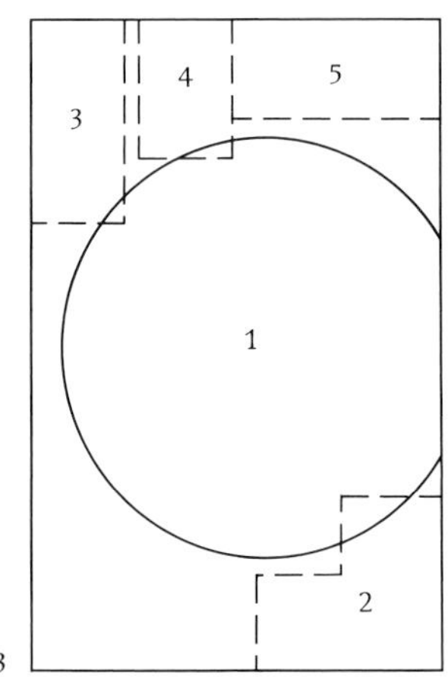

Fig. 137. Schéma du D. n° 103

103

(Washington, National Gallery), probablement commandée par l'humaniste florentin Paolo Giovio pour l'église des moines olivétains de Nocera dei Pagani, passa au XVIIIe siècle chez la famille d'Albe, à Madrid. Le dessin est une des pièces maîtresses de l'œuvre dessiné de Raphaël ; il rend plus sensible la beauté cristalline de la composition peinte, dominée par le sens de la troisième dimension et l'aménagement, dans la profondeur, des figures qui forment une large spirale, proche du style des grandes scènes de la Chambre de la Signature *(Parnasse)*. La date de 1511, généralement acceptée, concorde bien avec ces éléments, nuancés d'un classicisme héroïque rompant nettement avec l'intimisme des Madones florentines.

Le modèle circulaire avait été précédemment utilisé à plusieurs reprises par Raphaël, notamment dans la *Madone Connestabile* (1504 ; Léningrad, Musée de l'Ermitage ; De V. 32), où une grande importance était déjà accordée au paysage. Le problème du rapport entre le cadre et les figures n'est pas entièrement résolu dans le dessin, mais on note peu de variantes avec la peinture : introduction du livre, déjà présent dans l'étude de détail (verso) qui succède à la mise en place de l'ensemble (recto) ; importance accrue du paysage qui libère les figures de leur cadre ; abandon du motif de l'agneau.

Crowe et Cavalcaselle notaient le rapport entre l'attitude de l'enfant Jésus, reprise dans le motif 2, et les études figurant sur le dessin des Uffizi avec la *Madone Bridgewater* (n. 496 E ; Forlani Tempesti, 1968, pp. 386, 426, note 109 a, fig. 123 ; Fischel, VIII, n° 358), dont la conception est antérieure au séjour romain. S'inscrivant dans une tradition très florentine du *tondo* (voir Cuzin, 1983), la *Madone d'Albe* combine, à la façon du bas-relief de G.F. Rustici (Florence, Museo Nazionale ; sur ces rapports voir Gombrich, p. 78, fig. 123 et Freedberg, p. 131), l'espace du *tondo Taddei* de Michel-Ange et le groupement des figures de la *Vierge et sainte Anne* de Léonard de Vinci (Louvre ; carton exposé à Florence en 1504, Londres, National Gallery) ; le mouvement sinueux, nonchalant, de la Vierge et la mise en valeur du drapé de la jambe, si bien souligné par la simplicité du graphisme, en est une dérivation directe. On saisit ici le phénomène de recréation par l'imitation, fondement de l'art de Raphaël. S'y ajoutent le sens plastique de la statuaire antique et l'évidente observation du modèle, non pas saisi dans la réalité quotidienne, mais étudié dans l'atelier, d'après un modèle masculin, posant jambes nues sous un éclairage choisi, selon la méthode confirmée des ateliers florentins. La sanguine est traitée à la façon de la plume qu'elle supplantera progressivement ; de cette époque datent de magnifiques études réalisées dans cette même technique, pour le *Massacre des Innocents* et la *Scène de Combat* du bas-relief peint sous la statue d'Apollon de l'*Ecole d'Athènes* (Vienne, Albertina, Stix et Fröhlich-Bum, 63 ; Oxford, Ashmolean Museum, Parker, 552 ; Fischel, V, n° 236 et VII, n° 309). A l'exception de l'étude à la pointe de métal pour le petit *saint Jean-Baptiste* (Rotterdam, Musée Boymans ; Fischel, VIII, 355), celles de Lille sont seules à pouvoir être directement mises en rapport avec la peinture. Plusieurs copies ou dérivations dessinées, notamment par Cesare da Sesto (Wasserman, fig. 5, 6, 7) ont été récemment présentées comme reflétant les premières recherches de Raphaël sur ce motif qui rejoint celui de la *Madone de l'Humilité,* assise sur le sol et veillant sur l'Enfant (voir Wasserman et Brown). Le succès du thème auprès des artistes de la Renaissance, Léonard et Fra Bartolomeo notamment, rend difficile la distinction de ce qui revient en propre à Raphaël. Il semble en avoir élaboré le motif parallèlement à celui de la « Madone au socle » étudié dans diverses feuilles du « Carnet rose ». Comme la copie de l'Albertina (Stix et Fröhlich-Bum, 70 ; Fischel, VIII, 364 et fig. 289), le dessin de B. Pupini (Louvre, Inv. 4279 ; Wasserman, Brown, fig. 20, 50) reflèterait une étape intermédiaire de la création entre le dessin de Lille et la peinture ; cependant, les talents de pasticheur de l'artiste bolonais sont trop connus (D. n° 126) pour que l'on se fie à l'exactitude de son interprétation.

Fig. 138. *Madone d'Albe.* Washington, National Gallery

Fig. 139. *Madone à la chaise.* Florence, Palazzo Pitti

Fig. 140. *Madone à la tenture.* Munich, Alte Pinakothek

Les motifs 3 et 4 répètent deux fois le motif, distinct du précédent, de la Vierge assise de profil. La courbe accentuée du mouvement de la Vierge, jamais aussi expressif dans les peintures, amorce le passage du rectangle au médaillon circulaire, qui s'accomplira dans la *Vierge à la Chaise* (Florence, Palais Pitti ; De V. 109) ; l'indication de la tenture, élément iconographique autant que décoratif, développé autrement dans la *Madone Sixtine* (Dresde, Gemäldegalerie ; De V. 105), trouvera sa vraie place dans la *Madone à la Tenture* (Münich, Alte Pinakothek ; De V. 110). Ces peintures sont généralement datées vers 1513 (ou 1514), après la *Madone d'Albe* (voir cependant Cuzin, p. 190, pour une date vers 1511-1512 de la *Madone à la chaise*). Notons la méthode de l'artiste qui réduit, encadre, multiplie les recherches de compositions — le sujet se prête à un tel resserrement — librement esquissées à la plume, en marge du sujet principal qui occupe le centre de la page ; d'autres artistes, particulièrement soucieux des problèmes de cadrage, ont partagé à des époques diverses ce mode de dessiner.

Projet d'habitation (Geymüller), de villa (Fischel), de mausolée (Shearman), peut-être destiné à celui de Jules II (Marchini), ou encore en rapport avec le bâtiment en construction représenté dans le fond de la *Dispute du Saint Sacrement* (Joannides), l'esquisse d'édifice à deux étages, auquel se réfère le plan (motif 5) a résisté à toutes les interprétations, malgré l'intérêt croissant porté à ce type de notations dans les études consacrées à Raphaël. Preuve de l'activité d'architecture, indépendante des représentations peintes, dès l'époque de la Signature, elle annonce un aspect essentiel de la dernière phase de la carrière de Raphaël, nommé à la tête du chantier de Saint-Pierre, en 1514, à la mort de Bramante.

104

104 Figure assise vêtue d'une chemise, jambes nues

Etude pour la *Madone d'Albe*

Sanguine. Touche de gouache blanche, au centre, recouvrant l'altération du papier due à l'encre du croquis, au recto (4). Traces de colle sur les bords.

Lille, Musée des Beaux-Arts. Inventaire Pl. 457 (verso de Inventaire Pl. 456).

Bibl. : Förster, 1876, n° 342 - Gonse, 1878, p. 62, repr. 57 - Crowe et Cavalcaselle, II, 1885, p. 127 - Grimm, 1886, p. 423 - Pluchart, 1889, n° 457 - Koopmann, 1890, p. XVII (pas de Raphaël ; élève ?) - Knackfuss, 1895, fig. 63 - Fischel, 1898, p. XXV, n° 309 (original dans le premier tracé ; repris secondairement, par Giulio Romano) - Knackfuss, 1908, pp. 70, 75, fig. 77 - Hermanin, 1925-1926, pp. 86, repr. p. 91 - Focillon, 1926, p. II, repr. - Fischel, 1941, VIII, n° 365 - Bacou, 1957, p. 29, repr. - Gombrich, 1966, p. 67 - Forlani Tempesti, 1968, pp. 389, 426, note 135, fig. 126 - Cocke, 1969, n° 103, repr. - Pope-Hennessy, 1970, fig. 190 - Wasserman, 1978, p. 155, fig. 19 - Brown, 1982, p. 174, fig. 106 - Joannides, 1973, n° 278 verso.

Voir D. n° 103.

105 Homme debout, de profil à gauche

Etude pour le *Christ aux limbes*

Plume, encre brune, recouvrant partiellement le premier tracé continu, au stylet. H. 0,400 ; L. 0,259. Taches brunes. Collé en plein.

Hist. : J.-B. Wicar (L. 2568) ; légué à la ville en 1834.

Lille, Musée des Beaux-Arts. Inventaire Pl. 439.

105

Bibl.: Benvignat, 1856, n° 698 - Passavant, 1860, II, p. 402 - Ruland, 1876, p. 318, n° 1 - Gonse, 1878, p. 62, repr. p. 61 - Crowe et Cavalcaselle, I, 1882, p. 178 - Pluchart, 1889, n° 439 - Koopmann, 1890, p. 2 - Morelli, 1891-1892, p. 441 - Seidlitz, 1891, p. 7 - Fischel, 1898, n° 82 - Gronau, 1902, p. 15 - Knackfuss, 1908, pp. 70, 75, fig. 77 - Bacou, 1957, p. 29 - Joannides, 1983, n° 314.

Exp.: Amsterdam-Bruxelles-Lille, 1968, n° 91 - Florence, 1970, n° 88, pl. 77 - Lille, 1983, n° 37, repr.

Etude préparatoire pour le bas-relief circulaire représentant le *Christ aux limbes,* sculpté par Lorenzetto, en pendant à une *Incrédulité de saint Thomas,* pour décorer les murs latéraux de la chapelle Chigi, à Santa Maria della Pace (œuvres conservées à l'abbaye de Chiaravalle, repr. Hirst, 1961, pl. 31, b et 32, c).

La décoration de cette chapelle, confiée à Raphaël par Agostino Chigi, a été étudiée par M. Hirst (1961) qui a publié à juste titre, sous le nom de Raphaël, un dessin précédemment donné à Giulio Romano (Hartt, 1958, I, p. 31, n° 22 ; II, fig. 35), pour la composition circulaire du *Christ aux limbes,* (Uffizi 1475 F ; Hirst, pl. 31, fig. b ; Forlani Tempesti, pp. 401, 426, note 149, fig. 138 ; copie au Louvre, Inv. 4124). La figure du Christ exposée correspond exactement au dessin des Uffizi qui présente la même technique de préparation incolore, effectué au stylet, et comporte, au verso, une étude pour la partie supérieure d'un torse d'homme, en accord avec le dessin de Lille.

D'une rigueur et d'une clarté sans défaillance, ce dessin, ainsi que l'avait noté Gronau, présente de grandes ressemblances avec les études pour les Poètes du *Parnasse* (voir D. n°s 78 à 81) et on serait tenté de la placer à une date voisine. Cependant, parmi les nombreux dessins pour la chapelle Chigi (voir Hirst, pp. 167-170), certains sont tracés au verso d'études pour l'*Ecole d'Athènes* (pour le groupe autour du géomètre, à droite, Oxford, Ashmolean Museum, cité sous D. n° 72 ; repr. Hirst, pl. 28 a) et d'autres sont associés à des études pour *Héliodore chassé du Temple* (Oxford, Ashmolean Museum ; Parker, 557 ; Hirst, pl. 28 b). Selon M. Hirst, des considérations stylistiques, notamment relatives aux Sibylles, ne permettent pas de placer les peintures avant 1513-1514, et la datation de Vasari (Ed. Milanesi, IV, p. 341), qui fait remonter la décoration de la chapelle à l'époque de la Chambre de la Signature, ne peut être juste. Le style du dessin porterait toutefois à adopter la datation vasarienne. P. Joannides le date vers 1511-1512. L'identification proposée ici a été faite indépendamment des publications toutes récentes. D'autres rapprochements avaient été suggérés : avec la *Prédication de saint Jean-Baptiste* dans la prédelle de la *Madone Ansidei* (De V. 46 b ; Fischel, 1889) ; avec *Abraham servi par les anges,* aux Loges (De V. 149 D ; Pluchart, 1889 ; Bacou, 1957 ; H. Oursel dans cat. Exp. Lille, 1983) ; avec le *David* de Michel-Ange (Koopmann ; Seidlitz).

Fig. 141. Le *Christ aux limbes,* dessin.
Florence, Uffizi

106 Moïse recevant les Tables de la Loi

Etude pour la voûte de la IXe Loge, au Vatican

Plume, encre brune, lavis brun, rehauts de blanc, sur premier tracé, avec nombreux repentirs dans la partie supérieure gauche, à la pierre noire ; traces de sanguine. Mis au carreau à la pierre noire et, dans la partie gauche, à la plume et encre brune. H. 0,254 ; L. 0,279. Coin inférieur droit abattu. Empiècement et annotation illisible à la plume et encre brune, visibles par transparence, sur le bord inférieur. Doublé.

Hist.: Alphonse III d'Este (marque L. 112, coupée et collée au verso) - Entré en 1797 ; marques du Louvre (L. 1955 et 1886).

Paris, Musée du Louvre. Inventaire 3849.

Bibl.: Inventaire manuscrit Morel d'Arleux, 1401 - Passant, 1860, II, n° 319 - Förster, 1867-1868, p. 342 - Ruland, 1876, p. 222, XXXIII, n° 4 - Crowe et Cavalcaselle, II, 1885, p. 227 (Giulio Romano) - Morelli, 1890, p. 185 ; 1891-1892, n° 337 (Perino del Vaga) - Dollmayr, 1895, p. 293 (copie) - Fischel, 1898, n° 228 (copie) - Oberhuber, 1962, p. 60, note 143 - Dussler, 1971, p. 90 - Dacos, 1971, p. 23, note 43 - Oberhuber, 1972, n° 465, pl. 65 - Clark, 1974, p. 258 (Penni) - Dacos, 1977, p. 82, pl. XXXV b - Joannides, 1983, n° 389.

Exp.: Paris, An X, n° 245 ; 1811, n° 317 ; 1815, n° 257 ; 1818, n° 269 ; 1841, 1845, n° 566.

La décoration des *Loges* dans la longue galerie qui borde les Chambres, au second étage du palais du Vatican, sur la cour de San Damaso, dont l'architecture, conçue par Bramante, fut achevée par Raphaël, constitue une des contributions les plus spectaculaires de Raphaël et de son atelier à l'art de la Renaissance. Associées à un système décoratif de grotesques directement dérivé des modèles antiques récemment découverts, les compositions peintes, suite d'images de la Bible, furent conçues et partiellement dessinées par Raphaël. Cartons et *modelli* furent toutefois réalisés par les artistes de son atelier (G.F. Penni, Perino del Vaga, Polidoro da Caravaggio). Si aucun carton n'est conservé, on connaît de nombreux dessins finis ; dispersés dans les grands musées européens, préparés

106

Fig. 142. Perino del Vaga (?), *Moïse recevant les Tables de la Loi.* Rome, Palais du Vatican

pour être agrandis dans les *modèles,* ils sont au lavis et rehaussés de blanc, souvent mis au carreau. Ils ont fait l'objet d'une étude, due à K. Oberhuber; N. Dacos a tenté d'en préciser le lien avec les peintures. Ces *modelli* regroupés sous le nom de G.F. Penni, ne sont pas d'un niveau suffisant pour être attribués à Raphaël lui-même, si proches en soient-ils, tel le *Passage de la Mer Rouge* du Cabinet des Dessins (Louvre, Inv. 3850) célèbre durant tout le XIXe siècle, actuellement exposé au pavillon de Flore *(Autour de Raphaël).* Selon O. Fischel (1948, p. 442) aucun projet de la main de Raphaël pour ce cycle ne nous serait parvenu. L'étude pour *Moïse recevant les Tables de la Loi,* avant d'avoir été contestée par Crowe et les auteurs critiques de l'époque morellienne, fut considérée comme un dessin original du maître. Cette attribution, acceptée aujourd'hui par de nombreux spécialistes, dont Ph. Pouncey (communication orale), repose sur la comparaison avec ces *modelli,* qui rend plus sensible la subtilité du lavis et l'indication des ombres des nuages sur les rochers, avec de belles réserves claires dans le papier. L'intelligence des repentirs, particulièrement importants dans le groupe de Moïse face à Dieu le Père et la superposition des diverses solutions envisagées pour la mise en place des tables de la loi sont caractéristiques de la méthode de Raphaël. Les traits de pierre noire s'enchevêtrent comme ceux à la plume, dans l'étude de l'Ashmolean Museum d'Oxford, en rapport avec la *Résurrection* (Parker, 559, verso; Forlani Tempesti, p. 401, fig. 141); les putti, aux têtes rondes trouvent de nombreuses correspondances dans des feuilles certaines de Raphaël (Florence, Uffizi, 496 E; voir D. n° 103). Le dessin a dû être fait en 1517, ou même dès 1516. Hormis cet unique dessin pour l'une des scènes, presque conçues comme des *quadri riportati,* on possède une très belle étude, d'une puissance toute michelangesque, pour les figures luttant de *David et Goliath,* dont le propos est très différent (Vienne, Albertina, Stix et Fröhlich-Bum, 114; Oberhuber, 1972, n° 468, pl. 68; Joannides, pl. 40). Ces deux dessins témoignent de l'intervention directe de Raphaël dans la préparation des fresques, attestée par Vasari. Ils sont acceptés par N. Dacos, qui, en revanche, attribue les fresques à Perino del Vaga.

107 Jeune femme tendant les bras vers un enfant

Etude pour la Vierge de la *Grande Sainte Famille*

Sanguine sur premier tracé à la pointe de plomb, partiellement visible (contour du dos). H. 0,173; L. 0,120. Le dessin a été légèrement prolongé par une autre main sur le montage. Doublé.

Hist.: J. Stella - P. Crozat - P.-J. Mariette (L. 1852; marque répétée deux fois) partie centrale du montage, avec inscription et cartouche découpés: *de haredibus Jac. Stella Pictoris Regii slim accipiebat D. Pet. Crozat/ RAPHAEL URBIN. priusquam Regi Francisco I. S. Sacram Familiam pingeret Sic ab amicà exemplum surrebat. Ex-Collect. P.-J. Mariette 1741*; vente Paris, 1775, n° 699 - Acquis pour le Cabinet du Roi; marques du Louvre (L. 1899 et 2207).

Paris, Musée du Louvre. Inventaire 3862.

Bibl.: Inventaire manuscrit Morel d'Arleux, 1389 - Passavant, 1860, II, n° 329 - Weigel, 1865, n° 555, n° 6591 - Reiset, 1866, n° 317 - Förster, 1867-1868, p. 342 - Ruland, 1876, p. 78, XXXVIII, n° 7 - Guyffrey, 1877, p. 46 - Lübke, 1878-1879, p. 347; 1882, p. III - Blanc, 1881, p. 541, repr. p. 542 - Chennevières, (1882), pl. 21 - Springer, 1883, II, p. 178 - Crowe et Cavalcaselle, II, 1885, p. 400, note - Müntz, 1886, pp. 535-536, repr. p. 534 - Grimm, 1886, p. 429 - Morelli, 1890, p. 182 (Giulio Romano); 1891-1892, p. 293 (école) - Koopmann, 1890-1894, p. XI (élève); 1895, pp. VII, XV - Dollmayr, 1895, p. 276 (copie) - Fischel, 1898, n° 326 (faux; d'après la peinture) - Knackfuss, 1908, pp. 118, 122, fig. 120 - Venturi, 1920, p. 205 - Venturi, 1926, *Storia*, IX-2, p. 323, note 1, fig. 269 - Focillon, 1926, p. 117 - Venturi, 1927, n° 46, repr. - Fosca, 1937, repr. page de titre - Rouchès, 1938, n° 13, repr.; s.d., n° 28, repr. - Fischel, 1941, VIII, n° 378 a, fig. 295 (Giulio Romano) - Middeldorf, 1945, n° 85 (Giulio Romano) - Hartt, 1958, pp. 27, 287, n° 29, fig. 26 - Shearman, 1959, p. 257 - Oberhuber, 1962, p. 63 - Pouncey et Gere, 1962, p. 79, sous n° 136 (plutôt Giulio Romano) - Shearman, 1965, p. 36, sous n° 136 - Forlani Tempesti, 1968, p. 407, 428, note 158 - Dussler, 1971, p. 48 (probablement Giulio Romano) - Bacou, 1981, p. 258 - Forlani Tempesti, 1980, p. 186, sous n° 441 - Joannides, 1983, n° 393 (Giulio Romano) - Cuzin, 1983, p. 219, fig. 222.

Exp.: Paris, 1931, n° 45; 1935, n° 671.

107

Cette étude, saisissante par son naturel, a été faite d'après le modèle, en vue de la figure de la *Vierge de la Grande Sainte Famille* destinée à François Ier (Louvre, P. n° 10) signée et datée 1518, date probable du dessin. Bien qu'il s'agisse d'une première étape dans la mise au point du protagoniste elle a dû être précédée de nombreuses autres recherches; la conformité du dessin et de la peinture dans la pose et le rapport entre la Mère et l'Enfant dont la silhouette est à peine indiquée, montrent bien qu'il ne s'agit pas d'une hypothèse de travail, comme les pages du « carnet rose » en fournissent de nombreux exemples, mais de la mise au point d'un motif préalablement arrêté. Il semble résulter de la fusion savante de la pose de la Vierge et de la femme qui la soutient dans le *Portement de Croix* (Madrid, Prado, De V. 132) qui a précédé de peu la *Sainte Famille de François Ier*. On peut sans doute discerner l'influence du motif antique de la statue de Psyché, penchée en avant, à demi-agenouillée (Rome, Musée du Capitole; voir E. Schwarzemberg, 1977, p. 121, fig. 116). Selon une méthode de

Fig. 143. *Vierge à l'Enfant*, dessin. Florence, Uffizi

travail pratiquée par Raphaël depuis sa jeunesse, le modèle (une jeune femme, qui serait peut-être selon Fischel la maîtresse de l'artiste, la Fornarina, et non un homme, comme pour la *Madone d'Albe,* D. n° 104) pose jambes nues, pour laisser apparent le mouvement général du corps. Dans la peinture la figure sera revêtue d'une somptueuse robe drapée, de satin. Dans une seconde étape l'artiste étudiera d'une part la robe et la draperie minutieusement travaillée, d'autre part le motif de l'enfant (Florence Uffizi, Inv. 535 F, 534 F ; Forlani Tempesti, 1962, pp. 406, 428, note 156, fig. 147 pour l'enfant ; Fischel, VIII, n°s 377, 378).

L'attribution de ces trois dessins a été extrêmement discutée, nombreux étant les auteurs qui ont voulu voir dans l'un ou l'autre la main de Giulio Romano dont Vasari cite la participation à la peinture. Fischel et G. Hartt les ont attribués tous trois à Giulio, K. Oberhuber à Raphaël. P. Joannides préfère voir dans l'étude du Louvre la main de Giulio et celle de Raphaël dans la grande étude de draperie des Uffizi qui paraît avoir réellement servi au travail du peintre. C'est pourtant celle-ci qui a engendré les doutes les plus tenaces (Forlani Tempesti, 1968, 1980 ; Cuzin, 1983) en raison de son aspect ciselé, prêt à basculer dans le goût de la manière. Nettoyée et restaurée, la peinture présente une grande cohésion dans l'exécution, ce qui diminue les chances d'une intervention de Giulio Romano, en dehors de certaines zones limitées (cf. S. Béguin, P. n° 10). Etant donné la qualité des dessins qui ne déméritent pas de Raphaël, il semble raisonnable de revenir à la position simple de Crowe et Cavalcaselle qui attribuaient assez logiquement les trois feuilles au maître, soucieux de préparer dans tous les détails le travail du collaborateur chargé de préparer le carton à partir de ces projets, où rien n'était laissé au hasard. Un fragment du carton, très abîmé et peu lisible, pour la tête du saint Joseph est conservé à Bayonne (Musée Bonnat, Inv. 146 ; Bean, 1960, n° 133, repr.). Le dessin semble avoir été réutilisé par les artistes de l'atelier pour le groupe de *Vénus et l'Amour,* peint dans la *Stufetta* de Clément VII, au château Saint-Ange (Marabottini, 1968, fig. 52), comme l'avait déjà signalé O. Fischel.

108

108 Étude de tête

Sanguine, rehauts de blanc. H. 0,169 ; L. 0,112. Annoté en bas, à la plume et encre brune : *Disegno di Rafaello d'Urbino*

Hist. : Collection Rizzoli (Urbino) - Vente Londres, Sotheby's, 10 mai 1961, n° 36 A.

Paris, collection particulière.

Récemment réapparu, ce dessin porte une attribution ancienne à Raphaël, acceptée par J. Gere et Ph. Pouncey (communication orale, 1983). La sanguine est ici utilisée comme un moyen coloré certes, mais très finement taillée, d'où il résulte un jeu de hachures serré et un contour tranchant qui ne se retrouve pas dans les autres études rouges exposées. Cependant, l'entrecroisement des hachures trouve un intéressant équivalent dans l'étude de tête de Montpellier (D. n° 71, motif principal). L'attribution à Raphaël s'éclaire également par la comparaison avec les études à la pointe de métal, même nettement antérieures. Aucun rapport n'a pu être établi précisément avec un motif peint de l'artiste, mais le rapprochement proposé par J. Byam-Shaw (communication orale) avec le grand *Saint Michel,* de 1518, au Louvre (P. n° 9), est une hypothèse intéressante pour la datation. J.-P. Cuzin (communication orale) suggère une comparaison avec certaines têtes des cartons des *Actes des Apôtres* (visage à la gauche de saint Pierre, dans la *Mort d'Ananie*). La parenté avec le visage de Psyché dans le calque de Chatsworth (cité sous D. n° 112), représentant

Psyché portée sur les nuées, et correspondant sans doute à une partie non réalisée de la Loggia de la Farnesina, est également indicative d'une autre possibilité d'identification, avec une œuvre romaine tardive.

109 Hommes nus debout, de profil à droite

Etude pour deux apôtres de la *Transfiguration*

Sanguine sur premier tracé au stylet et à la pointe de plomb ; traces de contours extérieurs aux figures et de lignes de construction ; points de repères, à la plume et encre brune, et perforations. H. 0,340 ; L. 0,221. Taches brunes. Collé en plein.

Hist. E. Jabach (L. 2962) - Entré en 1671 dans le Cabinet du Roi ; marques du Louvre (L. 1899 et 2207).

Paris, Musée du Louvre. Inventaire 3864.

Bibl. : Inventaire manuscrit Jabach, II, 113 - Recueil Caylus, s.p. - Inventaire manuscrit Morel d'Arleux, 1403 - Passavant, 1860, II, n° 321 - Reiset, 1866, n° 318 - Ruland, 1876, p. 28, n° 67 - Lübke, 1878-1879, p. 252 - Chennevières, (1882), p. 4 - Springer, 1883, II, p. 189 - Crowe et Cavalcaselle, II, 1885, p. 489 - Morelli, 1890, p. 182, note ; 1891-1892, p. 293 (élève de Raphaël : Penni ?) - Koopmann, 1890, p. XIV (élève) - Dollmayr, 1895, p. 342 (Penni) - Koopmann, 1895, p. XII - Fischel, 1898, n° 339 (Penni) - Knackfuss, 1908, p. 84, fig. 86 - Rouchès, s.d., n° 28, repr. - Middeldorf, 1945, n° 86, repr. (Giulio Romano) - Fischel, 1948, p. 286, 287, pl. 271 (Penni, par Raphaël) - Hartt, 1958, pp. 35, 288, n° 28, fig. 53 (Giulio Romano) - Bertini, 1959, pp. 9-10, fig. 4 - Oberhuber, 1962, p. 64, note 152 ; 1962, *Transfiguration*, p. 134, fig. 11 - Forlani Tempesti, 1968, pp. 416, 429, note 172, fig. 158 (Raphaël ?) - Marabottini, 1968, p. 290, note 102 (Raphaël, complété par Giulio Romano) - Cocke, 1969, n° 128, repr. - Oppé, 1970, fig. 265 (Raphaël ?) - Pope-Hennessy, 1970, pp. 75, 270, note 21, fig. 66 - Dussler, 1971, p. 54 - Freedberg, 1972, p. 357, fig. 445 (Giulio Romano) - Oberhuber, 1972, p. 72, note 199 - Oberhuber-Ferino, 1977, pp. 10, 33, sous n° 39 - De Vecchi, 1982, p. 122, repr - Oberhuber, 1982, pp. 58, 79, note 50, fig. 27 - *Transfiguration,* 1982, pp. 54, 79, note 42, fig. 24 - Joannides, 1983, n° 427 - Cuzin, 1983, p. 236.

Exp. : Paris, An X, n° 247 ; 1811, n° 319 ; 1815, n° 259 ; 1818, n° 276 ; 1820, n° 323 ; 1841 et 1845, n° 577.

Etude réalisée d'après deux modèles nus, pour l'apôtre, barbu, bras gauche levé, et le jeune saint Jean, qui le précède, un peu plus incliné vers l'avant, dans la partie gauche de la *Transfiguration* (Rome, Pinacoteca Vaticana). Ce fut le dernier tableau réalisé par Raphaël avant sa mort, et l'un des plus célèbres. Selon Vasari, il tint à le faire seul (Ed. Milanesi, IV, p. 371) et la restauration récente (1972-1976) tend à le confirmer. Mentionné pour la première fois en janvier 1517, il ne fut pas commencé avant 1518 et n'était pas complètement achevé à la mort de l'artiste (Dussler, p. 52). Les dessins préparatoires ont donc pu s'échelonner au cours de l'année 1517, depuis l'hiver 1516-1517.

Exposée tout au long du XIXe siècle, au Louvre, sous le nom de Raphaël, cette étude voisinait, en 1866 avec une autre sanguine considérée par Reiset comme une copie d'après le maître, représentant *Adam et Eve,* dans lesquels on a depuis reconnu la copie par Michel-Ange d'après la fresque de Masaccio, au Carmine de Florence (Louvre, Inv. 3897). A la puissance expressive michelangelesque, Raphaël substitue, grâce à une écriture fine et souple, des formes robustes, plastiques, rondes, clairement définies dans la lumière, mais sans mise en valeur de la structure musculaire. Plusieurs spécialistes y ont remarqué des défauts anatomiques dans le genou ou une certaine raideur dans le traitement des jambes (A. Forlani Tempesti, P. Joannides) et l'originalité du dessin a été contestée depuis Morelli, l'attribution oscillant, comme dans le cas du *Commerce* et de la *Femme agenouillée vue de dos* de l'*Incendie du Bourg,* entre Giulio Romano et G.F. Penni. En revanche, il a été défendu vigoureusement par Passavant,

109

Crowe et Cavalcaselle *(admirably executed in Raphaël's most powerfull manner),* A Bertini, et, depuis 1962 K. Oberhuber. Pour A. Forlani Tempesti, malgré les faiblesses signalées qui pourraient faire penser à une interprétation par un élève d'une pensée du maître, aucune des études mises en rapport avec la *Transfiguration,* à l'exception des six *Têtes d'Apôtres* à la pierre noire (Oxford, Ashmolean Museum; Londres, British Museum; Chatsworth, Vienne, Albertina), et peut être de l'étude rapide pour l'*Apôtre saint André,* assis (Albertina, Stix et Fröhlich-Bum, 116; Oberhuber, 1982, fig. 22), n'a la délicatesse de celui-ci dans les passages des ombres et des lumières et ne rend aussi bien la circulation de l'air entre les figures. Hartt qui en admirait le rythme complexe et la fluidité y voyait l'un des meilleurs dessins de Giulio Romano à sa période romaine.

Le Louvre conserve aussi deux copies d'un *modello* perdu pour l'ensemble de la composition, dûs l'un à Rubens (Inv. 20.355, Pl. 1060; Sérullaz, 1978, n° 103, repr.) l'autre à G.F. Penni (D. n° 121). Une étude de draperie, classée au Cabinet des Dessins parmi les copies d'après Raphaël (Louvre, Inv. 4118), faite à la pierre noire et correspondant à l'apôtre représenté à gauche, dans le dessin exposé, n'est pas présenté ici, malgré des prises de positions récentes très fermes en faveur d'une attribution à Raphaël (Oberhuber, 1982, pp. 58, 79, note 50, fig. 27 et 1962, *Transfiguration,* fig. 14; Joannides, 1983, 431). Il s'agit moins de s'arrêter au caractère inhabituel de l'effet rendu par le moyen de la pierre sombre, que Raphaël développa en termes admirables dans les *Têtes* citées, qu'une constatation d'une qualité insuffisante, déjà soulignée ailleurs (Forlani Tempesti: *copia settecentesca;* Dussler: *very problematic*).

Fig. 144. La *Transfiguration.* Rome, Pinacoteca Vaticana

Fig. 145. Groupe d'apôtres (détail de la *Transfiguration*)

Le décor de la villa de la Farnesina

1518-1520

110 Vénus et Psyché

Sanguine sur premier tracé au stylet. Traces de lignes de construction à la pointe de plomb ou à la pierre noire; points de repère à la plume et encre brune. H. 0,263; L. 0,197. Taches brunâtres. Accident du papier dans la coiffure de la figure de gauche. Doublé.

Hist.: G. Malvasia - P. Crozat; vente Paris, 1741, partie du n° 147 - P.-J. Mariette (L. 1852); partie centrale du montage avec inscription et cartouche découpés: *Fuit Comitis G. Malvasia, deinde P. Crozat nunc P.-J. Mariette 1741 § Psychen divinae formosit. Pyxide Veneri offerentem. Discipulis suis in aedibus Aug. Chigi Romae experimendam. RAPHAEL URB. DELINEABAT* - Vente, Paris, 1775, probalement partie du n° 699 - Acquis pour le Cabinet du Roi; marques du Louvre (L. 1899 et 2207).

Paris, Musée du Louvre. Inventaire 3875.

Bibl.: Mariette, *Abecedario,* IV, pp. 316-317 - Inventaire manuscrit, Morel d'Arleux, 1390 - Passavant, 1860, II, n° 336 - Gruyer, 1864, II, p. 239, note 1 - Weigel, 1865, p. 582, n° 6899 et 6905 - Reiset, 1866, n° 327 - Ruland, 1876, p. 282, n° 32 - Chennevières, 1882, pl. 14 - Lübke, II, 1879, p. 331 - Morelli, 1882, p. 158 - Springer, 1883, II, p. 372 - Bigot, 1884, repr. face p. 87 - Crowe et Cavalcaselle, II, 1885, p. 419 - Minghetti, 1885, p. 204 - Müntz, 1886, p. 520, repr. - Koopmann, 1890, p. XIII - Morelli, 1890, p. 182, note; 1891-1892, p. 293 (Giulio Romano) - Dollmayr, 1895, pp. 256, 310, fig. 24 - Knackfuss, 1895, p. 99, fig. 94 - Koopmann, 1895, p. XII - Fischel, 1898, n° 271 (Giulio Romano) - Gillet, 1906, repr. p. 111 - Knackfuss, 1908, pp. 114, 119, fig. 117 - Venturi, 1920, p. 196, fig. 162 - Focillon, 1926, p. 114, repr. p. 121 - Venturi, 1926, *Storia,* p. 304, note 1 - Vitry, 1931, p. 112 - Rouchès, s.d., n° 22 - Rouchès, 1938, n° 12, repr. - Fischel, 1948, p. 184, fig. 215 (Giulio Romano, complété par Raphaël) - Parker, 1956, sous n° 655 - Gere, 1957, p. 162 (Giulio Romano) - Hartt, 1958, pp. 32, 33, 288, n° 23, fig. 39 (Giulio Romano, corrigé par Raphaël) - Hoogewerf, 1963, p. 9, fig. 3 - Shearman, 1964, pp. 80, 81, fig. 81 - Hayum, 1966, p. 216, fig. 6 - Laskin, 1966, p. 256 - Ciardi Dupré, 1967, p. 2, fig. 2 - Oberhuber, dans cat. exp. Paris, 1967, sous n° 123. Forlani Tempesti, 1968, pp. 414, 429, note 169, fig. 155 - Marabottini, 1968, p. 283, note 76 - Pope-Hennessy, 1970, pp. 173, 284, note 90, fig. 157 - Dussler, 1971, p. 98 - Freedberg, 1972, p. 326, fig. 402 - Oberhuber, 1972, p. 68, note 183 - Beck, 1973, p. 74, fig. 94 - Schwarzenberg, 1977, pp. 124, 127, fig. 112 - Bacou, 1981, n° 7, repr. - De Vecchi, 1981, fig. 83; 1982, p. 116, repr. - Joannides, 1983, n° 41 - Cuzin, 1983, p. 210, fig. 214.

Exp.: Paris, An V, An VII, n° 156; An X, n° 234; 1811, n° 306; 1815, n° 246; 1818, n° 283; 1820, n° 530; 1841 et 1845, n° 582; 1866, n° 327; 1931, n° 53, pl. IX; 1935, n° 675 - Paris, 1965, *Louvre,* n° 42; 1967, n° 124 - Chicago, 1979-1980, n° 49.

Ce dessin d'une brillante provenance, est exceptionnel par la fraîcheur de son état de conservation. Image lumineuse de l'idéal formel de l'artiste à sa maturité, il est une des rares

110

études à la sanguine en rapport avec le cycle de la Farnesina dont l'originalité n'est plus contestée (voir D. n° 112). Junon, les bras levés en signe d'étonnement, penchée vers une scène invisible ne semble pas prêter attention à Psyché, qui, de retour des Enfers, surgit derrière elle et lui présente le vase confié par Proserpine, placé au centre de la composition : pyxide ou urne contenant le parfum ou l'eau du Styx, selon les versions de la légende (voir Shearman, p. 64, note 28), équipée ou non d'un couvercle, l'objet dessiné a donné lieu à toutes sortes de discussions (Shearman, p. 64 ; Schwartzenberg, p. 127). Le groupe est fixé tel qu'il sera peint, avec peu de variantes, dans le pendentif, dont la forme est indiquée, à gauche.

Il s'agit d'un des épisodes relatant les épreuves qui marquent la montée vers l'Olympe de l'héroïne, finalement reçue parmi les Dieux (D. n° 112). On s'accorde pour penser que les murs de la Loggia auraient dû recevoir une décoration comportant les scènes de la vie terrestre de Psyché, thème ultérieurement traité par Perino del Vaga, au château Saint-Ange (Hermanin) ; plutôt que de tapisseries (Hoogewerf) il se serait agi de fresques et c'est vers l'une d'elles que regarde Psyché. Quelques dessins pourraient s'y rapporter, notamment la *Jeune fille tenant un miroir* du Louvre, tracée au verso d'une feuille comportant, au recto, le groupe de *Jupiter et l'Amour,* représenté dans un des pendentifs (Inv. M.I. 1120 ; actuellement exposé *Autour de Raphaël*). Très admirée par certains critiques (Shearman, p. 69, fig. 73 ; Dussler, p. 99 ; Forlani Tempesti, p. 429, note 170 b), cette figure est une des inventions les plus fraîches de Raphaël à cette période mais le trait, pas plus que celui du recto (refusé comme original par A. Forlani Tempesti, note 168), n'y a la vigueur d'un dessin original et correspondrait mieux, selon nous, à celui d'une copie sensible, d'après un original perdu. Les autres études à la sanguine en rapport avec le cycle de Psyché, également exposées au pavillon de Flore, présentent un graphisme moins strictement conforme à celui de Raphaël.

Pour le pendentif de *Vénus et Psyché,* Raphël fit une première esquisse très rapide, à la plume (Oxford, Ashmolean Museum, Parker, 655 ; Shearman, p. 81, fig. 79) où le groupe des deux femmes est déjà prévu en fonction de la contrainte imposée par l'espace pictural, en forme de triangle renversé, mais les poses seront partiellement changées : demeureront le geste d'émerveillement de Vénus, son regard tourné vers le bas, et la place centrale accordée au vase. Aujourd'hui incontesté, le dessin du Louvre fut pourtant attribué à plusieurs reprises à Giulio Romano. Comme l'*Incendie du Bourg,* les fresques de la Farnesina posent en effet de façon critique le problème des conditions de la collaboration entre Raphaël et son atelier, non seulement pour la réalisation, mais aussi dans le processus d'élaboration des dessins. Selon K. Oberhuber, la seule partie peinte par Raphaël serait le pendentif pour lequel nous exposons le dessin du Musée de Lille (D. n° 111). On ne reconnaît pas dans l'étude exposée, l'intervention de deux mains suggérée par Fischel (1948) et J. Hartt. A. Forlani Tempesti a remarqué que la diversité de facture correspond aux nécessités du travail ; très fini pour la figure bien arrêtée de Vénus, plus sinueux pour celle de Psyché dont la pose est encore incertaine.

Grazia, bellezza, venusta, naturale sont les termes lourds de sens dans le contexte de la réflexion sur la beauté idéale, méditée tout au long du XVIe siècle et que l'on peut appliquer à ces formes, admirées sans fin (voir les copies, d'après le dessin, par Degas et Cézanne, dans l'exposition *Raphaël et l'art français.* Avec A. Gruyer, amateur passionné de Raphaël au siècle passé, la *Vénus et Psyché* du Louvre, entra dans la légende de l'artiste : *il suffit de regarder pareils dessins pour être persuadé que Raphaël conserva toujours la religion de son enfance et qu'aucune pensée impure ne vint jamais altérer son génie.*

Fig. 146. *Vénus et Psyché.* Rome, villa Farnesina

111 Trois femmes nues

Etude pour Vénus, Cérès et Junon

Sanguine, quelques rehauts de blanc, oxydés. H. 0,284 ; L. 0,190. Découpé de façon irrégulière. Forte usure du papier.

Hist. : Ch. Timbal ; vente Paris, 11 mai 1882, n° 152 - Entré avant 1891 dans le Musée.

Lille, Musée des Beaux-Arts. Inventaire W 2150.

Bibl. : Ruland, 1876, p. 283, n° 15 - Delacre, 1931, pp. 112-113 - Vitry, 1931, p. 113 - Shearman, 1964, p. 95, fig. 93 (Penni) - Oberhuber, 1972, p. 35, note 97, fig. 28 (Giulio Romano) - Joannides, 1983, n° 411 (Giulio Romano).

Exp. : Lille, 1983, n° 40.

Ce dessin a fait partie de la collection Timbal, importante pour Raphaël, puisque c'est d'elle que proviennent les études pour la *Belle Jardinière* et la *Vierge au trône avec saint Roch et saint Sébastien* (D. n°s 57 et 13), ainsi que la copie peinte de la *Madone à l'Œillet* (P. n° 22).

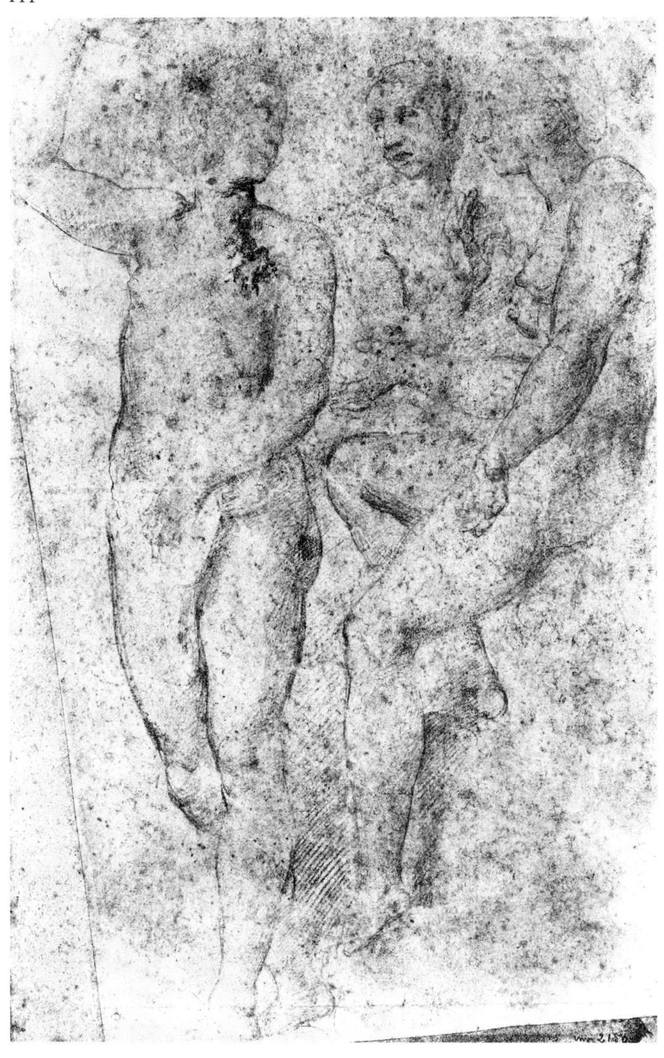

Il a été publié seulement en 1931, et son état d'usure explique sans doute l'attribution, indubitablement péjorative, à G.F. Penni, dont la personnalité comme dessinateur à la pierre reste floue, malgré le rapprochement de pièces assez disparates tenté par J. Shearman (1964, pp. 95-96).

Le pendentif de la Loggia de la Farnesina auquel se rapporte le dessin représente la scène où Vénus, offensée par Amour qui s'est épris de Psyché, rivale mortelle détestée, vient requérir, en vain, l'appui de Cérès (au centre) et de Junon (à droite). Le dessin est une simple étude d'après le modèle nu ; les figures y sont dépouillées des brillants accessoires qui en feront des déesses, légèrement drapées et coiffée, pour Cérès, de beaux épis dorés, mais les poses sont observées dans les termes exacts de la peinture, en fonction de leur intégration dans un système décoratif illusionniste ; d'où la singulière représentation de la poitrine de la femme de droite (Junon) qui ne se justifie que par une vision prévue de bas en haut. Ce groupe serait, en raison d'une vivacité et d'une vigueur que ne présente pas le reste du cycle, le seul dû au pinceau de Raphaël lui-même (Oberhuber, 1982, p. 156, repr. coul.) qui est aussi, selon nous, l'auteur du dessin. Tant le trait de la sanguine, d'une remarquable finesse par endroits, toujours expressif, et la rondeur juste des détails anatomiques (seins, mains), que le type des visages militent en ce sens. Par leur robuste plénitude, ces trois nus, ne sont pas sans rapport avec celles que Picasso créait dans sa phase figurative, autour de 1920-1923.

Un dessin très fini pour cette composition (Vienne, Albertina, Stix et Fröhlich-Bum, 83 ; Shearman, fig. 87) pourrait être une adaptation par Giulio Romano destinée à la gravure de Bonasone (Joannides).

Fig. 147. *Vénus, Cérès et Junon.* Rome, villa Farnesina

112 Vénus devant Jupiter

Etude pour le *Conseil des Dieux,* dans le plafond de la Loggia de Psyché

Sanguine sur premier tracé au stylet, trait de construction horizontal au stylet. H. 0,220 ; L. 0,243. Bords coupé avec déchirures restaurées. Trace de pliure verticale au centre. Taches grises, en bas à droite. Usure sur l'ensemble de la surface, contours repris par endroits.

Hist. : J. G. Ramsey (L. 717 a) ; partie d'un album de dessins italiens (XVIIIe siècle) - P. et D. Colnaghi, Londres, vente, 23 mars 1923 - Acquis à cette vente par F. Lugt.

Paris, Institut Néerlandais, Fondation Custodia. Inventaire n° 1031 G.

Bibl. : Jaffé, 1962, p. 233, fig. 7 - Oberhuber, 1962, p. 52, note 108 - Shearman, 1964, pp. 93-95, pl. 95 (Giulio Romano?) - Dussler, 1971, pp. 96-97 (Giulio Romano) - Oberhuber, 1972, p. 35, note 99 (Giulio Romano) - Pope-Hennessy, 1970, pp. 20-21, 263, note 47, fig. 12 - Antal, 1977, pp. 79-80, pl. 179 ; 1980, pp. 171, 174, 217, notes 20, 227, n° 178, pl. 178 - Byam-Shaw, 1983, n° 117, pl. 142 - Joannides, 1983, n° 400.

Exp. : Londres, 1983, n° 48.

112

Etude en rapport avec la partie droite de la freque qui, avec le *Festin des Dieux,* orne le centre du plafond de la Loggia de Psyché, à la façon de deux tapisseries souples et donc plates. L'effet de raccourci généralement recherché pour les représentations plafonnantes en est écarté. Agostino Chigi mécène et ami de Raphaël, banquier du pape Léon X, commanda la décoration de la Loggia, au rez-de-chaussée de son palais du bord du Tibre, la Farnesina, en prévision de son mariage avec Francesca Ordeaschi. Les fresques furent dévoilées au public le 1er janvier 1519. Les dessins peuvent avoir été projetés dès 1517 (Shearman, 1964, p. 60). Cette décoration, luxuriante et joyeuse, dont seule la partie supérieure fut réalisée à l'époque de Chigi, transforme la Loggia ouverte sur le jardin en une pergola, où de beaux festons, suivant l'architecture préexistante, délimitent les espaces dans lesquels sont évoqués les épisodes de l'histoire de Psyché. Le cycle s'achève par les scènes d'apothéose du plafond. La légende qui inspira cette iconographie, dont une lecture néoplatonicienne a été proposée (Shearman), est relatée dans l'*Ane d'Or* d'Apulée, publié par l'humaniste Filippo Beroaldo en 1500, puis réédité à plusieurs reprises jusqu'en 1520. Giovanni da Udine peignit les fruits et guirlandes, Giulio Romano et Giovan Francesco Penni la majeure partie des figures, d'après les dessins de Raphaël. Le projet pour le groupe de *Vénus et Psyché* (D. n° 110) et le calque à la sanguine de *Psyché sur les nuages* (Chatsworth, collection Devonshire ; Shearman, fig. 71) sont parmi les rares dessins authentiques du maître. La feuille exposée n'est que la partie droite d'une étude d'ensemble connue par une copie (Londres, Christie's, 6 juillet 1977, lot 36, pl. 2 ; Colnaghi's, novembre 1977, n° 51, repr.). L'attribution à Giulio Romano a souvent été proposée pour le dessin de la Fondation Custodia, dont la composition est reprise dans la fresque mais modifiée dans les détails (position des mains et forme des oreilles de Neptune ; coiffures des dieux ; position de l'amour par rapport aux autres divinités). Le débat relatif à son attribution et à sa place dans la genèse du décor, a été clairement exposé par J. Byam-Shaw, auquel on se reportera. Le nom de Raphaël a été récemment écarté (Joannides). Cependant certaines parties traitées avec subtilité, les têtes des trois dieux notamment, méritent une attention particulière. L'usure de la sanguine et certaines reprises ont pu alourdir ce beau dessin qui s'impose avec force et que M. Jaffé, K. Oberhuber, et J. Pope-Hennessy ont considéré comme un original de Raphaël. On peut verser au dossier l'intéressante étude pour le *Pluton* du *Festin des Dieux,* plus proche de Giulio (Berlin, KdZ, 18152 ; Sherman, 1964, p. 58, note 157 ; cat. exp. Berlin 1973, n° 42, repr. : « Raphaël ou Giulio Romano »).

Il faut également tenir compte du fait que c'est une nouveauté dans la méthode de travail propre à Raphaël et à son atelier. Il allie deux types d'études qui préalablement étaient traitées séparément bien qu'intervenant à un stade avancé du travail et étaient faites, les unes comme les autres, d'après le modèle : celles destinées aux figures isolées, et les projets pour des groupes de figures, telles qu'on en connaît pour la Chambre de la Signature (cités sous D. n° 72). D'où, sans doute, l'effet produit par ces figures, magnifiquement groupées, mais comme closes sur elles-mêmes et privées d'air. La clarté dans la définition des formes devait faciliter l'utilisation par la gravure ; les figures se retrouvent, inversées, avec quelques emprunts à la peinture, dans la gravure de G.J. Caraglio (Shearman, 1964, fig. 96).

L'organisation des figures, le sujet qui évoque un âge d'or mythique, l'imitation du bas-relief antique (cf. aussi le camée de la *Coupe Farnèse,* Naples, Musée de Capodimonte ; Dacos, 1970, fig. 28) suggèrent un rapprochement avec le *Jugement de Pâris* gravé par Marcantonio Raimondi (G. n° 24). Le Louvre conserve la copie d'un original perdu de Raphaël pour cette composition (Louvre, Inv. 4300 verso ; Fischel, 1948, pl. 295 a ; Schwarzenberg, 1977, p. 111, note 16).

Fig. 148. L'*Assemblée des dieux*.
Rome, villa Farnesina

Section annexe

Dessins traditionnellement donnés à Raphaël

Le fonds « Raphaël » du Cabinet des dessins comprend, outre les dessins que l'on peut considérer comme des originaux et ceux qui se rattachent davantage à son atelier, actuellement exposés au Louvre *(Autour de Raphaël)*, un nombre important de dessins incertains, copies ou dérivations exécutées d'après des œuvres connues ou d'après des études dont on a perdu la trace. Certains de ces dessins passèrent pour des originaux et firent la célébrité du Cabinet du Roi, dont on sait qu'il constitue le noyau du Cabinet des dessins ; d'autres, reconnus anciennement comme des copies, n'en furent pas moins très admirés. Une des richesses de ce fonds, dont l'historiographe Bellori signalait déjà l'importance en 1695, réside dans les copies réalisées par des artistes du XVIe siècle qui, trop jeunes pour avoir connu le maître, furent profondément marqués par son œuvre.

Nécessairement sélective, cette section comprend trois feuilles de la collection du Musée de Lille, qui méritaient, pour des raisons analogues, d'être présentées ici.

La bibliographie établie pour les dessins de cette section est volontairement sélective. Les mentions antérieures au *Corpus* de Fischel (1898) ne figurent qu'à titre exceptionnel.

113 Quatre hommes debout, drapés

Plume, encre brune sur premier tracé à la pierre noire. Croquis à la pierre noire et à la plume sur la partie droite. H. 0,260 ; L. 0,166. Feuilles irrégulièrement découpée, traces d'ancien montage. Papier froissé ; traces de plis. Taches brunes à droite. Au verso, à la plume et encre brune, études de feuilles d'acanthe.

Hist. : J.-B. Wicar (L. 2568) ; légué à la ville en 1834.

Lille, Musée des Beaux-Arts. Inventaire Pl. 486.

Bibl. : Benvignat, 1856, n° 721 - Pluchart, 1889, n° 486 - Fischel, 1898, n° 31 (Pinturicchio) - Steinmann, I, 1901, p. 292 - Ferino-Pagden, 1982, p. 189, sous n° 83/23.

Exp. : Lille, 1961, n° 1.

Ce dessin, souvent cité dans les études antérieures au premier ouvrage de Fischel (1898), est considéré comme « douteux » ou attribué à Pinturicchio. Kahl (1882, p. 106), suivi récemment par S. Ferino-Pagden (1982) y reconnaît une main proche de celle de « l'album de Venise », dans lequel se trouvent plusieurs analogies de motifs et d'écriture (Ferino-Pagden, fig. 127, 129, 146).

114 Les apôtres autour du tombeau de la Vierge

Plume, encre brune. H. 0,166 ; L. 0,202. Papier bruni sur toute la surface ; manques en plusieurs endroits. Collé en plein.

Hist. : Ch.-P.J.-B. de Bourgevin-Vialart de Saint Morys ; montage annoté : *Bartolomeo di San Marco. Ecole florentine* - Saisie des Emigrés ; marque du Louvre (L. 1886).

Paris, Musée du Louvre. Inventaire 3970.

Bibl. : Inventaire manuscrit Morel d'Arleux, 409 (Fra Bartolomeo) - Passavant, 1860, II, n° 334 - Ferino-Pagden, 1982, p. 11, sous n° 63 - Joannides, 1983, n° 39.

Ce dessin correspond, avec des variantes dans la disposition du tombeau, à la partie inférieure du *Couronnement de la Vierge* du Vatican (D. n° 21). On a voulu récemment y reconnaître un projet de la main de Raphaël, bien que ni la qualité ni la nature même du dessin n'autorisent une telle hypothèse.

113

114

Bibl. : Recueil Caylus, s.p. - Inventaire manuscrit Morel d'Arleux, 1444 - Passavant, 1860, II, n° 317 (ancienne collection Crozat) - Reiset, 1866, n° 311 - Tauzia, 1889, n° 311 - Fischel, 1898, n° 368 (école de Raphaël) - Gronau, 1902, pp. 22, note 43 - Dacos, 1977, p. 297, pl. CXLI a.

Traditionnellement classé sous le nom de Raphaël, puis attribué à Giovanni Francesco Penni (Ph. Pouncey, note manuscrite). Il s'agit d'une copie d'un dessin dont on n'a pas gardé la trace. N. Dacos y reconnaît un projet non retenu pour la septième des peintures en grisaille au *basamento* des *Loges, Joseph reconnu par ses frères* et relève plusieurs analogies de composition avec la *Mise au tombeau*, la *Dispute* et la *Lapidation de saint Etienne*. Une autre copie, plus tardive, se trouve au Louvre (Inventaire 4075).

115 La coupe de Joseph trouvée dans le sac de Benjamin

Plume, encre brune. H. 0,215 ; L. 0,389. Annoté en haut à droite, à la plume et encre brune : *4*. Traces de pliures verticales ; taches. Doublé.

Hist. : J. Stella - P. Crozat (?) - Cabinet du Roi (L. 2953) ; marques du Louvre (L. 1899 et 2207).

Paris, Musée du Louvre. Inventaire 3851.

116 La planète Mars et un ange [1]

Sanguine. H. 0,255 ; L. 0,240. Collé en plein.

Hist. : J.-B. Wicar (L. 2568) ; légué à la ville en 1834.

Lille, Musée des Beaux-Arts. Inventaire Pl. 428.

Bibl. : Fischel, 1898, p. XXV, n° 285 (original abîmé) - Gonse, 1904, p. 222 - Fischel, 1920, p. 100, fig. 12 - Middeldorf, 1945, n° 82, repr. - Suida, 1948, n° 110, pl. X - Parker, 1956, p. 309, sous n° 566 - Bacou, 1957, p. 26, repr. - Bertini, 1959, p. 480, note 5 - Shearman, 1966, p. 67 (copie) - Forlani Tempesti, 1968, pp. 410, 428, note 161, fig. 149 - Marabottini, 1968, p. 280, note 53 - Viatte, 1969, p. 52 (Copie ?) - Dussler, 1971, p. 96 - Oberhuber, 1972, p. 65, fig. 64 - Kelber, 1979, p. 480, sous n° 227 - De Vecchi, 1981, p. 251 ; 1982, p. 115, repr. - Oberhuber, 1982, p. 138 - Joannides, 1983, n° 388 (Giulio Romano).

Exp. : Amsterdam, Bruxelles, Lille, 1968, n° 90 - Florence, 1970, n° 87, fig. 76, Paris, 1965, n° 244 - Lille, 1983, n° 39.

115

116

Généralement considéré comme un des plus brillants dessins de Raphaël, préparatoire à la mosaïque de la coupole de la chapelle Chigi à S. Maria del Popolo, datée de 1516 et réalisée d'après les projets de Raphaël (De V. 124). Le dessin, d'une facture assez mécanique, n'a cependant ni la clarté ni la sensibilité des études à la sanguine de Raphaël et a davantage l'aspect d'une copie d'un beau dessin perdu, comme l'avait avancé J. Shearman (1966).

1. Ce dessin est présenté avec les œuvres originales de Raphaël pour en permettre la confrontation.

117 Le Christ, la Vierge, saint Jean-Baptiste, au-dessus de saint Paul et sainte Catherine d'Alexandrie

Plume, encre brune, lavis brun, rehauts de blanc. H. 0,417; L. 0,290. Nombreux manques; retouches au pincau, au lavis et rehauts de blanc. Doublé.

Hist.: Ancien fonds; marque du Louvre (L. 1886).

Paris, Musée du Louvre. Inventaire 3867.

Bibl.: Inventaire manuscrit Morel d'Arleux, 1402 - Quatremère de Quincy, Ed. Longhena, 1829, pp. 212, 726, note 4 - Fischel, 1898, n° 361 (entourage de Raphaël) - Fosca, 1937, p. 59 - Rouchès, s.d., n° 33, repr. - Hartt, 1958, pp. 21, 286, n° 6, fig. 1 (Giulio Romano) - Bertini, 1959, p. 372 (Giulio Romano) - Wagner, 1969, p. 90, fig. 61 (Giulio Romano) - Joannides, 1983, n° 457 (Penni?).

Exp.: Paris, An X, n° 246; 1811, n° 318; 1815, n° 258; 1818, n° 275; 1841, 1845, n° 571.

Ce dessin correspond à la composition dite des *Cinq Saints* (Parme, Galleria Nazionale), qui fut gravée par Marcantonio Raimondi (G. n° 43) comme une œuvre de Raphaël. Les noms de Penni et de Giulio Romano ont été proposés. Une étude pour le Christ a été acquise par le Getty Museum (Malibu) en 1982.

117

118

118 Tête grandeur nature, de trois quarts vers la gauche

Croquis de Vierge avec l'Enfant, d'une tête de femme avec les cheveux noués en torsade, d'un œil et de deux jambes, par une autre main, visibles sous l'étude principale. Important repentir dans le visage, peut-être d'abord conçu de profil.
Fusain, traits de construction; contours renforcés, sans doute par l'artiste. H.0,295; L. 0,262. Au verso: plusieurs caricatures et un homme nu, de même technique et sans doute par la même main que les croquis, au recto.

Hist.: J.-B. Wicar (L. 2568); légué à la ville en 1834.

Lille, Musée des Beaux-Arts. Inventaire Pl. 449.

Bibl.: Benvignat, 1856, n° 717 - Pluchart, 1889, n° 449 - Fischel, 1898, n° 604 (très près de Raphaël) - Fischel, 1916, p. 260, fig. 9.

Ce curieux dessin, sur lesquels les avis sont partagés, ne doit pas être écarté de l'œuvre de Raphaël sans appel. Il a tour à tour été compris comme une *Tête de femme*, notamment par Fischel qui y attachait une grande importance et la rapprochait du visage de sainte Madeleine dans le tableau de *Sainte Cécile* à Bologne (Fischel, 1916, fig. 7) — peut-être la Fornarina—, et comme un *Autoportrait* (Pluchart; K. Oberhuber, communications orale).

Fig. 149.
Croquis et caricatures
(D. n° 118 verso)

119

119 La Calomnie d'Apelle

Plume, encre brune, lavis brun, rehauts de blancs; papier lavé gris et brun. H. 0,315; L. 0,469. Importante usure de la surface; traces de plis et griffures. Doublé.

Hist.: Modène - Marque du Louvre (L. 1886).

Paris, Musée du Louvre. Inventaire 3876.

Bibl.: Inventaire manuscrit Morel d'Arleux, 1399 - Quatremère de Quincy, Ed. Longhena, 1829, pp. 202, 203, 726 - Passavant, 1860, II, n° 340 - Gruyer, 1864, 2, pp. 115-123 - Tauzia, 1876, n° 1616 - Fischel, 1898, n° 524 (pas de Raphaël) - Rouchès, s.d., pl. 12 - Weston, 1975, p. 357, fig. 28 - Dacos, 1979, *Rubens* p. 68 - Macandrew, 1980, sous n° A 98 - Brown, 1983, p. 20 - Dacos, 1983, note 34, fig. 75.

Selon Morel d'Arleux, ce dessin, célèbre au dix-neuvième siècle, est celui, provenant de la collection des ducs de Modène, qui fut gravé par Vivan Denon, en Italie (Venturi, 1882, pp. 168-169). S'il en est ainsi, il ne peut guère s'agir de celui, de même sujet, qui se trouvait dans la collection Crozat (Vente, Paris, 1741, n° 128), puis passa dans celle du marquis de Gouvernet (Vente, Paris, 1753, n° 15), et fut gravé dans le *Recueil Crozat* (n° 39). Ce dernier pourrait correspondre au dessin de même composition, mais sans le fond d'architecture visible dans l'étude du Louvre, conservé à Florence (Uffizi, n.14745); celui-ci, selon une longue inscription en français au verso du montage, aurait appartenu à Mariette. Le dessin de Modène est sans doute celui auquel Vasari fit allusion, comme à un dessin de Raphaël, dans la «Vie» de Garofalo (Ed. Milanesi, VI, p. 467; voir Steiner, 1977), alors dans la collection du duc d'Este. N. Dacos a proposé récemment une attribution à P. Machuca, collaborateur de Raphaël, pour le dessin du Louvre.

Copies

120 Saint Paul prêchant à Athènes

Plume, encre brune, lavis brun, rehauts de blanc, sur traits de pierre noire (?). Trace de mise au carreau à la pierre noire. Encadré d'un trait de plume, encre brune. Nombreux repères de mesures; perforations; piqûres à gauche, à la hauteur de la figure assise. H. 0,270; L. 0,400. Annoté en bas à la plume, encre brune: *Raphaël Urbin fecit*. Au verso: copie d'une étude pour la partie inférieure gauche, de la *Dispute du Saint Sacrement*; plume, encre brune.

Hist.: J. Stella - L. Buyn (?) - Duc d'Orléans - Ch.-A. Coypel; vente Paris, 1753, n° 229 - Acquis pour le Cabinet du Roi; marques du Musée (L. 1886).

Paris, Musée du Louvre. Inventaire 3884.

Bibl.: Mariette, *Abecedario*, IV, pp. 298, 302 - Inventaire manuscrit Morel d'Arleux, 1385 - Fischel, 1898, n° 254 (recto), 138 (verso) - Kristeller, 1907, p. 206 (élève) - Vöge, 1896, p. 15, note 1 (verso) - Groner, 1905, pp. 49, 50, 53 (verso) - Pouncey et Gere, 1962, sous n° 33 (verso) - Dussler, 1971, p. 104 - Oberhuber, 1972, n° 452, pl. 52 (avec bibliographie antérieure) - Shearman, 1972, p. 106, notes 57, 107, notes 61, 115, notes 81, 124, fig. 72 (Penni?) - Pfeiffer, 1975, p. 91, note 48 (verso) - Forlani Tempesti, 1980, sous n° 440 (élève).

Exp.: Paris, An V, An VII, n° 148; An X, n° 229; 1811 n° 311; 1815, n° 251; 1818, n° 274; 1820, n° 322; 1841, 1845, n° 573.

Ce *modello* pour la tapisserie des Actes des Apôtres a été acquis par Louis XIV à l'occasion de la vente Coypel en même temps que celui pour la *Remise des Clefs* (D. n° 100), Mariette nota que *c'était une fureur pour les avoir*. La qualité en est nettement inférieure à celle du précédent et il s'agit d'une copie préparée dans l'atelier, à partir d'un modèle perdu de Raphaël, dont on conserve, par ailleurs une étude préparatoire à la sanguine

Fig. 150. Etude pour la *Dispute du Saint Sacrement*, copie (D. n° 120 verso)

120

Fig. 151.
Saint Paul prêchant à Athènes.
Londres,
Victoria and Albert Museum

Fig. 152.
Saint Paul prêchant à Athènes,
copie, dessin.
Lille, Musée des Beaux-Arts,
Pl. 497

(Florence, Uffizi, n540E). Une réplique s'en trouve aux Uffizi (n. 1217 E), tandis que l'intéressante copie du Musée de Lille (Pl. 497) dérive plutôt du carton. Voir aussi la gravure par Marcantonio Raimondi (G. n° 27). Le verso est la copie d'un dessin perdu pour la *Dispute du Saint Sacrement*, présentant quelques variantes par rapport à celui du British Museum (Pouncey et Gere, 1962, n° 33 ; copie au Louvre, Inv. 3974).

121 La Transfiguration

Plume, encre brune, lavis gris, rehauts de blanc, sur traits à la pierre noire; papier jaune. H. 0,415 ; L. 0,274. Collé en plein.

Hist. : E. Jabach (L. 2959 et 2961) ; montage à bande dorée des dessins d'ordonnance ; indication de format *F°*, au verso, à la sanguine, avec second paraphe (L. 2959) au crayon. Entré en 1671 dans le Cabinet du Roi ; marques du Louvre (L. 1899 Et 2207).

Paris, Musée du Louvre. Inventaire 3954.

Bibl. : Inventaire manuscrit Jabach, II, 127 - Recueil Caylus, s.p. - Inventaire manuscrit Morel d'Arleux, 1461 - Oberhuber, 1962, pp. 152, note 20, fig. 4 (Penni) - Pope-Hennessy, 1970, pp. 72, 73, 270, note 63, fig. 60 - Oppé, 1970, fig. 258 - De Vecchi, 1981, pp. 90, 256, sous n° 96 - Joannides, 1983, fig. 9 (d'après Penni).

121

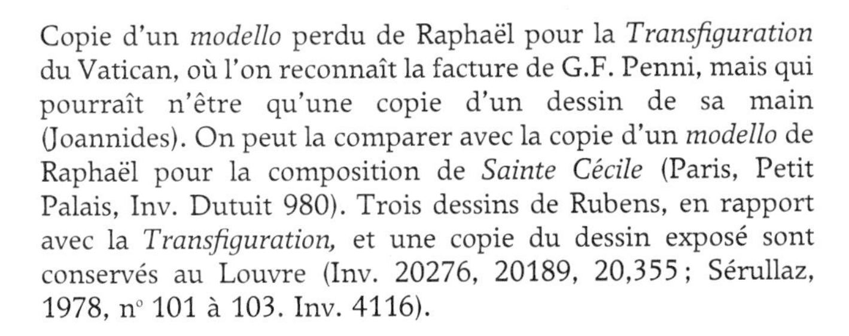

Copie d'un *modello* perdu de Raphaël pour la *Transfiguration* du Vatican, où l'on reconnaît la facture de G.F. Penni, mais qui pourrait n'être qu'une copie d'un dessin de sa main (Joannides). On peut la comparer avec la copie d'un *modello* de Raphaël pour la composition de *Sainte Cécile* (Paris, Petit Palais, Inv. Dutuit 980). Trois dessins de Rubens, en rapport avec la *Transfiguration,* et une copie du dessin exposé sont conservés au Louvre (Inv. 20276, 20189, 20,355; Sérullaz, 1978, n° 101 à 103. Inv. 4116).

122 La Transfiguration (partie inférieure)

Plume, encre brune, lavis brun, rehauts de blanc, sur pierre noire. Dessin composé de deux feuillets assemblés, complétés dans le haut; peut être partie d'un dessin de dimensions supérieures.

Hist. : Partie d'un montage ancien, collé au verso avec : *Questa parte inferiore e Stimata fatta da Perino del Vaga, e altrovi quelli ecct. della scuola di Raffaello* et paraphe, ajouté, précédé du chiffre *quarante neuf* - E. Jabach

122

(L. 2959). Entré en 1671 dans le Cabinet du Roi (L. 1856); marques du Louvre (L. 1899 et 2207).

Paris, Musée du Louvre. Inventaire 3955.

Bibl. : Inventaire manuscrit Morel d'Arleux, 1598.

Copie par un artiste postérieur à Perino del Vaga, plutôt contemporain de Taddeo Zuccaro.

123 Figures d'après l'antique

A droite, VENUS VICTRIX, debout, tenant la palme et la pomme, Cupidon à côté d'elle, tenant une couronne de lauriers. A gauche, de profil, femme drapée tenant deux serpents.
Plume et encre brune. H. 0,260; L. 0,335. Au verso, de même technique, groupe de quatre figures: femme assise, deux hommes debout dont Mercure, un génie ailé jouant de la flûte, une chèvre à côté de lui.
Annoté à la plume, encre brune : VENUS VICTRIX et, en bas à droite : *104... Di Raffaello d'Urbino.* Papier froissé; restauration d'une déchirure diagonale au centre; angles supérieur et inférieur droit reconstitués.

Hist. : Cabinet du Roi (L. 2953); marques du Louvre (L. 1899 et 2207).

Paris, Musée du Louvre. Inventaire 3878.

Bibl. : Recueil Caylus, s.p. - Pulszky, 1877, p. 28 - Fischel, 1898, n° 513 (contemporain de Raphaël) - Gronau, 1902, p. 22, note - Parker, 1956, p. 332, sous n° 621.

123

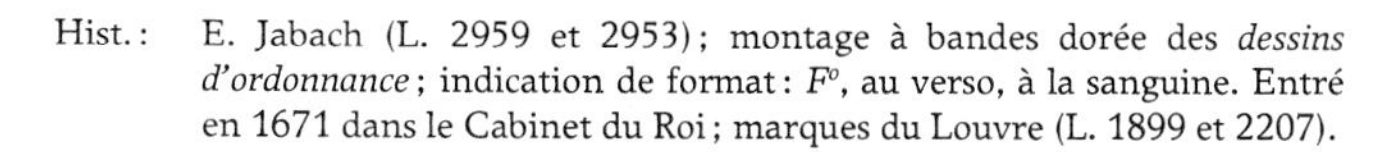

Hist.: E. Jabach (L. 2959 et 2953); montage à bandes dorée des *dessins d'ordonnance*; indication de format: *F°*, au verso, à la sanguine. Entré en 1671 dans le Cabinet du Roi; marques du Louvre (L. 1899 et 2207).

Paris, Musée du Louvre. Inventaire 3883.

Fig. 153. Groupe de quatre figures (D. n° 123 verso)

124

Copie d'un dessin double face de la main d'un artiste du XVIe siècle, autrefois rapproché de Raphaël, à l'Ashmolean Museum d'Oxford (Parker, 521). Le motif de Vénus et Cupidon est dérivé du répertoire décoratif des *Loges*, les autres sont inspirés de reliefs de monnaies romaines (voir Parker). Le Louvre conserve une autre copie de motifs antiques (Inventaire 3886, *Victoire ailée*, verso *Fortuna* et *Aeternitas*).

124 Couronnement de la Vierge

Sur un trône surmonté d'un dais, en présence de six saints, dont saint Jean-Baptiste, saint Jérôme et saint François.
Plume, encre brune, lavis brun sur premier tracé à la pierre noire, rehauts de blanc; lignes d'intersection à la pierre noire. H. 0,319; L. 0,271. Reconstitué dans l'angle supérieur droit; tache en bas à droite. Collé en plein.

Fig. 154.
Le *Couronnement de la Vierge*.
Rome, Pinacoteca Vaticana

Fig. 155.
Le *Couronnement de la Vierge*, dessin.
Oxford, Ashmolean Museum

Bibl.: Inventaire manuscrit Jabach, II, 112 - Inventaire manuscrit Morel d'Arleux, 2705 (Ecole Romaine) - Fischel, 1898, n° 259 - Gnoli, 1923, pp. 172-173 (Berto di Giovanni) - Fischel, VIII, 1941, sous n° 384, fig. 305 (Giulio Romano ou Penni) - Parker, 1956, p. 308, sous n° 565 - Bean, 1960, sous n° 131 - Shearman, 1961, p. 159 - Dussler, 1971, p. 55 - Joannides, 1983, fig. 23 (G. Penni).

La composition se retrouve, avec des variantes dans le groupement des saints, dans un dessin de l'Ashmolean Museum d'Oxford; probablement antérieur (Parker, 565; Fischel, VIII, 384; Gould, 1983, p. 290). Le motif du *Couronnement*, inséré dans un cadre architectural, apparaît, d'autre part, dans une feuille double face du Musée Bonnat, à Bayonne (Inv. 1288; Bean, 1960, n° 131). Le dessin du Louvre a été donné par Gnoli à Berto di Giovanni et rapproché de la peinture correspondante, conservée à la Galleria Nazionale de Pérouse, datée 1517. La critique récente préfère l'attribuer à un élève de Raphaël (Penni pour Ph. Pouncey, note manuscrite) et y reconnaître la copie d'un dessin perdu de Raphaël pour le *Couronnement de Monteluce*, commandé en 1505 et réalisé, à partir des projets du maître, par Giulio Romano et Giovanni Francesco Penni entre 1523 et 1525 (Rome, Pinacothèque du Vatican, de V. 156; voir P. n° 39). Le groupe du Christ et de la Vierge, entourés de saints apparaît, d'autre part, dans une tapisserie du Vatican, aux armes de Paul III Farnese, exposée au XVIe siècle dans la chapelle Sixtine (Fischel, VIII, fig. 307).

Copies d'artistes du XVIe siècle

125 Héliodore chassé du Temple

Plume, encre brune, lavis gris, rehauts de blanc sur traits de pierre noire. Composition cintrée. H. 0,269; L. 0,408. Collé en plein.

Hist.: E. Jabach (L. 2959 et 2961); montage à bande dorée des *dessins d'ordonnance;* indication de format *F°*, au verso, à la sanguine. Entré en 1671 dans le Cabinet du Roi; marques du Louvre (L. 1899 et 2207).

Paris, Musée du Louvre. Inventaire 3924.

Bibl.: Inventaire manuscrit Jabach, II, 69 - Inventaire manuscrit Morel d'Arleux, 1595.

Attribué à B. Franco (v. 1510-1561) par Ph. Pouncey. On doit aussi à cet artiste, auteur de nombreuses gravures d'après Raphaël, la copie du groupe de gauche de la *Dispute du Saint Sacrement* (Inv. 3975). Une copie de Battista Franco d'après *le Couronnement de Charlemagne* figurait dans la collection Coypel (Vente, Paris, 1753, n° 128; Mariette, *Abecedario*, IV, p. 336), et passa dans celle de Gouvernet.

125

126

Fig. 156.
Feuille d'études
avec jeune femme rêvant,
dessin.
Florence, Uffizi

126 Un homme nu, debout et une femme assise dans une attitude pensive, de profil vers la gauche

Plume, encre brune, lavis brun, rehauts de blanc, sur traits de pierre noire; papier préparé au lavis de sanguine. H. 0,268; L. 0,151. Quelques oxydations. Collé en plein.

Hist.: Cabinet du Roi (L. 478 et 1963); marques du Louvre (L. 1899 et 2207).

Paris, Musée du Louvre. Inventaire 6512.

Bibl.: Inventaire manuscrit Morel d'Arleux, 4441 (Parmesan).

Traditionnellement attribué, à juste titre, au dessinateur bolonais Biagio Pupini (connu entre 1511 et 1575), dont le Louvre possède un grand nombre de copies ou de dérivations d'œuvres de Raphaël. Le motif de la jeune femme, longtemps considéré comme une invention de Parmigianino, apparaît dans un dessin de Raphaël (Florence, Uffizi, n. 1973; Oberhuber, 1972, n° 409, pl. 13) et fut utilisé par un graveur proche de Marcantonio Raimondi, dans la *Vision de sainte Hélène* (Bartsch illustré, 1978, 27, p. 128, n° 460, repr.).

127 Le Songe de Jacob

Plume, encre brune, sur quelques traits à la pierre noire. H. 0,258; L. 0,332. Collé en plein.

Hist.: J. Barnard (L. 1420); montage annoté; *Pierino apresso Raffaelo* - Saisie des Emigrés; marque du Louvre (L. 1886).

Paris, Musée du Louvre. Inventaire 4041.

127

Bibl.: Inventaire manuscrit Morel d'Arleux, 12589-64 - Monbeig Goguel, 1972, p. 208.

Ce dessin et le suivant font partie d'un groupe de copies d'après les fresques du Vatican, où Ph. Pouncey reconnut la main de G. Vasari (1511-1574) : (Inv. 2078, 3891, 3952, 4041 à 4049 ; Monbeig Goguel, 1972, p. 208 ; pour d'autres dessins de cette suite, voir Ch. Davis, 1981, p. 268, n° 24). Elles peuvent fournir de précieuses indications sur l'état des fresques avant les restaurations qu'elles subirent à plusieurs reprises au cours des siècles et servirent sans doute d'aide-mémoire à l'auteur des *Vite* pour la description des fresques peintes par Raphaël.

Les deux dessins correspondent aux scènes centrales des Loges VI et IX (Dacos, 1977, pl. XXV, XXXV).

128 Moïse recevant les Tables de la Loi

Plume, encre brune, lavis brun, sur traits de pierre noire. H. 0,280 ; L. 0,365. Collé en plein.

Hist.: E. Jabach (L. 2959 et 2961) ; montage à bande dorée des *dessins d'ordonnance ;* indication de format *F°*, au verso, à la sanguine. Entré en 1671 dans le Cabinet du Roi ; marques du Louvre (L. 1899 et 2207).

Paris, Musée du Louvre. Inventaire 4045.

Bibl.: Inventaire manuscrit Jabach, II, 562 - Inventaire manuscrit Morel d'Arleux, 1544 - Monbeig Goguel, 1972, p. 208.

Voir D. n° 127. L'étude préparatoire par Raphaël est exposée D. n° 106.

128

Copies de dessins perdus

129 Quatre études pour une Vierge à l'Enfant

Avec indications de paysage pour les deux croquis de la partie inférieure gauche.
Plume, encre brune. H. 0,252 ; L. 0,178.

Hist: Marquis de Lagoy (L. 1710) - A.C.H. His de la Salle (L. 1333) ; don au Louvre en 1878 ; marque du Louvre (L. 1886).

Paris, Musée du Louvre. Inventaire RF 488.

129

Bibl.: Lawrence Gallery, 1841, nº 3 - Parker, 1956, p. 258, sous nº 508.

Copie d'après les études de l'Ashmolean Museum d'Oxford pour la *Madone Norton Simon* (Parker, 508; cf. D. nº 30-32). Les deux croquis de Vierge sont inspirés de motifs appartenant à la période romaine (cf. D. nº 93).

Fig. 157. Anatomie d'homme (D. nº 130 verso)

130 Étude pour un crucifié

Plume, encre brune sur traits à la pierre noire. H. 0,260; L. 0,239. Au verso, de même technique, homme nu assis, jambes pliées, buste détourné vers la gauche; traces d'ancien montage avec annotations, partiellement visible. Annoté au recto, en bas à droite, à la pierre noire: *Keerem* (?) et en haut à gauche: *Raphaël.* Papier froissé.

130

Hist.: Ch.-P. J.-B. de Bourgevin-Vialart de Saint Morys - Saisie des Emigrés; marque du Louvre (L. 1886).

Paris, Musée du Louvre. Inventaire 3880.

Bibl.: Fischel, 1898, nº 579 - Fischel, IV, 1923, nº 183, 184 - Popham, 1958, p. 239 - Cocke, 1969, p. 31, repr. pl. 50 - Bean, 1982, p. 212, sous nº 210 - Joannides, 1983, nº 143.

Exp.: Paris, 1965, *Louvre*, nº 39.

Proche, stylistiquement, de l'étude de l'Albertina pour une *Descente de Croix*, qui se trouve au verso d'un projet pour la prédelle de la *Mise au tombeau Borghese* (Fischel, V, nº 182). Il s'agit d'une dérivation d'un dessin dont on a perdu la trace mais qui devait être comparable à l'étude d'après modèle pour un *crucifié*, représenté au verso du projet du Metropolitan Museum pour la *Vierge à la prairie* (1505-1506; Inv. 64-67 verso; Bean, 1982 nº 210).

Une seconde version du dessin du Louvre est conservée au Musée Boymans van Beuningen, à Rotterdam (Inv. I, 267, école Italienne, XVIe siècle).

131 Étude de quatre figures pour une Mise au tombeau

Plume et encre brune. H. 0,373; L. 0,274. Trait d'encadrement à la plume et encre brune. Doublé. Annoté en bas à gauche, à la plume et encre brune: *Raphael Sanzio nº 232 de Gouvernet.* Taches.

Hist.: Marquis de Gouvernet (?); Ch.-P. J.-B. de Bourgevin-Vialart de Saint Morys - Saisie des Emigrés; marque du Louvre (L. 1886).

Paris, Musée du Louvre. Inventaire 3967.

Bibl.: Recueil Saint Morys, pl. 87 - Inventaire manuscrit Morel d'Arleux, 1463 - Passavant, 1860, II, p. 475, 1 - Fischel, IV, 1923, sous n° 173 - Parker, 1956, p. 279, sous n° 532.

Dérivation, de la main d'un imitateur de Raphaël, travaillant au XVIIe siècle, connu sous le nom du « Calligraphic Forger » (Fischel, I, 1913, texte pp. 13-16). Le groupe des trois figures d'hommes est emprunté à un dessin de l'Ashmolean Museum, dans lequel n'apparaît pas le tombeau et où l'arrière plan n'est pas indiqué (Fischel, IV, 173 ; Parker, 532). La tête de la Madeleine est copiée d'après l'un des motifs d'une feuille du British Museum (Fischel, IV, 178 ; Pouncey et Gere, 11).

131

Fig. 158. Groupe d'hommes.
Oxford, Ashmolean Museum

132 La Vierge et l'Enfant, sainte Elisabeth et saint Jean-Baptiste

Plume, encre brune, lavis brun, rehauts de blanc. H. 0,222 ; L. 0,184. Traces de pliures verticale et horizontales. Collé en plein.

Hist.: E. Jabach (L. 2959 et 2953) ; montage à bande dorée des *dessins d'ordonnance*. Entré en 1671 dans le Cabinet du Roi ; marques du Louvre (L. 1899 et 2207).

Paris, Musée du Louvre. Inventaire 3949.

132

Bibl. : Inventaire manuscrit Jabach, II, 16 - Inventaire manuscrit Morel d'Arleux, 1477 - Fischel, III, 1922, n° 131 - Popham et Wilde, 1949, p. 309, sous n° 790 - Dussler, 1971, p. 19 - von Sonnenburg, 1983, p. 29, fig. 14, 120, n° 15.

Copie d'après un dessin perdu pour la *Madone Canigiani* (1507 ; Munich, Alte Pinakothek, de V. 72). Il existe une étude préparatoire comparable, sans la figure de saint Joseph, à Windsor Castle et deux copies d'après des projets comportant des figures nues, au Musée Condé, à Chantilly (Inv. 43 ; nouveau 51) et à l'Albertina (Fischel, III, 130, 132-133).

133 Dieu le Père trônant, en gloire, entouré d'anges

Plume, encre brune, lavis brun, rehauts de blanc ; papier brun. H. 0,154 ; L. 0,263. Découpé en forme de lunette. Doublé.

Hist. : Saisie des Emigrés ; marques du Louvre (L. 1866 et 2207).
Paris, Musée du Louvre. Inventaire 3890.

Bibl. : Inventaire manuscrit Morel d'Arleux, 1374 - Shearman, 1965, *Stanze*, p. 158, note 3 - Pfeiffer, 1975, pp. 73, notes 4, 74, 76, Schéma III, note 12, fig. 14 - Haussherr, 1976, p. 378.

Il pourrait s'agir d'une première pensée pour la *Dispute du Saint Sacrement*, peut-être antérieure aux projets de Raphaël. Selon H. Pfeiffer, elle serait due à Giovanni Antonio Bazzi, dit Sodoma, dont l'intervention dans les Chambres est attestée (voir D. n° 77). Le dessin a cependant l'aspect d'une copie ancienne.

134 Groupe de cinq hommes nus

Plume, encre brune. H. 0,193 ; L. 0,185. Manques, taches, déchirures. Doublé.

Hist. : Paraphe ancien, identique à celui, également au verso, du dessin suivant, précédé du chiffre *16*. Sans doute Ch.-P. J.-B. de Bourgevin-Vialart de Saint Morys. Saisie des Emigrés ; marque du Louvre (L. 2207).

Paris, Musée du Louvre. Inventaire 3980.

Bibl. : Inventaire manuscrit Morel d'Arleux, 1456 - Fischel, 1898, n° 138 (copie) - Fischel, 1925, VI, p. 264, n° 262 - Pfeiffer, pp. 78, schéma IV, 83, note 33, 84, fig. 15 (Sodoma).

Ce dessin et le suivant, qui comportent les mêmes paraphes au verso, étaient sans doute réunis dans la collection Saint Morys. Ce sont les seuls témoignages d'un dessin préparatoire, perdu, destiné à la partie inférieure gauche de la *Dispute du Saint Sacrement*. Les personnages, disposés comme dans le projet initial, au lavis, de Windsor (Fischel, VI, n° 258), mais plus espacés, sont étudiés nus, d'après des modèles vivants. Le

133

134

Fig. 159. Etude pour la partie droite de la *Dispute du Saint Sacrement*. Francfort, Städelsches Kunstinstitut

dessin original devait avoir l'aspect de celui, avec les figures également nues, de Francfort (Städelsches Kunstinstitut, Inv. 379; Fischel, VI, n° 284). H. Pfeiffer attribue ces feuilles, comme le D. n° 133 à Sodoma.

135 Groupe de sept hommes nus

Plume, encre brune ; trace de mise au carreau à la pierre noire ; papier brun. H. 0,156 ; L. 0,272. Collé en plein.

Hist. : Montage ancien avec, au verso, paraphe non identifié précédé du chiffre *13*, identique à celui, au verso du dessin précédent - Ch-P. J.-B. de Bourgevin-Vialart de Saint Morys - Saisie des Emigrés ; marque du Louvre (L. 1955).

Paris, Musée du Louvre. Inventaire 3981.

Bibl. : Recueil Saint Morys, 1783, n° 73 (partie gauche) - Inventaire manuscrit Morel d'Arleux, 4799 (Passarotti) - Fischel, VI, 1925, p. 290, n° 263 - Pfeiffer, 1975, pp. 78, schéma IV, 83, note 33, 84, fig. 16 (Sodoma).

Voir D. n° 134. Signalons une copie au Louvre (Inv. 4163).

135

136

136 Groupe de huit hommes nus

Sanguine. H. 0,260 ; L. 0,179. Feuillet froissé, taché. Annoté au verso, à la plume et encre brune, d'une écriture ancienne : *Raphaël.*

Hist. : Saisie des Emigrés ; marque du Louvre (L. 1886).

Paris, Musée du Louvre. Inventaire 3982.

Bibl. : Inventaire manuscrit Morel d'Arleux, 12617 - Fischel, V, 1924, n° 238 (copie) - Pouncey et Gere, 1962, sous n° 29 (copie) - Pope-Hennessy, 1970, p. 275, note 29 (copie) - Oberhuber et Ferino, 1977, p. 31, sous n° 35.

Copie ancienne d'un dessin perdu de Raphaël pour le *Parnasse*, dans laquelle apparaît la figure d'homme debout dont on conserve une étude (Londres, British Museum, Pouncey-Gere, 1962, n° 29, cf. D. n° 81), et qui figure aussi dans la gravure de Marcantonio Raimondi (G. 28). Cette disposition des figures ne fut pas retenue dans la peinture.

137 La Dispute du Saint Sacrement

Plume, encre brune, lavis brun et gris, rehauts de blanc. H. 0,456 ; L. 0,870. Dessin composé de plusieurs feuillets assemblés, de couleur brune. Traces d'usure. Coin supérieur droit coupé et restauré. Collé en plein.

Hist. : E. Jabach (L. 2951 et 2961) ; montage à bandes dorées des *dessins d'ordonnance*. Entré en 1671 dans le Cabinet du Roi ; marques du Louvre (L. 1899 et 2207).

Paris, Musée du Louvre. Inventaire 3977.

Bibl. : Inventaire manuscrit Jabach, II, 132 - Inventaire Morel d'Arleux, 1512 - Crowe et Cavalcaselle, II, 1885, p. 49 - Shearman, 1965, *Stanze*, p. 165, note 30.

Exp. : Paris, An X, n° 227 ; 1811, n° 302 ; 1815, n° 242 ; 1841 et 1845, n° 591.

D'une main d'élève bien caractérisée, à qui l'on doit aussi la *Présentation de la Vierge au Temple* (Inv. 4282) et la *Résurrection du Christ* (Inv. 3968). Le copiste a associé à la composition peinte les anges représentés dans l'étude relative au *Septième Sceau* (D. n° 85). J. Shearman en a tiré argument pour mettre cette dernière étude en rapport avec la *Dispute du Saint Sacrement*, plutôt qu'avec la *Messe de Bolsène* (cf. D. n° 86).

137

Dessins classés sous le nom de Raphaël non retenus pour l'exposition

Lille, Musée des Beaux-Arts

Pl. 430 Groupe d'hommes combattant. Copie

Pl. 460 Tête de femme. Eusebio da San Giorgio (cf. D. n° 39)

Pl. 462 Résurrection du Christ. Giulio Romano

Pl. 463 Portrait de jeune homme

Pl. 467 Tête d'homme de profil

Pl. 476 Lapidation de saint Etienne. Verso, cinq figures. D'après la tapisserie de la suite des *Actes des Apôtres*

Pl. 487 Tête de Vierge. D'après la *Madone à la Perle*, Madrid, Musée du Prado

Pl. 489 Etude de femme à mi-corps. Eusebio da San Giorgio (cf. D. n° 39)

Pl. 490 Etude anatomique. Copie

Pl. 491 Jugement de Salomon

Pl. 492 Etudes décoratives (verso)

Pl. 493 Deux têtes d'hommes ; une tête de lion

Pl. 494 Deux enfants debout. D'après Michel-Ange

Pl. 495 Homme portant un vase (verso)

Pl. 496 Un agneau couché, avec une bannière. Giulio Romano ?

Pl. 497 Saint Paul prêchant à Athènes. Copie (cf. D. n° 120)

Pl. 498 Guerrier arrêtant un cheval. D'après la *Bataille de Constantin*

Pl. 499 Tête de profil (verso)

Paris, Musée du Louvre, Cabinet des Dessins

3857 Deux études de Vierge à l'Enfant, un putto, deux têtes. Copies de deux dessins, conservés au British Museum et à l'Ashmolean Museum (Pouncey et Gere, 58 ; Parker, 527)

3879 Un homme debout, une femme tenant un enfant

3895 Saint Michel. D'après le grand *Saint Michel* du Musée du Louvre

3950 Tête de Vierge. D'après la *Madone à la Perle*, Madrid, Musée du Prado

Gravures

Le catalogue a été établi par :

Pierrette Jean-Richard,
documentaliste à la collection Edmond de Rothschild.

Toutes les gravures exposées sont conservées dans la collection du baron Edmond de Rothschild, léguée en 1935 au Musée du Louvre.

Pour toutes les informations qui lui furent communiquées, l'auteur du catalogue remercie :

Mmes R. Bacou, S. Béguin, G. Lambert, D. Minonzio, C. Monbeig Goguel, I.H. Shoemaker, M. Vasselin, F. Viatte.

MM. M. Di Giampaolo, Dr. P. Dreyer, J. Gere, C.M. Kauffmann, N. Turner.

Marcantonio Raimondi. *Portrait de Raphaël,* burin, vers 1518. Inventaire 4245 L.R.

Marcantonio Raimondi

Sant'Andrea in Argine vers 1470-1480 — Bologne avant 1534

Le meilleur et le plus célèbre graveur italien du XVIe *siècle est Marcantonio Raimondi. Avec lui s'ouvre un nouveau chapitre de l'histoire de la gravure italienne: désormais le rôle du graveur de reproduction est essentiellement de garder le souvenir et de diffuser l'œuvre des artistes.*

A Bologne, dès 1504, Giovanni Philoteo Achillini le célébrait dans son Viridario*; Dürer collectionnait ses estampes et l'Arétin admirait son œuvre; Vasari le considérait comme l'égal des grands graveurs du Nord: Albrecht Dürer et Lucas de Leyde.*

En dépit de sa renommée, nous savons peu de choses sur Marc-Antoine. La principale source sur la vie de l'artiste est due à Giorgio Vasari dans Le Vite de' più eccellenti pittori, scultori ed architettori *(Florence, 1568).*

Né à Sant'Andrea in Argine, à 28 km de Bologne, vers 1470-1480, Raimondi commence sa carrière comme orfèvre dans l'atelier du Bolonais Francesco Francia, qui l'emploie à graver des nielles et dont il imite les œuvres dans ses premières gravures. Le monogramme MAF, *adopté par Marc-Antoine, signifierait, d'après Vasari: « MarcAntonio de' Franci ». Plus tard, à partir de 1515, il emploiera parfois une tablette blanche, considérée par certains comme une marque d'atelier. En 1505, Raimondi exécute une de ses premières planches,* Pyrame et Thisbé, *et, en 1506,* Apollon et Hyacinthe, *pleines de réminiscences de Dürer et des graveurs florentins et padouans.*

Vers 1506 il est à Venise où il copie sur cuivre les bois de la Vie de la Vierge *de Dürer, en reproduisant illicitement le monogramme du Maître. Dürer protesta et dut obtenir du Sénat de Venise que Marc-Antoine s'abstienne à l'avenir d'une pareille usurpation. En effet, la seconde suite de pièces qu'il publie quelques années plus tard d'après Dürer, la* Petite Passion, *ne porte pas le monogramme du maître de Nuremberg mais une tablette blanche. Notons que dans ces imitations Marcantonio Raimondi ne perd pas toute originalité.*

Son passage à Florence en 1508, lui apporte la révélation de l'art de Michel-Ange. De là, il va à Rome où il devient vite l'élève et l'interprète favori de Raphaël. De cette rencontre se développera une association fructueuse entre les deux artistes. Cependant, un grand nombre de questions restent sans réponse au sujet de cette collaboration aussi bien que pour le propre atelier de Raimondi. Raphaël ne s'est probablement pas occupé de diriger les premiers graveurs de ses œuvres, comme le faisait Titien qui exécutait des dessins aux fins de les faire graver sur bois. Aussi, il serait plus exact de parler d'une association de Marc-Antoine avec le commis de Raphaël, Baviera, dans la production et l'exploitation des gravures réalisées d'après les esquisses de Raphaël ou de son atelier. Ces estampes, qui, selon Vasari, suscitèrent l'émerveillement de Rome, furent largement diffusées et collectionnées à travers l'Europe. Elles parurent à ses contemporains la traduction de la main du peintre et aucune distinction ne fut faite entre les deux artistes. Ce serait Baviera, et non Marc-Antoine, qui aurait possédé les planches après la mort de Raphaël.

On sait qu'à partir de 1513, Raimondi habite une maison de la paroisse S. Salvatore alle Coppelle et qu'en 1526 il se trouve à S. Angelo in Pescheria.

Après la mort de Raphaël, en 1520, Marc-Antoine continue à travailler à Rome avec les héritiers du Maître, principalement avec Giovanni Francesco Penni et Giulio Romano. Sa collaboration avec ce dernier ne fut pas entièrement heureuse: en 1524, la publication d'une suite de gravures licencieuses d'après les dessins de Giulio Romano, I Modi *(les* Postures*), fit scandale. Clément VII en ordonna la saisie et la destruction, faisant incarcérer le graveur. Giulio Romano, qui se trouvait à Mantoue, échappa au châtiment. Raimondi ne retrouva la liberté qu'après une réclusion de plusieurs mois. L'Arétin, qui écrivit plus* *tard ses* Sonnets *érotiques inspirés des* Modi*, aurait demandé au pape le pardon du graveur; bien que Vasari raconte que le sculpteur Baccio Bandinelli obtint la liberté de Marc-Antoine par l'intermédiaire du futur cardinal Hippolyte de Médicis.*

Lors du sac de Rome en 1527, la dévastation de son atelier par les bandes impériales conduites par le Connétable de Bourbon (son élève Marco Dente est tué sous ses yeux) provoque le départ de Marc-Antoine. Après paiement d'une rançon, il s'enfuit comme un mendiant peut-être d'abord à Mantoue auprès de Giulio Romano, puis à Bologne. C'est là qu'il meurt dans un grand dénuement, avant 1534, date de la parution de la comédie la Cortigiana *dans laquelle l'Arétin parle au passé du graveur.*

*La popularité de Marcantonio Raimondi connut quelques éclipses au cours du XIXe siècle, notamment lorsque la photographie remplaça la gravure de reproduction. Mais de nos jours les historiens d'art ont recommencé à étudier sa technique et à reconnaître l'intérêt de ses gravures interprétant l'œuvre de Raphaël. Souhaitons que ces travaux sur les gravures de reproduction de Raimondi — genre paradoxal et plein de contradiction, comme le définit Colin Eisler (*Op. cit.*, 1982) — amènent l'Histoire de l'Art à accueillir à nouveau favorablement Marc-Antoine.*

1

1 Faune assis auprès d'un enfant

Burin. H. 0,177 ; L. 0,137 au trait carré. Rognée au trait carré ; légère petite tache brune.

Hist. : A. Brentano-Birckenstock ; marque au verso (L. 345) ; vente, Francfort-s.-Main, 16 mai 1870 et j. suiv., n° 2510, acquise par Holloway. Inventaire 4182 L.R.

Bibl. : Bartsch, 1813, XIV, p. 223 n° 296 - Passavant, 1864, VI, p. 29, n° 182 - Delaborde, 1888, p. 184, n° 143 - Gardey, Lambert et Oberthür, 1978, p. 28, n° 143, repr. - Bartsch illustré, 1978, 26, p. 286, n° 296, repr. - Exp. Lawrence, 1981, n° 15, repr. p. 83.

Cette épreuve d'une grande beauté représenterait peut-être, comme l'a suggéré Delaborde, *Marsyas enseignant au jeune Olympe à jouer de la flûte*. Certains la considèrent gravée d'après une composition de Raphaël ou d'un de ses élèves ; d'autres d'après Peruzzi ; d'autres encore, et avec raison, d'après un dessin de Raimondi lui-même, basé sur quelque motif antique, le paysage combinant le souvenir de détails de gravures d'Albrecht Dürer et de Lucas de Leyde.

I.H. Shoemaker (Exp. Lawrence, 1981) date ce burin vers 1509, rapprochant sa technique très fine, caractérisée par des contours accentués et par l'emploi de tailles irrégulières et de pointillé, d'œuvres des débuts de la période romaine de Marc-Antoine.

Autre épreuve à la Collection Edmond de Rothschild (Inventaire 13424 L.R.).

2 Didon se donnant la mort

Burin. H. 0,160 ; L. 0,127 au coup de planche. 2e état. Inscription en grec sur une planchette, contre l'arbre à gauche. Filigrane : fleur (proche Briquet 6443 mais plus grande). Rognée après le coup de planche sur trois côtés ; petite tache rousse dans les flammes.

Hist. : A. Brentano-Birckenstock ; marque au verso (L. 345) ; vente, Francfort-s.-Main, 16 mai 1870 et j. suiv., n° 2467, acquise par Kohlbacher. Inventaire 4159 L.R.

Bibl. : Bartsch, 1813, XIV, p. 153, n° 187 - Passavant, 1864, VI, p. 23, n° 122 - Delaborde, 1888, p. 213, n° 187 -Hind, 1913, repr. p. 269 - Beets, 1936, p. 148, fig. 1 - Petrucci, juillet 1937, repr. p. 33 - Bianchi, 1968, repr. p. 652, fig. 13 (1er état) - De Witt, 1968, pl. XXXV - Ferrara et Bertelà, 1975, n° 385, repr. - Gardey, Lambert et Oberthür, 1978, p. 35, n° 187, repr. - Bartsch illustré, 1978, 26, p. 181, n° 187, repr. - Exp. Lawrence, 1981, n° 18, repr. p. 89.

Exp. : Paris, Louvre, 1966, n° 92.

Pour échapper au mariage avec Iarbas, roi des Gétules, la reine de Carthage va se poignarder et se jeter dans un bûcher.

Le 2e état de ce burin d'une grande finesse, l'un des premiers réalisés par Marc-Antoine à son arrivée à Rome, porte une inscription en grec que Bartsch a déchiffrée ainsi : « La mort célèbre vit ». Cette traduction a été corrigée par le Prof. M. Guarducci qui propose ce concept païen : « Le suicide est vie » (Bianchi, 1968, p. 679, note 97).

Bien qu'on ne connaisse aucun dessin de Raphaël pour la *Didon*, datée vers 1510, I.H. Shoemaker signale des rapports de style avec certains personnages des fresques de la Chambre de la Signature (1508-1511). Le paysage présente des emprunts faits à Dürer et à Lucas de Leyde : les arbres, à gauche, sont ceux du *Petit Courrier* de Dürer, vers 1496 (Hollstein, *German...*, VII, p. 75, n° 79, repr.) ; la partie droite se voit dans l'arrière-plan de la *Sainte Famille* de Lucas de Leyde, vers 1508 (Hollstein, *Dutch and Flemish...*, X, p. 120, repr.).

Il existe plusieurs copies de cette gravure, dont une petite estampe exécutée à la manière d'un nielle, en contre-partie (G. n° 47). Une plaque ronde en bronze d'Andrea Briosco dit Riccio (vers 1470-1532), au Musée Correr, Venise, semble basée sur la *Didon* de Marc-Antoine (Brunello, 1981, 3e pl. coul. hors texte).

3 La Vierge et l'Enfant Jésus sur des nuages

Burin. H. 0,181 ; L. 0,148 au coup de planche. Filigrane : deux clés (proche Briquet 3852). Petite marge.

Hist. : A. Alferoff ; marque au verso (L. 1727) ; vente, Munich, 10 mai 1869 et j. suiv., n° 535, acquise par Clément. Inventaire 4124 L.R.

Bibl. : Bartsch, 1813, XIV, p. 53, n° 47 - Passavant, 1864, VI, p. 15, n° 20 - Delaborde, 1888, p. 92, n° 9 - Bianchi, 1968, repr. p. 662, fig. 26 - Exp. Cambridge, 1974, n° 11 - Gardey, Lambert et Oberthür, 1978, p. 8, n° 9, repr.

Impression sur papier fin, avec marges, de la *Vierge et l'Enfant Jésus assise sur des nuages* que l'on peut dater vers 1511.

Elle a été rapprochée de la *Madone de Foligno*, peinte par Raphaël vers 1511-1512, Pinacothèque du Vatican, Rome (De V. 97) et de la *Madone de saint Sixte*, 1513-1514, Gemäldegalerie, Dresde (De V. 105).

Une feuille d'esquisses, avec une étude de Vierge pour la *Madone de saint Sixte* est conservée à l'Institut Staedel,

2

3

Francfort (Fischel, VII, 1928, p. 345, fig. 271 ; VIII, 1941, pl. 368).

Delaborde signale plusieurs copies gravées, dans le même sens et en contrepartie de cette estampe.

Un dessin, exécuté d'après la gravure, est au Cabinet des Dessins, Louvre (Inv. 3971).

4 Lucrèce se donnant la mort

Burin. H. 0,213 ; L. 0,132 au coup de planche. Inscription en grec sur un cartouche, à gauche. Rognée après le coup de planche.

Hist. : Acquise d'Holloway en juillet 1874. Inventaire 4160 L.R.

Bibl. : Bartsch, 1813, XIV, p. 155, n° 192 - Passavant, 1864, VI, p. 23, n° 123 - Delaborde, 1888, p. 214, n° 188 - Hind, 1913, repr. p. 257 - Pittaluga, 1928, entre p. 144-145, fig. 77 - Giglioli, 1934, p. 374, fig. 2 - Beets, 1936, p. 152, fig. 4 - Petrucci, juillet 1937, repr. p. 32 - Petrucci, 1964, fig. 8 - Bianchi, 1968, repr. p. 652, fig. 12 - De Witt, 1968, pl. XXXIV - Gardey, Lambert et Oberthür, 1978, p. 35, n° 188, repr. - Bartsch illustré, 1978, 26, p. 188, n° 192-I - Exp. Lawvence, 1981, n° 20, repr. p. 95.

4

Tite-Live relate que Lucrèce, épouse romaine vertueuse, se tua de désespoir après avoir subi les outrages d'un fils de Tarquin le Superbe. Cet événement tragique entraîna la chute de la monarchie et l'établissement de la république à Rome.

L'inscription en grec, visible sur un cartouche appliqué sur le soubassement de l'architecture, a été traduite par Bartsch : « Il vaut mieux mourir que vivre dans le déshonneur ».

Delaborde soutient avec raison que, contrairement à l'assertion de Vasari, la *Lucrèce* n'est pas la première œuvre gravée à Rome par Marc-Antoine d'après Raphaël (voir G. n° 2 et n° 47). D'un dessin plus savant et d'une technique plus élaborée que la *Didon*, on peut la dater vers 1511-1512.

I.H. Shoemaker indique que le type de la *Lucrèce*, représentée seule, très populaire au début du XVIe siècle, provient de la découverte à Rome, vers 1500, d'une statue antique considérée par le cardinal Giovanni de' Medici — le futur pape Léon X — comme une Lucrèce. De même que pour la *Didon*, Raimondi s'est inspiré de Lucas de Leyde : le paysage, à droite, montrant une rivière avec un petit pont et des arbres, est celui de *Suzanne et les vieillards* gravée vers 1508 (Hollstein, *Dutch and Flemish...*, X, p. 85, repr.). La partie gauche de l'estampe est occupée par des éléments d'architecture antique faisant la liaison entre le personnage classique et le paysage nordique. Le motif décoratif orné de volutes est un détail du trône du *Jupiter Ciampolini* dans un dessin du *Codex Escurialensis*, carnet de croquis exécuté par un continuateur de Domenico Ghirlandaio, à la fin du XVe siècle (Shearman, 1977, p. 126, fig. 6).

Lucas de Leyde se souviendra à son tour de Marc-Antoine dans un burin de 1529, *Adam et Eve pleurant la mort d'Abel*, en donnant à Eve la pose de *Lucrèce* (Hollstein, *Dutch and Flemish...*, X, p. 58, n° 6, repr. p. 59).

Delaborde signale des copies dans le même sens et en contrepartie de cette estampe.

Un dessin, copie de la gravure, est au Cabinet des Dessins, Louvre (Inv. 4245).

La gravure a servi de modèle à un verre peint attribué à Lucas de Leyde, Museum of Fine Arts, Boston (D.C.S., 1922, p. 40, repr.).

5 Le massacre des Innocents

Burin. H. 0,282 ; L. 0,434 au coup de planche. 2e état. Signée sur le parapet, à gauche : *RAPH./VRBI./INVE/.MA.* Filigrane : ciseaux (proche Briquet 3685). Inscription à la plume, encre brune, au recto en bas à droite : *B. 61.* ; au verso : *J. 61.* Petite marge ; trace de pliure verticale au centre ; légèrement tachée dans les angles.

Bibl. : Sir P. Lely ; marque au recto (L. 2092) ; vente, Londres, 11 avril 1688 et j. suiv. (pas de cat.) - R.S. Holford ; marque au verso (L. 2243) ; vente, Londres, 12 juillet 1893, n° 335, acquise par Danlos. Inventaire 4115 L.R.

5

Bibl.: Bartsch, 1813, XIV, p. 19, n° 18 - Passavant, 1864, VI, p. 76, n° 17 - Delaborde, 1888, p. 90, n° 8, repr. p. 31 - Hind, 1913, repr. p. 262 - Pittaluga, 1928, pp. 145-146, fig. 79 - Francis, 1938, repr. p. 171 - Descargues, 1965, repr. p. 142-143 - Bianchi, 1968, repr. p. 655, fig. 15 - De Witt, 1968, pl. XLI - Gardey, Lambert et Oberthür, 1978, p. 8, n° 8, repr. - Bartsch illustré, 1978, 26, p. 29, n° 18-II, repr. - Exp. Lawrence, 1981, n° 21, repr. p. 98.

Exp.: Paris, Louvre, 1966, n° 95.

Parmi les premières gravures de Marcantonio Raimondi interprétant des dessins de Raphaël, le *Massacre des Innocents* «avec le chicot» est la plus accomplie (*Matthieu*, chap 2, v. 16-18).

I.H. Shoemaker, qui le situe vers 1511-1512, le rapproche par le style et la technique de la *Lucrèce* (G. n° 4), ajoutant que la gravure était certainement réalisée avant 1514 puisqu'on retrouve la composition sur le plafond peint par Araldi au couvent San Paolo, Parme.

Raphaël s'est inspiré de sculptures antiques, de burins de l'école d'Andrea Mantegna, comme *Virtus combusta* et *Hercule et l'hydre*, vers 1500 (Hind, 1948, V, p. 26, n° 20 et p. 27, n° 22; VI, pl. 518 et 520 - Pogany Balas, 1972) et de la *Bataille de Cascina* de Michel-Ange. Il existe plusieurs projets dessinés de Raphaël et son école pour le *Massacre des Innocents*: à Londres (Pouncey et Gere, 20 recto et 21, pl. 25 et 26 - Bianchi, 1968, p. 654, fig. 14 - Cocke, 1969, pl. 20 et pl. 67), à Vienne (Stix et Frölich-Bum, 63, repr. - Cocke, 1969, pl. 65 et 70 - Koschatzky, Oberhuber et Knab, 1972, n° 37) et à Windsor (Popham et Wilde, 793 recto, pl. 55 - Cocke, 1969, pl. 68). Un dessin d'ensemble, à la plume, conservé à Budapest, a dû servir de modèle pour la gravure mais, selon K. Oberhuber, son mauvais état de conservation ne permet pas de l'attribuer avec certitude à Raphaël (Oberhuber, 1972, IX, p. 23, fig. 8 - Exp. Lawrence, 1981, repr. p. 99).

Le paysage avec un pont reliant deux quartiers d'une ville a été copié par Marc-Antoine d'après un dessin du *Codex Escurialensis* (Becatti, 1968, p. 576, fig. 10 - Shearman, 1977, p. 128). Le «ponte giudeo», comme l'indique une inscription sur le dessin, a été identifié avec le ponte dei quattro Capi qui conduisait au ghetto de Rome. Et le fait de représenter le *Massacre des Innocents* à Rome au lieu de Rama viendrait d'une erreur dans le texte de la *Légende Dorée*. Le «chicot», petit sapin visible dans l'angle supérieur droit de la gravure, a été emprunté au burin d'A. Dürer, le *Monstre marin*, vers 1501 (Hollstein, *German...*, VII, repr. p. 58, n° 66).

On connaît trois états de cette gravure : le 1er état est avant les signatures ; le 3e comporte de nombreuses retouches et le tirage date de 1820. Une autre épreuve du 2e état est conservée à la Collection Edmond de Rothschild (Inventaire 4298 L.R.).

La planche usée se trouve à la Bibliothèque Civique de Pavie, Collection Malaspina.

Delaborde mentionne plusieurs copies, notamment par A. Veneziano et E. Delaune ; signalons aussi une copie par P. Lélu, en 1793 (Sjöberg et Gardey, 1977, XIV, p. 74, n° 75). Voir l'autre version du *Massacre des Innocents* «sans le chicot» (G. n° 8). Le décor d'une majolique d'Urbin par Orazio Fontana, vers 1540, au Louvre, s'inspire de la gravure (Liverani, 1968, p. 701, fig. 24 - Giacomotti, 1974, n° 993, repr.).

6

6 Adam et Ève

Burin. H. 0,241 ; L. 0,178 au trait carré. Filigrane : balance (proche Briquet 2484). Petite marge ; petits trous de vers restaurés ; papier jauni avec traces de pliures.

Hist. : R.S. Holford ; marque au verso (L. 2243) ; vente, Londres, 12 juillet 1893, n° 333, acquise par Danlos. Inventaire 4111 L.R.

Bibl. : Bartsch, 1813, XIV, p. 3, n° 1 - Passavant, 1864, VI, p. 11, n° 1 - Delaborde, 1888, p. 87, n° 1 - Petrucci, juillet 1937, repr. p. 35 - Bianchi, 1968, repr. p. 651, fig. 11 - Gardey, Lambert et Oberthür, 1978, p. 7, n° 1, repr. - Bartsch illustré, 1978, 26, p.9, n° 1, repr. - Exp. Lawrence, 1981, n° 22, repr. p. 101.

Cette pièce, non signée, est un des chefs-d'œuvre de Marc-Antoine qui a combiné les personnages de Raphaël avec un paysage nordique délicatement travaillé dans le style de Lucas de Leyde.

I.H.Shoemaker situe son exécution vers 1512-1514, puisque l'Eve a été copiée sur le plafond d'Araldi au couvent de San Paolo, Parme (1514). L'auteur démontre le progrès technique accompli par le burin du graveur dont les tailles modèlent les corps des personnages, insistant sur le rendu dense du premier plan opposé au lointain très léger.

Le dessin de Raphaël, à Oxford, pour l'*Adam* est dans le même sens et correspond tout à fait à la gravure (Parker, 539 verso, pl. CXXVIII - Cocke, 1969, pl. 45).

Une composition différente de Raphaël, représentant *Adam et Eve*, se voit au plafond de la Chambre de la Signature, 1508-1509 (De V. 85 c).

Une autre épreuve de cette gravure est conservée à la Collection Edmond de Rothschild (Inventaire 13415 L.R.).

Delaborde mentionne deux copies. Citons aussi les deux vignettes de Virgil Solis, avec quelques variantes et en contrepartie (O' Dell-Franke, 1977, n° a 5 et a 6, pl. I).

7 Vénus et l'Amour dans une niche

Burin. H. 0,204 ; L. 0,109. 2e état. Inscription à la plume, encre brune, sur le socle de l'Amour : *MAF*. Rognée au coup de planche sur deux côtés.

Hist. : E. Galichon ; vente, Paris, 11 mai 1875, n° 451, acquise par Clément. Inventaire 4185 L.R.

Bibl.: Bartsch, 1813, XIV, p. 234, n° 311 - Passavant, 1864, VI, p. 26, n° 142 - Delaborde, 1888, p. 163, n° 116 - Beets, 1936, p. 157, fig. 8 - Petrucci, juillet 1937, repr. p. 37 - Bianchi, 1968, repr. p. 658, fig. 21 - De Witt, 1968, pl. XXXVII - Gardey, Lambert et Oberthür, 1978, p. 24, n° 116, repr. - Bartsch illustré, 1978, 26, p.311, n° 311, repr.

Très belle épreuve, exécutée probablement d'après le dessin de Raphaël du British Museum, Londres (Pouncey et Gere, 27, pl. 32 - Bianchi, 1968, p. 658, fig. 20). Dérivant de la sculpture antique, le groupe se présente dans une niche comme l'*Apollon de l'Ecole d'Athènes* (Gardey, Lambert et Oberthür, 1978, n° 107, repr.). Lucas de Leyde s'est souvenu de *Vénus et l'Amour dans une niche* pour la pose de sa *Lucrèce*, gravée vers 1514-1515 (Hollstein, *Dutch and Flemish...*, X, p. 152, repr.); par conséquent, le burin de Marc-Antoine, proche par la technique de l'*Adam et Eve* (G. n° 6), doit se situer avant 1514.

Delaborde signale deux états de cette gravure: certains travaux d'ombre et de pointillé, ne figurant pas dans le 1er état, auraient été complétés dans le 2e état. Il mentionne plusieurs copies, dans le même sens ou en contrepartie, dont une par H. Hopfer (Bartsch, 1808, VIII, p. 512, n° 24).

7

8 Le massacre des Innocents

Burin. H. 0,278; L. 0,425. 1er état. Signée sur le parapet, à gauche: *RAPHA/VRBI/INVEN/MAF.* Filigrane: ancre (proche Briquet 447). Rognée au coup de planche.

Hist.: A. Brentano-Birckenstock; marque au verso (L. 345); vente, Francfort-s-Main, 16 mai 1870 et j. suiv., n° 2389, acquise par Posonyi. Inventaire 4114 L.R.

Bibl.: Bartsch, 1813, XIV, p. 21, n° 20 - Passavant, 1864, VI, p. 12, n° 9 - Delaborde, 1888, p. 91 et 92 - Hind, 1913, repr. p. 265 - Francis, 1938, repr. p. 171 (détail) - Petrucci, 1964, fig. 9 - Bianchi, 1968, repr. p. 655, fig. 16 - Gardey, Lambert et Oberthür, 1978, p. 8 n° 8 bis, repr. - Bartsch illustré, 1978, 26, p.31, n° 20 B, repr. (inversion avec la copie de Michele Lucchese mise par erreur sous le n° 20) - Exp. Lawvence, 1981, n° 26, repr. p. 109.

On a abondamment polémiqué sur l'attribution et la datation des pièces « au chicot » et « sans le chicot ». Delaborde pense que le *Massacre des Innocents* « sans le chicot » a été exécuté par un graveur italien contemporain, mais non par Marco da Ravenna, comme l'écrit Bartsch. La théorie la plus raisonnable, avancée par Hind, est que les variantes entre les deux versions sont dues seulement à la transformation du style de Marc-Antoine. La planche étant usée, Raimondi dut la refaire quelques années plus tard à la demande générale. I.H. Shoemaker date la version « sans le chicot » vers 1513-1515, démontrant que les personnages sont traités d'une façon plus sculpturale et dans une technique plus puissante, caractéristique que l'on retrouve, par exemple, dans *Dieu apparaissant à Noé* (G. n° 9) et *Adam et Eve* (G. n° 6).

Passavant mentionne cinq états de cette estampe: le 1er état est avec la signature; le 2e état porte le nom de l'éditeur Antonio Salamanca; le 3e état, l'adresse de Matteo de Rossi; le 4e état, le nom de Giov. Batt. de Rossi; le 5e état, l'adresse de Carlo Losi et la date 1773. Une autre épreuve du 1er état est conservée à la Collection Edmond de Rothschild (Inventaire 13421 L.R.).

8

9

Bartsch cite des copies par G.B. de Cavalleriis, M. Lucchese et J. Binck. Voir également le clair-obscur d'U. da Carpi (G. n° 88).

9 Dieu apparaissant à Noé

Burin. H. 0,306 ; L. 0,249 au trait carré. Remarques dans les marges du cuivre. Rognée au coup de planche ; petites restaurations ; légère tache brunâtre sous le bras de Dieu le Père.

Hist. : A. Brentano-Birckenstock ; marque au verso (L. 345) ; vente, Francfort-s-Main, 16 mai 1870 et j. suiv., n° 2381, acquise par Clément. Inventaire 4112 L.R.

Bibl. : Bartsch, 1813, XIV, p. 4, n° 3 - Passavant, 1864, VI, p. 11, n° 3 - Delaborde, 1888, p. 88, n° 3, repr. p. 73 - Pittaluga, 1928, p. 146, fig. 84 - Petrucci, 1964, fig. 13 - De Witt, 1968, pl. XXXVIII - Ferrara et Bertelà, 1975, n° 319, repr. - Gardey, Lambert et Oberthür, 1978, p. 7 n° 3, repr. - Bartsch illustré, 1978, 26, p.11, n° 3, repr. - Exp. Lawrence, 1981, n° 24, repr. p. 105.

La gravure de Marcantonio Raimondi, non signée, reproduit dans un format rectangulaire la composition en triangle, conçue par Raphaël, ornant le plafond de la Chambre d'Héliodore au Vatican, exécuté dans la seconde moitié de 1511 (De V. 95c).

Vasari a identifié à tort ce sujet comme *Dieu bénissant la descendance d'Abraham*, Bartsch y a vu *Dieu ordonnant à Noé de bâtir l'arche*, alors que la scène représente Dieu bénissant Noé et sa famille qu'il a sauvé du déluge (*Genèse*, chap. 9, v. 1-2).

I.H. Shoemaker situe la gravure vers 1513-1515. La composition montre des échos michelangélesques exaltés par le burin fin et régulier qui rend admirablement les effets de clair-obscur et s'attarde à détailler avec précision la texture du bois de l'arche. Delaborde mentionne plusieurs copies gravées peu fidèles et généralement en contrepartie.

Rubens a reproduit la gravure de Marc-Antoine dans un dessin du Louvre (Inv. 20236 - Fl. 1036 - Exp. Paris, 1978, n° 97, repr.).

10 La Poésie

Burin. H. 0,180 ; L. 0,151. 2e état. Inscription sur la tablette, à droite : *NVMIE/AFLATV/R.* Filigrane : chapeau de cardinal (proche Briquet 3392 mais un peu plus grand). Papier jauni ; petite restauration près de l'angle inférieur gauche.

Hist. : Acquise d'Holloway en juillet 1874. Inventaire 4213 L.R.

Bibl. : Bartsch, 1813, XIV, p. 291, n° 382 - Passavant, 1864, VI, p. 34, n° 204 - Delaborde, 1888, p. 190, n° 155 - Hind, 1913, repr. p. 254 - Pittaluga, 1928, p. 147, fig. 82 - Bianchi, 1968, repr. p. 656, fig. 18 (1er état) - Gardey, Lambert et Oberthür, 1978, p. 30, n° 155, repr. - Bartsch illustré, 1978, 27, p.73, n° 382, repr. - Exp. Lawrence, 1981, n° 27, repr. p. 111.

Pièce célèbre, non signée, gravée par Marc-Antoine d'après un dessin préparatoire pour la *Poésie*, un des médaillons de la voûte de la Chambre de la Signature, 1508-1509 (De V. 85 H). L'inscription latine sur la tablette tenue par l'un des putti : *NUMI*(N)*E AF*(F)*LATVR* se réfère à Virgile (*Enéide*, VI, 50).

La gravure, que l'on date vers 1515, diffère de la fresque principalement par la pose des putti. La technique subtile du graveur donne une tonalité douce aux ombres et aux lumières coulant sur les draperies fluides. Marc-Antoine a pris un soin particulier dans le rendu des plumes des ailes du personnage symbolisant l'Air, comme l'avait fait magistralement Dürer dans la *Némésis* (Hollstein, *German...*, VII, p. 66, n° 72, repr.).

Une étude de Raphaël pour la figure de la *Poésie* est à Windsor (Popham et Wilde, 792, pl. en frontispice - Cocke, 1969, pl. 62 - De V. repr. p. 101). Un fragment du carton pour la fresque, *Tête de putto*, est à Londres (Pouncey et Gere, 28, pl. 33). Citons enfin deux dessins exécutés d'après la gravure, l'un au Cabinet des Dessins (Inv. 3987), l'autre dans la Collection Edmond de Rotchschild, Louvre (Inventaire 789 D.R.).

Deux épreuves du 1er état, sans l'inscription sur la tablette, sont signalées au British Museum (Inv. 1895.9.15.130 et H. 3.23). Delaborde mentionne deux copies dans le même sens et une en contrepartie, ainsi qu'une réduction par G. Bonasone (B.N., Est., Eb. 8, fol., f° 117).

Le décor d'une majolique de Faenza, Musée National, Florence, est basé sur la gravure (Liverani, 1968, p. 693, fig. 1).

10

11 Sainte Cécile entourée de saint Paul, saint Jean l'Evangéliste, saint Augustin et sainte Marie-Madeleine

Burin. H. 0,261 ; L. 0,155 au trait carré. Signée sur la harpe : *MAF. RAPH IVE.* Rognée après le trait carré ; très légères taches brunes.

Hist. : Baron James de Rothschild. Inventaire 4132 L.R.

Bibl. : Bartsch, 1813, XIV, p. 101, n° 116 - Passavant, 1864, VI, p. 18, n° 51 - Delaborde, 1888, p. 143, n° 92 - Hind, 1913, repr. p. 258 - Ferrara et Bertelà, 1975, n° 356, repr. - Gardey, Lambert et Oberthür, 1978, p. 20 n° 92, repr. - Bartsch illustré, 1978, 26, p.151, n° 116, repr. - Exp. Lawrence, 1981, n° 28, repr. p. 113.

La *Sainte Cécile* de Marcantonio Raimondi présente de nombreuses modifications par rapport à la peinture de Raphaël, commandée en 1514 pour l'église San Giovanni in Monte, actuellement à la Pinacothèque de Bologne (De V. 108). Et, contrairement à ce qu'écrit Vasari, le graveur a dû plutôt la réaliser d'après une première pensée du Maître.

K. Oberhuber attribue le dessin du Petit Palais à Giovanni Francesco Penni ; basé probablement sur une étude

11

préparatoire de Raphaël, ce dessin, malgré son aspect dur et quelque peu figé, a pu servir de modèle pour la gravure (Oberhuber, 1972, IX, p. 49, fig. 51 - Joannides, 1983, n° 381, attr. à Penni).

Datée par I.H. Shoemaker vers 1515-1516, la *Sainte Cécile* marque l'apogée du style et de la technique de Marc-Antoine à Rome : les personnages vigoureusement modelés se détachent sur un fond moiré et les tailles encore fines deviennent plus puissantes et régulières.

Delaborde mentionne quatre copies en contrepartie ou dans le même sens et une copie en contrepartie de la partie supérieure de l'estampe (Gardey, Lambert et Oberthür, 1978, p. 4, fig. 2).

12

12 La Vierge glorieuse et l'Enfant Jésus

Burin. H. 0,237 ; L. 0,169. Tablette sans le monogramme, en bas à droite. Rognée avant le trait carré en bas et en haut ; deux petites restaurations ; papier bruni.

Hist. : Baron Ch. Marocchetti ; marque au verso (L. 392) ; vente, Londres, 31 mars 1868 et j. suiv., n° 448 - A. Brentano-Birckenstock ; vente, Francfort-s-Main, 16 mai 1870 et j. suiv., n° 2406, acquise par Loizelet. Inventaire 4125 L.R.

Bibl. : Bartsch, 1813, XIV, p. 58, n° 52 - Passavant, 1864, VI, p. 16, n° 21 - Delaborde, 1888, p. 93, n° 10 - Hind, 1913, repr. p. 266 - Calabi, 1931, pl. XXXVIII - Bianchi, 1968, repr. p. 662, fig. 27 - Gardey, Lambert et Oberthür, 1978, p. 8 n° 10, repr. - Bartsch illustré, 1978, 26, p. 76, n° 52, repr. - Exp. Lawrence, 1981, n° 29, repr. p. 115.

Produite par Marc-Antoine ou par son atelier, la tablette sans monogramme étant considérée par certains comme une marque d'atelier, la *Vierge glorieuse* reproduit avec des variantes la partie supérieure de la *Madone de Foligno* (voir G. n° 3).

Le dessin du British Museum, en contrepartie de la gravure, est une étude pour la peinture (Pouncey et Gere, 25 - Petrucci, mars 1938, repr. p. 411).

On remarquera que la technique du graveur est extrêmement sculpturale : les formes du corps de la Vierge jaillissent sous les plis cassés de la draperie et la douceur du modèle de Raphaël fait place à la monumentalité classique. Les tailles du burin, larges et profondes, ne sont pas encore systématiques. I.H. Shoemaker situe cette gravure vers 1515-1516.

Delaborde signale à tort un 1er état de la planche, au British Museum, qui n'est en réalité qu'une des nombreuses copies existant. Celle sans la mandorle a été considérée comme une réplique, peut-être par Marc-Antoine lui-même ; mais Delaborde l'a classée parmi les pièces faussement attribuées au graveur (Gardey, Lambert et Oberthür, 1978, p. 48, n° 314, repr.).

13 La Cène

Burin. H. 0,295 ; L. 0,429 au trait carré. Tablette sans le monogramme en bas, à droite. Filigrane : arbalète (proche Briquet 746). Rognée après le trait carré ; trace de pliure verticale au centre.

Hist. : A. Brentano-Birckenstock ; marque au verso (L. 345) ; vente, Francfort-s-Main, 16 mai 1870 et j. suiv., n° 2392, acquise par Holloway. Inventaire 4116 L.R.

Bibl. : Bartsch, 1813, XIV, p. 33, n° 26 - Passavant, 1864, VI, p. 13, n° 11 - Delaborde, 1888, p. 100, n° 17, repr. p. 103 - Calabi, 1931, pl. XXXIII et XXXV (détail) - Bianchi, 1968, p. 687, note. 248 - De Witt, 1968, pl. XLII - Gardey, Lambert et Oberthür, 1978, p. 10, n° 17, repr. - Bartsch illustré, 1978, 26, p.41, repr. - Exp. Lawrence, 1981, n° 30, repr. p. 117.

Passavant et Delaborde indiquent que cette belle et grande estampe est la reproduction légèrement réduite d'un dessin de Raphaël conservé à Windsor (Popham et Wilde, 805, pl. 64).

13

Bianchi précise que le dessin de Windsor pourrait être seulement une copie ou bien exécuté par un disciple de Raphaël. I.H. Schoemaker note que Marc-Antoine a fait preuve d'une grande fidélité par rapport au dessin de Windsor, à part quelques petits changements dans les détails et l'adjonction d'un paysage. Cet auteur compare avec raison la technique de la *Cène* à celle de la *Sainte Cécile* (G. n° 11) et par conséquent la date vers 1515-1516.

Delaborde signale de nombreuses copies gravées, notamment par G.B. de Cavalleriis et Marco da Ravenna (B.N., Est., Eb 6 rés.), dans le même sens et par Nicolas Béatrizet, en contrepartie.

Le décor d'une majolique de Faenza, vers 1525, au Louvre, est basé sur la gravure (Liverani, 1968, p. 693, fig. 2 - Giacomotti, 1974, n° 340, repr.).

14 La peste de Phrygie

Burin. H. 0,197 ; L. 0,249 au trait carré. 1er état. Rognée au coup de planche ; remargée dans la partie inférieure du bord droit.

Hist. : R.S. Holford ; marque au verso (L. 2243) ; vente, Londres, 13 juillet 1893, n° 372, acquise par Danlos. Inventaire 4225 L.R.

Bibl. : Bartsch, 1813, XIV, p. 314, n° 417 - Passavant, 1864, VI, p. 24, n° 127 - Delaborde, 1888, p. 216, n° 189, repr. p. 215 - Pittaluga, 1928, p. 151 à 154, repr. p. 152, fig. 88 (autre état) - Panofsky, 1958, p. 138 et note 54 - Brugnoli, 1962, p. 339, fig. 22 - Ferrara et Bertelà, 1975, n° 441, repr. (autre état) - Gardey, Lambert et Oberthür, 1978, p. 35, n° 189, repr. - Bartsch illustré, 1978, 27, p.105, n° 417, repr.

Exp. : Paris, Louvre, 1966, n° 94.

La *Peste de Phrygie* dite la *Petite peste* ou, en Italien *Il Morbetto*, est un sujet tiré du Chant III de l'*Enéide* où Virgile décrit la peste qui éclata en Crète ainsi que le rêve d'Enée. Par ses noirs profonds et veloutés s'opposant au blanc du papier, cette belle planche, datée vers 1515-1516, témoigne des préoccupations

14

luministes de Marc-Antoine et fait écho aux recherches de Raphaël dans la Chambre d'Héliodore au Vatican ; citons en particulier la *Libération de saint Pierre*, exécutée vers 1513-1514 (De V. 95 G).

Deux dessins, l'un à Windsor, l'autre aux Offices de Florence, se rapportent à la gravure. Le dessin de Windsor Castle attribué à Raphaël, *Vue d'un paysage romain*, correspond en contrepartie au paysage de la *Peste de Phrygie* (Popham et Wilde, 801 - Bianchi, 1968, p. 664, fig. 30). Le dessin d'ensemble des Offices, très abîmé, est daté vers 1512-1513 par K. Oberhuber qui le donne à Raphaël (Oberhuber, 1972, IX, p. 24, fig. 9) ; il est contesté par d'autres qui pensent plutôt à une œuvre de l'atelier de Raphaël.

Delaborde mentionne cinq états de la planche : le 3e état porte l'adresse de l'éditeur Salamanca qui sera effacée dans le 4e état ; le 5e est avec l'adresse de Gio. Batt. de Rossi.

On a déjà noté l'influence de la *Peste de Phrygie* sur le bas-relief à droite de la composition *Cléobis et Biton* dans la Galerie de François Ier à Fontainebleau et sur la femme morte des *Massacres de Scio* de Delacroix.

15

15 La peste de Phrygie

Burin. H. 0,196 ; L. 0,252 au trait carré. 2e état. Signée en bas, à droite, sur la pierre : *INV RAP .VR/MAF*. Inscription en latin en haut, à droite, dans les rayons de lumière : *EFFIGIES SACRAE DIVOM PHRIGI* ; en bas, au centre, sur le piédestal du terme : *LINQVEBANT/DVLCES ANI/MAS, AVT AE/GRA TRAHE/BANT/CORP*. Petite marge ; petite écorchure au-dessus de l'inscription du haut.

Hist. : Sir P. Lely ; marque au recto (L. 2092) ; vente, Londres, 11 avril 1688 et j. suiv. (pas de cat.) - W. Esdaile ; marque au recto (L. 2617) et inscriptions, à la plume, au verso : *Bartsch, V 14, Po 14 N 417... Marc Antonio... The little Pest* - Acquise de Clément en juin 1876. Inventaire 4226 L.R.

Bibl. : Petrucci, mars 1938, repr. p. 408 - Petrucci, 1964, fig. 15 - Bianchi, 1968, p. 664, fig. 31 - De Witt, 1968, pl. XLVIII - Exp. Lawrence, 1981, n° 31, repr. p. 119.

Ce 2e état porte les vers latins de l'*Enéide* : « Les hommes abandonnaient la douce existence ou traînaient des corps languissants. » Il existe une copie en contrepartie, sans l'inscription du haut mais avec celle du piédestal (Ferrara et Bertelà, 1975, n° 442, repr. et 442 a).

16 Satyre et enfant

Burin. H. 0,127 ; L. 0,095 au trait carré. Signée en bas, à gauche : *MAF*. Filigrane : peu lisible. Rognée après le trait carré.

Hist. : Dr. D.D. Roth ; acquise en janvier 1870. Inventaire 6911 L.R.

Bibl. : Bartsch, 1813, XIV, p. 216, n° 281 - Passavant, 1864, VI, p. 29, n° 179 - Delaborde, 1888, p. 184, n° 142 - Petrucci, juillet 1937, repr. p. 39 -

16

Ferrara et Bertelà, 1975, n° 407, repr. - Gardey, Lambert et Oberthür, 1978, p. 28, n° 142, repr. - Bartsch illustré, 1978, 26, p. 266, n° 281, repr. - Exp. Lawrence, 1981, n° 35, repr. p. 127 - Dunand et Lemarchand, p. 179, fig. 409.

B.F. Davidson a reconnu *Pan et Bacchus enfant* dans les deux personnages de cette petite pièce de Marc-Antoine, datée vers 1515-1516. Mariette, Bartsch et Passavant proposent Raphaël comme l'auteur de la composition, tandis que Delaborde croit plutôt à l'œuvre d'un élève de Raphaël. I.H. Shoemaker adopte l'idée d'une invention de Raimondi lui-même, réalisée d'après divers modèles : motifs antiques, centaure du *Combat des dieux marins* d'A. Mantegna (Hind, 1948, VI, pl. 495, n° 6), etc. On a relevé également l'influence du *Garçon à la trompe* de Lucas de Leyde, vers 1508 (Hollstein, *Dutch and Flemish...*, X, p. 172, repr.) sur la figure de l'enfant et sur l'ensemble de la composition ; de même que l'arbre entouré d'une liane rappelle les arbres aux branches courbes des gravures de Lucas de Leyde exécutées vers 1508.

Delaborde signale deux copies en contrepartie dont une par Cornelis Massys, 1538 (Hollstein, *Dutch and Flemish...*, XI, p. 193, n° 66, repr.). Le décor d'un vase en majolique d'Urbin, 1540, reproduit le groupe de Raimondi (Dunand et Lemarchand, p. 179, fig. 410).

17 La Prudence

Burin. H. 0,103 ; L. 0,077 au trait carré. Signée en bas, à gauche : *MAF*. Rognée au coup de planche.

Hist. : Acquise de Danlos en avril 1869. Inventaire 4206 L.R.

Bibl. : Bartsch, 1813, XIV, p. 283, n° 371 - Passavant, 1864, VI, p. 34, n° 200 - Delaborde, 1888, p. 192, n° 156, repr. p. 193 - Gardey, Lambert et Oberthür, 1978, p. 30, n° 156, repr. - Bartsch illustré, 1978, 27, p.63, n° 371, repr.

Cette petite gravure portant le monogramme de Marcantonio Raimondi paraît, selon Bartsch et Passavant, avoir été faite d'après un dessin de Raphaël. Comme l'écrit Delaborde, malgré son format réduit, la figure allégorique est traitée avec ampleur et majesté, à la manière des personnages du Maître.

Par sa technique, elle appartient à la période des meilleures gravures de l'artiste produites vers 1515-1516. Delaborde signale une copie défectueuse.

Le décor d'une majolique du XVIe siècle, à New York, Metropolitan Museum, Coll. Lehman, est basé sur la gravure (Dunand et Lemarchand, p. 111, fig. 243).

17

18

18 Lamentation sur le corps du Christ

Burin. H. 0,212 ; L. 0,166 au trait carré. Tablette sans le monogramme en bas, vers le centre. Rognée au coup de planche ; légères taches brunes.

Hist. : Acquise par Thibaudeau à une vente, Londres, juin 1886. Inventaire 4119 L.R.

Bibl. : Bartsch, 1813, XIV, p. 43, n° 37 - Passavant, 1864, VI, p. 14, n° 15 - Delaborde, 1888, p. 105, n° 19 - Hind, 1913, repr. p. 261 - Bianchi, 1968, repr. p. 648, fig. 3 - Gardey, Lambert et Oberthür, 1978, p. 10, n° 19, repr. - Bartsch illustré, 1978, 26, p. 54, n° 37, repr. - Exp. Lawrence, 1981, n° 36, repr. p. 129.

La *Lamentation* montre les trois Maries entourant la Vierge et pleurant le Christ mort ainsi que Nicodème, à gauche de saint Jean l'Evangéliste, à droite. Cette gravure a peut-être été exécutée d'après un dessin de Raphaël pour la *Déposition* de la Galerie Borghèse à Rome, 1507 (De V. 70 B). Ce dessin, étude préliminaire pour le tableau, est conservé à l'Ashmolean Museum d'Oxford (Parker, 529, pl. CXXIV - Cocke, 1969, pl. 39). Un autre projet pour la *Déposition Borghèse* est au Cabinet

19

des Dessins, Louvre (voir D. n° 51 ; Inv. 3865). Citons aussi une étude pour le groupe de droite, à Londres (Pouncey et Gere, 10, pl. 12 - Cocke, 1969, pl. 41).

Le rocher et les arbres formant l'essentiel du paysage ont été copiés par Marc-Antoine d'après le burin de Lucas de Leyde, *Garçon jouant de la trompe*, vers 1508 (Hollstein, *Dutch and Flemish...*, X, p. 172, repr.).

La technique de la *Lamentation sur le corps du Christ*, que l'on peut situer vers 1515-1516, a été judicieusement comparée par I.H. Shoemaker à celle de la *Vierge glorieuse et l'Enfant Jésus* (G. n° 12).

Delaborde mentionne de nombreuses copies dont une par Agostino Veneziano (Bartsch illustré, 1978, n° 38 A, repr.) et une réplique sans la tablette, également par Veneziano, datée 1516 (Bartsch illustré, 1978, n° 39, repr.). Le même sujet a été gravé sur bois par Ugo da Capri (Servolini, 1977, pl. I).

Le décor d'une majolique d'Urbin par Nicola Pellipario, vers 1530-1535, au Louvre, reproduit la gravure (Giacomotti, 1974, n° 835, repr.).

19 La Vierge debout auprès du corps mort de Jésus-Christ

Burin. H. 0,302 ; L. 0,215. Tablette sans le monogramme en bas, à droite. Rognée au trait carré.

Hist. : A. Brentano-Birckenstock ; marque au verso (L. 345) ; vente, Francfort-s-Main, 16 mai 1870 et j. suiv., n° 2396, acquise par Holloway. Inventaire 4118 L.R.

Bibl. : Bartsch, 1813, XIV, p. 40, n° 35 - Passavant, 1864, VI, p. 14, n° 14 - Delaborde, 1888, p. 108, n° 20, repr. p. 107 -Bianchi, 1968, repr. p. 650, fig. 9 - De Witt, 1968, pl. LI - Gardey, Lambert et Oberthür, 1978, p. 10, n° 20, repr. - Bartsch illustré, 1978, 26, p. 50, n° 35, repr. - Exp. Lawrence, 1981, n° 37, repr. p. 131.

Epreuve signée de la tablette blanche, exécutée d'un beau burin aux tailles souples et régulières, que I.H. Shoemaker situe vers 1515-1517. Alors qu'une autre version, ou copie, surnommée à tort la Vierge « au bras nu »[1], a été contestée, l'estampe exposée est généralement acceptée comme une œuvre de maturité de Marcantonio Raimondi.

Le paysage, à droite, entre la Vierge et l'arbre mort, symbole de désolation, est emprunté en partie au *Saint Jérôme* de Lucas de Leyde, daté 1513 (Hollstein, *Dutch and Flemish...*, X, p. 134, repr.). A gauche, la caverne sur laquelle poussent des arbres et le petit paysage dans le lointain ont leur source dans la *Sainte Madeleine dans le désert*, burin de Lucas de Leyde, daté vers 1508 (Hollstein, *Dutch and Flemish...*, X, p. 146, repr.).

Le dessin du Louvre est exposé ici sous le nom de Raphaël (Inv. 3858 ; voir D. n° 102) ; comme dans la version « au bras nu », la Vierge est plus jeune et le bras est couvert d'une manche ajustée. Une copie de ce dessin est aussi au Louvre (Inv. 4121), ainsi qu'un autre dessin présentant un fond d'architectures avec le Christ couché sur un lit bas (Inv. 3965).

Delaborde signale de nombreuses copies et variantes prouvant le succès de la gravure de Marc-Antoine ; notamment, gravées par G. Bonasone (B.N., Est., Eb. 8, f° 71 - Cat. Prouté, n° 79, automne 1982, n° 275, repr.) et par Jérôme Wierix (Mauquoy-Hendrickx, 1978, I, n° 377, pl. 47).

I.H. Shoemaker indique un tableau d'autel peint par l'Ortolano, basé sur la gravure, à Modène. De même, Delacroix s'est inspiré de l'attitude de la Vierge de Raimondi pour la *Grèce sur les ruines de Missolonghi*, 1827.

1. Il serait plus exact d'employer le terme de Vierge « à la manche ajustée » car le bord de cette manche est suggéré par un pointillé que Bartsch, le premier, n'a pas vu (B.N., Est., Eb. a. res., boîte 17).

20 Silène ou Bacchus présidant à la vendange

Burin. H. 0,190 ; L. 0,146 au trait carré. Rognée au coup de planche sur trois côtés.

20

Hist. : British Museum, Printroom ; marque au verso (L. 703) et marque à sec ovale au verso ; 1re vente des doubles, Londres, 8-11 mai 1811, n° 90 - W. Esdaile ; marque au recto (L. 2617) et inscriptions à la plume, au verso : *Marco Antonio - Bartsch V. 14 P. 231. N. 306/Sale 1 duplicates/from the British Museum WE 1811 P. 196 N. 622.* ; vente, Londres, 26 juin 1840, 4e partie, n° 127 - E. Galichon ; marque au verso (L. 856) ; vente, Paris, 11 mai 1875, n° 450, acquise par Loizelet. Inventaire 4183 L.R.

Bibl. : Bartsch, 1813, XIV, p. 231, n° 306 - Passavant, 1864, VI, p. 30, n° 186 - Delaborde, 1888, p. 178, n° 136, repr. p. 179 - Calabi, 1931, pl. XXXVI - De Witt, 1968, pl. LVII - Gardey, Lambert et Oberthür, 1978, p. 27, n° 136, repr. - Bartsch illustré, 1978, 26, p.305, n° 306, repr. - Exp. Lawrence, 1981, n° 38, repr. p. 134.

Bien que non signée, *Silène ou Bacchus présidant à la vendange* est une des estampes les plus authentiques de Marc-Antoine. Elle a peut-être été réalisée, vers 1517-1520, d'après un dessin attribué à un élève de Raphaël, Giovanni Francesco Penni. En contrepartie de la gravure, ce dessin est dans la Collection Leo Steinberg (Exp. Lawrence, 1981, n° 38 a, repr. p. 135).

Les personnages de la *Vendange*, modelés par de longues tailles précises et régulières, se détachent d'une façon éclatante sur le blanc du papier et semblent tirés de quelque bas-relief antique. L'homme agenouillé au premier plan et la femme à la corbeille sur la tête rappellent certaines figures de la Chambre de l'Incendie au Vatican, 1514-1517 (De V. 115 A et 115 C). Silène ou Bacchus assis tenant une coupe est basé sur l'Ignorance de *Virtus Combusta*, burin de l'école de Mantegna (Hind, 1948, V, p. 26, n° 20 ; VI, pl. 518).

Delaborde cite trois copies, dont deux en contrepartie (voir G. n° 76).

21 Danse d'enfants conduite par deux amours

Burin. H. 0,114 ; L. 0,164 au trait carré. 1er état. Filigrane : lettre G. Rognée au trait carré ; papier légèrement bruni ; quelques taches jaunâtres et traces de froissures.

Hist. : E. Santarelli ; inscription au crayon, au verso : *Prova originale superiore a quella/della Galleria degli Uffici/in Firenze* ; vente, Leipzig, 27 novembre 1871 et j. suiv., n° 1585, acquise par Holloway. Inventaire 4165 L.R.

Bibl. : Bartsch, 1813, XIV, p. 177, n° 217 - Passavant, 1864, VI, p. 27, n° 167 - Delaborde, 1888, p. 210, n° 182, repr. p. 83 - Ferrara et Bertelà, 1975, n° 398 et 398 a, repr. - Gardey, Lambert et Oberthür, 1978, p. 34, n° 182, repr. - Bartsch illustré, 1978, 26, p. 215, n° 217-I, repr. - Exp. Lawrence, 1981, n° 39, repr.

Cette charmante pièce, sans signature, exécutée probablement d'après un dessin de Raphaël, marque l'apogée du style et de la technique de Marc-Antoine. I.H. Shoemaker la situe vers 1517-1520 en insistant sur la puissance du traitement, la richesse du modelé et la précision des détails.

Le 2e état, très retouché, porte le nom de l'éditeur romain Antonio Salamanca.

21

Delaborde décrit de nombreuses copies en contrepartie et quatre copies dans le même sens dont une peut-être par Marco da Ravenna, une autre supposée par Wierix (Mauquoy-Hendrickx, 1979, II, p. 312, n° 241) et une se distinguant par un fond ombré de tailles verticales. Un dessin, copie de la gravure de Raimondi, est conservé au Cabinet des Dessins, Louvre (Inv. 4247).

22 Les deux sibylles et le zodiaque

Burin. H. 0,284 ; L. 0,197 au trait carré. Signée vers le bas, à gauche : *MAF.* Filigrane : tête de chien dans un cercle (proche Briquet 15579). Rognée après le trait carré ; marque du coup de planche, à gauche.

Hist. : A. Brentano-Birckenstock ; marque au verso (L. 345) ; vente, Francfort-s-Main, 16 mai 1870 et j. suiv., n° 2561, acquise par Holloway. Inventaire 4223 L.R.

22

Bibl. : Bartsch, 1813, XIV, p. 299, n° 397 - Passavant, 1864, VI, p. 37, n° 233 - Delaborde, 1888, p. 208, n° 177 - Frommel, 1967, n° 82, fig. LXIX b - Becatti, 1968, p. 512, fig. 31 - Ferrara et Bertelà, 1975, n° 438, repr. - Gardey, Lambert et Oberthür, 1978, p. 33, n° 177, repr. - Bartsch illustré, 1978, 27, p. 90, n° 397, repr. - Exp. Lawrence, 1981, n° 40, repr. p. 139.

Brillante épreuve portant le monogramme de Raimondi, réalisée, vers 1517-1520, probablement d'après un dessin de Raphaël. En effet, parmi les nombreuses copies en contrepartie, Delaborde décrit une contrefaçon avec la marque de Marc-Antoine, publiée à Rome par les héritiers de Domenico Rossi sous le titre : *SIBILLA TIBVRTINA ET CVMANA. RAF. VRB. INVENT.* (Pittaluga, 1928, p. 154, fig. 90).

L'influence de l'Antiquité transparaît à travers la grâce et l'élégance des personnages : si la Sibylle de droite ressemble à quelque Ménade d'un sarcophage antique, celle de gauche reprend l'attitude de la *Victoire écrivant sur un bouclier*, relief de la Colonne Trajane (Becatti, 1968, p. 512, fig. 30). Cette figure sculptée, qui fut copiée par l'auteur du *Codex Escurialensis,* apparaît également dans l'un des stucs des Loges du Vatican.

I.H. Shoemaker rapproche la technique très classique de cette gravure de celle du *Jugement de Pâris* (G. n° 24) et de la *Vendange* (G. n° 20). L'auteur expose diverses interprétations données sur la signification des deux Sibylles sous les signes de la Balance et du Scorpion ; l'une symbolisant l'équilibre et la raison, l'autre la passion et la violence.

Une autre épreuve de cette gravure est conservée à la Collection Edmond de Rothschild (Inventaire 13425 L.R.).

Copie réduite, avec variante, par G. Bonasone (B.N., Est., Eb. 8, f° 117).

23 Homme portant la base d'une colonne

Burin. H. 0,219 ; L. 0,144 au trait carré. Tablette sans le monogramme en bas, à droite. Filigrane : sirène dans un cercle. Rognée au trait carré ; petite restauration à gauche vers le centre.

Hist. : A. Brentano-Birckenstock ; marque au verso (L. 345) ; vente, Francfort-s-Main, 16 mai 1870 et j. suiv., n° 2592, acquise par Clément. Inventaire 4232 L.R.

Bibl. : Bartsch, 1813, XIV, p. 354, n° 476 - Passavant, 1864, VI, p. 40, n° 256 - Delaborde, 1888, p. 225, n° 198, repr. p. 227 - De Witt, 1968, pl. LIX - Ferrara et Bertelà, 1975, n° 449, repr. - Gardey, Lambert et Oberthür, 1978, p. 36, n° 198, repr. - Bartsch illustré, 1978, 27, p.148, n° 476, repr. - Exp. Lawrence, 1981, n° 41, repr. p. 141.

Cette épreuve remarquable, signée de la tablette blanche, appartient à la même période que les *Deux Sibylles et le zodiaque* (G. n° 22). Gravée d'après Raphaël selon Bartsch et d'après un de ses élèves selon Passavant, Delaborde proposant

23

24

Giulio Romano ou Perin del Vaga. Le type puissant du personnage trouve sa source dans quelque motif antique transposé dans la manière raphaélesque et semble être un modèle utile aux artistes, illustrant l'action de soulever et de porter de lourdes charges. La technique vigoureuse du burin aux tailles savantes, larges et profondes, devient un peu systématique pour exprimer le modelé et la lumière.

Il existe une copie en contrepartie par Agostino Veneziano (Bartsch illustré, 1978, 27, p. 149, n° 477, repr.).

24 Le jugement de Pâris

Burin. H. 0,294; L. 0,438 au trait carré. Signée en bas, au centre: *RAPH. VRBI/INVEN/MAF.* Inscription sur une tablette, en bas, à gauche: *SORDENT PRAE FORMA/INGENIVM. VIRTVS./REGNA. AVRVM.* Filigrane: arbalète dans un cercle (proche Briquet 739 mais plus grand). Rognée au trait carré; très légères taches brunes.

Hist.: Quatremère de Quincy - Rattier - E. Galichon; marque au verso (L. 856); vente, Paris, 11 mai 1875, n° 443, acquise par Clément. Inventaire 4167 L.R.

Bibl.: Bartsch, 1813, XIV, p. 197, n° 245 - Passavant, 1864, VI, p. 25, n° 137 - Delaborde, 1888, p. 159, n° 114, repr. p. 27 - Pittaluga, 1928, p. 150, fig. 86 - Calabi, 1931, pl. XXXIV (détail) - Petrucci, 1964, fig. 10 - De Witt, 1968,.pl. XL - Bianchi, 1968, repr. p. 660, fig. 24 et p. 661, fig. 25 (détails) - Ferrara et Bertelà, 1975, n° 401, repr. - Gardey, Lambert et

Oberthür, 1978, p. 24, n° 114, repr. - Bartsch illustré, 1978, 26, p.242, n° 245-I, repr. - Exp. Lawrence, 1981, n° 43, repr. p. 147.

Une des premières épreuves avec les traces très apparentes de la pierre ponce sur le cuivre, donnant un effet de tons gris dégradés — bruni dans les lumières — sur les corps et le terrain. Delaborde décrit un 1er état, non terminé, passé à la vente du comte de Fries, Amsterdam, 1824, que le catalogue (n° 129) indique comme « épreuve d'essai ».

Gravé vers 1517-1520 d'après un dessin disparu de Raphaël, le *Jugement de Pâris* est un exemple de la diffusion de la culture classique à laquelle le Maître a donné vie et qui se poursuivit à travers les siècles et les artistes, de Poussin jusqu'au *Déjeuner sur l'herbe* de Manet (1863). Raphaël s'est inspiré de deux sarcophages romains, actuellement à la Villa Médicis et à la Villa Pamphili, à Rome (Becatti, 1968, p. 509, fig. 26 et p. 510, fig. 27). Une petite grisaille de la Chambre de la Signature présente une scène très semblable à la partie gauche de l'estampe ; cette fresque est attribuée à Raphaël et son école, vers 1512-1513 (Bianchi, 1968, p. 660, fig. 23).

Il existe plusieurs études préliminaires pour le *Jugement de Pâris* ; en particulier le verso d'un dessin du Louvre montrant la copie, à la plume, d'une étude perdue de Raphaël pour le groupe de Pâris et des déesses (Inv. 4300 verso - Fischel, 1948, p. 324, fig. 295 a - Oberhuber, 1972, IX, p. 195, n° 478 b).

Delaborde signale plusieurs copies dont une, dans le même sens, gravée peut-être par Marco da Ravenna. Voir aussi G. n° 45. Deux dessins sont conservés au Cabinet des Dessins, l'un au lavis et en contrepartie de la gravure de Marc-Antoine ; l'autre, à l'huile, dans le même sens (Inv. 4190 et Inv. 4191).

Le décor d'une majolique d'Urbin par Guido Durantino, 1539, au Musée Condé à Chantilly, est basé sur la partie centrale de la gravure (Liverani, 1968, p. 701, fig. 23). D'autres majoliques d'Urbin, au Louvre et à Sèvres, reproduisent le groupe central ou la totalité de la composition (Giacomotti, 1974, n° 1001, 1020 et 1021, repr.). Citons aussi un bronze vénitien du XVIe siècle au Musée de Capodimonte, Naples, exécuté d'après l'estampe de Raimondi (Dunand et Lemarchand, p. 258, fig. 539).

25 Mercure

Burin. H. 0,314 ; L. 0,206 au trait carré. Rognée au coup de planche ; papier aminci par endroits.

Hist. : A. Brentano-Birckenstock ; marque au verso (L. 345) ; vente, Francfort-s-Main, 16 mai 1870 et j. suiv., n° 2528, acquise par Holloway. Inventaire 4190 L.R.

Bibl. : Bartsch, 1813, XIV, p. 256, n° 343 - Passavant, 1864, VI, p. 25, n° 134 - Delaborde, 1888, p. 145, n° 97 - Gardey, Lambert et Oberthür, 1978, p. 21, n° 97, repr. - Bartsch illustré, 1978, 27, p. 38, n° 343, repr.

Mercure descendant de l'Olympe pour chercher Psyché, non signée, *Jupiter et l'Amour* et l'*Amour et les trois Grâces* portant la tablette blanche (G. n° 26) sont trois estampes basées sur les compositions de Raphaël, exécutées par G. Romano et G.F. Penni en 1517, pour les dix pendentifs de la Loggia de Psyché à la Farnésine, Rome (De V. 130). Les sujets sont tirés de l'*Ane d'or* d'Apulée.

I.H. Shoemaker situe l'exécution de la gravure entre 1517 et 1520 et souligne la dureté et la froideur de la technique donnant aux personnages l'aspect de sculptures en pierre ou en bronze. Une esquisse pour *Mercure* se voit dans une feuille attribuée à Raphaël, au Wallraf-Richartz-Museum, Cologne (Shearman, 1964, p. 89, fig. 90 - Oberhuber, 1972, IX, p. 59, fig. 58).

25

26

26 L'Amour et les trois Grâces

Burin. H. 0,291 ; L. 0,204. Tablette sans le monogramme en bas, vers le centre. Rognée au trait carré sur trois côtés ; papier bruni ; toute petite restauration.

Hist. : Acquise d'Holloway le 30 novembre 1869. Inventaire 4191 L.R.

Bibl. : Bartsch, 1813, XIV, p. 256, n° 344 - Passavant, 1864, VI, p. 25, n° 135 - Delaborde, 1888, p. 145, n° 98, repr. p. 149 - Bianchi, 1968, repr. p. 669, fig. 40 - Ferrara et Bertelà, 1975, n° 416, repr. - Gardey, Lambert et Oberthür, 1978, p. 21, n° 98, repr. - Bartsch illustré, 1978, 27, p.39, n° 344, repr. - Exp. Lawrence, 1981, n° 45, repr. p. 149.

Plus réussie que le pendentif avec *Mercure* (G. n° 25) à cause de sa technique rendant plus harmonieusement le modelé, la gravure, réalisée sans doute d'après un dessin, se limite à la composition sans les festons décoratifs de la fresque.

Delaborde signale une copie de petit format, en contrepartie, par E. Delaune (Linzeler, 1932, I, p. 276, n° 289).

27

27 Saint Paul prêchant à Athènes

Burin. H. 0,266 ; L. 0,350. Tablette sans le monogramme en bas, à gauche. Filigrane : ancre (proche Briquet 480 mais plus grand). Rognée au trait carré ; deux petites déchirures restaurées.

Hist. : A. Brentano-Birckenstock ; marque au verso (L. 345) ; vente, Francfort-s-Main, 16 mai 1870 et j. suiv., n° 2401, acquise par Holloway. Inventaire 4121 L.R.

Bibl. : Bartsch, 1813, XIV, p. 50 n° 44 - Passavant, 1864, VI, p. 15, n° 17 - Delaborde, 1888, p. 133, n° 84 - Gardey, Lambert et Oberthür, 1978, p. 19, n° 84, repr. - Bartsch illustré, 1978, 26, p. 63, n° 44, repr. - Exp. Lawrence, 1981, n° 47, repr. p. 153.

Epreuve d'une grande fraîcheur, signée de la tablette blanche, basée sur l'un des cartons conservés au Victoria and Albert Museum, Londres (Shearman, 1972, fig. 39 - Oberhuber, 1972, fig. 138 - De V. 116 F). Commandés à Raphaël par Léon X, à la fin de 1514, pour servir de modèles aux tapisseries destinées à la Chapelle Sixtine, ces cartons furent envoyés à Bruxelles pour être tissés en juillet 1517 (White et Shearman, 1958, fig. 12).

Probablement d'après un dessin disparu de Raphaël, *Saint Paul prêchant à Athènes* (*Actes des Apôtres*, chap. XVII, v. 17 et suiv.) a été gravé, vers 1517-1520, d'un burin puissant qui ménage de forts contrastes d'ombre et de lumière mais donne un aspect un peu dur et figé à l'ensemble de la scène.

Le dessin des Offices, étude partielle de la composition (Shearman, 1972, fig. 71 - Oberhuber, 1972, p. 37, n° 451, pl. 51 - Exp. Florence, 1980, n° 440, repr.), a été contesté par certains; celui du Louvre (Inv. 3884; voir D. n° 120), présentant des traces de piquetage pour le report, est une copie ancienne. Le dessin en camaïeu du Musée de Lille (Pluchart,

1889, p. 116, n° 497) est une copie, peut-être d'après le dessin du Louvre. Citons aussi un autre dessin des Offices (UFF. 1217 E - Dussler, 1971, p. 104, f, Penni).

Delaborde mentionne deux copies gravées.

Rembrandt s'est sans doute souvenu de la gravure de Marc-Antoine pour son eau-forte *Jésus-Christ prêchant* ou la *Petite Tombe* (Hollstein, *Dutch and Flemish...*, 1969, XVIII, n° B 67, repr. XIX, p. 55). Le décor d'une majolique d'Urbin, fin du XVIe siècle, à Pesaro, est basé sur la gravure (Liverani, 1968, p. 703, fig. 28.

Hist. : P. Mariette ; marque au recto avec la date *1666* (L. 1789) - P.J. Mariette ; vente, Paris, 15 novembre 1775 au 30 janvier 1776, partie du n° 9, acquise par Joullain - A. Bourduge ; marque au verso (L. 70) et *ABourduge* au verso ; vente, Paris, 23 mai 1815, partie du n° 42 - Baron James de Rothschild. Inventaire 4168 L.R.

Bibl. : Bartsch, 1813, XIV, p. 200, n° 247 - Passavant, 1864, VI, p. 24, n° 128 - Delaborde, 1888, p. 156, n° 110 - Calabi, 1931, pl. XXXVII - Bianchi, 1968, repr. p. 657, fig. 19 - De Witt, 1968, pl. XXXIX - Ferrara et Bertelà, 1975, n° 402, repr. - Gardey, Lambert et Oberthür, 1978, p. 23, n° 110, repr. - Bartsch illustré, 1978, 26, p. 244, n° 247, repr. - Exp. Lawrence, 1981, n° 48 b, repr. p. 157.

28 Apollon sur le Parnasse, entouré des Muses et des poètes

Burin. H.0,357 ; L. 0,473 au trait carré. 3e état. Signée en bas, au centre : *RAPHAEL PINXIT IN VATICANO/.MAF.* Filigrane : arbalète dans un cercle surmonté d'une étoile. Rognée après le trait carré ; quelques petits trous de vers restaurés ; très légères piqûres.

Une des plus belles et des plus importantes gravures de Marcantonio Raimondi, réalisée — peut-être pas entièrement par Marc-Antoine — vers 1517-1520 d'après un projet disparu de Raphaël pour la fresque de la Chambre de la Signature au Vatican, 1510-1511 (De V. 85 K).

Vasari décrit la gravure, qui diffère de la fresque : au centre, Apollon jouant de la lyre et les Muses sont représentés sur le Parnasse dans un bois ombragé de lauriers ; des amours

28

volent dans le ciel et portent des couronnes destinées aux poètes; à gauche, Ennius assis écoute le chant d'Homère, debout entre Dante et Virgile.

De nombreuses études pour les personnages de la fresque du *Parnasse* sont à Londres, Windsor, Oxford, Florence, Vienne, Lille, etc. Deux dessins correspondent à deux figures de la gravure : une étude pour le poète de gauche du groupe au premier plan, à droite, au British Museum (Cocke, 1969, pl. 72) et un dessin pour Melpomène, à Oxford (Parker, 541 recto, pl. CXXX). Une feuille d'études à la sanguine, copie d'un dessin perdu de Raphaël, est au Louvre (Inventaire 3982 ; voir D. n° 136).

La technique de Marc-Antoine devient plus uniforme et systématique, les formes sont rendues d'une façon plus sculpturale, aussi, I.H. Shoemaker compare cette planche au *Jugement de Pâris* (G. n° 24) et à *Saint Paul prêchant à Athènes* (G. n° 27).

On connaît trois états : un 1er état, non terminé, avec la porte en blanc (Exp. Lawrence, 1981, p. 156, n° 48 a, repr.) ; un 2e état avec le monogramme du graveur ; et un 3e avec le nom de Raphaël au-dessus du monogramme.

Il existe une copie partielle, en contrepartie (Bartsch illustré, 1978, 26, p. 245, n° 247 B-II) et une copie trompeuse dans le même sens décrite par Delaborde.

Le sujet se retrouve dans le décor de plusieurs majoliques d'Urbin et de Faenza, au Louvre (Giacomotti, 1974, n° 829, 924 et 1070, repr.).

29 La Vierge, l'Enfant Jésus et deux saintes femmes

Burin. H. 0,243 ; L. 0,175. 1er état. Tablette sans le monogramme en bas, à droite. Filigrane : petite couronne et cercle (?), peu lisible. Rognée avant le trait carré sur trois côtés.

Hist. : A. Brentano-Birckenstock ; vente, Francfort-s-Main, 16 mai 1870 et j. suiv., n° 2413, acquise par Clément. Inventaire 4129 L.R.

Bibl. : Bartsch, 1813, XIV, p. 70, n° 63 - Passavant, 1864, VI, p. 16, n° 26 - Delaborde, 1888, p. 94, n° 11 - Gardey, Lambert et Oberthür, 1978, p. 9, n° 11, repr. - Bartsch illustré, 1978, 26, p. 90, n° 63, repr. - Exp. Lawrence, 1981, n° 49, repr. p. 159.

Magnifique épreuve d'une gravure signée de la tablette blanche, connue également sous le titre de la *Vierge au berceau*. Les deux saintes femmes ont été identifiées avec sainte Anne, derrière la Vierge à l'Enfant, et sans doute sainte Elisabeth, près du berceau. Les personnages sont à rapprocher de ceux de la *Vierge et l'Enfant avec sainte Elisabeth et le petit saint Jean*, dite « la Perle », conservée au Prado et donnée par Hartt comme une œuvre de G. Romano, peinte entre 1522-1523 après la mort de Raphaël (Marabottini, 1968, p. 244, fig. 90, Raphaël et G. Romano - De V. 155).

29

On connaît deux états de cette gravure, datée par I.H. Shoemaker vers 1520 ; le 2e état portant le nom de l'éditeur Antonio Salamanca. Parmi les nombreuses copies, Delaborde en cite trois dont une qui, selon Bartsch, pourrait être gravée par Marco da Ravenna. L'attitude de sainte Anne a probablement inspiré Rembrandt dans la *Présentation au Temple* de Hambourg (Rosenberg, 1904, repr. p. 5).

30 La descente de croix

Burin. H. 0,407 ; L. 0,285 au trait carré. Tablette sans le monogramme en bas, à droite. Filigrane : ancre (proche Briquet 480). Rognée au trait carré ; trace de pliure verticale au centre et froissures ; quelques taches roussâtres.

Hist. : P. Mariette ; marque au verso avec la date *1673* (L. 1788) - P.J. Mariette ; vente, Paris, 15 novembre 1775 au 30 janvier 1776, partie du n° 7, acquise par Joullain - E. Durand ; marque au recto (L. 741) ; vente,

30

Paris, 19-31 mars 1821, n° 71 - Ch. Scitivaux - F. Debois; marque au verso avec la date *1839*; vente, Paris, 26-30 novembre 1844, n° 503. Inventaire 4117 L.R.

Bibl. : Bartsch, 1813, XIV, p. 37, n° 32 - Passavant, 1864, VI, p. 14, n° 13 - Delaborde, 1888, p. 102, n° 18 - Bianchi, 1968, repr. p. 649, fig. 6 - De Witt, 1968, pl. LIV - Gardey, Lambert et Oberthür, 1978, p. 10, n° 18, repr. - Bartsch illustré, 1978, p. 47, n° 32, repr. - Exp. Lawrence, 1981, n° 50, repr. p. 161.

Le Christ est décloué de la croix par Joseph d'Arimathie tandis que deux disciples soutiennent le corps et le remettent à saint Jean l'Evangéliste, également monté sur une échelle. Au pied de la croix, les trois Maries entourent la Vierge évanouie. Signée de la tablette blanche, la gravure est datée vers 1520-1521 par I.H. Shoemaker. L'attribution à Raphaël de cette composition quelque peu gauche et rigide a été contestée, notamment par Delaborde. Cependant, le même sujet a été gravé en clair-obscur par Ugo da Carpi (Servolini, 1977, n° 10, pl. XXI) ; en contrepartie et avec quelques variantes, la planche porte l'inscription : *RAPHAEL VRBINAS*.

I.H. Shoemaker mentionne un dessin de l'Albertina correspondant aux personnages de la partie supérieure de l'estampe ; il est daté vers 1506-1507, époque de la *Mise au tombeau Borghèse* et prouve que Raphaël est à l'origine de l'invention du sujet. La pose de la Vierge n'est pas sans rappeler celle de la femme morte au premier plan de la *Peste de Phrygie* (G. n° 14). Des rapprochements ont été faits aussi avec certaines scènes de la *Vie du Christ* dans la treizième Loge du Vatican, exécutées par l'atelier de Raphaël (1517-1519).

Delaborde signale quatre copies gravées, dans le même sens.

31 Alexandre le Grand et les œuvres d'Homère

Burin. H. 0,257 ; L. O,397 au trait carré. 1er état. Tablette sans le monogramme en bas, vers le centre. Filigrane : arbalète dans un cercle surmonté d'une étoile. Marge irrégulière ; trace d'une pliure verticale au centre.

Hist. : J. Marberly ; vente, Londres, 28 mai 1851, n° 427, acquise par Colnaghi - Revd. J. Griffith ; marque au verso (L. 1464) ; vente, Londres, 9-10 mai 1883, n° 161, acquise par Danlos. Inventaire 4163 L.R.

Bibl. : Bartsch, 1813, XIV, p. 168, n° 207 - Passavant, 1864, VI, p. 23, n° 117 - Delaborde, 1888, p. 218, n° 190, repr. p. 217 - De Witt, 1968, pl. LXVII - Oberhuber, 1972, p. 102, fig. 93 - - Gardey, Lambert et Oberthür, 1978, p. 35, n° 190, repr. - Bartsch illustré, 1978, 26, p. 205, n° 207 A, repr. (confusion entre la copie C et l'original).

Alexandre faisant déposer les livres d'Homère dans le coffre de Darius est le titre avancé par Mariette et Bartsch qui suivent une tradition selon laquelle, après la bataille d'Arbèles, Alexandre aurait fait déposer les poèmes d'Homère dans un

31

coffre d'or trouvé dans le butin de Darius. Passavant, puis Delaborde prennent pour titre: *Alexandre le Grand faisant déposer les poèmes d'Homère dans le tombeau d'Achille*, pensant que la gravure doit son origine au fait qu'Alexandre estimait Achille heureux d'avoir eu Homère pour chantre: A Ilion, Alexandre le Grand se rendit sur le tombeau d'Achille (Plutarque, *Vies*, Alexandre, chap. 15, v. 8). Plutarque écrit qu'Alexandre « considérait l'*Iliade* comme un viatique pour la valeur guerrière... il emporta la recension qu'Aristote avait faite de ce poème et qu'on appelle l'édition « de la cassette » (Plutarque, *Op. cit.*, chap. 8, v. 2).

L'exécution de cette épreuve remarquable, signée de la tablette blanche, peut être située vers 1520; elle reproduit l'une des deux compositions peintes en grisaille, vers 1514, par Raphaël et son atelier au-dessous de la fresque du *Parnasse* dans la Chambre de la Signature (Oberhuber, 1972, IX, p. 101, fig. 92 - De V. 85 M).

Le dessin à la sanguine d'Oxford, considéré à tort par Passavant et Delaborde comme une copie de la gravure est attribué à Raphaël par Oberhuber (1972, IX, n° 417, pl. 22 - Parker, 570, pl. CXLVII, école de Raphaël).

On connaît deux états de cette planche, le 2e état portant le nom de l'éditeur Antonio Salamanca; Delaborde mentionne un 3e état avec ce nom effacé. Il cite plusieurs copies dont une petite pièce, en contrepartie, par E. Delaune (G. n° 80).

Le décor d'une majolique de Faenza, 1575, au Victoria and Albert Museum, Londres, est basé sur la gravure (Liverani, 1968, p. 695, fig. 6).

32

32 à 38

Les Vertus théologales et les Vertus cardinales

Les trois Vertus théologales: la *Foi*, l'*Espérance* et la *Charité*, forment avec les quatre Vertus cardinales une suite de sept planches numérotées, gravées par Marcantonio Raimondi. Bartsch et Passavant attribuent à Raphaël les dessins originaux, qui, d'après Delaborde, devraient plutôt être donnés à un de ses élèves, Giulio Romano, pour la vigueur un peu emphatique du style. Frommel établit un rapport entre Baldassare Peruzzi et la série gravée après la mort de Raphaël. L. Bianchi distingue deux groupes: les Vertus théologales et une Vertu cardinale, la *Prudence*, qui se réclament nettement de Giulio Romano; la *Tempérance*, la *Justice* et la *Force*, qui laissent transparaître une influence raphaélesque encore proche du *Parnasse*.

Delaborde signale un état avant le numéro.

32 La Charité

Burin. H. 0,215; L. 0,105. Signée en bas, vers la gauche: *MF*. En bas, à gauche, le numéro: *1*. Rognée au trait carré sur trois côtés.

Hist.: A. Brentano-Birckenstock; marque au verso (L. 345); vente, Francfort-s-Main, 16 mai 1870 et j. suiv., n° 2559, acquise par Delisle. Inventaire 4215 L.R.

Bibl.: Bartsch, 1813, XIV, p. 294, n° 386 - Passavant, 1864, VI, p. 34, n° 207 - Delaborde, 1888, p. 187, n° 147 - Frommel, 1967, n° 83, fig. LXX d - Gardey, Lambert et Oberthür, 1978, p. 29, n° 147, repr. - Bartsch illustré, 1978, 27, p. 78, n° 386, repr.

Delaborde signale une copie dans le même sens avec le monogramme de Marc-Antoine mal reproduit.

33 La Foi

Burin. H. 0,215; L. 0,105. Signée en bas, vers la droite: *MAF*. En bas, à gauche, le numéro: *2*. Rognée au trait carré sur trois côtés.

33

34

35

Hist. : Voir G. n° 32. Inventaire 4216 L.R.

Bibl. : Bartsch, 1813, XIV, p. 294, n° 387 - Passavant, 1864, VI, p. 34, n° 205 - Delaborde, 1888, p. 187, n° 145, repr. p. 189 - Frommel, 1967, n° 83, fig. LXX b - Ferrara et Bertelà, 1975, n° 429, repr. - Gardey, Lambert et Oberthür, 1978, p. 29, n° 145, repr. - Bartsch illustré, 1978, 27, p. 79, n° 387, repr.

34 La Justice

Burin. H.0,216 ; L. 0,105 au trait carré. Signée en bas, vers la droite : *MAF*. En bas, à gauche, le numéro : *3*. Filigrane : ancre (proche Briquet 480). Rognée au coup de planche sur trois côtés ; légère petite tache jaunâtre.

Hist. : Voir G. n° 32. Inventaire 4217 L.R.

Bibl. : Bartsch, 1813, XIV, p. 294, n° 388 - Passavant, 1864, VI, p. 34, n° 208 - Delaborde, 1888, p. 188, n° 148 - Frommel, 1967, n° 83, fig. LXX g - Ferrara et Bertelà, 1975, n° 430, repr. - Gardey, Lambert et Oberthür, 1978, p. 29, n° 148, repr. - Bartsch illustré, 1978, 27, p. 80, n° 388, repr.

35 La Force

Burin. H.0,217 ; L. 0,106 au trait carré. Signée en bas, à gauche, sous la colonne : *MAF*. En bas, à gauche, le numéro : *4*. Rognée au trait carré sur trois côtés et au coup de planche, à gauche.

Hist. : Voir G. n° 32. Inventaire 4218 L.R.

Bibl. : Bartsch, 1813, XIV, p. 295, n° 389 - Passavant, 1864, VI, p. 34, n° 209 - Delaborde, 1888, p. 188, n° 149 - Frommel, 1967, n° 83, fig. LXX h - Ferrara et Bertelà, 1975, n° 431, repr. - Gardey, Lambert et Oberthür, 1978, p. 29, n° 149, repr. - Bartsch illustré, 1978, 27, p. 81, n° 389, repr.

Cette figure est proche d'une des *Saisons* décorant la Loggetta du Vatican, dont l'invention décorative due à Raphaël a été réalisée sous sa direction par ses élèves vers 1519 (De V. 151, repr. p. 122).

Delaborde signale une copie dans le même sens mais sans le monogramme de Marc-Antoine.

36

37

38

36 La Tempérance

Burin. H.0,218 ; L. 0,105 au trait carré. Signée en bas, entre les pieds : *MAF*. En bas, à gauche, le numéro : *5*. Filigrane : ancre (proche Briquet 480). Rognée au coup de planche.

Hist. : Voir G. n° 32. Inventaire 4219 L.R.

Bibl. : Bartsch, 1813, XIV, p. 295, n° 390 - Passavant, 1864, VI, p. 34, n° 210 - Delaborde, 1888, p. 188, n° 150 - Frommel, 1967, n° 83, fig. LXX f - Bianchi, 1968, repr. p. 670, fig. 41 - Ferrara et Bertelà, 1975, n° 432, repr. - Gardey, Lambert et Oberthür, 1978, p. 29, n° 150, repr. - Bartsch illustré, 1978, 27, p. 82, n° 390, repr.

Il existe une copie en contrepartie (Ferrara et Bertelà, 1975, n° 433, repr.).

37 L'Espérance

Burin. H.0,216 ; L. 0,106 au trait carré. Signée en bas, vers la droite : *MAF*. En bas, à gauche, le numéro : *6*. Filigrane : ancre (proche Briquet 480). Rognée après le trait carré, marque du coup de planche, à gauche.

Hist. : Voir G. n° 32. Inventaire 4220 L.R.

Bibl. : Bartsch, 1813, XIV, p. 295, n° 391 - Passavant, 1864, VI, p. 34, n° 206 - Delaborde, 1888, p. 187, n° 146 - Frommel, 1967, n° 83, fig. LXX c - Ferrara et Bertelà, 1975, n° 434, repr. - Gardey, Lambert et Oberthür, 1978, p. 29, n° 146, repr. - Bartsch illustré, 1978, 27, p. 83, n° 391, repr.

38 La Prudence

Burin. H.0,217 ; L. 0,105 au trait carré. Signée en bas, vers la droite : *MAF*. En bas, à gauche, le numéro : *7*. Rognée au trait carré sur deux côtés et au coup de planche sur les deux autres.

Hist. : Voir G. n° 32. Inventaire 4221 L.R.

Bibl. : Bartsch, 1813, XIV, p. 295, n° 392 - Passavant, 1864, VI, p. 34, n° 211 - Delaborde, 1888, p. 188, n° 151 - Frommel, 1967, n° 83, fig. LXX e - Gardey, Lambert et Oberthür, 1978, p. 29, n° 151, repr. - Bartsch illustré, 1978, 27, p. 84, n° 392, repr.

Delaborde mentionne deux copies, l'une dans le même sens avec le monogramme de Marc-Antoine contrefait ; l'autre, en contrepartie.

39 Le martyre de sainte Cécile

Burin. H. 0,238 ; L. 0,403 au trait carré. Signée sur le piédestal de la statue de Jupiter : *RA. VR. IN/MAF.* Filigrane : arbalète dans un cercle surmonté d'une étoile. Rognée au coup de planche ; légère trace d'une pliure verticale au centre ; petit accroc restauré.

Hist. : A. Brentano-Birckenstock ; marque au verso (L. 345) ; vente, Francfort-s-Main, 16 mai 1870 et j. suiv., n° 2423, acquise par Prestel. Inventaire 4133 L.R.

Bibl. : Bartsch, 1813, XIV, p. 104, n° 117 - Passavant, 1864, VI, p. 18, n° 52 - Delaborde, 1888, p. 140, n° 91 - De Witt, 1968, pl. L - Ferrara et Bertelà, 1975, n° 358, repr. - Gardey, Lambert et Oberthür, 1978, p. 20, n° 91, repr. - Bartsch illustré, 1978, 26, p. 153, n° 117, repr. - Exp. Lawrence, 1981, n° 55, repr. p. 171.

Vasari et Bartsch ont appelé à tort cette estampe le *Martyre de sainte Félicité*, puis Passavant a rectifié ce titre : il s'agit en effet du *Martyre de sainte Cécile*, condamnée par le préfet de Rome Turcius Almachius à périr ébouillantée. Ayant échappé miraculeusement à ce supplice, elle fut mortellement blessée après que Valérien et Tiburce, son mari et son beau-frère, aient été décapités. Cette scène est en liaison avec une fresque de la Magliana, villa papale construite, selon une tradition, sur le lieu du martyre de sainte Cécile ; les restes de cette décoration sont au Musée des Beaux-Arts de Narbonne (voir P. n° 21). Les fresques de la Magliana, commandées à Raphaël par Léon X, furent réalisées par son atelier peut-être vers 1517-1519 (voir De V. 168 et 169).

Le style de la gravure de Marc-Antoine, datée par I.H. Shoemaker vers 1520-1525, est voisin du *Christ enseignant à l'entrée du Temple* (G. n° 40).

Le dessin de Dresde, lourdement retouché, a peut-être servi de modèle au graveur, tandis que le dessin de l'Albertina est une copie.

Un double de cette épreuve est conservé à la Collection Edmond de Rothschild (Inventaire 13422 L.R.). Delaborde mentionne de nombreuses copies gravées dont celle, de petit format, par E. Delaune (G. n° 82).

Le décor d'une majolique d'Urbin par Nicola Pellipario, 1528, au Musée National, Florence, est basé sur la gravure (Liverani, 1968, pl. face p. 696).

40 Jésus-Christ enseignant à l'entrée du Temple

Burin. H. 0,230 ; L. 0,342 au trait carré. Tablette sans le monogramme en bas, à gauche. Filigrane : arbalète dans un cercle (proche Briquet 748). Marge ; marque de pliure verticale au centre et déchirure restaurée du bas vers le centre.

Hist. : E. Galichon ; marque au verso (L. 856) ; vente, Paris, 11 mai 1875, n° 422, acquise par Clément. Inventaire 4122 L.R.

Bibl. : Bartsch, 1813, XIV, p. 51, n° 45 - Passavant, 1864, VI, p. 15, n° 18 - Delaborde, 1888, p. 98, n° 15, repr. p. 99 - Gardey, Lambert et

39

Oberthür, 1978, p. 9, n° 15, repr. - Bartsch illustré, 1978, 26, p. 64, n° 45, repr. - Exp. Lawrence, 1981, n° 56, repr. p. 173.

Surnommée *Notre-Dame à l'escalier* par Vasari et Bartsch, cette estampe, signée de la tablette blanche et située vers 1520-1525, représente en fait Marthe conduisant Marie-Madeleine vers le Christ. Vasari indique qu'elle a été gravée d'après un dessin de Raphaël; s'y référant à nouveau, il écrit qu'elle reproduit la composition peinte par G. Romano ou G.F. Penni sur la voûte d'une chapelle de l'église de la Trinità dei Monti à Rome (vers 1520-1524). Il existe deux dessins attribués à Giulio Romano: l'un à Munich, l'autre à Chatsworth (Oberhuber, 1972, IX, p. 28, fig. 12 et 13); ce dernier dessin est le plus proche de la gravure. Citons aussi la copie du Cabinet des Dessins, Louvre (Inv. 4282).

La technique du burin aux larges tailles régulièrement espacées accentue l'aspect sculptural, quasi minéral, des personnages. Une autre épreuve est conservée à la Collection Edmond de Rothschild (Inventaire 13420 L.R.). Delaborde fait état de plusieurs copies du XVIe siècle dont le clair-obscur de Georg Matheus (G. n° 91). Titien s'est probablement souvenu de la gravure et de celle de G.A. da Brescia (G. n° 49) pour sa peinture de l'Accademia, Venise: la *Présentation de la Vierge au Temple* (Béguin et Valcanover, 1970, n° 184, repr. et pl. XX-XXI).

Le décor d'une majolique de Fabriano par Nicola Pellipario, 1527, au Musée de l'Ermitage, Léningrad, est basé sur la gravure (Liverani, 1968, p. 699, fig. 17).

41 La Vierge, l'Enfant Jésus, sainte Elisabeth et saint Jean-Baptiste

Burin. H. 0,247; L. 0,173 au trait carré. Tablette sans le monogramme en bas, à gauche. Filigrane: fleur (proche Briquet 6443). Rognée au coup de planche sur trois côtés.

Hist.: A. Brentano-Birckenstock; marque au verso (L. 345); vente, Francfort-s-Main, 16 mai 1870 et j. suiv., n° 2412, acquise par Holloway. Inventaire 4128 L.R.

Bibl.: Bartsch, 1813, XIV, p. 69, n° 62 - Passavant, 1864, VI, p. 16, n° 25 - Delaborde, 1888, p. 96, n° 13 - De Witt, 1968, pl. LIII - Gardey, Lambert et Oberthür, 1978, p. 9, n° 13, repr. - Bartsch illustré, 1978, 26, p. 89, n° 62, repr. - Exp. Lawrence, 1981, n° 58, repr. p. 177.

Appartenant à la même période que le *Christ enseignant à l'entrée du Temple*, vers 1520-1525, cette épreuve d'une grande fraîcheur est également connue sous le nom de la *Vierge au palmier*. Signée de la tablette blanche, elle reproduit avec quelques variantes les principaux personnages de la *Madone de l'amour divin* de Naples, attribuée à l'école de Raphaël, aux environs de 1518 (Marabottini, 1968, p. 250, fig. 99, G.F. Penni - De V. 140). Le graveur a remplacé le fond d'architecture par un paysage lacustre, dominé par un palmier, qui ressemble au fond de la *Pietà* (G. n° 19); le bouquet d'arbres, à droite, a la facture de ceux de Lucas de Leyde.

L'habileté de la technique tend vers un certain mécanisme des tailles. Une autre épreuve est conservée à la Collection Edmond de Rothschild (Inventaire 13418 L.R.).

40

41

Gravée dans la technique des années 1520-1525, cette grande pièce, signée de la tablette blanche, est aussi appelée la *Vierge à la longue cuisse* ; elle a été considérée par Bartsch, Passavant et Delaborde comme une œuvre d'après un dessin de Raphaël. Cependant le caractère puissant et sculptural des personnages placés sur un fond de ruines, accentué par des tailles largements espacées, fait penser à Giulio Romano. Le type de la Vierge se retrouve notamment dans la *Madone au chêne* du Prado (Marabottini, 1968, p. 249, fig. 96, Raphaël, G. Romano et collaborateur - De V. 139) ; attribuée traditionnellement à Raphaël, on voit plutôt la main de Giulio Romano dans cette peinture, exécutée vers 1518.

L'idée de représenter la *Sainte Famille* devant un décor d'architectures ruinées, avec un escalier, est un souvenir de l'*Annonciation* et du *Repos en Egypte*, bois de la suite de la *Vie de la Vierge* d'A. Dürer (Hollstein, *German...*, VII, p. 157, n° 195 et

Outre plusieurs copies en contrepartie, Delaborde cite une copie dans le même sens, sans la tablette.

Un dessin conservé au Cabinet des Dessins, Louvre (Inv. 4108) est probablement une copie de la gravure.

42 La Sainte Famille avec le petit saint Jean

Burin. H. 0,404 ; L. 0,270. Tablette sans le monogramme en bas, à gauche. Filigrane : ancre dans un cercle (proche Briquet 579). Rognée au trait carré ; quelques restaurations.

Hist. : A. Brentano-Birckenstock ; marque au verso (L. 345) ; vente, Francfort-s-Main, 16 mai 1870 et j. suiv., n° 2410, acquise par Clément. Inventaire 4126 L.R.

Bibl. : Bartsch, 1813, XIV, p. 65, n° 57 - Passavant, 1864, VI, p. 16, n° 22 - Delaborde, 1888, p. 95, n° 12 - Petrucci, 1964, fig. 11 - De Witt, 1968, pl. LII - Gardey, Lambert et Oberthür, 1978, p. 9, n° 12, repr. - Bartsch illustré, 1978, 26, p. 84, n° 57, repr. - Exp. Lawrence, 1981, n° 59, repr. p. 179.

42

p. 160, n° 202, repr.) ; de même que le motif de l'escalier avait été utilisé à l'arrière-plan de l'*Adoration des Mages* par Léonard de Vinci (Goldscheider, 1959, fig. 49).

Delaborde mentionne deux copies dont une gravée par Marco da Ravenna (Bartsch illustré, 1978, 26, n° 58, repr.).

Le dessin en grisaille du Louvre (Inv. 3948) présente de légères modifications dans certains détails de l'architecture ; il s'agit sans doute d'une copie d'après la gravure.

43 Jésus-Christ, la Vierge, saint Jean-Baptiste, saint Paul et sainte Catherine d'Alexandrie

Burin. H. 0,424 ; L. 0,290 au trait carré. Tablette sans le monogramme en bas, à droite. Filigrane : ancre (proche Briquet 480 mais plus grand). Rognée au coup de planche ; légère trace de pliure horizontale au centre.

43

Hist. : W. Benoni White ; marque au recto (L. 2592) - Acquise en août 1868 par Holloway. Inventaire 4130 L.R.

Bibl. : Bartsch, 1813, XIV, p. 100, n° 113 - Passavant, 1864, VI, p. 18, n° 49 - Delaborde, 1888, p. 110, n° 22 - Gardey, Lambert et Oberthür, 1978, p. 11, n° 22, repr. - Bartsch illustré, 1978, 26, p. 148, n° 113, repr. - Exp. Lawrence, 1981, n° 60, repr. p. 181.

Dès le XVIIIe siècle, cette grande et belle estampe fut intitulée à tort : les *Cinq saints*. Œuvre tardive, signée de la tablette blanche, elle semble avoir été gravée d'après un dessin du Louvre très endommagé (Inv. 3867 ; voir D. n° 117). Attribué d'abord à Raphaël, il a été donné au jeune Giulio Romano (Hartt, 1958, I, cat. n° 6 et p. 21, n° 4 ; II, pl. I - Exp. Lawrence, 1981, repr. p. 180, fig. 38, Giulio Romano (?). La peinture, conservée à Parme, a été attribuée à G.F. Penni. Hartt note que la composition est très influencée par Raphaël et réalisée peut-être sous sa direction. Une étude pour la figure du *Christ en gloire* est cataloguée sous le nom de Raphaël (vente Christie's, Londres, 9 décembre 1982, n° 17, repr. ; acquise par le Musée Getty, Malibu). Une copie du dessin du Louvre est également au Cabinet des Dessins (Inv. 3973).

Dans cette pièce largement burinée où les personnages paraissent figés sous un éclairage brutal, le graveur a ajouté un arbre, à droite, dans le style de Lucas de Leyde.

Delaborde signale deux copies gravées, dans le même sens.

44 Deux femmes supportant un brûle-parfum

Burin. H. 0,308 ; L. 0,167 au trait carré. 1er état. Tablette sans le monogramme en bas, à gauche. Filigrane : arbalète dans un cercle. Rognée au coup de planche ; quelques petites taches brunes en forme de points.

Hist. : A. Brentano-Birckenstock ; marque au verso (L. 345) ; vente, Francfort-s-Main, 16 mai 1870 et j. suiv., n° 2597, acquise par Holloway. Inventaire 4234 L.R.

Bibl. : Bartsch, 1813, XIV, p. 363, n° 489 - Passavant, 1864, VI, p. 42, n° 278 - Delaborde, 1888, p. 236, n° 213, repr. p. 237 - Ferrara et Bertelà, 1975, n° 452, repr. - Gardey, Lambert et Oberthür, 1978, p. 38, n° 213, repr. - Bartsch illustré, 1978, 27, p. 164, n° 489, repr.

Cette pièce, dite la *Cassolette*, reproduit un brûle-parfum décoré de fleurs de lis et de salamandres que l'on suppose destiné à François Ier. Signée de la tablette blanche, c'est une production tardive dont le style et la technique se rapprochent de gravures comme la *Vierge à la longue cuisse* (G. n° 42). Bartsch et Delaborde en attribuent le dessin à Raphaël tandis que L. Bianchi y voit la main de Giulio Romano sur une invention de Raphaël.

On connaît deux états : le 2e état porte le nom de l'éditeur Antonio Salamanca. Le cuivre était signalé par

44

Delaborde chez Emile Galichon, qui en fit tirer des épreuves en 1865.

Il existe plusieurs copies dont une, en contrepartie, gravée par Marco da Ravenna (Bartsch illustré, 1978, 27, n° 490-I).

Cette gravure a inspiré Germain Pilon pour la sculpture du monument contenant le cœur d'Henri II, au Louvre (Babelon, 1927, pl. III, n° 3). De même, les cariatides se retrouvent sur un modèle de *Candélabre*, gravé par Enea Vico (Bartsch, 1813, XV, p. 367, n° 491 - Bianchi, 1968, p. 674, fig. 51).

Anonyme italien XVIe siècle

45 Minerve, Vénus et l'Amour

Burin. H. 0,190; L. 0,130. 1er état. Inscription à la plume, encre brune, en bas à gauche: *R. VRB. IN.*; à droite: *MAR .F.* Rognée au trait carré sur trois côtés; traces de sanguine.

Hist. : Alph. Hirsch; marque au verso (L. 133); vente, Londres, 29-30 juillet 1875, ne fig. pas au cat. - A. Firmin-Didot; marque au verso (L. 119); vente, Paris, 26 avril 1877, n° 1802, acquise par Hubert - A. Hubert; vente, Paris, 27 mai 1909, n° 625, acquise par Keppel. Inventaire 4184 L.R.

Bibl. : Bartsch, 1813, XIV, p. 234, n° 310 - Delaborde, 1888, p. 161 - Petrucci, mars 1938, repr. p. 409 (Raimondi) - Bartsch illustré, 1978, 26, p. 310, n° 310 (2e état).

Copie d'une partie du groupe central du *Jugement de Pâris* (G. n° 24), que Delaborde hésite à attribuer à Raimondi.

Un 2e état, à Londres, présente des travaux ajoutés dans le terrain herbeux.

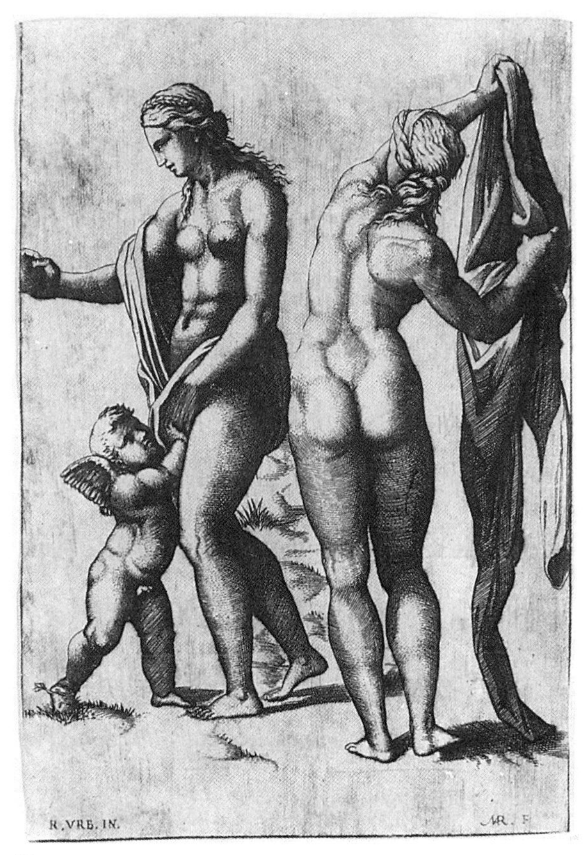

45

46 Vénus retirant de son pied une épine

Burin. H. 0,268 ; L. 0,178 au 2e trait carré. Filigrane : monts (proche Briquet 11652). Rognée au 2e trait carré ; traces de froissures et petite restauration au centre ; quelques très légères taches jaunâtres.

Hist. : H. Dreux ; marque au verso (L. 695) ; vente, Paris, 3 février 1870, n° 242, acquise par Holloway. Inventaire 4302 L.R.

Bibl. : Bartsch, 1813, XIV, p. 241, n° 321 (citée) - Delaborde, 1888, p. 167 - Bartsch illustré, 1978, 27, p. 13, n° 321 A, repr.

Acquise à la vente Dreux comme une épreuve d'un 1er état inconnu à Bartsch, avant le monogramme, cette estampe est en fait une copie d'après Marco da Ravenna (G. n° 57). Elle se distingue, en particulier, par l'espace entre le bras et la cuisse laissé en blanc ; de même pour l'autre espace sous le genou.

46

Anonyme italien XVIe siècle

47 Didon se donnant la mort

Burin. Diam. : 0,037 au 2e trait circulaire. Inscription sur une planchette contre l'arbre, à droite : *LVCRE/CIA* (à rebours). Filet de marge.

Hist. : J. Durazzo ; vente, Stuttgart, 27 novembre 1872, n° 2990 - Vente anonyme, Berlin (Amsler et Ruthardt-Meder), 21 novembre 1883 et j. suiv., n° 767, acquise par Thibaudeau. Inventaire Ni. 210 L.R.

Bibl. : Dutuit, 1888, I, 2e partie, p. 344, n° XXX - Blum, 1950, n° 190, pl.XLI, n° 190.

Copie réduite, en contrepartie, de la *Didon se donnant la mort* de Raimondi (G. n° 2), habilement exécutée par un anonyme du XVIe siècle. Intitulée à tort, ainsi que l'indique l'inscription sur la planchette près de l'arbre, *Lucrèce*, cette gravure à l'imitation d'un nielle vient soutenir la thèse de Delaborde et confirme l'erreur de Vasari, qui a confondu *Didon* et *Lucrèce* (G. n° 4).

47

Giovanni Antonio da Brescia

Brescia, actif vers 1490 - après 1525

*Né à Brescia, ce graveur travaillle d'abord à Mantoue dans le style des gravures de l'école d'Andrea Mantegna. Après la mort du Maître, en 1506, il se montre très influencé par Bartolomeo et Benedetto Montagna, ce qui fait supposer un séjour à Vicence. Giovanni Antonio da Brescia copie des gravures de Dürer — une de ses copies porte la date 1507 — et l'*Ecce Homo *de Lucas de*

48

Leyde, burin de 1513. Il va probablement à Florence puis à Rome où il reste de 1513 à 1525 environ. Sa technique d'abord dure et métallique, employant des tailles obliques puis des tailles et contre-tailles librement disposées, devient plus régulière sous l'influence de Marcantonio Raimondi.

48 La coupe de Joseph retrouvée dans le sac de Benjamin

Burin. H. 0,169 ; L. 0,277. Filigrane : peu lisible. Rognée au coup de planche ; deux petites déchirures restaurées.

Hist. : Vente anonyme, H.G. Gutekunst, Stuttgart, 28 mai 1906, n° 118, acquise par Danlos. Inventaire 3939 L.R.

Bibl. : Bartsch, 1813, XV, p. 11, n° 7 - Passavant, 1864, V, p. 107, n° 27 - Hind, 1948, V, part. II, p. 44, n° 22 et VI, pl. 541 - Exp. Washington, 1973, n° 97, repr.

Exp. : Paris, Louvre, 1964, p. 6.

La *Coupe de Joseph retrouvée dans le sac de Benjamin* (*Genèse*, chap. 44, v. 11-12) est un thème qui a été traité par Raphaël dans un dessin connu par une copie conservée au Louvre (Inv. 3851 ; voir D. n° 115 ; autre copie Inv. 4075 - Wauters, 1911, repr., Raphaël).

Bartsch et Passavant donnent le dessin original de cette gravure à Raphaël tandis que Hind émet certains doutes sur cette attribution tout en faisant le rapprochement avec les compositions des Loges du Vatican. En fait, l'estampe reproduit, en sens inverse, une des sept scènes figurant sur un projet de décor pour un plat, conservé à Londres (Pouncey et Gere, 241, pl. 212 - Exp. Washington, 1973, p. 258, fig. 10-4). Ce dessin, autrefois attribué à Raphaël, est de Baldassare Peruzzi. Notant l'influence de Raphaël mais aussi le rapport des personnages avec les esquisses de Peruzzi pour la Villa Madama, C. Frommel situe le dessin du British Museum vers 1521, date qu'on peut également retenir pour la gravure de G.A. da Brescia.

49 La présentation de la Vierge au Temple

Burin. H. 0,302 ; L. 0,204. 1er état. Signée en bas, à droite : *R VR* et *Io. A.BX.* sur une banderole. Filigrane : ancre (?) dans un cercle. Rognée avant le coup de planche ; trace d'une pliure horizontale au centre, quelques traces de peinture verte ; papier légèrement jauni dans le haut.

Hist. : Acquise de Clément le 1er juin 1875. Inventaire 3932 L.R.

49

Bibl.: Bartsch, 1811, XIII, p. 319, n° 4 - Passavant, 1864, V, p. 105, n° 4 - Hind, 1948, p. 44, n° 24, pl. 543 -Bartsch illustré, 1980, 25, p. 174, n° 4, repr.

Bien que le nom de Raphaël figure dans la signature, cette planche, gravée vers 1525, est basée sur la composition d'un des panneaux de la prédelle, exécutée par Berto di Giovanni, de la *Madone de Monteluce* (De V. 156).

Un dessin du Louvre, en sens inverse, repiqué pour le transfert, a très probablement servi pour la gravure (Inv. 4264, d'après G.F. Penni - Oberhuber, 1972, IX, p. 40, note 113).

On connaît deux états: le 2e état, retravaillé, porte le titre: *Representattio della Madonna.*

Agostino di Musi dit Agostino Veneziano

Venise vers 1490 — Rome vers 1540

Ce buriniste, connu pour ses planches d'après l'antique, ornements et portraits, commence en 1514-1515 par copier à Venise les estampes de Giulio Campagnola et d'Albrecht Dürer. En 1515, il part à Florence où il grave d'après Andrea del Sarto et Bandinelli. Il est à Rome en 1516, travaillant comme principal assistant de Marcantonio Raimondi et l'aidant dans la diffusion des œuvres de Raphaël et son école. Après le sac de Rome, en 1527, Agostino Veneziano se réfugie à Mantoue où il reproduit les dessins de Giulio Romano et retourne à Rome, en 1530, y œuvrant jusqu'en 1536.

50 La sibylle de Cumes

Burin. H. 0,169; L. 0,128 au trait carré. 1er état. Signée et datée en bas, à droite, sur une pierre: *.A.V./.1516.* Filet de marge après le coup de planche; légères piqûres dans le haut.

50

Hist. : M. Lorin ; vente, Paris, 17 mai 1876, n° 168, acquise par Clément. Inventaire 4288 L.R.

Bibl. : Bartsch, 1813, XIV, p. 109, n° 123 - Passavant, 1864, VI, p. 54, n° 31 - Bartsch illustré, 1978, 26, p. 161, n° 123-I, repr. - Minonzio, 1980, pp. 275 et 276, fig. 1 - D'Amico, Tamassia, Bellini et Minonzio, 1980, n° 83, repr. (2e état).

La *Sibylle de Cumes* obtient du soleil que le sable qu'elle porte dans une corbeille soit changé en or. Exécutée en 1516 par Agostino Veneziano probablement d'après un dessin de Raphaël ou de son école. Cette superbe épreuve est très influencée par la *Didon* : forme du terrain, barrière, arbre, souches et rivière, à gauche, sont des détails empruntés à la gravure de Marc-Antoine (G. n° 2). La partie droite du paysage avec des constructions, dans la manière de G. Campagnola, est proche de celui de *Vénus blessée par l'Amour*, gravée par Musi en 1516 également (Bartsch, 1813, XIV, p. 218, n° 286). Voir aussi le paysage de la *Madone du Belvédère* de Raphaël, 1506 (Becherucci, 1968, p. 59, fig. 57).

On connaît un 2e état retouché, portant le nom d'Antonio Salamanca (Cat. vente Finarte, Milan, n° 366, 24 mars 1981, n° 94, repr.). Une copie, en contrepartie et sans le fond, est attribuée à Diana Scultori (Ferrara, Bellini et D'Amico, 1977, n° 262, repr. - Bartsch, illustré, 1978, 26, n° 123 A, repr.).

51 Panneau d'ornements

Burin. H. 0,266 ; L. 0,111 au trait carré. Signée dans deux médaillons tenus par deux amours, en haut : *A.V.* et datée dans un troisième médaillon : *1521*. Filigrane : serpent. Rognée après le trait carré.

Hist. : K.F.F. von Nagler, Berlin ; marque au verso (L. 2529) ; vente à l'état en 1835 - Kupferstichkabinett der Staatlichen Museen, Berlin ; marques au verso (L. 1606 et 2398) ; vente des doubles, Berlin, 30 octobre au 9 novembre 1871, n° 902. Inventaire 6913 L.R.

Bibl. : Bartsch, 1813, XIV, p. 393, n° 560 - Passavant, 1864, VI, p. 65, n° 155 à 161 - Bartsch illustré, 1978, 27, p. 244, n° 560, repr.

Exp. : Paris, Louvre, 1966, n° 101.

Exécuté en 1521, ce panneau d'ornements rappelle le style des grotesques de la Domus aurea de Néron. Il dérive des décorations en grisaille de la Chambre d'Héliodore par l'atelier de Raphaël, vers 1514 (Freedberg, 1961, II, fig. 225) ainsi que des stucs avec grotesques peints sur les pilastres des Loges du Vatican par Giovanni da Udine et ses aides, 1518-1519 (De V. 149 - Marabottini, 1968, p. 291, fig. 165 - Oberhuber, 1972, IX, p. 154, fig. 156, Raphaël et Giovanni da Udine).

Le motif du médaillon central avec deux prisonniers et le combat du cartouche se retrouvent dans un panneau gravé par Nicoletto da Modena (Inventaire 3928 L.R. - Hind, 1948, V, part. II, n° 105 et VI, pl. 691, n° 105).

51

52 Bacchanale

Burin. H. 0,185 ; L. 0,256 au trait carré. 1er état. Signée sur une tablette en bas, au centre: *AV*. Filigrane: balance (proche Briquet 2586). Rognée au trait carré; tache brunâtre; légers griffonnements à la plume, encre brune.

Hist.: Baron James de Rothschild. Inventaire 4297 L.R.

Bibl.: Bartsch, 1813, XIV, p. 192, n° 240 - Passavant, 1864, VI, p. 55, n° 42 - Calabi, 1931, pl. XLI - Pouncey et Gere, 1962, n° 62 (citée) - Bartsch illustré, 1978, 26, p. 237, n° 240, repr. - Minonzio, 1980, pp. 291 et 294, fig. 16 (1er état) et p. 295, fig. 17 - Exp. Lawrence, 1981, n° 70, repr. p. 203.

Cette *Bacchanale*, intitulée par Bartsch la *Marche de Silène*, est une des meilleures planches d'Agostino Veneziano d'après Raphaël ou Giulio Romano. Elle est finement gravée avec des tailles modelant habilement les volumes et rendant un éclairage doux et subtil. I.H. Shoemaker date, à juste titre, la pièce vers 1520-1525 et note que la source de cette *Bacchanale* est probablement un sarcophage antique de Woburn Abbey, autrefois à la Villa Aldobrandini à Frascati, dessiné notamment par Amico Aspertini.

Un dessin du British Museum, Londres, considéré comme une copie d'une composition de Raphaël, est dans le même sens que la gravure mais sans fond de paysage (Pouncey et Gere, 62, pl. 65).

On connaît un 2e état de la planche usée et endommagée avec le nom d'Antonio Salamanca (B.N., Est. Eb. 7+, fol.) ; un 3e état publié par Carlo Losi en 1773 et un 4e avec les noms de Salamanca et de Losi effacés.

Le décor d'une majolique d'Urbin par Nicola Pellipario (?), vers 1530-1535, au Louvre, reproduit exactement la gravure (Giacomotti, 1974, n° 837, repr.).

53 L'homme tenant une femme par les mains

Burin. H. 0,194 ; L. 0,120. 1er état. Rognée avant le trait carré sur deux côtés; piqûres; quelques légers traits à la plume, encre grise, sur la draperie de l'homme et à terre.

Hist.: A. Brentano-Birckenstock ; marque au verso (L. 345) ; vente, Francfort-s-Main, 16 mai 1870 et j. suiv., n° 2588, acquise par Colnaghi - J. Heugh ; vente, Londres, 1er mai 1878, n° 199, acquise par Thibaudeau. Inventaire 4294 L.R.

Bibl.: Bartsch, 1813, XIV, p. 350, n° 471 - Passavant, 1864, VI, p. 62, n° 109 - Bartsch illustré, 1978, 27, p. 143, n° 471-I, repr.

Deux personnages vêtus à l'antique sont représentés debout sur un fond de tailles horizontales et espacées s'arrêtant au niveau du sol, comme dans le *Brûle-parfum* (G. n° 44). Non

52

53

signée, la gravure est attribuée à Agostino Veneziano, d'après un dessin de Raphaël, par Bartsch qui mentionne un 2e état, retouché, portant le nom de l'éditeur Salamanca. La tête de l'homme est semblable à celle de l'esclave de l'estampe signée par Musi : l'*Empereur libérant l'esclave Androclès* (Bartsch, 1813, XIV, p. 160, n° 196 - Exp. Lawrence, 1981, n° 68, repr.).

54 La carcasse

Burin. H. 0,300 ; L. 0,637 au trait carré. 2e état. Signée, à gauche, sur le buccin embouché par un jeune garçon monté sur un bouc : *.A.V.* Tablette avec traces d'initiales. Doublée ; rognée après le trait carré ; quelques restaurations.

Hist. : Baron James de Rothschild. Inventaire 6817 L.R.

Bibl. : Bartsch, 1813, XIV, p. 321, n° 426 (A. Veneziano) - Passavant, 1864, VI, p. 37, n° 236 (Raimondi) - Delaborde, 1888, p. 204, n° 175, repr. p. 205 - Pittaluga, 1928, p. 163, repr. p. 162 (A. Veneziano) - Petrucci, juillet 1937, p. 40 à 42, repr. p. 42 - Petrucci, 1964, fig. 17 - Bianchi, 1968, p. 687, note 248 - De Witt, 1968, pl. LXVIII - Gardey, Lambert et Oberthür, 1978, p. 33, n° 175, repr. - Bartsch illustré, 1978, 27, p.114, n° 426-I,, repr. - Minonzio, 1980, pp. 277 et 285, fig. 8 - D'Amico, Tamassia, Bellini et Minonzio, 1980, n° 64 b, repr.

On a voulu voir dans cette grande et belle estampe une allégorie de la malaria : deux hommes nus lient à des roseaux une carcasse monstrueuse, chevauchée par une sorcière. Un jeune garçon sur un bouc souffle dans un buccin et fait se lever un vol de canards. Un homme, grimpé sur le squelette d'un animal fantastique, accompagne le cortège tandis que deux

54

autres hommes nus ferment la marche en s'agrippant aux membres postérieurs de la carcasse.

Connue également sous le nom italien de *Lo Stregozzo* (le Sabbat) et traditionnellement attribuée à Raphaël ou même à Michel-Ange, la gravure a été exclue des inventions de Raphaël par la critique récente qui a avancé les noms de Giulio Romano, Bandinelli, Peruzzi et Girolamo Genga.

Cette œuvre tardive a peut-être été gravée par Marcantonio Raimondi en collaboration avec Agostino Veneziano, qui dut la publier après le sac de Rome. Petrucci a remarqué l'influence du carton de la *Guerre de Pise* de Michel-Ange dans les trois hommes nus qui précèdent ou suivent la carcasse ; le quatrième homme, à demi caché, a les jambes dans la même position qu'un faune du *Sacrifice à Priape*, burin du Maître au Dé (Bartsch, 1813, XV, p. 203, n° 27 - Inventaire 6914 L.R.) basé sur un bas-relief antique. Enfin, la sorcière dérive de celle de Dürer (Hollstein, *German*..., VII, p. 62, n° 68, repr.) qui avait pris son modèle dans le *Combat des dieux marins* d'A. Mantegna (Hind, 1948, V, part. II, p. 15, n° 5 ; VI, pl. 494).

Delaborde cite deux états : le 1er état porte la tablette blanche avec parfois des traces d'un monogramme, sans autre signature ; le 2e état ayant le monogramme A.V. sur le buccin. Delaborde signale le cuivre à Cobourg.

Un dessin, copie de la gravure, est conservé au Louvre (Inv. 4034). Mentionnons aussi deux copies peintes, l'une par Ribera en 1641 (Collection du duc de Wellington) ; l'autre au Musée Fabre, Montpellier (Albenas, 1914, n° 697, école de Giulio Romano ou d'après).

Marco Dente da Ravenna

Ravenne vers 1493 — Rome 1527

Les premières œuvres de ce buriniste sont datées de 1515 ; c'est l'un des premiers et des meilleurs élèves de Marc-Antoine dont il imite consciencieusement le style et qu'il copie avec habileté de nombreuses fois. Il reproduit également l'antique, Raphaël et son école, Giulio Romano, Bandinelli et Salviati. Marco da Ravenna aurait été assassiné par les soldats du Connétable de Bourbon, dans l'atelier de son Maître, lors du sac de Rome en 1527.

55 La Vierge au poisson

Burin. H. 0,261 ; L. 0,216. 1er état. Filigrane : ancre (proche Briquet 445 mais plus haute). Rognée au trait carré ; très légères petites taches jaunes.

Hist. : A. Brentano-Birckenstock ; marque au verso (L. 345) ; vente, Francfort-s-Main, 16 mai 1870 et j. suiv., n° 2409, acquise par Amsler. Inventaire 4308 L.R.

Bibl. : Bartsch, 1813, XIV, p. 61, n° 54 - Passavant, 1864, VI, p. 77, n° 27 - Ferrara et Bertelà, 1975, n° 177, repr. - Bartsch illustré, 1978, 26, p. 80, n° 54, repr.

L'attribution de cette pièce, non signée, donnée à Marcantonio Raimondi par Vasari, puis à Marco da Ravenna par Mariette et Bartsch, a été rejetée par Passavant. Le jeune Tobie tenant un poisson est présenté à la Vierge par l'ange Raphaël ; à droite, se tient saint Jérôme accompagné de son lion.

Un tableau, conservé au Prado, a été peint par Raphaël et ses aides entre 1512 et 1514 (De V. 111). Une étude de Raphaël pour la *Vierge au poisson* est à Florence (Fischel, 1948, n° 150, repr.) tandis que le dessin de Londres, Coll. Captain Colville (Fischel, VIII, 1941, n° 372 - Fischel, 1948, n° 151, repr.), qui a dû servir de modèle à la gravure, laisse plutôt transparaître le style de G.F. Penni.

La planche usée a été retouchée par un graveur qui a ajouté une tablette avec le chiffre de Marc-Antoine ; elle porte le nom d'Antonio Salamanca (B.N., Est., B a 1 (XVIe S.), Marco Dente). Une copie gravée, dans le même sens, se distingue par des auréoles, une sandale au pied de la Vierge et un lambrequin au rideau (Bartsch illustré, 1978, 26, n° 54 A).

Un dessin, probablement une copie de la gravure, est au Louvre (Inv. 3972).

Le décor d'une plaque en majolique de Casteldurante-Gubbio par Nicola Pellipario (?), vers 1525, reproduit la gravure (Giacomotti, 1974, n° 823, repr.).

56 La naissance de Vénus

Burin. H. 0,261 ; L. 0,173. 1er état. Signée en bas sur la conque : *RS*. Filigrane : ancre dans un cercle surmonté d'une étoile (proche Briquet 492). Rognée au trait carré ; très légères taches jaunes.

Hist. : Baron James de Rothschild. Inventaire 4306 L.R.

Bibl. : Bartsch, 1813, XIV, p. 243, n° 323 - Passavant, 1864, VI, p. 69, n° 31 - Pouncey et Gere, 1962, n° 282 (citée) - Becatti, 1968, repr. p. 546, fig. 105 - Oberhuber, 1972, p. 144, fig. 144 - Ferrara et Bertelà, 1975, n° 218 (2e état), repr. - Bartsch illustré, 1978, 27, p. 15, n° 323, repr. - Exp. Lawrence, 1981, n° 62, repr. p. 185.

Interprétation raphaélesque de l'antique, Vénus anadyomène est représentée debout sur une coquille. Selon la légende, la déesse serait née du sang tombé dans la mer lorsque Saturne émascula son père Uranus.

La figure de Vénus est basée sur une sanguine, en contrepartie, attribuée à Giulio Romano (Pouncey et Gere, 282, pl. 268) mais considérée par Oberhuber comme une contre-épreuve d'un dessin de Raphaël (Oberhuber, 1972, IX,

55

56

p. 144, n° 453, pl. 53). La composition se voit dans une des fresques, peintes en 1516 par Giulio Romano et G.F. Penni, de la salle de bains du Cardinal Bibbiena au Vatican (De V. 125 - Dunand et Lemarchand, p. 315, fig. 646).

Une autre scène, *Vénus blessée par l'Amour*, a été gravée par Agostino Veneziano en 1516, ce qui laisse présumer une date semblable pour les autres gravures reproduisant la décoration de la salle de bains (voir G. n° 57).

On connaît un 2e état, avec l'adresse de l'éditeur Antonio Salamanca.

57 Vénus retirant de son pied une épine

Burin. H. 0,260; L. 0,172. 1er état. Signée vers le bas, à gauche: *RS*. Rognée au trait carré; quelques traits de plume, encre brune, dans le bas du dos de Vénus.

Hist.: Baron James de Rothschild. Inventaire 4310 L.R.

Bibl.: Bartsch, 1813, XIV, p. 241, n° 321 - Passavant, 1864, VI, p. 44, n° 288 - Delaborde, 1888, p. 167 - Pittaluga, 1928, p. 167 (citée) - Bianchi, 1968, repr. p. 668, fig. 37 (2e état) - Oberhuber, 1972, IX, p. 145, fig. 146 - Ferrara et Bertelà, 1975, n° 216 et 217 (2e et 3e états) - Gardey, Lambert et Oberthür, 1978, p. 25, n° 121, repr. (copie par Marco da Ravenna repr.) - Bartsch illustré, 1978, 27, p. 11, n° 321-I, repr. - Exp. Lawrence, 1981, n° 63, repr. p. 187.

57

Selon la légende, le sang de Vénus, blessée par une épine, tomba sur une rose blanche qui se colora en rouge. Comme la *Naissance de Vénus* (G. n° 56), l'estampe a été réalisée d'après une scène, aujourd'hui détruite, de la salle de bains du Cardinal Bibbiena. Delaborde (*Op. cit.*, p. 166, n° 121) précise que c'est une copie de la gravure de Raimondi (nous n'avons pu retrouver cette estampe), Marco da Ravenna ayant ajouté un lapin, des constructions dans le fond et des rochers empruntés au paysage de l'*Enlèvement d'Amymone* d'Albrecht Dürer (Hollstein, *German...*, VII, n° 66, repr. p. 58). Le palmier rappelle celui de la *Fuite en Egypte*, bois de la *Vie de la Vierge*, et l'arbre du centre celui qui sépare *Adam et Eve*, burin également de Dürer (Hollstein, *German...*, VII, n° 201, repr. et n° 1, repr. p. 4). La figure de Vénus est une création raphaélesque dans le style du *Tireur d'épine* du Capitole ou de la *Vénus au bain* antique.

La sanguine, en contrepartie, de Stockholm est considérée comme une copie d'un dessin soit de Giulio Romano, soit de Raphaël (Oberhuber, 1972, IX, p. 144, n° 453 a, repr. p. 145, fig. 145).

On connaît trois états: le 2e état, retouché, porte le nom de l'éditeur Salamanca; le 3e état, l'adresse de Gio. Marco Paluzzi (les nombreuses retouches au burin seraient, d'après Bartsch, de F. Villamena). Il existe une copie dans le même sens (voir G. n° 46).

Une peinture, copiée sur l'estampe par un anonyme du XVIe siècle, est conservée à Boston, Elisabeth Gardner Museum (Dunand et Lemarchand, p. 308, fig. 630). La figure de Vénus se retrouve dans le décor d'une majolique d'Urbin par Xanto, 1532, au Louvre (Giacomotti, 1974, n° 849, repr.).

58 L'enlèvement d'Hélène

Burin. H. 0,295; L.0,431. Signée en bas, vers la droite: *.R.* Filigrane: ancre dans un cercle. Rognée au trait carré; trace d'une pliure verticale au centre et quelques petites restaurations, notamment l'angle inférieur gauche refait; quelques taches jaunâtres.

Hist.: Baron James de Rothschild. Inventaire 4305 L.R.

58

Bibl.: Bartsch, 1813, XIV, p. 170, n° 210 - Passavant, 1864, VI, p. 69, n° 28 - Delaborde, 1888, p. 291 - Pittaluga, 1928, p. 166, fig. 103 - Ferrara et Bertelà, 1975, n° 200, repr. - Bartsch illustré, 1978, 26, p. 209, n° 210, repr.

L'*Enlèvement d'Hélène* de Marco Dente est considéré par Bartsch comme la répétition d'une gravure de Marc-Antoine (Bartsch illustré, 1978, 26, p. 208, n° 209) que Delaborde classe parmi les pièces d'attribution douteuse à Raimondi (*Op. cit.*, p. 291, n° 43). La tradition en donne le modèle à Raphaël, dont un dessin sur le même sujet est conservé à Chatsworth (Oberhuber, 1972, IX, p. 58, fig. 57). Cette première pensée de Raphaël étant très éloignée de la composition gravée, on est amené à penser plutôt à un élève de Raphaël.

Un état postérieur porte l'adresse de l'éditeur Rossi et la date 1649. Delaborde signale deux copies d'un format réduit, l'une gravée, dans le même sens, par J. Granthomme; l'autre, en contrepartie, par E. Delaune (G. n° 78).

Deux dessins du Louvre, dans le même sens (Inv. 4313 et 4314) sont probablement des copies d'après la gravure. Le décor d'une majolique d'Urbin par Orazio Fontana, 1543, au Musée Fabre, Montpellier, est basé en grande partie sur la gravure (Liverani, 1968, p. 702, fig. 25). D'autres majoliques d'Urbin, au Louvre, reproduisent également le même sujet (Giacomotti, 1974, n° 856 et 1011, repr.).

Le Maître au Dé

Actif entre 1532 et 1550

Graveur de l'atelier de Marcantonio Raimondi qui signe, avec un dé contenant généralement un B *ou avec le monogramme* B.V., *des planches d'après des œuvres de l'atelier de Raphaël. Connu autrefois sous le nom de Daddi ou Dado, il fut identifié sans preuve avec Benedetto Verini, fils naturel et présumé de Marc-Antoine, et, plus récemment, avec Tommaso Vincidor de Bologne, ce qui est une hypothèse discutée.*

59 La Vierge couronnée par Jésus-Christ entre saint Jean-Baptiste et saint Jérôme

Burin. H. 0,356: L. 0,256 au trait carré. 2e état. Signée en bas, vers la droite, du dé avec la lettre *B*. Au-dessus, l'adresse: *ROMAE .ANT . LAFRERI*. Filigrane: ancre. Rognée après le trait carré; trace d'une pliure horizontale au centre.

Hist.: A. Alferoff; marque au verso (L. 1727); vente, Munich, 10-13 mai 1869, n° 127. Inventaire 4312 L.R.

Bibl.: Bartsch, 1813, XV, p. 189, n° 9 - Passavant, 1864, VI, p. 99, n° 9 - Bianchi, 1968, p. 666, fig. 35 (3e état) - Bartsch illustré, 1982, 29, p. 166, n° 9-I, repr.

Le fond d'architecture incurvée, les saints entourant la scène centrale, les deux amours au pied du trône, attentifs à déchiffrer un phylactère, font penser à la *Madone au baldaquin*, peinte vers 1507-1508 par Raphaël (De V. 79).

La feuille d'esquisses de Bayonne (Bean, 1960, n° 131, repr.), certainement de Raphaël, est une étude pour le *Couronnement de la Vierge*, de même que le beau dessin de Raphaël, à Oxford, daté vers 1514-1516 (Parker, 565, pl. CXLII - Bianchi, 1968, p. 666, fig. 34).

La composition de la gravure, qui présente des modifications apportées par un élève de Raphaël, se voit dans une tapisserie aux armes du pape Paul III Farnèse, au Vatican (Fischel, VIII, 1941, p. 399, fig. 307). Le dessin de l'Ambrosienne, à Milan, ne montre pas la partie supérieure de l'estampe (Müntz, 1897, repr. - Fischel, VIII, 1941, p. 398, fig. 306). Au Louvre, un dessin attribué à G.F. Penni (Inv. 3883 ; voir D. n° 124) est une variante de l'original de Raphaël.

On connaît trois états de cette planche : le 1er état, avec la marque du Maître au Dé (B.N., Est., Eb.9. rés., f° 11) ; le 2e état, avec l'adresse d'Antoine Lafréry ; le 3e état (2e état de Bartsch), avec l'inscription : *CORONATIO BEATAE MARIAE VIRGINIS RA. IN.*

Une copie gravée, avec la marque du Maître au Dé (Bartsch, XIV, p. 65, n° 56 - Bartsch illustré, 1978, 26, p. 83, n° 56, repr.) diffère par le dé vu du dessus et portant des chevrons sur le côté gauche et par l'auréole triangulaire de Dieu le Père qui ne touche pas le trait carré.

59

60 Apollon et Marsyas supplicié

Burin. H. 0,184 ; L. 0,284 au trait carré. 1er état. Signée en bas, à droite, du dé avec la lettre *B*. Filigrane : fleur de lis dans un cercle). Rognée au coup de planche ; très légères taches jaunâtres dans le bas.

Hist. : P. Gervaise ; marque au verso (L. 1078) ; vente, Paris, 26 novembre 1860, n° 24, acquise par Vignères - Baron James de Rothschild. Inventaire 4313 L.R.

Bibl. : Bartsch, 1813, XV, p. 206, n° 31 - D'Amico, Tamassia, Bellini et Minonzio, 1980, n° 165, repr. (3e état) - Bartsch illustré, 1982, 29, p. 188, n° 31-I, repr.

Nous voyons ici la légende de Marsyas qui osa défier Apollon à la flûte : le dieu ayant été déclaré vainqueur par les Muses, Marsyas fut attaché à un arbre et écorché (Ovide, *Métamorphoses*, VI, 400).

Le *Supplice de Marsyas* correspond probablement à une scène perdue peinte sur fond noir décorant, avec *Apollon supplié par Olympe* et *Apollon et Marsyas*, la Loggetta du Vatican. L'invention décorative de Raphaël fut réalisée sous sa direction en 1519 par G. Romano, G.F. Penni, P. del Vaga, G. da Udine et autres aides mineurs (De V. 151).

60

61

Le 2e état est avec l'adresse de Lafréry; le 3e état, retouché à Rome par Philippe Thomassin, porte son adresse et la mention: *RAPHAEL VRB. INV.* et le 4e état celle de De Rossi.

Le décor d'une majolique de Casteldurante par Nicola Pellipario (?), 1525, au Louvre, reprend à peu près en sens inverse les figures de la gravure (Giacomotti, 1974, n° 823, repr.).

61 Deux amours présentant des coupes remplies de pièces d'or à un amour couronné tenant un sceptre et des clés

Burin. H. 0,205; L. 0,281 au trait carré (sur 3 côtés). 2e état. Signée en bas, vers la droite: . *RAPHA. VR. IN.*; à gauche, le dé avec la lettre *B*. Au-dessous, l'adresse: *ANT. LAFRERII. FORMIS*. Doublée; rognée au coup de planche; légères taches jaunâtres vers le bas.

Hist.: Guichardot; vente, Paris, 13 juillet 1875, partie du n° 1045. Inventaire 12949 L.R.

Bibl.: Bartsch, 1813, XV, p. 208, n° 32 - Passavant, 1864, VI, p. 99, n° 32 - Müntz, 1897, p. 48, n° I, repr. - Bartsch illustré, 1982, 29, p. 189, n° 32-II.

Quatre pièces représentant des *Amours jouant avec des festons* ont été gravées par le Maître au Dé. Elles sont tirées des tapisseries, *Giuochi de' putti*, tissées en Flandres à la demande de Léon X, qui les destinait à la Chambre de Constantin au Vatican (Müntz, 1897, repr. entre p. 50 et 51). Vasari attribuait les vingt compositions à Giovanni da Udine. En fait, d'après N. Dacos, G. da Udine aurait élaboré les compositions sur des idées raphaélesques avant la réalisation des modèles, vers 1521, par Tommaso Vincidor (Bologne - Bréda 1536). Le dessin de Vincidor pour les *Enfants luttant*, gravé en contrepartie par le Maître au Dé (Bartsch, *Op. cit.*, n° 35), est conservé au Graphische Sammlung, Munich (Dacos, 1980, fig. 1).

Il existe un 1er état, rare, avant les noms de Raphaël et de l'éditeur Lafréry; le 3e état comporte les inscriptions du 2e état plus l'adresse de Ioannes Orlandi, la date 1602 et l'inscription: *Tapezzerie del Papa*; dans le 4e état, l'adresse d'Orlandi est remplacée par celle de l'éditeur Rossi avec la date 1655.

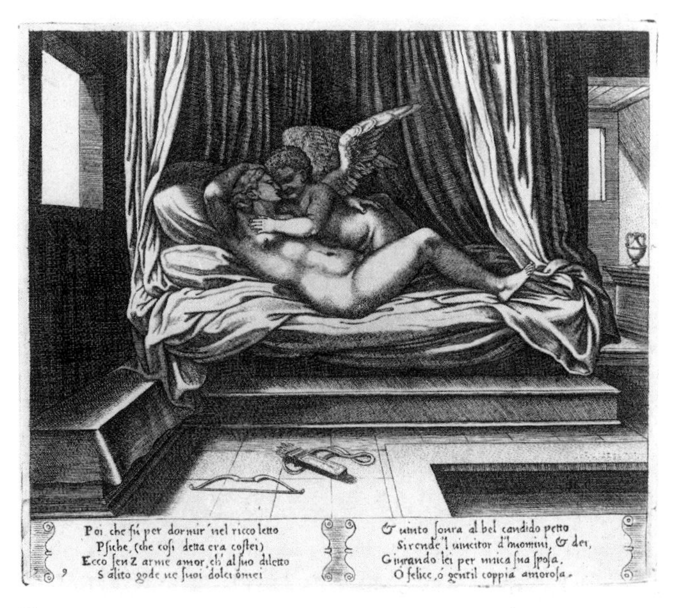

62

62 L'Amour couché entre les bras de sa chère Psyché

Neuvième estampe d'un recueil factice; reliure en maroquin rouge avec filets or sur les plats encadrant une couronne d'or surmontée des initiales du roi George III d'Angleterre: G^III^R, dos orné avec titre doré sur deux pièces de cuir vert: *CUPID/.ET./PSYCHE//MAÎTRE/AU DÉ.* Burin. H.0,170; L. 0,227 au trait carré. 3e état. En bas, à droite, l'adresse d'Antonio Salamanca a été effacée. Sous la composition, huit vers en italien sur deux colonnes: *Poi che fù per dormir' nel ricco letto...* et le numéro: 9 inscrit deux fois dans l'angle inférieur gauche. Rognée après le coup de planche.

Hist.: Baron James de Rothschild. Inventaire L. 85 L.R.

Bibl.: Bartsch, 1813, XV, p. 211, n° 47 (9) - Passavant, 1864, VI, p. 100, n° 39-70 - Müntz, 1897, p. 53 - Bianchi, 1968, p. 689, note 261 - Dunand et Lemarchand, p. 240, fig. 509 et p. 341, fig. 700 - D'Amico, Tamassia, Bellini et Minonzio, 1980, n° 134, repr. - Bartsch illustré, 1982, 29, p. 203, n° 47-II, repr. (3e état).

Neuvième planche de l'*Histoire de Psyché* composée de trente-deux pièces gravées pour la plupart par le Maître au Dé, sauf les numéros 4, 7 et 13 par Agostino Veneziano.

La Fable de l'Amour et Psyché s'inspire de l'*Ane d'or* ou les *Métamorphoses* d'Apulée. Les dessins, d'inspiration raphaélesque, étaient attribués par Vasari au « Raphaël flamand » Michiel Coxie (Malines 1499-1592).

Les gravures ont servi de modèles à des tapisseries (Müntz, *Op. cit.*), à des vitraux (Lemonnier, 1928) et à des verres peints; elles ont aussi influencé Perin del Vaga pour les fresques du Castel Sant' Angelo (Exp. Florence, 1966, p. 58 - Exp. Rome, 1981, I, pp. 155 et 156; II, pp. 90 et 91).

On connaît trois états de cette planche: 1er état, avant le texte mais avec un des deux numéros 9; 2e état, avec le texte dans le bas et les deux numéros 9; 3e état, avec le nom de l'éditeur Antonio Salamanca (B.N., Est. Eb.9, rés., f° 64, 65 et 66).

Copies par J. Androuet Du Cerceau (Linzeler, 1932, I, p. 40, n° 9) et L. Gaultier (Linzeler, 1932, I, p. 403, n° 172) et copie allemande publiée chez F. Hogenbergh, citée par L. Bianchi (Hollstein, *Dutch and Flemish...*, IX, p. 50).

Gian Giacomo Caraglio

Vérone ou Parme vers 1500 — 1570

Graveur, tailleur de gemmes, médailleur et architecte estimé, Caraglio est à Rome en 1526 où il prend place parmi les élèves de Marcantonio Raimondi. Il acquiert une réputation considérable en gravant d'après Parmesan, Rosso, Titien, P. del Vaga et Raphaël. Après le sac de Rome, il se serait installé à Venise. Appelé en Pologne, il travaille en 1539 comme joaillier et médailleur à la cour de Sigismond Ier. En 1558, on le trouve à Parme. Il serait mort à Cracovie en 1565, selon certains auteurs, ou près de Parme en 1570, selon d'autres.

63 L'Assemblée des dieux

Burin. H. 0,376 ; L. 0,537. 1er état. Rognée après le trait carré dans le haut ; trace d'une pliure verticale, au centre ; quelques petites restaurations ; papier légèrement jauni.

Hist. : Baron James de Rothschild. Inventaire 4553 L.R.

Bibl. : Bartsch, 1813, XV, p. 89, n° 54 - Shearman, 1964, p. 95, fig. 96 - Bianchi, 1968, p. 686, note 226 - Ferrara et Bertelà, 1975, n° 165, repr.

Dans l'Olympe, au milieu de l'assemblée des dieux, l'Amour et Vénus plaident leur cause devant Jupiter. A droite, Mercure tend à Psyché la coupe d'ambroisie pour la rendre immortelle (Apulée, les *Métamorphoses*, Livre VI, chap. XXIII).

Estampe gravée par Caraglio quoique Vasari la dise d'Agostino Veneziano en collaboration avec Marco da Ravenna. Elle reproduit, en contrepartie et avec quelques variantes, une des deux grandes scènes de la voûte de la Loggia de Psyché à la Farnésine, exécutées sans doute en 1517 par Penni et autres aides sur une invention de Raphaël (Becatti, 1968, p. 550, fig. 114, détail - Marabottini, 1968, p. 239, fig. 82 - De V. 130).

Un dessin pour le *Conseil des dieux* (partie gauche de la gravure), peut-être de la main de Giulio Romano, est conservé à la Fondation Custodia, Institut Néerlandais, Paris (voir D. n° 112). On remarquera que dans cette étude et dans la gravure, Jupiter a l'aspect d'un jeune homme tandis que dans la fresque le dieu, d'âge mûr, est chevelu et barbu. Une étude en contrepartie pour *Psyché et Mercure*, donnée à Penni, est à Chatsworth (Shearman, 1964, p. 97, fig. 97 - Marabottini, 1968, p. 234, fig. 68).

Becatti compare la pose de Mercure à celle de la statue d'*Antinoüs Farnèse*, Musée National, Naples (Becatti, 1968, p. 550, fig. 113).

On connaît un état postérieur retouché par Michele Lucchese, avec le privilège et la mention *Raphaël Vrb.* et une copie inversée (Ferrara et Bertelà, 1975, n° 166, repr.).

Pour les autres sujets de la Loggia de Psyché, voir Caraglio (G. n° 64) et Raimondi (G. n° 25 et 26).

64 Mercure enlevant Psyché pour la conduire dans l'Olympe

Burin. H. 0,248 ; L. 0,174. Filigrane : monts surmontés d'une étoile. Taches jaunâtres et petites taches brunes ; petits trous de vers ; restauration vers le bas, à gauche ; trace de pliure horizontale au centre.

63

64

Hist.: Baron James de Rothschild. Inventaire 12846 L.R.

Bibl.: Bartsch, 1813, XV, p. 86, n° 50 - Bianchi, 1968, p. 686, note 223.

Mercure enlevant Psyché est basé sur l'un des pendentifs de la Loggia de Psyché (Marabottini, 1968, p. 236, fig. 74, Raphaël et G.F. Penni - De V. 130). Une étude, en contrepartie de la gravure, est à Chatsworth (Shearman, 1964, p. 88, fig. 88, Giulio Romano - Marabottini, 1968, p. 233, fig. 67, G.F. Penni (?).

Un état postérieur a été retouché par Michele Grechi dit Lucchese qui a ajouté son monogramme et celui de Raphaël.

65 La Vierge à l'Enfant avec sainte Elisabeth et le petit saint Jean

Burin. H. 0,308; L. 0,218. 1er état. Signée en bas, à gauche: *.R̄./IACOBVS. VERONĒSIS. F.* Filigrane: arbalète dans un cercle. Rognée au trait carré; papier jauni et taché.

Hist.: Baron James de Rothschild. Inventaire 12836 L.R.

Bibl.: Bartsch, 1813, XV, p. 69, n° 5 - Passavant, 1864, VI, p. 96, n° 5 - Bianchi, 1968, p. 688, note 250, repr. p. 672, fig. 47 - Ferrara et Bertelà, 1975, n° 128, repr. (2e état) - Exp. Paris, 1978, p. 97, repr. (épreuve Rothschild).

La planche reproduit, devant un mur en ruines, les personnages de la *Petite Sainte Famille* du Louvre, peinte vers 1518-1519 peut-être par Giulio Romano sur une invention de Raphaël (voir P. n° 14). A. Venturi a jugé plus proche du Maître une réplique d'une Collection particulière (De V. repr. p. 125). Un dessin de Windsor Castle, dans le même sens que la gravure, est donné à Giulio Romano par Oberhuber (1972, p. 30, fig. 18).

On connaît deux états: dans le 2e état, le côté clair du berceau est couvert de points.

Une copie, en contrepartie, avec fond d'architecture a été gravée par Cornelis Massys (B.N., Est., Eb.6.b., rés. - Hollstein, *Dutch and Flemish...*, XI, p. 183, n° 34, repr.). Une

65

autre copie en contrepartie porte l'inscription: *RAPH. VRB. INVENT.*

Le dessin de Rubens, conservé au Cabinet des Dessins du Louvre, est une copie d'après la gravure de Caraglio (Inv. 20186; Fl. 1057 - Exp. Paris, 1978, n° 99, repr.).

Giulio Bonasone

Bologne vers 1498 — 1580

Peintre-graveur bolonais, élève de Lorenzo Sabbatini, Bonasone est actif à Mantoue, Rome et Venise. Etudiant passionnément l'œuvre de Raimondi et travaillant entre 1531 et 1574, il grave ses propres compositions ou interprète Raphaël, Parmesan, G. Romano, Primatice et Titien. Bartsch catalogue un œuvre de 366 gravures.

66 Noé sortant de l'arche

Burin. H. 0,298; L. 0,377 au trait carré. 1er état. Signée et datée en bas, vers la droite, sur une tablette: *RAHF. VRB/.I. VINTO/.1544.*; au-dessous: *.I. BONAHSO/F.* Filigrane: arbalète dans un cercle. Petite marge légèrement piquée.

Hist.: Comte C.W. de Renesse-Breidbach; marque au verso (L. 1209); vente, Anvers, 5 octobre 1835 et j. suiv., n° 5960 ou 5974 - Dr. E. Pons; vente, Paris, 25 mars 1872, n° 144, acquise par Clément. Inventaire 4324 L.R.

66

Bibl.: Bartsch, 1813, XV, p. 113, n° 4 - Passavant, 1864, VI, p. 102, n° 4 - Bianchi, 1968, repr. p. 672, fig. 49 et p. 688, note 254 - Ferrara et Bertelà, 1975, n° 1, repr. (2e état).

Noé sortant de l'arche, ou plus exactement les animaux sortant de l'arche après la famille de Noé (*Genèse*, chap. 8, v. 18-19), présente de nombreuses variantes par rapport à l'une des fresques de l'*Histoire de Noé*, dans les Loges du Vatican, données à Raphaël et son école, vers 1518-1519 (De V. 149 c).

Le 2e état porte le nom de l'éditeur Antoine Lafréry (Ferrara et Bertelà, 1975, n° 1, repr.).

L. Bianchi signale deux copies, l'une par G.B. de Cavalleriis, l'autre par le Monogrammiste I.H.S. avec la date 1556, en contrepartie.

67 L'enlèvement d'Europe

Burin. H. 0,293; L. 0,438 au trait carré. Signée et datée en bas, vers la droite: *RAFAEL VRBIN I VINTOR/IVLIO B. F. MDXLVI.* Filigrane: échelle dans un cercle surmonté d'une étoile. Rognée après le trait carré; traces d'une pliure verticale au centre.

Hist.: A.P.F. Robert-Dumesnil; marque au recto (L. 2200) - Meaume; vente, Paris, 17 mars 1879, n° 102, acquise par Clément. Inventaire 4319 L.R.

Bibl.: Cumberland, 1793, p. 84, n° 236 - Bartsch, 1813, XV, p. 142, n° 109 - Ferrara et Bertelà, 1975, n° 66, repr.

Les jeunes taureaux chassés de la montagne gagnent le rivage où les vierges de Tyr ont l'habitude de jouer. Jupiter, changé en taureau blanc, est couronné par Europe, montée sur son dos; puis, il emporte sa proie en pleine mer, royaume de Neptune (Ovide, *Métamorphoses*, Livre II, v. 833 et suiv.).

Malgré le nom de Raphaël figurant dans la signature, cette belle planche reflète plutôt le style de G. Romano.

68 La cuve

Burin. H. 0,220; L. 0,342 au trait carré. Signée sur une marche, vers le centre: *bonasono i.* Rognée au trait carré; doublée et tachée.

Inventaire 6916 L.R.

Bibl.: Cumberland, 1793, p. 77, n° 204 - Bartsch, 1813, XV, p. 157, n° 177 - Bartsch illustré, 1982, 29, p. 41, n° 177, repr.

Trois hommes et trois femmes se baignent dans une grande cuve antique tandis que deux amours lancent leurs flèches. A gauche, Vénus accompagne l'Amour et Mercure portant des vases; à terre, un caducée.

Le « i » de « invenit » suivant le nom de Bonasone laisse supposer une invention du graveur, qui s'est autorisé à ne pas mentionner le nom de l'auteur. Celui-ci a su créer une

67

68

composition nouvelle à partir d'éléments antiques et raphaélesques sur une idée germanique évoquant le *Bain*, burin de Virgil Solis d'après un dessin d'Aldegrever (Inventaire 6905 L.R. et 6906 L.R. - O'Dell-Franke, 1977, pl. 61, f. 71). D'après G. Cumberland, Mercure s'inspire d'un bas-relief de la Villa Médicis à Rome, de même que la cuve qui fut envoyée à Florence en 1790. Il mentionne un état avant la signature de Bonasone et une impression avec un serpent à la place du caducée.

Voir l'estampe de Giovanni Georgi (G. n° 73) portant le nom de Raphaël.

Monogrammiste PV

69 La coupe de Joseph retrouvée dans le sac de Benjamin

Burin. H. 0,121 ; L. 0,234 au trait carré. Signée en bas, vers le centre : *RA. VR. IN* ; à droite : *PV/o*. Filigrane : homme dans un cercle. Rognée au trait carré et remargée ; papier légèrement bruni et taché par des traces de lavis de sanguine au verso.

Hist. : P. Mariette ; marque au verso avec la date *1698* (L. 1790) - P. J. Mariette ; vente, Paris, 15 novembre 1775 au 30 janvier 1776, partie du n° 44 (?) - Dr. D.D. Roth - Acquise en août 1871. Inventaire 12834 L.R.

Bibl. : Bartsch, 1813, XV, p. 547, n° 1.

Copie, dans le même sens, de la gravure de Bonasone (Bartsch, 1813, XV, p. 113, n° 6 - Ferrara et Bertelà, 1975, n° 3, repr. - B.N., Est., Eb. 8, f° 11).

Bartsch mentionne un état postérieur avec le nom de l'éditeur : *Petri de Nobilibus formis.*

Un dessin du Louvre, classé dans l'école de Raphaël, est en contrepartie des deux gravures et de mêmes dimensions (Inv. 4258). Voir la gravure de G.A. da Brescia sur le même thème (G. n° 48).

Giorgio Ghisi

Mantoue 1520 — Mantoue 1582

Elève de Giulio Romano et de Giovanni Battista Scultori, Giorgio Ghisi, qui fut aussi damasquineur, est l'un des graveurs les plus importants des débuts du maniérisme italien. Ses premières planches sont datées 1543. Ghisi séjourne à Rome où il publie en 1549 une série monumentale de six pièces, les Prophètes *et les* Sibylles *de la Sixtine, qui font de lui l'un des plus remarquables propagateurs de l'œuvre de Michel-Ange. Il traduira également G. Romano, Raphaël, Primatice, Luca Penni, etc. J. Cock, qui se trouvait à Rome en 1548-1549, le remarque et l'appelle auprès de lui à Anvers (1550-1555). Sous l'influence flamande, la technique de Ghisi déjà savante et proche de celle de Marc-Antoine devient plus fine et irréelle. Certaines planches semblent avoir été publiées en France où il a probablement séjourné vers 1560, avant son*

69

70

retour à Mantoue. Après la publication, en 1561, du Songe de Raphaël, *Giorgio Ghisi continue, à part une interruption de 1570 à 1574, de dater régulièrement des gravures jusqu'en 1578.*

70 L'Ecole d'Athènes

Burin. H. 0,510 ; L. 0,804 en deux feuilles collées. Signée en bas, au centre : *RAPHAEL VRB/.IN/GIORGIVS MNT./VANVS/.F.* En bas, à gauche, inscription de 15 lignes dans un encadrement : *PAVLVS ATHENIS PER EPICVRAEOS... .ACT./.XVII.* ; à droite, l'adresse : *HIERONYMVS COCK PICTOR EXCVDEBAT . 1550 . CVM GRATIA ET PRIVILEGIO P AN .8.* Filigrane : petit blason avec un dauphin (?) surmonté d'une fleur, au-dessous inscription : I DRIAN. Rognée au trait carré ; légères taches brunâtres et accrocs.

Hist. : Baron James de Rothschild. Inventaire 4547 L.R.

Bibl. : Bartsch, 1813, XV, p. 394, n° 24 - Hollstein, *Dutch and Flemish...*, IV, p. 190, n° 511 - Zerner, 1962, p. 76 (citée) - Ferrara, Bellini et D'Amico, 1977, n° 119, repr. - Bellini, 1979, p. 120 (citée) - Exp. Rome, 1980, n° 199, repr.

Première planche, en deux feuilles, gravée d'un burin classicisant à Anvers en 1550 pour l'éditeur J. Cock, témoignant de l'intérêt en Flandres pour les grandes œuvres romaines de la Renaissance. Malgré la référence au chapitre 17 des *Actes des Apôtres*, en bas à gauche de l'estampe, relatant la *Prédication de saint Paul à Athènes*, il n'y a aucun rapport entre cette inscription et le sujet représenté : l'*Ecole d'Athènes*. On voit Platon et Aristote parmi les Philosophes et Sages de l'Antiquité, à l'intérieur d'un temple grandiose inspiré des projets de Bramante pour Saint-Pierre de Rome. C'est une des décorations murales de la Chambre de la Signature au Vatican, avec la *Dispute du Saint Sacrement* et le *Parnasse* (G. n° 28). L'*Ecole d'Athènes*, donnée à Raphaël, a été exécutée entre 1509-1510 (De V. 85 J).

Le projet primitif pour l'*Ecole d'Athènes* est conservé à Sienne, le carton à l'Ambrosienne, Milan (Cocke, 1969, pl. 97 - De V. repr. p. 103) et d'autres études à Vienne (Stix et Fröhlich-Bum, 68, repr. - Cocke, 1969, pl. 96) et à Oxford (Parker, 551 et 552, pl. CXXXII et CXXXIII - Cocke, 1969, pl. 99).

Un 1er état, mentionné par Zani, ne porterait pas le nom de Cock. Citons une copie de 1572 par N. Nelli (Exp. Rome, 1980, fig. 68) retouchée par Ph. Thomassin en 1617 et plusieurs gravures sur le même sujet.

Diana Scultori

Mantoue vers 1530 — après 1588

Nommée à tort par Bartsch, Diana Ghisi, ce graveur de l'école de Giulio Romano et de Marcantonio Raimondi est la fille de Giovanni Battista et la sœur d'Adamo Scultori. Ayant épousé l'architecte Francesco Capriani da Volterra, elle va s'établir à Rome vers 1575. Son œuvre se compose d'une soixantaine de planches dans le style de Giorgio Ghisi. A la fin de sa vie, Diana amplifie ses rapports culturels avec Raphaël et le maniérisme romain.

71 Le Christ instituant saint Pierre chef de son Eglise

Burin. H. 0,232; L. 0,366 au trait carré. 2e état. Signée en bas, à gauche : *DIANA*. Filigrane : monts et fleur de lis dans un blason (proche Briquet 11936). Rognée au coup de planche; taches jaunâtres et griffonnements à l'encre brune sur le pied du Christ.

Hist. : Baron James de Rothschild. Inventaire 4411 L.R.

Bibl. : Bartsch, 1813, XV, p. 434, n° 5 - Bianchi, 1968, p. 685, note 211 (citée) - Oberhuber, 1972, IX, p. 130, fig. 125 - Albricci, 1975, n° 24 - Ferrara, Bellini et D'Amico, 1977, n° 255, repr. - Exp. Rome, 1980, n° 152, repr.

Intitulée également la *Remise des clés à saint Pierre* et parfois *Pasce oves meas* (*Jean*, XXI, v. 15-19), la gravure reproduit, avec quelques variantes, un des cartons du Victoria and Albert Museum (Marabottini, 1968, p. 206, fig. 17 - Shearman, 1972, pl. 6 - Oberhuber, 1972, IX, p. 128, fig. 124 - De V. 116 B) pour les tapisseries de la Chapelle Sixtine (White et Shearman, 1958, fig. 4). Voir aussi *Saint Paul prêchant à Athènes*, la *Pêche miraculeuse* et la *Mort d'Ananie* (G. n° 27, 84 et 85).

Le dessin de Raphaël, modèle pour le carton, est conservé au Louvre (Inv. 3863 ; voir D. n° 99). Une étude pour le Christ se trouve aussi au Louvre (Inv. 3854 ; voir D. n° 100). Une contre-épreuve d'une étude d'ensemble est à Windsor (Popham et Wilde, 802, pl. 62 - Marabottini, 1968, p. 205, fig. 13 - Cocke, 1969, pl. 122 - Shearman, 1972, fig. 47 - Oberhuber, 1972, IX, n° 441, pl. 44). Une copie d'après Raphaël est aux Offices, Florence (Oberhuber, 1972, IX, p. 130, fig. 126).

Cette gravure — une des meilleures de Diana Scultori — est classée par G. Albricci au début de sa période romaine.

Bartsch mentionne un 1er état avec le terrain et une partie du lointain en blanc. St. Massari décrit quatre états : le 3e état porte la mention *In Roma per Giombatista de Rossi in Piazza Navona* et *Horatius Pacificus Formis*; le dernier état, l'adresse de Carlo Losi et la date 1773.

71

Pietro Facchetti

Mantoue 1535 — Rome 1619

Peintre de portraits mantouan, Facchetti travaille à Rome. Il a gravé trois planches: le Portement de croix, *la* Sainte Famille *et le* Portrait du pape Sixte V.

72 Sainte Famille avec la Vierge lavant l'Enfant Jésus

Eau-forte et burin. H. 0,295; L. 0,259 au coup de planche. 3ᵉ état. Signée en bas, à gauche: *RAFA VR IN. Nicolo uan aelst formis.* Filigrane: blason (?). Rognée après le coup de planche; grande tache jaunâtre dans l'angle supérieur droit; inscription à la plume, encre brune, au-dessus de la signature: *n° 656.*

Hist.: Guichardot; vente, Paris, 13 juillet 1875, partie du n° 1045. Inventaire 12960 L.R.

Bibl.: Bartsch, 1818, XVII, p. 16, n° 1 - Passavant, 1860, I, p. 251 (cité) - Bartsch illustré, 1982, 34, p. 33, n° 1-II, repr.

72

Malgré la signature de Raphaël, cette estampe reproduit en sens inverse un tableau de Giulio Romano, connu sous le nom de *Sainte Famille au bassin*, à Dresde (Hartt, 1958, II, fig. 125).

Bartsch signale un 1ᵉʳ état d'eau-forte pure, avant toute lettre. Le 2ᵉ état, non terminé, porte après le nom de Raphaël: *pietro fachetti fecit formis*; dans le 3ᵉ état le nom de Facchetti a été remplacé par celui de l'éditeur N. Van Aelst.

La Collection Edmond de Rothschild possède une copie, en contrepartie, publiée chez L.M. Ferry (Inventaire 12961 L.R.).

Giovanni Georgi

Actif de 1625 à 1650 environ

Graveur, d'origine allemande selon Mariette, travaillant à Venise.

73 La cuve

Burin. H. 0,233; L. 0,340. Signée sur une marche vers le bas, à droite: *Io. Georgius Sculp.* et *RAPH. VRBI./PINXIT.* sur une tablette en bas, à gauche. Dédicace en latin sur une banderole et armoiries, en bas à droite: *Perillustri Dño. D. Hieronymo/Scala Patauino Tabellam hanc Mattheus Bolzetta Dicat et Donat.* Filigrane: couronne surmontée d'une étoile et d'un croissant. Rognée irrégulièrement au trait carré; restaurations; quelques taches; papier plissé vers le bord gauche.

Inventaire 12899 L.R.

Bibl.: Nagler, 1837, V, p. 102 - Dunand et Lemarchand, p. 178, fig. 406.

73

Copie, en contrepartie, d'une gravure portant le monogramme d'Agostino Veneziano, la signature et la date: *RAPH. VRBI./ PINXIT/1516* sur une tablette (Minonzio, 1980, pp. 284 et 286, fig. 10). Voir également l'estampe de Bonasone (G. n° 68).

Albrecht Altdorfer

Vers 1480 — Ratisbonne 1538

Peintre, graveur, dessinateur, Altdorfer dut faire son apprentissage chez son père, le peintre Ulrich Altdorfer et, dès 1509, il est un artiste connu. Il travaille à Ratisbonne et devient, en 1526, architecte de la ville. En 1535, Albrecht Altdorfer est envoyé à Vienne pour présenter à Ferdinand les regrets de sa ville, tombée en disgrâce à la suite d'intrigues politiques et religieuses. Doué d'une forte personnalité, Altdorfer peut être considéré comme un des artistes les plus représentatifs de l'école du Danube. Il a gravé trois pièces d'après Marcantonio Raimondi auquel il emprunte ses procédés techniques, la fermeté et la finesse de son burin.

74 Vénus essuyant ses pieds au sortir du bain

Burin. H. 0,061; L. 0,041 au coup de planche. Impression a. Signée du monogramme: *AA* en haut, vers le centre. Petite marge.

74

Hist.: Dr. D.D. Roth. Inventaire L. 23 L.R., f° 33.

Bibl.: Bartsch, 1808, VIII, p. 53, n° 34 - Waldmann, 1923, p. 57, n° 56, repr. - Hollstein, 1954, I, p. 182, n° 41, repr. - Winzinger, 1963, p. 112, n° 167, repr.

Copie réduite, en contrepartie, d'une gravure de Marc-Antoine d'après un dessin de Raphaël (Delaborde, 1888, n° 115 - Gardey, Lambert et Oberthür, 1978, n° 115, repr.). Winzinger la situe vers 1525-1530 dans l'œuvre d'Altdorfer, qui a supprimé la fenêtre avec l'échappée de paysage.

Le sujet, dérivant de l'antique comme la *Vénus retirant de son pied une épine* (G. n° 57), a été également reproduit par J. Wierix en 1563 (Mauquoy-Hendrickx, 1979, II, n° 1601, pl. 217), par H.S. Beham qui a transformé la Vénus en *Didon,* 1520 (Hollstein, *German...,* III, p. 58, repr.) et par de nombreux graveurs anonymes.

Daniel Hopfer

Kaufbeuren vers 1470 — Augsbourg 1536

*Daniel Hopfer et ses frères Lambert et Hieronymus devaient être orfèvres; ils ont signé leur production d'une tige de houblon, allusion à leur nom, accompagnée de leurs initiales. Au XVII*e *siècle, l'œuvre des Hopfer fut en partie acquis par D. Funck, éditeur et marchand de Nuremberg, qui publia l'*Opera Hopferiana *après en avoir numéroté les planches.*

75 Danse d'amours et d'enfants devant la Vierge à l'Enfant

Eau-forte sur fer. H. 0,125; L. 0,342. 1er état (avant le n° 14). Signée du monogramme: *D.H* en bas, à droite. Rognée au coup de planche.

Hist.: J.P.M. Cerroni; marque au verso (L. 1432); vente, Vienne, 2e partie, octobre 1828, n° 2026 - Chev. J. Camberlyn; marque au verso (L. 514); vente, Paris, 24 avril 1865 et j. suiv., n° 1482, acquise par Vignères - Vente anonyme, Munich, 11 mai 1874, n° 360 - P. Beresoff; vente, Dresde, 10-12 mai 1882, n° 428, acquise par Danlos. Inventaire 1580 L.R.

Bibl.: Bartsch, 1808, VIII, p. 483, n° 40 - Nagler, 1838, VI, p. 299, n° 40 - Le Blanc, 1856, II, p. 385, n° 10 - Bianchi, 1968, p. 685, note 219 (citée).

Epreuve avec de légères traces de taches de rouille provenant de la plaque de fer oxydée, notamment sur le bord droit. Adaptation, en contrepartie, de la *Danse d'enfants conduite par deux amours* de Marcantonio Raimondi (G. n° 21). D. Hopfer a

75

ajouté l'amour jouant du fifre et du tambour et toute la partie gauche de l'estampe montrant la Vierge à l'Enfant assise au pied d'un arbre, dans un paysage avec colline couronnée d'un château fort.

Hieronymus Hopfer

Actif entre 1520 et 1550 à Augsbourg et Nuremberg

76 Silène ou Bacchus présidant à la vendange

Eau-forte sur fer. H. 0,224; L. 0,157. 1er état (avant le n° 117). Signée du monogramme: *I.H.* sur la cuve. Rognée au coup de planche; nombreuses taches brunes au verso.

Hist.: Chev. J. Camberlyn; marque au verso (L. 514); vente, Paris, 24 avril 1865 et j. suiv., n° 1515 - Vente anonyme, Munich, 11 mai 1874, n° 366. Inventaire 1605 L.R.

Bibl.: Bartsch, 1808, VIII, p. 512, n° 27 - Nagler, 1838, VI, p. 302, n° 31 - Le Blanc, 1856, II, p. 387, n° 28 - Bartsch illustré, 1981, 17, p. 226, n° 27, repr.

Copie germanique, en contrepartie, d'un thème antique transposé dans la manière raphaélesque. Voir la gravure de Marcantonio Raimondi (G. n° 20). H. Hopfer a cadré la scène entre une colonne et un fragment d'arc en plein cintre et a ajouté des nuées dans le ciel. L'influence de la Réforme est présente et ce n'est pas sans une certaine ironie que le graveur a placé une effigie du pape bénissant la vendange.

76

77

78

Heinrich Aldegrever

Paderborn 1502 — Soest 1555/1561

Graveur, orfèvre et peintre, Aldegrever est l'auteur de près de trois cents planches. Influencé d'abord par A. Dürer, Holbein et les petits maîtres, il l'est ensuite par Marcantonio Raimondi et Zoan Andrea.

77 Danse d'enfants

Burin. H. 0,051 ; L. 0,167. Signée et datée sur un feuillet, dans l'angle supérieur droit : *1535/AG*. Traces de pliures.

Hist. : Dr. D.D. Roth. Inventaire L. 22 L.R., n° 228.

Bibl. : Bartsch, 1808, VIII, p. 438, n° 252 - Hollstein, 1954, I, p. 118, repr. - Bianchi, 1968, p. 685, note 219 (citée).

Dérivation de la gravure de Marc-Antoine (G. n° 21). Sur une vignette en forme de frise, Aldegrever a représenté une ronde de treize enfants devant deux petits musiciens. Cette pièce appartient à la première période de la carrière de l'artiste.

Étienne Delaune

Orléans vers 1518-1583

Dessinateur, graveur, médailleur et orfèvre, Etienne Delaune traduit ses propres compositions ainsi que les œuvres de Michel-Ange, Raphaël, Primatice, Luca Penni, Nicolo dell' Abate et Jean Cousin dans un style d'une extrême précision. En 1572, lors de la Saint-Barthélemy, il doit fuir à Strasbourg et, de 1576 à 1580, il vit à Augsbourg. Sa dernière gravure datée, le Portrait d'Ambroise Paré, *est de 1582.*

78 L'enlèvement d'Hélène

Burin. H. 0,116 ; L. 0,176 au trait carré. 1er état. Signée sur le soubassement de la niche avec statue décorant le mur du palais : *S*. Filigrane : petit blason couronné. Rognée au trait carré.

Hist. : K.F.F. von Nagler ; marque au verso (L. 2529) ; vente à l'Etat allemand en 1835 - Berlin, Kupferstichkabinet ; marques au verso (L. 234 et 1606) ; vente des doubles, Berlin, 1er mars 1886 et j. suiv., n° 342, acquise par Danlos. Inventaire L. 49 L.R., n° 286.

Bibl. : Robert-Dumesnil, 1865, IX, p. 93, n° 308 - Linzeler, 1932, I, p. 279, n° 302.

Copie, en contrepartie et de format réduit, de la gravure classée parmi les pièces douteuses de Marc-Antoine par Delaborde.

Le 2e état porte le monogramme de Jean de Gourmont. Voir la répétition de Marco da Ravenna (G. n° 58).

79 Les trois Grâces

Burin. H. 0,127 ; L. 0,082 au trait carré. Signée en bas, à gauche, dans le cartouche : *S*. Inscription dans le cartouche : *SIC. ROME. CARITES . NIVEO. EX./MARMORE. SCVLP.* Rognée au coup de planche ; petit accroc sur le bord droit ; angle supérieur droit jauni.

Hist. : Dr. D.D. Roth. Inventaire L. 49 L.R., n° 277.

Bibl. : Robert-Dumesnil, 1865, IX, p. 90, n° 296 - Linzeler, 1932, I, p. 276, n° 290.

Copie réduite, en contrepartie, des *Trois Grâces* ou *Naïades* de Marcantonio Raimondi (Delaborde, 1888, n° 124, repr. p. 169). La gravure a pour prototype le groupe antique du Vatican (Gabinetto delle Maschere) plutôt que celui du Musée de l'Œuvre du Dôme à Sienne (Albricci, 1979). Le motif antique, visible également dans une peinture de Pompéi au Musée National de Naples (Becatti, 1968, p. 494, fig. 2) ainsi

79

qu'une médaille de Nicoló di Forzore Spinelli (Becatti, 1968, p. 494, fig. 1) ont inspiré à Raphaël un de ses premiers tableaux, les *Trois Grâces*, Musée Condé à Chantilly (De V. 38).

80

80 Alexandre le Grand et les œuvres d'Homère

Burin. H. 0,081 ; L. 0,127 au trait carré. Signée sur le tombeau, vers la droite : *S*. En haut, à gauche, le numéro : *II* ; à droite : *2*. Filigrane : petit blason couronné. Rognée au trait carré.

Hist. : Dr. D.D. Roth. Inventaire L. 49 L.R., n° 279.

Bibl. : Robert-Dumesnil, 1865, IX, p. 92, n° 301 - Linzeler, 1932, I, p. 277, n° 295.

Copie réduite, en contrepartie, de la gravure de Marcantonio Raimondi (G. n° 31). Fait partie d'une suite de huit pièces numérotées avec *David coupant la tête de Goliath* et le *Martyre de sainte Cécile* (G. n° 81 et 82).

81

81 David coupant la tête de Goliath

Burin. H. 0,082 ; L. 0,130 au trait carré. Signée dans l'angle inférieur droit : *S*. En haut, au centre, le numéro : *3*. Filigrane : petit blason couronné. Rognée au trait carré ; quelques légères taches brunâtres.

Hist. : Dr. D.D. Roth. Inventaire L. 49 L.R., n° 280.

Bibl. : Robert-Dumesnil, 1865, IX, p. 92, n° 302 - Linzeler, 1932, I, p. 278, n° 296.

Copie réduite, en contrepartie, de la gravure classée parmi les pièces douteuses de Marc-Antoine par Delaborde (*Op. cit.*, p. 278, n° 1, repr.) et restituée au graveur par I.H. Shoemaker (Exp. Lawrence, 1981, n° 53, repr. p. 167).

Voir le clair-obscur d'Ugo da Carpi (G. n° 86).

82

82 Le martyre de sainte Cécile

Burin. H. 0,081 ; L. 0,128 au trait carré. Signée dans l'angle inférieur droit : *S*. En haut, au centre, le numéro : *7*. Rognée irrégulièrement au trait carré ; traces de sanguine.

Hist. : Dr. D.D. Roth. Inventaire L. 49 L.R., n° 284.

Bibl. : Robert-Dumesnil, 1865, IX, p. 92, n° 306 - Linzeler, 1932, I, p. 278, n° 300.

Copie réduite, en contrepartie, de la gravure de Marcantonio Raimondi (G. n° 39).

Ugo da Carpi

Carpi vers 1480 — Bologne 1532

Peintre, dessinateur et graveur, né vers 1480, Ugo da Carpi était fils d'Astolfo, comte de Panico. En 1502, il est en rapport à Milan avec des typographes célèbres. En 1503, un document fait allusion à ses activités de peintre à Carpi. Puis il va à Venise où il travaille chez les éditeurs comme graveur de petits bois illustrant bréviaires et missels. Carpi donne une preuve de sa grande maîtrise de xylographe avec le Sacrifice d'Abraham *d'après Titien et la* Lamentation *d'après Marc-Antoine (voir G. n° 18). Vasari attribue à Ugo da Carpi l'invention de la gravure en clair-obscur. En fait, il n'a fait que perfectionner la technique du camaïeu, déjà utilisée par les Allemands.*

Attiré par la renommée de Raphaël, Carpi se rend à Rome où il traduit les compositions du Maître et de son école. Quelques-unes de ses estampes ayant été contrefaites à Venise, il retourne dans cette ville et reçoit la patente du Sénat pour l'impression de clairs-obscurs. Deux ans plus tard, en 1518, un privilège semblable lui sera accordé par le pape Léon X pour l'édition de clairs-obscurs à deux planches, puis à trois et quatre planches. Bien vite, Ugo dépasse le langage linéaire pour créer une sorte de synthèse picturale et des effets à la fois plastiques et luministes. Alors que Marcantonio Raimondi transpose les modèles raphaélesques pour exalter le métier du graveur, Ugo recompose en les simplifiant les compositions de Raphaël.

En 1527, lors du sac de Rome, le graveur se réfugie probablement à Bologne, gravant d'après Parmesan; il y meurt sans doute en 1532.

83 Sibylle lisant

Clair-obscur de deux planches (brun-jaune et noir). H. 0,265 ; L. 0,212 au trait carré (sur trois côtés). Signée vers le haut, à gauche : *R.* Petite marge ; trace de pliure horizontale au centre.

Hist. : A. Firmin-Didot ; marque au verso (L. 119) ; vente, Paris, 3 mai 1877, n° 2187, acquise par Clément. Inventaire 4391 L.R.

Bibl. : Vasari, V, p. 421 - Bartsch, 1811, XII, p. 89, n° 6 - Servolini, 1935, p. 11, repr. (copie en contrepartie) - Bartsch illustré, 1971, I, p. 89, n° 6, repr. - Servolini, 1977, n° 2, pl. XIII.

Située au début du séjour romain d'Ugo da Carpi, cette planche montre le passage du camaïeu au clair-obscur : le trait n'est plus entièrement exprimé sur le premier bois et trouve un complément nécessaire dans le second. Servolini (*Op. cit.*, 1977) indique que le Dr. G. Lorenzen de Copenhague possédait en 1947 un dessin à la plume avec rehauts sur papier gris et qu'un dessin préparatoire, en contrepartie de l'estampe, est conservé au Musée de la Xylographie à Carpi.

83

Bartsch cite deux copies en clair-obscur, dont une, en contrepartie, avec la lettre *R* et *R.V.I* au-dessous (Bianchi, 1968, pl. XLVIII, face p. 668 - Ferrara et Bertelà, 1975, n° 480, repr.). Pittaluga (1928, p. 232, fig. 166) reproduit une copie en clair-obscur, en contrepartie, avec trois liens au lieu de deux autour du flambeau (Exp. Florence, 1956, n° 2). Citons aussi deux réductions en taille-douce, l'une dans le même sens (B.N., Est., Eb. 5a. rés., fol.), l'autre en contrepartie (B.N., Est., Eb.8, f° 29, Bonasone - Ferrara et Bertelà, 1975, n° 628, repr.).

84 La pêche miraculeuse

Clair-obscur de trois planches (deux tons de vert et noir). H. 0,230 ; L. 0,340 au trait carré. 1er état. Filigrane : ancre dans un cercle surmonté d'une étoile. Rognée irrégulièrement au trait carré ; bord gauche abîmé dans le bas ; quelques petites taches ; traces de pliures verticales, au centre et à droite.

Hist. : E. Santarelli ; vente, Leipzig, 27 novembre 1871 et j. suiv., n° 2145, acquise par Clément. Inventaire 4386 L.R.

Bibl. : Bartsch, 1811, XII, p. 37, n° 13 - Reichel, 1926, pl. 34 - Pittaluga, 1928, p. 234 et entre pp. 236-237, fig. 171 - Servolini, 1929, pl. XXXIV -

84

Servolini, 1935, p. 13, repr. - Servolini, 1939, p. 44, repr. - Bartsch illustré, 1971, I, p. 37, n° 13, repr. (état non décrit intermédiaire entre le 1er et le 2e état ; et 2e état de Bartsch) - Oberhuber, 1972, IX, p. 126, fig. 122 - Shearman, 1972, fig. 42 - Servolini, 1977, n° 19, pl. XXX.

Exp. : Paris, Louvre, 1959-1960, n° 10.

Sur une barque Jacques et Jean, fils de Zébédée, retirent le lourd filet tandis que le Christ, assis à la poupe d'une autre barque, parle à Simon Pierre agenouillé (*Luc*, V, v. 4-11).

La plus belle œuvre d'Ugo da Carpi reproduit, avec de notables simplifications, le carton de Raphaël, 1515, conservé au Victoria and Albert Museum, Londres (Shearman, 1972, fig. 1 - Oberhuber, 1972, IX, p. 127, fig. 123 - De V. 116 A) pour la tapisserie du Vatican (White et Shearman, 1958, fig. 3). Un dessin, probablement la copie de l'esquisse originale de Raphaël par un de ses élèves, est à Windsor (Popham et Wilde, 808, fig. 157 - Shearman, 1972, fig. 41, Penni - Oberhuber, 1972, IX, n° 440, pl. 43, G.F. Penni) ; comme dans le clair-obscur, les oiseaux du premier plan et les poissons dans le bateau — que Vasari dit avoir été peints par Giovanni da Udine — manquent. Un autre dessin, recto-verso, à Vienne, est attribué à Giulio Romano (Hartt, 1958, fig. 2 et 3 - Shearman, 1972, fig. 44 - Oberhuber, 1972, IX, n° 438, pl. 41 et n° 439, pl. 42). Une copie à la plume et au lavis, dans le même sens que la gravure mais sans le paysage, est au Louvre (Inv. 3951).

On connaît trois états de cette estampe : le 2e état porte dans un cartel, en bas à gauche, *RAPHAEL VRB/INVEN/* le monogramme de l'éditeur Andrea Andreani et */In Mantoua/ 1609* ; le 3e état a des tailles blanches ajoutées dans le ciel.

Le même sujet a été gravé à l'eau-forte par A. Meldolla (Bartsch, 1818, XVI, p. 51, n° 20 - Bartsch illustré, 1979, 32, p. 58, n° 20-I, repr.) et au burin par C. Massys (Hollstein, *Dutch and Flemish...*, XI, p. 183, n° 35, repr.).

85 La mort d'Ananie

Clair-obscur de trois planches (trois tons de brun et noir). H. 0,227 ; L. 0,365. 2e état. Signée sur la marche de l'escalier, au centre : RAPHAEL . VRBINAS/PER. VGO. DACARPO. Trace de pliure verticale au centre ; déchirure restaurée en bas, vers la droite.

Hist. : Acquise de Lacroix en juillet 1876. Inventaire 4388 L.R.

Bibl. : Bartsch, 1811, XII, p. 46, n° 27 - Reichel, 1926, pl. 33 (1er état) - Pittaluga, 1928, p. 234 et p. 235, fig. 169 - Servolini, 1939, p. 40, repr. - Exp. Paris, Institut Néerlandais, 1965, n° 77, pl. XI et n° 78 (2e état) - Bartsch illustré, 1971, I, p. 46, n° 27 (1er et 2e états) - Oberhuber, 1972, IX, p. 122, fig. 117 (1er état) - Shearman, 1972, fig. 60 - Ferrara et Bertelà, 1975, n° 478, repr. (3e état) - Servolini, 1977, n° 6, pl. XVII (1er état).

Exp. : Paris, Louvre, 1966, n° 23.

85

Ce clair-obscur de 1518 montre la punition infligée par saint Pierre à Ananie pour avoir menti au Saint-Esprit (*Actes des Apôtres*, V, v. 1-6). Sujet du carton de Raphaël et ses élèves au Victoria and Albert Museum, 1515 (Marabottini, 1968, p. 207, fig. 19 - Oberhuber, 1972, IX, p. 123, fig. 118, Raphaël - De V. 116 G) pour la tapisserie du Vatican (White et Shearman, 1958, fig. 6).

On connaît trois états : 1er état avec une inscription sous la composition *RAPHAEL . VRBINAS /QVISQVIS...* (Privilège de Léon X) et la date *M.D.XVIII* ; 2e état avec la signature sur la marche ; dans le 3e état, les lumières ne sont plus rendues par des hachures mais par de grosses taches et la signature est presque illisible (Ferrara et Bertelà, 1975, nº 478, repr.) ou même effacée, d'après Bartsch.

Il existe une taille-douce attribuée à A. Veneziano (Bartsch illustré, 1978, 26, p. 60, nº 42, repr.).

Deux dessins sont conservés au Louvre (Inv. 3989 et 3990, d'après Raphaël), l'un dans le même sens que la gravure, l'autre en contrepartie.

86 David coupant la tête de Goliath

Clair-obscur de trois planches (ocre, vert et noir). H. 0,259 ; L. 0,384. 2e état. Signée en bas, au centre : *RAPHAEL. VRBINAS/P. VGO DA CARPO.* Trace de pliure verticale, au centre ; petites déchirures restaurées.

Hist : H. Howard ; vente, Londres, 15 décembre 1873, nº 426. Inventaire 4382 L.R.

Bibl. : Vasari, V, p. 421 - Bartsch, 1811, XII, p. 26, nº 8 - Servolini, 1935, p. 12, repr. - Bianchi, 1968, p. 688, note 254 - Bartsch illustré, 1971, I, p. 26, nº 8 (2e état) - Oberhuber, 1972, IX, p. 172, fig. 179 - Ferrara et Bertelà, 1975, nº 476, repr. - Servolini, 1977, nº 8, pl. XIX.

Exp. : Paris, Louvre, 1966, nº 26.

Composition en rapport avec une scène de l'*Histoire de David* (I. *Samuel*, 17, v. 50-51) dans les Loges du Vatican, exécutée

86

par Perin del Vaga entre 1517-1519 sur la base d'un dessin perdu de Raphaël. Seuls les trois personnages: David, Goliath et le Philistin fuyant, correspondent à la fresque (De V. 149 K).

Un dessin pour ces trois figures, attribué à Raphaël, est à l'Albertina, Vienne (Oberhuber, 1972, IX, p. 172, n° 468, pl. 68). Un dessin d'ensemble, à la Kunsthalle de Hambourg, est sans doute une copie de la gravure.

On connaît trois états de cette pièce rare, mentionnée par Vasari: 1er état avant la signature (B.N., Est., Ea. 26 rés., f° 6 - Ferrara et Bertelà, 1975, n° 476, repr.); 2e état avec la signature de Raphaël et d'Ugo; 3e état, sans le nom d'Ugo da Carpi (Exp. Paris, Institut Néerlandais, 1965, n° 70, pl. XIV). C'est à tort que L. Servolini inverse l'ordre des états de Bartsch: l'état sans signature ne peut être un 3e état car il n'y a pas encore certaines craquelures des tailles qu'on voit apparaître dès le 2e état.

Gravé également par Marcantonio Raimondi, en sens inverse, par D. Hopfer, E. Delaune (Voir G. n° 81), etc.

87 La Résurrection

Clair-obscur de trois planches (deux tons de brun-roux et noir). H. 0,140; L. 0,397 au trait carré. Rognée au trait carré; traces de deux pliures verticales, à droite; bord droit restauré.

Hist.: H. Howard; vente, Londres, 15 décembre 1873, n° 441. Inventaire 4383 L.R.

Bibl.: Bartsch, 1811, XII, p. 45, n° 26 - Bartsch illustré, 1971, I, p. 45, n° 26, repr. - Oberhuber, 1972, IX, p. 180, fig. 196 - Servolini, 1977, n° 20, pl. XXXI.

Exp.: Paris, Louvre, 1966, n° 27.

La *Résurrection* est le sujet du camaïeu de la plinthe de la treizième Loge du Vatican; elle a été conçue d'une façon diverse du projet initial de Raphaël. Les noms de Perin del Vaga et G.F. Penni ont été avancés.

Le dessin de Chatsworth, dans le même sens que la gravure, est attribué à G.F. Penni (Oberhuber, 1972, IX, n° 473, pl. 71); celui du Kestner Museum, Hanovre, serait une copie d'après Penni (Oberhuber, 1972, IX, p. 180, fig. 195); d'autres copies sont au Louvre (Inv. 4294 et Inv. 4295, centre et partie gauche) et à Dijon (Legs Thevenot, n° 5a).

Citons l'eau-forte de Pietro Santi Bartoli (1635-1700), en contrepartie du clair-obscur (Brugnoli, 1962, p. 349, fig. 35 - Dacos, 1977, pl. CXLV a).

88 Le massacre des Innocents

Clair-obscur de trois planches (trois tons de gris); impression bougée. H. 0,272; L. 0,421 au trait carré. Signée sur le parapet du pont, à gauche: *RAPH./AEL./VRBI/HVGO.* Filigrane: main surmontée d'une fleur à cinq pétales. Rognée au trait carré; quelques restaurations; papier bruni par endroits; traces de pliures verticales.

Hist.: Collection d'œuvres xylographiques; vente, Munich, 8 mai 1874, n° 109, acquise par Clément. Inventaire 4389 L.R.

Bibl.: Bartsch, 1811, XII, p. 34, n° 8 - Bartsch illustré, 1971, I, p. 34, n° 8, repr. - Servolini, 1977, n° 9, pl. XX.

Dans le même sens que la gravure «sans le chicot» de Marcantonio Raimondi (G. n° 8).

87

88

Giuseppe Nicola Rossigliani dit Nicoló Vicentino

Né à Vicence, cet élève du Parmesan, continuateur d'Ugo da Carpi, est actif vers 1540.

89 Hercule étouffant le lion de Némée

Clair-obscur de deux planches (gris et noir). H. 0,251 ; L. 0,193 au trait carré. 1er état. Signée en bas, à gauche : *RAPHA. VR/IOS . NIC/VICEN.* Rognée irrégulièrement au trait carré.

Hist. : A. Firmin-Didot ; marque au verso (L. 119) ; vente, Paris, 4 mai 1877, n° 2242, acquise par Clément. Inventaire 4379 L.R.

Bibl. : Bartsch, 1811, XII, p. 119, n° 17 - Reichel, 1926, pl. 37 (2e état) - Bartsch illustré, 1971, I, p. 119, n° 17, repr. (1er état) - Exp. Paris, 1978, repr. p. 31.

Sujet plusieurs fois traité en clair-obscur, notamment par Ugo da Carpi (Bartsch, 1811, XII, p. 117, n° 15 - Reichel, 1926, pl. 31). En dépit du nom de Raphaël accompagnant la signature de Vicentino, Passavant a relevé la relation du groupe d'Hercule et le lion avec une fresque de la Salle des Chevaux au Palais du Té à Mantoue, d'après Giulio Romano (Hartt, 1958, II, fig. 180) ; tandis que le paysage est plutôt titianesque.

89

Le 2e état de cette estampe porte le monogramme de l'éditeur mantouan Andrea Andreani.

Le groupe a servi de modèle pour une sanguine de Rubens, à Williamstown (Averkamp Begeman, 1964, n° 20, pl. 23-24), copiée elle-même par Watteau dans un dessin de la Fondation Custodia, Paris (Inv. n° 7980). L'étude à la sanguine de Rubens, au Louvre, s'inspire à la fois d'un bas-relief antique de la Villa Médicis à Rome et de la gravure (Exp. Paris, 1978, n° 13, repr.). A. Sérullaz rappelle qu'Hercule et le lion réapparaît deux fois au recto d'une feuille d'études de Rubens, au British Museum (Burchard et d'Hulst, 1963, n° 190, repr.).

Monogrammiste N D B

Imitateur du style d'Ugo da Carpi, le Monogrammiste N D de Bologne est un graveur sur bois actif en 1544. Il a gravé d'après Raphaël et son école, Parmesan, Michel-Ange et Rosso. Avec lui, le clair-obscur tend à l'effet décoratif et se fait plat.

90 Jeux d'amours et d'enfants

Clair-obscur de trois planches (tons verdâtres et noir). H. 0,286; L. 0,392. Signée en bas, à gauche: *N D B*; vers la droite: *RA . VRB . INVEN.*; datée sur une tablette tenue par un amour volant: *1544*. Traces de pliures verticale et horizontale au centre; petit trou; taches brunes restaurées à l'aide d'un ton vert clair passé à la brosse sur les blancs.

Hist.: A. Firmin-Didot; marque au verso (L. 119); vente, Paris, 3 mai 1877, n° 2081, acquise par Clément. Inventaire 4376 L.R.

Bibl.: Bartsch, 1811, XII, p. 109, n° 5 - Reichel, 1926, pl. 53 - Bartsch illustré, 1971, I, p. 109, n° 5, repr. - Karpinski, 1976, p. 26, n° 7, fig. 7.

Pièce rare formant pendant avec les *Amours jouant avec des pommes*, autre clair-obscur du Monogrammiste N D B (Bartsch, 1811, XII, p. 108, n° 4 - Reichel, 1926, pl. 54), dont une esquisse en contrepartie est au British Museum (Pouncey et Gere, 155, pl. 121). En rapport avec les dessins de Tommaso Vincidor d'après Giovanni da Udine pour les tapisseries *Giuochi di putti* commandées par Léon X (voir G. n° 61).

L'enfant au papillon et les deux enfants endormis, à droite, se retrouvent dans un dessin de T. Vincidor, daté 1521,

90

au Louvre (Inv. 11140 - Dacos, 1980, fig. 6). Un dessin de Budapest (Inv. 67101), correspondant aux deux putti tenant un arc et à un autre volant, serait une copie d'après Vincidor ou G. da Udine, d'après J. Shearman.

Georg Matheus

Ce graveur sur bois travaille à Augsbourg, puis peut-être à Lyon, de 1554 à 1572.

91 Jésus-Christ enseignant à l'entrée du Temple

Clair-obscur de deux planches (brun-ocre et noir). H. 0,247 ; L. 0,350. 1er état. Signée en bas, au centre : *M.* Trace de pliure verticale au centre ; marques de trous de vers et tache brune masquées au pinceau en brun rosé ; petits trous ; petites déchirures restaurées.

Hist. : Acquise de Lacroix en juillet 1876. Inventaire 4401 L.R.

Bibl. : Bartsch, 1811, XII, p. 37, n° 12 - Nagler, 1839, VIII, p. 433, n° 2 - Bartsch illustré, 1971, I, p. 37, n° 12, repr. - Hollstein, *German...*, 1979, XXIII, p. 253, n° 7, repr.

Copie, dans le même sens, de la gravure de Marcantonio Raimondi (G. n° 40).

Hollstein fait mention de deux états : dans le 2e état, l'initiale *M* a disparu. Nagler décrit un état avec l'inscription : *Raphael Vrb. Inuen In Mantoua, 1609.*

91

Termes techniques cités

Bois (Gravure sur) :
Dite aussi gravure *en relief* ou en *taille d'épargne*. Sur un bloc de noyer, de poirier ou de buis, l'artiste trace à la plume la composition que doit traduire le graveur. Celui-ci alors évide, à l'aide d'un canif, les parties blanches de l'image, en épargnant les traits du dessin, lesquels laissés ainsi en relief, seront susceptibles de recevoir l'encre et d'être imprimés. On dit par abréviation : un bois, pour désigner l'épreuve d'une gravure sur bois.

Brunir :
Action de polir à l'aide du brunissoir la surface d'un métal pour la rendre lisse et brillante. A l'aide de cet outil d'acier le graveur peut enlever les *barbes* ou effacer les tailles peu profondes en les écrasant.

Burin :
Outil d'acier à pointe carrée ou triangulaire, dont le buriniste se sert pour graver en le poussant avec la paume de la main. L'ensemble des tailles qu'il a creusées dans une plaque de cuivre à l'aide du burin, représente la composition à reproduire. Dans ces sillons ou tailles, l'artiste fait pénétrer une encre épaisse ; puis il essuie la plaque, la recouvre d'une feuille de papier humide, d'un lange de laine destiné à égaliser le foulage et la fait passer entre deux cylindres, comme dans un laminoir. Sous la pression, le papier détrempé va chercher au fond des tailles l'encre qui s'y trouve déposée en plus ou moins grande quantité suivant que ces tailles sont plus ou moins profondes, tandis que les surfaces non attaquées par l'outil restent blanches. Par extension, on dit : un burin, pour désigner une épreuve obtenue par le procédé de la gravure au burin.

Camaïeu et *clair-obscur* (Gravure en) :
Gravure qui vise à imiter l'effet d'un dessin au lavis. Dérivant du mot « camée », le *camaïeu* est une estampe en couleurs réalisée à l'aide de deux bois gravés : une planche de trait et une planche de teinte pour le fond dans laquelle sont taillées les lumières, données par le blanc du papier lors de l'impression. Cette technique fut adoptée par les Allemands : Cranach, Baldung Grien, Wechtlin dit Pilgrim, Dürer, etc., et par les artistes des Pays-Bas : Gossaert, Goltzius, Jegher, etc. A Augsbourg, Hans Burgkmair et Jost de Negker travaillèrent en collaboration : la *Mort terrassant un jeune homme,* 1510, réalisée au moyen de trois ou quatre planches, ne se limite pas aux effets habituels du camaïeu mais se rapproche du *clair-obscur* (Hollstein, *German...,* V, p. 124, n° 724, repr.). Dans la technique du clair-obscur, les planches ne peuvent pas être dissociées ; leur superposition se substitue souvent au trait et donne un effet pictural. On connaît des clairs-obscurs de deux, trois, quatre et même cinq planches.

Contre-taille :
Incision coupée par une autre taille.

Coup de planche, cuvette ou *témoin :*
Empreinte en creux laissées par le cuivre dans le papier lors de son passage sous la presse.

Cuivre (Gravure sur) :
La gravure *en taille-douce* est généralement exécutée sur une planche de cuivre rouge planée et polie.

Eau-forte :
Acide nitrique mélangé d'eau, employé par les graveurs pour faire mordre leurs planches. L'aquafortiste dessine à l'aide d'une pointe sur la plaque de métal préalablement recouverte d'un vernis. La pointe met le métal à nu, plus ou moins, selon que le trait du graveur est plus ou moins appuyé. On plonge la plaque dans l'acide nitrique (eau-forte), lequel attaque le cuivre là où il est à découvert : c'est ce que l'on appelle « faire mordre » une planche. La plaque étant ensuite dévernie, l'encrage et le tirage se font comme ceux de la gravure au burin. On dit par abréviation : une eau-forte, pour désigner l'épreuve même, obtenue par ce procédé.

Epreuve :
Exemplaire que le graveur tire d'une planche pour juger de l'état d'avancement de son travail ; par extension, se dit de tout exemplaire tiré d'une planche gravée.

Epreuve avant la lettre voir *Lettre.*

Epreuve avec la lettre voir *Lettre.*

Epreuve d'essai ou *première épreuve :*
Réalisée pour le contrôle de l'encrage, de la pression, du support, etc.

Estampe :
Epreuve de gravure, en principe non destinée à illustrer un texte.

Etat :
Condition d'une planche aux divers stades du travail du graveur. Il y a des épreuves de premier état, de deuxième état, etc., suivant le degré d'avancement de la gravure.

Fer:
Employé dans les débuts de l'eau-forte, notamment par Dürer; il présentait l'inconvénient de rouiller.

Filigrane:
Marque faite, en cours de fabrication, dans le papier par des lettres ou figures en fil de métal fixées à la forme, indiquant le moulin dans lequel il a été exécuté.

Gravure:
Dessin taillé dans la pierre, l'os, le bois ou le métal. C'est également l'image imprimée obtenue d'après une planche gravée de métal ou de bois.

Gravure de reproduction:
Gravure reproduisant un original dessiné ou peint.

Gravure d'interprétation:
Gravure interprétée par un praticien et non par l'auteur de la composition.

Gravure originale:
Toute gravure composée et exécutée par un seul et même artiste.

Hachures:
Les traits parallèles ou croisés par lesquels on indique le modelé. En gravure, on emploie de préférence le mot *tailles.*

Impression:
Voir *Epreuve, état,* etc.

Lettre:
La lettre est l'ensemble des inscriptions figurant sur une gravure et qui constituent sa légende; la lettre peut comprendre: le titre, parfois accompagné ou remplacé par une pièce de vers, le nom du graveur et celui de l'artiste d'après lequel la planche a été exécutée, la dédicace, le nom et l'adresse de l'éditeur, la date, etc. Une épreuve peut être *avant toute lettre* ou *avec la lettre.*

Planche:
Plaque de bois ou de métal destinée à la gravure. Par extension c'est l'épreuve elle-même.

Plaque:
Feuille métallique sur laquelle on grave et que l'on imprime.

Ponce:
Le ponçage d'une planche de métal s'effectuait avec de la pierre ponce et de l'eau.

Remarques:
Essais, esquisses, gravés dans les marges par l'artiste pour essayer le fil de ses instruments.

Signature:
Les gravures peuvent être signées sur la composition même; c'est parfois le cas des estampes originales ou des préparations à l'eau-forte. Pour les gravures de reproduction terminées, elles portent généralement la signature de l'auteur de l'œuvre reproduite, celle du graveur et parfois celle de l'éditeur au-dessous du trait carré: X... *pinxit* ou *pinx.,* quand il s'agit de la reproduction d'une peinture; X... *invenit ou inv., delineavit ou* del., quand il s'agit d'un dessin; X... *sculpsit* ou *sculp.,* désigne le graveur; X... *exc.* ou *excudit,* est l'indication de l'éditeur.

Taille:
Se dit de l'incision pratiquée par le graveur dans une planche sur bois ou sur métal.

Tailles croisées:
Ensemble de tailles qui s'entrecoupent.

Taille-douce (Gravure en):
Désignation générique de tous les procédés de gravure en creux sur métal: burin, eau-forte, pointe sèche, etc.

Tirage:
Impression réalisée à l'aide d'une forme.

Trait carré:
Filet qui borde une composition gravée. Les dimensions d'une estampe se mesurent au trait carré ou, à défaut, au *coup de planche.*

Vignette:
Petit motif d'ornementation gravé décorant un livre. Par extension, ce terme désigne toute illustration dessinée ou gravée.

Tapisseries

Tenture des Actes des Apôtres

Marque 1 :
Peter Schrijver (?), 1620-?
P. van der Steen (?), 1620-?

Marque 2 :
Sir Francis Crane, 1619-1636

Marque 3 :
Philip de Maecht, 1620-1655

1 La Pêche miraculeuse

(Luc V, 1-10)

Laine, soie, or et argent, H. 5,30 ; L. 5,80. Sans les bordures : H. 3,30 ; L. 3,75. Basse lisse. 8 fils au cm.
Dans une barque chargée de poissons, le Christ est assis à droite ; agenouillé devant lui, saint Pierre étend les mains jointes. Dans une seconde barque, les fils de Zébédée tirent un filet rempli de poissons.
Bordure supérieure aux armes d'Angleterre entourées de la devise : *Honi soit-qui-mal-y-pense*, surmontées de la couronne royale ; de part et d'autre, le lion et la licorne. De chaque côté des armoiries, enfants jouant avec des poissons ; en bas, enfants pêchant avec un filet et jouant avec une nasse. Aux quatre angles, médaillons en camaïeu couleur de bronze renfermant des scènes de la vie du Christ. Au milieu de la bordure latérale gauche, enfants tenant une couronne d'épines avec au centre le monogramme I H S ; au milieu de la bordure latérale droite, enfants supportant le nom de Jehova en caractères hébreux. Au milieu de la bordure inférieure, inscription dans un cartouche : QVID LABOR IN //FONTVM SVDAT//LABOR OMNIS INANIS//SE NISI DIVINA DIRIGAT//ARTE LABOR?//RETIA QVID FVGITIS PISCES//EN CHRISTVS IN ALTVM//DESCENDENS QVI VOS CONDIDIT//IPSE CAPIT. Au dessous : CAR.RE.REG. MORTL. [Carolo rege regnante. Mortlake]. Marques : Dans la lisière latérale droite : marque 1 ; dans la lisière inférieure, à droite : écusson de la Manufacture de Mortlake.

Hist. : Exécutée dans les ateliers de la Manufacture de Mortlake pour Charles Ier d'Angleterre. Acquise par Abel Servien. Mentionnée dans l'inventaire après décès de ce dernier (19 mars 1659). Achetée par Mazarin (août 1659). Acquise par Louis XIV aux héritiers du cardinal. Inscrite à l'*Inventaire général du Mobilier de la Couronne sous Louis XIV* (n° 34). Collections de la Couronne puis de l'Etat.

Mobilier national. GMTT 16/4.

1

2 Le Bon Pasteur ou Saint Pierre recevant les clefs

(Jean XXI, 17-19 ; Matthieu XVI, 15-17)

Laine, soie, or et argent. H. 5,35 ; L. 6,95. Sans les bordures : H. 3,30 ; L. 4,90. Basse lisse. 8 fils au cm.
Saint Pierre tenant les clefs dans ses mains est agenouillé devant le Christ, debout à droite de la composition, qui lui montre les brebis paissant auprès de lui. Derrière saint Pierre, le groupe des dix apôtres nimbés.
Bordure supérieure aux armes d'Angleterre (cf. n° 1). De chaque côté des armoiries, médaillons en camaïeu supportés par des enfants tenant des guirlandes de fleurs, représentant à gauche, les Noces de Cana, à droite la prédication de Jésus. Médaillons au milieu des bordures latérales : à gauche, la Transfiguration, à droite, l'Ascension. Bordure inférieure, médaillons supportés par des enfants représentant à gauche, les Vendeurs chassés du temple, à droite la Guérison du lépreux. Aux angles supérieurs, à gauche, enfants s'appuyant sur la lettre A ; à droite, enfant dans la lettre O. Aux angles inférieurs, deux femmes assises, l'une à gauche un bandeau sur les yeux (l'ancienne loi), l'autre à droite tenant une palme et la croix (la nouvelle loi). Au milieu de la bordure inférieure, inscription dans un cartouche : DVM RESERAS//SIMON CAELESTE//CLAVSTVS AEDES//ARBITRIO CEDVNT SIDERA//TERRA TVO./ /DVM BENE PASCIS OVES//HOMINES IN SIDERA TRANSFERS//VT VACVA ILLVSTRES HOSPITE//REGNA NOVO. Marques : Dans la lisière latérale droite : marque 1 ; dans la lisière inférieure : écusson de la Manufacture de Mortlake.

Hist. : Cf. n° 1.

Mobilier national. GMTT 16/1.

3 Saint Pierre et saint Jean guérissant le paralytique à la porte du Temple

(Actes III, 1-11)

Laine, soie, or et argent. H. 5,40 ; L. 7,10. Sans les bordures : H. 3,40 ; L. 5,08. Basse lisse. 8fils au cm.
La composition est partagée en trois parties par les colonnes torses qui soutiennent le temple. Au centre, saint Jean étend la main vers un infirme dont saint Pierre prend le bras. A gauche un boiteux à genoux semble attendre sa guérison.
Bordure supérieure aux armes d'Angleterre (cf. n° 1). Les bordures comprennent une série de quatorze médaillons de forme ovale ou hexagonale renfermant des scènes de la vie du Christ en camaïeu couleur de bronze ; ces médaillons au nombre de trois pour chaque bordure latérale et de quatre pour les bordures supérieure et inférieure sont séparés par des enfants portant différents attributs. Aux angles, enfants tenant un livre avec les attributs des quatre évangélistes : en haut, à gauche : homme ailé (St Matthieu) ; à droite : lion (St Marc) ; en bas, à gauche : aigle (St Jean) ; à droite bœuf (St Luc). Au milieu de la bordure inférieure, inscription dans un cartouche : DVM PETIT/ /ARGENTVM FIRMATA//EST TIBIA CLAVDO//NON DARE QVOD PETIT/ /GRACIA MAIOR//ERAT. Au dessous : CAR.RE.REG. MORTL. [Carole rege regnante Mortlake]. Marques : Dans la lisière latérale droite : marque 1 ; dans la lisière inférieure, à droite : écusson de la Manufacture de Mortlake.

Hist. : Cf. n° 1.

Mobilier national. GMTT 16/7.

4 La punition d'Ananias et de sa femme

(Actes V, 1-11)

Laine, soie, or et argent. H. 5,30 ; L. 7,00. Sans les bordures : H. 3,40 ; L. 5,10. Basse lisse. 8 fils au cm.
Sur une estrade, les apôtres nimbés sont groupés autour de saint Pierre. Celui-ci étend le bras vers Ananias qui tombe à la renverse devant des spectateurs terrifiés.
Bordure supérieure aux armes d'Angleterre (cf. n° 1) ; de part et d'autre des armoiries, médaillon octogonal en camaïeu couleur de bronze séparé par des enfants tenant des guirlandes de fleurs. Même disposition dans la bordure inférieure. Médaillon octogonal de forme allongée dans les bordures latérales. Quatre figures assises aux angles. Au milieu de la bordure inférieure, inscription dans un cartouche : QVOD RETINENS//PROEDA EST PIETAS//PRAEPOSTERA QVOD DAT/ /SECVRVS POTERAT CONTRIBV// ISSE NIHIL//. SIC PEREAT QVISQVE PERIV.// RA AVT FALLERE LINGVA//SACRILEGA AVT SVPEROS VVULT// SPOLIARE MANV. Au dessous : CAR.RE.REG. MORTL. [Carolo rege regnante Mortlake. Marques : dans la lisière latérale droite : marque 2 ; dans la lisière inférieure : marque 3 suivie de l'écusson de la Manufacture Mortlake.

Hist. : Cf. n° 1. Cette pièce portant le monogramme de Francis Crane : marque 2, a été tissée avant 1636, année de sa mort.

Mobilier national. GMTT 16/6.

5 Le sacrifice de saint Paul ou de Lystra

(Actes XIV, 7-18)

Laine, soie, or et argent. H. 5,35 ; L. 7,20. Sans les bordures : H. 3,40 ; L. 5,20. Basse lisse. 7 fils au cm.
Saint Paul ayant guéri un boîteux dont on voit la béquille au premier plan à gauche, le peuple et les prêtres de Lystra veulent lui sacrifier un taureau qu'un homme, au centre de la composition s'apprête à assommer. Saint Paul debout à droite se détourne et déchire ses vêtements.
Bordure supérieure aux armes d'Angleterre (cf. n° 1). De part et d'autre des armoiries et du cartouche inférieur, deux grands médaillons rectangulaires renfermant des scènes de la vie du Christ en camaïeu couleur de bronze (Christ en croix, Sermon sur la montagne...). Groupes d'enfants portant des croix et des attributs religieux. Au milieu de la bordure inférieure, inscription dans un cartouche : QVO RAPITIS/ /TAVROS VITVLAS//CVR NECTITIS VLLAS//COR DEVS EXORNAT//NON PETIT ILLE//BOVES. Au dessous : CAR.RE.REG. MORLT. [Carolo rege regnante Mortlake]. Marque : Dans la lisière latérale droite : marque 1.

Hist. : Cf. n° 1.

Mobilier national. GMTT 16/5.

6 La Conversion de Sergius. Elymas frappé de cécité

(Actes XIII, 6-12)

Laine, soie, or et argent. H. 5,38 ; L. 7,13. Sans les bordures : H. 3,40 ; L. 5,10. Basse lisse. 7 fils au cm.
Le proconsul Sergius est assis sur un siège élevé sous lequel, dans un grand cartouche, se lit l'inscription : L. SERGIUS PAVLVS//ASIAE PROCOS/

/CHRISTIANAM FIDEM//AMPLECTITVR//SAVLI PREDICTATIONE. A droite de la scène, saint Paul menace Elymas qui vient d'être frappé de cécité pour avoir voulu empêcher le proconsul de se convertir à la nouvelle foi. Bordure supérieure aux armes d'Angleterre (cf. n° 1). Les bordures contiennent douze quadrilobes (deux dans chaque bordure latérale et quatre dans chacune des autres bordures) renfermant des scènes de la vie du Christ : la Nativité, la Prédication... Entre chaque médaillon, des enfants tenant des guirlandes de fleurs. Au milieu des bordures latérales, à gauche saint Paul ; à droite Elymas aveugle conduit par un enfant. Marques : dans la lisière latérale droite : marque 2 ; dans la lisière inférieure : marque 2 précédée de l'écusson de la Manufacture de Mortlake (pour la marque, cf. n° 4).

Hist. : Cf. n° 1. Cette pièce portant le monogramme de Francis Crane (marque 2) a été tissée avant 1636, année de sa mort.

Mobilier national. GMTT 16/3.

Bibl. : Passavant, 1860, I, pp. 189, 192, 205-206, 210, 212-215 - Orléans, 1861, pp. 129, 130 - Boyer de Sainte Suzanne, 1878, pp. 98-102, 111-112 - Bonnaffé, 1884, p. 212 - Cosnac, 1884, pp. 147, 165, 183-184, 186, 194, 246-250, 253, 392-393, 398, 419 - Guiffrey, 1885, I, p. 299, n° 30, p. 300, n° 34 - Cosnac, 1892, pp. 290, 322, 323 - Fenaille, 1903, pp. 43-49 - Guiffrey, 1913, pp. 38-40 - Thomson, 1914, pp. 67-69, 79, 83 - Brienne, 1916-1919, I, p. 295 - Fenaille, 1923, pp. 279-282 - Göbel, 1934, III, 2, pp. 170-181, 308-309 - Digby, 1951, pp. 295-296 - Birmingham, 1951, pp. 5-6, 19-20- Weigert, dans cat. Exp. Paris, B.N., 1961, pp. 145-158 - Dussler, 1971, pp. 101-108 - Schneebalg-Perelman, 1971, 266-277 - Shearman, 1972, pp. 3-6, 13, 38, 42-43, 50, 52, 55-60, 138-154 - Hefford, 1977, pp. 286-290 - Bershad, 1978, p. 162 - Dulac-Rooryck, 1983, (à paraître).

On sait que les cartons pour la tenture des *Actes des Apôtres* qui était destinée à compléter la décoration de la chapelle Sixtine furent commandés par Léon X à Raphaël probablement vers 1513-1514. Le premier paiement reçu par l'artiste le 15 juin 1515 atteste qu'à cette date le travail était déjà commencé. Le dernier paiement est du 10 décembre 1516. Les dix cartons peints sur papier (tempera à la colle) se rapportent à la vie de saint Pierre et saint Paul. Raphaël assuma l'entière responsabilité de leur composition et il est évident qu'il dut peindre lui-même les parties essentielles. Toutefois on ne peut omettre de rappeler la participation de collaborateurs tels Giulio Romano (dès 1515 il fournit des dessins préparatoires) et Giovanni Francesco Penni. Rompant d'une manière absolue avec la tradition gothique, ces cartons eurent une influence décisive dans l'histoire de la tapisserie. Ils contribuèrent incontestablement à soumettre l'art du lissier à la peinture.

Les cartons furent envoyés à Bruxelles — centre de tissage le plus réputé de l'époque —, où Léon X avait décidé de faire exécuter les tapisseries dans l'atelier de Pieter Van Aelst. La mise sur métier intervint très rapidement puisque fin juillet 1517 la pièce représentant *Saint Pierre recevant les clefs* était achevée. Deux ans plus tard, six autres tapisseries étaient terminées : *La Pêche miraculeuse, Saint Pierre et saint Jean guérissant le paralytique à la porte du temple, La lapidation de saint Etienne, La conversion de Saül, Elymas frappé de cécité, Le sacrifice de saint Paul* ou *Lystra*. Envoyées à Rome, les sept tapisseries, tendues pour la première fois dans la chapelle Sixtine à l'occasion de la messe pontificale célébrée le 26 décembre 1519, jour de la Saint Etienne, suscitèrent l'enthousiasme. Les trois dernières pièces, *La punition d'Ananias, Saint Paul en prison* et *Saint Paul prêchant à l'aréopage*, étaient achevées avant la mort de Léon X survenue le 1er décembre 1521. La tenture complète en dix pièces rehaussées d'or et d'argent qui avait été tissée en basse lisse — les tapisseries sont donc inversées par rapport aux cartons — figure à l'inventaire de ses biens. Elle fut mise en gage pour financer les dépenses pendant la vacance du siège pontifical. Une période de vicissitudes commençait alors pour une trentaine d'années au cours desquelles des tapisseries furent volées pendant le sac de Rome (les différentes péripéties sont difficiles à préciser, certaines tapisseries auraient été à Lyon en 1530, d'autres à Naples) ; deux pièces acquises par Isabelle d'Este *(Conversion de Saül, Saint Paul prêchant à l'aréopage)* furent prises par des pirates, envoyées en Tunisie, puis vendues à Venise où elles sont mentionnées en 1528, retrouvées enfin à Constantinople par le connétable de Montmorency qui les acquis en 1554 pour les rendre au pape Jules III. A cette date les dix tapisseries sont à nouveau au Vatican.

A la fin du XVIIIe siècle, les tapisseries des *Actes des Apôtres* effectuèrent un dernier voyage : saisies par les troupes françaises lors de l'occupation de Rome en février 1798, vendues et envoyées en France, elles furent exposées au Louvre de 1799 à 1803. Pie VII put racheter la tenture en 1808.

Capitale pour l'histoire de la tapisserie, la tenture des *Actes des Apôtres* connut un immense succès. Plusieurs répliques de cette tenture devenue très rapidement célèbre furent réalisées à Bruxelles, avec ou sans or, dès le XVIe siècle. La seconde série, tissée d'après les cartons de Raphaël avant 1528, est celle qui passe traditionnellement pour avoir été offerte par Léon X au roi d'Angleterre Henry VIII. On pense que cette tenture correspond à celle des collections de la Couronne, mentionnées à l'inventaire des tapisseries de la Tour de Londres en 1549. En neuf pièces rehaussées d'or et d'argent, elle fut mise en vente après la mort de Charles Ier d'Angleterre. Le cardinal de Mazarin aurait souhaité l'acheter, mais c'est l'ambassadeur d'Espagne à Londres, Alonso de Cardenas, qui s'en porta acquéreur pour le compte de Don Luis Mandez de Haro, marquis del Carpio. Elle devint en 1662 la propriété du duc d'Albe. A Madrid pendant tout le XVIIIe siècle, la tenture fut vendue en 1823 au consul britannique en Catalogne, Mr. Tupper, et renvoyée l'année suivante à Londres où elle fut exposée. Acquise en 1844 par le roi de Prusse Frédéric-Guillaume IV, cette tenture disparut dans l'incendie de Berlin en 1945.

La troisième série, tissée également en neuf pièces avec des fils d'or et d'argent à Bruxelles avant 1528, est probable-

2

ment celle conservée aujourd'hui à Madrid; elle aurait été exécutée pour Marguerite d'Autriche, gouvernante des Pays-Bas.

La tenture suivante fut commandée par François Ier peu avant 1534. Elle portait le n° 1 des tapisseries à or inscrites à l'*Inventaire général du Mobilier de la Couronne sous Louis XIV*. Bien qu'en 1789 elle fut jugée « très belle, à conserver », cette tenture fit partie de celles envoyées à la fonte en 1797 pour récupérer le métal précieux.

Enfin une série sans or tissée vers 1540 se trouve aujourd'hui à Mantoue au Palazzo ducale ; elle avait été acquise probablement en 1559 par le cardinal Ercole Gonzaga qui y fit placer ses armes. Cette tenture, envoyée à Vienne en 1866, revint à Mantoue après la Première Guerre mondiale en 1919.

D'autres tentures furent tissées à Bruxelles après le XVIe siècle (selon S. Schneebalg-Perelman, les *Actes des Apôtres* auraient été répétés au moins 55 fois durant trois siècles. Une série exécutée pour l'impératrice Marie-Thérèse est conservée à la Villa Hügel à Essen). En France des tissages furent réalisés au XVIIe siècle aussi bien dans les ateliers parisiens que dans les manufactures royales des Gobelins et de Beauvais. Au XIXe siècle la Manufacture des Gobelins reprit l'exécution de

3

certaines pièces. (Cf. Catalogue de l'exposition *Raphaël et l'Art Français*, Paris, 1983, n°s 359-369).

On sait que sept des cartons de Raphaël sont conservés et présentés à Londres au Victoria & Albert Museum. Trois cartons — la *Lapidation de saint Etienne*, la *Conversion de Saül*, *Saint Paul en prison* — sont perdus. Dès 1521 la série des dix cartons de Raphaël n'était plus complète à Bruxelles. Au moment où s'achevait l'exécution des tapisseries de Léon X dans l'atelier de Pieter Van Aelst, un des cartons, la *Conversion de Saül*, avait été envoyé à Venise au cardinal Domenico Grimani chez lequel il est mentionné en 1521. Un autre carton, *Saint Paul en prison*, semble avoir disparu à peu près vers la même époque : à l'exception de la tapisserie appartenant à la tenture du Vatican, il n'a jamais été retissé.

Les huit cartons de Raphaël passèrent certainement très tôt de l'atelier de Pieter Van Aelst — il se consacre vers 1524 à l'exécution de la commande de Clément VII des tapisseries de la vie du Christ, *La Scuola Nuova* d'après les élèves de Raphaël —, dans celui de Jan Van Tiegen et ses associés qui exécutèrent

4

vraisemblablement toutes les séries postérieures à celles de Léon X mentionnées ci-dessus. Les cartons restèrent dans cet atelier bruxellois jusque vers 1540. En 1573, ils sont encore signalés dans la ville mais, selon l'information donnée au cardinal de Granvelle par son intendant à Bruxelles, en trop mauvais état pour être utilisés. Des copies des cartons servaient au tissage.

C'est en 1623 que le Prince de Galles, le futur Charles Ier, fit l'acquisition pour 300 livres des sept cartons subsistants. Ils étaient alors à Gênes où Rubens les avait vus lors de son séjour en 1605-1606.

Mis en vente avec les collections de Charles Ier après l'exécution du roi, les cartons furent finalement réservés par décision du Conseil d'Etat en septembre 1651. Plus tard, Charles II d'Angleterre aurait envisagé de les vendre à Louis XIV.

L'intention du Prince de Galles en achetant les cartons était de les utiliser pour l'exécution d'une suite de tapisseries par la Manufacture de Mortlake à la création de laquelle il avait contribué. Récemment établie dans le Surrey sur les bords de la Tamise par une charte royale de Jacques 1er (août 1619), la manufacture avait été placée sous l'autorité d'un homme d'affaires averti, Sir Francis Crane. Elle accueillit un certain nombre de lissiers des ateliers parisiens et notamment Philippe de Maecht, qui dirigea l'atelier de la manufacture anglaise entre 1620 et 1655 selon Göbel (1934). Deux tapisseries exposées (la *Punition d'Ananias* et *Elymas frappé de cécité*) portent le monogramme (PDM) du chef d'atelier (cf. n° 4 et 6). Il y avait également à Mortlake de nombreux lissiers flamands qui venaient de Bruxelles, d'Anvers, d'Oudenarde, tels Peter Schrijven et P. Van den Steen. Le monogramme (PS) qui figure sur les quatre tapisseries présentées (cf. n° 1, 2, 3, 5) est celui de l'un ou l'autre de ces deux lissiers. La haute et la basse lisse étaient pratiquées par la fabrique anglaise.

Envoyés à Mortlake, les cartons de Raphaël ne servirent cependant pas pour le tissage. Francis Cleyn, dessinateur et graveur né en 1582 à Rostock (Mecklembourg) qui avait séjourné à Rome et auquel le Prince de Galles demanda en 1624 de travailler pour Mortlake où il devait notamment exercer la surveillance des travaux, en exécuta des copies. Il est vraisemblable que l'on doit au même Francis Cleyn l'exécution des modèles pour les encadrements de la tenture de Charles Ier (l'ancienne attribution à Van Dyck n'est plus retenue aujourd'hui). Dans une large bordure à fond rouge, très élaborée, rehaussée d'or et d'argent, alternent des putti, de grandes figures, des festons de fleurs et de fruits, des médaillons et cartouches dont le nombre et la forme ainsi que le sujet traité en camaïeu couleur de bronze représentant des scènes du Nouveau Testament varient avec chaque tapisserie. Au centre de la bordure supérieure, l'écusson aux armes d'Angleterre, avec le collier de l'Ordre de la Jarretière et, de part et d'autre, les animaux symboliques, est entouré de putti. Cette bordure, peut-être une des plus belles exécutées par la fabrique de Mortlake, fut, au moins pour une pièce, utilisée à deux reprises : en effet, la tapisserie représentant *Le Sacrifice de Lystra* (coll. Mobilier national, GMTT 17, déposée au Musée du Louvre) comporte un encadrement identique — avec des scènes de la vie du Christ dans les cartouches — à celui de la pièce du même sujet dans la tenture de Charles Ier (GMTT 16/5).

Les dates précises du tissage de la tenture en sept pièces destinée à Charles Ier ne sont pas connues. On sait que le roi visita la manufacture le 28 mars 1629. Selon Shearman (1972), les préparatifs pour la première série étaient en cours cette même année. En tout cas, deux tapisseries, *La punition d'Ananias* (n° 4) et la *Conversion de Sergius. Elymas frappé de cécité* (n° 6), étaient achevées avant 1636, date à laquelle Sir Francis Crane, malade, quitta la direction de la Manufacture de Mortlake (il mourut à Paris en juin 1636). Tissées en basse lisse, sur chaîne de laine, les tapisseries de Charles Ier sont donc, comme celles du Vatican, inversées par rapport aux cartons de Raphaël. Elles sont d'une finesse légèrement supérieure à celle de la série de Léon X qui compte 68 fils au décimètre (information communiquée par le professeur Carlo Pietrangeli).

Après l'exécution de Charles Ier (9 février 1649), un arrêt du Parlement d'Angleterre ordonna la vente des collections royales, dont la dispersion se prolongea plusieurs années. C'est seulement en décembre 1653 que Cromwell devenu Protecteur fit suspendre définitivement ces ventes.

Mazarin, aussitôt informé de la décision du Parlement, figura parmi les principaux acquéreurs. Le banquier Everhard Jabach fut tout d'abord son intermédiaire. Après la Fronde, et alors que Mazarin avec l'aide de Colbert entreprenait la reconstitution de ses propres collections, dispersées elles aussi par un arrêt du Parlement de Paris (décembre 1651), il chargea Antoine de Bordeaux, envoyé à Londres en mission diplomatique, d'effectuer des acquisitions pour son compte. On sait par la correspondance de Mazarin combien il regrettait de n'avoir pu acquérir la tenture des *Actes des Apôtres* de Bruxelles en neuf pièces (mentionnée parmi les dix-sept tentures de Charles Ier « exposées en vente à la Maison de Sommerset » - Cosnac, 1884-). Bordeaux lui proposa en octobre 1653 l'achat de « quelques pièces modernes faictes à Londres après les autres » (Cosnac, 1884). De là vient certainement la tradition concernant l'origine de la tenture du Mobilier national : elle aurait été acquise par Mazarin à la vente des collections de Charles Ier. Longtemps répétée, cette assertion ne peut être retenue. En effet la correspondance de Colbert et Mazarin en août 1659 nous a permis de reconstituer au moins partiellement l'histoire de la tenture de Charles Ier.

De Paris, le 3 août 1659, Colbert écrit à Mazarin alors à Saint-Jean-de-Luz au sujet de la vente des collections d'Abel Servien, surintendant des Finances, décédé à Meudon le 17 février 1659, pour lui signaler et lui proposer l'achat de « trois belles tentures de tapisseries » mentionnées dans l'inventaire : « ... Et la 3e de haute lisse d'Angleterre relevée d'or et d'argent représentant les actes des apôtres en sept pièces de 4 aunes et demie de haut et 42 aunes de tour ou environ ou sont les armes d'Angleterre prisée 30.000ll... ». Dans une apostille du 11 août 1659, Mazarin répond « Je n'ay rien à répliquer à ce que vous me dites touchant l'inventaire de M. Servien mais approuve ce que vous me proposez. Je vous diray seulement à l'égard des trois tentures de tapisseries dont vous me parlez, que je crois qu'elles ont coûté à M. Servien beaucoup moins qu'elles ne sont estimées... » (B.N. Ms, Baluze, 331, f° 173). Cette acquisition à laquelle Mazarin tenait particulièrement fut vraisemblablement réalisée en août 1659 (B.N., Ms, Baluze, 331, f° 202). Grâce à l'obligeance de Mme Madeleine Jorgaens, conservateur au Minutier central des notaires, qui a bien voulu nous communiquer l'inventaire après décès d'Abel Servien (A.N., Min. Cen., LXIV, 104, 19 mars 1659), nous avons trouvé la mention de la tenture des *Actes des Apôtres* qui — avec deux autres tentures du même sujet, l'une en quatre pièces, l'autre en neuf pièces — apparaît dans l'inventaire du garde-meuble du château de Meudon qui appartenait au surintendant. Acquise par Mazarin quelques mois avant sa mort, la tenture devait passer ensuite dans les collections de

5

Louis XIV. Contrairement à ce qui a été affirmé jusqu'à présent, elle ne correspond pas à la tenture n° 1705 mentionnée à l'inventaire après décès du cardinal. La description est différente. La tenture n° 1705 en laine, soie et or a une bordure ornée « des fables d'Angleterre » avec « un cartouche bleu soutenu par des enfans » ; les quatre premières pièces ont dans les bordures « huict petits tableaux jaulnes ». Or, dans la tenture aux armes de Charles Ier, les bordures sont propres à chaque pièce et les cartouches renferment des scènes de la vie du Christ. La tenture ne fut pas léguée par le ministre au roi. Elle n'en est pas moins passée de Mazarin à Louis XIV. On sait qu'après la mort du cardinal, Colbert fit acheter par le roi « divers meubles choisis dans le palais Mazarin » (Boyer de Sainte-Suzanne, 1878). Parmi les tapisseries sont mentionnés « *Les Actes des Apôtres*, de M. Servien ». Ils furent estimés par Colbert 50.000^{l}. (Les tapisseries évaluées pour un total de 170.000^{l}, furent payées 220.000^{l} - Boyer de Sainte-Suzanne, 1878).

Désormais l'histoire de la tenture de Charles Ier se suit aisément. Inscrite sous le n° 34 à l'inventaire du Garde-meuble de la Couronne sous Louis XIV, elle ne quitta plus les collections de l'Etat. Signalons que les inventaires du Garde-

6

Meuble au XVIIe comme au XVIIIe siècle indiquent bien (contrairement d'ailleurs à l'inventaire après décès de Servien) que la tenture était en basse lisse. Ce n'est qu'à partir du XIXe siècle (dès 1811) qu'une double erreur apparaît aux inventaires : la tenture de Charles Ier est alors donnée à la haute lisse et attribuée soit aux ateliers des Galeries du Louvre, soit à la Manufacture des Gobelins.

Son utilisation sous l'Ancien Régime pour les fêtes, processions et cérémonies, dont témoignent les mentions du Journal du Garde-Meuble de la Couronne — ainsi en juin 1666 *« les Actes des Apôtres d'Angleterre »* sont tendus à Fontainebleau dans la Cour de la Fontaine pour la Fête-Dieu (A.N. O^{1} 3304, f° 28), en septembre 1722, ils sont envoyés à Reims pour décorer la cathédrale à l'occasion du sacre de Louis XV (A.N. O^{1} 3310, f° 338)... — explique une certaine usure de cette tenture qui demeura complète, en sept pièces, jusqu'en 1939. La tapisserie représentant *Le sermon de saint Paul à l'aréopage* alors en dépôt à l'Ambassade de France à Varsovie disparut pendant la guerre.

Par la qualité et la finesse de son exécution, par la richesse des matériaux utilisés — la présence de nombreux fils d'or et d'argent lui donnait à l'origine un aspect particulièrement précieux —, la tenture des *Actes des Apôtres* aux armes de Charles Ier peut incontestablement être comptée parmi les plus belles productions de la Manufacture de Mortlake, dont une dizaine de tentures de divers sujets figuraient dans les collections de Mazarin, amateur éclairé s'il en fut.

D'autres exemplaires des *Actes des Apôtres* ont appartenu au cardinal de Mazarin. Une tenture en six pièces disparue de ses collections pendant la Fronde était activement recherchée par Colbert en septembre 1652 ; l'entreprise ne fut pas couronnée de succès (Cosnac, 1892). L'inventaire des collections de Mazarin établi par Colbert entre septembre et novembre 1653 (Aumale, 1861) mentionne trois pièces en laine et soie de la Manufacture de Mortlake portant au centre de la bordure supérieure un écusson avec des armes d'Angleterre. Ces trois tapisseries — *Saint Pierre et saint Jean guérissant le paralytique, Saint Paul prêchant à l'aréopage, Le Sacrifice de saint Jean* ou *Lystra* — n'apparaissent plus à l'inventaire après décès de Mazarin.

Ces trois pièces étaient alors très certainement comprises dans la tenture que Mazarin légua à son neveu le marquis de Mancini : « Une autre tenture à la marche fine de laine et soie fabrique d'Angleterre composée de dix pièces représentant *Les Actes des Apôtres* a figures naturelles ayant une frise de thermes silvins par les costez et par le hault de festons seullement et au milieu un escusson des armes de son Eminence la dicte tapisserie hault de trois aulnes deux tiers... » (B.N., Ms., Mélanges Colbert 75, f° 645). La description est identique à celle de 1653. Sept pièces de cette tenture sont conservées au Palazzo ducale à Urbino, — W. Hefford (1977) a démontré que, parmi ces pièces, trois ont la marque de Mortlake et le monogramme IPS, tandis que trois autres portent la signature de Jean Lefebvre qui dirigeait un des ateliers parisiens — la septième bien que non signée est de provenance française. Il est donc évident que Mazarin fit compléter par Lefebvre entre 1654 et 1661 la série anglaise qui ne comportait à l'origine que trois pièces. Les armes du cardinal furent rapportées sur ces tapisseries afin de dissimuler celles d'un seigneur anglais, vraisemblablement, selon W. Hefford, Lord Pembroke. Les autres tapisseries de Lord Pembroke appartiennent au duc de Buccleugh, une d'entre elles *La Pêche miraculeuse* est présentée au Victoria & Albert Museum.

On sait que Mazarin fit aussi ajouter ses armes sur des tapisseries des *Actes des Apôtres* qu'il possédait. « Souvenez-vous, écrit-il à Colbert le 10 juillet 1659, de faire mettre mes armoiries aux 3 pièces de tapisserie des Apostres que l'on a acheté en Angleterre par ce que j'estime qu'il sera nécessaire que vous m'envoyez lad. tapisserie qui est assez propre pour en faire présent à Don Louis d'Haro » (B.N. Ms., Mélanges Colbert, t. 52B, f° 32).

Différentes tentures des Actes des Apôtres sont encore mentionnées à l'inventaire après décès de Mazarin. Il est difficile de connaître précisément leur origine. Brienne dans un passage de ses *Mémoires* à propos des tapisseries possédées par le Cardinal, dit que les « ... *Actes des Apôtres*, de Feu Lopés, juif portugais lui étaient venus je ne sais comment ». Lopez était un marchand qui figurait parmi les « pourvoyeurs » de Mazarin ; il lui céda notamment le *Balthazar Castiglione* (Weigert in cat. exp. Mazarin, B.N., 1961).

La tenture dont parle Brienne est peut-être celle qui porte le n° 1705 de l'inventaire après décès (Cosnac, 1892).

Signalons enfin que le Mobilier national conserve une tenture des *Actes des Apôtres* (GMTT 19) en sept pièces à or tissée également à Mortlake. Elle provient des collections de la Couronne (n° 30 de l'*Inventaire général de Garde-Meuble sous Louis XIV)*. Elle fut selon la tradition, achetée en 1659 par Colbert à l'abbé Jacques Le Normand, maître de chambre de Mazarin. Or, en étudiant la correspondance échangée entre le cardinal et Colbert on s'aperçoit que ce dernier en réalisa l'acquisition pour Mazarin au moment même où il achetait aussi les tentures de Servien (B.N. Ms., Baluze, 331, fos 173, 215-216 ; Mélanges Colbert 72B, f° 32). Notons toutefois que cette tenture ne figure pas dans l'inventaire après décès du Cardinal.

Les armes placées au centre de la bordure supérieure qui n'avaient pas encore été identifiées ont pu être reconnues grâce à l'obligeance de M. Geoffrey de Bellaigue : elles appartiennent à Henry Rich, Earl of Holland qui fut décapité peu après Charles Ier (identification due à Sir Robin Mackworth-Young, bibliothécaire au château de Windsor). On sait d'ailleurs que Lord Holland avait fait l'achat à Mortlake en 1639 de cinq tapisseries des *Actes des Apôtres* (Thomson, 1973, p. 294).

Section
scientifique et technique

Raphaël étudié au Laboratoire

par Lola Faillant-Dumas et Jean-Paul Rioux

Une présentation par thèmes a donc été retenue comme étant celle qui permet une meilleure comparaison des œuvres et la mise en évidence de subtiles et non négligeables différences.

Il a paru digne d'intérêt d'isoler une étude et de la grouper avec son dossier de restauration autour de l'analyse historique reconstituée par Sylvie Béguin : l'*Ange* récemment entré dans les Collections du Louvre. Sont ensuite réunies trois petites compositions des débuts florentins de Raphaël : *Saint Michel, Saint Georges luttant avec le dragon,* la *Petite Sainte Famille.*

Sur le thème des madones, trois tableaux sont proposés : La *Madone de Lorette,* la *Belle Jardinière,* la *Vierge au voile;* enfin, quelques portraits du peintre ou de son proche entourage.

Les examens radiographiques et sous infrarouge, les analyses de la couche picturale ont permis de mieux connaître le métier de l'artiste, de préciser dans quelle mesure sa technique s'est modifiée durant sa courte mais prodigieuse activité ou simplement affirmée sur des bases solidement acquises chez Pérugin, seul le style ayant évolué au contact de Florence et de Rome.

Il y a quelques années, les examens et analyses physicochimiques conduits au Laboratoire, confirmaient la thèse proposée par l'historien d'art Cecil Gould, attribuant à Raphaël le chef-d'œuvre du Musée de Chantilly *La Madone de Lorette*[1]. Plus récemment, ces mêmes méthodes permettaient de rattacher un fragment de tableau découpé, et fortuitement retrouvé, à ce qui subsiste du *Couronnement de saint Nicolas* de Raphaël, aujourd'hui conservé à Naples et à Brescia[2]. A l'occasion de la célébration du Ve Centenaire de la naissance du maître italien, il a paru intéressant de procéder à une étude systématique de quelques œuvres conservées en France. Ce n'est qu'une approche limitée dont les résultats permettent cependant de mesurer l'état de conservation des œuvres, d'en préciser la technique. Les méthodes scientifiques utilisées sont de deux types : d'une part les radiographies et photographies obtenues sous rayonnement infra-rouge, d'autre part, l'analyse de la matière picturale effectuée sur de minuscules échantillons de peinture.

La présentation de cette somme d'informations n'est pas aisée du fait de la difficulté à sélectionner des documents aussi bien démonstratifs qu'esthétiques. Une présentation chronologique s'avérait peu réalisable en raison du nombre limité d'œuvres étudiées.

D'autre part, les transpositions anciennes opérées sur les principales œuvres conservées au Louvre : *Saint Michel,* la *Sainte Famille de François Ier,* rendent peu lisibles les films radiographiques et empêchent ainsi l'approche de la technique picturale de ces tableaux au moyen des rayons X.

Ange

Deux questions se posaient lors de l'étude conduite au laboratoire sur ce tableau dont l'aspect était alors différent de celui actuel après restauration.

S'agissait-il d'un fragment découpé ? Etait-il fruit de la main de Raphaël ou de l'un de ses collaborateurs ?

Cette figure d'ange est exécutée sur un panneau en bois de peuplier, renforcé au revers par deux traverses horizontales encastrées. Une fente verticale du support a été consolidée par deux papillons à queue d'aronde. L'examen radiographique a montré par ailleurs que ce panneau était constitué de deux planches jointées verticalement au centre, que ce jointement était à l'origine consolidé par une bande de toile noyée dans la préparation.

Mais le film radiographique devait permettre des observations plus essentielles à l'identification du tableau. En effet, cet examen montre en plusieurs points une image sensiblement différente de la composition alors visible. Tout d'abord, une constatation s'impose : les quatre bordures du panneau sont affectées d'une zone d'écaillage de la matière picturale, lacunes particulièrement importantes sur les lisières latérales, dont l'aspect paraît indiquer une coupure des côtés.

1. Les dossiers du Département des Peintures, 19, Musée de Chantilly, pp. 54-62.
2. La Revue du Louvre, 1982-2, pp. 99-115.

Ange, tel qu'il se présentait en 1981 lors de l'examen au laboratoire

Par ailleurs, et à nouveau sur les lisières latérales, des restes de bandes de toile apparaissent, également coupées au ras, plus étroites que celle visible sur le jointement central. En outre, l'image est dense et bien lisible malgré l'application de quelques mastics, nécessités par des accidents en profondeur; elle montre tous les détails avec précision et notamment les deux ailes de l'ange figurées à droite et à gauche du visage. Celui-ci, bien cerné, est paré d'une chevelure sobre, maîtrisée, beaucoup moins volumineuse que celle alors visible sur le tableau. D'autre part, le phylactère tourne sur le bras gauche de l'ange et remonte derrière sa tête: il vient à sa gauche au-dessus de l'aile et à sa droite à l'emplacement des cheveux qui le recouvraient lors de cet examen.

L'aile gauche, habilement exécutée, se détache sur une matière dense délibérément orientée mais aujourd'hui interrompue par la coupure du panneau. A la partie supérieure gauche, entre le visage et l'aile droite de l'ange, apparaît un décor complexe (rinceaux, grotesques?) tandis qu'à la partie supérieure droite des lignes parallèles suggèrent un tracé d'architecture situé derrière l'ange.

La robe, largement brossée, diffère du drapé accusé et raide visible à la surface du tableau, la manche moule davantage l'avant-bras; le décor de la collerette n'apparaît pas plus que l'auréole. La sobriété du vêtement et la souplesse d'écriture confèrent à cette figure une élégance et un charme peu apparents sous les transformations d'alors. L'examen sous infrarouge, permettant de traverser les vernis et jus bruns qui recouvrent le tableau, fournit une image plus lisible de la composition; il met en évidence et souligne les restaurations du panneau, la qualité des modelés du visage, des mains, les repeints qui alourdissent la souplesse du manteau et de la robe.

Grâce à la complaisance du Museo Nazionale di Capodimonte il est possible de comparer les films radiographiques de l'*Ange* du Louvre à ceux obtenus d'après les éléments subsistant à ce jour du grand retable de Raphaël *Le Couronnement de saint Nicolas,* c'est-à-dire la figure de «Dieu le Père bénissant, entouré d'angelots» et celle de la «Vierge tenant la Couronne».

Certaines affinités, justifient le rapprochement des deux documents malgré des états de conservation différents des œuvres, et des conditions d'obtention des films distinctes.

Tout d'abord, le support, de même essence, est préparé de manière identique: des bandes de toile incluses verticalement dans la préparation sont présentes aux jointements des planches et par intervalle d'environ 14 cm.

Dans les fonds — panneau du Père Eternel, comme celui de la Vierge et celui de l'Ange — un décor de grotesques est perceptible, semblable autant par le dessin que par le traitement.

La manière de cerner les contours, une touche large et souple, un dessin articulé des mains, se retrouvent et s'apparentent dans ces trois compositions. D'autre part, les lignes d'architecture retrouvées sur la radiographie de l'*Ange* représentent un tracé comparable à celui qui entoure la gloire du Père et du chapiteau derrière la Vierge et dont, en toute vraisemblance, elles pourraient être le prolongement. De larges plages noires témoignent d'importantes lacunes consécutives aux catastrophes survenues au XVIIIe siècle lors du tremblement de terre qui ravagea l'église de Sant'Agostino.

Plusieurs microprélèvements ont été opérés dans la matière picturale de l'*Ange* afin d'avoir une meilleure connaissance technique de l'œuvre, des différentes transformations décelées aux rayons X et infrarouge mais non encore caractérisées quant à la nature des matériaux successivement utilisés.

Après avoir été préparés en coupes stratigraphiques, ces échantillons ont fait l'objet d'une analyse microchimique des

Ange, radiographie

pigments et liants ; les résultats peuvent être énoncés de la manière suivante :

La préparation, de couleur blanche, est un gesso au gypse et à la colle animale. Elle est recouverte d'une couche d'impression au blanc de plomb et à l'huile, puis de la matière picturale colorée également étendue à l'huile.

A l'exception des ailes, dont la couleur originale était dissimulée sous un repeint général brun, le fond du tableau a été uniformément recouvert de deux couches de peinture bleu-vert. Le premier repeint contient du bleu de Prusse (il date donc au plus tôt du XVIIIe siècle) ; il fut ensuite repris avec une matière contenant de l'outremer.

Ces repeints dissimulaient les éléments originaux (rinceaux, grotesques) dont la présence aurait rendu évident qu'il s'agit d'un panneau découpé dans un tableau plus grand.

De même, un prélèvement effectué dans chaque aile a montré que la matière originale est jaune d'or dans l'aile gauche, rose violacé dans l'aile droite[3].

La partie droite du tableau est uniformément peinte avec du rouge vermillon ce qui explique la densité mise en évidence sur le film radiographique. L'étude stratigraphique de l'angle supérieur droit a révélé la présence d'une matière de couleur gris beige qui correspond aux éléments de décor architectural déjà observés sur la radiographie. Cette même matière gris beige se retrouve dans l'angle supérieur gauche entre l'aile et la chevelure de l'ange : elle alterne avec des motifs allant du bleu soutenu au bleu pâle qui correspondent aux grotesques révélés par la radiographie. La robe a originellement une couleur jaune clair et le drapé des plis lui est superposé à l'aide d'un glacis brunâtre translucide plus ou moins sombre. La collerette rouge a été entièrement repeinte ; la couleur originale est une laque rouge carmin en bon état de conservation posée sur une couche rose opaque. Les décors — visibles avant restauration — étaient très usés, altérés en noir et réalisés à l'origine par une feuille d'argent recouverte d'un vernis jaune afin d'imiter l'apparence de la dorure[4]. Ce repeint de l'encolure de la robe (P.P. f-1502) fut d'autant plus important à déceler et à supprimer qu'il contenait une fausse signature.

Enfin, une dernière analyse effectuée dans la bordure droite entre l'aile rouge et le phylactère a mis en évidence une zone claire, différente par sa stratigraphie de celle de la carnation de l'ange, dont l'identification avec une partie du vêtement ou d'aile d'un ange voisin, est une hypothèse très vraisemblable[5].

Ainsi, les examens scientifiques conduits au laboratoire sur ce tableau retrouvé en 1981 ont permis de démontrer les altérations et transformations qu'il a subies au cours des siècles, d'observer des caractéristiques de technique et d'écriture comparables à celles de Raphaël, et de mettre en évidence des concordances manifestes avec les fragments conservés à Naples du *Couronnement de saint Nicolas.*

Saint Michel
Saint Georges luttant avec le dragon

Considérés comme œuvres de jeunesse de Raphaël, ces petits panneaux mesurent : 0,309 × 0,265 pour le premier, 0,307 × 0,268 pour le second. Tous deux sont peints sur un support en bois de peuplier d'une seule planche. Un retrait de la couche picturale est visible sur les quatre côtés.

Les films radiographiques restituent une image très lisible, contrastée ; la préparation est mince mais dense, l'écriture soulignée à l'aide d'un pinceau souple et étroit. Les contours sont à la fois cernés et «glissés» sur le ton voisin, particularité peut être héritée de Pérugin car elle est perceptible dans *Apollon et Marsyas;* ils sont d'autre part rehaussés par des mouvements de brosse qui accusent le sens de la forme recherchée. Toutefois, la radiographie obtenue d'après *Saint Michel* met en évidence une écriture plus hésitante, moins assurée que sur le même document obtenu d'après *Saint Georges;* la touche est moins longue, les lumières moins affirmées. Ce fait est peut être dû à la présence d'une matière picturale plus épaisse, parfois confuse, preuve également d'une recherche moins spontanée. La clarté du ciel est soulignée notamment par une surcharge de blanc tendant à effacer le repentir du château figuré dans les lointains à gauche. Ce repentir apparaît en infrarouge qui permet de retrouver aussi le dessin sous-jacent : tracé fin, formé de traits rapprochés, souvent à peine perceptibles, qui suggèrent une exécution plus hésitante de la part du peintre. Ce même dessin est restitué sur la photographie infrarouge effectuée d'après *Saint Georges :* il est ferme, vigoureux, d'une grande maîtrise notamment sur la tête et le poitrail du cheval. Serait-il possible d'envisager l'hypothèse selon laquelle *Saint Michel* aurait été peint en premier par Raphaël encore jeune et maîtrisant peu son pinceau (bien que l'on pressente déjà les caractéristiques qui

3. Les échantillons étudiés étant ponctuels, il est possible que les ailes soient unies et de couleurs différentes ou, plus probablement, que chaque aile comporte des plumages de couleurs variées.
4. Le repeint est une matière jaunâtre de moins bonne qualité que la matière originale ; le décor doré (croisillons, inscription et signature) étant situé à ce niveau, ne peut donc être original.
5. Cette observation a son importance pour reconstituer la place de cet Ange dans le grand Retable.

Saint Georges luttant avec le dragon, radiographie

présideront à la réalisation magistrale du grand *Saint Michel* du Louvre), *Saint Georges* exécuté ensuite, ce qui expliquerait un métier plus habile, une plus grande aisance dans la réalisation, et aussi la raison d'un support aux dimensions sensiblement différentes ?

Il convient d'autre part de signaler un état de conservation moins bon du premier panneau, notamment des usures de la couche picturale au niveau du pied droit de saint Michel, place occupée en partie par le petit monstre noir et dont la présence, d'après le film radiographique, n'apparaît pas sur l'esquisse ; ce qui n'est pas le cas à la partie gauche. Le cortège des damnés a subi aussi des restaurations. Par ailleurs, il est intéressant de noter que pour aucune de ces compositions, les radiographies ne signalent la présence des arbres : ils sont posés en surface, à l'aide de glacis légers. Cette observation est valable pour d'autres œuvres de Raphaël étudiées au laboratoire.

Saint Georges luttant avec le dragon, détail en infrarouge

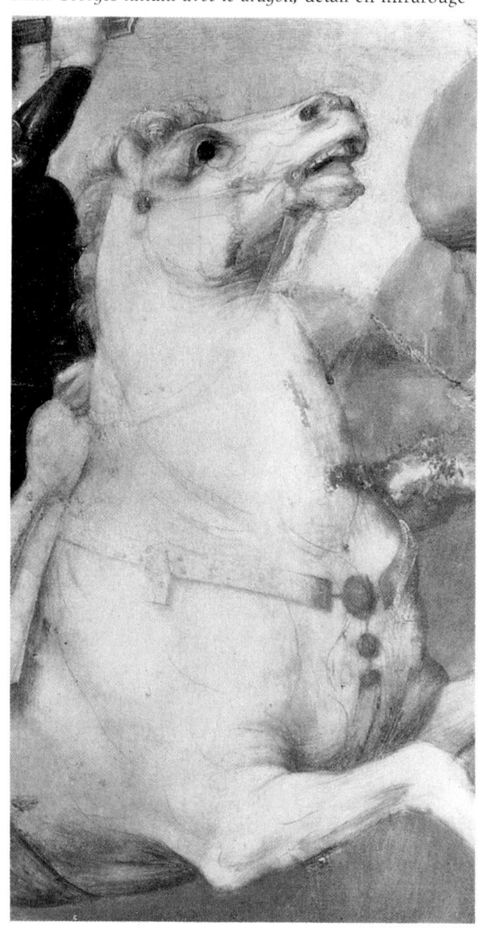

Sainte Famille

Il a paru intéressant de placer à côté de ces petits tableaux une autre composition de Raphaël, proche par les dimensions mais plus tardive, la petite *Sainte Famille.*

Peint sur panneau de peuplier, ce tableau montre un retrait de la couche picturale en haut et en bas et non sur les bordures latérales. Le panneau aurait-il été coupé ?

L'observation en éclairage direct ou légèrement tangentiel montre une opposition assez frappante entre les empâtements de matière picturale, notamment sur les vêtements des deux femmes, et l'aspect lisse des carnations et du ciel.

La radiographie restitue une image dense — cette opacité est due en partie à la présence d'enduit au revers du panneau dont les lacunes laissent apparaître des taches noires qui ne sont en aucune façon des accidents de matière picturale.

Des trous mastiqués le long de la bordure à gauche témoignent de l'emplacement d'une ancienne fixation.

Le tracé de la composition et les modelés sont délicats, le pinceau long laisse l'empreinte d'une touche souple. Une question se pose à propos du mur et du bosquet d'arbres situés derrière le groupe : sous leur forme actuelle, ces éléments ont-ils été voulus par Raphaël ? Ceci paraît moins certain si l'on regarde attentivement le film radiographique : en effet, en cet endroit, une couleur de forte densité situe le ciel sur lequel se découpe une ligne d'horizon précise ; ceci indique une volonté dès l'esquisse. Bien que les arbres de Raphaël, peints en surface soient rarement visibles sur les films radiographiques, une frondaison si épaisse pouvait difficilement ne pas apparaître dès l'ébauche si elle était voulue par le peintre. S'agit-il d'un repentir ? L'œuvre aurait-elle été terminée ou modifiée par une autre main, d'où ces surcharges partielles de matière ?

Cette seconde main aurait pu alors exécuter *Cérès,* petit panneau supposé être le volet de cette *Sainte Famille.* Cela est-il concevable ? La nature du support est différente : *Cérès* est peinte sur noyer, la *Sainte Famille* sur peuplier. Le modelé est ici plus discret, nuancé dans les blancs et gris ; le dessin géométrique remanié ; la grâce fait place à un manque de fermeté dans le tracé qui ne répond guère à la maîtrise et la qualité d'exécution rencontrées jusqu'alors dans les œuvres de Raphaël, même si elles présentent le trait craintif de ses débuts.

Si c'est au contact de Florence que Raphaël parvient à l'union de la beauté, d'une harmonie exceptionnelle avec une science de la vérité dans les attitudes, n'est-ce pas dans la représentation des Madones qu'il en est le plus convaincant ? Trois tableaux ont été choisis pour illustrer ce thème *La Madone de Lorette* (Chantilly), *La Belle Jardinière* (Louvre), et *La Vierge au voile* (Louvre). L'examen scientifique de ces trois compositions apporte quelques précisions quant à leur élaboration. Quels liens existent-ils entre elles ?

La Madone de Lorette

La redécouverte de la *Madone de Lorette* a fait l'objet en 1979 d'une exposition au Musée de Chantilly où l'attribution à Raphaël de ce chef-d'œuvre était scientifiquement démontrée. L'étude au Laboratoire avait été entreprise à la demande de M. Cazelle, conservateur des collections du Musée Condé, à la suite de la publication de C. Gould reconstituant l'historique du tableau dont l'origine était alors contreversée[6].

L'examen radiographique devait immédiatement surprendre par les révélations auxquelles il donnait lieu ; l'œuvre est peinte sur un panneau en bois de peuplier constitué de trois planches jointées verticalement. Sur chaque jointement, une bande de toile collée renforce cet assemblage et prouve le soin apporté par le peintre à l'aménagement du support, caractéristique des compositions étudiées à ce jour.

D'autre part, l'image obtenue sous ce rayonnement est très lisible bien que sans contraste excessif, restituant la délicatesse des modelés, la subtilité des contours et des passages entre les zones sombres et lumineuses telles qu'elles sont visibles sur l'œuvre achevée, à la fois harmonieuse et puissante. Le pinceau est court, étroit, dur pour brosser les figures en touches délicates et sûres ; il est plus large pour travailler le manteau de la Vierge, le drap et le coussin de l'Enfant. En haut à gauche, obscurcie par le temps et l'abondance de vernis, la tenture révèle sur la radiographie un sens du drapé différent et une modification de composition dans un premier temps, le rideau passait derrière le bras gauche de l'Enfant, d'où ces lignes circulaires claires apparues sur la radiographie et les empâtements de matière picturale bien mis en évidence sous éclairage tangentiel.

La chevelure de la Vierge semble également modifiée : elle apparaît plus courte sur le film, dégageant la joue et la ligne du cou, parties alors alourdies par d'anciennes restaurations et d'épais vernis ; la mèche nattée devient aussi perceptible.

Mais la découverte la plus singulière est une ouverture claire à l'angle supérieur droit du tableau et l'absence de la figure de Joseph qui prouverait que dans une première composition, le peintre situait la mère et l'enfant en un lieu ouvert sur un paysage et non dans un univers clos. Le groupe de la Vierge et de l'Enfant prend l'apparence d'une scène naturelle, un rapport de tendresse entre une mère et son enfant, scène humaine avant d'être divine. Il y a là toute l'expression de l'amour maternel sans frontière si bien représentée par Raphaël.

La comparaison du visage de Joseph (absent sur le film radiographique) avec celui de la Vierge mérite quelques observations : l'écriture est différente, moins assurée chez Joseph dont la matière picturale apparaît non seulement plus mince mais aussi de moindre qualité. Les documents infrarouges confirment cette impression : l'absence de dessin préparatoire la facture molle et la transparence de la matière, ne l'apparentent guère aux contours précis et aux modelés purs de la Vierge ainsi que la richesse des pigments avec lesquels elle est peinte.

6. Cf. note 1, p. 3.

La Madone de Lorette, (Musée de Chantilly)

Si donc ce tableau, comme le pensent certains historiens, fut exécuté exclusivement par Raphaël, « qui ne s'en remettait pas encore à ses collaborateurs », il faut accepter l'hypothèse d'une transformation postérieure et l'apport d'une autre main pour peindre saint Joseph.

L'analyse physico-chimique de la matière picturale, à partir d'un échantillon prélevé à l'angle supérieur droit, devait permettre, de confirmer ou d'infirmer cette hypothèse. L'étude stratigraphique a en effet indiqué que, sur la préparation (gesso au gypse et à la colle) recouverte elle-même d'une impression de couleur orangé clair, repose une épaisse couleur bleu pâle riche en blanc de plomb : ceci explique l'aspect dense

La Madone de Lorette, radiographie

de la radiographie dans cette zone et corrobore l'idée d'une fenêtre ouverte sur le ciel. La couleur brune, à base de terre, qui dissimule le bleu du ciel, est recouverte d'une mince couche de vernis. C'est donc dans un troisième temps que le personnage de Joseph a été travaillé, le visage peint à l'aide d'une couche de couleur rougeâtre constituée de pigments hétérogènes.

L'ensemble de ces observations confirme à l'évidence que Joseph était absent de la composition originale. La matière sous-jacente étant en bon état de conservation, il faut admettre que cet ajout peu postérieur à l'achèvement de l'œuvre, le vernis intermédiaire et la différence des pigments utilisés pour le visage de Joseph comparativement à celui de la Vierge, excluent l'hypothèse d'un repentir de Raphaël.

Aucune des versions de ce tableau, connues et radiographiées à ce jour, n'a révélé semblable transformation, toutes figurant les trois personnages.

Le dessin préparatoire du tableau, mis en évidence par les infrarouges, est exécuté d'un trait fin, précis, au crayon ou au fusain. Il est particulièrement visible dans les plis de la robe de la Vierge, son visage, l'Enfant dont la position du pied droit révèle une recherche et un repentir de la part du peintre. Le dessin ici mis en évidence est tout à fait comparable à celui retrouvé sur le petit *Saint Georges* avec incontestablement une qualité dans le tracé due à la maîtrise accrue du métier de Raphaël.

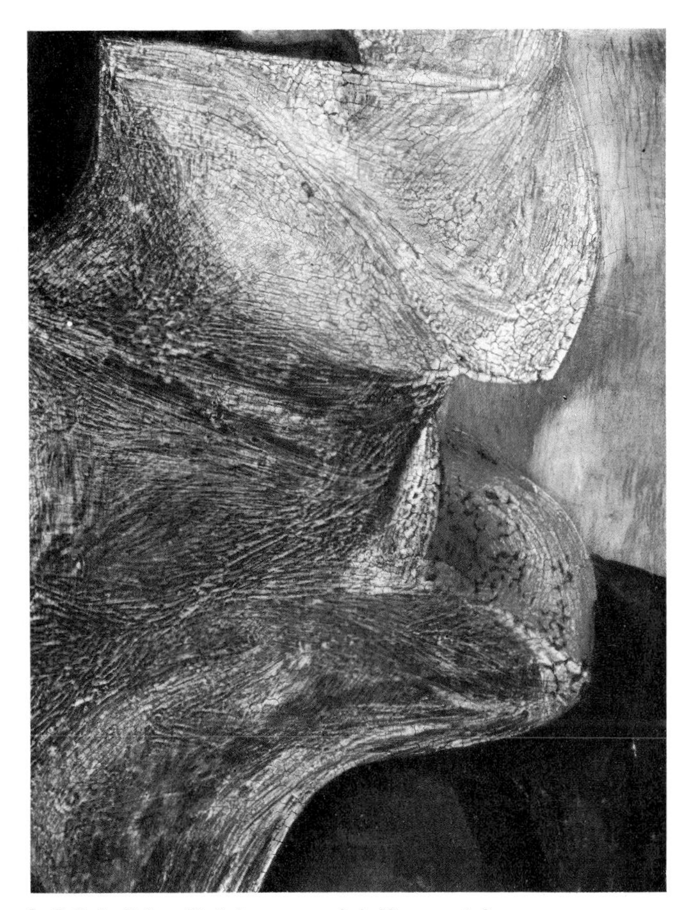

La Belle Jardinière, détail du manteau de la Vierge en infrarouge

La Vierge à l'Enfant avec le petit saint Jean, dite la Belle Jardinière

C'est une composition harmonieuse et sereine, une scène à la fois de jeu et recueillement dans un paysage qui doit sans doute beaucoup à Léonard.

La radiographie — bien que l'image en soit rompue par les traverses à bordures métalliques situées au revers — montre une œuvre magistralement orchestrée dans ses structures profondes, une mise en place sans hésitation, une sûreté de dessin et une exécution talentueusement brossée. Le support de peuplier, constitué de trois planches, est aussi soigneusement préparé que ceux précédemment examinés : une bande de toile renforce chaque jointement. Une préparation assez dense recouvre le panneau ; un trait sombre cerne chaque contour, la couche colorée est brossée à l'intérieur de ce dessin suivant le sens du volume désiré, selon une manière spécifique à Raphaël. Nulle hésitation ni reprise, les modelés sont à la fois subtils et assurés. La brosse est étroite, courte, dure, la matière picturale riche. Sur un ciel clair, se dessine la ligne d'horizon du paysage ; comme toujours dans les compositions du peintre, les arbres sont exécutés en surface, en touches légères sans densité. Cette délicatesse de trait est également soulignée par le rayonnement infrarouge qui met en évidence la pureté du dessin, sa précision et ses particularités notamment dans la manière de travailler les mains, les pieds, les ongles.

La Vierge au voile

Sur ce thème de la Vierge, l'Enfant et le petit saint Jean, une autre composition du Louvre a fait l'objet d'une semblable étude : *La Vierge au voile.* Bien que l'aspect du tableau se différencie du précédent par une recherche sensible du paysage, un souci dans l'équilibre de la représentation qui contribue à raidir l'harmonie de la scène, la présente étude tend à retrouver dans les structures profondes les caractéristiques inimitables du peintre. Le film radiographique indique tout d'abord que le support en bois de peuplier est constitué de

La Vierge au voile, radiographie

deux planches jointées verticalement mais sans qu'une bande de toile n'en renforce le jointement.

D'autre part, le fond du tableau, le paysage, les ruines, sont bien présents ; les figures, et les chairs sont modelées avec de larges aplats blancs mais sans préciser les traits des visages (yeux, nez, oreilles) ; la touche est souple, molle, l'écriture picturale n'offre ni la fermeté ni la maîtrise observée sur la *Belle Jardinière* ou la *Madone de Lorette ;* il en est de même dans le dessin de la main de la Vierge tenant le voile, celui des visages, les corps des enfants. Sans nier la contemporanéité de ces œuvres, cette sorte de flou général observé sur la *Vierge au voile* dû à l'imprécision des détails, au manque de nervosité dans l'écriture, fait que malgré une grande similitude avec ce qu'aurait pu concevoir Raphaël, les caractéristiques d'exécution de ce peintre ne se retrouvent pas. L'observation de la radiographie de ce tableau comme celle de la *Petite Sainte Famille,* complétée de l'analyse des pigments ont contribué à reconsidérer l'attribution de ces œuvres au maître italien.

Avant d'aborder quelques portraits, la confrontation entre ces compositions de petits formats ou ces madones harmonieuses et les grandes compositions conservées au Musée du Louvre telles *La Grande Sainte Famille* et le grand *Saint Michel,* aurait permis de préciser des points essentiels mais ces deux derniers tableaux transposés de bois sur toile au XVIIIe siècle ne révèlent aux rayons X qu'une image uniforme et très peu lisible en raison de la densité de l'enduit de transposition. Toutefois, l'analyse microchimique de la matière picturale témoigne de la constance du travail de Raphaël dans le choix de ses matériaux et le soin de l'exécution.

Attentif aux caractères des hommes de son temps, à leur valeur ou à leurs imperfections, Raphaël fut aussi portraitiste et le Louvre en conserve l'un des plus prodigieux exemples : *Balthazar Castiglione.* Le manque de lisibilité de l'image radiographique obtenue d'après ce tableau est due à deux causes : préparation de céruse et d'huile d'une part, minceur de la couche picturale résiduelle et sobriété de la palette constituée de pigments peu denses d'autre part, nuances qui contribuent par contre à l'harmonie dans la qualité des tons et la subtilité du dessin.

Raphaël et un ami a été également préparé de semblable manière mais reflète un état de conservation médiocre par rapport à celui du castillan.

Portrait de Jeanne d'Aragon

Par contre, le *Portrait de Jeanne d'Aragon,* bien que transposé de bois sur toile[7], permet une approche de la technique picturale au moyen des rayons X qui contribue à reconstituer la genèse de ce tableau.

La radiographie peu contrastée, doublement opacifiée par l'enduit de transposition et celui posé au revers de la toile

Jeanne d'Aragon, détail du visage en infrarouge

actuelle, met en évidence un certain nombre de points : des lacunes verticales partant du bas situent les jointements et les fissures du support d'origine ainsi que l'emplacement d'un nœud du bois ; une première transposition semble avoir été effectuée sur une toile portant une couture verticale à dextre ainsi que le montrent la ligne mastiquée et la marque de l'arasement de fils par endroit. D'autre part, malgré l'imprécision des contours, le film radiographique offre un visage peu aimable et sec du modèle qui surprend par rapport à l'expression du portrait achevé. Cela est dû à un repentir du peintre : double arête du nez, double œil gauche ; la petite fille du roi de Naples était à l'origine davantage de profil, le regard

7. Bailly le signale encore sur bois dans son Inventaire de 1709 et 1710.

Portrait de jeune garçon blond, infrarouge

dirigé à dextre. Ces reprises sont également retrouvées et soulignées par l'examen sous infrarouge. Par ailleurs, la radiographie renseigne utilement sur la technique et l'écriture picturale de l'artiste : les carnations sont modelées en clair ainsi que les larges manches; la touche est souple, ondulante, le dessin soigné dans la broderie du décolleté de la robe. Les fonds restent très opaques et ne montrent aucun détail précis si ce n'est l'architecture dont les grandes lignes sont indiquées par des incisions dans la préparation.

Il est difficile de dissocier techniquement la part revenant à Raphaël de celle relevant d'un de ses élèves puisque, d'après Vasari, il y aurait une collaboration dans l'exécution de ce portrait. Les interventions effectuées sur le support d'origine modifient bien évidemment l'examen des documents et rendent difficile leur comparaison avec les dossiers précédemment exposés, il semble néanmoins nécessaire d'insister sur les changements survenus: reprises qui impliquèrent l'apport de plusieurs couches colorées afin d'effacer le repentir, surcharges qui modifient cette transparence habituellement rencontrée dans les œuvres de Raphaël.

Portrait de jeune garçon blond

Successivement attribué à Raphaël puis au Parmesan, ce portrait a fait l'objet d'une étude dont les premiers résultats s'apparentent peu à ceux recueillis jusqu'alors sur les tableaux de ces peintres.

Tout d'abord, on constate qu'il est peint sur un petit panneau en bois de sapin de 0,425 × 0,336, encastré dans un assemblage de planches de chêne et parqueté. Cet agrandissement est déjà mentionné par Bailly dès le début du XVIIIe siècle.

Malgré la gêne causée par la présence du parquet qui maintient au revers le montage du support, l'image radiographique restitue du jeune modèle une figure largement brossée, aux lumières rehaussées de touches de blanc dense sur le front, le nez, le menton; le blanc des yeux est souligné. Le sourire a une expression moqueuse, sensiblement différent de celui langoureux et provoquant du tableau achevé.

Ce tableau a subi des interventions au moment de l'agrandissement du support, retouches qui, outre les ajouts, affectent la couche picturale originale dans le but d'unifier les tons. Il est vraisemblable que c'est à cette même époque qu'une restauration est intervenue au niveau de la main, des cheveux, et que l'habile combinaison des doigts se mêlant aux cheveux ait été mal interprétée. Cette confusion est mise en évidence par le rayonnement infrarouge qui souligne également le repentir de la toque et tout particulièrement les transformations apportées à ce tableau.

Les observations sur ce portrait, jointes aux résultats d'analyses de la couche picturale ressemblent peu à celles obtenues d'après des œuvres de Raphaël étudiées à ce jour au laboratoire. Des rapprochements ont été tentés avec Parmesan, Corrège, sans parvenir à une proposition concrète. L'écriture spontanée, la qualité de ce petit portrait ne peuvent être le fait d'un peintre mineur, il n'en conserve pas moins son mystère face aux méthodes scientifiques.

Portrait de jeune femme

Pareillement étudié est un *Portrait de jeune femme* appartenant aux collections du Musée de Strasbourg, attribué successivement à Véronèse, à Giulio Romano puis à Raphaël. Il est peint sur un support en bois de peuplier, constitué de deux planches jointées verticalement, taillé à la gouge sur le revers, badigeonné d'enduit et renforcé par deux traverses horizontales en queue d'aronde contrariées. Le film radiographique confirme le mauvais état des traverses — très vermoulues — et l'absence de planéité du support. Ces éléments opacifient en partie la radiographie qui a le mérite cependant de révéler de ce portrait une image séduisante par la mise en évidence d'une figure d'une grande finesse dont l'intensité d'expression, la simplicité du dessin, contrastent avec la dureté des traits du portrait actuel. Sur ce document, les modelés du visage apparaissent délicatement travaillés, les contours cernés de sombre. Le front semble plus dégagé, le nez moins long et fort, les lèvres charnues, le menton moins pointu. Dans l'ensemble, la figure se présente plus allongée. Mais les modifications apportées à ce portrait et mises en évidence par la radiographie concernent également les vêtements du personnage. A l'origine, le corsage de la robe remontait davantage sur la chemise qui, elle-même, s'arrêtait au ras du cou légèrement échancrée dans le dos. L'observation du tableau en éclairage tangentiel confirme ces constatations réalisées à partir de la radiographie et souligne également la reprise de la ligne du dos, de l'épaule et du bras à senestre, ainsi que du bras et la main à dextre. A ce dernier niveau, en raison de la présence de la traverse inférieure, la radiographie ne peut souligner le tracé de l'esquisse originale, de la main notamment dont la direction paraît avoir été modifiée.

Les changements apportés à ce portrait sont-ils le fait d'une collaboration de deux artistes, très tôt, en cours d'élaboration de l'œuvre, d'une transformation voulue postérieurement pour des raisons de mode, ou d'une modification consécutive à une mauvaise conservation suivie d'une restauration excessive? L'examen stratigraphique de la couche picturale peut répondre à ces questions. Il existe en effet entre les couches colorées posées successivement dans les zones reprises une similitude technique qui incline à penser que les changements apportés à la composition originale ne sont pas des repeints mais plutôt des repentirs. Cependant il n'est pas certain que ces modifications soient dues à une seule main: le

Portrait de jeune femme, (Musée de Strasbourg) lumière tangentielle

tableau initial a pu demeurer inachevé pendant une courte période avant d'être modifié et terminé par un autre artiste. Dans cette éventualité les modifications ne seraient pas des repentirs véritables et justifieraient l'hypothèse d'un portrait esquissé par Raphaël, repris et terminé par un collaborateur.

Cette exploration scientifique limitée à un petit nombre de tableaux n'a pas la prétention de définir une technique spécifique à Raphaël, de proposer une chronologie ou de modifier des attributions. Elle souhaite rendre compte aux conservateurs et historiens d'art de certaines observations, renseignements utiles à la connaissance et à la conservation des œuvres.

Toutefois, une évidence doit être soulignée au terme de cette étude : la manière et le soin constants apportés par Raphaël dans la préparation et l'élaboration de ses tableaux.

Caractéristiques générales de la matière picturale

L'étude au microscope de minuscules échantillons de peinture prélevés dans les principales couleurs donne d'intéressantes précisions sur la technique de Raphaël[8]. La comparaison des résultats de ces examens et analyses permet de dégager les aspects les plus caractéristiques de la matière picturale et d'en noter les éventuelles modifications au cours du temps en s'appuyant sur la chronologie des œuvres.

La préparation

Certaines peintures comme l'*Ange* ou la *Belle Jardinière* reposent sur le support original de bois. Celui-ci est recouvert par une épaisse couche de gesso blanc, préparation traditionnelle des écoles italiennes, contenant du sulfate de calcium, partiellement hydraté sous forme de gypse, et de la colle animale.

Avant le dépôt des diverses couches de couleur, sa surface est soigneusement lissée et recouverte par un mince film d'huile. Comme on l'a vu dans l'étude radiographique, une toile est enrobée dans cette préparation pour prévenir l'ouverture de fentes dans la couche picturale au niveau des joints des diverses planches qui constituent le support.

Parmi les peintures étudiées, plusieurs comme la *Grande Sainte Famille de François I*er ou le *Grand saint Michel* ont été transposées sur un nouveau support de toile. Ces interventions effectuées au XVIIe et au XVIIIe siècles ont supprimé la préparation originale. Bien qu'aucun témoin matériel ne puisse plus le prouver, ces peintures étaient sans aucun doute préparées avec un gesso car la technique de préparation des panneaux de bois était constante à la Renaissance.

8. En raison de l'importance des œuvres, les prélèvements ont été limités au minimum. Ainsi on a jugé préférable de renoncer à prélever certains tableaux de petit format et en bon état de conservation comme :
   - *La Petite Sainte Famille* Musée du Louvre. Inv. 605.
   - *Saint Michel* Musée du Louvre. Inv. 608.
   - *Saint Georges luttant avec le dragon* Musée du Louvre. Inv. 609.

   Dans ces conditions, l'analyse stratigraphique et microchimique a pu être effectuée sur les tableaux suivants :
   - *Ange* Musée du Louvre. RF 1981-55.
   - *La Madone de Lorette* Musée Condé Chantilly
   - *La Belle Jardinière* Musée du Louvre. Inv. 602.
   - *Saint Jean-Baptiste dans le désert* Musée du Louvre. Inv. 606.
   - *Balthazar Castiglione* Musée du Louvre. Inv. 611.
   - *La Grande Sainte Famille de François I*er Musée du Louvre. Inv. 604.
   - *Le Grand saint Michel* Musée du Louvre. Inv. 610.
   - *Raphaël et un ami* Musée du Louvre. Inv. 614.
   - *La Vierge au voile* Musée du Louvre. Inv. 603.
   - *Sainte Marguerite* Musée du Louvre. Inv. 607.

L'impression

Avant de peindre les couleurs, une première couche de peinture dite couche d'impression est généralement étendue sur la préparation. A l'exception de la *Belle Jardinière* où elle n'a pas été décelée, une impression est effectivement présente dans tous les tableaux. Chez Raphaël, son épaisseur moyenne est voisine de 30 micromètres, mais, dans certains cas, elle peut atteindre une valeur double.

Contrairement à ce qu'on observe habituellement à des époques plus tardives, l'impression n'a pas toujours une couleur rigoureusement uniforme sur l'ensemble du tableau. Ce fait suggère que, chez Raphaël, cette sous-couche ne joue pas seulement un rôle de couleur générale de fond, mais qu'elle intervient partiellement dans l'ébauche de la composition.

Le pigment de base étant le blanc de plomb, la couleur de l'impression est toujours très claire. Cependant, elle est rarement faite de blanc pur : l'addition de très faibles quantités de pigments conduit à une légère coloration. Le charbon broyé est le plus fréquent, ce qui donne un gris pâle *(Vierge au voile, Balthazar Castiglione, Raphaël et un ami).* Le jaune au plomb et à l'étain ou « giallorino » est présent dans les impressions de l'*Ange* et de la *Madone de Lorette.* Des cristaux orangés de minium ont parfois été décelés *(Grande Sainte Famille de François Ier,* et *Madone de Lorette).*

L'impression de la *Madone de Lorette* constitue un cas particulier. Dépourvue de pigment noir, elle est par contre relativement riche en minium ce qui confère une couleur orangé clair. Cette impression figure sous l'ensemble des couleurs du tableau à l'exception de celles de la Vierge où elle est curieusement remplacée par un blanc pur.

Couleurs bleues

Dans les peintures des écoles italiennes de la Renaissance, les drapés des vêtements bleus, en particulier les manteaux de Vierge, comportent généralement deux couches successives : une première couche au carbonate de cuivre (azurite naturelle ou pigment artificiel) est recouverte par une couche de lapis-lazuli broyé. L'usage de ce pigment plus beau mais plus cher était limité à la surface externe par économie.

Cette technique a été retrouvée chez Raphaël dans le manteau bleu de la *Belle Jardinière* et dans celui de la *Madone de Lorette.* Dans le premier de ces tableaux, le lapis-lazuli superficiel est pur. Etendu en couche mince, il forme une matière où les coups de brosse, bien discernables à l'observation directe du tableau comme sur la radiographie, sont demeurés imprimés. A cause des irrégularités d'épaisseur ainsi créées, le bleu plus verdâtre de l'azurite sous jacente transparaît aisément et contribue ainsi pour une grande part à la couleur sombre finale du manteau (fig. 7).

Le bleu du manteau de la *Madone de Lorette* bien que réalisé avec une technique semblable, présente des différences par rapport au cas précédent. L'addition de blanc de plomb à la couche d'azurite et à la couche de lapis-lazuli donne une couleur plus éclatante au vêtement. Par ailleurs, la couche de lapis-lazuli est plus épaisse et plus uniforme que dans le manteau de la *Belle Jardinière.* Le lapis-lazuli contribue ici majoritairement à la couleur du manteau. La richesse et la profondeur de la couleur de ce pigment sont ainsi mieux mises en valeur.

Dans des peintures plus tardives de Raphaël *(La Grande Sainte Famille de François Ier)* ou de son école *(La Vierge au voile)* la superposition traditionnelle des deux bleus n'est plus observée : dans ces deux tableaux la couche contenant du bleu de cuivre est absente de la matière du manteau de la Vierge. Elle est remplacée par un rose carmin, mélange de blanc de plomb et de laque rouge[9]. Cette sous-couche rose vif exalte beaucoup plus l'éclat du lapis-lazuli que le bleu au cuivre habituel. Elle constitue une innovation technique particulièrement judicieuse.

Couleurs rouges

L'étude des rouges illustre également l'évolution technique de Raphaël.

Traditionnellement les rouges des robes de Vierge sont réalisés avec une première couche opaque et réfléchissante à base de laque rouge recouverte par un glacis rouge mince homogène et transparent.

Dans la collerette de la robe de l'*Ange,* œuvre de jeunesse de Raphaël, cette technique est respectée. La couche opaque est un mélange de blanc de plomb et de laque carmin. Le glacis rouge, de laque également, est étendu en couche mince.

La robe rouge de la *Madone de Lorette* est réalisée avec une technique identique à ceci près que le glacis y est plus épais ce qui donne plus de profondeur à la couleur.

Pour accentuer encore l'effet de profondeur l'artiste est conduit à augmenter l'épaisseur du glacis ce qui a pour conséquence un assombrissement de la couleur. Afin de lui conserver le maximum de luminosité il est nécessaire que la sous-couche soit la plus réfléchissante possible c'est-à-dire qu'elle soit blanche. Dans la robe de la Vierge de la *Grande Sainte Famille de François Ier,* œuvre plus tardive, la couche réfléchissante est effectivement un blanc pur tandis que la seule matière colorée est constituée par le seul épais glacis rouge.

Carnations

Chez les peintres de la Renaissance, les carnations sont généralement très soigneusement exécutées. La matière de base est le blanc de plomb qui est diversement nuancé par l'addition de pigments rouges, vermillon finement broyé le plus souvent, et parfois par quelques grains de charbon noir. La quantité et la nature de ces pigments varient selon qu'on se trouve dans une partie en ombre, en lumière ou dans les modelés qui les séparent.

Les caractéristiques ci-dessus se vérifient effectivement dans les diverses carnations de Raphaël étudiées au laboratoire[10]. Mais le microscope, tout en confirmant le soin et la précision de leur exécution, a révélé qu'une palette riche s'y cache.

En effet, en plus du vermillon d'autres pigments vivement colorés sont présents : lapis-lazuli bleu, jaune au plomb et à l'étain, minium orangé. Tous ces pigments sont très finement broyés puis ajoutés au blanc de plomb en quantité extrêmement faible et dispersés de façon homogène dans la matière. L'usage d'une telle diversité de pigments montre que, chez Raphaël, les carnations sont l'objet d'une élaboration particulièrement savante et subtile.

Verts

Divers procédés sont utilisés dans les couleurs vertes.

Le vert sombre de la végétation dans *La Belle Jardinière* ne contient pas de pigment vert. Selon une technique ancienne, déjà pratiquée par les Primitifs italiens, le vert est le résultat du mélange d'azurite bleue et de jaune au plomb et à l'étain.

Par contre ce procédé n'est plus suivi dans les frondaisons qui entourent le *Saint Jean-Baptiste dans le désert* où des pigments verts à base de cuivre sont largement représentés. Les diverses nuances de vert y sont obtenues par l'addition de quantités variables de pigments jaunes, orangés et blancs et par des effets savants de superposition de couches.

La profondeur et la luminosité sont habituellement recherchées dans la représentation des vêtements et dans les fonds de portraits plus que dans les feuillages. L'analyse de ces couleurs montre que ces effets ont été obtenus par un procédé semblable à celui utilisé dans les rouges et décrit plus haut : une couleur transparente déposée sur une couche opaque et réfléchissante. Le résinate de cuivre et le vert de gris se prêtent particulièrement à cet usage. Leurs qualités de transparence sont particulièrement perçues quand ils sont peints en glacis homogène mais ils sont également utilisés sous forme de pigment broyé avec un effet moindre.

La tenture verte derrière la *Madone de Lorette* est réalisée par la succession de nombreuses couches renfermant les mêmes pigments. Leurs concentrations varient continuement de la profondeur vers la surface de la peinture ce qui modifie progressivement et en dégradé la couleur et la transparence de la matière picturale. Les couches les plus profondes sont les plus claires et les plus opaques car elles sont riches en blanc de plomb et en jaune au plomb et à l'étain mais pauvres en pigment vert. Les couches intérmédiaires de couleur vert clair s'enrichissent progressivement en pigment au cuivre qui demeure seul vers la surface.

A cette structure picturale complexe s'oppose la technique de réalisation très simple de la tenture du fond de la *Grande Sainte Famille de François Ier*. Le vert de cuivre y est présent sous la forme d'un glacis unique épais et homogène étendu sur une couche blanche afin d'obtenir le maximum de luminosité.

En conclusion, la connaissance de la matière picturale telle qu'elle nous a été révélée par l'observation au microscope et par l'analyse microchimique permet d'en apprécier les grandes qualités. Le métier très soigneux se manifeste par le broyage homogène des pigments. Dans les couches d'impressions et de carnations celui-ci est parfois extrêmement fin, indice d'une élaboration longue et minutieuse. Les diverses couches constituant l'édifice pictural ont une épaisseur uniforme et bien déterminée selon leur nature. Les pigments utilisés sont de grande qualité.

En fait ces divers aspects ne sont pas le fruit du hasard, ils sont l'expression d'une technique précise qui se situe dans la tradition des prédécesseurs de Raphaël et qui s'inspire directement des recettes anciennes et éprouvées exposées par Cennino Cennini un siècle auparavant. Cette technique habile et sûre ainsi que la qualité des matériaux expliquent, après cinq siècles, la pérennité de la fraîcheur et de la luminosité des couleurs.

Bien que l'étude ici présentée ne concerne qu'un nombre relativement restreint de tableaux, elle a le mérite de dégager un point important : tout en restant fidèle à ses

9. Dans la *Grande Sainte Famille de François Ier*, Raphaël a étendu le procédé à toutes les couleurs bleues : la même couche rose est présente non seulement sous le lapis-lazuli du manteau de la Vierge, mais aussi sous le bleu clair au lapis-lazuli du ciel et même sous l'azurite bleu-vert de la robe de sainte Elizabeth.
Cette stratigraphie bleu sur rose n'est pas le résultat de recouvrements localisés et fortuits. En particulier on ne peut l'expliquer par la présence d'une couleur rose dans le voisinage de l'emplacement du prélèvement étudié ni par une ressemblance avec la matière de la robe de la Vierge. Il semble donc qu'il s'agit d'une caractéristique technique délibérée. Une étude plus large des peintures de Raphaël est souhaitable pour évaluer la fréquence et les circonstances de son emploi.
10. Les carnations sont étendues en une ou deux couches semblables. Dans le second cas la partie superficielle est plus claire que la partie la plus profonde. L'épaisseur totale est comprise entre 30 et 50 micromètres.

racines, la technique de Raphaël (et de son atelier) évolue vers une maîtrise plus grande et plus libre. Cette évolution est particulièrement illustrée, on l'a vu, par les innovations techniques apportées à la réalisation des couleurs bleues et rouges des vêtements de Vierge.

La perfection des moyens d'expression des grands peintres de la fin de la Renaissance italienne est due à l'aboutissement des expériences et des progrès de leurs prédécesseurs auxquels s'ajoutent la maîtrise de nouveaux acquis comme celle de la perspective. L'ensemble des remarques ci-dessus montre que cette recherche de la perfection est également sensible à un autre niveau : celui de la matière picturale et de son élaboration.

Étude au Service de la restauration des peintures des musées nationaux

par Annick Lautraite

Supports

Le bois

L'examen des tableaux de Raphaël conservés au Louvre révèle une très nette prédominence de l'utilisation du bois comme support puisque toutes ces œuvres, à l'exception de deux, sont nées sur bois. Après une période de plein épanouissement aux XIVe et XVe siècles, la peinture sur bois reste très répandue au début du XVIe siècle en Europe méridionale.

Tous les panneaux de Raphaël du Louvre dont le support original subsiste, sont peints sur peuplier : essence très largement dominante en Italie, c'est le le bois type des écoles de peinture de ce pays[1]. Du XIe au XVIe siècle, les études faites[2] montrent que les bois utilisés par les artistes correspondent en général à la végétation forestière des régions où ils ont été peints. Chez les artistes qui travaillent dans l'entourage de Raphaël, et représentés dans cette exposition, on trouve de rares exemples d'essences différentes. Le noyer est utilisé pour *Cérès* de G. Romano, et le sapin pour le *Portrait d'un jeune garçon blond* de Corrège. Ces essences tiennent une place secondaire en Italie. Le critère de choix est en général la facilité d'acquisition.

La lecture des contrats[3] passés avec les peintres et celle

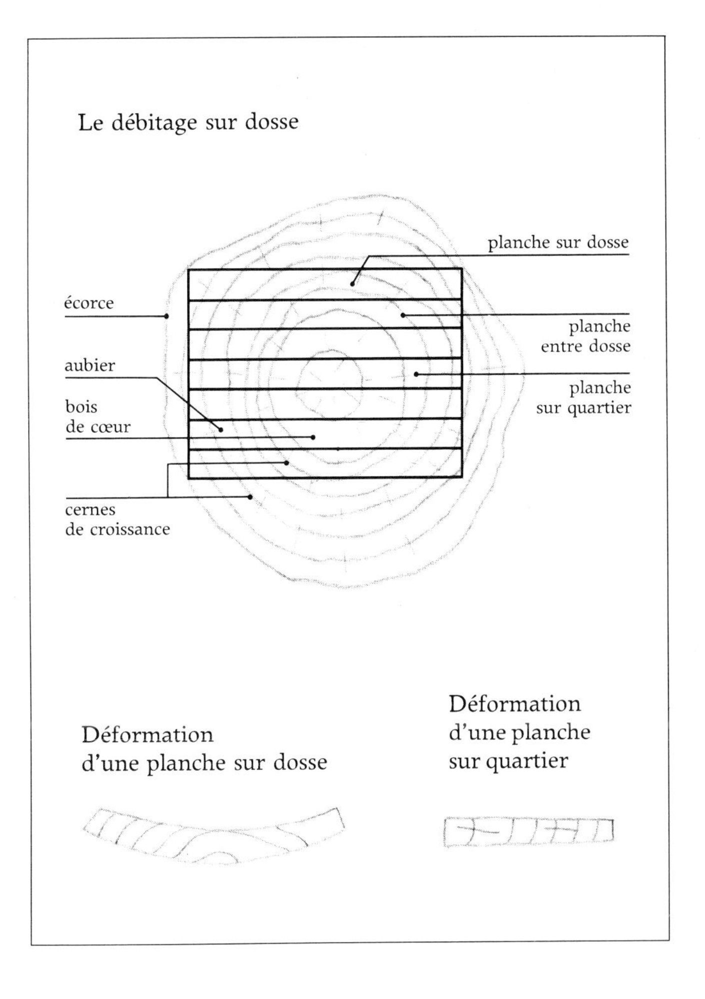

des textes anciens nous apprend que ce sont les menuisiers qui étaient chargés traditionnellement de la fabrication des supports. La commande émanait soit du peintre, soit du client[4]. On s'adapte à l'essence utilisée. Le peuplier, bois tendre, présente une faible résistance aux agents destructeurs ; bois homogène, il rend à peine possible la différenciation du cœur d'avec l'aubier, partie la plus vulnérable à l'attaque des vers

1. De même que le chêne caractérise les écoles hollandaises et flamandes.
2. J. Marette : « Connaissance des Primitifs par l'étude du bois », A. et J. Picard et Cie, Paris, 1961.
3. L.H. Labande : « Les Primitifs français », Marseille, librairie Tacussel, 1932, t. I, p. 55.
4. G. Creighton : « Peintres et menuisiers au début de la Renaissance en Italie », dans Revue de l'Art n° 37, 1977, pp. 9-28.

(voir schémas). Il n'est pas aisé d'obtenir une planche parfaite, d'autant plus que le diamètre du tronc du peuplier n'est jamais très important. Il semble que ces raisons expliquent en partie que les règles édictées par les statuts des métiers sur le choix de la qualité du bois ne soient pas très stricts en Italie, au contraire de la France ou des Flandres. On peut cependant remarquer qu'un soin particulier est apporté sur le choix des planches. Le petit *Saint Michel,* le petit *Saint Georges,* la petite *Sainte Famille,* l'*Ange* ne présentent aucun nœud[5]. La *Belle Jardinière*[6], la *Vierge au voile* en présentent quelques-uns, mais à la périphérie de la composition[7]. C'est également le cas de la grande *Sainte Famille* et de *Jeanne d'Aragon,* aujourd'hui transposés sur toile, sur la couche picturale desquels des traces de nœuds sont perceptibles par le réseau de craquelures particulier qu'ils ont provoqué.

Le mode de débitage et d'assemblage de ces planches révèle une parfaite connaissance du comportement du matériau « vivant » qu'est le bois : « jeu » et dessèchement progressif. Le débitage sur dosse était le plus fréquent en Italie. Il semble que le faible diamètre du tronc du peuplier en soit une raison essentielle. Il était aussi plus facile et plus avantageux pour le scieur (peu de déchets), mais donnait à la planche sur dosse une tendance à beaucoup se courber[8] (voir shémas). Parmi les panneaux constitués d'une seule planche, le petit *Saint Georges* est sur « dosse », le petit *Saint Michel* entre « quartier et dosse », la petite *Sainte Famille* sur « faux quartier » (cernes de croissance presque perpendiculaires aux faces de la planche). Leur déformation est insignifiante mais notons qu'il s'agit de petits formats. Pour les formats plus grands, il est nécessaire d'utiliser plusieurs planches. Un choix est alors fait dans l'assemblage des débitages pour éviter le gauchissement du panneau. L'*Ange* est fait de deux planches, chacune débitée entre « quartier et dosse », mais assemblées au niveau du quartier : la courbure est faible et régulière. La *Vierge au voile,* constituée d'une planche sur « dosse » et d'une planche sur « faux quartier », est légèrement plus cintrée du côté de la « dosse » mais reste peu déformée. La *Belle Jardinière* présente une planche centrale sur « dosse » et deux planches latérales de moindre largeur sur « quartier »[9]. La tendance à la courbure de la planche centrale sur « dosse » est contrebalancée par les deux planches latérales sur « quartier » : le panneau est à peine cintré. Une plane était souvent utilisée pour dresser la planche. Des traces en sont visibles, en lumière rasante, sur la face du petit *Saint Michel.* Le moine Théophile[10] et C. Cennini[11] conseillaient d'assembler les planches à joint vif avec de la colle ; l'observation faite sur l'*Ange* lors de sa restauration le confirme. Le joint était renforcé par des bandes de toiles posées côté face[12]. Elles sont noyées dans la préparation qui couvre le panneau : gesso au gypse et à la colle animale. La présence de telles bandes a été remarquée sur l'*Ange* et sur la *Belle Jardinière*[13]. Le maintien des panneaux était assuré par des traverses. Celles utilisées pour la *Belle Jardinière,* en chêne, sont incrustées, à queue d'aronde[14] : procédé très courant à l'époque[15]. Le cadre jouait aussi un rôle de renfort. Les bords de la *Vierge au voile* présentent un amincissement[16] qui laisse supposer que le panneau s'emboîtait dans un cadre à rainure : type qui se généralise à partir du XVe siècle[17]. On évite alors l'adjonction de traverses pour conserver le panneau plan[18].

Tous les revers sont, à l'heure actuelle, couverts d'une couche de peinture, à l'exception de ceux de la *Vierge au voile* et de l'*Ange.* Ce dernier ayant été aminci, comme le montrent les galeries de vers ouvertes, il n'est pas possible de savoir s'il l'était auparavant. Il s'agit d'une couche de peinture brune qui couvre le revers et la tranche des panneaux et déborde parfois sur la couche picturale, comme c'est le cas sur la *Belle Jardinière :* il semble qu'elle ne soit donc pas d'origine. Les observations faites au Louvre sur d'autres tableaux nous conduisent à penser qu'il s'agit d'un enduit du début du XIXᵉ siècle : de nombreux panneaux arrivés lors des conquêtes napoléoniennes présentent cette couche brune. Elle est une mesure de conservation permettant un meilleur équilibre interne du panneau[19]. Seul le revers de la petite *Sainte Famille* est couvert d'une peinture à effet de marbre. Elle pourrait avoir été faite en imitation des cabochons de marbre figurant sur *Cérès,* lorsque les deux tableaux ont été réunis.

5. L'utilisation d'une planche noueuse n'était pas interdite, comme le laisse supposer une recette donnée pour remplacer les nœuds : Cennino Cennini : « Il libro d'Arte » a cura di F. Tempesti, Milano 1975 ; "The Craftsman's Handbook" translated by D. Thompson, New-York, 1960 ; « Le livre de l'Art » traduit par V. Mottez, Paris 1858 (1ʳᵉ éd. 1437), 6ᵉ partie, CXII.
6. Elle présente, sur le bord droit, un nœud qui a été remplacé par un mélange qui pourrait être celui préconisé par C. Cennini, colle et sciure.
7. C'est aussi le cas de la *Vierge de Lorette* (Musée Condé à Chantilly) ; cf. S. Bergeon : Dossier du Département des Peintures nº 19, 1979, p. 48.
8. La courbure est aussi fonction de l'assymétrie des surfaces ; le côté peint jouant un rôle d'écran, le bois se dessèche moins que du côté non peint.
9. La *Vierge de Lorette* de Chantilly est constituée pareillement.
10. Théophile : « Diversarum artium Schedula », « Essai sur divers arts », éd. et trad. par C. de l'Escalopier, Paris, 1943, chap. XVII, p. 31.
11. C. Cennini, CXII : colle de fromage avec un peu de chaux. Il y a formation d'un composé irréversible de caséinate de calcium.
12. Jusque dans la deuxième moitié du XVᵉ siècle, on trouve en Italie l'ensemble du panneau

La toile

Au Louvre, seuls *Balthazar Castiglione* et *Raphaël et un ami* sont nés sur toile. Parmi les œuvres de Raphaël dont l'tttribution n'est pas discutée, ces portraits seraient les deux seuls peints sur toile conservés[20]. Les autres œuvres sur toile connues sont une bannière de procession : l'*Etendard de la Trinité* (église de Citta di Castello) et un retable : la Madone de Saint Sixte (Dresde, Gemäldegalerie).

L'utilisation de la toile comme support indépendant apparaît comme une nouveauté à la fin du quattrocento, époque où le bois commence seulement à être supplanté par le toile qui prendra de plus en plus la première place. Le textile utilisé est généralement une toile de lin à structure fine, appelée « drapelet » en France[21], « tuchlein » dans le Nord[22] et « tela rensa »[23] en Italie. Les deux portraits de Raphaël ayant eu leurs bords coupés lors de leur rentoilage ancien, il n'a pas été possible d'analyser la nature du textile, mais on peut dire que leur toile compte en moyenne 16 fils verticaux et 19 fils horizontaux au centimètre carré.

Il était d'usage à l'époque, comme nous le montre la *Présentation au temple* de Mantegna (Berlin, Staatliche Museum), de clouer la toile sur un châssis au dos duquel était inséré un panneau[24]. Ces clous provoquaient une nette déformation « festonnée » de la toile sur les bords. On peut remarquer ces « guirlandes » sur les deux portraits de Raphaël[25]. La toile n'était pas tendue par-dessus les arêtes du châssis, mais clouée sur son endroit. Le cadre d'ornement était appliqué sur le châssis dont il couvrait les bords. Ce système de fixation de la toile est déjà conseillé par Eraclius[26] et par C. Cennini[27]. Nous en trouvons aussi le témoignage dans certains inventaires[28] de la fin du XVe siècle.

Pourquoi Raphaël a-t-il parfois utilisé la toile ? Il est bien difficile de répondre, comme pour les artistes qui adoptent ce nouveau support. Il semble que sa légèreté, facilitant les manipulations, constituait, pour des œuvres susceptibles de voyager, comme les portraits, un avantage sur le bois. Une lettre de Mantegna, de 1477, l'atteste[29] : « Si Votre Majesté veut les transporter loin, elles doivent être faites sur toile fine pour qu'elles puissent être enroulées sur un petit cylindre. »

Il est possible aussi que la rapidité d'exécution qu'elle permettait ait été un critère favorable de choix[30]. Enfin, la toile répond à une esthétique très différente : celle d'une surface irrégulière permettant des effets nouveaux[31].

Raphaël semble avoir utilisé la texture de la toile comme une modulation. Elle se laisse deviner grâce à un enduit et une couche de couleur extrêmement minces. Mais il reste difficile de savoir si l'évolution technique est consécutive à une évolution esthétique ou si elle en est la cause.

couvert d'une toile noyée dans l'enduit : protection des panneaux et meilleure isolation de la couche picturale.

13. Cf. radios du L.R.M.F. et observations lors de la restauration de l'*Ange*.
14. Ces traverses sont en chêne débité sur maille ; les apports constitutifs étaient souvent de bois différent de celui du panneau (cf. Marette, *op. cit.*).
15. Les toutes premières traverses connues, du XIIe siècle, étaient fixées au panneau, le plus souvent, par des clous de fer (cf. Marette, *op. cit.*, p. 129).
16. Conservée sur les bords supérieur et droit. Elle a été partiellement rabotée sur les autres côtés.
17. Une des plus anciennes formes de cadre est le cadre taillé dans la masse du panneau : le portrait de *Jean Le Bon* du Louvre en est un exemple. Jusqu'au XVe siècle, ils seront fixés au support par des clous ou des chevilles (cf. Marette, *op. cit.*, pp. 125-126).
18. Cf. Marette, *op. cit.*, pp. 141-145.
19. « Les traitements des supports en bois » ; Muséum, vol. VII, n° 3, 1955, p. 180.
20. Parmi les œuvres dont l'attribution à Raphaël est discutée, signalons le portrait de *Lorenzo de Medicis* (New-York, coll. privée), celui du *Cardinal Bibbiena* (Florence, Pitti) et le *Saint Jean-Baptiste* (Florence, Pitti).
21. N. Raynaud : « Jean Fouquet », Dossier du Département des Peintures n° 22, R.M.N., Paris, 1981, p. 9.
22. Bulletin de l'I.R.P.A., 1969, XI, pp. 5-31.
23. Du nom de la ville de Reims où se tenait un marché important de toile de lin, dès le XIIIe siècle. Au musée de cette ville, sont conservées de grandes tentures du XVe siècle, sur lin très fin.
24. Muséum, « Le traitement des peintures », Les supports de toile ; vol. XII, 1960, fig. 43 et 45.
25. Cette déformation de la toile a été l'un des principaux éléments qui ont permis de dissiper le malentendu concernant le support original du *Balthazar Castiglione :* d'après les inventaires anciens, on pensait que le tableau avait été transposé de bois sur toile.
    Cf. J. Shearman et G.E Mâle : « Le portrait de B. Castiglione par Raphaël », Revue du Louvre, 1979, pp. 261-272.
26. M.P. Merrifield : "Original treatises on the arts of painting", Dover, New-York, 1849, I, p. 230 ; « étendez-la en l'attachant à un châssis de bois avec des fils ». Cette fixation par laçage a été reprise plus tard : nous connaissons l'exemple de Berchem. Paysage et animaux (Louvre, Inv. 1046).
27. C. Cennini *op. cit.*, chap. CLXII : « Tout d'abord il faut mettre ton châssis bien à plat et clouer la toile. »
    Chap. CLXIV : « Tu feras mettre par les susdits maîtres toile ou taffetas bien tendus sur un châssis. »
28. J. Shearman : "The Collections of the younger branch of the Medicis", Burlington Magazine, 1975, CXVIII, p. 24 : « Uno San Rocho depincto in panno linno chomisso in uno quadro di lignamo, con le cornice d'intorno messo a horo finno. »
29. C. Villers : "Artists canvases. A history", I.C.O.M. Committee for Conservation, 6th Triennal meeting, Ottawa, 1981.
30. N. Raynaud, *op. cit.*
31. J. Rudel : « Le problème du support dans l'histoire de la peinture », L'Information d'histoire de l'Art, Paris, 1962, n° 4, pp. 158-163, ainsi que M. Pearse et G. Stout : "Oil on canvas", Art News, vol. XLVII, n° 3, mai 1948, pp. 24-28.

Raphaël et un ami, détail : toile à structure fine

La Grande Sainte Famille, détail : les traces de l'ancien support sont encore visibles (craquelures verticales parallèles au fil du bois, joint de deux planches) et se conjuguent avec les traces du nouveau (trame de la gaze posée avant la toile lors de la transposition)

Œuvres transposées

Parmi les œuvres de Raphaël, beaucoup ne sont plus aujourd'hui sur leur support d'origine : elles ont été « transférées » sur toile. Le grand *Saint Michel,* la grande *Sainte Famille, Sainte Marguerite, Saint Jean-Baptiste dans le désert, Jeanne d'Aragon,* conservés au Louvre, ont subi cette opération délicate.

Cette proportion est révélatrice du succès que connut, au XVIIIe siècle, ce procédé nouveau[32]. Ces tableaux, comme beaucoup d'autres du Louvre, sont passés entre les mains de plusieurs dynasties d'artisans : les Picault, la veuve Godefroy, les Hacquin, les Fouque. Pour remédier aux altérations du support et à celles de la préparation, deux méthodes semblent avoir été employées : destruction ou conservation du support. La dernière fut celle de Robert Picault à qui l'on confia des tableaux des collections de la Couronne de 1748 à 1751. Leur transposition, en particulier celle de la *Charité* d'Andrea del Sarto[33], lui donnèrent une grande notoriété et lui valut les faveurs du roi.

En 1751, on lui confia le *Saint Michel*[34] qui, selon un procès verbal signé de Coypel, Lépicié, Van Loo et Portail, « ne laissait point apercevoir une surface de deux pouces carrés qui

32. Née en Italie dans le premier quart du XVIIIe siècle, la transposition se répandit en France vers le milieu du siècle où elle fut pratiquée de façon courante pendant plus d'un siècle.
Marot : « Recherche sur les origines de la transposition de la peinture en France », Annales de l'Est, 1950.
33. G.E Mâle : « La première transposition au Louvre en 1750 : la Charité d'Andrea del Sarto », Revue du Louvre, juin 1982, n° 3, pp. 223-230 ; et Dossier du Département des Peintures n° 25, R.M.N., Paris, 1982, pp. 66 à 68.
34. Arch. Nat. 01 1907 B, vol. 19, 1750.

ne soit menacée de tomber par écailles »[35]. Mais en 1776, l'adhérence de la couche picturale se révélant de nouveau compromise, la Direction des Bâtiments refusa la proposition de Picault[36] de remédier gratuitement à ces dégâts. Son refus de livrer son secret[37] et ses exigences financières lassèrent. La reprise de transposition fut confiée à Jean-Louis Hacquin dont « la méthode était plus sûre et moins coûteuse »[38]. Elle consistait à détruire le support (rabotage pour le bois) puis à remplacer et à « régénérer » la préparation[39].

En 1777, on s'adressa encore à lui pour « lever » trois autres œuvres de Raphaël que l'on jugeait en mauvais état [40] : *Sainte Marguerite,* la grande *Sainte Famille* et *Saint Jean-Baptiste.* Cependant, sa méthode n'évitera pas à certains tableaux de subir une nouvelle intervention.

Quelle que soit la méthode utilisée et le soin apporté dans l'exécution, l'œuvre transposée est fragilisée[41].

La transposition du *Saint Michel* fut reprise par Picault fils en 1800 puis par Mortemart en 1860. Selon Villot, « la peinture se réduisait à une espèce de poussière aussi fragile que le pastel ». La *Sainte Marguerite* fut de nouveau mise sur toile en 1794. Le *Saint Jean-Baptiste* reçut des soins en 1788[42], 1837[43] puis 1866 par le peintre Willems. Le temps qu'il y consacra, deux années, montre que le tableau était dans un état avancé de dégradation. Quant à la grande *Sainte Famille,* aucune intervention fondamentale n'est signalée dans les archives depuis sa transposition. De même, *Jeanne d'Aragon* ne fut transposée qu'une fois, mais plus tard, en 1810, par Hacquin fils. Il réalisa cette intervention quelques années après celle de la *Madone de Foligno*[44] (aujourd'hui au Vatican), rendue célèbre par le rapport dont elle fut l'objet en 1801[45]. Il relate les diverses phases de l'intervention contrôlées par une commission de l'Institut dans laquelle figuraient des scientifiques[46].

Avec l'ouverture du Muséum et l'arrivée à Paris du butin des conquêtes napoléoniennes, une prise de conscience se faisait jour : la restauration devait se faire, mais avec prudence et sans ce climat de mystère qui l'avait entourée jusqu'alors.

La méthode actuelle de transposition a peu changé par rapport à celle de Hacquin, mais on s'efforce de l'éviter chaque fois que l'on peut[47]. L'évolution s'est faite dans le sens d'un moindre interventionisme. Ainsi des refixages ponctuels ont été répétés depuis 1940 sur *Sainte Marguerite* dont l'adhérence générale n'est plus très bonne. Si les mouvements se généralisaient, la transposition devrait être néanmoins reprise.

Le changement de structure d'une œuvre transposée entraîne à plus ou moins longue échéance des changements esthétiques. La grande *Sainte Famille* porte aujourd'hui deux réseaux de craquelures conjugués, de bois et de toile. Aux traces de son support d'origine (joints des planches, fentes, nœuds, fils du bois) se sont superposées les empreintes de la gaze et de la toile de transposition. La qualité de l'image en est modifiée.

35. Arch. Nat. 01 1907 B, vol. 20, 1751.
36. Arch. Nat. 01 1914, vol. 1, 1776.
37. L'étude faite à propos de la *Charité* d'Andrea del Sarto par le chimiste J. Petit, directeur du laboratoire de Thiais, et certains textes de l'époque permettent d'affirmer qu'il faisait pénétrer par le revers du tableau des vapeurs d'acide nitrique qui devaient décomposer la préparation et désolidarisait le support de la couche picturale. Il enduisait ensuite le revers de la couche colorée d'une « maroufle », adhésif brunâtre fait de résine et de chaux.
38. Arch. Nat. 01 1914, vol. 1, 1776.
39. C'est-à-dire à renforcer sa cohésion par un apport de liant, ou la substituer par un nouvel enduit à l'huile et au blanc de plomb afin de rétablir l'adhérence de la peinture sur son support.
40. Arch. Nat. 01 1910, vol. 2, 1763 ; Arch. Nat. 01 1911, vol. 3, 1767.
41. La gaze et la colle de pâte utilisées lors de la transposition, très sensibles aux variations hygrométriques, peuvent être la cause de nouveaux soulèvements. Il arrive aussi que la nouvelle préparation devienne pulvérulente.
42. Arch. Nat. 01 1933. Mémoire de Godefroy « pour avoir lavé et verni un Raphaël de dessus de porte dans la salle du trône ».
43. M. Boudot et Lamotte : « Histoire d'un tableau de Raphaël du Musée du Louvre », Revue de l'Art, 1934, p. 59.
44. Butin révolutionnaire, elle séjourna à Paris de 1797 à 1815. Cf. Marot, *op. cit.*
45. Retranscrit par Passavant dans « Raphaël d'Urbin et son père, G. Santi », Paris, 1860, t. II, pp. 622-629.
46. Deux chimistes : Berthollet et Guyton de Morveau, et deux peintres : Vincent et Taunay.
47. Elle reste une mesure de sauvegarde pour des cas extrêmes.

Interventions fondamentales

L'Ange

Le support est constitué de deux planches de peuplier d'une épaisseur actuelle de 15 mm. Il était cintré, fendu et commençait à se désassembler (léger désaffleur) dans la partie basse : les traverses qui le maintenaient s'étaient bloquées. Sur la face, l'ensemble formé par la couche picturale et la toile posée par bandes, se détachait localement du support près des bords. Le panneau avait été autrefois restauré : amincissement du bois[48] en raison de galeries de vers et probablement aussi d'une courbure acquise par le dessèchement progressif du bois ; incrustation de deux papillons en noyer pour rejointer les planches désassemblées et de deux traverses[49] à queue d'aronde, en sapin pour maintenir l'ensemble. Un bois déjà vieux que l'on rabote se trouvant « relancé » dans un nouveau cycle de vieillissement[50], la courbure avait dû alors s'accentuer et les traverses se bloquer. Cette contrainte était la cause des fentes évolutives, situées préférentiellement dans les zones où le bois était affaibli par les galeries de vers. Une nouvelle intervention s'imposait.

Traverses et papillons enlevés, on a procédé à la consolidation du panneau. Pour réduire les trois fentes qui traversaient le visage et les mains, on a pratiqué des incisions à section en forme de V dans les 2/3 de l'épaisseur et on y a collé des incrustations[51] de tilleul[52] vieilli. Des injections de colle de peau, à l'emplacement des cloques, ont permis de rétablir l'adhérence entre la couche picturale et le support.

Le revers a été désinfecté par badigeonnage de tétrachlorure de carbone.

Les zones vermoulues ont été consolidées par imprégnation locale de résine. Les entailles des traverses et des papillons de restauration ont été comblées par du tilleul vieilli. On a posé ensuite de fines traverses mobiles : elles maintiennent le panneau sans le contraindre pour pallier fentes du bois et soulèvements de la couche picturale. Leur profil métallique coulisse sur de petits cylindres de métal également solidaires de taquets de bois collés sur le panneau et dont l'épaisseur variable leur permet d'épouser la courbure du tableau[53]. On a souhaité la conserver : elle est le résultat d'un vieillissement normal[54].

L'état de la couche picturale est intimement liée à l'histoire du tableau. Les repeints dissimulaient des éléments originaux pour donner à ce fragment une nouvelle identité. Une couche opaque bleu sombre cachait tout le fond de la composition et une signature avec date recouvrait en partie le décor de la collerette. Pour harmoniser l'ensemble certains détails avaient été assez fidèlement repris : double tracé de l'auréole, mèches de cheveux rehaussées d'or, décor géométrique de la collerette. D'autres repeints assombris et débordants étaient destinés à couvrir les accidents profonds (visage, mains, partie supérieure du fond). Les couches originales sous-jacentes étant supposées en bon état par l'examen des documents scientifiques, une purification s'imposait.

Les couches de vernis ont d'abord été ramollies au solvant puis amincies avec un coton enroulé autour d'un bâtonnet. Les repeints ont été ensuite enlevés à l'aide d'un scalpel, sous microscope en raison de la délicatesse exigée. Le nettoyage a confirmé l'excellent état de conservation des zones non accidentées et le caractère fragmentaire de l'œuvre. On a pu garder la « patine », voile grisâtre qui pourrait être un mince film de blanc d'œuf que les artistes posaient avant de vernir le tableau[55].

Le dégagement des repeints a permis de mieux apprécier la technique de l'artiste.

Il a obtenu ses tons par superposition de couches dont la couleur est souvent exaltée par des glacis. L'aile droite est constituée d'une sous-couche violette glacée de brun ; les grotesques sont bleu clair glacé de vert ; le manteau vert est glacé de brun, la robe ocre rehaussée de glacis brun dans les plis ; la laque rouge de la collerette est posée sur une couche rose opaque ; son décor est exécuté par une feuille d'argent peut-être à l'origine recouverte d'un vernis jaune pour lui donner l'aspect de l'or selon la technique ancienne : le repeint doré qui la masquait le laisse supposer. La matière est dense et travaillée. Le broyage grossier du vert du manteau crée une différence de niveau avec les couleurs environnantes, en particulier les carnations qui sont « enfoncées »[56]. Le passage répété du pinceau chargé d'une matière épaisse est très sensible sur l'aile rouge. L'ocre de la robe est déposé à l'aide d'un

48. Procédé très courant autrefois.
49. Cf. analyse du C.T.B.
Dans les systèmes de maintien originaux, on trouve souvent des bois de nature différente du panneau lui-même. Cf. Marette, *op. cit.*, p. 134.
50. Dossier du Département des Peintures n° 27, R.M.N., Paris, 1983, p. 21.
51. Méthode mise au point à l'Institut Central de Restauration de Rome vers 1950. Elle permet de graduer la profondeur du V en fonction du désaffleur à supprimer.
52. Le tilleul est un bois aussi tendre que le bois original : peuplier d'Italie.
53. Système mis au point dans les ateliers de restauration de la Direction des Musées de France.
54. A l'heure actuelle, on ne « redresse » plus les panneaux car, à plus ou moins long terme, des lignes de soulèvement de la peinture apparaissent.
55. Cf. analyse du L.R.M.F.
56. Tout comme l'épaisseur du bleu de la *Belle Jardinière*, la *Vierge au voile* et la petite *Sainte Famille*.

Ange,
ensemble en cours de nettoyage : témoins d'enlèvement des repeints

«pinceau sec» très chargé en pigment. Les carnations présentent un aspect grenu et craquelé en certaines zones. Il semble que ce soit le résultat d'une huile grasse peu fluide et siccative[57] : liant qui devait être visqueux et d'emploi malaisé[58]. Le dessin, forme préparatoire exécutée sur la préparation est devenu visible par transparence accrue de la matière[59], en certains endroits. Trait gris[60] souple et linéaire il délimite la forme de la collerette tout comme sur le petit *Saint Georges*, la *Vierge au voile*, la grande *Sainte Famille*[61]. On peut remarquer un autre type de dessin sur la *Belle Jardinière*[62] : fines hachures parallèles préfigurant plutôt le volume que la forme. Le tracé des lettres de l'inscription que porte le phylactère a été incisé par l'artiste, probablement à l'aide d'un stylet, comme le conseillait C. Cennini[63], (le tracé final est légèrement décalé par rapport au tracé originel). Son usage est décelable aussi sur le petit *Saint-Georges* (lance) et sur la grande *Sainte Famille* (berceau)[64].

Une retouche de type visible a été adoptée. Après masticage des lacunes, un ton de fond plus clair et plus froid que les zones originales environnantes a été posé. Puis on a procédé à la juxtaposition de points de couleurs pures. Leur taille (très petite) et leur rapprochement sont les mêmes pour les lacunes des bords et pour celles du visage, à partir duquel ils sont définis. Le degré de réintégration est assez élevé: la localisation de la lacune affectant le visage exigeait une retouche qui n'attirait pas l'attention, en rétablissant une continuité parfaite quant au modelé chromatique mais aussi quant à la densité de la matière. Le réseau de points est modulé selon les zones: il suggère certaines formes rompues par une lacune mais ne reconstitue pas arbitrairement les éléments manquants. Ce procédé permet de loin une unité chromatique, la synthèse des couleurs se faisant dans l'œil du spectateur. De près, la retouche est discernable. Ce système de retouche est un code de lecture[65]. Le vrai se distingue ainsi du faux: attitude d'honnêteté laissant au tableau les traces de son histoire.

On peut voir encore clairement qu'il s'agit d'un fragment. De plus, la griffure traversant le visage n'est pas cachée, les craquelures sont respectées.

Restauration du support: Daniel Jaunard (atelier Huot), 1983. Restauration de la couche picturale: Regina da Costa Pinto Dias Moreira, 1983.

La grande Sainte Famille

Depuis sa transposition de bois sur toile, en 1777, par J.-L. Hacquin, aucune trace d'intervention profonde n'a été signalée dans les archives. La toile s'étant légèrement affaiblie, un réseau assez large de craquelures s'est formé et quelques irrégularités dans la planéité de la surface sont apparues. L'adhérence générale de la couche picturale au support étant encore bonne, aucune intervention de support n'est nécessaire, la restauration sera seulement d'ordre esthétique.

Un allègement très modéré du vernis fut pratiqué en 1947[66]. Depuis, plusieurs revernissages durent être effectués pour redonner un peu d'éclat à l'œuvre. Cette accumulation de couches formait un écran terne et roux[67]. Le vernis déposé préférentiellement dans les creux situés entre les intersections des fils de la toile formait des amas qui rendaient très présent le textile en accentuant le tissage: l'œuvre née sur bois était trahie. De très nombreux repeints altérés mêlés aux vernis maculaient l'ensemble.

Les documents en infrarouge laissaient supposer que la matière picturale originale en bon état existait encore en grande quantité. Elle ne paraissait pas non plus présenter de nombreuses micro-fissurations. Les documents d'archives

57. Pour rendre la matière plus fluide, on ajoutera plus tard des huiles essentielles (aspic, térébenthine, romarin).
Cf. «Manuscrit de Turquet de la Mayerne (1620)» par M.F. Faidutti et C. Versini, Lyon, 1974, Audin, p. 147.
58. Certaines substances visqueuses, lorsqu'on les agite, se liquéfient; mais elles reprennent leur viscosité première après repos (phénomène de thixotropie), ce qui évite à des couches superposées de se mélanger.
59. Une couche picturale formée de liant et de pigment, dont les indices de réfraction sont très différents, est assez opaque. Celui de l'huile augmente quand elle vieillit et se rapproche de celui du pigment. Plus les deux indices sont proches, plus l'ensemble est transparent.
60. C. Cennini (1437) conseille de dessiner au charbon, mais de raffermir le dessin à l'encre. Vasari (1568) dessine au charbon de saule, «craie noire». Armenini (1587) mentionne encore le dessin au pinceau.
E. Berger, »Beiträge zur Entuicklungegeis«, Schichte der Maltechnik, München, 1901, Sändig; reprint, Walluf, 1975, pp. 23 et 54.
61. Egalement sur la *Madone de Lorette* et *Les Trois Grâces* (Musée Condé à Chantilly).
62. Egalement sur la *Vierge d'Orléans* (Musée Condé à Chantilly).
63. C. Cennini, *op. cit.*, chap. CXL.
64. L'utilisation d'incision au XVIe siècle est moins systématique qu'aux XIV et XVe siècles. Elle se limite à des détails décoratifs ou au tracé d'architecture.
65. De même que le «tratteggio» utilisé pour restaurer les Primitifs: réseau de traits parallèles et verticaux de couleurs pures juxtaposés.
66. Par M. Aubert.
67. En vieillissant, les vernis s'assombrissent par oxydation de la résine et se colorent par évolution de certains corps de décomposition. La résine se polymérise: il y a formation de macro-molécules sous l'action de la lumière et de l'oxygène de l'air. Des corps colorés de décomposition se forment, retenus par le réseau des macro-molécules. Ils peuvent être dus à la présence de manganèse (présent dans la terre d'ombre), de fer (en tant que pigment dans toutes les terres ou provenant du récipient qui contenait le vernis), d'azote (par migration, provenant du blanc d'œuf qui recouvrait parfois la couche picturale avant son vernissage final). Ces facteurs sont cause de l'assombrissement du vernis et de sa coloration pouvant aller du jaune au brun en passant par le roux (J. Petit — études de novembre 1979, octobre 1981 et mars 1982).

laissaient penser qu'il n'existait pas de larges repeints historiques. La reprise de l'allègement paraissait donc tout à fait réalisable. La commission de restauration du 3 juillet 1979 en formula le souhait.

Le nettoyage a consisté en un allègement du vernis et, simultanément, en la suppression des repeints. Le vernis ramolli au solvant a été ponctuellement enlevé au bâtonnet pour atteindre les repeints profonds. Seulement aminci sur les zones plus pures, il a été ensuite «véhiculé» au pinceau pour permettre une égalisation de l'ensemble et lui laisser ce «voile unificateur du temps». La plupart des repeints étaient superficiels mais tous très débordants et abusifs. Ils cachaient très largement des usures de la matière surtout dans les sombres plus fragiles[68]: barbe de saint Joseph, palmette du berceau, ou des traces de l'ancien support: joint sur le bras de l'Enfant, craquelures parallèles au fil du bois sur le visage et la robe rose de la Vierge, nœud sur le bras gauche de l'ange tenant des fleurs. Ils couvraient aussi des lacunes peu nombreuses: sur la joue gauche de la Vierge, le drapé ocre de saint Joseph, le manteau de sainte Elisabeth et surtout les quatre bords du tableau[69]. Le pavement de marbre avait été recouvert de tant de repeints qu'il était finalement totalement dénaturé. On superposait autrefois les retouches en dépassant l'étendue des précédentes. Le manteau bleu de la Vierge était recoloré par un vernis mêlé de pigment vert: on suppose qu'à une époque le vernis a dû se déplaquer; déjà devenu jaune, il donnait au bleu une tonalité verte; on avait alors voulu accorder les îlots de bleu dégagés. Seul un repeint important a été conservé: l'inscription ocre jaune sur le revers bleu du manteau de la Vierge: «Romae», ajout très ancien, mentionné par Villot en 1849: ce repeint fait partie de la vision traditionnelle de l'œuvre. Sous certains repeints ont été trouvés des mastics de différentes couleurs (bleus, roses, blancs et parfois gris). Parfois, ils se recouvrent les uns les autres, aucun restaurateur n'ayant enlevé ceux de ses prédécesseurs (sans doute pour des raisons de prudence, l'œuvre transposée étant fragile). Une lacune sur l'épaule de sainte Elisabeth permet de constater que la préparation blanche originale subsiste en partie: la gaze posée avant la toile est visible au-dessous, sans y être mêlée. Doit-on à J.-L. Hacquin, qui n'aurait donc pas enlevé la totalité de la préparation originale lors de la transposition, le très bon état de conservation supposé déjà à l'exament détaillé et révélé clairement par ce nettoyage? C'est probable.

Une réintégration de type «illusionniste» a été adoptée. Les lacunes, vieillissement accidentel, ont été réintégrées par superposition de tons (visage de la Vierge) après mise à niveau des mastics anciens: sur un ton de fond plus clair et plus froid que l'original, un glacis plus sombre et plus chaud a permis l'égalisation chromatique avec les couleurs avoisinantes. Le degré de réintégration est alors élevé. Les vieillissements naturels, traces du passage normal du temps, ont été laissées perceptibles grâce à de ponctuels glacis dont la densité variable peut s'adapter à l'état et à la localisation de la zone à restaurer, et permet d'obtenir une harmonie générale. Ainsi certaines fragmentations de la matière dues aux mouvements de la toile, plus gênantes dans les sombres, ont été davantage «repiquées» que celles se détachant sur les clairs. Les traces de l'ancien support: joint des planches, nœuds et craquelures parallèles au fil du bois, ne sont retouchées que là où les ruptures de la matière gênent la lisibilité des formes.

Les rares repentirs (main de l'Enfant) et les sous-couches devenues visibles par transparence accrue de la matière ont été seulement «glacés» quand ils perturbaient la compréhension. La sous-couche rouge, utilisée pour l'obtention des bleus rosés, des violets et des verts profonds, est seulement atténuée dans les zones usées superficiellement (ciel) et un peu plus retouchée dans les zones de déplacage (bord droit, manche de sainte Elisabeth). Dans les plis où la couche de bleu ou de vert, moins épaisse et moins chargée de blanc, est devenue plus transparente, la sous-couche rouge est laissée visible. La couche superficielle brunie du rideau vert de résinate[70], situé derrière saint Joseph, n'a bien entendu pas été touchée. On a privilégié les vieillissements «nobles» ou naturels, en tant que dus au passage normal du temps, en les laissant visibles. On a cherché à faire oublier les vieillissements accidentels en les masquant.

Une meilleure appréciation de l'œuvre est maintenant possible: le nettoyage a changé le rapport entre les personnages et l'espace, rétabli le rôle joué par la lumière.

L'excellent état de la couche picturale, malgré la transposition de l'œuvre, a permis de préciser quelques points

68. On remarque que les couleurs sombres s'usent plus facilement que les claires: ceci est sans doute dû au fait que certains pigments, comme l'oxyde de fer brun, absorbent beaucoup d'huile: une telle couche picturale, plus grasse, sèche plus lentement et est par conséquent plus fragile.
69. Les lacunes des bords sont très probablement dues à la transposition: zones qui souffrent toujours le plus lors de cette opération.
70. Cf. analyse du L.R.M.F.
Le résinate de cuivre, obtenu par macération d'acétate de cuivre dans une résine, semble être mentionné pour la première fois par Armenini (1587) comme une nouvelle mode: «vert de gris et vernis». Mais le vert de gris mélangé à de l'huile était utilisé comme glacis auparavant, puisque Léonard, en 1519 (Trattado della pittura), conseille de vernir cette couleur verte et translucide dès qu'elle était posée en raison de sa fragilité. Avec le temps, cette couche brunit (cf. S. Bergeon, «La technique de la peinture», article à paraître dans: Etudes de peintures anciennes; sous l'autorité de Roger van der Schoute, chez Heyden International, 1983).

La Grande Sainte Famille,
ensemble en cours de nettoyage :
témoins d'allègement
et d'enlèvement des repeints

de technologie. Tableau peint à l'origine sur bois, on le voit encore clairement : sous le berceau, sont perceptibles de larges traces de brosse ayant déposé l'épaisse couche de blanc de plomb à l'huile qui, en général, s'intercale au XVIe siècle entre la préparation au gypse et à la colle (gesso) et la couche colorée. Ces traces sont dues au fait que le blanc de plomb à l'huile se ponce difficilement. Cette couche, imperméable par son liant, joue aussi un rôle optique d'intensification de la réflexion de la lumière[71]. Ces traces sont perceptibles également sur la petite *Sainte Famille,* le petit *Saint Michel,* la *Belle Jardinière* et la *Madone de Lorette* (Chantilly)[72]. Les incisions faites dans le panneau pour certains tracés sont perceptibles : auréole de l'Enfant, portion du cercle, fait au compas, ayant servi à délimiter la forme du berceau.

Les formes sont délimitées par un trait gris souple et linéaire, visible par transparence accrue de la matière, sur le pied de l'Enfant et le corsage de la Vierge[73]. Réapparaissent également des tracés rouges de mise en place du pavement de marbre[74].

L'utilisation, pour le rideau vert, du résinate de cuivre, apparue au XVIe siècle, se retrouve aussi sur la *Madone de Lorette* (Chantily) et la *Déposition de croix* (Galerie Borghese)[75].

L'utilisation d'une sous-couche de laque rouge[76] permet de moduler les tons et d'exalter le bleu à tendance rouge qu'est le lapis-lazuli souvent posé au-dessus. Le violet[77] de la robe de l'ange tenant des fleurs est obtenu par superposition de bleu sur le rouge ; il est plus sombre dans les ombres des plis où le lapis est utilisé pur, et plus clair pour les rehauts de lumière où le lapis est mélangé au blanc de plomb. Le manteau bleu de la Vierge est modulé pareillement. Le bleu rosé du ciel est obtenu par superposition d'une couche de lapis-lazuli légèrement mêlé de blanc sur une couche rose (laque rouge mêlée de blanc). La sous-couche rouge module également le vert du manteau de sainte Elisabeth.

Restauration : Jeanne Amoore (1982-1983).

La Vierge au voile

Elle est peinte sur un panneau de peuplier de 20 mm d'épaisseur, à fil vertical, constitué de deux planches. Le bois présente deux zones noueuses, dans la partie haute et dans l'angle inférieur gauche. Des galeries de vers l'affectent sur la partie gauche de chacune des deux planches (niveau de l'aubier sans doute) et en particulier dans l'angle inférieur. Celui-ci, affaibli, et sans doute aussi à la suite d'un choc, a perdu des fragments de bois[78]. En 1966, après une désinfection du panneau au tétrachlorure de carbone, on avait collé une petite pièce de bois, dans le sens du fil, pour consolider, dans la partie supérieure, une fente de désassemblage. La fente ayant évolué comme en témoignait un petit éclat de matière picturale, les lèvres présentaient un léger désaffleur.

Pour permettre leur rapprochement, on a enlevé la petite pièce de bois puis on a procédé à une incision de section en forme de V, jusqu'aux 3/4 de l'épaisseur du panneau, au droit de la fente. Une incrustation de bois vieilli a été ensuite collée dans l'incision. Pour consolider l'angle détérioré, une pièce de bois a été collée en remplacement du bois disparu.

Déjà allégé en 1967, le vernis, avec le temps, s'était mêlé de crasse et avait irrégulièrement jauni, formant des plaques plus sombres dans les anfractuosités de la matière. Des matités et des brillances ainsi que des repeints altéraient la vision de l'œuvre. Le bon état de conservation sous-jacent, supposé d'après le document infrarouge, rendaient possible l'intervention d'ordre esthétique souhaitée.

En allégeant, on découvrit une fausse « patine » à l'aquarelle, posée sur des restaurations anciennes qui se présentaient sous forme de glacis ou de rehauts transformant les ombres grises et froides en ombres chaudes. Ces retouches anciennes étaient très ponctuelles mais nombreuses et profondes. Elles formaient des taches maculant le tableau et modifiant l'image. Leur suppression dut se faire sous microscope, à l'aide d'un scalpel, après leur ramollissement au solvant. Certaines étaient posées sur un mastic très dur que l'on n'a pu enlever.

La couche picturale, dégagée de ses repeints, apparaît en très bon état de conservation : elle ne présente que des usures superficielles et quelques petites lacunes plus profondes. Les usures ne gênant pas la lecture de l'œuvre sont laissées, et les lacunes sont retouchées en respectant leurs limites strictes, selon la méthode « illusionniste ».

Le nettoyage, fait de façon égale sur l'ensemble du tableau, a révélé l'intensité des bleus du XVIe siècle italien, à base de lapis-lazuli, pigment qui ne s'altère pas avec le temps[79], au contraire de certaines autres couleurs. Le ciel a retrouvé sa valeur, permettant de mieux juger de l'heure du jour où se passe la scène voulue par l'artiste.

Le nettoyage a permis aussi de préciser quelques points de technologie. Le bleu du drapé sur lequel repose l'Enfant et du diadème de la Vierge est beaucoup plus épais que les autres couleurs, et en particulier les carnations. L'épaisseur résulte

71. S. Bergeon, article à paraître, *op. cit.*
72. *Op. cit.*
73. Cf. l'*Ange,* le petit *Saint Georges,* la *Vierge au voile* et la grande *Sainte Famille.*
74. La « craie rouge » est mentionnée chez Vasari (1568).
75. L. Ferrara, S. Staccioli, A.M. Tantillo, « Storia e restauro della deposizione di Raffaello », Instituto Grafico Tiberino, Roma, 1972, p. 56.
76. Il pourrait s'agir du « kermes », colorant orga-

peut-être de la présence d'une couche d'azurite, pigment utilisé grossièrement broyé, sous une couche de lapis-lazuli[80]. Elle peut être aussi le fait de la superposition des couches et du travail répété du pinceau[81]. Cette matière présente, tout particulièrement sur le drapé, des craquelures « prématurées » dues à un défaut de séchage. La superposition des couches en est peut-être la cause, ainsi que le soufre, inhibiteur de séchage, contenu dans le lapis-lazuli. Les carnations paraissent « enfoncées » dans ces zones plus sombres. On retrouve aussi cette différence de niveau sur la *Belle Jardinière* et la petite *Sainte Famille*. La technique de superposition de couches est aussi utilisée pour les modulations de certaines couleurs : le bleu ou le blanc posés sur la sous-couche rouge de la robe de la Vierge créent des bleus violacés ou des roses plus ou moins soutenus. Avec le temps, la transparence accrue de la matière a rendu plus visible la sous-couche rouge. Les formes sont souvent remodelées par le passage répété du pinceau sur les contours en conséquence plus empâtés. Sur le petit *Saint Georges*, ils forment comme un bourrelet (tête du cheval). Sur *Balthazar Castiglione* aussi, certains contours paraissent ourlés, mais le relief est plus fluide car l'œuvre est sur toile et non sur bois. L'élément d'architecture à droite de la Vierge est constitué d'un vert de résinate. Certaines lumières sont rendues par des empâtements très ponctuels (toit en arrière plan) comme on peut aussi le remarquer sur le petit *Saint Georges* (casque), le petit *Saint Michel* (genouillère), *Balthazar Castiglione* (bouton), Raphaël et un ami (dague de l'épée).

Restauration du support : Daniel Jaunard (atelier Huot) (1983).
Restauration de la couche picturale : Regina Da Costa Pinto Dias Moreira (1983).

Interventions mineures

Le grand *Saint Michel* et la *Sainte Marguerite* sont deux œuvres transposées qui ont beaucoup souffert. Elles présentent, sous un vernis assombri, une multitude de repeints. Toutes deux ayant fait partie des collections royales, nous disposons de documents d'archives qui nous permettent de connaître l'histoire de leurs restauration. Elles ont été transposées plusieurs fois ; le grand *Saint Michel* en 1751, 1776, 1800 et 1860 ; *Sainte Marguerite*, en 1777 et 1794. Leur état ayant justifié de telles interventions, on conçoit aisément que leur couche picturale puisse porter les traces des traumatismes subis.

L'examen des œuvres, aidé des documents de laboratoire, radiographies et photographies en infrarouge, permettent de distinguer divers degrés d'altération. Elle se présente sous forme d'usure et de lacunes localisées ou étendues masquées par des repeints dont certains sont altérés, d'autres encore bien intégrés. Les repeints altérés sont soit très ponctuels et disséminés sur toute la surface, soit sur de petites zones plus délimitées. Les premiers semblent recouvrir des usures superficielles, épidermage plus ou moins prononcé (ombres, œil gauche, menton, cheveux de saint Michel ; main droite de sainte Marguerite). Les seconds cachent des accidents (écharpe, bras droit et jambes de sainte Marguerite) et des traces du support original (joint à l'emplacement de la jambe de sainte Marguerite).

Les repeints encore bien intégrés sont plus larges et masquent des accidents profonds (corps de la tarasque aux pieds de sainte Marguerite et toute la partie droite du saint Michel, sur la largeur d'une planche).

Ces repeints étendus laissent à l'œuvre une certaine homogénéité. On peut remarquer un travail à la hampe sur les ailes du monstre transpercé par saint Michel et sur le corps de la tarasque. Ces rehauts de lumière sont le fait d'un peintre qui a complété habilement les formes endommagées.

nique issu d'un insecte mort, fixé sur de l'alun pour former un pigment : courant chez les Primitifs et retrouvé chez Sassatta (cf. Joyce Plesters, Nat. Gall. Tech. Bull., sept. 77, p. 11). Il n'est pas certain que la garance soit vraiment connue et utilisée à cette époque (cf. S. Bergeon, *op. cit.*).

77. On trouve cette technique d'obtention du violet dans le manuscrit de Marciana (entre 1503 et 1527), mais mélangé avec du bleu de cuivre. Publié par Mary P. Merrifield : "Original treatises on the arts of painting", vol. II, New York, Dover, 1967, p. 610, n° 303.
78. En 1843, il était déjà signalé vermoulu. Arch. Louvre, p. 16 : Landry à qui on avait confié le tableau pour être parqueté juge « qu'il est tellement vermoulu qu'il est impossible d'y faire cette opération sans danger de tout abimer ». Une erreur semble s'être glissée dans J. Marette op. cit., qui signale le tableau constitué d'une seule planche et doublé de peuplier (n° 542).
79. J. Plesters, "Ultramarine", Studies in conservation, XI, 1966 ; seul l'acide l'attaque en créant un blanchiement.
80. La *Madone de Lorette, op. cit.*
81. J. Plesters, Studies in conservation, vol. II, n° 3, Londres, 1956 : "Cross sections and chemical analysis of paints samples".

Le Grand Saint Michel
ensemble en infrarouge : les petites taches disséminées sur l'ensemble du tableau correspondent à des repeints cachant des usures superficielles ; la bande plus sombre à droite sur toute la hauteur indique l'emplacement d'une ancienne planche détériorée : les repeints sont larges

Nous savons par les documents d'archives que François Ier chargea Primatice de l'entretien de ses tableaux installés au château de Fontainebleau. Quatre œuvres de Raphaël, dont *Sainte Marguerite* et *Saint Michel* lui furent confiées. Il fut payé « pour avoir vaqué durant le mois d'octobre à laver et nettoyer le vernis »[82]. Selon l'usage en vigueur jusqu'au XVIIIe siècle, les œuvres endommagées étaient confiées aux artistes[83]. Comment savoir s'il s'est limité aux termes du contrat? Il ne paraît pas invraisemblable qu'il ait pu ajouter quelques détails de sa propre invention. Tout comme en 1685, le peintre Gueslin qui reçut « son payement d'avoir raccomodé » *Sainte Marguerite* et « rétabli » *Saint Michel.* Ce dernier avait beaucoup souffert lors d'un incendie, comme le rapporte le Diarium de 1625 de Cassiano del Pozzo. On trouve dans la Revue Universelle des Arts de 1860, au moment de la dernière transposition, l'observation suivante : « Le pied gauche n'est certainement pas de Raphaël et on peut l'attribuer presque avec certitude à Primatice. Le pied, sous son pinceau, s'était considérablement allongé et dépassait de plusieurs centimètres le contour original resté fort distinct[84]. » Plus tard, on sait que Girodet avait repris à son tour le pied gauche du saint. Pour des raisons techniques, esthétiques et historiques, il ne semble pas souhaitable d'y toucher.

Sainte Marguerite présente par ailleurs des irrégularités de surface dues sans doute à la façon inégale dont la nouvelle préparation de transposition a été étendue. Très mince, en certains endroits elle laisse affleurer la gaze posée avant la nouvelle toile (surtout visible sur la main droite et la tempe) : la matière picturale en portera toujours l'empreinte. Enfin, l'adhérence de la couche picturale au support n'est plus très bonne ; le tableau a une tendance au soulèvement généralisé.

Si l'on voulait reprendre la transposition pour résoudre ce problème, il faudrait auparavant faire une purification totale de l'œuvre, la débarrasser de tous ses repeints superficiels et profonds et de tous ses mastics afin de permettre une bonne adhérence du cartonnage et un rétablissement satisfaisant de l'état de surface. Non seulement ce nettoyage montrerait une œuvre dont l'usure est considérable, mais aussi ferait disparaître des repeints anciens, bien intégrés, éventuellement prestigieux de Primatice et Girodet, et qui font partie de la vision traditionnelle de l'œuvre. Il pourrait conduire soit à une présentation « archéologique », soit à une réintégration totale des lacunes. Dans ce cas, il est difficile d'imaginer un « illusionnisme » à la « manière de Raphaël » pour des zones détruites aussi importantes. Il supposerait une intervention arbitraire, contraire à la doctrine actuelle.

Améliorer l'état de présentation en passant par un allègement du vernis assombri mettrait en lumière de très nombreux repeints. Face à ce difficile problème, nous avons pensé préférable de nous en tenir à une intervention minimale consistant en un refixage ponctuel des zones en soulèvements (sur *Sainte Marguerite*) et en une simple mise en ordre de l'état de présentation pour chacun des deux tableaux, consistant en une amélioration des repeints ponctuels les plus gênants par l'altération de leur couleur, sans toucher au vernis assombri.

Je tiens à remercier pour leurs conseils, aide et assistance :

Michel Laclotte, Sylvie Béguin, Gilberte-Emile Male, Ségolène Bergeon, Philippe et Henriette Baby, Mme Munich et le personnel du S.R.P.M.N., en particulier Odile Cortet, Annie Thomasset et Géraldine Diot.

82. Laborde, « Comptes des Bâtiments du roi, 1528-1571 », Paris, J. Baur, 1877 ; t. I, pp. 135-136.
83. Marijnissen, « Dégradation, conservation et restauration de l'Œuvre d'art », Bruxelles, 1967, t. I, pp. 30-31.
84. Mémoires de la Société d'histoire de Paris et Ile-de-France, 1885.

Index des collectionneurs et commanditaires

Peintures, Dessins, Gravures

Table de concordance

entre les numéros d'inventaire des dessins cités ou exposés et les numéros du catalogue

Dessins des collections françaises

Musée	Inventaire	Catalogue
Bayonne Musée Bonnat	146	sous n° 107
	685	sous n° 1, 4
	1281	sous n° 1, 4
	1287	sous n° 1, 4
	1288	sous n° 124
		sous G. n° 59
	1385	sous n° 78, 94
Chantilly, Musée Condé	49 (ancien 42 bis)	sous n° 14
	50 (ancien 42)	sous n° 48
	51 (ancien 43)	sous n° 132
	53 (ancien 45)	sous n° 68
	57 (ancien 48 bis)	sous n° 90
	61 (ancien 53)	sous n° 57
Dijon, Musée des Beaux-Arts	Legs Thevenot n° 5a	sous G. n° 87
Lille, Musée des Beaux-Arts	Pl. 367	sous n° 77
	Pl. 428	n° 116
	Pl. 429	n° 38
	Pl. 431	n° 34
		sous n° 16, 39
	Pl. 432	n° 74
		sous n° 68
	Pl. 433	n° 76
		sous n° 68
	Pl. 434	n° 45
	Pl. 435	n° 44
	Pl. 436	n° 94
		sous n° 92, 95
	Pl. 437	n° 95
		sous n° 92, 96, 97
	Pl. 438	n° 96
		sous n° 95
	Pl. 439	n° 105
	Pl. 440	n° 21
		sous n° 26, 47
	Pl. 441	n° 22
		sous n° 31
	Pl. 442	n° 30
		sous n° 21, 32, 38

Musée	Inventaire	Catalogue
Lille, Musée des Beaux-Arts	Pl. 443	n° 31
	Pl. 444	n° 24
		sous n° 30
	Pl. 445	n° 80
		sous n° 79
	Pl. 446	n° 81
		sous n° 105
	Pl. 447	n° 67
		sous n° 66, 82
	Pl. 448	n° 66
		sous n° 82
	Pl. 449	n° 118
	Pl. 450	sous n° 118
	Pl. 451	n° 16
		sous n° 11
	Pl. 452	n° 78
		sous n° 81, 105
	Pl. 453	n° 79
		sous n° 81
	Pl. 454	n° 92
		sous n° 86
	Pl. 455	n° 93
		sous n° 92, 97
	Pl. 456	n° 103
		sous n° 92, 97
	Pl. 457	n° 104
		sous n° 107
	Pl. 458	n° 54
	Pl. 459	n° 55
		sous n° 51
	Pl. 460	sous n° 39
	Pl. 461	n° 29
	Pl. 464	n° 41
	Pl. 465	n° 53
		sous n° 51
	Pl. 466	n° 40
	Pl. 468	n° 43
	Pl. 469	n° 42
		sous n° 43
	Pl. 470	n° 25
		sous n° 26, 30, 90
	Pl. 471	n° 68
		sous n° 69
	Pl. 472	n° 69

Musée	Inventaire	Catalogue
Lille, Musée des Beaux-Arts	Pl. 473	n° 61
	Pl. 474	n° 1
		sous n° 23, 26
	Pl. 475	n° 2
		sous n° 23, 26
	Pl. 477	n° 46
	Pl. 478	n° 39
	Pl. 479	n° 97
		sous n° 96
		sous n° 72
	Pl. 480	n° 32
	Pl. 481	n° 91
	Pl. 482	n° 26
	Pl. 483	n° 27
	Pl. 484	n° 98
	Pl. 485	n° 82
	Pl. 486	n° 113
	Pl. 488	n° 15
	Pl. 489	sous n° 39
	Pl. 497	sous n° 120
		sous G. n° 27
	W 2150	n° 111
		sous n° 102,110
Montpellier, Musée Fabre	825-1-275 et verso	n° 70,71
		sous n° 63, 72
	837-1-241	n° 33
	837-1-242	n° 63
		sous n° 73
	Albenas 697	sous G. n° 54
Paris, Bibliothèque de l'Ecole Nationale Supérieure des Beaux-Arts	310	n° 59, 60
		sous n° 68
	311	n° 60
	318	n° 56
	466	n° 23
		sous n° 1
Paris, Bibliothèque Nationale Cabinets des Estampes	B. 3a rés.	sous n° 11
Paris, Institut Néerlandais, Fondation Custodia	952	n° 52
		sous n° 49, 62
	1031 G	n° 112
		sous n° 110
		sous G. n° 63
	5083 A	n° 47
	5083 B	n° 48
Paris, Musée du Louvre, Cabinet des Dessins	462	sous n° 42
	1785	sous n° 46
	1791	sous n° 60
	2078	sous n° 127
	2678	sous n° 38
	3847	n° 77
		sous n° 72, 98
	3848 et verso	n° 64, 65
	3849	n° 106
	3850	sous n° 106

Musée	Inventaire	Catalogue
Paris, Musée du Louvre, Cabinet des Dessins	3851	n° 115
		sous G. n° 48
	3852	n° 83
		sous n° 73
	3853	n° 84
		sous n° 73
	3854	n° 99
		sous n° 100
		sous G. n° 71
	3855 et verso	n° 7, 8
		sous n° 10, 13
	3856 et verso	n° 36, 37
	3858	n° 102
		sous G. n° 19
	3859	n° 58
		sous n° 59, 61
	3860	n° 28
		sous n° 21
	3861	n° 49
		sous n° 52, 94, 95
	3862	n° 107
		sous n° 88
	3863	n° 100
		sous G. n° 71
	3864	n° 109
	3865	n° 51
		sous n° 21, 36, 56
		sous G. n° 18
	3866 et verso	n° 85, 86
	3867	n° 117
		sous G. n° 43
	3868	n° 73
		sous n° 68
	3869	n° 72
		sous n° 97, 101, 112
	3870 et verso	n° 5, 6
	3871	n° 62
		sous n° 52, 63, 94
	3873	n° 87
		sous n° 83, 85, 102
	3875	n° 110
		sous n° 112
	3876	n° 119
	3877	n° 88
		sous n° 91, 102
	3878	n° 123
	3880	n° 130
	3881	n° 9, 10
		sous n° 5, 8
	3882	n° 50
	3883	n° 124
		sous G. n° 59
	3884	n° 120
		sous n° 100
		sous G. n° 27
	3886	sous n° 123
	3890	n° 133
	3891	sous n° 127
	3897	sous n° 109
	3924	n° 125
	3948	sous G. n° 42
	3949	n° 132
	3951	sous G. n° 84
	3952	sous n° 100, 127

Musée	Inventaire	Catalogue
Paris, Musée du Louvre, Cabinet des Dessins	3954	n° 121 sous n° 109
	3955	n° 122
	3965	sous n° 102 sous G. n° 19
	3967	n° 131
	3968	sous n° 137
	3970	n° 114 sous n° 21
	3971	sous G. n° 3
	3972	sous G. n° 55
	3973	sous G. n° 43
	3974	sous n° 120
	3975	sous n° 125
	3977	n° 137
	3980	n° 134
	3981	n° 135
	3982	n° 136 sous G. n° 28
	3983	n° 90 sous n° 73
	3987	sous G. n° 10
	3988	sous n° 100
	3989	sous n° 100 sous G. n° 85
	3990	sous n° 100 sous G. n° 85
	4008	n° 89
	4019	sous n° 89
	4034	sous G. n° 54
	4041 à 4049	sous n° 127
	4041	n° 127
	4045	n° 128
	4075	sous n° 115 sous G. n° 48
	4108	sous G. n° 41
	4116	sous n° 121
	4118	sous n° 109
	4121	sous n° 102 sous G. n° 19
	4124	sous n° 105
	4125	sous n° 100
	4145	sous n° 87
	4163	sous n° 135
	4190	sous G. n° 24
	4191	sous G. n° 24
	4243	sous n° 10
	4245	sous G. n° 4
	4246	sous n° 8, 10
	4246 bis	sous n° 8
	4247	sous G. n° 21
	4258	sous G. n° 69
	4264	sous G. n° 49
	4279	sous n° 103
	4280	sous n° 7
	4282	sous n° 137 sous G. n° 40
	4294	sous G. n° 87
	4295	sous G. n° 87
	4300 verso	sous n° 112 sous G. n° 24
	4313	sous G. n° 58
	4314	sous G. n° 58
	4365	sous n° 1

Musée	Inventaire	Catalogue
Paris, Musée du Louvre, Cabinet des Dessins	4375	sous n° 44
	6512	n° 126 sous n° 103
	8890	sous n° 102
	11.140	sous G. n° 90
	20.189	sous n° 121
	20.276	sous n° 121
	20.355	sous n° 109, 121
	MI 753	sous n° 43, 50
	MI 1120 et verso	sous n° 110
	RF 49 et verso	n° 11, 12
	RF 488	n° 129 sous n° 30, 93
	RF 1066	n° 57 sous n° 41, 111
	RF 1066	n° 57
	RF 1395 et verso	n° 13, 14 sous n° 7, 58
	RF 28.962 et verso	n° 17, 18
	RF 28.963 et verso	n° 19, 20 sous n° 18
	RF 38.813	n° 101 sous n° 90, 97
Paris, Musée du Louvre, Collection Edmond de Rothschild	771 D.R. et verso	n° 3, 4 sous n° 29, 30
	783 D.R.	n° 35 sous n° 27
	784 D.R.	sous n° 22
	789 D.R.	sous G. n° 10
Paris, Petit Palais, Collection Dutuit	980	sous n° 121 sous G. n° 11
Paris, Collection particulière		n° 75 n° 108

Table de concordance

entre les numéros des corpus de O. Fischel (vol. I à VIII, 1913-1941) et K. Oberhuber (vol. IX, 1972) et les numéros du catalogue, pour les dessins cités ou exposés

Dessins des collections françaises

Référence Fischel	Numéro du catalogue
I. fig. 34	n° 12
I. fig. 35	n° 11
I. 5	n° 1
I. 6	n° 2
I. 9	n° 6
I. 10	n° 5
I. 13	n° 16
I. 14	n° 3
I. 15	n° 22
I. 16	n° 21
I. 17	n° 23
I. 20	n° 29
I. 21	n° 24
I. 25	n° 25
I. 26	n° 26
I. 27	n° 27
I. 28	n° 28
I. 42 et 42a	sous n° 14
I. 43	n° 7, 8
I. 44	n° 15
I. 45	n° 13
I. 50	n° 30, 31
I. 56	n° 35
II. 68	n° 32
II. 69	n° 38
II. 70	n° 39
II. 71	n° 40
II. 72	n° 41
II. 73	n° 33
II. 74	n° 44
II. 75	n° 42
II. 76	n° 43
II. 80	n° 50
II. 96	n° 36, 37
III. 106	n° 63
III. 120	n° 57
III. 131	n° 132
III. 132	sous n° 132
III. 144	n° 58
III. 139	n° 49
III. 145	n° 60
III. 146	n° 59
III. 147	n° 61
III. 161	n° 54
IV. 168	n° 51
IV. sous n° 173	n° 131
IV. 177	n° 52
IV. 180	n° 53
IV. 183, 184	n° 130
IV. 207	n° 62
IV. 208	n° 48
IV. 209	n° 47
IV. 211	n° 46
IV. 212	sous n° 48
V. fig. 194	n° 64
V. fig. 195	n° 65
V. 238	n° 136
V. 242	n° 81
V. 243	n° 80
V. 244	n° 79
V. 245	n° 78
VI. 260	sous n° 68
VI. 262	n° 134
VI. 263	n° 135
VI. 265	n° 67
VI. 266	n° 66
VI. 282	n° 72
VI. 287	n° 70
VI. 288	n° 71
VI. 289	n° 68
VI. 290	n° 69
VI. 303	n° 73
VII. 312a	n° 97
VIII. 345	n° 98
VIII. 346	n° 92
VIII. 347	n° 93
VIII. 351	n° 96
VIII. 352	n° 95
VIII. 364	n° 103
VIII. 365	n° 104
VIII. 378	n° 94
VIII. 378a	n° 107
VIII. sous n° 384	n° 124
IX. note 97	n° 111
IX. note 102	sous n° 89
IX. note 131	n° 121
IX. note 161	n° 102
IX. note 174	n° 116
IX. note 183	n° 110
IX. note 190	sous n° 110
IX. note 199	n° 109
IX. 400	n° 83
IX. 401	n° 84
IX. 402a	n° 85
IX. 402b	n° 86
IX. 407	n° 87
IX. 415	n° 88
IX. 424	n° 89
IX. 429	sous n° 90
IX. 432	n° 90
IX. 437	n° 91
IX. 442	n° 99
IX. 445	n° 100
IX. 452	n° 120
IX. 463	sous n° 106
IX. 465	n° 106

Index des titres des gravures

Index des graveurs

Bibliographie

Ouvrages cités en abrégé

ADHÉMAR, 1946
J. Adhémar, "Contribution to the History of art Collections. The Collection of Paintings of Francis I", *Gazette des Beaux-Arts,* 6e période, XXX, 1946, pp. 5-16.
ALAZARD, 1924
J. Alazard, *Le Portrait florentin de Botticelli à Bronzino,* Paris, 1924.
ALBENAS, 1914
G. d'Albenas, *Catalogue des peintures et sculptures exposées dans les galeries du Musée Fabre de la ville de Montpellier,* Montpellier 1914.
ALBRICCI, 1975
G. Albricci, "Prints by Diana Scultori", *Print Collector,* n° 12, mars-avril 1975, pp. 17-23.
ALBRICCI, 1979
G. Albricci, « Le tre Grazie », *Arte a Stampa,* 1979, n° 9, pp. 11-14.
ANTAL, 1980
F. Antal, *Raffael zwischen Klassizismus and Manierismus,* Giessen-Lahn, 1980.
ANTIN (duc d'), 1715, cf. Annexe. Louvre, Département des Peintres, A.
ANTOLOGIA (romana)
N° XVI, 1776, pp. 121-124.
N° XVII, 1776, pp. 129-133.
ARASSE, 1972
D. Arasse, « Extase et visions béatifiques à l'apogée de la Renaissance : quatre images de Raphaël », *Mélanges de l'Ecole française de Rome : Moyen Age, Temps Modernes,* 84, 1972, vol. II, pp. 403-492.
ARASSE, 1980
D. Arasse, *Génies de la Renaissance italienne : l'homme en jeu ; Histoire universelle de la Peinture,* n° 8, Genève, 1980.
ARMENINI, 1587
G.B. Armenini, *De' veri precetti della Pittura di M. Gio.-Battista Armenini da Faenza. Libri tre.* Ravenne, Francesco Tabaldini, 1587.
ARSLAN, 1928-1929
W. Arslan, « Intorno al Sodoma, a Raffaello e alla Stanza della Segnatura », *Dedalo,* IX, 1928-1929, pp. 525-544.
AUMALE, 1861
H. d'Orléans, duc d'Aumale, *Inventaire de tous les meubles du cardinal Mazarin...,* Londres, 1861.
AUQUIER, 1908
P. Auquier, *Ville de Marseille. Musée des Beaux-Arts. Catalogue des Peintures, Sculptures, Pastels et Dessins,* Marseille, 1908.
BABELON, 1927
J. Babelon, *Germain Pilon,* Paris, 1927.
BACCHESCHI, 1971
E. Baccheschi, *L'opera completa di Guido Reni,* introduction de C. Garboli, Milan, 1971.
BACOU, 1957
R. Bacou, « Ils existent. Le saviez-vous ? Les dessins du Musée Wicar à Lille », *L'Œil,* avril 1957, pp. 22-29, 62.
BACOU, 1977-1978
R. Bacou, cat. exp. *Collections de Louis XIV : dessins, albums, manuscrits,* Paris, Orangerie des Tuileries, 1977-78.
BACOU, 1981
R. Bacou, *The famous italian drawings from the Mariette Collection at the Louvre in Paris,* Milan, 1981.
BACOU et VIATTE, 1968
R. Bacou et F. Viatte, *Dessins du Louvre, Ecole italienne,* Paris, 1968 (notices « Raphaël » par F. Viatte).
BADT, 1959
K. Badt, « Raphaels Incendio del Borgo », *Journal of the Warburg and Courtauld Institute,* XXII, 1959, pp. 35-59.
BAGHIROLLI, 1874
Baghirolli, *Notizie e documenti intorno a Pietro Vannucci,* Pérouse, 1874.
BAILLY, 1709-10
Cf. Annexe. Louvre, Département des Peintures, A.
BALDASS, 1926-1927
L. Baldass, « Die Stellung der Madonna di Gaeta im Werke Raffaels », *Zeitschrift für bildende Kunst,* 60e année, 1926-1927, pp. 32-43.
BARDESCHI-CIULICH, 1971, cf. DEZZI BARDESCHI, 1971
BARRILLON, 1897-1899
J. Barrillon, *Journal de Jean Barrillon, secrétaire du chancelier Duprat (1515-1521),* éd. par P. de Vaissière, Paris, 1897-1899, 2 vol.
BARTSCH, 1803-1821
A. Bartsch, *Le Peintre graveur,* Vienne, 1803-1821, 21 vol.
BARTSCH ILLUSTRÉ, 1971
The illustrated Bartsch, l. (Bartsch vol. XII) Italian chiaroscuro woodcuts. Edited by Caroline Karpinski, Londres, 1971.
BARTSCH ILLUSTRÉ, 1978
The illustrated Bartsch, 26 et 27. Formerly vol. 14 (part. 1 et 2). The works of Marcantonio Raimondi and of his school. Edited by Konrad Oberhuber, New York, 1978.
BARTSCH ILLUSTRÉ, 1979
The illustrated Bartsch, 32. Formerly vol. 16 (part. 1). Italian Artists of the Sixteenth Century. School of Fontainebleau. Edited by Henri Zerner, New York, 1979.
BARTSCH ILLUSTRÉ, 1980
The illustrated Bartsch, 14. Formerly vol. 8 (part. 1). Early German Masters, Albrecht Altdorfer, Monogrammists. Edited by Robert A. Koch, New York, 1980.
BARTSCH ILLUSTRÉ, 1980 et 1981
The illustrated Bartsch, 16 et 17. Formerly vol. 8 (part. 3 et 4). Early German Masters, Jacob Bink,

Georg Pencz, Heinrich Aldegrever/Hans Brosamer, The Hopfers. Edited by Robert A. Koch, New York, 1980 et 1981.

BARTSCH ILLUSTRÉ, 1980
The illustrated Bartsch, 25. Formerly vol. 13 (part. 2). Early italian Masters. Edited by Mark Zucker, New York, 1980.

BARTSCH ILLUSTRÉ, 1982
The illustrated Bartsch, 29. Formerly vol. 15 (part. 2). Italian Masters of the Sixteenth Century. Edited by Suzanne Boorsch, New York, 1982.

BARTSCH ILLUSTRÉ, 1982
The illustrated Bartsch, 34. Formerly vol. 17 (part. 1). Italian Artists of the Sixteenth Century. Edited by Sebastian Buffa, New York, 1982.

BATHOE, 1757
W. Bathoe, *Catalogue of King Charles the first's Collection edited by George Vertue* (published in London by ...). Londres, 1757.

BATTÉ, 1859
L. Batté, *Le Raphaël de M. Morris Moore: Apollon et Marsyas,* Paris et Londres, 1859.

BAZIN, 1957
G. Bazin, *Trésors de la peinture au Louvre,* Paris, s.d. (1957).

BAZIN, 1966
G. Bazin, « Il faut rendre à Raphaël Jeanne d'Aragon », *Plaisir de France,* mars 1966, pp. 33-35.

BAZIN, 1967
G. Bazin, *Le temps des musées,* Liège et Bruxelles, 1967.

BAZIN, 1971
G. Bazin, « Compte rendu critique du *Raphaël* de Pope-Hennessy et du *Raphaël* de Dussler (1971) », *Gazette des Beaux-Arts,* LXXVIII, 1971, n° 1233, supplément, p. 28.

BEAN, 1960
J. Bean, *Bayonne, Musée Bonnat. Les dessins italiens de la collection Bonnat,* Paris, 1960.

BEAN, 1982
J. Bean, *15th and 16th century Italian Drawings in the Metropolitan Museum of Art (with the assistance of Lawrence Turčic),* New York, 1982.

BECCATI, 1968, voir SALMI, 1968

BECHERUCCI, 1968, voir SALMI, 1968

BECHERUCCI, 1974
L. Becherucci, « Il Vasari e gl'inizi di Raffaello », *Il Vasari storiografo e artista. Atti del Congresso Internazionale nel IV centenario della morte,* Arezzo, Florence, 1974, pp. 179-195.

BECK, 1973
J.H. Beck, *Raphael,* New York, 1973.

BEETS, 1936
N. Beets, « Alberto Durer, Luca di Leida e Marcantonio Raimondi », *Maso Finiguerra,* I, 1936, pp. 148-159.

BEFFA NEGRINI, 1606
A. Beffa Negrini, *Elogi istorici di alcuni personaggi della famiglia Castiglione* (publication posthume), Mantoue, 1606.

BÉGUIN, 1960
S. Béguin, « Tableaux provenant de Naples et de Rome en 1802 restés en France », *Bulletin de la Société de l'Histoire de l'Art français (1959),* 1960, pp. 177-178.

BÉGUIN, 1979-1980
S. Béguin, cat. exp. *La Madone de Lorette,* Chantilly, Musée Condé, 1979-80.

BÉGUIN et VALCANOVER, 1970
S. Béguin et F. Valcanover, *Tout l'œuvre peint de Titien,* Paris, 1970.

BÉGUIN, 1982
S. Béguin, « Un nouveau Raphaël : un ange du retable de Saint Nicolas de Tolentino », *Revue du Louvre et des Musées de France,* avril 1982, n° 2, pp. 99-115.

BÉGUIN, 1982, *XVIe*
S. Béguin, cat. exp. *Le XVIe siècle Florentin au Louvre,* Paris, Louvre, 1982.

BÉGUIN, 1983
S. Béguin, Musée du Louvre, *Catalogue des nouvelles acquisitions du Département des Peintures 1980-1982,* Paris, 1983.

BÉGUIN, 1983, *Princeton*
S. Béguin, *New analysis arising from the study and restoration of the Louvre Raphaels,* Communication Congrès Princeton, 1983 (à paraître).

BÉGUIN, 1983, *Washington*
S. Béguin, *The Saint Nicolas da Tolentino Altar-Piece,* Communication au Congrès de Washington, 1983, *"Raphael before Rome",* (à paraître).

BÉGUIN, 1984
S. Béguin, *Nuove indagini per il san Michele et il san Giorgo del Louvre,* Urbin, Florence, 6-14 avril 1984 (à paraître).

BÉGUIN, 1984, *Stuttgart*
S. Béguin, *Raphaels Krönung des heiligen Nikolaus von Tolentino, Stil und Bedeutung,* Stuttgart, 1984 (à paraître).

BELLINI, 1979
P. Bellini, « Incisioni di Giorgio Ghisi », *Rassegna di Studi e di Notizie. Raccolta delle stampe A. Bertarelli... Castello Sforzesco,* Milan, 1979, vol. VII, pp. 119-175.

BENVIGNAT, 1856
Ch. Benvignat, *Musée Wicar, catalogue des dessins et objets d'art légués par J.-B. Wicar,* Lille, 1856.

BERENSON, 1896
B. Berenson, *The Florentine Painters of the Renaissance with an index to their works,* Londres, 1896.

BERENSON, 1903, 1938, 1961
B. Berenson, *The Drawings of the Florentine Painters, classified, criticised and studied as Documents in the History and Appreciation of Tuscan Art,* Londres, 1903 (2e éd. Chicago, 1938 ; 3e éd. Milan, 1961).

BERENSON, 1907
B. Berenson, « Le portrait raphaélesque à Montpellier », *Gazette des Beaux-Arts,* XXXVII, 1907, pp. 207-212.

BERENSON, 1909
B. Berenson, *Florentine Painters of the Renaissance,* New York et Londres, 1909.

BERENSON, 1913
B. Berenson, *Catalogue of a Collection of Paintings and some Art objects. Italian Paintings, J.G. Johnson,* Philadelphie, 1913.

BERENSON, 1932
B. Berenson, *Italian pictures of the Italian Renaissance,* Oxford, 1932.

BERENSON, 1968
B. Berenson, *Italian pictures of the Renaissance, Central Italian and North Italian Schools,* Londres, 1968, 3 vol.

BERNARDINI, 1908
G. Bernardini, *Sebastiano del Piombo,* Bergame, 1908.

BERSHAD, 1978
D.L. Bershad, "The tapestries of Raphael and their re-acquisition in 1808 by Pie VII. New documentation", *Antologia di Belle Arti,* 1978, n° 6, pp. 162-167.

BERTHOMIEU, 1910
L. Berthomieu, « Une fresque de la Magliana », *Bulletin de la Commission archéologique de Narbonne,* 1910, I, pp. 180-200.

BERTHOMIEU, 1923
L. Berthomieu, *Catalogue descriptif et annoté des peintres et sculpteurs du Musée de Narbonne,* Toulouse, 1923.

BERTINI, 1959
A. Bertini, « L'esordio di Giulio Romano », *Critica d'Arte,* VI, 1959, pp. 361-374.

BIANCHI, 1942
L. Bianchi, *La villa papale de la Magliana,* Rome, 1942.

BIANCHI, 1968, voir SALMI, 1968

BIANCONI, 1802
L. Bianconi, *Opere del consigliere Gian Lodovico Bianconi bolognese,* ministro della corte di Sassonia presso la S. Sede, publiées par son frère Carlo Bianconi, Milan, 1802, 4 vol.

BIGOT, 1884
C. Bigot, *Raphaël et la Farnésine,* Paris, 1884.

BLANC, 1859
Ch. Blanc, « Les dessins de Raphaël », *Gazette des Beaux-Arts,* IV, 1859, pp. 193-209.

BLANC, 1881
Ch. Blanc, *Grammaire des Arts du Dessin. Architecture, sculpture, peinture,* Paris, 1881 (4e édition).

BLOCH, 1946
E.M. Bloch, "Rembrandt and the Lopez Collection", *Gazette des Beaux-Arts,* 6e période, XXX, 1946, pp. 175-186.

BLOCH, 1970
V. Bloch, *Rembrandt to today,* Amsterdam, 1970.

BLUM, 1950
A. Blum, *Les nielles du quattrocento,* Paris, 1950.

BLUMER, 1936
M.-L. Blumer, « Catalogue des Peintures transportées d'Italie en France de 1796 à 1814 », *Bulletin de la Société de l'Histoire de l'Art français,* 1936, 2e fascicule, pp. 244-348.

BOCCHI et CINELLI, 1677
F. Bocchi, *Le Bellezze della città di Firenze da M. Giovanni Cinelli ampliate...,* Florence, 1677.

BOCK, 1975
K. Bock, *Katalog der augestellten Gemälde des 13-18. Jahrhunderts, Gemäldegalerie, Staatliche Museen, Berlin,* Berlin, 1975.

BODE, 1889
W. von Bode, « Renaissance au Musée de Berlin, école du XVIe siècle », *Gazette des Beaux-Arts,* 1889, II, p. 608.

BOMBE, 1911
W. Bombe, »Raffaels Peruginer Jahre«, *Monatshefte für Kunstwissenschaft,* IV, 1911, heft 6, pp. 296-308.
BOMBE, 1914
W. Bombe, *Perugino,* Stuttgart, 1914.
BOMBE, 1914, *Perugia*
W. Bombe, *Perugia,* Leipzig, 1914.
BONNAFFÉ, 1873
E. Bonnaffé, *Les collectionneurs de l'Ancienne France,* Paris, 1873.
BONNAFFÉ, 1873, *Brienne*
E. Bonnaffé, *Le catalogue de Brienne (1662),* Paris, 1873.
BONNAFFÉ, 1883
E. Bonnaffé, *Recherches sur les collections des Richelieu,* Paris, 1883.
BONNAFFÉ, 1884
E. Bonnaffé, *Dictionnaire des amateurs français au XVII*e *siècle,* Paris, 1884.
BONNAFFÉ, 1890
E. Bonnaffé, *Eugène Piot,* Paris, Charavay, 1890.
BONNAFFÉ et MOLINIER, 1890
E. Bonnaffé et E. Molinier, *Catalogue des objets d'art de la Renaissance. Tableaux composant la collection de feu M. Eugène Piot,* Paris, Hôtel Drouot, 21-24 mai 1890.
BORA, 1971
G. Bora, *Disegni di manieristi lombardi,* Vicence, 1971.
BORA, 1976
G. Bora, *I disegni del Codice Resta,* Milan, 1976.
BORENIUS, 1914
T. Borenius, in J.A. Crowe et G.B. Cavalcaselle, *A New History of Painting in Italy, Umbria, Florence and Siena,* Londres, 1914, VI, p. 125.
BOUCHER DESNOYERS, 1821
Baron A. Boucher Desnoyers, *Recueil d'estampes gravées d'après les peintures antiques italiennes, etc.,* Paris, 1821.
BOUCHER DESNOYERS, 1852
Baron A. Boucher Desnoyers, *Appendice à l'ouvrage intitulé Histoire de la vie et des ouvrages de Raphaël par Monsieur Quatremère de Quincy,* Paris, 1852.
BOUDOT LAMOTTE, 1934
M. Boudot Lamotte, « Histoire d'un tableau de Raphaël au Musée du Louvre », *Revue de l'Art,* 1934, I, pp. 49-60.
BOUILLON-LANDAIS, 1884
Bouillon-Landais, *Catalogue des objets d'art composant la collection du Musée de Marseille,* Marseille, 1884.
BOYER de SAINTE SUZANNE, 1878
Baron Boyer de Sainte Suzanne, *Notes d'un curieux,* Paris, 1878.
BREJON et THIÉBAUT, 1981
A. Brejon de Lavergnée et D. Thiébaut, *Catalogue sommaire illustré des peintures du Musée du Louvre, II, Italie, Espagne, Allemagne, Grande-Bretagne et divers,* Paris, 1981.
BREJON de LAVERGNÉE, 1981
A. Brejon de Lavergnée, « Notes en marge du nouveau catalogue sommaire des peintures du Louvre. II. Italie, Espagne, Allemagne, Grande-Bretagne et divers », *Revue du Louvre et des Musées de France,* 1981, 5/6, pp. 349-358.
BRESCIA, 1879
Catalogue *Pinacoteca comunale Tosio Martinengo,* Brescia, 1879.
BRICE, 1971
G. Brice, *Description nouvelle de ce qu'il y a de plus remarquable dans la ville de Paris,* 1re éd., Paris 1684 ; 9e éd., Paris 1752, avant-propos par Michel Fleury, Genève, Droz ; Paris, Ménard, 1971.
BRIENNE, 1873, cf. BONNAFFÉ, 1873
BRIENNE, 1916-1919
L.H. de Loménie, comte de Brienne, *Mémoires,* Paris, 1916-1919, 3 vol.
BRIGSTOCKE, 1978
H. Brigstocke, *Italian and Spanish Paintings in the National Gallery of Scotland,* Glasgow, 1978.
BRIZIO, 1963
A.-M. Brizio, « Raffaello », *Enciclopedia Universale dell'arte,* XI, Venise-Rome, 1963, col. 222-249.
BRIZIO, 1965
A.-M. Brizio, « La "Santa Cecilia" di Raffaello », *Studi in onore di Giusta Nicco Fasola. Arte Lombarda,* 1965, pp. 99-104.
BROWN, 1983
D.A. Brown, *Raphael and America,* cat. exp. Washington, National Gallery of Art, 1983.
BROWN 1983, *Washington*
D.A. Brown, *Raphael's Saint George of the Washington National Gallery,* communication au Congrès de Washington, *"Raphael before Rome"* (à paraître).
BRUGEROLLES, 1983
E. Brugerolles, *Inventaire des dessins de la collection Armand-Valton conservés à l'Ecole des Beaux-Arts,* Paris, 1983 (thèse dactylographiée).
BRUGNOLI, 1962
M.V. Brugnoli, « Gli affreschi di Perin del Vaga nella cappella Pucci. Note sulla prima attività romana del pittore », *Bollettino d'Arte,* 1962, IV, pp. 327-350.
BRUNELLO, 1981
F. Brunello, *Arti e mestieri a Venezia nel Medioevo e nel Rinascimento,* Vicence, 1981.
BUDDENSIEG, 1968
T. Buddensieg, "Raffaels Grab", *Munuscula Discipulorum* (Mel. H. Kauffmann), 1968, pp. 45-70.
BURCHARD et d'HULST, 1963
L. Burchard et R.A. d'Hulst, *Rubens drawings,* Bruxelles, 1963.
BURCKHARDT, 1860, éd. 1958
J. Burckhardt, *La civilisation de la Renaissance en Italie...,* 1860, éd. Gonthier, Paris, 1958.
BYAM SHAW, 1969-1970
J. Byam Shaw, *Old Masters Drawings from Chatsworth. A Loan Exhibition from the Devonshire Collection,* International Exhibitions Foundation, 1969-1970.
BYAM SHAW, 1983
J. Byam Shaw, *The Italian Drawings of the Frits Lugt Collection,* Paris, 1983.
CADOGAN, 1983
J.K. Cadogan, "Linen drapery studies by Verrocchio, Leonardo and Ghirlandaio", *Zeitschrift für Kunstgeschichte,* 46, 1983, 1, pp. 27-62.
CALABI, 1931
A. Calabi, *L'Incisione Italiana,* Milan, 1931.
CAMESASCA, 1956
E. Camesasca, *Tutta la pittura di Raffaello,* Milan, 1956, 2 vol.
CAMESASCA, 1956, *Scritti*
E. Camesasca, *Raffaello Sanzio. Tutti gli scritti,* Milan, 1956.
CAMESASCA, 1969
E. Camesasca, *L'opera completa del Perugino,* Milan, 1969.
CAMPORI, 1863
G. Campori, « Documents inédits sur Raphaël tirés des archives palatines de Modène », *Gazette des Beaux-Arts,* 1re période, 1863, XIV, pp. 347-361 et XV, pp. 288-294.
CAMPORI, 1872
G. Campori, « Faits et documents pour servir à l'histoire de Giovanni et Raphaël Santi d'Urbino tirés des archives de Mantoue », *Gazette des Beaux-Arts,* 2e période, 1872, XXXI, pp. 353-366.
CANTAREL-BESSON, 1981
Y. Cantarel-Besson, *La naissance du Musée du Louvre,* Paris, 1981, 2 vol.
CANUTI, 1931
Canuti, *Il Perugino,* Sienne, 1931, 2 vol.
CARLI, 1960
E. Carli, *Il Pintoricchio,* Milan 1960.
CARLI, 1968
E. Carli, *Le Stanze vaticane,* Milan, 1968.
CARTWRIGHT, 1895
J. Cartwright, *The early work of Raphael,* Londres, 1895.
CASSIANO DEL POZZO, cf. MUNTZ, 1885
CASTAGNOLI, 1968
voir SALMI, 1968.
CASTAN, 1867
A. Castan, *Monographie du Palais Granvelle,* Paris, 1867.
CASTELFRANCO, 1962
G. Castelfranco, *Raffaello. I disegni,* Milan, 1962.
Cat. exp. BERLIN, 1973
Vom späten Mittelalter bis zu Jacques Louis David. Neuerworbene und neubestimmte Zeichnungen im Berliner Kupferstichkabinett, Berlin, Staatliche Museen, 1973.
Cat. exp. BIRMINGHAM, 1951
Exhibition of English Tapestries, Birmingham, Museum and Art Gallery, 1951.
Cat. exp. CAMBRIDGE, 1974
Rome and Venice. Prints of the High Renaissance, Fogg Art Museum, Harvard University, Cambridge MA., 1974.
Cat. exp. FLORENCE, 1966
Mostra di Disegni di Perino del Vaga e la sua cerchia, Gabinetto disegni e stampe degli Uffizi, Florence, 1966 (cat. par B.F. Davidson).
Cat. exp. FLORENCE, 1980
Firenze e la Toscana dei Medici nell' Europa del Cinquecento. Il primato del disegno, Palazzo Strozzi, Florence, 1980.
Cat. exp. LAWRENCE, 1981
The Engravings of Marcantonio Raimondi, The Spencer Museum of Art, The University of Kansas, Lawrence, 1981-1982 ; The Ackland Art Museum, The University of North Carolina,

Chapel Hill, 1982; The Wellesley College Art Museum, Wellesley, Massachusetts, 1982 (cat. par I.H. Shoemaker).

Cat. exp. PARIS, Institut Néerlandais, 1965
Gravures sur bois, clairs-obscurs de 1500 à 1800, Paris, Institut Néerlandais; Rotterdam, Musée Boymans-van Beuningen, 1965-1966.

Cat. exp. PARIS, 1967
Le Cabinet d'un grand amateur, P.J. Mariette, Paris, Musée du Louvre, 1967.

Cat. exp. PARIS, 1978
Rubens, ses maîtres, ses élèves. Dessins du Musée du Louvre, Paris, Cabinet des Dessins, 1978.

Cat. exp. ROME, 1980
Incisori Mantovani del'500, Giovan Battista, Adamo, Diana Scultori e Giorgio Ghisi dalle Collezioni del Gabinetto Nazionale delle Stampe e della Calcografia Nazionale, Rome, 1980-1981 (cat. par St. Massari).

Cat. exp. ROME, 1981
Gli affreschi di Paolo III a Castel Sant' Angelo. Progetto ed esecuzione, 1543-1548, Rome, Museo Nazionale di Castel Sant' Angelo, 1981-1982, 2 vol.

Cat. exp. TURIN, 1982
Gaudenzio Ferrari e la sua scuola. I cartoni cinquecenteschi dell'Accademia Albertina, Turin, Accademia Albertina, 1982.

Cat. exp. VIENNE, 1966
Renaissance in Italien (Die Kunst der Graphik, 3), Vienne, Graphische Sammlung Albertina, 1966.

Cat. exp. WASHINGTON, 1973
Early italian engravings from the National Gallery of Art, National Gallery of Art, Washington, 1973.

Catalogue vente 1977
Old Master and English Drawings, Watercolours and Prints, Londres, Christie's, 29 novembre 1977.

Catalogue vente 1982
Old Master Drawings, Londres, Christie's, 6 juillet 1982.

Catalogue ANTALDI
Catalogue of the Antaldi Collection, from the original manuscript of the seventeenth Century, now deposited in the University Galleries, Oxford, transcrit par J.C. Robinson, *A critical Account of the Drawings by Michel Angelo and Raffaello in the University Galleries, Oxford,* Oxford, 1870, pp. 343-351.

CECCHINI, 1932
G. Cecchini, *La Galleria Nazionale dell'Umbria in Perugia,* Rome, 1932.

CHANTELOU, voir LALANNE, 1885

CHASTEL, 1982
A. Chastel, *L'Art et l'humanisme à Florence au temps de Laurent le Magnifique,* Paris, 1982 (1re édition, 1959).

CHENNEVIÈRES, (1882)
H. de Chennevières, *Les dessins du Louvre. II, Ecole italienne,* Paris, s.d. (1882).

CHENNEVIÈRES, 1884
H. de Chennevières, « Les donations et les acquisitions du Louvre depuis 1880 », *Gazette des Beaux-Arts,* 2e période, 1884, XXIX, pp. 55-65.

CHIARINI, 1966
M. Chiarini, « Il Cinquecento europeo a Parigi », *Bollettino d'arte,* 1966, 1.2, p. 88.

CIAN, 1951
V. Cian, *Un illustre nunzio pontifico del Rinascimento: Baldassar Castiglione,* Rome, Cité du Vatican, 1951.

CIARDI DUPRÉ, 1967
M. G. Ciardi Dupré, *Raphaël,* Paris, 1967.

CLAPP, 1916
F.M. Clapp, *Jacopo Carucci da Pontormo, his Life and Work,* New Haven, 1916.

CLARK, 1973
K. Clark, "Mona Lisa", *The Burlington Magazine,* CXV, 1973, pp. 144-150.

CLARK, 1974
K. Clark, "Raphael the Draughtsman", *Apollo,* sept. 1974, pp. 256-258.

CLÉMENT DE RIS, 1859-1861
L. Clément de Ris, *Les Musées de province,* Paris, 1859-1861, 2 vol.

CLÉMENT DE RIS, 1872
L. Clément de Ris, *Les Musées de province,* Paris, 1872.

CLOUGH, 1967
C.-H. Clough, "The Relation between the English and Urbino Courts, 1474-1508", *Studies in the Renaissance,* XIV, 1967, pp. 202-218.

CLOUGH
C.H. Clough, Raphael's commissions from the Court of Urbino relating to the orders of the garter and Saint Michel, Communication au Congrès de Washington, 1983. "Raphael before Rome" (à paraître).

CLOUZOT, 1905
H. Clouzot, « A propos d'un Raphaël du Louvre », *Bulletin de l'Art ancien et moderne,* VII, 1905, n° 274, pp. 262-264.

CLOUZOT, 1934
H. Clouzot, « Les peintures du château d'Oiron », *Revue de l'Art ancien et moderne,* 38e année, 1934, LXV, pp. 49-60.

COCKE, 1969
R. Cocke, *The drawings of Raphael,* Londres, New York, Sydney, Toronto, 1969.

CONSTANS, 1976
C. Constans, « Les tableaux du Grand Appartement du Roi », *Revue du Louvre et des Musées de France,* 1976, n° 3, pp. 157-173.

CONSTANS, 1980
C. Constans, *Musée national du château de Versailles, Catalogue des Peintures,* Paris, 1980.

CONTI, 1973
A. Conti, *Storia del restauro e della conservazione delle opere d'arte,* Milan, s.d. (1973).

CONWAY, 1916
Sir M. Conway "Raphael's Drawings", *The Burlington Magazine,* XXVIII, janvier 1916, pp. 144-151.

COPERTINI, 1932
G. Copertini, *Il Parmigianino,* Parme, 1932, 2 vol.

COPERTINI, 1949
G. Copertini, *Nuovo contributo di studi e ricerche sul Parmigianino,* Parme, 1949.

COPPIER, 1913
A.C. Coppier, « Nos chefs-d'œuvre maquillés. Musée du Louvre », *Les Arts,* avril 1913, n° 136, pp. 26-31.

CORNU, 1862
S. Cornu, *Catalogue des tableaux, des sculptures de la Renaissance et des majoliques du musée Napoléon III,* Paris, 1862.

CORNU, 1883
S. Cornu, *Catalogue des tableaux, des sculptures de la Renaissance et des majoliques du musée Napoléon III,* Paris, 1883.

COSNAC, 1884
Comte C. J. de Cosnac, *Les richesses du palais Mazarin,* Paris, 1884.

COSNAC, 1892
Comte C. J. de Cosnac, *Mazarin et Colbert,* Paris, 1892.

COURAJOD, 1890
L. Courajod, « Eugène Piot et les objets d'art légués au Musée du Louvre », *Gazette des Beaux-Arts,* 3e période, 1890, III, pp. 395-425; VIII, pp. 424-425.

COX-REARICK, 1972
J. Cox-Rearick, cat. exp. *La collection de François Ier,* Paris, Louvre, 1972.

CROPPER, 1976
E. Cropper, "On Beautiful women, Parmigianino, 'Petrarchismo' and the Vernacular style", *The Art Bulletin,* LVIII, 1976, n° 3, pp. 374-394.

CROWE et CAVALCASELLE, 1866
J.A. Crowe et G.B. Cavalcaselle, *A New History of Painting in Italy from the Second to the Sixteenth Century,* Londres, vol. III, 1866.

CROWE et CAVALCASELLE, 1882, 1885
J.A. Crowe et G.B. Cavalcaselle, *Raphael, his Life and Works,* Londres, I, 1882; II, 1885. (Deuxième édition, *Raphael. Sein Leben und seine Werke,* Leipzig, 1885).

CUMBERLAND, 1793
Cumberland, *Some anecdotes of the life of Julio Bonasoni...,* Londres, 1793.

CUNNINGHAM, 1960
C.C. Cunningham, "Portrait of a Man in Armour by Sebastiano del Piombo", *Wadsworth Atheneum Bulletin,* Hartford, 5e série, 1960, n° 5, pp. 15-17.

CUZIN, 1982
J.-P. Cuzin, voir DE VECCHI, 1982.

CUZIN, 1983
J.-P. Cuzin, *Raphaël, vie et œuvre,* Fribourg, 1983.

CUZIN, 1983, *Raphaël et l'art français*
J.-P. Cuzin, cat. exp. *Raphaël et l'art français,* Paris, Grand Palais, 1983.

DACIER, 1932
E. Dacier, « La vente Charles Coypel d'après les notes manuscrites de P.-J. Mariette », *Revue de l'Art,* LXI, 1932, pp. 131-142.

DACOS, 1971
N. Dacos, « La "Bible" de Raphaël. Quelques observations sur le programme et sur les auteurs des fresques », *Paragone,* n° 253, 1971, pp. 11-36.

DACOS, 1977
N. Dacos, *Le Logge di Raffaello. Maestro e bottega di fronte all'antico,* Rome, 1977.

DACOS, 1979
N. Dacos, « Arte italiana e arte antica », *L'Espe-*

rienza dell' antico, dell' Europa, della Religiosità, Storia dell' Arte italiana, III, Turin, 1979, pp. 5-68.
DACOS, 1979, *Rubens*
N. Dacos, « Rubens in Italia. Il libro di Michael Jaffé e le mostre del quadricentenario », *Prospettiva,* 17, 1979, pp. 64-74.
DACOS, 1980
N. Dacos, « Tommaso Vincidor, un élève de Raphaël aux Pays-Bas », *Etudes d'histoire de l'Art publiées par l'Institut historique belge de Rome, tome IV, Relations artistiques entre les Pays-Bas et l'Italie à la Renaissance. Etudes dédiées à Suzanne, Sulzberger,* Bruxelles-Rome, 1980, pp. 61-72.
DACOS, 1983
N. Dacos, *Pedro Machuca en Italie,* Mélanges en l'honneur de F. Zeri (à paraître).
DALLI REGOLI, 1966
G. Dalli Regoli, *Lorenzo di Credi,* Pise, 1966.
D'AMICO, TAMASSIA, BELLINI et MINONZIO, 1980
R. d'Amico, M. Tamassia, P. Bellini et D. Minonzio, *Incisori Veneti dal XV al XVIII secolo,* Bologne, 1980.
DAN, 1642
Le père Dan, *Le trésor des Merveilles de la maison royale de Fontainebleau,* Paris, 1642.
DAVIDSON, 1954
B.F. Davidson, *Marcantonio Raimondi, the Engravings of his Roman Period,* Radcliffe College, Harvard University, Cambridge, 1954.
DAVIES, 1908
G.S. Davies, *Ghirlandajo,* Londres, 1908.
DAVIS, 1981
Ch. Davis, cat. exp. *Giorgio Vasari,* Arezzo, 1981.
D.C.S., 1922
D.C.S., "A Roundel of Painted Glass attributed to Lucas van Leyden (1494-1533)", *Boston Museum of Fine Arts Bulletin,* juin 1922, n° 119.
DEGENHART et SCHMITT, 1968
B. Degenhart et A. Schmitt, *Corpus der italienischen Zeichnungen 1300-1450,* vol. II, Berlin 1968.
DELABORDE, 1858
H. Delaborde, « Les préraphaélites à propos d'un tableau de Raphaël », *Revue des deux mondes,* 15 juillet 1858, pp. 241-260.
DELABORDE, 1888
H. Delaborde, *Marc-Antoine Raimondi, étude historique et critique suivie d'un catalogue raisonné des œuvres du maître,* Paris, 1888.
DELACRE, 1931
M. Delacre, *Gand artistique,* janvier 1931, pp. 112-113.
DELACROIX, 1893
E. Delacroix, *Journal de Eugène Delacroix,* Paris, 1893, 2 vol.
DEL BRAVO, 1982
C. Del Bravo, « Etica o poesia e mecenatismo » : Cosimo il Vecchio, Lorenzo e alcuni dipinti », *Gli Uffizi. Quattro secoli di una Galleria,* Convegno internazionale di Studi, Florence, 20-24 septembre 1982 (actes à paraître).
DELLA PERGOLA, 1959
P. della Pergola, *Galleria Borghese. I Dipinti. Vol. II.* Rome, 1959.
DEL PIAZZO, 1969
M. Del Piazzo, *Rinascimento,* Seria 2, IX, 1969
DE' MAFFEI, 1959
F. De' Maffei, « Il ritratto di Giuliano, fratello di Leone X, dipinto da Raffaello », *L'Arte,* LVIII, 1959, vol. 282/4, pp. 309-324.
DE NICOLA, 1918
G. de Nicola, « Opere perdute del Pollaiuolo », *Rassegna d'Arte,* XVIII, 1918, pp. 210-214.
DESCARGUES, 1965
P. Descargues, « Les sommets de la Gravure au XVIe s. », *Connaissance des Arts,* Noël 1965, n° 166, pp. 138-145.
DE V., voir DE VECCHI, 1982
DE VECCHI, 1969
P. De Vecchi, *Tout l'œuvre peint de Raphaël,* introduction par H. Zerner, Paris, 1969.
DE VECCHI, 1981
P. De Vecchi, *Raffaello, la Pittura,* Florence, 1981.
DE VECCHI, 1982
H. Zerner, P. De Vecchi et J.P. Cuzin, *Tout l'œuvre peint de Raphaël,* nouvelle éd. mise à jour par J.-P. Cuzin, Paris, 1982.
DE WITT, 1968
A. De Witt, *Marcantonio Raimondi. Incisioni scelte e annotate,* Florence, 1968.
DEZALLIER d'ARGENVILLE, 1752
A.N. Dezallier d'Argenville, *Voyage pittoresque de Paris, ou indication de tout ce qu'il y a de plus beau dans cette grande ville,* Paris, 1752, 2e édition.
DEZALLIER d'ARGENVILLE, 1745-1752
A.N. Dezallier d'Argenville, *Abrégé de la vie des plus fameux peintres,* 1re éd. Paris, 1745 ; 2e éd. Paris, 1752.
DEZALLIER d'ARGENVILLE, 1755-1779
A.N. Dezallier d'Argenville, *Voyage pittoresque des environs de Paris,* 1re éd. Paris, 1755 ; 2e éd. Paris, 1779.
DEZZI BARDESCHI, 1971
M. Dezzi Bardeschi, « L'opera di Giuliano da Sangallo e di Donato Bramante nella fabbrica della villa papale della Magliana », suivi de « Documenti, Nota di Lucilla Bardeschi Ciulich », *L'Arte,* 1971, n°s 15-16, pp. 111-147-173.
DI CARPEGNA, 1955
N. Di Carpegna, *Catalogo della galleria Nazionale, Palazzo Barberini, Roma,* Rome, 1955.
DIGBY, 1951
G.W. Digby, "English tapestries at Birmingham", *The Burlington Magazine,* XCIII, 1951, n° 582, pp. 295-296.
DIMIER, 1900
L. Dimier, *Le Primatice,* Paris, 1900.
DOLCE, 1557
L. Dolce, *L'Aretino, ovvero Dialogo della pittura,* Venise, 1557.
DOLLMAYR, 1895
H. Dollmayr, « Raffael Werkstätte », *Jahrbuch der Kunsthistorischen Sammlungen in Wien,* XVI, 1895, pp. 230-363.
DREYER, 1979
P. Dreyer, *I grandi disegni italiani del Kupferstichkabinett di Berlino,* Milan, 1979.
DUBOIS DE SAINT-GELAIS, 1727
L.-F. Dubois de Saint-Gelais, *Description des tableaux du Palais Royal,... dédiée à Mgr le duc d'Orléans,* Paris, 1727.
DUFOUR, 1930
G. Dufour, « Le "Raphaël" du Musée d'Angers », *La province d'Anjou,* n° 26, nov.-déc. 1930, pp. 312-318.
DULAC-ROORYCK, 1983
I. Dulac-Rooryck, « Trois tentures de la manufacture anglaise de tapisseries établie à Mortlake au XVIIe siècle au Musée de Brive », *Revue du Louvre et des Musées de France,* 1983 (à paraître).
DUMONT, 1973
C. Dumont, *Francesco Salviati au Palais Sacchetti de Rome et la décoration murale italienne (1520-1560),* Genève, 1973.
DUNAND et LEMARCHAND
L. Dunand et Ph. Lemarchand, *Les compositions de Jules Romain intitulées « Les Amours des dieux », gravées par Marc-Antoine Raimondi,* I, Lausanne, s.d. (1980).
DUPORTAL, 1923
J. Duportal, « Une nouvelle hypothèse sur le tableau du Louvre dit « Raphaël et son maître d'armes », *Revue de l'Art ancien et moderne,* 1923, XLIV, pp. 386-391.
DU RAMEAU, 1784, cf. Annexe. Louvre, Département des Peintures, A.
DURAND-GREVILLE, 1907
E. Durand-Greville, *Musées et Monuments de France,* Paris, 1907, 2 vol.
DURANTY, 1877
Duranty, « Promenades au Louvre : Remarques sur le geste dans quelques tableaux », *Gazette des Beaux-Arts,* 2e période, 1877, XV, pp. 19-37 ; pp. 172-180.
DUSSLER, 1927
L. Dussler, *Signorelli. Des Meisters Gemälde,* Berlin-Leipzig, 1927.
DUSSLER, 1942
L. Dussler, *Sebastiano del Piombo,* Bâle, 1942.
DUSSLER, 1959
L. Dussler, *Die Zeichnungen des Michelangelo,* Berlin, 1959.
DUSSLER, 1966
L. Dussler, *Raffael, Kritisches Verzeichnis der gemälde, wandbilder und Bildteppiche,* Munich, 1966.
DUSSLER, 1971
L. Dussler, *Raphael. A critical catalogue of his pictures, wall paintings and tapestries,* Londres et New York, 1971.
DUTUIT, 1888
E. Dutuit, *Manuel de l'amateur d'estampes,* t. I, 2^{e} partie, Paris-Londres, 1888.
EICHE, 1981
S. Eiche, « The return of Baldassare Castiglione », *The Burlington Magazine,* CXXIII, 1981, n° 936, pp. 154-155.
EINEM, 1968
H. von Einem, « Compte rendu du livre de Dussler, "Raphael" », *Kunstchronik,* 21, 1968, p. 26.
EINEM, 1971
H. von Einem, « Das Programm der Stanza della Segnatura », *Vorträge Rheinisch-Westfälische Akademie der Wissenschaften,* 169, Opladen, 1971, pp. 7-40.

EISLER, 1982
C. Eisler, "Marcantonio: the reproductive print as paradoxe", *The Print Collector's Newsletter,* vol. XIII, n° 3, juillet-août 1982, pp. 80-84.
EMILE-MÂLE, 1976
G. Emile-Mâle, *Restauration des peintures de chevalet,* Fribourg, 1976.
EMILE-MÂLE, 1979
G. Emile-Mâle, « La restauration du tableau (Baldassare Castiglione) », *Revue du Louvre et des Musées de France,* 1979, n° 4, pp. 271-272.
ENGERAND, 1899
F. Engerand, *Inventaire des tableaux du Roy rédigé en 1709 et 1710 par Nicolas Bailly,* Paris, 1899.
ENGERAND, 1901
F. Engerand, *Inventaire des tableaux commandés et achetés par la Direction des Bâtiments du Roi,* Paris, 1901.
ERMERS, 1909
M. Ermers, «Die Architekturen Raffaels in seinen Fresken, Tafelbildern und Teppichen», *Zur Kunstgeschichte des Auslandes,* 65, 1909, pp. 1-99.
ERTL, 1933
F. Ertl, *Baldassare Castiglione...,* Nuremberg (Dissertation Druck), 1933.
ETTLINGER, 1983
H.S. Ettlinger, "The question of St. George's garter", *The Burlington Magazine,* CXXV, 1983, n° 958, pp. 25-29.
EVELYN, 1906
J. Evelyn, *The Diary of John Evelyn,* éd. A. Dobson, Londres, 1906, 3 vol.
FÉLIBIEN DES AVAUX, 1703.
J.A. Félibien des Avaux, *Description sommaire de Versailles ancienne et nouvelle,* Paris, 1703.
FÉLIBIEN, 1705
A. Félibien, *Entretiens sur les vies et sur les ouvrages des plus excellens peintres anciens et modernes* (nouvelle édition, revue, corrigée et augmentée des Conférences de l'Académie Royale de Peinture et de Sculpture), Londres, 1705, 4 tomes.
FENAILLE, 1903-1923
M. Fenaille, *Etat général des tapisseries de la Manufacture des Gobelins,* Paris, 1903-1923.
FERINO-PAGDEN, 1981
S. Ferino-Pagden, "Raphael's activity in Perugia as reflected in a drawing in the Ashmolean Museum, Oxford", *Mitteilungen des Kunsthistorischen Institutes in Florenz,* XXV, II, 1981, pp. 231-248.
FERINO-PAGDEN, 1982
Cat. exp. *Disegni Umbri del Rinascimento, da Perugino a Raffaello. Catalogo della Mostra a cura di S. Ferino-Pagden,* Florence, Gabinetto Disegni e Stampe degli Uffizi, 1982.
FERINO-PAGDEN, 1982, *Prospettiva*
S. Ferino-Pagden, « Un disegno giovanile di Raffaello: originale o copia », *Prospettiva,* n° 27, octobre 1982, pp. 72-74.
FERINO-PAGDEN, 1983
S. Ferino-Pagden, "Pintoricchio, Perugino or the young Raphaël? A problem of Connoisseurship", *The Burlington Magazine,* CXXV, 1983, n° 959, pp. 87-92.
FERRARA, BELLINI et D'AMICO, 1977
St. Ferrara, P. Bellini et R. d'Amico, *Incisori Liguri e Lombardi dal XV al XVIII secolo,* Bologne, 1977.
FERRARA et BERTELA, 1975
St. Ferrara et G.G. Bertelà, *Catalogo Generale della raccolta di stampe antiche della Pinacoteca Nazionale di Bologna, Gabinetto delle Stampe. III. Incisori Bolognesi ed Emiliani del sec. XVI. Appendice ai volumi Incisori Bolognesi ed Emiliani del' 600 e del' 700,* Bologne, 1975.
FERRATON, 1949
C. Ferraton, « La collection du duc de Richelieu au Musée du Louvre », *Gazette des Beaux-Arts,* 6e période, 1949, XXXV, pp. 437-448.
FILANGERI di CANDIDA, 1902
A. Filangeri di Candida, « La galleria nazionale di Napoli », *Gallerie Nazionale Italiane,* 1902, V.
FILHOL, 1804-1828
Filhol, *Galerie du Musée Napoléon,* publiée par Filhol, graveur, et rédigée par Lavallée (Joseph), Paris, 1804-1828, 11 vol.
FILIPPINI, 1925
F. Filippini, « Raffaello a Bologna », *Cronache d'Arte,* II, 3, 1925, pp. 201-232.
FILIPPINI, 1931-1932
F. Filippini, «La "Madonna di Loreto" di Raffaello », *Atti e Memorie della Deputazione di Storia Patria per le Marche,* VIII-IX, 1931-32, pp. 71-89.
FILLION, 1867
B. Fillion, *« Chronique des Arts »,* 1867, p. 108.
FIRESTONE, 1943
G. Firestone, "The Sleeping Christ Child in Italian Renaissance. Representations of the Madonna", *Marsyas,* II, 1943, pp. 43-62.
FISCHEL, 1898
O. Fischel, *Raphaels Zeichnungen. Versuch einer Kritich der bischer veröffentlichen Blätter,* Strasbourg, 1898.
FISCHEL, 1912
O. Fischel, «Raffaels erstes Altarbild, die Krönung des hl. Nikolaus von Tolentino», *Jahrbuch der königlich preussischen Kunstsammlungen,* XXXIII, 1912, pp. 105-121.
FISCHEL, 1912, *Burl. Mag.*
O. Fischel, "Some lost drawings by or near to Raphael", *The Burlington Magazine,* février 1912, n° 107, pp. 294-300.
FISCHEL, 1913
O. Fischel, «Raffaels Lehrer», *Jahrbuch der königlich preussischen Kunstsammlungen,* XXXIV, 1913, pp. 89-96.
FISCHEL, I à VIII, 1913-1941
O. Fischel, *Raffaels Zeichnungen,* Berlin, 1913-1914. I. *Erster Teil. Raphaels umbrische Zeit,* 1913. II. *Florentiner Eindrücke und Skizzenbücher,* 1919. III. *Die Florentiner Madonnen,* 1922. IV. *Grablegung und Ubergang nach Rom,* 1923. V. *Römische Anfänge und die Decke der ersten Stanze, Der Parnass, Die Jurisprudenz,* 1924. VI. *Die Disputa,* 1925. VII. *Die Schule von Athen,* 1928. VIII. *Raphaels Römische Zeichenkunst,* 1941.
FISCHEL, 1915
O. Fischel, «Raffaels Heilige Magdalena im Berliner Kgl. Kupferstichkabinett», *Jahrbuch der preussischen Kunstsammlungen,* XXXVI, 1915, pp. 92-96.
FISCHEL, 1916
O. Fischel, "Der Raffael Czartoryski" *Jahrbuch der preussischen Kunstsammlungen,* XXXVII, 1916, pp. 251-261.
FISCHEL, 1917
O. Fischel, *Die Zeichnungen der Umbrer,* Berlin, 1917.
FISCHEL, 1920
O. Fischel, «Raphael und Dante», *Jahrbuch der preussischen Kunstsammlungen,* XLI, 1920, pp. 83-102.
FISCHEL, 1922
O. Fischel, «Ein Kartongfragment von Raphael. Zur Madonna del Duca di Terranuova», *Amtliche Berichte der Berliner Museen,* 1922, Heft 1/2, pp. 13-15.
FISCHEL, 1924
O. Fischel, "An unknown Drawing by Raphael", *The Burlington Magazine,* XLIV, 1924, n° 251, pp. 75-76.
FISCHEL, 1927
O. Fischel, "School of Raphael, The Nativity. Collection of Mr. G. Locker-Lampson", *Old Master Drawings,* juin 1927, p. 5.
FISCHEL, 1935
O. Fischel, « Santi, Raffaello », *Thieme-Becker, Allgemeines Lexicon der bildenden Künstler,* XXIX, Leipzig, 1935.
FISCHEL, 1937
O. Fischel, "Raphael's auxiliary cartoons", *The Burlington Magazine,* LXXI, 1937, n° 165, pp. 167-168.
FISCHEL, 1939
O. Fischel, "Raphael's Pink Sketchbook", *The Burlington Magazine,* LXXIV, 1939, n° 183, pp. 181-187.
FISCHEL, 1948
O. Fischel, *Raphael,* Londres, 1948.
FISCHEL, 1962
O. Fischel, *Raphael,* Berlin, 1962.
FLICHE, 1935
A. Fliche, *Montpellier* dans *Les villes d'art célèbres,* Paris, 1935.
FOCILLON, 1926
H. Focillon, *Raphaël,* Paris, 1926.
FORLANI TEMPESTI, 1968, voir SALMI, 1968
FORLANI TEMPESTI, 1970
A. Forlani Tempesti, *Capolavori del Rinascimento. Il primo cinquecento toscano,* Milan, 1970.
FORLANI TEMPESTI, 1980, voir cat. exp. Florence, 1980.
FORSTER, 1867-1868
E. Förster, *Raphael,* Leipzig, 1867-1868.
FORSTER, 1972
K.W. Forster, Compte rendu de J. Pope-Hennessy, *"Raphael,* New York, 1970", *Art Quarterly,* XXXV, n° 4, 1972, pp. 425-427.
FOSCA, 1937
F. Fosca, *Raphaël,* Paris, 1937.
FRANCIS, 1938
H.S. Francis, "Two versions of the 'Massacre of the Innocents' by Marcantonio Raimondi", *Bulletin of the Cleveland Museum of Art,* XXV, 1938, pp. 165-167.
FREEDBERG, 1950
S.J. Freedberg, *Parmigianino. His works in Painting,* Harvard University Press, 1950.

FREEDBERG, 1961
S.J. Freedberg, *Painting of the High Renaissance in Rome and Florence,* Cambridge, Mass., 1961.

FREEDBERG, 1963
S.J. Freedberg, *Andrea del Sarto,* Cambridge, Mass., 1963, 2 vol.

FREEDBERG, 1971
S.J. Freedberg, *Painting in Italy 1500-1600.* The Pelican History of Art. Harmonsworth, 1971.

FREEDBERG, 1972
S.J. Freedberg, *Painting of the High Renaissance in Rome and Florence,* New York, Londres, 1972.

FREY, 1892
C. Frey, *Il Codice Magliabechiano, contenante notizie sopra l'arte delli antichi e quella de'fiorentini da Cimabu a Michelangelo Buonarotti scritte da Anonimo Fiorentino,* publié par Carl Frey, Berlin 1892.

FRIEDEBERG, 1927
M. Friedeberg, «Uber das dem Raffael zugeschriebenes Bild eines Jünglings im Louvre», *Zeitschrift für Bildende Kunst,* 1927, 28, pp. 357-358.

FRIZZONI, 1889
G. Frizzoni, Compte rendu de « Musée National du Louvre. Dessins, cartons, pastels et miniatures des diverses écoles, exposés depuis 1879 dans les salles du 1er étage, 2e notice supplémentaire par le Vte Both de Tauzia », Paris, 1888, *Kunstchronik,* XXIV, 1889, pp. 51-55.

FRIZZONI, 1906
G. Frizzoni, « Appunti critici intorno alle opere di pittura delle scuole italiane nella galleria del Louvre », *L'Arte,* IX, 1906, pp. 401-422.

FRIZZONI, 1914
G. Frizzoni, *I Disegni della R. Galleria degli Uffizi in Firenze. III, 2. Disegni di Raffaello,* Florence, 1914.

FRIZZONI, 1915
G. Frizzoni, "Certain Studies by Cesare da Sesto in relation to his pictures", *The Burlington Magazine,* XXVI, 1915, 143, pp. 187-194.

FROHLICH-BUM, 1930
L. Frohlich-Bum, «Andrea Meldolla gen. Schiavone», *Thieme et Becker, Allgemeines Lexicon der bildenden Künstler,* XXIV, Leipzig, 1930.

FROMMEL, 1967
C.L. Frommel, *Baldassare Peruzzi als Maler und Zeichner,* Vienne, 1967-1968.

FROMMEL, 1981
C.L. Frommel, «Eine Darstellung der "Loggien" in Raffaels "Disputa"? Beebachtuungen zu Bramantes Erneuerung des Vatikanpalastes in den Jahren 1508/09», *Festschrift für Eduard Trier,* Berlin, 1981, pp. 103-129.

FUNCK-HELLET, 1932
Ch. Funck-Hellet, *Les œuvres peintes de la Renaissance italienne et le nombre d'or,* Paris, 1932.

GABELENZ, 1922
H. von Gabelenz, *Fra Bartolomeo und die Florentiner Renaissance,* Leipzig, 1922.

GALICHON, 1860
E. Galichon, « Nouvelles observations sur la restauration des tableaux du Louvre », *Gazette des Beaux-Arts,* 1re période, 1860, VII, pp. 228-236.

GAMBA, 1925
C. Gamba, « Nuove attribuzioni di ritratti », *Bolletino d'Arte,* 1925, IV, 2, pp. 193-217.

GAMBA, 1932
C. Gamba, *Raphaël,* Paris, 1932.

GAMBA, 1949
C. Gamba, *Pittura umbra del Rinascimento,* Novara, 1949.

GAMULIN, 1958
G. Gamulin, « Una copia della Madonna del Garofalo », *Commentari,* IX, 1958, pp. 160-162.

GARAS, 1953
K. Garas, "The so-called Piombo portrait in the Museum of Fine Arts", *Academia Scientiarum Hungariae,* Budapest, 1954, I, pp. 135-148.

GARDEY, LAMBERT et OBERTHÜR, 1978
F. Gardey, G. Lambert et M. Oberthür, « Marc-Antoine Raimondi, illustration du Catalogue de son œuvre gravé par Henri Delaborde publié en 1888 », *Gazette des Beaux-Arts,* juillet-août, 1978, pp. 2 à 52.

GAYE, 1839-1840
G. Gaye, *Carteggio inedito d'artisti dei secoli XIV, XV, XVI,* pubblicato e illustrato con documenti pure inediti, Florence, 1839-1840, 3 vol. T. I 1326-1500, Florence, 1839. T. II 1500-1557, Florence, 1840. T. III 1501-1672, Florence, 1840.

GELDER, 1970
J.G. van Gelder, «Lambert ten Kate als Kunst verzamelaar», *Nederlands Kunsthistorisch Jahrbuch,* 21, 1970, pp. 139-186.

GERE, 1957
J. Gere, "Drawings in the Ashmolean Museum", *The Burlington Magazine,* XCIX, 1957, n° 659, pp. 159-164.

GEYMÜLLER, 1875-1880
Baron H. de Geymüller, *Les projets primitifs pour la Basilique de Saint-Pierre de Rome, par Bramante, Raphaël Sanzio, Fra Giocondo, les Sangallo, etc.,* Paris-Vienne, 1875-1880.

GEYMÜLLER, 1884
Baron H. de Geymüller, *Raffaello Sanzio studiato come Architetto con l'aiuto di nuovi documenti,* Milan, 1884.

GIACOMOTTI, 1974
J. Giacomotti, *Catalogue des majoliques des Musées Nationaux...,* Paris, 1974.

GIBBONS, 1968
F. Gibbons, *Dosso and Battista Dossi,* Princeton, New Jersey, 1968.

GIGLIOLI, 1934
O. Giglioli, « Nota su Marcantonio Raimondi e Jacopo Francia », *Rivista d'Arte,* XVI, 1934, pp. 372-380.

GILBERT, 1965
C. Gilbert, "A Miracle by Raphael", *North Carolina Museum of Art Bulletin,* VI, 1965, 1, pp. 44-45.

GILLET, 1906
L. Gillet, *Raphaël,* Paris, 1906.

GILLET, 1934
L. Gillet, *Les trésors des Musées de province,* Paris, 1934.

GLASSER, 1977
H. Glasser, *Artist's contracts of the early Renaissance,* New York et Londres, 1977.

GLUCK, 1936
G. Gluck, «Ein wenig beachtetes Werk Raffaels», *Jahrbuch der Kunsthistorischen Sammlungen in Wien,* Neue Folge, X, 1936, pp. 97-104.

GNOLI, 1913
U. Gnoli, « Raffaello, il Cambio di Perugia e i Profeti di Nantes », *Rassegna d'Arte,* XIII, 1913, pp. 75-83.

GNOLI, 1917
U. Gnoli, « Raffaello e la "Incoronazione" di Monteluce », *Bollettino d'Arte,* XI, 1917, fasc. I-II, pp. 133-154.

GNOLI, 1921
U. Gnoli, « Seymour de Ricci, Description raisonnée des peintures du Louvre », *Rassegna d'Arte umbra,* 1921, p. 61.

GNOLI, 1923
U. Gnoli, *Pittori e miniatori nell' Umbria,* Spolète, 1923.

GNOLI, 1923, *Perugino*
U. Gnoli, *Pietro Perugino,* Spolète, 1923.

GNUDI, 1962
C. Gnudi, cat. exp. *L'Ideale classico del Seicento in Italia e la pittura di paesaggio,* Bologne, 1962.

GÖBEL, 1934
H. Göbel, Wandteppiche, III Teil, Band II, *Die Germanischen und Slavischen Länder,* Leipzig, 1934.

GOLDBERG, 1971
V.L. Goldberg, "The School of Athens and Donatello", *Art Quarterly,* 1971, XXXIV, 2, pp. 229-237.

GOLDSCHEIDER, 1951
L. Goldscheider, *Michelangelo Drawings,* Londres, 1951.

GOLDSCHEIDER, 1959
L. Goldscheider, *Leonardo, life and work,* Londres, 1959.

GOLMITZ, 1631
Golmitz, *Ulysses belgico-gallicus fidus tibi dux et Achates per Belgium hispan, regnum galliae ducat sabaudiae...,* 1re éd. Amsterdam, 1625 ; éd. citée, 1631.

GOLZIO, 1968, voir SALMI, 1968

GOLZIO, 1936, 1971
V. Golzio, *Raffaello nei documenti, nelle testimonianze dei contemporanei e nella letteratura del suo secolo,* Rome, Città del Vaticano, 1936, revu et corrigé par l'auteur, Londres, 1971.

GOMBOSI, 1930
G. Gombosi, «Sodoma's und Peruzzis Anteil an den Deckenmalereien der Stanza della Segnatura», *Jahrbuch für Kunstwissenschaft,* 1930, pp. 14-24.

GOMBOSI, 1933
G. Gombosi, « Sebastiano del Piombo », *Thieme-Becker. Allgemeines Lexikon der bildenden Kunstler,* vol. XXVII, Leipzig, 1933.

GOMBRICH, 1966
E.H. Gombrich, "Raphael's 'Madonna della Sedia'", *Norm and Form. Studies in the Art of the Renaissance,* Londres, 1966.

GOMBRICH, 1972
E.H. Gombrich, "Raphael's *Stanza della Segnatura* and the Nature of its Symbolism", *Symbolic*

images. Studies in the art of the Renaissance, Londres, 1972, pp. 85-101.
GOMBRICH, 1973
E.H. Gombrich, «I precetti di Leonardo per comporre delle storie». «La concezione del progresso artistico nel Rinascimento e le relative conseguenze», *Norma e Forma,* Turin, 1973.
GONSE, 1875
L. Gonse, «Le portrait d'Homme du Musée de Montpellier», *Gazette des Beaux-Arts,* XXII, 1875, vol. II, pp. 114-119.
GONSE, 1878
L. Gonse, «Le Musée de Lille; le Musée Wicar, école romaine. Raphaël Sanzio», *Gazette des Beaux-Arts,* XXVII, 2e période, t. XVII, 1878, pp. 44-70.
GONSE, 1900
L. Gonse, *Les chefs-d'œuvre des Musées de France,* vol. I, La Peinture, Paris, 1900.
GONSE, 1904
L. Gonse, *Les chefs-d'œuvre des Musées de France.* Dessins, Sculptures et Objets d'art, Paris, 1904.
GOULD, 1951
C. Gould, "The Raphael Cartoons", *The Burlington Magazine,* XCIII, 1951, n° 576, pp. 93-94.
GOULD, 1962
C. Gould, *National Gallery Catalogues. The Sixteenth-Century Italian Schools* (excluding the Venetian), Londres, 1962.
GOULD, 1966
C. Gould, «Lorenzo Lotto and the double portrait: transformation of della Torre Picture", *Saggi e Memorie di Storia dell'Arte,* t. 5, 1966, pp. 43-51.
GOULD (1970)
C. Gould, *Raphael's Portrait of Pope Julius II. The Re-emergence of the Original,* Londres, s.d. (1970).
GOULD, 1975
C. Gould, *National Gallery Catalogues. The Sixteenth-Century Italian Schools,* Londres, 1975.
GOULD, 1977
C. Gould, "Raphael. James H. Beck... 1976", *Apollo,* CV, 1977, n° 183, p. 394.
GOULD, 1978
C. Gould, "A note on Raphael and Botticelli", *The Burlington Magazine,* CXX, 1978, n° 909, p. 841.
GOULD, 1979-1980
C. Gould, cat. exp. *La Madone de Lorette,* Chantilly, Musée Condé, 1979-80.
GOULD, 1980
C. Gould, "Afterthoughts on Raphael's so-called Loreto Madonna", *The Burlington Magazine,* CXXII, 1980, n° 926, pp. 337-340.
GOULD, 1982
C. Gould, "Raphael versus Giulio Romano: the swing back", *The Burlington Magazine,* CXXIV, 1982, n° 953, pp. 479-487.
GOULD, 1983, *Drawings*
C. Gould, "The Raphael Drawings", *Apollo,* CXVII, 1983, n° 254, pp. 288-291.
GOULD, 1983
C. Gould, "Raphael's Papal Patrons", *Apollo,* CXVII, 1983, n° 255, pp. 358-361.
GRACHTCHENKOV, 1975
V.N. Grachtchenkov, *Raphael,* Moscou, 1975.
GRIMM, 1867
H. Grimm, *Raffaels erste Eintritt in Rom. Uber Künstler und Kunstwerke,* Band II, 1867.
GRIMM, 1872
H. Grimm, *Das Leben Raphaels von Urbino. Italiänischer Text von Vasari. Ubersetzung und Commentar,* Berlin, 1872.
GRIMM, 1882
H. Grimm, «Zu Raffael, III: Die Rossebändiger auf Monte Cavallo», *Jahrbuch der königlich preussischen Kunstsammlungen,* III, 1882, pp. 267-274.
GRIMM, 1886
H. Grimm, *Das Leben Raphael's,* Berlin 1886 (2e édition).
GRONAU, 1902
G. Gronau, *Aus Raphaels Florentiner Tagen,* Berlin, 1902.
GRONAU, 1908-1909
G. Gronau, «Neue Dokumente zur Jugendgeschichte Raffaels», *Kunstchronik,* N.F., XX, 1908-1909, n° 10, pp. 145-150.
GRONAU, 1909, cf. ROSENBERG, 1909
GRONAU, 1916
G. Gronau, «Franciabigio», *Thieme-Becker, Allgemeines Lexikon der bildenden Kunstler,* vol. XII, Leipzig, 1916.
GRONAU, 1923
G. Gronau, *Raffael,* Des Meisters Gemälde, 5e éd., Stuttgart, Berlin et Leipzig, 1923.
GRONAU, 1936
G. Gronau, *Documenti artistici urbinati...,* Florence, 1936.
GRONER, 1905
A. Groner, «Raffaels Disputa. Eine Kritische Studie über ihren Inhalt», *Zur Kunstgeschichte des Auslandes,* XXXVII, 1905 (Strasbourg), pp. 5-58.
GROSSMAN, 1951
F. Grossmann, "Holbein, Flemish Paintings and Everhard Jabach", *The Burlington Magazine,* XCIII, 1951, n° 574, pp. 16-23.
GROUCHY, 1894
Vte de Grouchy, «Everhard Jabach, collectionneur parisien, 1965», *Mémoires de la Société de l'Histoire de Paris et de l'Ile-de-France,* tome XXI, 1894, pp. 1-76.
GRUNER, 1847
L. Gruner, *I Freschi nella cappella della Villa Magliana fuori di porta Portese di Roma inventati da Raffaello Sanzio d'Urbino incisi sui lucidi ed edite da Ludovico Gruner con descrizione della villa di Ernesto Platner,* Londres, 1847.
GRUYER, 1859, *Apollon et Marsyas*
F.A. Gruyer, «Apollon et Marsyas, tableau de Raphaël», *Gazette des Beaux-Arts,* 1859, III, pp. 5-20.
GRUYER, 1859
F.A. Gruyer, *Essai sur les fresques de Raphaël au Vatican,* Paris, 1859.
GRUYER, 1864
F.A. Gruyer, *Raphaël et l'antiquité,* Paris, 1864.
GRUYER, 1869
F.A. Gruyer, *Les Vierges de Raphaël et l'iconographie de la Vierge,* Paris, 1869, 3 vol.
GRUYER, 1873
F.A. Gruyer, «Les fresques de Raphaël à la Magliana», *Gazette des Beaux-Arts,* 2e période, 1873, VII, pp. 336-351.
GRUYER, 1873, *vente*
F.A. Gruyer, *Les fresques de Raphaël provenant de la Magliana,* notice catalogue de vente, Paris, 1873.
GRUYER, 1880
F.A. Gruyer, «Portrait de Jeanne d'Aragon par Raphaël», *Gazette des Beaux-Arts,* 2e période, 1880, XXII, pp. 465-481.
GRUYER, 1882
F.A. Gruyer, *Musées Nationaux. Catalogue de la collection Timbal,* Paris, 1882.
GRUYER, 1889
F.A. Gruyer, «Le saint Georges et les deux saints Michel», *Gazette des Beaux-Arts,* 3e période, 1889, I, pp. 383-402.
GRUYER, 1889
F.A. Gruyer, *Apollon et Marsyas au Musée du Louvre,* Paris, 1889.
GRUYER, 1891
F.A. Gruyer, *Voyage autour du Salon Carré au Musée du Louvre,* Paris, 1891.
GUIFFREY, 1877
J.J. Guiffrey, «Testament et inventaires des biens... de Claudine Bouzonet-Stella, 1693-1697», *Nouvelles Archives de l'Art français,* V, 1877, pp. 1-113.
GUIFFREY, 1879
J.J. Guiffrey, «Restauration des tableaux de Raphaël représentant saint Michel et saint Jean, par Picault (1751-1781)», *Nouvelles Archives de l'Art français,* Paris, 1879, pp. 407-417.
GUIFFREY, 1881
J.J. Guiffrey, *Comptes des Bâtiments du Roi sous le règne de Louis XIV,* Paris, 1881, 5 vol.
GUIFFREY, 1885
J. Guiffrey, *Inventaire général du mobilier de la Couronne sous Louis XIV,* Paris, 1885, 2 vol.
GUIFFREY, 1913
J. Guiffrey, «Inventaire descriptif et méthodique des tapisseries du Garde-meuble», *Inventaire général des richesses d'Art de la France,* Paris, Monuments civils, Tome IV, Paris, 1913.
GUILBERT, 1731
Abbé Guilbert, *Description historique des Château, Bourg et Forest de Fontainebleau,* Paris, 1731, 2 vol.
GUILLAUME, 1980
M. Guillaume, *Catalogue raisonné du Musée des Beaux-Arts de Dijon: peintures italiennes,* Dijon, 1980.
GUTMAN, 1958
H.B. Gutman, «Zur Ikonologie der Fresken Raffaels in der Stanza della Segnatura», *Zeitschrift für Kunstgeschichte,* 21, 1958, pp. 27-39.
HARO, 1873
Haro, *De l'authenticité des fresques de Raphaël provenant de la Magliana et de leur acquisition,* Paris, 1873.
HARTT, 1944
F. Hartt, "On Raphael and Giulio Romano", *The Art Bulletin,* XXVI, 1944, pp. 67-94.
HARTT, 1950
F. Hartt, "The Stanza d'Eliodoro and the Sistine

Ceiling", *The Art Bulletin,* XXXII, juin 1950, pp. 115-145.
HARTT, 1958
F. Hartt, *Giulio Romano,* New Haven, 1958.
HASKELL, 1963
F. Haskell, *Patrons and Painters,* Londres, 1963.
HASKELL, 1978
F. Haskell, « Un martyr de l'attribution : Morris Moore et l'Apollon et Marsyas du Louvre », *Revue de l'Art,* 1978, n° 42, pp. 77-78.
HAUG, 1938
H. Haug, *Catalogue du Musée de Strasbourg,* Strasbourg, 1938.
HAUSSHERR, 1976
R. Haussherr, Compte rendu de «H. Pfeiffer: Zur Ikonographie von Raffaels Disputa», *Zeitschrift für Kirchengeschite,* XXV, 87, 1976, pp. 376-381.
HAUTECŒUR, 1926
L. Hautecœur, cf. Louvre Département des Peintures, *Catalogue des Peintures.*
HAVERCAMP BEGEMANN, 1964
E. Havercamp Begemann, S.D. Lawder et Ch. W. Talbot Jr., *Drawings from the Clark Art Institute. A catalogue raisonné of the Robert Sterling Clark Collection... at the Sterling and Francine Clark Art Institute, Williamstown,* New Haven, 1964.
HAYUM, 1966
A.M. Hayum, "A new dating for Sodoma's frescoes in the Villa Farnesina", *The Art Bulletin,* XLVIII, 1966, pp. 215-220.
HEFFORD, 1977
W. Hefford, "Cardinal Mazarin and the Earl of Pembroke's tapestries", *The Connoisseur,* CXCV, 1977, n° 786, pp. 286-290.
HERBET, 1937,
F. Herbet, *Le château de Fontainebleau,* 1913, publié par H. Stein, Paris, 1937.
HERMANIN, 1925-26
Hermanin, «Die Madonna aus dem Hause Alba und die Madonna di Gaeta» *Zeitschrift für bildende Kunst,* 59, 1925-1926, pp. 11-95.
HESELTINE, 1913
J.P. Heseltine, *Original Drawings by Old Masters of the Italian School,* Londres, 1913.
HESS, 1947
J. Hess, "On Raphael and Giulio Romano", *Gazette des Beaux-Arts,* 6e série, 1947, XXXII, pp. 73-106.
HETZER, 1947
T. Hetzer, *Die Sixtinische Madonna,* Francfort-sur-le-Main, 1947.
HIND, 1913
A.M. Hind, "Marcantonio Raimondi", *Print Collector's Quarterly,* 1913, pp. 243-276.
HIND, 1948
A.M. Hind, *Early Italian Engraving,* part. II, vol. V et VI, Londres, 1948.
HIRST, 1961
M. Hirst, "The Chigi Chapel in S. Maria della Pace", *Journal of the Warburg and Courtauld Institute,* XXIV, 1961, pp. 161-185.
HIRST, 1981
M. Hirst, *Sebastiano del Piombo,* Oxford, 1981.
HOLLSTEIN, *German...*
F.W.H. Hollstein, *German engravings, etchings and woodcuts, ca. 1400-1700,* Amsterdam, 1955-1980, 21 vol. (en cours).
HOLLSTEIN, *Dutch and Flemish...*
F.W.H. Hollstein, *Dutch and Flemish etchings, engravings and woodcuts ca. 1450-1700,* Amsterdam 1949-1981, 25 vol. (en cours).
HOOGEWERFF, 1963
G.J. Hoogewerff, « Raffaello nella Villa Farnesina », *Mededelingen van het Nederlands Historisch Institut Te Rome,* XXXII, n° 7, 1963, pp. 5-19.
HOUASSE, 1691, cf. Annexe. Louvre, Département des Peintures, A.
HOURTICQ, 1905
L. Hourticq, « Un amateur de curiosités sous Louis XIV : Louis-Henri Loménie, comte de Brienne », *Gazette des Beaux-Arts,* 3e période, 1905, XXXIII, pp. 237-251.
HOURTICQ, 1930
L. Hourticq, *Le problème de Giorgione, sa légende, son œuvre, ses élèves,* Paris, 1930.
HUEMER, 1977
F. Huemer, "Rubens and the Mantuan Altar", *Studies in Iconology,* 3, 1977.
HULFTEGGER (1954)
A. Hulftegger, « Notes sur la formation des collections de peintures de Louis XIV », *Bulletin de la Société d'Histoire de l'Art français* (1954), Paris, 1955, pp. 124-134.
IMDAHL, 1962
M. Imdahl, «Raffaels Castiglione Bildnis im Louvre zur Frage seiner ursprünglichen», *Pantheon,* XX, 1962, heft 1, pp. 38-45.
INVENTAIRE MANUSCRIT JABACH
Inventaire manuscrit de la collection *Jabach,* copie conservée au Cabinet des Dessins, 5 vol.
INVENTAIRE MANUSCRIT MOREL D'ARLEUX
Inventaire manuscrit des Dessins du Louvre établi par Morel d'Arleux, Conservateur du Cabinet des Dessins du Louvre, de 1797 à 1827, 9 vol.
JACOBSEN, 1902
E. Jacobsen, «Italienische Gemälde im Louvre», *Repertorium für Kunstwissenschaft,* XXV, 1902, pp. 178-197, pp. 270-295.
JACOBSEN, 1906
E. Jacobsen, *Die « Madonna Piccola Gonzaga »,* Strasbourg, 1906.
JACOBSEN, 1910
E. Jacobsen, *Sodoma und das Cinquecento in Siena, Studien in der Gemaldegalerie zu Siena,* Strasbourg, 1910.
JAFFÉ, 1962
M. Jaffé, "Italian drawings from Dutch collection", *The Burlington Magazine,* CIV, 1962, n° 711, pp. 231-238.
JAFFÉ, 1976
M. Jaffé, *European Drawings in the Fitzwilliam Museum,* cat. exp. New York, Pierpont Morgan Library... 1976-1977.
JAUNCOURT, 1765
Chev. de Jauncourt, *Encyclopédie ou Dictionnaire raisonné des sciences et des arts et des métiers, par une société de gens de Lettres,* dite Grande Encyclopédie, 35 vol., t. XII, 1765, p. 277, col. 2.
JEAURAT, 1760, cf. Annexe. Louvre, Département des Peintures, A.
JOANNIDES, 1983
P. Joannides, *The drawings of Raphael,* Oxford, 1983.
JOHNSON 1966
J.G. Johnson, *Collection catalogue of Italian paintings,* Philadelphie, Pennsylvania, 1966.
JONES et PENNY, 1983
P. Jones et N. Penny, *Raphaël,* New Haven, Londres, 1983.
JOUBIN, 1929
A. Joubin, *Le Musée Fabre à Montpellier. Les Dessins,* Paris, 1929.
JOUIN, 1869
H. Jouin, « Le Raphaël du Musée d'Angers », *L'Artiste,* 1869, pp. 20-27.
JOURDA, 1938
P. Jourda, « Le centenaire d'un peintre italianisant », *Revue des Etudes italiennes,* III, 1938, n° 1, pp. 21-28.
KAHL, 1882
Kahl, *Das Venezianische Skizzenbuch und seine Beziehungen zur umbrischen Malerschule* (Beiträge zur Kunstgeschischte *VI*), Leipzig, 1882.
KAPLAN
A.M. Kaplan, "Dürer's Raphael Drawing Reconsidered", *The Art Bulletin,* LVI, 1974, 1, pp. 50-57.
KARPINSKI, 1976
C. Karpinski, « Le Maître ND de Bologne », *Nouvelles de l'estampe,* 26, mars-avril 1976, pp. 23-27.
TEN KATE, 1724
L.H. ten Kate, *Discours Préliminaire sur le Beau Idéal des peintres sculpteurs et poètes* (1724), publié dans Richardson, 1728, III, p. 48.
KAUFFMANN, 1973
C.M. Kauffmann, *Victoria and Albert Museum. Catalogue of Foreign Paintings,* I Before 1800, Londres, 1973.
KELBER, 1964-1979
W. Kelber, *Raphael von Urbino. Leben und Werk,* Stuttgart, 1979, réédition de *Raphael von Urbino I, Leben und Jugenwerke,* Stuttgart, 1963, et *Raphael von Urbino II, Die römischen Werke,* Stuttgart, 1964.
KINSKY, 1912
G. Kinsky, *Musikhistorisches Museum von Wilhelm Heyer in Köln,* II, Cologne, 1912.
KNACKFUSS, 1908
H. Knackfuss, *Raffael,* Bielefeld et Leipzig, 1908.
KNAPP, 1903
F. Knapp, *Fra Bartolomeo della Porta und die Schule von S. Marco,* Halle, 1903.
KNAPP, 1907
F. Knapp, *Perugino,* Bielefeld et Leipzig, 1907.
KOOPMANN, 1887
W. Koopmann, «Raffaels Federzeichnungen zur Grablegung», *Zeitschrift für bildende Kunst,* XXII, 1887, pp. 212-221.
KOOPMANN, 1889
W. Koopmann, «Raffaels Federzeichnungen», *Zeitschrift für bildende Kunst,* XXIV, 1889, pp. 53-64.
KOOPMANN, 1890
W. Koopmann, *Raffael-Studien mit besonderer Berücksichtigung der Handzeichnungen des Meisters,* Marburg, 1890.

KOOPMANN, 1891
W. Koopmann, *Raffaels erste Arbeiten. Entgegnung auf Herrn W. von Seidlitz. Besprechung meiner Raffael-Studien,* Marburg, 1891.
KOOPMANN, 1895
W. Koopmann, *Raffael Studien mit besonderer. Berücksichtigung der Handzeichtungen des Meisters Handzeichnungen aus Raffaels römischer Zeit,* Marburg, 1895.
KOOPMANN, 1897
W. Koopmann, *Raffaels Handzeichnungen,* Marburg, 1897.
KOSCHATSKY, OBERHUBER et KNAB, 1972
W. Koschatzky, K. Oberhuber et E. Knab, *I grandi disegni italiani dell' Albertina di Vienna,* Milan, 1972.
KRISTELLER, 1907
P. Kristeller, «Marcantons Beziehung zu Raffael» *Jahrbuch der preussischen Kunstsammlungen,* XXXVIII, 1907, pp. 199-225.
LABORDE, 1855
Comte L. de Laborde, *La renaissance des Arts à la Cour de France,* Paris, 1855.
LABORDE, 1877-1880
Comte L. de Laborde, *Les comptes des Bâtiments du Roi (1528-1571),* Paris, 1877-1880, 2 vol.
LACLOTTE, 1965-1966
M. Laclotte, cat. exp. *Le Seizième Siècle Européen, Peintures et Dessins dans les Collections publiques françaises,* Paris, Petit Palais, 1965-66.
LACLOTTE et CUZIN, 1982
M. Laclotte et J.-P. Cuzin, *Musée du Louvre, La peinture européenne,* Paris, 1982.
LACROIX, 1855
P. Lacroix, «Inventaire des Dessins de Raphaël, qui faisaient partie de la collection Jabach», *Revue universelle des Arts,* I, 1855, pp. 105-126.
LAFENESTRE et MICHEL, 1878
G. Lafenestre et E. Michel, *Inventaire des richesses de l'art de la France, Musée de Montpellier,* I, Paris, 1878.
LAFENESTRE et RICHTENBERGER, 1893
G. Lafenestre et E. Richtenberger, *Le Musée National du Louvre,* Paris, 1893.
LAGRANGE, 1862
L. Lagrange, «Catalogue des dessins de maîtres exposés dans la Galerie des Uffizi à Florence», *Gazette des Beaux-Arts,* XII, 1862, pp. 535-554.
LA LANDE, 1769
J.J. de La Lande, *Voyage d'un Français en Italie fait dans les années 1765 et 1766,* Venise, 1769, 8 vol.
LALANNE, 1885
Journal du voyage du Cavalier Bernin en France par M. de Chantelou, manuscrit inédit publié et annoté par Ludovic Lalanne, Paris, 1885.
LAMO, 1844
P. Lamo, *Graticola di Bologna* (éd. Zanotti), 1844.
LANDON, 1829-1832
C.P. Landon, *Annales du Musée ou Recueil complet de gravures d'après les tableaux...,* 2e édition, Ecoles italiennes, tome VI, Paris, 1831.
LANZI, 1795-1796
L. Lanzi, *Storia pittorica dell' Italia dal risorgimento delle belle arti fin presso al fine de XVIII secolo,* Bassano, 1795-96, 2e éd.
LASKIN, 1966
M. Laskin, "The Sixteenth Century in Paris", *Art Bulletin,* 48, 1966, pp. 255-258.
LAWRENCE GALLERY
Lawrence Gallery. A series of Fac-Similes of Original Drawings, by Raffaelle da Urbino, selected from the Matchless Collection formed by Sir Thomas Lawrence, late President of the Royal Academy, London, 1841.
LE BLANC, 1854-1890
Ch. Le Blanc, *Manuel de l'amateur d'estampes,* Paris, 1854-1890, 4 vol.
LEBRUN, 1683, cf. Louvre Département des Peintures, inventaires manuscrits.
LE COMTE, 1699
F. Le Comte, *Cabinet des Singularitez d'architecture, peinture, sculpture et gravure,* Paris, 1699, 3 vol.
LEE OF FAREHAM, 1934
Viscount Lee of Fareham, "A New Version of Raphael's *Holy Family with the Lamb*", *The Burlington Magazine,* LXIV, 1934, 370, pp. 3-15.
LEFEVRE, 1967
R. Lefevre, «La Villa papale della Magliana attende di risorgere a nuova vita», *Capitolium,* 42, 1967, n° 10, pp. 400-414.
LEMONNIER, 1928
H. Lemonnier, «Au château de Chantilly, la Galerie de Psyché», *Gazette des Beaux-Arts,* 1er semestre, 1928, pp. 257-267.
LEPICIÉ, 1752-1754
M. Lepicié, *Catalogue raisonné des tableaux du Roy avec un abrégé de la vie des peintres,* Paris, 1752-54, 2 vol.
LEROI, 1893
P. Leroi, «Vandalisme. Le Palais des Beaux-Arts de Lille», *L'Art,* LIV, 1, 1893, pp. 48-50, 77, 79.
Lettere inedite e rare, éd. G. Giorni, Milan-Naples, 1969.
LE VARLET, 1977
S. Le Varlet, «Les Raphaël d'Auteuil», *Le village d'Auteuil,* septembre 1977, n° 314, pp. 6-8.
LEVEY, 1962
M. Levey, "Raphael revisited", *Apollo,* LXXVI, 1962, n° 9, pp. 678-683.
LEVEY, 1981
M. Levey, *The painter depicted, painters as a subject in painting.* Over Wallop (Hampshir), 1981.
LEVI D'ANCONA, 1977
M. Levi d'Ancona, *The Garden of the Renaissance,* Florence, 1977.
LICHTENSTEIN, 1978
S. Lichtenstein, "The Baron Gros and Raphael", *The Art Bulletin,* LX, 1978, n° 1, pp. 126-138.
LINZELER, 1932
A. Linzeler, *Inventaire du fonds français. Graveurs du XVIe siècle, Bibliothèque Nationale, Département des Estampes,* I, Paris, 1932.
LIPHART, 1941
C.E. von Liphart, «Uber ein unbekanntes Exemplar der «La petite Sainte Famille» genannten Raffael Composition, ein Werk des Giulio Romano», *Deutschland-Italien. Festschrift für Wilhelm Waetzoldt,* Berlin, 1941, p. 185.
LIPPMANN, 1881
F. Lippmann, «Raffael's Entwurf zur Madonna del Duca di Terranuova und zur Madonna Staffa-Connestabile», *Jahrbuch der preussischen Kunstsammlungen,* II, 1881, pp. 1-5.
LIVERANI, 1968, voir SALMI, 1968
LOESER, 1896
C. Loeser, «I quadri italiani nella galleria di Strasburgo», *Archivio storico dell'arte,* 1896, 2e série, II, p. 287.
LOMAZZO, 1584
G.P. Lomazzo, *Trattato dell' arte della pittura, scultura et architettura,* Milan, 1584.
LOMAZZO, 1587
G.P. Lomazzo, *Rime...,* Milan, 1587.
LONGHI, 1955
R. Longhi, «Percorso di Raffaello Giovine», *Paragone,* 6, 1955, n° 65, pp. 8-23.
LONGHI, 1967
R. Longhi, *Saggi e Ricerche, I, 1925-1928. Precisioni nelle Gallerie italiane. La Galleria Borghese,* Rome, 1928 (éd. Florence, 1967, pp. 265-366).
LOSSKY, 1968
B. Lossky, «La présence légendaire de Léonard à Fontainebleau. La peinture "Siècle de François Ier" de Gabriel Lemonnier (1814)», *Bulletin de l'Association Léonard de Vinci,* 1968, n° 7, pp. 15-30.
LOSSKY, 1971
B. Lossky, Compte rendu de: *Mitteilungen des Kunsthistorischen Institutes in Florenz,* t. XV, 1971/1, *Gazette des Beaux-Arts,* 6e période, 1971, LXXVIII, supplément, pp. 24-25.
LOUDEN, 1968
L.M. Louden, "Sprezzatura in Raphael and Castiglione", *Art Journal,* XXVIII, 1968, 1, pp. 43-49, 121-122.
LOUVRE. Département des Peintures. Inventaires manuscrits et catalogues, cf. Annexe.
LÜBKE, 1878-1879
W. Lübke, *Geschichte der Italienischen Malerei vom 4 bis ins 16. Jahrhundert,* Stuttgart, 1878-1879.
LÜBKE, 1882
W. Lübke, *Rafaels Leben und Werke,* Dresde, 1882.
LUCCO, 1980
M. Lucco, *L'opera completa di Sebastiano del Piombo,* Milan, 1980, préface de C. Volpe.
LUGT, 1936
F. Lugt, "Italiaansche kunstwerken in Nederlandsche verzamelungen van vroeger tyden", *Oud Holland,* LIII, 1936, pp. 113-114.
LUGT, 1938-1964
F. Lugt, *Répertoire des catalogues de ventes publiques intéressant l'art ou la curiosité...,* La Haye, 1938-1964, 3 vol. Vol. I. 1600-1825, La Haye, 1938. Vol. II. 1826-1860, La Haye, 1953. Vol. III. 1861-1900, La Haye, 1964.
L.
F. Lugt, *Les marques de collections de dessins et d'estampes...,* Amsterdam, 1921; Supplément, La Haye, 1956.
LUCHS, 1983
A Luchs, "A note on Raphael's Perugian pa-

trons", *The Burlington Magazine,* CXXV, 1983, n° 958, pp. 29-31.
LÜTZOW, 1888
C. von Lützow, «Raffael's Bildungs und Enwicklungsgang», in *Die graphischen Künste,* XI, 1, 1888, pp. 29-68.
LUZIO, 1913
A. Luzio, *La Galleria dei Gonzaga venduta all' Inghilterra nel 1627-28,* Milan, 1913.
LYNCH, 1962
J.B. Lynch, "The History of Raphael's 'Saint George' in the Louvre", *Gazette des Beaux-Arts,* 6e période, 1962, LIX, pp. 203-212.
MACANDREW, 1980
H. Macandrew, *Ashmolean Museum. Catalogue of the Collection of Drawings, Volume III. Italian Schools: Supplement,* Oxford, 1980.
MAGHERINI et GRAZIANI, 1897
G. Magherini et C. Graziani, *L'Arte a Città di Castello,* Città di Castello, 1897.
MAGHERINI et GRAZIANI, 1908
G. Magherini et G. Graziani, « Documenti inediti relativi al "San Nicola da Tolentino" e allo "Spozalizio" di Raffaello », *Bollettino della R. Deputazione di Storia Patria per l'Umbria,* XIV, 1908, pp. 83-95.
MAGHERINI et GIOVAGNOLI, 1927
G. Magherini et E. Giovagnoli, *La prima giovinezza di Raffaello,* Città di Castello, 1927.
MALKE, 1980
L.S. Malke, cat. exp. *Italienische Zeichnungen des 15 und 16. Jahrhunderts, aus eigenen Beständen,* Städelsches Kunstinstitut, Francfort-sur-le-Main, 1980.
MALVASIA, 1678
Malvasia, *Felsina pittrice, Vite de pittori bolognesi alla maesta christianissima di Luigi XIII,* Bologne, 1678, 2 vol.
MANCINELLI, (1979)
F. Mancinelli, *Primo piano di un capolavoro: la Trasfigurazione di Raffaello,* Città del Vaticano, s.d. (1979)
MANCINELLI, 1983
F. Mancinelli, *Incoronazione della Vergine,* Communication au Congrès de Washington, 1983.
MARABOTTINI, 1968, voir SALMI, 1968
MARCHINI, 1968, voir SALMI, 1968
MARIANNI, 1874
A. Marianni, « Dell'autografo raffaellesco che si trova nel Museo Fabre di Montpellier », *Gazetta dell'Emilia,* 25 avril 1874.
MARIETTE, *Abecedario*
Abecedario de P.J. Mariette et autres notes inédites de cet amateur sur les arts et les artistes; ouvrage publié par Ph. de Chennevières et A. de Montaiglon, Archives de l'Art français, Paris, 1853-1862.
MARINELLI, 1967
G. Marinelli, "A rediscovery in Italian Renaissance art: 'the Holy Family under the Oak' by Raphael", *The Connoisseur,* CLXIV, 1967, n° 661, pp. 155-158.
MARINELLI, 1967, *Raimondi*
G. Marinelli, "Marco Antonio Raimondi celebrated engraver of Bologna. A portrait painted by Raphael, found at Aix", *The Connoisseur,* CLXIV, 1967, n° 662, pp. 249-250.
MARIOTTI, 1788
A. Mariotti, *Lettere pittoriche perugine o sia ragguaglio Di alcune Memorie Istoriche risguardanti le Arti del Disegno in Perugia al Signor Baldassarre Orsini pittore e architetto perugino,* Pérouse, 1788.
MARTINEAU, 1956
H. Martineau, « Stendhal aimait-il la peinture ? », *L'Œil,* mai 1956, n° 17, pp. 12-19.
MATTEOLI, 1969
A. Matteoli, « La ritrattistica del Bronzino nel "Limbo" », *Commentari,* XX, 1969, fasc. IV, pp. 281-316.
MAUQUOY-HENDRICKX, 1978
M. Mauquoy-Hendrickx, *Les estampes des Wierix conservées au Cabinet des Estampes de la Bibliothèque Royale Albert Ier,* Bruxelles, 1978, 1979, 1982, 3 vol.
McKILLOP, 1974
S.R. McKillop, *Franciabigio,* Berkeley-Los Angeles-Londres, 1974.
MEDER, 1919
J. Meder, *Die Handzeichnung, ihre Technik und Entwicklung,* Vienne, 1919 (2e éd., New York, 1978. Voir MEDER, 1978).
MEDER, 1978
J. Meder, *The Mastery of Drawings,* traduit et revu par W. Ames, New York, 1978 (1re éd.: *Die Handzeichnung,* Vienne, 1919).
MEISS, 1966
M. Meiss, "Sleep in Venice", *Proceedings of the American Philosophical Society,* CX, 1966, pp. 348-382.
MELIOT, 1884
A. Meliot, *Apollon et Marsyas, Le nouveau Raphaël du Louvre,* Paris, 1884.
MÉMOIRES DE TRÉVOUX
Mémoires pour l'histoire des Sciences et des Beaux-Arts, recueillis par l'ordre de S.A.S. Mgr prince souverain de Dombes, dit; Trévoux-Paris-Lyon-Paris, 401 vol. de 1701 à 1775.
MENEGAUX, 1982
O. Menegaux, *cat. exp. le XVIe siècle florentin au Louvre,* dossier du Département des Peintures, Paris, Louvre, 1982.
MEROT, (1982)
A. Merot, « L'élégance emblématique : le portrait de Baldassare Castiglione », *Le Promeneur,* IX, (1982), pp. 4-6.
METZ, 1798
C. Metz, *Imitations of ancient and modern drawings,* Londres, 1798.
MEYER-BAER, 1949-1950
K. Meyer-Baer, "Musical iconography in Raphael's Parnassus", *The Journal of Aesthetics and Art Criticism,* vol. VIII, 1949-1950, pp. 86-96.
MICHEL, 1905-1929
A. Michel, *Histoire de l'art depuis les premiers temps chrétiens jusqu'à nos jours,* Paris, 1905-1929, 8 tomes en 17 vol.
MIDDELDORF, 1945
U. Middeldorf, *Raphael's Drawings,* New York, 1945.
MILLAR, 1960
O. Millar, *Abraham van der Doort's catalogue of the collections of Charles Ist,* Glasgow, 1960.
MINGHETTI, 1885
M. Minghetti, *Raffaello,* Bologne, 1885.
MINGHETTI, 1887
M. Minghetti, *Rafael,* Breslau, 1887.
MINONZIO, 1980
D. Minonzio, « Novità e apporti per Agostino Veneziano », *Raccolta delle Stampe A. Bertarelli. Rassegna di Studi e di Notizie,* vol. VIII, Anno VII, Castello Sforzesco, Milan, 1980.
MODIGLIANI, 1913
E. Modigliani, « Découverte d'un portrait de Raphaël », *L'Art et les Artistes,* 1913, n° 97, pp. 17-20.
MOLAJOLI, 1956
B. Malajoli, *Museo della galleria nazionale di Capodimonte,* Naples, 1956.
MOLAJOLI, 1960
B. Molajoli, *Notizie su Capodimonte,* 4e éd., Naples, 1960.
MOLINIER, 1980, cf. BONNAFFÉ
MONBEIG GOGUEL, 1972
C. Monbeig Goguel, *Musée du Louvre, Cabinet des Dessins, Inventaire général des dessins italiens. I. Maîtres toscans nés après 1500, morts avant 1600. Vasari et son temps,* Paris, 1972.
MONICART, 1720
J.B. de Monicart, *Versailles immortalisé par les merveilles parlantes...,* Paris, 1720, 2 vol.
MONTAGU, 1958
J. Montagu, "Charles Le Brun's use of a figure from Raphael", *Gazette des Beaux-Arts,* 6e période, 1958, LI, pp. 91-96.
MONTI, 1965
R. Monti, *Andrea del Sarto,* Milan, 1965.
MOORE, 1860
M. Moore, *Apollo e Marsia, opera di Raffaello Sanzio da Urbino,* Milan, 1860.
MOORE, 1866
M. Moore, *Quelques documents relatifs à l'Apollon et Marsyas de Raphaël,* Rome, 1866.
MORELLI, 1800
J.M. Morelli, *Notizia d'opere di Disegno nella prima metà del secolo XVI... scritta da un Anonimo di quel tempo,* Bassano, 1800.
MORELLI, 1874
G. Morelli (I. Lermolieff), «Die Galerien Roms. I. Die Galerie Borghese», *Zeitschrift für bildende Künst,* IX, 1874, pp. 172-178 (3e article).
MORELLI, 1880
Die Werke italienischer Meister in den Galerien von München, Dresden und Berlin, von Ivan Lermolieff, Leipzig, 1880.
MORELLI, 1881
I. Lermolieff (G. Morelli), «Perugino oder Raphael?», *Zeitschrift für bildende Kunst,* XVI, 1881, pp. 243-252, 273-282.
MORELLI, 1882
I. Lermolieff (G. Morelli), «Raphaels Jugendentwicklung», *Repertorium für Kunstwissenschaft,* V, 1882, pp. 147-178.
MORELLI, 1887
I. Lermolieff (G. Morelli), «Noch einmal das

venezianische Skizzenbuch», *Zeitschrift für bildende Kunst,* XXII, 1887, pp. 110-118, 143-155.
MORELLI, 1890
Kunstkritische Studien über italienische Malerei. Die Galerien Borghese und Doria Panfili in Rom, von Ivan Lermolieff, Leipzig, 1890.
MORELLI, 1891-1892
Handzeichnungen italienischer Meister in photographischen Aufnahmen von Braun und Co, in Dornach Kritisch gesichtet von Giovanni Morelli (Lermolieff). Mitgeteilt von E. Habich, Kunstchronik, N.F. III, 1891-1892, n° 17, pp. 290-294; n° 22, pp. 374-378; n° 26, pp. 442-445.
MORELLI, 1893
Kunstkristische Studien über italienische Malerei. Die Galerie zu Berlin von Ivan Lermolieff, Leipzig, 1893.
MOSSAKOWSKI, 1968
Mossakowski, "Raphael's 'St. Cecilia'. An Iconographical Study", *Zeitschrift für Kunstgeschichte,* XXXI, 1968, Heft 1, pp. 1-26.
MÜNDLER, 1850
O. Mündler, *Essai d'une analyse critique de la Notice des tableaux italiens du Musée du Louvre,* accompagné d'observations et de documents relatifs à ces mêmes tableaux, Paris, 1850.
MÜNDLER, 1867
O. Mündler, Critique de Ernst Förster «Raphaël», *Zeitschrift für bildende Kunst,* II, 1867, p. 198.
MÜNDLER, 1868
O. Mündler, «Ernst Förster. Raphael. Leipzig, 1868» (Compte rendu du *Raphael* de E. Förster), *Zeitschrift für bildende Kunst,* III, 1868, pp. 276-301.
MUNTZ, 1882
E. Muntz, «Une rivalité d'artistes au XVIe siècle: Michel-Ange et Raphaël à la cour de Rome», *Gazette des Beaux-Arts,* 2e période, 1882, XXV, pp. 281-287 et pp. 385-400.
MUNTZ, 1882, *Raphaël*
E. Muntz, *Raphaël, sa vie, son œuvre et son temps,* Londres, 1882, 2e éd.
MUNTZ, 1883
E. Muntz, *Les historiens et les critiques de Raphaël, 1483-1883,* Paris, 1883.
MUNTZ, 1885
E. Muntz, «Les dessins de la jeunesse de Raphaël», *Gazette des Beaux-Arts,* 2e période, XXXII, 1885, II, pp. 184-201, 337-347.
MUNTZ, 1885, *Geymüller*
E. Muntz, Compte rendu de «E. de Geymüller, Raffaello Sanzio studiato come architetto, con l'aiuto di nuovi documenti, Milan, 1884», *Gazette des Beaux-Arts,* 27, 2e période, t. 32, pp. 268-272.
MUNTZ, 1885, *Pozzo*
E. Muntz, «Le château de Fontainebleau au XVIIe siècle d'après des documents inédits. Le château du Fontainebleau en 1625 d'après le *Diarium* du commandeur Cassiano del Pozzo», *Mémoires de la Société de l'Histoire de Paris et de l'Ile-de-France,* Paris, 1885, pp. 255-278.
MUNTZ, 1886
E. Muntz, *Raphaël, sa vie, son œuvre et son temps,* Paris, 1886.
MUNTZ, 1897
E. Muntz, *Les tapisseries de Raphaël au Vatican et dans les principaux musées ou collections de l'Europe...,* Paris, 1897.
MUNTZ, 1900
E. Muntz, *Raphaël, sa vie, son œuvre et son temps,* Paris, 1900.
NAGLER, 1835-1852
G.K. Nagler, *Neues allgemeines Künstler-Lexicon...,* Munich, 1835-1852, 22 vol.
NARDI, 1838-1841
J. Nardi, *Istorie della città di Firenze,* Florence, 1838-1841.
N.G.G., 1960
N.G.G., *Die Musik in Geschichte und Gegenwart,* Cassel, t. VIII, 1960.
NICODEMI, 1956
G. Nicodemi, «Discorso su due originali della *"Bella giardiniera"* dipinti da Raffaello Sanzio», *L'Arte,* LV, 1956, vol. 20, pp. 11-17.
NICOLE, 1891
L. Nicole, *La Vierge de l'Incarnation ou Vierge au sein.* Documents. Lausanne, 1891.
NIEMEYER, 1928
W. Niemeyer, «Die Madonna Alba», *Belvedere,* XII, 1928, pp. 18-26.
NOTTÉ, 1887
F. Notté, *La Petite Sainte Famille du Louvre et le tableau original de la Petite Sainte Famille par Raphaël,* Paris, 1887.
OBERHUBER, 1962
K. Oberhuber, «Die Fresken der Stanza dell' Incendio in Werk Raffaels», *Jahrbuch der Berliner Museen,* 58 (XXII), 1962, pp. 23-72.
OBERHUBER, 1962, *Transfiguration*
K. Oberhuber, «Vorzeichnungen zu Raffaels "Transfiguration"», *Jahrbuch der Berliner Museen,* IV, 1962, pp. 116-149.
OBERHUBER, 1963
K. Oberhuber, "Philip Pouncey and J.A. Gere... Raphael and his circle", *Master Drawings,* I, 1963, pp. 46-47.
OBERHUBER, 1964
K. Oberhuber, "A drawing by Raphael mistakenly attributed to Bandinelli", *Master Drawings,* II, 1964, pp. 398-401.
OBERHUBER, 1966
K. Oberhuber, «Eine unbekannte Zeichnung Raffaels in den Uffizien», *Mitteilungen des Kunsthistorischen Institutes in Florenz,* 12, 1966, pp. 225-244.
OBERHUBER, 1966, *Albertina,* voir cat. exp. Vienne, 1966.
OBERHUBER, 1967
K. Oberhuber, «Raphael und Michelangelo», *Stil und Uberlieferung in der Kunst des Abendlandes,* Berlin, 1967, t. II, pp. 156-164.
OBERHUBER, 1971
K. Oberhuber, "Raphael and the State Portrait. I. The Portrait of Julius II", *The Burlington Magazine,* 1971, CXIII, n° 816, pp. 124-130. "Raphael and the State Portrait. II. The Portrait of Lorenzo de Medici", *The Burlington Magazine,* 1971, CXIII, n° 821, pp. 436-443.
OBERHUBER, 1972
K. Oberhuber, *Raphaels Zeichnungen, T. IX, Entwürfe zu Werken Raphaels und seiner Schule im Vatikan 1511/12 Bis 1520,* Berlin, 1972.
OBERHUBER, 1978
K. Oberhuber, "The Colonna Altarpiece in the Metropolitan Museum and Problems of the Early Style of Raphael", *Metropolitan Museum Journal,* 12, 1978, pp. 55-90.
OBERHUBER, 1982
K. Oberhuber, *Raffaello,* Milan, 1982.
OBERHUBER, 1982, *Transfiguration*
K. Oberhuber, *Raphaels «Transfiguration». Stil und Bedeutung,* Stuttgart, 1982.
OBERHUBER, 1983
K. Oberhuber, *Polarität und synthese in Raphaels «Schule von Athene»,* Stuttgart, 1983.
OBERHUBER et FERINO, 1977
K. Oberhuber et S. Ferino, «Maestri Umbri del Quattro e Cinquecento», *Biblioteca di Disegni,* vol. XV, Florence, 1977 (trad. all. cf. Oberhuber, 1983).
OBERHUBER et VITALI, 1972
K. Oberhuber et L. Vitali, *Il cartone di Raffaello per la Scuola di Atene,* Milan, 1972.
O'DELL-FRANKE, 1977
I. O'Dell-Franke, *Kupferstiche und Radierungen aus der Werkstatt des Virgil Solis,* Wiesbaden, 1977.
O'MALLEY, 1977
J.W. O'Malley, "The Vatican Library and the Schools of Athens: a text of Battista Casali, 1508", *The Journal of Medieval and Renaissance Studies,* 7, 1977, pp. 271-288.
OPPÉ, 1944
A.P. Oppé, "Right and left in Raphael's Cartoons", *Journal of the Warburg and Courtauld Institutes,* 7, 1944, pp. 82-94.
OPPÉ, 1970
A.E. Oppé, *Raphael. Edited with an introduction by Charles Mitchell,* Londres, 1970 (1re éd., Londres, 1909).
ORLÉANS, 1861
H. d'Orléans, voir Aumale.
ORTOLANI, 1948
S. Ortolani, *Raffaello,* Bergame, 1948 (3e éd.).
OTTLEY, 1823
W.Y. Ottley, *The Italian School of Design: being a Series of Fac-Similes of Original Drawings by the most Eminent Painters and Sculptors of Italy,* Londres, 1823.
OUDRY, 1873
L. Oudry, *De l'historique et de l'authenticité de la fresque de Raphaël «Le Père éternel bénissant le monde» provenant de la Magliana,* Paris, 1873.
PADOA-RIZZO, 1983
A. Padoa-Rizzo, «Appunti raffaelleschi sull' incoronazione di Nicola da Tolentino per Città di Castello», *Paragone,* mai 1983 (à paraître).
PAILLET, 1695, cf. Annexe. Louvre, Département des Peintures, A.
PALIARD, 1881
Paliard, «L'Abondance. Tableau du Louvre peint sous la direction de Raphaël», *Gazette des Beaux-Arts,* 2e période, 1881, XXIV, pp. 308-318.
PALIARD, 1885
Paliard, «Le plafond du Pérugin à la salle de l'Incendie du Bourg», *La Chronique des Arts et de la Curiosité,* n° 33, 1885, p. 277.

PALLUCHINI, 1944
R. Palluchini, *Sebastiano Viniziano (Fra Sebastiano del Piombo)*, Milan, 1944.
PANOFSKY, 1915
E. Panofsky, «Raffael und die Fresken der Dombibliothek zu Siena», *Repertorium für Kunstwissenschaft*, 37, 1915, pp. 267-291.
PANOFSKY, 1958
E. et D. Panofsky, "Iconography of the Galerie François Ier at Fontainebleau", *Gazette des Beaux-Arts*, 52, 1958.
PARKER, 1939-1940
K.T. Parker, "Some observations on Oxford Raphaels", *Old Master Drawings*, nos 54, 55, 56; septembre-mars 1939-1940, pp. 34-43.
PARKER, 1956
K.T. Parker, *Catalogue of the Collection of Drawings in the Ashmolean Museum, II, Italian Schools*, Oxford, 1856.
PASSAVANT, 1839-1858
J.D. Passavant, *Rafael von Urbino un sein vater Giovanni Santi*, 3 vol. Tome I, Leipzig, 1839. Tome II, Leipzig, 1839. Tome III, Leipzig, 1858.
PASSAVANT, 1860
J.D. Passavant, *Raphaël d'Urbin et son père Giovanni Santi*, Paris, 1860, 2 vol.
PASSAVANT, 1860-1864
J.D. Passavant, *Le Peintre-graveur*, Leipzig, 1860-1864, 6 vol.
PASTOR, 1898
L. Pastor, *Histoire des Papes depuis la fin du Moyen Age* (traduit de l'allemand par N. Furcy Raynaud), t. VI, Paris, 1898.
PEDRETTI, 1959
C. Pedretti, «Uno studio per la Gioconda», *L'Arte*, 1959, pp. 155-224.
PEDRETTI, 1973
C. Pedretti, *Leonardo*, Londres, 1973.
PEDRETTI, 1982
C. Pedretti, *Raffaello*, Bologne, 1982.
PEIRESC, cf. RICCI (Seymour de), 1913
PELLEGRINI, 1866
A. Pellegrini, «La Magliana», *Il Buonarroti*, VI, juin 1866, pp. 118-147.
PENNY, 1983, cf. JONES
PÉRATÉ, 1909
M. Pératé, *Histoire de l'Art...*, 1909.
PETRUCCI, juillet 1937
A. Petrucci, «Il mondo di Marcantonio», *Bollettino d'Arte*, juillet 1937, pp. 31-42.
PETRUCCI, mars 1938
A. Petrucci, «Linguaggio di Marcantonio», *Bollettino d'Arte*, mars 1938, pp. 403-418.
PETRUCCI, 1964
A. Petrucci, *Panorama della incisione italiana. Il Cinquecento*, Rome, 1964.
PFEIFFER, 1975
H. Pfeiffer, *Zur Ikonographie von Raffaels Disputa. Egidio da Viterbo und die christlich-platonische Konception der Stanza della Segnatura* (Miscellanea Historiae Pontificae, 37), Rome, 1975.
PIGANIOL de la FORCE, 1764
Piganiol de la Force, *Nouvelle description des châteaux et parcs de Versailles et de Marly*, (Paris, 1701, 1re éd.), édition citée, Paris, 1764, 9e éd.
PITTALUGA, 1928
M. Pittaluga, *L'Incisione Italiana nel Cinquecento*, Milan, 1928.
PLATNER, 1847, cf. GRUNER, *I Freschi...*
PLEMMONS, 1978
B.M. Plemmons, *Raphaël, 1504-1508*, Los Angeles, University of California, 1978 (University Microfilms International).
PLUCHART, 1889
H. Pluchart, *Musée Wicar, Notice des dessins, cartons, pastels, miniatures et grisailles exposés*, Lille, 1889.
POGANY BALAS, 1972
E. Pogany Balas, «L'influence des gravures de Mantegna sur la composition de Raphaël et de Raimondi "Massacre des Innocents"», *B. Mus. hongr. Beaux-Arts*, 1972, 39, pp. 25-40.
POMIAN, 1978
K. Pomian, «Marchands, connaisseurs, curieux à Paris au XVIIIe siècle», *Revue de l'Art*, 43, 1978, pp. 23-26.
POPE-HENNESSY, 1966
J. Pope-Hennessy, *The Portrait in the Renaissance*, the A.W. Mellon Lectures in the Fine Art (1963), Washington, 1966.
POPE-HENNESSY, 1970
J. Pope-Hennessy, *Raphael* (the Wrightsman Lectures), Londres, 1970.
POPHAM, 1935
A.E. Popham, *Catalogue of Drawings in the collection formed by Sir Thomas Phillipps, Bart, F.R.S., now in the possession of his grandson T. Fitzroy Phillips Fenwick*, s.l., 1935.
POPHAM, 1938
A.E. Popham, "An unnoticed drawing by Raphael", *Old Master Drawings*, n° 48, mars 1938, pp. 45-46.
POPHAM, 1946
A.E. Popham, *The Drawings of Leonardo da Vinci*, Londres, 1946, 3e éd., 1963.
POPHAM, 1954
A.E. Popham, "The Dragon fight", *Leonardo Saggi e Ricerche*, Rome, 1954.
POPHAM, 1958
A.E. Popham, "An unknown drawing by Raphael", *Festschrift Friedrich Winkler*, Berlin, 1958, pp. 239-242.
POPHAM et WILDE, 1949
A.E. Popham et J. Wilde, *The Italian Drawings of the XV and XVI Centuries in the Collection of His Majesty the King at Windsor Castle*, Londres, 1949.
POUNCEY et GERE, 1962
Ph. Pouncey et J.A. Gere, *Italian Drawings in the Department of Prints and Drawings in the British Museum. Raphael and his circle*, Londres, 1962, 2 vol.
PRÉAUD, 1982
M. Préaud, *Mélancolies*, Paris, 1982.
PULSZKY, 1877
K. von Pulszky, *Beiträge zu Raphael's Studium der Antike*, Leipzig, 1877.
PULSZKY, 1882
K. von Pulszky, «Raphael Santi in der ungarischen Reichs-Gallerie», *Ungarische Revue*, Leipzig, 1882, pp. 297-343.
PULSZKY, 1884
Compte rendu de : «Raphael Santi in der Ungarischen Reichs-Galerie. Von Dr. Karl v. Pulszky. Mit Vierzehn Illustrationen in Text, Budapest, 1882», *Repertorium für Kunstwissenschaft*, VII, 1884, pp. 226-231.
PUNGILEONI, 1829
Père L. Pungileoni, *Elogio Storico di Raffaello Santi da Urbino*, Urbin, 1829.
PUTSCHER, 1955
M. Putscher, *Raphaels Sixtinische Madonna. Das Werk und seine Wirkung*, Tübingen, 1955.
PY, 1979-1980
B. Py , cat. exp. *La Madone de Lorette*, Chantilly, Musée Condé, 1979-80.
QUATREMÈRE DE QUINCY, 1824
A.-C. Quatremère de Quincy, *Histoire de la vie et des ouvrages de Raphaël*, Paris, 1824 (édition italienne par Fr. Longhena, Milan, 1829).
QUATREMÈRE DE QUINCY, éd. LONGHENA, 1829
A.-C. Quatremère de Quincy. *Istoria della Vita e delle opere di Raffaello Sanzio da Urbino voltata in italiano, corretta, illustrata ed ampliata per cura di Francesco Longhena*, Milan, 1829.
«Quelques notes sur diverses attributions du catalogue du Musée du Louvre», *Revue universelle des Arts*, XXI, 1865, pp. 237-250.
QUINTAVALLE, 1948
A.O. Quintavalle, *Il Parmigianino*, Milan, 1948.
QUINTAVALLE, 1969
A.G. Quintavalle, «In una serie di ritratti. L'autobiografia di Parmigianino», *Paragone*, XX, 1969, 235, pp. 53-63.
RAGGHIANTI, 1978
C.L. Ragghianti, «Raffaello, nota postuma», *Critica d'Arte*, janvier-juin, 1978, pp. 143-151.
RASMUS-BRANDT, 1981
J. Rasmus-Brandt, "Pity and Fear. A note on Raphael's Incendio di Borgo", *Acta Archaeologiam et Artium Historiam Pertinentia, Istitutum romanum Norvegiae*, I, 1981, pp. 259-274.
RAY, 1974
S. Ray, *Raffaello architetto; linguaggio artistico e ideologia nel Rinascimento romano*, Rome, 1974.
RAY, 1976
S. Ray, «Il sepolcretto della Cappella Chigi e altre note raffaellesche», *Bollettino del centro di Studi per la Storia dell' Architettura*, n° 24, 1976, pp. 89-92.
RÉAU, 1956-1959
L. Réau, *Iconographie de l'Art chrétien*, Paris, 1956-1959, 6 vol.
REBER, (1881)
Katalog der Gemälde-Sammlung der kgl. älteren Pinakothek in München mit einer Historischen Einleitung von Dr. Frank von Reber, Munich (1881).
RECUEIL CAYLUS
Suite de 223 dessins gravés d'après les originaux existant dans la collection du Cabinet du Roy, par Anne-Claude-Philippe, comte de Caylus.
RECUEIL CROZAT
Recueil d'estampes, d'après les plus beaux tableaux et d'après les plus beaux dessins qui sont en France, Paris, 1729 et 1742.

RECUEIL D'ESTAMPES voir RECUEIL CROZAT
RECUEIL SAINT MORYS, 1783
Choix de dessins de la collection de M. de Saint Morys, gravés en imitation des originaux, faisant à présent partie du Musée National, Paris, 1783.
REDIG DE CAMPOS, 1946
D. Redig de Campos, *Raffaello e Michelangelo, Studi di Storia e d'Arte,* Rome, 1946.
REDIG DE CAMPOS, 1961
D. Redig de Campos, « La Madonna di Foligno di Raffaello », *Miscellanea Bibliothecae Herzianae,* Munich, 1961, pp. 184-197.
REDIG DE CAMPOS, 1965
D. Redig de Campos, *Raffaello nelle Stanze,* Milan, 1965.
REGEASSE-DRAGOMIR, 1969
J. Regeasse-Dragomir, *La bibliothèque du Musée du Louvre. Histoire et organisation des origines à 1926,* Mémoire non publié de l'Ecole du Louvre, Paris, 1969.
REICHEL, 1926
A. Reichel, *Die clair-obscur. Schnitte des XVI, XVII und XVIII. Jahrunderts,* Zurich, Leipzig, Vienne, 1926.
REINACH, 1910
S. Reinach, « Le Raphaël de Narbonne », *Revue archéologique,* 1910, 4e série, t. XV, p. 299.
REISET, 1866
Notice des Dessins, Cartons, Pastels, Miniatures et Emaux exposés dans les salles du 1er étage du Musée Impérial du Louvre. 1re partie: Ecoles d'Italie. Ecoles allemande, flamande et hollandaise..., par F. Reiset, Paris, 1866.
RENOUVIER, 1843
J. Renouvier, « Raphaël ou Ghirlandaio », *Revue du Midi,* janv. 1843, pp. 84-89.
RENOUVIER, 1860
J. Renouvier, « Le Musée de Montpellier », *Gazette des Beaux-Arts,* V, 1860, pp. 7-23.
RICCI, 1903
C. Ricci, *Pintoricchio. Sa vie, son œuvre et son temps,* Paris, 1903.
RICCI, 1912
C. Ricci, « L'Incoronazione di San Nicola da Tolentino, di Raffaello », *Bollettino d'Arte,* VI, 1912, fas. 1, pp. 329-331.
RICCI, (Seymour de), 1913, cf. Louvre Département des Peintures, *Catalogue des Peintures.*
RICHARDSON, 1728, III
J. Richardson, *Traité de la Peinture,* Amsterdam, III, 1728.
RICHTER, 1945
I. Richter, "The Drawings for the Entombment", *Gazette des Beaux-Arts,* XXVIII, 1945, pp. 335-356.
RIEDL, 1958
P.A. Riedl, « Raffaels Madonna del Baldacchino », *Mitteilungen des Kunsthistorischen Institutes in Florenz,* VIII, décembre 1958, pp. 223-245.
RIEDL, 1960
P.A. Riedl, « Francesco Vannis *Glorie des heiligen Torpetes* », *Pantheon,* XVIII, 1960, pp. 301-306.
RINALDIS, 1911
A. de Rinaldis, *La Pinacoteca del Museo Nazionale di Napoli,* Naples, 1911.
RINALDIS, 1928
A. de Rinaldis, *La Pinacoteca del Museo Nazionale di Napoli,* Naples, 1928.
ROBERT-DUMESNIL, 1865
A.P.F. Robert-Dumesnil, *Le Peintre-graveur français ou Catalogue raisonné des estampes gravées par les peintres et les dessinateurs de l'école française...,* IX, Paris, 1865.
ROBINSON, 1870
J.C. Robinson, *A critical Account of the Drawings by Michelangelo and Raffaello in the University Galleries, Oxford,* Oxford, 1870.
RONEN, 1978
A. Ronen, "Raphael and Mantegna", *Storia dell' Arte,* 33, 1978, pp. 122-133.
ROSENBERG, 1904
A. Rosenberg, *Rembrandt,* Klassiker der Kunst, Stuttgart et Leipzig, 1904.
ROSENBERG et GRONAU, 1909
A. Rosenberg et G. Gronau, *Raffael. Des Meisters Gemälde,* Stuttgart, Berlin et Leipzig, 1909 ; 4e éd., Stuttgart-Berlin, 1919.
ROSENBERG, 1978
M.I. Rosenberg, *Raphael in French art theory, criticism and practice (1660-1830),* University of Pennsylvania, Philadelphie, 1978.
ROUCHÈS, 1929
G. Rouchès, *La peinture au Musée du Louvre, Ecoles italiennes XVIe-XVIIIe,* Paris, 1929.
ROUCHÈS, 1938
G. Rouchès, *Quatorze dessins de Raphaël au Musée du Louvre,* Paris, 1938.
ROUCHÈS, s.d.
G. Rouchès, *Musée du Louvre. Les dessins de Raphaël,* Paris, s.d.
ROUSSEL, 1892, 1896 et 1900
L. Roussel, *La Petite Sainte Famille de Raphaël, Madonna Piccola d'Isabelle de Gonzague,* Paris, 1892, 1896 et 1900.
RUHMER, 1978
E. Ruhmer, «Paduaner Quattrocento- Plastiken als Bildquellen der Hochrenaissance», *Arte Veneta,* XXXII, 1978, pp. 61-67.
RULAND, 1876
C. Ruland, *The Works of Raphael Santi da Urbino as represented in the Raphael Collection in the Royal Library at Windsor Castle, formed by H.R.H. the Prince Consort, 1853-1861, and completed by Her Majesty the Queen Victoria,* Weimar, 1876.
RUMOHR, 1831
E.F. von Rumohr, *Italienische Forschungen; dritter Teil,* Berlin et Stettin, 1831.
RUSSELL, 1981
F. Russell, "A lost fresco of Perugino and a drawing at Bayonne", *Consigli Arte. Per A.E. Popham,* Parme, 1981.
SALERNO, 1960
L. Salerno, "The Picture Gallery of Vincenzo Giustianini". I: "Introduction", *The Burlington Magazine,* CII, 1960, 682, pp. 21-27. "II: The Inventory, Part. I", *The Burlington Magazine,* CII, 1960, 684, pp. 93-105. "III: The Inventory, Part. II", *The Burlington Magazine,* CII, 1960, 685, pp. 135-148.
SALMI, 1953
M. Salmi, *Luca Signorelli,* Novare, 1953.
SALMI, 1968
M. Salmi, *Raffaello, l'Opera, le Fonti, la Fortuna,* Novare, 1968. T. I., L. Becherucci, *Raffaello e la pittura,* pp. 7-198 ; A. Marabottini, *I Collaboratori,* pp. 199-306. T. II, A. Forlani Tempesti, *I disegni,* pp. 307-430 ; G. Marchini, *Le architetture,* pp. 431-492 ; G. Beccati, *Raffaello e l'antico,* pp. 493-570 ; F. Castagnoli, *Raffaello e le antichità di Roma,* pp. 571-586 ; V. Golzio, *La Vita, Poesie, La Fortuna critica,* pp. 587-646 ; L. Bianchi, *La fortuna di Raffaello nell' incisione,* pp. 647-690 ; G. Liverani, *La fortuna di Raffaello nella maiolica,* pp. 691-708.
SANDBERG-VAVALA, 1953
E. Sandberg-Vavala, *Sienese Studies,* Florence, 1953.
SANDRART, 1675
J. von Sandrart, *Teutsche Academie der Bau-, Bildhauer und Mahlerey-Künste,* Nuremberg, 1675.
SANTI, 1963
F. Santi, « Perugino », *Enciclopedia Universale dell'Arte,* X, Florence, 1963, col. 559-566.
SANTI, 1979
F. Santi, « Il restauro dell' affresco di Raffaello e del Perugino in San Severo di Perugia », *Bollettino d'Arte,* Rome, janvier-mars, 1979, n° 1, pp. 57-64.
SAUVAL, 1724-1733
H. Sauval, *Histoire et Antiquité de la ville de Paris,* Paris, 1724-1733, 3 vol.
SCATTO, 1622
A. Scatto, *Itinerario d'Italia,* Venise, 1622.
SCHAEFFER, 1904
E. Schaeffer, *Andrea del Sarto,* Berlin, 1904.
SCHAEFFER, 1904
E. Schaeffer, *Das Florentiner Bildnis,* Munich, 1904.
SCHARF, 1935
A. Scharf, *Filippino Lippi,* Vienne, 1935.
SCHARF, 1964
A. Scharf, "Raphael and the Getty Madonna", *Apollo,* LXXIX, février 1964, pp. 114-121.
SCHELLER, 1973
R.W. Scheller, "The case of the stolen Raphael Drawings", *Master Drawings,* XI, 2, 1973, pp. 119-137.
SCHMARSOW, 1880
A. Schmarsow, *Raphael und Pinturicchio in Siena,* Stuttgart, 1880.
SCHMARSOW, 1886
A. Schmarsow, *Donatello,* Breslau, 1886.
SCHMITT, 1971
A. Schmitt, «Römische Antikensammlungen im Spiegel eines Musterbuches der Renaissance», *Münchner Jahrbuch der bildenden Kunst,* XXI, 1971, pp. 99-129.
SCHNEEBALG-PERELMAN, 1971
S. Schneebalg-Perelman, « Richesses du Garde-meuble parisien de François Ier », *Gazette des Beaux-Arts,* 1971, II, pp. 253-268.
SCHÖNE, 1950
W. Schöne, «Raphaels Krönung des heiligen Nikolaus von Tolentino», *Eine Gabe der Freunde für Carl Georg Heise zum 28. VI. 1950,* Berlin, 1950, pp. 113-136.

SCHÖNE, 1958
W. Schöne, *Raphael*, Darmstadt, 1958.
SCHROETER, 1977
E. Schroeter, «Die Ikonographie des Themas Parnass von Raffael», *Studien zur Kunstgeschichte*, 6, Hidelsheim-New York, 1977.
SCHUG, 1967
A. Schug, «Zur chronologie von Raffaels werken der vorrömischen Zeit. Uberlegungen in Anschluss an das Kritische verzeichnis der Gemälde, Wandbilder und Bildteppiche Raffaels von L. Dussler», *Pantheon*, XXV, 1967, pp. 470-482.
SCHWARZENBERG, 1977
E. Schwarzenberg, «Raphael und die Psyche-Statue Agostino Chigis», *Jahrbuch der Kunsthistorischen Sammlungen in Wien*, 73, 1977, pp. 107-136.
SEIDLITZ, 1891
W. von Seidlitz, «Raphael und Timoteo Viti. Nebst einem Ueberblick über Raphael's Jugendentwicklung (Aus Anlass von Koopmann's Raphael-Studien)», *Repertorium für Kunstwissenschaft*, XI, 1891, pp. 1-8.
SEILERN, 1971
A. Seilern, *Corrigenda and addenda to the catalogue of paintings and drawings at 56 Princes Gate, London SW 7*, Londres, 1971.
SERULLAZ, 1978, voir cat. exp. Paris, 1978.
SERVOLINI, 1929
L. Servolini, «Ugo da Carpi maître du "clair-obscur"», *Byblis*, 1929, pp. 92-96.
SERVOLINI, 1935
L. Servolini, *Camaïeu e chiaroscuro*, Florence, 1935.
SERVOLINI, 1939
L. Servolini, «Ugo da Carpi», *The Print Collector's Quarterly*, février 1939, pp. 31-49.
SERVOLINI, 1977
L. Servolini, *Ugo da Carpi, i chiaroscuri e altre opere*, Florence, 1977.
SHAPLEY, 1979
F.R. Shapley, *Catalogue of the Italian Paintings*. National Gallery of Art, Washington, 1979, 2 vol.
SHEARMAN, 1959
J. Shearman, Compte rendu de F. Hartt, «Giulio Romano», *The Burlington Magazine*, CI, 1959, n° 680, pp. 456-460.
SHEARMAN, 1960
J. Shearman, "Three Portraits by Andrea del Sarto and His Circle", *The Burlington Magazine*, CII, 1960, pp. 58-62.
SHEARMAN, 1961
J. Shearman, "The Chigi Chapel in S. Maria del Popolo", *Journal of the Warburg and Courtauld Institute*, XXIV, 1961, pp. 129-160.
SHEARMAN, 1963
J. Shearman, "Maniera as aesthetic ideal", *The Renaissance and Mannerism, Studies in Western Art. Acts of the XXth International Congress of the History of Art*, Princeton, New Jersey, 1961, publié en 1963; II, pp. 200-220.
SHEARMAN, 1964
J. Shearman, «Die Loggia der Psyche in der Villa Farnesina und die Probleme der letzten Phase von Raffaels graphischem Stil», *Jahrbuch der Kunsthistorischen Sammlungen in Wien*, 60, 1964, pp. 59-100.
SHEARMAN, 1965
J. Shearman, Compte rendu de Ph. Pouncey et J. Gere, "Raphael and his circle", *The Burlington Magazine*, CVII, 1965, n° 742, pp. 34-37.
SHEARMAN, 1965
J. Shearman, *Andrea del Sarto*, Oxford, 1965, 2 vol.
SHEARMAN, 1965, *Stanze*
J. Shearman, "Raphael unexecuted Projects for the Stanze", *Walter Friedlander, zum 90 Geburstag*, Berlin, 1965.
SHEARMAN, 1966
J. Shearman, Compte rendu de l'exposition «Le Seizième Siècle Européen», *The Burlington Magazine*, CVIII, 1966, n° 755, pp. 59-67.
SHEARMAN, 1967, *Bramante*
J. Shearman, "Raphael... Fa il Bramante", *Studies in Renaissance and Baroque Art presented to Anthony Blunt*, Londres, 1967, pp. 12-17.
SHEARMAN, 1967
J. Shearman, *Mannerism*, Harmondsworth, 1967.
SHEARMAN, 1970
J. Shearman, «Raphael at the Court of Urbino», *The Burlington Magazine*, CXII, 1970, n° 803, pp. 72-78.
SHEARMAN, 1971
J. Shearman, "The Vatican Stanze: Functions and Decoration", *Proceedings of the British Academy*, LVII, Londres, 1971.
SHEARMAN, 1972
J. Shearman, *Raphael's cartoons in the Collection of Her Majesty the Queen and the tapestries for the Sistine Chapel*, Londres, 1972.
SHEARMAN, 1977
J. Shearman, "Raphael, Rome, and the Codex Escurialensis", *Master Drawings*, XV, 1977, pp. 107-146.
SHEARMAN, 1979
J. Shearman, «Le portrait de Baldassare Castiglione par Raphaël», *Revue du Louvre et des Musées de France*, n° 4, 1979, pp. 261-272.
SHEARMAN, (1980)
J. Shearman, "The Galerie François Premier: a case in point", *Miscellanea musicologica: Adelaide Studies in Musicology* (1980), tiré à part, p. 4.
SHEARMAN, 1983
J. Shearman, "A drawing for Raphael's 'Saint George'", *The Burlington Magazine*, CXXV, 1983, n° 958, pp. 15-25.
SHOEMAKER, 1981, voir cat. exp. Lawrence, 1981
SIZERANNE, 1913
R. de la Sizeranne, *Masques et Visages à Florence et au Louvre*, Paris, 1913.
SIZERANNE, 1920
R. de la Sizeranne, «Raphaël et Castiglione», *Gazette des Beaux-Arts*, 5e période, 1920, LXII, pp. 209-214.
SJOBERG et GARDEY, 1977
Y. Sjöberg et F. Gardey, *Inventaire du fonds français, XVIIIe siècle, Bibliothèque Nationale, Cabinet des Estampes*, XIV, Paris, 1977.
SLATKES, 1975
L. Slatkes, "Hieronymus Bosch and Italy", *The Art Bulletin*, 57, 1975, n° 2, pp. 335-345.
SOMMERVOGEL, Le père D.C., cf. *Mémoires de Trévoux*.
SONNENBURG, 1983
H. von Sonnenburg, cat. exp. *Raphael in der Alten Pinakothek*, Munich, 1983.
SOULIER, 1921
G. Soulier, «Remarques sur l'*Apollon et Marsyas* de Pinturicchio généralement attribué à Raphaël», *Actes du Congrès d'Histoire de l'Art*, Paris, 1921, II, 2e partie, pp. 937-943.
SPINAZZOLA, 1912
V. Spinazzola, «Di due tavole di Raffaello rinvenute nella Pinacoteca del Museo di Napoli», *Bollettino d'Arte*, VI, 1912, fasc. 1, pp. 337-340.
SPRINGER, 1883, *Schule*
A. Springer, «Raffaels Schule von Athen», *Die graphischen Künste*, Vienne, 1883.
SPRINGER, 1883
A. Springer, *Raffael und Michelangelo*, Leipzig, 1883.
SRICCHIA-SANTORO, 1963
F. Sricchia-Santoro, «Per il Franciabigio», *Paragone*, XIV, 1963, n° 163, pp. 3-21.
STEIN, 1890
H. Stein, «Etat des objets d'art placés dans les monuments religieux et civils de Paris au début de la Révolution française», *Nouvelles Archives de l'Art français*, 1890, pp. 1-131.
STEIN, 1923
W. Stein, *Raffael*, Berlin, 1923.
STEINMANN, 1898-1899
E. Steinmann, «Chiaroscuri in den Stanzen Raffael's», *Zeitschrift für bildende Kunst*, X, 1898-1899, pp. 169-178.
STEINMANN, 1905
E. Steinmann, *Die Sixtinische Kapelle*, Munich, II, 1905.
STEINER, 1977
R. Steiner, «Il "Trionfo di Bacco" di Raffaello per il Duca di Ferrara», *Paragone*, 1977, n° 325, pp. 85-99.
STENDHAL, 1981
Stendhal, *Mémoires d'un touriste. III Voyage dans le Midi* (1838), Paris, 1981 (F. Maspero, La Découverte).
STIX et FROLICH-BUM, 1932
A. Stix et L. Fröhlich-Bum, *Beschreibender Katalog der Handzeichnungen in der Graphischen Sammlung Albertina, Vol. III. Die Zeichnungen der Toskanischen, Umbrischen und Römischen Schulen*, Vienne, 1932.
STRIDBECK, 1960 et 1963
C.G. Stridbeck, *Raphael Studies I. A Puzzling Passage in Vasari's "Vite"*, Stockholm, 1960. *Raphael Studies II. Raphael and tradition. Studies in History of Art*, Stockholm, 1963.
STUFFMANN, 1968
M. Stuffmann, «Les tableaux de la collection de Pierre Crozat. I. Tableaux figurant dans l'inventaire après décès de Pierre Crozat, 30 mai 1740», *Gazette des Beaux-Arts*, 6e période, 1968, LXXI.
SUIDA, 1935
W. Suida, «Opere sconosciute di pittori parmensi», *Crisopoli*, III, 1935, fasc. 2, pp. 105-113.
SUIDA, 1948
W. Suida, *Raphaël*, Paris, 1948.

SUMMERS, 1972
D. Summers, "Maniera and Movement: the figura serpentinata", *Art Quarterly,* XXXV, 1972, n° 3, pp. 269-301.
SWOBODA, 1969
K.M. Swoboda, «Raffaels Madonna im Grünen in der Wiener Gemäldegalerie», *Kunst und Geschichte, Vorträge und Antsätze, Mitteilungen des Institutes für österreichische, Gesechichtsforschung, Ergänzungsband,* XXII, Wien, Köln, Graz, 1969, pp. 180-195.
SZABO, 1978
G. Szabo, cat. exp. *XV Century Italian Drawings from the Robert Lehman Collection,* New York, The Metropolitan Museum of Art, 1978.
TAUZIA, 1877
Vicomte Both de Tauzia, cf. Louvre Département des Peintures, *Notices des tableaux.*
TAUZIA, 1879
Notice supplémentaire des Dessins, Cartons, Pastels et Miniatures des diverses écoles exposés depuis 1869 dans les salles du 1ᵉʳ étage du Musée National du Louvre, par le vicomte Both de Tauzia, Paris, 1879.
TAUZIA, 1882
Vicomte Both de Tauzia, *Catalogue de la collection Timbal,* Paris, 1882.
TEREY, 1894-1896
G. von Terey, *Die Gemaelde des Hans Baldung Grien,* Berlin, 1894-1896.
TEREY, 1896-1900
G. von Terey, *Die Gemaelde des Hans Baldung Grien,* Strasbourg, 1896-1900.
THIÉBAUT, 1979-1980
D. Thiébaut, *Exposition Pérugin et l'Ecole ombrienne,* cahier rédigé par D. Thiébaut avec la collaboration de M. A. Debout, Musée d'Art et d'Essai, Paris, 1979-1980.
THIEME-BECKER (non signé), 1932
Andrea Piccinelli, Thieme-Becker Allgemeines Lexikon der bildenden Kunstler, vol. XXVI, Leipzig, 1932, pp. 580-581.
THOMSON, 1914
W.G. Thomson, *Tapestry weaving in England from the earliest times to the end of the XVIIIth Century,* New York, 1914.
THUILLIER, 1961
J. Thuillier, « Les tableaux et les dessins d'Everard Jabach », *L'Œil,* septembre 1961, pp. 32-41 et 83.
THWAITES, 1976,
V. Thwaites, "Two drawings by Giulio Romano", *Art Bulletin of Victoria,* 17, 1976, pp. 52-57.
TOLNAY, 1975
Ch. de Tolnay, *Corpus dei disegni di Michelangelo,* I, Novara, 1975.
TOULONGEON, 1803
Toulongeon, *Manuel du Muséum français, Ecole italienne. Œuvre de Raphaël,* Paris, 1803 (sans pagination).
TRAEGER, 1971
J. Traeger, «Raffaels Stanza d'Eliodoro und ihr Bildprogramm», *Römisches Jahrbuch für Kunstgeschichte,* 13, 1971, pp. 29-100.
TUETEY et GUIFFREY, 1909
A. Tuetey et J. Guiffrey, « La commission du Muséum et la création du Musée du Louvre », *Archives de l'Art français,* t. 3, 1909.
TURNER, 1983
N. Turner, "Umbrian Drawings at the Uffizi" (Compte rendu de Ferino-Pagden, 1982), *The Burlington Magazine,* CXXV, 1983, n° 959, pp. 118-120.
VALENTINER, 1927
W.R. Valentiner, «Zwei Predellen zu Raffaels frühestem Altarwerk», in *Festschrift für Max. J. Friedländer,* Leipzig, 1927, pp. 244-258.
VAN BUCHEL, 1899
A. van Buchel, « Description de Paris par Arnold van Buchel d'Utrecht (1585-1586) », *Mémoire de la Société de l'Histoire de Paris et Ile-de-France,* XXVI, Paris, 1899.
Van der DOORT, 1639, cf. MILLAR
VAN MARLE, 1923-1938
R. van Marle, *The Development of the Italian Schools of Painting,* La Haye, 1923-1938, 19 vol. XIV: The Renaissance painters in Umbria.
VASARI, éd. Milanesi
G. Vasari, *Le Vite de' più eccellenti pittori, scultori, ed architettori scritte da M. Giorgio Vasari,* Florence, 1568; éd. G. Milanesi, Florence, 1878-1885, 9 vol.
VASARI, éd. Bottari, 1759
G. Vasari, *Le Vite...,* éd. Bottari, Rome, 1759.
VENTURI, 1882
A. Venturi, *La R. Galleria Estense in Modena,* Modène, 1882.
VENTURI, Il Museo, 1893
A. Venturi, *Il Museo e la Galleria Borghese,* Rome, 1893.
VENTURI, 1900
A. Venturi, *La Galleria Crespi di Milano,* Milan, 1900.
VENTURI, *Storia...,* 1907-1939
A. Venturi, *Storia dell'Arte Italiana,* Milan, 1907-1939, 24 vol. Milan, 1908, VI, la Scultura del Quattrocento; Milan, 1913, VII 1 et VII 2, La Pittura del Quattrocento; Milan, 1926, IX 2 et 1932, IX 5, La Pittura del Cinquecento.
VENTURI, 1920
A. Venturi, *Raffaello,* Rome, 1920.
VENTURI, 1921
A. Venturi, « Per Raffaello. Disegni inediti nella Raccolta Oppenheimer di Londra e nella Biblioteca reale di Windsor », *L'Arte,* XXIV, 1921, pp. 50-54.
VENTURI, 1921, *Albertina*
A. Venturi, « Disegni sconosciuti di Raffaello nell' Albertina di Vienna », *L'Arte,* XXIV, 1921, pp. 205-207.
VENTURI, 1927
A. Venturi, *Choix de cinquante dessins de Raffaello Santi,* Paris, 1927.
VENTURI, 1931
L. Venturi, *Pitture Italiane in America,* Milan, 1931.
VENTURI, 1955
L. Venturi, *Il Perugino. Gli affreschi del Collegio del Cambio,* Turin, 1955.
VERTUE
Note Books, Walpole Society 18, 1929-1930.
VIATTE, 1963
F. Viatte, *Catalogue raisonné des dessins florentins des XVᵉ et XVIᵉ siècles au Musée de Lille.* Thèse de l'Ecole du Louvre, 1963 (dactylographié).
VIATTE, 1969
F. Viatte, "Italian drawings at Lille", *Master Drawings,* VII, 1969, pp. 51-55.
VILLOT, 1ʳᵉ éd. 1849; 2ᵉ éd. 1852
F. Villot, cf. Louvre Département des Peintures, *Notice des tableaux.*
VISCHER, 1879
R. Vischer, *Luca Signorelli und die Italienische Renaissance,* Leipzig, 1879.
VITRY, 1931
P. Vitry, « Un dessin de Raphäel. Musée de Lille », *Bulletin des Musées de France,* n° 5, 1931, pp. 12-13.
VÖGE, 1896
W. Vöge, *Raffael und Donatello. Ein Beitrag zur Entwicklungsgeschichte der italienischen Kunst,* Strasbourg, 1896.
VÖGELIN, 1870
S. Vögelin, *Die Madonna von Loreto,* Zurich, 1870.
VOLPE, 1956
C. Volpe, « Due questioni raffaellesche », *Paragone,* VII, 1956, 75, pp. 3-18.
VOLPE, 1962
C. Volpe, « Notizia e discussione su Raffaello giovane », *Arte antica e moderna,* V, 1962, n° 17, pp. 79-85.
VOLPE, 1980
C. Volpe, cf. M. Lucco.
WAAGEN, 1839
G.F. Waagen, *Kunstwerke und Kunstler in Frankreich,* Berlin, 1839.
WAAGEN, 1854
G.F. Waagen, *Treasures of art in Great Britain,* Londres, 1854, 3 vol.
WACQUEZ et LEROY, 1858
Choix de dessins de Raphaël qui font partie de la collection Wicar à Lille reproduits en fac-similé par MM. Wacquez et Leroy, gravés par les soins de H. d'Albert, duc de Luynes, Membre de l'Institut, Paris, Rapilly, 1858.
WAGNER, 1969
H. Wagner, *Raffael im Bildnis,* Berne, 1969.
WALDMANN, 1923
E. Waldmann, *Albrecht Altdorfer,* Londres et Boston, 1923.
WANSHER, 1926
W. Wansher, *Raffaello Santi da Urbino. His Life and Works,* Londres, 1926.
WASSERMAN, 1978
J. Wasserman, "The Genesis of Raphael's Alba Madonna", *Studies in the History of Art,* National Gallery of Art, Washington, 8, 1978, pp. 35-61.
WAUTERS, 1911
E. Wauters, *Un carton inconnu de Raphaël,* Paris, 1911.
WEIGEL, 1865
R. Weigel, *Die Werke der Maler in ihren Handzeichnungen,* Leipzig, 1865, vol. II.
WEIGERT, 1961
R.A. Weigert, cat. exp. *Mazarin, homme d'Etat et collectionneur,* Paris, Bibliothèque Nationale, 1961.
WEIL-GARRIS et POSNER, 1974
K. Weil-Garris et D. Posner, *Leonardo and Cultural Italian Art, 1515-1550,* New York, 1974.

WESTON, 1975
H. Weston, "Prud'hon: Justice and Vengeance", *The Burlington Magazine,* CXVII, 1975, n° 867, pp. 353-362.
WHITE, 1967
J. White, "Raphael: 'The Relationship between Failure and Success'", *Studies in Renaissance and Baroque Art presented to Anthony Blunt,* Londres, 1967, pp. 18-23.
WHITE, 1972
J. White, *The Raphael Cartoons, Victoria and Albert Museum,* Londres, 1912.
WHITE et SHEARMAN, 1958
J. White et J. Shearman, "Raphael's tapestries and their cartoons", *The Art Bulletin,* vol. XL, sept. 1958, pp. 193-221; déc. 1958, pp. 299-323.
WICKHOFF, 1884
F. Wickhoff, «Uber einige Zeichnungen des Pinturicchio», *Zeitschrift für bildende Kunst,* XIX, 1884, pp. 56-62.
WICKHOFF, 1893
F. Wickhoff, «Die Bibliothek Julius II», *Jahrbuch der preussischen Kunstsammlungen,* XIV, 1893, pp. 49-64.
WILDENSTEIN, 1967
D. Wildenstein, *Inventaire après décès d'artistes français et de collectionneurs français du XVIIIe siècle,* Les Beaux-Arts, Paris, 1967.
WILLIAMSON, 1900
G.C. Williamson, *Pietro Vannucci called Perugino,* Londres, 1900.
WILLIAMSON, 1903
G.C. Williamson, *Pietro Vannucci called Perugino,* Londres, 1903.
WIND, 1937
E. Wind, "Charity; the Case History of a Pattern", *Journal of the Warburg and Courtauld Institute,* vol. I, 1937, pp. 322-330.
WINZINGER, 1963
F. Winzinger, *Albrecht Altdorfer Graphik. Holzschnitte. Kupferstiche. Radierungen,* Munich, 1963.
WITTKOWER, 1963
R. Wittkower, "The Young Raphael", *Allen memorial Art Museum Bulletin,* XX, 1963, 3, pp. 150-168.
WÖLFFLIN, 1961
H. Wölfflin, *Classic Art, an Introduction to the Italian Renaissance* (d'après 8e éd. de Bâle, 1948, repris de la 6e éd. révisée par H. Wölfflin; 1re éd. 1899); édité par P. et C. Murray, Londres-New York, 1961.
WOODWARD, 1863
"Discoveries amongst the drawings in the Royal Collection at Windsor" (note de l'éditeur Woodward), *Fine Arts Quarterly Review,* I, 1863, pp. 163-165.
WORMANN, 1882
A. Woltmann et K. Wörmann, *Geschichte der Malerei,* II, *Die Malerei der Renaissance,* Leipzig, 1882.
ZANI, 1817-1824
P. Zani, *Enciclopedia Metodica delle Belle Arti,* Parme, 1817-1824, 28 vol.
ZAPPA, 1912
G. Zappa, «Il nuovo angelo di Raffaello», *Bollettino d'Arte,* VI, 1912, fasc. 1, pp. 332-337.
ZAZZARETTA, 1929
A. Zazzaretta, «I Sonetti di Raffaello», *L'Arte,* XXXII, 1929, pp. 77-88.
ZENTAI, 1978
L. Zentai, «Considerations on Raphael's compositions of the Coronation of the Virgin», *Actae Historiae Artium,* 24, 1978, n°s 1-4, pp. 195-199.
ZENTAI, 1979
L. Zentai, «Contribution à la période ombrienne de Raphaël», *Bulletin du Musée hongrois des Beaux-Arts,* LIII, 1979, pp. 69-79.
ZERNER, 1962
H. Zerner, «Ghisi et la gravure maniériste à Mantoue», *L'Œil,* avril 1962, pp. 26-33, 76.
ZUCKER, 1977
M. Zucker, "Raphael and the beard of Pope Julius II", *The Art Bulletin,* LIX, 4, 1977, pp. 524-532.

Louvre, Département des Peintures

Inventaires manuscrits

LE BRUN, 1683
Le Brun, Inventaire des tableaux du Cabinet du Roy, 18 octobre 1683. Archives nationales, 0[1] 1964.
HOUASSE, 1691
Houasse, Inventaire des tableaux et dessins du Roy étant à la garde du sieur Houasse à Paris, signé par ledit sieur le 18 juin 1691 et continué. Archives nationales, 0[1] 1964.
TRIANON, 1695
Mémoire général des tableaux, tant du Cabinet du Roy que nouveaux, posés et à poser à Trianon et à Trianon-sous-Bois. Archives nationales 0 1964, 1er NOVEMBRE 1695.
Mémoire des tableaux qui sont posés dans les appartements du château de Versailles, du 1er novembre 1695. Archives nationales, 0[1] 1964.
PAILLET, 1695
Inventaire général des tableaux du Roy qui sont à la garde particulière du sieur Paillet, à Versailles, à Trianon et à Marly, Meudon et Chaville, 9 décembre 1695. Archives nationales, 0[1] 1964 et 1966.
VERSAILLES, 1696
Mémoire des tableaux qui sont dans le magasin de Versailles, du 1er mars 1696. Archives nationales, 0[1] 1964.
TRIANON, 1696
Mémoire des tableaux qui sont à Trianon, Meudon et Chaville, qui ont été tirés du magasin des tableaux de Versailles, le 1er mars 1696. Archives nationales, 0[1] 1965.
BAILLY, 1709-1710
Nicolas Bailly, Inventaire général des tableaux du Roy faits avec soin en 1709 et 1710 par le sieur Bailly garde d'iceux, suivant les ordres qui lui furent donnés. Archives nationales, 0[1] 1975.
D'ANTIN, 1715
Inventaire des tableaux du Roy placés dans les appartements du duc d'Antin en son hôtel à Paris en 1715. Archives nationales, 0[1] 1965, huit exemplaires.
JEAURAT, 1760
Inventaire des tableaux du Cabinet du Roy, placés à la Surintendance des Bastimens de S.M. à Versailles, fait en l'année 1760, par l'ordre de M. le marquis de Marigny... sous la garde des sieurs Massé et Jeaurat, son survivancier. Archives nationales, 0[1] 1965.

Du RAMEAU, 1784
Inventaire des tableaux du Cabinet du Roy, placés à la Surintendance des Bâtiments de S.M. à Versailles, fait en l'année 1784, par ordre de M. le comte de la Billardie d'Angiviller... sous la garde du sieur Louis-Jacques du Rameau. Archives du Louvre, deux exemplaires, dont l'un annoté en 1788.

Catalogues des tableaux

Catalogue des objets contenus dans la galerie du Muséum français décrété par la Convention nationale le 27 juillet 1793, l'an II de la République française. Paris, 1793.

Notices des tableaux de trois écoles choisies dans la collection du Muséum des Arts, rassemblés au salon d'exposition pendant les travaux de la galerie au mois de prairial an IV (mai-juin 1796).

Notice des principaux tableaux recueillis dans la Lombardie par les Commissaires du Gouvernement français dont l'exposition provisoire aura lieu dans le grand salon du Muséum, les octidi, nonidi et décadi de chaque décade, à compter du 18 pluviôse (6 février 1798) jusqu'au 30 prairial an VI (18 juin 1798). Dédié à l'Armée d'Italie.

Notice des principaux tableaux recueillis en Italie par les Commissaires du Gouvernement français. Seconde partie comprenant ceux de l'Etat de Venise et de Rome dont l'exposition provisoire aura lieu dans le grand salon du Muséum les octidi, nonidi et décadi de chaque décade, à compter du 18 brumaire an VII (jeudi 8 novembre 1798). Paris, 1798.

Musée central des Arts. Notice des tableaux des écoles française et flamande exposés dans la Grande Galerie, dont l'ouverture a eu lieu le 18 germinal an VII (7 avril 1799) *et des tableaux des écoles de Lombardie* dont l'exposition a eu lieu le 25 messidor an IX (14 juillet 1801). Paris, 1801.

Notice des grands tableaux de Paul Véronèse, Rubens, Le Brun, les Carrache et autres, dont l'exposition provisoire aura lieu dans le grand salon du Muséum, à dater du 10 prairial an IX (30 mai 1801) jusqu'au 1er fructidor même année (19 août 1801). Paris, 1801.

Notice de plusieurs précieux tableaux recueillis à Venise, Florence, Turin et Foligno, et autres tableaux nouvellement restaurés, exposés dans le grand salon du Muséum, ouvert le 18 ventôse an X (1802).

Supplément à la Notice des tableaux des trois écoles (1801), exposés dans la grande galerie du Musée Napoléon, à Paris (1804).

Notice des tableaux exposés dans la galerie Napoléon. Paris, 1810.

Notice des tableaux exposés dans la galerie du Musée royal, Paris, 1816.

Notice des tableaux exposés dans la Galerie du Musée royal. Paris, 1820.

Notice des tableaux exposés dans la Galerie du Musée royal. Paris, 1823.

Notice des tableaux exposés dans le Musée royal. Paris, 1830.

Notice des tableaux exposés dans le Musée royal. Paris, 1837.

VILLOT, 1849; VILLOT, 1852
Notice des tableaux exposés dans les galeries du Musée national du Louvre par Frédéric Villot, 1re partie. Ecoles d'Italie (et d'Espagne). Paris, 1re éd. 1849, Paris; 2e éd., 1852.

TAUZIA, 1877
Notice des tableaux exposés dans les galeries du Musée national du Louvre et par le vicomte Both de Tauzia. Première partie. Ecoles d'Italie et d'Espagne. Paris, 1877.

Catal. sommaire, 1890
Musée national du Louvre. Catalogue sommaire des peintures (tableaux et peintures décoratives) exposées dans les galeries, Paris, 1890.

RICCI, 1913
Description raisonnée des peintures du Louvre, par Seymour de Ricci, I, Ecoles étrangères. Italie et Espagne. Paris, 1913.

HAUTECŒUR, 1926
Musée national du Louvre. Catalogue des peintures exposées dans les galeries par Louis Hautecœur. II, école italienne et école espagnole, Paris, 1926.

BREJON, 1981
Catalogue sommaire illustré des peintures du musée du Louvre, II, Italie, Espagne, Allemagne, Grande-Bretagne et divers, coordination par Arnault Brejon de Lavergnée et Dominique Thiébault, Paris, 1981.

Expositions

AMSTERDAM, 1934
Italiaansche Kunst in Nederlandsch bezirt, Amsterdam, Stedelijk Museum, 1934.

AMSTERDAM, BRUXELLES, LILLE, 1968
Dessins italiens du Musée de Lille, Amsterdam, Rijksmuseum ; Bruxelles, Bibliothèque Royale ; Lille, Musée des Beaux-Arts, 1967-1968.

BERNE, 1939
Meisterwerke des Museum in Montpellier, Berne, Kunsthalle, 1939.

BERLIN, 1964
Meisterwerke aus dem Museum in Lille, Berlin, Schloss Charlottenburg, 1964.

BRUXELLES, 1954-1955
L'Europe humaniste, Bruxelles, Palais des Beaux-Arts, 1954-1955.

CAHORS, 1945
Exposition de treize chefs-d'œuvre du Musée du Louvre, Cahors, Musée des Beaux-Arts, 1945.

CHANTILLY, 1979-1980
La Madone de Lorette, dossier du Département des Peintures, n° 19, Chantilly, Musée Condé, 1979-1980.

CHICAGO, 1979-1980
Roman Drawings of the Sixteenth Century from the Musée du Louvre, Paris, Chicago, The Art Institute, 1979-1980.

DETROIT, 1965
Art in Italy, Detroit, The Detroit Institue of Art, 1965.

FLORENCE, 1786
Raccolta di 80 stampe della Galleria Gerini, Florence, 1786.

FLORENCE, 1970
Disegni di Raffaello e di altri italiani del Museo di Lille, Florence, Uffizi, Gabinetto disegni e stampe, 1970.

HOUSTON, 1973-1974
Gray is the Color, Houston, Rice Museum, 1973-1974.

LILLE, 1961
Collection J.B. Wicar du Musée de Lille. Dessins de Raphaël, Lille, Musée des Beaux-Arts, 1961.

LILLE, 1983
Dessins de Raphaël du Musée des Beaux-Arts de Lille, Lille, Musée des Beaux-Arts, 1983.

LONDRES, 1930
Italian Art, Londres, Burlington House, 1930.

LONDRES, 1930-31
Commemorative catalogue of the exhibition of Italian Art, Londres, Royal Academy of Arts, 1930-31.

LONDRES, 1983
Italian Drawings from the Lugt Collection, Institut Néerlandais, Londres, British Museum, Department of Prints and Drawings, 1983.

MANCHESTER, 1857
Art Treasures Exhibition, Manchester, 1857.

MONTPELLIER, 1937
Centenaire de la mort du baron François-Xavier Fabre (1760-1837), Montpellier, Musée Fabre, 1937.

MONTPELLIER, 1980
De Raphaël à Matisse. 100 dessins du Musée Fabre, Montpellier, Musée Fabre, 1980.

NAPLES, 1960
Mostra di opere restaurate, Naples, Galleria Nazionale Capodimonte, 1960.

PARIS, An V, An VII
Notice des Dessins originaux, Cartons, Gouaches, Pastels, Emaux et Miniatures du Musée Central des Arts, exposés pour la première fois dans la Galerie d'Apollon, le 28 Thermidor de l'an V de la République française, Première Partie, Paris, Louvre, an V et an VII (1797 et 1799).

PARIS, An X
Notice des Dessins originaux, Esquisses peintes, Cartons, Gouaches, Pastels, Emaux, Miniatures et Vases étrusques. Exposés au Musée Central des Arts, dans la Galerie d'Apollon, en Messidor de l'an X de la République Française, Seconde Partie, Paris, an X (1802).

PARIS, 1811 et 1815
Notice des Dessins, des Peintures, des Bas-reliefs et des Bronzes, exposés au Musée Napoléon dans la Galerie d'Apollon... en juin 1811 (Id. 1815), Paris, Louvre, 1811 et 1815.

PARIS, 1818, 1820, 1841, 1845
Notice des Dessins, Peintures, Emaux et Terres cuites émaillées exposés au Musée Royal dans la Galerie d'Apollon, Paris, Louvre, 1818, 1820, 1841, 1845.

PARIS, 1879
Catalogue descriptif des dessins de Maîtres anciens exposés à l'Ecole des Beaux-Arts, Paris, 1879.

PARIS, 1931
Exposition de dessins italiens XIVe, XVe et XVIe siècles, Paris, Musée de l'Orangerie, 1931.

PARIS, 1935
L'Art Italien de Cimabue à Tiepolo, Paris, Petit Palais, 1935.

PARIS, 1935, *Ecole des Beaux-Arts,*
Art italien des XVe et XVIe siècles. Exposition de dessins, manuscrits enluminés, livres et xylographies appartenant à l'Ecole des Beaux-Arts, Paris, Ecole des Beaux-Arts, 1935.

PARIS, 1939
Chefs-d'œuvre du Musée de Montpellier, Paris, Musée de l'Orangerie, 1939.

PARIS, 1945
Exposition des chefs-d'œuvre de la peinture, Paris, Musée du Louvre, 1945.

PARIS, 1954
Chefs-d'œuvre de la Collection Edmond de Rothschild, Paris, Musée de l'Orangerie, 1954.

PARIS, 1958
La Renaissance italienne et ses prolongements européens. Exposition de dessins et de livres illustrés appartenant à l'Ecole des Beaux-Arts, Paris, Ecole des Beaux-Arts, 1958.

PARIS, 1959-1960
Chefs-d'œuvre — Dessins et Gravures — du Cabinet Edmond de Rothschild, Paris, Musée du Louvre, 1959-1960.

PARIS, 1960
Exposition de 700 tableaux de toutes les écoles antérieurs à 1800 tirés des Réserves du Département des Peintures, Paris, Musée du Louvre, 1960.

PARIS, 1961
Mazarin, Homme d'Etat et Collectionneur, 1602-1661, Paris, Bibliothèque Nationale, 1961.
PARIS, 1962
Première exposition des plus beaux dessins du Louvre et de quelques pièces célèbres des collections de Paris, Paris, Musée du Louvre, 1962.
PARIS, ROTTERDAM, HAARLEM, 1962
Le dessin italien dans les collections hollandaises, Paris, Institut Néerlandais; Rotterdam, Musée Boymans-van Beuningen; Haarlem, Musée Teyler, 1962.
PARIS, 1964
L'Ancien Testament, gravures, Paris, Musée du Louvre, Cabinet Edmond de Rothschild, 1964.
PARIS, Louvre, 1965
Le Seizième Siècle Européen. Dessins du Louvre, Paris, Louvre, 1965.
PARIS, 1965
Le Seizième Siècle Européen. Peintures et Dessins dans les Collections publiques françaises, Paris, Petit Palais, 1965-1966.
PARIS, 1966
Le Seizième Siècle Européen. Gravures et Dessins du Cabinet Edmond de Rothschild, Paris, Musée du Louvre, 1965-1966.
PARIS, 1968
Rome à Paris, Paris, Petit Palais, 1968.
PARIS, 1972
La Collection de François Ier. Dossier du Département des Peintures, n° 5, Paris, Musée du Louvre, 1972.
PARIS, 1973
Copies, Répliques, Pastiches. Dossier du Département des Peintures, n° 8, Paris, Musée du Louvre, 1973.
PARIS, 1974
Cartons d'artistes du XVe au XIXe siècle, Paris, Louvre, Cabinet des Dessins, 1974.
PARIS, 1975
Dessins italiens de la Renaissance, Paris, Louvre, Cabinet des Dessins, 1975, (même exposition, New York, Metropolitan Museum, 1974-1975).
PARIS, 1977
Collections de Louis XIV, dessins, albums, manuscrits, Paris, Orangerie, 1977-1978.
PARIS, 1979-1980
Pérugin et l'Ecole ombrienne, cahier rédigé par D. Thiébaut avec la collaboration de M. A. Debout, Paris, Musée d'Art et d'Essai, 1979-1980.
PARIS, 1980
Restauration des peintures. Dossier du Département des Peintures, n° 21, Paris, Musée du Louvre, 1980.
PARIS, 1982
Le XVIe siècle florentin au Louvre. Dossier du Département des Peintures, n° 25, Paris, Musée du Louvre, 1982.
ROME, Villa Médicis, 1972-1973
Le paysage en Europe au XVIe siècle, Rome, Villa Médicis, 1972-1973.